PUBLICATIONS
DE L'ÉCOLE DES LANGUES ORIENTALES VIVANTES

大南國音字彙合解大法國音

DICTIONNAIRE
ANNAMITE-FRANÇAIS
(LANGUE OFFICIELLE ET LANGUE VULGAIRE)

PAR

JEAN BONET

PROFESSEUR À L'ÉCOLE SPÉCIALE DES LANGUES ORIENTALES VIVANTES
ET À L'ÉCOLE COLONIALE

TOME PREMIER
A - M

PARIS
IMPRIMERIE NATIONALE
—
ERNEST LEROUX, ÉDITEUR, RUE BONAPARTE, 28

M DCCC XCIX

PUBLICATIONS

DE

L'ÉCOLE DES LANGUES ORIENTALES VIVANTES

DICTIONNAIRE
ANNAMITE-FRANÇAIS

(LANGUE OFFICIELLE ET LANGUE VULGAIRE)

大南國音字彙合解大法國音

DICTIONNAIRE
ANNAMITE-FRANÇAIS

(LANGUE OFFICIELLE ET LANGUE VULGAIRE)

PAR

JEAN BONET

PROFESSEUR À L'ÉCOLE SPÉCIALE DES LANGUES ORIENTALES VIVANTES
ET À L'ÉCOLE COLONIALE

TOME PREMIER
A-M

PARIS
IMPRIMERIE NATIONALE
—
ERNEST LEROUX, ÉDITEUR, RUE BONAPARTE, 28.
—
M DCCC XCIX

PRÉFACE.

Le dictionnaire que nous présentons au public a pour but de combler une lacune qui fut, pendant les longues années de notre séjour en Indo-Chine, l'objet de plaintes unanimes. Notre Dictionnaire annamite-français, embrassant la langue vulgaire (écrite et parlée) comme la langue officielle (écrite seulement), comprend, avec leur transcription hiéroglyphique respective, tous les vocables usités dans ces deux langues.

Les termes provenant de l'idiome primitif sont transcrits en caractères vulgaires formés au moyen des clefs chinoises et étymologiquement décomposés; les autres sont transcrits en caractères chinois, sans aucune altération graphique. Les homophones, très nombreux, surtout dans la langue parlée, ont été séparés les uns des autres, ainsi que cela se doit, et, grâce à la transcription qui les accompagne, chacun de ces mots se présente au lecteur avec sa signification particulière, son sens propre, ce qui rendra désormais toute confusion impossible. Pour le sens de chaque mot, nous donnons une définition complète, quoique brève. Les termes les plus usités sont suivis de nombreux exemples sous forme d'expressions composées, de phrases dialoguées, de proverbes, d'aphorismes, etc. Chaque texte, écrit en lettres latines modifiées par des signes conventionnels, est doublé du texte correspondant en écriture hiéroglyphique.

Pour justifier le titre de « Dictionnaire de la langue vulgaire et de langue officielle » qui figure en tête de cet ouvrage, nous avons dû mprendre dans notre travail trois éléments différents :

1° Les vocables d'origine purement annamite, termes primitifs, uvent entachés de trivialité et qui ne sont parfois que de simples omatopées;

2° Les mots de provenance chinoise dont les peuples de l'Annam t enrichi leur idiome par des emprunts successifs faits à l'immense cabulaire des Célestes, et qu'il faut considérer comme faisant au- ird'hui partie intégrante de la langue nationale;

3° Les termes de la langue écrite chinoise prononcés à la manière namite et employés depuis un temps immémorial pour la rédaction s documents officiels, tels que pièces diplomatiques, militaires, ministratives, judiciaires, etc.

De plus, il nous a paru indispensable d'insérer dans ce dic- nnaire les néologismes forgés pour répondre à des besoins uveaux, à des idées nouvelles qu'a fait naître le contact des lons et des indigènes. Nous avons également recueilli un certain mbre d'expressions, simples ou composées, du style adminis- itif et d'application récente, dues aux modifications apportées par ccupation française dans les domaines judiciaire, administratif et litique.

Nous avons pensé qu'il serait utile de donner, sous forme d'Aver- sement grammatical, une courte étude sur l'alphabet et l'écriture lettres latines. Nous résumons en outre les règles essentielles de langue vulgaire; ce résumé, à défaut de grammaire, sera d'un and secours pour les particularités de l'écriture et de la pronon- tion d'abord, pour les éléments principaux ensuite, et le mécanisme général de la langue. Nous avons cru bien faire aussi en ajoutant, comme supplément au Dictionnaire, une notice sur les divisions politiques et administratives de nos possessions indo-chinoises, avec la nomenclature des noms géographiques officiels par provinces, préfectures et sous-préfectures. On trouvera à la suite de cette notice le tableau des 214 clefs chinoises, avec prononciation annamite et traduction française.

Afin de nous rapprocher le plus possible de l'exactitude — nous ne disons pas de la perfection, — nous nous sommes livré à un contrôle des plus rigoureux, des plus consciencieux, principalement en ce qui concerne les caractères sino-annamites. Pour ce travail de vérification, nous nous sommes aidé des meilleurs dictionnaires chinois et de l'Index du lettré annamite M. Phan đức Hóa. En un mot, nous avons tenu par-dessus tout à produire une œuvre qui complétât, sans prétendre les dépasser, les différents travaux lexicographiques de nos distingués prédécesseurs, auxquels nous nous faisons un devoir de rendre ici un hommage mérité.

En rédigeant ce Dictionnaire annamite-français, nous n'avons pas seulement pensé aux étudiants annamitologues, c'est-à-dire à nos futurs fonctionnaires en Indo-Chine; nous avons voulu aussi faciliter aux jeunes gens de race annamite l'étude de la langue française, dont la connaissance présente pour eux, au moins autant que pour nous-mêmes, des avantages considérables. Plus il y aura d'Annamites sachant le français, plus la tâche de nos administrateurs sera simplifiée, et, si l'usage de notre langue venait un jour à se généraliser parmi les populations indigènes de nos belles colonies d'Extrême-Orient, notre civilisation et nos lois seraient mieux comprises et mieux accueillies; c'est par les échanges des idées plus que par la force et la violence que les nationalités apprennent plus sûrement à se connaître, à s'estimer, à se fondre indissolublement.

Nous nous trouverions suffisamment payé de nos peines si nous pouvions contribuer pour une faible part à cet heureux résultat.

Paris, le 15 décembre 1898.

Jean BONET.

Nota. Cet ouvrage a fait l'objet d'une communication au Congrès international des Orientalistes, section des langues et archéologie de l'Extrême-Orient, qui s'est tenu à Paris en septembre 1897.

AVERTISSEMENT GRAMMATICAL.

ALPHABET.

La langue annamite est une langue monosyllabique et tonique. Les sons se rendent au moyen de lettres empruntées à l'alphabet latin, modifiées par des accents et des signes spéciaux, les premiers pour la prononciation, les autres pour les tons [1].

Les lettres de l'alphabet, au nombre de vingt-trois, sont classées de la manière suivante : *a, b, c, d̦, d, e, g, h, i, y, k, l, m, n, o, p, q, r, s, t, u, v, x*.

L'*f*, le *j* et le *z* de l'alphabet latin n'existent pas dans l'alphabet annamite, mais cet alphabet possède en plus la lettre *đ*.

---

[1] Cette écriture, appelée *quốc ngữ* 國語 (langue du pays), fut créée il y a plus de deux siècles par des missionnaires chrétiens établis au Tonkin; elle consiste en un ensemble de lettres, d'accents et de signes conventionnels donnant la prononciation orthographique ainsi que les différentes intonations. Ces anciens missionnaires, d'origine portugaise, s'étaient placés, pour imaginer ce système de lettres, d'accents et de signes, au point de vue de la prononciation de leur propre langue, et il en est résulté que ce mode de transcription nous semble aujourd'hui, du moins sur quelques points, difficilement explicable. Aussi quelques tentatives de modification ont-elles été faites depuis notre établissement en Extrême-Orient pour employer des signes mieux en rapport avec la langue française. Nous pouvons signaler plus particulièrement l'essai tenté, il y a une vingtaine d'années, par le regretté P. Legrand de la Liraÿe, alors interprète du Gouvernement en Cochinchine. Mais, déjà à cette époque, trop nombreux étaient les ouvrages annamites imprimés au moyen de cette écriture, consacrée d'ailleurs par le temps, pour qu'il fût possible de la réformer sans s'exposer à de graves inconvénients. La tentative de ce savant annamitologue demeura donc infructueuse. D'autre part, beaucoup de personnes compétentes considèrent comme nous qu'il est inutile aujourd'hui de remplacer ces signes conventionnels par d'autres signes qui, pour être nouveaux, n'en seraient pas moins conventionnels.

ACCENTS POUR LA PRONONCIATION.

Pour la prononciation des voyelles, il y a trois accents différents, savoir :

- ˘ *dấu ngư̆a* (bref); se place sur l'*a*.
- ˄ *dấu mũ* (circonflexe); se place sur l'*a*, l'*e* et l'*o*.
- ꞈ *dấu rấu* (barbu); se place à la droite de l'*o* et de l'*u*.

SIGNES POUR LES TONS.

Il y a six sortes d'intonations, mais les signes qui les représentent sont au nombre de cinq seulement, le ton égal n'en ayant naturellement pas besoin. Ces signes sont :

- . *nặng* (lourd, grave, pesant); se place sous la voyelle.
- ´ *sắc* (pointu, aigu, acéré); ⎫
- ` *huyền* (descendant); ⎬ se placent sur la voyelle.
- ~ *ngã* (remontant); ⎪
- ? *hỏi* (interrogatif); ⎭

VOYELLES.

Les voyelles sont : *a, e, i, y, o, u*.

Il y a trois sortes d'*a* :

a simple, sans accent, se prononce clairement et simplement, exemples : *an* (paix), *nam* (sud), *anh* (frère aîné).

ă surmonté du bref se prononce brièvement, ex. : *ăn* (manger), *ắt* (précis, certain), *săm* (préparer).

â avec l'accent circonflexe doit avoir une prononciation brève, rapide, mais surtout sourde et obscure, ex. : *ân* (grâce, bienfait), *âm* (sonorité), *tâm* (cœur), *lâm* (forêt).

L'*e* est de deux sortes :

e simple, sans accent, se prononce longuement et avec le son de l'*ai* français, ex. : *em* (frère cadet), *eo* (col, défilé), *en* (rester seul).

é avec l'accent circonflexe, doit être un peu bref et clair comme notre *é* fermé, ex. : *êm* (doux, moelleux), *dêm* (nuit), *lê* (poirier).

L'*i*, au commencement et à la fin d'un mot, se prononce comme en français, ex. : *in* (imprimer), *ni* (celui-ci); précédé ou suivi d'une autre voyelle, il rend la syllabe longue, ex. : *mai* (demain); placé au milieu d'un mot, concourt à la formation d'une diphtongue, ex. : *giwong* (étendre, étaler).

L'*y*, seul et formant un mot, ou bien initial dans un mot à plusieurs lettres, se distingue peu de la voyelle précédente, ex. : *yêm* (couvert, caché); mais, final et précédé d'une autre voyelle, il se détache de celle-ci et, sans se prononcer tout à fait isolément, n'en forme pas moins une sorte de tréma atténué, ex. : *hay* (savoir, connaître), *cây* (arbre, bois), *máy* (coudre).

L'*o* est de trois sortes :

o simple, son clair et très ouvert, ex. : *oa* (grotte, caverne), *có* (avoir), *nó* (lui, il), *chó* (chien).

ô surmonté de l'accent circonflexe, prononciation sourde et un peu traînante, ex. : *ôi* (cri de douleur), *ôm* (embrasser), *cô* (tante, demoiselle), *mô* (où, en quel lieu ?).

ơ affecté de l'accent barbu, et initial, s'exprime comme s'il était précédé d'une sorte d'*a* très atténué, ex. : *ơi* (cri d'appel); dans un mot et en composition avec les voyelles *i* et *w*, ou avec une de ces deux lettres seulement, forme une diphtongue, ex. : *lơi* (paroles, discours), *mươi* (dix); final, a une prononciation qui se rapproche du *eu* français, ex. : *mơ* (vague, incertain).

L'*u* est de deux sortes :

u simple, se prononce toujours à la romaine, c'est-à-dire *ou*, comme dans *fou*, *mou*, ex. : *lu* (terne, sombre), *tu* (réparer, améliorer); placé avant ou après une autre voyelle, il se prononce séparément sans en être cependant complètement détaché, ex. : *ua* (interjection d'étonnement), *mau* (vivement, prestement), *lâu* (longtemps).

ư avec une barbe, se prononce un peu comme l'*o*, mais d'une manière moins ouverte, moins claire, en insistant gutturalement comme si on voulait rendre une vibration métallique, ex. : *cư* (habiter, demeurer), *sư* (chose, affaire); en composition avec *a*, *i* et *o*, cette lettre sert à former une diphtongue, ex. : *wa* (agréer, consentir), *giwòng* (lit, couchette), *wong* (malheur, calamité).

RÈGLES ET EXEMPLES POUR LES TONS.

1° *Ton égal.* Le plus difficile peut-être à saisir à cause de l'absence de signe conventionnel; on peut le comparer au ton moyen du diapason : il doit être plein, naturel et sans aucune inflexion de voix, ex. : *ma* (chanvre).

2° *Ton grave.* Doit être prononcé du fond de la poitrine, ex. : *mạ* (jeune plant).

3° *Ton aigu.* S'exprime en donnant à la voix un ton élevé et franchement aigu, ex. : *má* (mère).

4° *Ton descendant.* Se traduit par une assez lente dépression de la voix, ex. : *mà* (mais, pour).

5° *Ton remontant.* S'obtient en donnant à la voix une inflexion grave pour remonter ensuite légèrement le ton, ex. : *mã* (cheval).

6° *Ton interrogatif.* S'exprime en montant à pleine voix du ton égal jusqu'au ton le plus élevé et en terminant sur ce même ton, ex. : *hỏi* (interroger); il offre quelque analogie avec notre *comment?*

REMARQUE. L'égal, l'aigu et le descendant sont les trois tons principaux; les autres ne représentent en quelque sorte que des nuances intermédiaires; mais on doit s'appliquer à les observer tous très rigoureusement, en parlant ou en écrivant, sous peine de ne pas être compris.

CONSONNES.

Il y a dix-sept consonnes, savoir : *b, c, d, đ, g, h, k, l, m, n, p, q, r, s, t, v, x.*

b se prononce comme en français et ne présente par conséquent aucune difficulté, ex. : *ba* (trois), *buộc* (lier), *buông* (lâcher); au Tonkin, se prend quelquefois à la place du *v* et on dit *cái be*, au lieu de *cái ve* (bouteille).

c se place au commencement et à la fin des mots; initiale, cette lettre est dure comme le *k* et ne se combine qu'avec *a, o, u,* ex. : *cá* (poisson), *có* (avoir), *cu* (tourterelle); finale, elle sera ou retentissante, comme dans *ác* (le mal), ou sourde et confuse, comme dans *học* (étudier); cette dernière prononciation est spéciale à la Cochinchine. Le *ch* initial est difficile à prononcer : on peut l'assimiler au *ch* espagnol ou portugais et on doit faire en quelque sorte comme s'il était précédé d'un *t*, ainsi *cha* (père) se prononcera comme s'il était écrit *tcha*, *cho* comme *tcho*, etc.; le *ch* final a une prononciation très particulière dont rien ne peut donner l'idée en français : on devra l'entendre, à défaut d'indigène, de la bouche de quelqu'un qui parle bien l'annamite, ex. : *cách* (manière), *sách* (livre).

đ barré transversalement se prononce comme le *d* français et n'est jamais employé que comme lettre initiale, ex. : *đá* (pierre), *đây* (ici), *đinh* (pointe, clou), *đường* (voie, chemin).

d non barré est prononcé par les habitants de la Cochinchine comme s'il était suivi d'un *i*; ainsi les mots *da* (peau), *dâng* (offrir, présenter), *dương* (chèvre), donnent les sons *dia*, *diâng* et *diương*, tandis que les habitants des provinces du Nord prononcent ces mêmes mots comme si le *d* était suivi d'un *z*, c'est-à-dire *dza*, *dzâng*, *dzương*.

g placé devant l'*a* se prononce assez durement, comme dans nos mots français *gage*, *galère*, ex. : *gà* (poule), *gạch* (brique), *gai* (chanvre); il en est de même devant les voyelles *o*, *u* et *ư*, ex. : *gò* (colline), *gũ* (bois), *gươm* (sabre); devant l'*i* on appuie un peu moins, comme dans *gibet*, *giboulée*, ex. : *gì* (quoi), *giu* (simuler); cette lettre n'est pas employée seule devant l'*e*, elle est invariablement suivie de l'*h* et on prononce comme dans *guerre*, mais en appuyant davantage et d'une façon beaucoup plus gutturale, ex. : *ghen* (jalousie), *ghế* (tabouret).

h joue un rôle important dans les mots annamites; initiale, cette lettre est au moins aussi aspirée qu'en anglais, ex. : *hạ* (bas, vil), *hái* (cueillir), *hương* (parfum); au milieu des mots, l'*h* se rencontre après les lettres *k*, *p*, *t*; après *k* elle forme presque un double son, ex. : *khô* (sec), *khí* (air); après *p* elle remplace approximativement l'*f* français, ex. : *phương* (région), *phạm* (crime); après *t* elle exige une forte aspiration, ex. : *tha* (pardonner), *thương* (aimer); après *c* et après *g* elle donne le son particulier dont il a été parlé plus haut; enfin, comme lettre finale et précédée de l'*n*, l'*h* se fond dans un son doux et légèrement nasal, comme dans le mot *bagne*, sans tenir compte de l'*e* muet, ex. : *bánh* (pain), *mạnh* (fort).

k se prononce très durement et n'est employé, sans être suivi de l'*h*, que devant *e, i* et *y*, ex. : *kén* (recenser), *kiém* (chercher), *ký* (signer); suivie de l'*h*, cette lettre s'emploie avec toutes les voyelles, à l'exception de l'*y*, ex. : *khác* (autre, différent), *khế* (acte, écrit), *khi* (lorsque), *khó* (difficile), *khúc* (éclat, morceau).

l a le même son qu'en français et ne s'emploie qu'au commencement de certains mots, ex. : *la* (crier), *lái* (gouvernail), *làng* (village), *lương* (solde, traitement); dans quelques provinces du nord de l'Annam elle est quelquefois prise pour l'*r*, mais c'est là une prononciation vicieuse à laquelle il ne faut attacher aucune importance.

m se prononce aussi comme en français et n'offre pas plus de difficulté que la consonne précédente, surtout lorsqu'elle est lettre initiale, ex. : *ma* (fantôme), *mương* (ruisseau); à la fin d'un mot, elle demande à être fortement accentuée, ex. : *năm* (cinq), *mắm* (saumure).

n au commencement d'un mot et précédant une voyelle se prononce comme en français, ex. : *niên* (année), *nào* (quel); précédant la lettre *g*, elle forme un son double avec prononciation nasale, ex. : *ngã* (tomber), *người* (homme); suivie de *gh*, la prononciation devient très sourde et très nasale, ex. : *nghế* (métier), *nghi* (douter), *nghèo* (pauvre); devant l'*h* elle donne encore un son nasal, ex. : *nhạc* (musique), *nhẹ* (léger); comme lettre finale, l'*n* est une consonne dure dans le nord du pays, un peu adoucie en Cochinchine, ex. : *lần* (fois), *lên* (monter), *mến* (aimer); à la fin d'un mot, l'*n* suivie d'un *g* indique une prononciation nasale particulière qui peut se comparer à celle des mots français *dessin, jardin, long, mon*, etc., ex. : *giếng* (puits), *lông* (poil), *đông* (orient), *công* (travail); pour l'*nh* final, voir à la lettre *h*.

p comme lettre initiale ne s'emploie qu'en composition avec l'*h*; ces deux lettres réunies et n'en formant pour ainsi dire qu'une seule se prononcent comme l'*f* français, mais moins nettement et comme un enfant qui commence à peine à parler, ex. : *pha* (mélanger), *phải* (falloir), *phủ* (préfecture); comme lettre finale a la même prononciation que le *p* français, ex. : *pháp* (puissance), *thép* (acier).

q est invariablement suivi de la voyelle *u*; les mots qui commencent par ces deux lettres doivent être prononcés franchement et d'une seule émission de voix, mais en tenant compte du son de chaque voyelle, ex. : *quá* (excéder), *quan* (mandarin), *quới* (précieux).

r s'emploie au commencement et au milieu des mots, jamais à la fin; au commencement d'un mot, sa prononciation n'est pas sensiblement différente de celle de l'*r* latin, c'est-à-dire un peu roulé (il faut se garder surtout de grasseyer), ex. : *ra* (sortir), *rổ* (corbeille), *ranh* (limite); lorsque, dans un mot, l'*r* est précédé d'un *t*, comme dans *trả* (rendre), il en résulte un son qui n'a aucune analogie avec les sons de la langue française : cette lettre tient alors autant de sa propre nature que de la nature de l'*l*, et au Tonkin il est même d'usage, dans certaines provinces du moins, de prononcer *tlời*, par exemple, à la place de *trời* (ciel), en supprimant l'*r* tout à fait; mais c'est là une prononciation de fantaisie, pour ne pas dire défectueuse.

s ne s'emploie qu'au commencement des mots et se prononce comme le *sh* anglais, excepté dans les provinces de la Cochinchine, où la prononciation de cette sifflante se rapproche sensiblement de celle de l'*s* français, ex. : *sa* (tomber), *sách* (livre), *sao* (étoile), *swơng* (rosée).

t au commencement d'un mot se prononce comme en français, ex. : *ta* (nous), *tài* (talent); suivi de l'*h* (voir cette lettre), il forme un double son et exige une forte aspiration, ex. : *thiếu* (manquer), *thông* (perspicace), *thuận* (accord); à la fin d'un mot, il est bref, sec, comme dans les mots latins *et*, *ut*, et les mots français *net*, *fat*; en Cochinchine, on a l'habitude de donner à ce *t* final, dans les mots *mọt* (un) et *tốt* (bien), par exemple, une prononciation sourde tenant à la fois du *c*, du *b* et du *p*, et d'ajouter à d'autres mots, tels que *rịt* (lier) et *bịt* (garnir), une sorte de terminaison sifflante.

v représente un son assez semblable à celui du *v* français, mais se prononce d'une manière un peu plus adoucie, ex. : *viến* (rond), *việc* (affaire), *vá* (raccommoder), *vàng* (or), *về* (revenir), *vố* (entrer), *vườn* (jardin); dans certaines provinces du Sud, on fait suivre cette lettre d'une sorte d'*i* devant les voyelles *a*, *e*, *o*, *u*, ce qui fait prononcer *viá* pour *vá*, *viàng* pour *vàng*, *vié* pour *về*, *vió* pour *vố*, *viườn* pour *vườn*; cette lettre est toujours initiale.

x ne s'emploie qu'au commencement des mots, ex. : *xa* (loin), *xin* (prier), *xuyên* (fleuve); rien n'est plus difficile que de fixer exactement par des exemples tirés du français la prononciation de cette lettre; ce qui s'en approcherait le plus serait notre *ch* dans *chat, chien, chaise*, etc., mais c'est encore assez approximatif; comme pour beaucoup d'autres sons, nous ne voyons qu'un seul moyen, c'est de les recueillir de la bouche même d'un indigène ou d'un bon maître.

SUBSTANTIF.

Il y a en annamite des substantifs simples et des substantifs doubles ou composés.

Comme substantifs simples nous citerons : *ngườì* (homme, femme), *con* (enfant, petit), *ngựa* (cheval), *chó* (chien), *gà* (poule), *nhà* (maison), *sách* (livre). Comme substantifs composés : *bàn thờ* (autel), *chơn dèn* (chandelier), *nhà bếp* (cuisine). Parmi les substantifs composés, les uns sont formés par deux monosyllabes ayant le même sens, comme *vua chúa* (roi), *mực mẹo* (méthode); d'autres par association d'idées, comme *trâu bò* (buffle et bœuf), *rượu trà* (vin et thé). Les substantifs dérivés d'un verbe doivent être précédés des mots *sự* (chose), ou *việc* (affaire), ex. : *sự làm* (travail), *sự học* (étude). Il en est de même des substantifs dérivés d'un adjectif, ex. : *sự mạnh* (force), *sự yếu* (faiblesse).

GENRE DU SUBSTANTIF.

Les substantifs sont dépourvus de terminaisons indiquant le genre.

Le genre d'un nom commun, représentant un être animé, se reconnaît au moyen de termes spéciaux placés après ce nom.

Pour la distinction des deux genres, il y a : pour l'homme, *nam*, *đờn ông* et *trai*; pour la femme, *nữ*, *đờn bà* et *gái*. Par *nam nữ* (expression sino-annamite), on désigne le masculin et le féminin et surtout les deux sexes en tant que principe. *Đờn ông* s'emploie pour les hommes faits, *trai*, pour les jeunes gens. *Đờn bà* s'applique aux femmes, *gái*, aux jeunes filles. On doit donc dire *người đờn ông* (homme), *người đờn bà* (femme), *con trai* (jeune homme), *con gái* (jeune fille).

Pour les animaux, les Annamites ont les termes de mâle et de femelle qu'ils ajoutent au nom commun. Ces termes ne sont pas les mêmes pour tous les animaux.

Chez les quadrupèdes, *đực* indique le mâle et *cái* la femelle, ex. : *ngựa đực* (cheval), *ngựa cái* (jument); *chó đực* (chien), *chó cái* (chienne).

Chez les oiseaux et les volatiles, *trống* indique le mâle et *mái* la femelle, ex. : *gà trống* (coq), *gà mái* (poule).

Pour les reptiles, les arbres et les plantes dioïques, on emploie généralement les marques de genre qui conviennent aux quadrupèdes, tandis que pour les poissons on se sert plutôt des termes employés pour les oiseaux.

Il n'y a en annamite aucune distinction de genre pour les êtres inanimés.

A défaut de marque de genre, le masculin prime le féminin.

NOMBRE DU SUBSTANTIF.

SINGULIER.

Le singulier s'exprime, soit par le mot simple :

Ex. : *người* (l'homme);

soit au moyen d'un terme numéral précédant le nom :

Ex. : *con ngựa* (le cheval), *cái nhà* (la maison);

soit en plaçant l'unité devant l'objet que l'on désire exprimer :

Ex. : *một con bò* (un bœuf), *một cái bàn* (une table).

REMARQUE. Chaque fois que l'unité est exprimée, le nom doit être précédé du terme numéral qui lui est applicable.

PLURIEL.

Le pluriel général, c'est-à-dire le pluriel vague, indéterminé, s'exprime par le mot simple :

Ex. : *ngựa* (chevaux, les chevaux), *xe* (voitures, les voitures), *nhà* (maisons, les maisons), *ghe* (barques, les barques).

Lorsqu'il est déterminé, le pluriel se forme en plaçant devant les noms des termes appelés marques du pluriel et qui varient suivant les circonstances.

Ces termes sont : *những, các, mấy;* les deux premiers indiquent la pluralité, et *mấy* l'universalité, ex. : *những người anh nói đã tới* (les hommes dont vous avez parlé sont arrivés), *các con chó của người bạn hữu tôi đã đi mất* (les chiens de mon ami sont partis), *mấy đứa con nít sẽ đi học* (tous les enfants iront à l'école).

L'expression composée *bao-nhiêu* signifiant combien? quel nombre? peut s'employer aussi comme marque du pluriel à la place de *những*.

Remarque. Il est de règle de placer entre la marque du pluriel et le nom, le terme numéral qui convient à ce nom. Cette règle s'applique aussi, comme on le verra plus loin, aux noms de nombre.

TERMES NUMÉRAUX OU APPELLATIFS.

Il existe pour chaque catégorie d'êtres des appellatifs particuliers :

Cái est le plus important; il s'applique à tous les êtres inanimés qui n'ont pas de terme numéral particulier, et, comme tous les autres appellatifs, il peut tenir lieu d'article défini, ex. : *cái nhà* (la maison), *cái xe* (la voiture), *cái bàn* (la table), *cái vườn* (le jardin), *cái bánh* (le pain).

Viennent ensuite :

Con, qui signifie fils, enfant, petit, s'applique à tous les êtres animés sans exception, ex. : *con trai* (le garçon), *con gái* (la fille), *con ngựa* (le cheval), *con gà* (la poule), *con chim* (l'oiseau), *con rắn* (le serpent).

Cây pour les arbres et différents objets de forme allongée, ex. : *cây cột* (la colonne), *cây gậy* (le bâton), *cây viết* (le porte-plume, le pinceau).

Chiếc pour les navires, les bateaux et embarcations diverses, pour les souliers (dépareillés), les bâtonnets à manger (dépareillés), les nattes, etc., ex. : *chiếc tàu* (le navire), *chiếc ghe* (la barque), *chiếc giày* (le soulier).

Cuốn pour les livres, les rouleaux de papier, ex. : *cuốn sách* (le volume), *cuốn giấy* (le rouleau de papier).

REMARQUE. Les termes numéraux ou appellatifs ne sont strictement obligatoires que pour les noms pris dans un sens déterminé; mais, lorsque les noms sont pris dans un sens général, leur emploi n'est plus nécessaire. De plus, il est d'un usage constant de ne pas se servir d'appellatifs pour les mots représentant soit des idées abstraites, soit des choses de formes vagues, mal définies, comme le feu, les liquides, l'air, les nuages, le ciel, etc., et généralement pour tout ce qui ne peut pas se compter.

ADJECTIF.

Il y a des adjectifs simples et des adjectifs doubles ou composés :

Ex. : *lớn* (grand), *cao* (haut), *tốt* (beau), *nhỏ mọn* (petit, humble), *làm biếng* (paresseux), *thông thái* (savant). La règle veut que les adjectifs se placent après les noms qu'ils qualifient, mais sans s'accorder ni en genre ni en nombre avec ces noms, ex. : *một con ngựa lớn* (un grand cheval), *một cái nhà tốt* (une belle maison).

Il y a cependant quelques exceptions et, dans certains cas, l'adjectif se place comme en chinois avant le nom :

Ex. : *tốt người* (bel homme), *xấu người* (laide personne).

COMPARATIFS.

Le comparatif de supériorité se forme au moyen du mot *hơn* (plus), placé après le positif, ex. : *cao hơn* (plus haut), *mạnh hơn* (plus fort), *giàu hơn* (plus riche); celui d'égalité se rend par *bằng*, *cũng bằng* et *như*, ex. : *nó lớn bằng tôi* (il est aussi grand que moi), *tôi giàu cũng bằng nó* (je suis aussi riche que lui), *tôi làm việc nhiều như người nầy* (je travaille autant que cet homme); quant à celui d'infériorité, il s'exprime au moyen des mots *không có* ou *không được* placés avant le positif, et des mots *cho bằng* placés après, ex. : *cái nhà của nó không có lớn cho bằng cái nhà của tôi* (sa maison n'est pas grande autant que la mienne, c'est-à-dire sa maison est moins grande que la mienne); comme on le voit, c'est là une tournure renversée qui consiste à revenir à la forme du comparatif d'égalité; on peut arriver à rendre le comparatif d'infériorité par l'emploi du comparatif de supériorité, et dire *cái nhà của tôi lớn hơn cái nhà của nó* (ma maison est plus grande que la sienne); il y a encore les expressions *ít hơn* (quantité moindre), *không bằng* (ne pas égaler), et les mots *kém* (manquer), *thua* (au-dessous de) qui peuvent aider à former des comparatifs d'infériorité.

SUPERLATIFS.

Les superlatifs, toujours sous forme d'adverbes, se placent généralement après l'adjectif. Un seul, *rất* (excessivement), se place avant, ex. : *rất xấu* (excessivement laid). Les autres, *lắm* (très), *quá* (dépasser), se placent après, ex. : *giàu lắm* (très riche), *cao quá* (trop haut). *Hung* (féroce) et *dữ* (cruel) peuvent aussi être employés, surtout comme superlatifs excessifs; enfin il en est d'autres que l'on forme au moyen de périphrases : c'est par une étude complète de la grammaire et par l'usage de la langue qu'on apprendra à les connaître.

NOMS DE NOMBRE.

NOMBRES CARDINAUX.

1	Un...........	Một.	15	Quinze........	Mười lăm.
2	Deux..........	Hai.	16	Seize.........	Mười sáu.
3	Trois.........	Ba.	17	Dix-sept.......	Mười bảy.
4	Quatre........	Bốn.	18	Dix-huit.......	Mười tám.
5	Cinq..........	Năm.	19	Dix-neuf.......	Mười chín.
6	Six...........	Sáu.	20	Vingt.........	Hai mươi.
7	Sept..........	Bảy.	21	Vingt et un.....	Hai mươi một.
8	Huit..........	Tám.	30	Trente........	Ba mươi.
9	Neuf..........	Chín.	40	Quarante.......	Bốn mươi.
10	Dix...........	Mười.	50	Cinquante......	Năm mươi.
11	Onze..........	Mười một.	60	Soixante.......	Sáu mươi.
12	Douze.........	Mười hai.	70	Soixante-dix....	Bảy mươi.
13	Treize.........	Mười ba.	80	Quatre-vingts...	Tám mươi.
14	Quatorze.......	Mười bốn.	90	Quatre-vingt-dix.	Chín mươi.

100 Cent...............	*Một trăm.*
1.000 Mille..............	*Một ngàn.*
10.000 Dix mille..........	*Một muôn.*
100.000 Cent mille..........	*Một vẹo.*
1.000.000 Un million..........	*Một triệu.*

REMARQUE. Le mot *một* (un) change de signe tonique après la deuxième dizaine et s'exprime par *mốt*, ex. : *hai mươi mốt* (vingt et un); ce même mot indique l'unité de l'ordre décimal immédiatement inférieur à celui qui vient d'être énoncé, ex. : *một trăm mốt* (cent dix), *một ngàn mốt* (onze cents). Il y a encore une observation pour les noms de nombre *năm* (cinq) et *mười* (dix) : *năm* s'exprime par le mot *lăm* après la première dizaine, ex. : *mười lăm* (quinze), *hai mươi lăm* (vingt-cinq), et *mười* se prononce *mươi*, sans signe tonique, toutes les fois qu'il exprime un multiple de dix, ex. : *hai mươi* (vingt), *năm mươi* (cinquante).

NOMBRES ORDINAUX.

Les nombres ordinaux se forment au moyen du mot *thứ* (sorte, espèce) que l'on place devant le nombre cardinal. Il y a cette particularité que pour *một* (un) et pour *bốn* (quatre) on emploie de préférence les noms de nombre sino-annamites *nhứt* et *tư*.

Premier.........	*Thứ nhứt.*		Huitième........	*Thứ tám.*
Deuxième.......	*Thứ hai* (ou *Thứ nhì*).		Neuvième.......	*Thứ chín.*
Troisième.......	*Thứ ba.*		Dixième.........	*Thứ mười.*
Quatrième.......	*Thứ bốn* (ou *Thứ tư*).		Onzième........	*Thứ mười một.*
Cinquième.......	*Thứ năm.*		Cinquantième....	*Thứ năm mươi.*
Sixième.........	*Thứ sáu.*		Centième........	*Thứ một trăm.*
Septième........	*Thứ bảy.*		Cent-cinquantième.	*Thứ một trăm năm mươi.*

PRONOM.

PRONOMS PERSONNELS.

Les pronoms personnels sont nombreux et variés. Leur emploi dépend du rang, de la qualité ou de l'âge des personnes auxquelles ces pronoms se rapportent.

SINGULIER.

1ʳᵉ PERSONNE.

Tôi (serviteur), s'emploie comme pronom respectueux (se prononce *tui* en Cochinchine et est très usité).

Tao (je, moi), pronom arrogant, s'emploie de supérieur à inférieur.

Ta (nous), s'emploie en parlant avec autorité, comme un fonctionnaire, par exemple, parlant au nom du gouvernement.

Min (je, moi), parlant également avec autorité.

Mình (corps), id.

Cha (père), employé par le père en parlant à ses enfants.

Thầy (maître), employé par le maître parlant à ses élèves.

Đây (ici), employé en style poétique, et aussi lorsqu'on ignore le rang de la personne à laquelle on parle.

2ᵉ PERSONNE.

Mầy (tu, toi), s'emploie pour tutoyer et pour parler avec mépris [1].

Em (cadet, cadette), en s'adressant à des enfants ou en parlant avec affection à une personne plus jeune que soi.

Anh (frère aîné), employé entre égaux et entre personnes du même rang (familier).

Chị (sœur aînée), en s'adressant à une femme de condition moyenne (familier et très usité).

Cậu (oncle, jeune homme), s'emploie en parlant à des jeunes gens instruits, à des étudiants, à des fils de fonctionnaires.

Cô (tante, demoiselle), s'emploie en parlant aux jeunes filles et aux jeunes femmes de qualité.

Thầy (maître enseignant), en parlant aux professeurs, aux médecins, aux bonzes, et en général aux hommes de science.

Ông (seigneur, correspond à monsieur), s'emploie d'inférieur à supérieur, entre égaux d'un certain rang et en parlant à des vieillards vénérables.

---

[1] Pour être logique, lorsqu'on tutoie quelqu'un, on doit se servir pour parler de soi du pronom arrogant *tao*.

Bà (correspond à madame), employé pour parler aux femmes de qualité ou à des femmes âgées.

Quan lớn, s'applique à des fonctionnaires d'un grade supérieur (mandarin des 1er, 2e et 3e degrés) et peut se traduire par « votre excellence ».

3e PERSONNE.

Les pronoms de la troisième personne se forment au moyen des pronoms de la deuxième (*mầy* excepté), accompagnés du pronom démonstratif *ấy*.

Người ấy (il, lui, cet homme, cette personne).
Anh ấy (il, lui, ce frère, cet ami).
Ông ấy (il, lui, ce monsieur).
Bà ấy (elle, cette dame).
Nó (vient du sino-annamite *nô* 奴, esclave), s'emploie pour les animaux et pour désigner avec dédain ou mépris une personne quelconque.

PLURIEL.

1re PERSONNE.

On forme le pluriel des pronoms de la première personne au moyen du mot *chúng* (tous) suivi du pronom correspondant singulier.

Chúng tôi (nous), quand on fait part à une personne d'une chose qui se passera en dehors d'elle.

Chúng ta (nous), lorsque la personne à qui l'on s'adresse est comprise dans ce qu'on dit ou ce qu'on se propose de faire.

Ta (nous), parlant au nom d'une réunion, d'un groupe, d'une collectivité.

2e PERSONNE.

Les pronoms de la deuxième personne se forment au moyen de la marque du pluriel *các* suivie du pronom correspondant singulier.

Các em (vous, vous mes cadets, mes amis).
Các anh (vous, vous mes aînés, mes amis).
Các thầy (vous, vous mes maîtres).

Các ông (vous, vous messieurs).
Các chị (vous, vous mes sœurs aînées, mes amies).
Các bà (vous, vous mesdames).
Các quan lớn (vous, vos excellences).
Các người (vous, vous les hommes).
Bay (vous, vous tous), en s'adressant à une bande d'enfants, à un groupe de travailleurs, à une réunion de gens de modeste condition.

3ᵉ PERSONNE.

Les pronoms de la troisième personne sont formés au moyen de la marque du pluriel *các* suivie du pronom correspondant singulier, sauf un, *nó*, qui se combine avec le mot *chúng* (tous).

Các em ấy (ils, eux, ces cadets).
Các anh ấy (ils, eux, ces frères aînés, ces amis).
Các chị ấy (elles, ces sœurs aînées, ces amies).
Các ông ấy (ils, eux, ces messieurs).
Các bà ấy (elles, ces dames).
Các người ấy (ils, eux, ces hommes).
Chúng nó (ils, eux), en parlant de gens quelconques ou méprisables.

Pour la formation de ces pronoms, on peut employer, à la place de *các*, les autres marques du pluriel *những* et *mấy*.

PRONOMS DÉMONSTRATIFS.

Les pronoms démonstratifs sont au nombre de quatre; ils se placent immédiatement après le nom; mais lorsque le nom est suivi d'un adjectif, ils se placent après l'adjectif.

Nầy, ce, ceci, celui-ci, celle-ci, désigne les personnes présentes ou les choses rapprochées, ex. : *người nầy* (cet homme), *con ngựa nầy* (ce cheval), *cái vườn lớn nầy* (ce grand jardin).

Ấy, cela, celui-là, celle-là, désigne les personnes non présentes ou les choses éloignées, ex. : *con gái ấy* (cette jeune fille), *việc ấy* (cette affaire).

kia, cela, celui-là, cet autre, plus éloigné que le précédent, ex. : *ngày kia* (cet autre jour), *đêm kia* (cette autre nuit).

nọ, même signification que ci-dessus, mais marque une distance plus éloignée encore, ex. : *không phải là người nầy, không phải là người kia, là người nọ* (ce n'est ni cet homme-ci, ni cet homme-là, c'est l'autre).

PRONOMS RELATIFS.

La langue annamite ne possède pas, à proprement parler, de pronoms relatifs, et le sens de qui, que, liant un membre de phrase à un autre membre de phrase est à peu près inconnu.

On peut, dans certains cas, suppléer à cette lacune en employant les mots *là* (être) et *kẻ* (celui qui), ou bien *là người* (lequel, en parlant d'un homme), ou bien encore *là việc* (laquelle, en parlant d'une chose), ex. : *danh Nam là kẻ tôi đã gặp chiều hôm qua* (le nommé Nam que j'ai rencontré hier au soir); *ấy là việc về chúng ta* (c'est l'affaire qui nous concerne).

On peut aussi tourner la difficulté en employant soit les pronoms démonstratifs *nầy* et *ấy,* soit la marque de possession *của.* Mais le mieux est d'apprendre certaines tournures de phrases qui abrègent le discours et qui permettent de se passer de pronom relatif.

PRONOMS POSSESSIFS.

Les pronoms possessifs sont formés au moyen du mot *của* (marque de propriété), suivi du pronom personnel qui convient à chaque cas particulier.

Của tôi (mon, ma, mes).
Của mầy (ton, ta, tes).
Của nó (son, sa, ses).

Của chúng tôi (notre, nos).
Của các anh (votre, vos).
Của chúng nó (leur, leurs).

Ces pronoms se placent invariablement après le substantif.

Cái của tôi (le mien, les miens).
Cái của mầy (le tien, les tiens).
Cái của nó (le sien, les siens).

Cái của chúng tôi (le nôtre, les nôtres).
Cái của các anh (le vôtre, les vôtres).
Cái của chúng nó (le leur, les leurs).

Cái est employé dans la formation des pronoms possessifs lorsqu'il s'agit d'êtres inanimés, ex. : *cái áo của tôi là dài, mà cái của anh là dài hơn nữa* (mon habit est long, mais le vôtre est encore plus long); mais quand il s'agit d'êtres animés, on se sert de l'appellatif *con*, ex. : *con chó của tôi là nhỏ, mà con của chúng nó là lớn* (mon chien est petit, mais le leur est grand).

Của est de rigueur dans tous les cas où il y a lieu de bien marquer la possession; dans les autres cas, ce mot demeure sous-entendu, et le plus souvent les Annamites, surtout les gens du peuple, se contentent du pronom personnel : ainsi on dira *nhà tôi* pour *nhà của tôi*, *nhà anh* pour *nhà của anh*, et en cela ils sont d'accord avec le génie de la langue qui veut que, sauf quelques superfluités en usage comme redondances finales, aucun mot inutile ne soit employé.

PRONOMS INTERROGATIFS.

Comme pronoms interrogatifs, il y a : 1° *ai*, qui? qui est-ce qui? ex. : *ai nói?* (qui parle?), *ai cho?* (qui donne?), *ai làm việc?* (qui travaille?); 2° *nào*, quel, quelle, lequel, laquelle? ex. : *người nào?* (quel homme?), *cái nhà nào?* (quelle maison?), *những con ngựa nào?* (quels chevaux?); 3° *gì*, quoi? ex. : *cái gì?* (quelle chose?), *việc gì?* (quelle affaire?), *mầy ăn giống gì?* (que manges-tu?); 4° *chi*, quoi? — se distingue peu du précédent — ex. : *lo làm chi?* (pourquoi vous inquiéter?), *kể chi?* (pourquoi tenir compte de...?), *làm chi?* (pourquoi faire? à quoi bon?).

PRONOMS INDÉFINIS.

Ai, nào (proviennent des pronoms interrogatifs), ex. : *ai ai* (quiconque, chacun, tous), *ai nấy* (id.), *không ai* (personne, aucun, nul), *kẻ nào* (celui qui), *những kẻ nào* (ceux qui); viennent ensuite les mots *gì, mọi, mỗi, kia, ấy*, qui peuvent, de différentes manières, concourir à la formation des pronoms indéfinis; enfin *người ta* (les hommes, les gens), et *họ* (même signification), sont très usités pour traduire notre pronom indéfini « on ».

VERBE.

La langue annamite n'a pas de conjugaisons, mais les temps et les modes principaux peuvent se rendre par l'emploi de certaines particules que l'on nomme marques de temps, savoir :

Đương ou *đang*, présent immédiat et quelquefois imparfait ; *sẽ*, futur ; *đã*, passé. Comme marques du passé, les mots *có* (avoir, être), devant le verbe, et *rồi* (fini, terminé), après le verbe, peuvent être aussi, dans certains cas, utilement employés.

L'impératif se forme à l'aide de la particule *hãy*, placée devant le verbe. Le mot *đi*, placé après, indique aussi l'impératif, mais surtout un impératif excitatif. L'impératif prohibitif s'exprime par les mots *đừng* (gardez-vous de) et *chớ* (veuillez ne pas), placés devant le verbe.

L'emploi des particules impératives est presque toujours nécessaire en raison de la difficulté que présente cette langue rigoureusement tonique. Les intonations étant fixes et absolument obligatoires, le ton de commandement ne pourrait se rendre que très difficilement sans faire usage de mots spéciaux.

Le verbe passif s'exprime par les mots *bị* (subir), *chịu* (souffrir, supporter), *nắc* (être retenu, pris), marquant l'action pénible ou douloureuse, et par *được* ou *đặng* (pouvoir, obtenir), marquant l'action agréable. *Phải* (devoir, falloir), peut être employé pour les deux. Exemples : *bị đánh* (être battu), *bị quở* (avoir été grondé), *chịu khó* (endurer), *chịu phép* (se soumettre), *nắc đau* (pris par la maladie) ; *được phước* (être heureux, avoir de la chance), *đặng ơn* (recevoir un bienfait).

Dans bien des cas cependant, on change le passif marquant l'action agréable en actif, et on dit, par exemple, *người ta thương tôi* (on m'aime), au lieu de *tôi được thương* (je suis aimé).

Les verbes qui correspondent à nos auxiliaires avoir et être sont *có* (avoir, posséder) et *là* (être), mais leur importance est beaucoup moins grande qu'en français. *Có* prend quelquefois la signification compliquée de « avoir le fait d'être » et tient par conséquent la place du verbe *là*. Le verbe *có*, considéré souvent en grammaire comme simple particule, marque l'affirmation et signifie « oui, cela est, cela existe ».

Il y a trois sortes de verbes : des verbes simples, formés d'un seul mot, des verbes doubles, formés de deux mots, et des verbes composés formés par voie de périphrase. Les verbes composés sont accompagnés de prépositions ayant pour objet d'en modifier le sens primordial. Ces prépositions sont parfois placées à la fin de la phrase. Ce n'est que par des exercices fréquents que l'on sera fixé sur ce point.

Quand le sujet du verbe est une personne, on devra employer le pronom qui convient au rang, à la condition ou à l'âge de cette personne.

ADVERBE.

Lắm, quá, hung et *dữ*, employés, ainsi qu'on l'a vu plus haut, comme superlatifs, sont aussi des adverbes. On peut former d'autres adverbes au moyen d'adjectifs précédés de la préposition *cho* (à, pour), ex. : *nói cho rõ* (parler clairement), *đánh cho mạnh* (frapper fortement), *làm cho nhẹ* (faire doucement), *đi cho mau* (marcher rapidement).

L'adverbe se place habituellement après le verbe auquel il se rapporte.

PRÉPOSITION.

Les particules généralement employées comme prépositions sont :

Cho (à, pour), *đến* (venir), *tới* (arriver), *về* (revenir), *nơi* (lieu, endroit), *tại* (id.), *trong* (dans, dedans), *ngoài* (dehors), *trước* (devant), *sau* (derrière), *trên* (sur), *dưới* (sous), *gần* (près), *xa* (loin), *bởi* (provenir de), *vì* (car, c'est pourquoi), *cùng* (avec, envers), *từ* (depuis), etc.

Les prépositions se placent avant le complément, ex. : *nó ở trong nhà* (il est dans la maison), *tôi ở trên cây* (je suis sur l'arbre).

CONJONCTION.

Comme conjonctions usuelles, il y a :

Và (et), *với* (avec), *cùng* (id.), *mà* (mais), *cho* (afin que, de manière à), *song* (néanmoins), *nếu* (si), *khi* (quand, lorsque), *dầu mà* (quoique, bien que), *còn* (de plus), *hay là* (ou, ou bien), *như* (comme, si), *nhưng mà* (cependant).

La conjonction française « que » n'a pas d'équivalent en langue annamite.

INTERJECTION.

Les principales interjections ou exclamations sont :

Á (étonnement), *à* (satisfaction), *ý* (douleur), *cha chả* (surprise), *ối* (détresse, angoisse), *ơi* (pour appeler quelqu'un avec familiarité, se place après le nom de la personne appelée), *è* (menace, colère), *ẹ* (horreur, dégoût), *é* (désapprobation), *ý hà* (pour effrayer, se moquer), *hé* (pour interpeller), *hè hè* (cris guerriers pour s'exciter au combat), etc.

SIGNES DE CONVENTION POUR LES ABRÉVIATIONS.

*   Caractère chinois.
S. A.   Sino-annamite.
A. V.   Annamite vulgaire.
o   Tient la place du caractère principal, qu'il était inutile de reproduire dans les exemples.

DICTIONNAIRE ANNAMITE-FRANÇAIS.

(LANGUE OFFICIELLE ET LANGUE VULGAIRE.)

A

A 妸*. Indécis, incertain, irrésolu, fuyant, vaporeux, charmant.

    A nả ○ 娜, élégant, gracieux, joli, tendre, délicat (surtout en parlant d'une jeune fille).

A 阿*. Rempart, terrasse, digue, escarpement, anfractuosité; consentir, accepter; particule finale exclamative, affirmative et interrogative. A. V. Syllabe euphonique.

    A nguỳ ○ 巍, assa fœtida. — *A giao* ○ 膠, colle animale; mucilage employé en médecine. — *A phiện* ○ 番, opium (voir *nha phiện*). — *A dong* ○ 容, Adam. — *A dua* ○ 諛, flatter, aduler. — *A di đà phật* ○ 彌陀佛, Amida Bouddha (souvent invoqué dans les prières bouddhiques).

A 䯂*. Racler, raboter, amincir, tailler; coupure, incision.

    Cái a 丂 ○, racloir, rabot, doloire.

A 瘂*. Le nom d'une maladie de peau; ulcères, pustules, boutons.

Á 亞*. Laid, vilain, contrefait, mal venu; moindre, inférieur, qui vient après; second, plus jeune; exclamation de joie, cri d'allégresse.

    Á thứ ○ 次, deuxième rang, second en dignité ou en qualité. — *Á thánh* ○ 聖, la seconde classe des saints ou des sages. — *Bất á vu nhơn* 不 ○ 于 人, qui n'est pas au-dessous des autres hommes. — *Á vui!* ○ 盃, que c'est amusant! — *Á ngộ nghỉnh!* ○ 悟 迎, comme c'est joli!

Á 婭*. Belle-sœur; nom que les belles-sœurs se donnent entre elles (appellation de courtoisie).

    Nhơn á 姻 ○, beau-frère (mari de la sœur); parents par alliance. — *A tế* ○ 婿, beau-fils, gendre.

A 西*. Couvrir; tente, abri; toute

chose qui couvre, qui préserve, qui ombrage. Car. radical.

À 阿. Interjection de surprise, marque d'étonnement : ah! oh! (Du S. A. *a*, même car., exclamation.)

À anh tôi! ○ 嬰 細, ah! vous voilà! enfin, vous arrivez!

Á 婀. Sœur, belle-sœur. (Du S. A. *á*, même car., même signification.)

Chị á 姉 ○, sœur aînée, belle-sœur plus âgée (terme de politesse).

Ác 歹 et 歺*. Le mal, le vice; mauvais, vicieux; os rongé, squelette. Car. radical.

Ác 堊*. Terre grise, terre à porcelaine ou caolin; substance pour crépir les murs; boue, vase.

Ác 啞*. Son guttural; le cri d'un certain oiseau; avoir de la peine à parler; s'exprimer difficilement.

Ác tữ ○ 子, un muet. — *Ác mê* ○ 謎, paroles à double entente, langage énigmatique.

Ác 惡*. Mauvais cœur; méchant, pervers, dépravé; le mal, la méchanceté; sali, maculé.

Ác nhơn ○ 人, un méchant homme. — *Ác nghiệp* ○ 業, malséant, impudique; sorte d'imprécation. — *Hung ác* 凶 ○, cruel, sauvage. — *Dữ ác* 與 ○, méchant, dépravé. — *Dữ ác không!* 與 ○ 空, est-il mauvais! exclamation d'étonnement. — *Chơi ác* 制 ○, s'amuser à outrance, jouer immodestement. — *Giao ác* 交 ○, s'en vouloir mutuellement, se vouer une haine réciproque. — *Tội ác* 罪 ○, une faute sans rémission, un grand crime; imprécation. — *Thập ác* 十 ○, les dix crimes sans pitié (qui emportent la peine capitale) : complot de rébellion, complot de destruction des édifices royaux, trahison, assassinat de ses parents, meurtre de trois personnes et au-dessus, vol sacrilège, impiété filiale, crimes à l'égard de collatéraux, crimes à l'égard des autorités constituées, incestes. — *Dương thiện ản ác* 揚善隱 ○, publier le bien, cacher le mal (sentence).

Ác 鴉. Corbeau; le soleil au moment de paraître. (Formé des S. A. *điểu* 鳥, oiseau, et *ác* 惡, méchant, mauvais.)

Ác là ○ 羅, la pie. — *Ác vàng* ○ 鑲, soleil (terme poétique). — *Mỏ ác* 喋 ○, bec de corbeau; le bas de la poitrine (appendice xiphoïde du sternum).

Ách 厄*. Être maltraité, subir une offense; joug, servitude, sujétion.

Ách nạn ○ 難, grande infortune, adversité. — *Ách nặng* ○ 囊, joug pesant (moral et physique). — *Phát ách* 發 ○, hoquet, râle de la mort. — *Tức ách* 息 ○, sanglot, hoquet. — *Mắc ách* 縛 ○, subir un joug, une servitude; être très malheureux. — *Giải ách* 解 ○, se dégager d'une fâcheuse situation.

Ai 唉*. Ton plaintif; soupirer; interjection : comme c'est triste!

Ai 埃*. Poussière fine. A. V. Qui, quiconque, lequel, quelconque.

Ai nói? ○ 吶, qui parle? — *Ai nấy* ○ 乃, chacun en particulier et tous en général. — *Ai ngờ* ○ 疑, qui aurait pensé que, qui se serait douté de. — *Hễ ai* 係 ○, quiconque. — *Mặc ai* 默 ○, à la volonté de chacun. — *Chẳng kỳ ai* 庄期 ○, sans distinction de personnes.

Ai 哀*. Se plaindre, se lamenter; exclamation : ah! hélas!

Ái 愛*. Amour, bonté, douceur, tendre affection; prendre plaisir à.

Ái mộ ○ 慕, aimer ardemment, passionnément. — *Ái nhơn* ○ 人, aimer son prochain, être philanthrope. — *Tương ái* 相 ○, s'aimer mutuellement. — *Êm ái* 厭 ○, mou, doux, agréable au toucher et à l'oreille; doucement, mollement.

Ái 喝*. Crier d'une voix forte, appeler sur un ton de colère, réprimander avec humeur. Voir *yết*.

Ái 縊*. Chaîne de la toile; lier fortement, attacher solidement.

Tử ái 死 ○, se pendre, s'étrangler, serrer le lien jusqu'à ce que la mort s'ensuive. — *Ái ngại* ○ 碍, inquiet, perplexe, anxieux.

Ải 隘*. Passage étroit, défilé; obstacle, empêchement; fermé, clos, bouché, reserré.

Sơn đi 山 ○, un passage étroit dans les montagnes, un défilé. — *Ải khẩu* ○ 口, l'entrée d'un ouvrage fortifié. — *Giáp ải* 夾 ○, attenant à la frontière. — *Đèo ải* 岩 ○, gorge de montagne, défilé. — *Ải lao* ○ 牢, un poste sur la frontière laotienne au N. O. de la province de Hué. — *Ải vân* ○ 雲, un col sur la route de Tourane à Hué, litt.: col des nuages.

Ấy 愛*. Mouvements de l'âme ou du cœur; trouble, émotion.

Ấy nấy ○ 乃, inquiet, indécis, intrigué, perplexe.

Ấy 意. Ce, là, ceci, cela, celui-ci, celui-là; pron. dém. pour les personnes et les choses non présentes ou éloignées. Voir *nấy*. (En S. A., volonté, intention; se pron. *ý*.)

Ấy là ○ 羅, c'est..., c'était..., voilà. — *Ấy vậy* ○ 丕, la chose étant ainsi..., ainsi donc... — *Người ấy* 得 ○, cet homme, cette femme. — *Nhà ấy* 茄 ○, cette maison. — *Việc ấy* 役 ○, cette affaire. — *Khi ấy* 欺 ○, alors, à ce moment. — *Thể ấy* 體 ○, de cette manière.

Am 庵*. Chaumière, hutte, petit temple, pagode rustique.

Am tự ○ 寺, pagode, couvent. — *Sơn am* 山 ○, lieu de retraite dans les montagnes, ermitage.

Ám 暗*. Soleil sans clarté; sombre, obscur, caché, secret.

Ám địa ○ 地, lieu caché, clandestin. — *Ám hiểu* ○ 曉, sous-entendre. — *Ám mưu* ○ 謀, dresser des embûches, tendre un piège, ruser dans l'ombre. — *Ám lấy của* ○ 祕貼, s'attribuer en sous-main ou par détour le bien d'autrui. — *Ám phương*

○ 訪, une enquête secrète. — *Qủi ám* 鬼 ○, obsession diabolique. — *Ám nhãn* ○ 眼, vue faible.

Ăm 揞*. Couvrir ou cacher avec la main. Voir *ốm*.

Bồng ăm 撎 ○, tenir dans ses bras, comme l'on fait d'un enfant. — *Ăm láy* ○ 祕, prendre dans ses bras de la même manière. — *Ăm con* ○ 昆, tenir un petit enfant entre ses bras. — *Ăm diệt* ○ 威, apaiser.

Ấm 瘖*. Souffrant, malade; douleur qui empêche de parler ou de crier. Voir *ốm*.

Ầm 陰*. Matière ou fluide au repos, matière obscure; principe femelle par opposition à *dương* 陽, qui est le principe mâle; nuit, terre, lune.

Ầm dương ○ 陽, les deux grands principes ou *lưỡng nghi* 兩儀, qui donnent naissance aux *tướng* 相, ou quatre formes, d'où sortent toutes les créatures; les sorts. — *Ầm phủ* ○ 府, grand enfer des bouddhistes. — *Ầm ti* ○ 司, petit enfer. — *Ầm hộ* ○ 戶, organes féminins (femmes et animaux); on dit aussi *ầm vật* 陰物 et *hạ ầm* 下陰. — *Ầm tình biểu* ○ 晴表, baromètre.

Ấm 音*. Voix, bruit, son; note ou ton de musique, euphonie; réplique, réponse. Car. radical.

Ấm nhạc ○ 樂, harmonie, accord musical. — *Láy ấm* 祕 ○, prendre l'accord. — *Ngũ ấm* 五 ○, les cinq tons, savoir : *cung* 宮, *thương* 商, *giác* 角, *trưng* 徵, *vũ* 羽; ils correspondent à peu près à *fa, sol, la,*

ut, ré, et, à l'aide de demi-tons, forment l'octave. — *Bát ấm* 八 ○, les huit sortes d'instruments de musique ou plutôt les huit matières ou objets qui servent à fabriquer ces instrument et qui sont : le bambou, la soie, le métal, la pierre, la calebasse, les poteries, le cuir et le bois. — *Vô ấm* 無 ○, pas de son; veut dire aussi pas de réponse. — *Ấm vận* ○ 韻, syllabe. — *Chữ ấm* 字 ○, lettre euphonique, par opposition à *chữ bộ* 字部, lettre radicale. — *Lại ấm* 吏 ○, répliquer, répondre.

Ấm 蔭*. Tempéré, ombreux; protéger, abriter, couvrir; titre indiquant que ceux qui en sont revêtus sont protégés par l'État.

Tập ấm 襲 ○, titre honorifique donné aux fils des mandarins méritants; catégorie de dispensés. — *Nhiêu ấm* 饒 ○, autre catégorie de dispensés. — *Ấm sanh viên ngoại* ○ 生員外, autre titre de fils de fonctionnaires (Chine). — *Phong ấm* 封 ○, grâce royale, honneurs conférés par le souverain. — *On ấm* 恩 ○, faveur de succession aux mérites paternels. — *Ấm nước* ○ 渚, faire chauffer de l'eau, du thé. — *Ấm lại* ○ 吏, réchauffer. — *Ấm áp* ○ 押, tempéré, ombreux. — *Ấm cật* ○ 脂, être à son aise, avoir de quoi vivre. — *Đắp cho ấm* 搭朱 ○, couvrir, mettre à l'ombre, tenir au chaud. — *Săng ấm* 棱 ○, bière, cercueil.

Ấm 喑*. Onomatopée; bruit sourd et prolongé.

Ấm ầm ○ ○, bruit de la mer quand les flots sont agités. — *Sóng bồ ầm* ầm 潯補 ○ ○, les vagues déferlaient avec fureur. — *Ầm ạp* ○ 呷, bruit de préparation culinaire, bruit de gens qui mangent.

Ẩm 飲*. Boire; boissons, liquides.

Ẩm thực ○ 食, boire et manger; nourriture, vivres. — *Ẩm wớt* ○ 汔, mouillé, humide, moisi. — *Hương ẩm* 鄉 ○, repas de village, sorte de banquet des notables. — *Yến ẩm* 宴 ○, repas d'apparat, festin, banquet. — *Tứ ẩm chi vật* 四 ○ 之 物, les quatre boissons ordinaires.

An 安*. Paix, calme, repos, tranquillité; fixer, affermir. Voir *yên*.

An nam ○ 南, paix du Sud ou Midi pacifié. — *An nam quốc* ○ 南 國, l'empire d'Annam (style officiel). — *Nước An nam* 渃 ○ 南, le pays d'Annam (style vulgaire). — *An nhàn* ○ 閒, calme, repos, tranquillité. — *An nhà* ○ 茹, la paix de la maison. — *An ủi* ○ 慰, consoler. — *An ổn* ○ 穩, être en bonne santé, vivre en paix; confiance, quiétude, sécurité. — *Bình an* 平 ○, être en paix, se bien porter. — *An tức hương* ○ 息 香, benjoin. — *An nhơn* ○ 人, titre des épouses des mandarins des 6e et 7e degrés. — *An giang* ○ 江, paisibles fleuves; le nom d'une province de la Cochinchine.

An 鞍*. Selle, harnais. Voir *yên*.

An lên ○ 遷, se mettre en selle, monter à cheval.

Án 晏*. Beau soleil, ciel serein; calme, tranquille, paisible.

Án 案*. Sentence, jugement; table longue, bureau de magistrat.

Án xử ○ 處, condamner, rendre un jugement. — *Bị án* 被 ○, subir une peine, être condamné. — *Kẻ có án* 几 固 ○, repris de justice, qui a des antécédents judiciaires. — *Làm án* 濫 ○, rendre une sentence, écrire un jugement, condamner. — *Y án* 意 ○, maintenir une sentence, se conformer au jugement, laisser libre cours à la justice.

Án 按*. Mettre la main sur; presser, comprimer, réprimer; examiner, consulter, perquisitionner.

Án mạch ○ 脈, tâter le pouls. — *Quan án sát* 官 ○ 察, magistrat chef de la justice dans une province.

Ăn 㫐. Manger; gagner, prendre pour soi. (Formé des S. A. *khẩu* 口, bouche, et *an* 安, tranquillité.)

Ăn mầng ○ 憫, se réjouir avec des convives. — *Ăn tết* ○ 節, célébrer le jour de l'An. — *Ăn tiệc* ○ 席, grand repas, festin. — *Ăn mày* 眉, mendier, être un mendiant. — *Ăn xin* ○ 嗔, solliciter, mendier. — *Ăn chay* ○ 齋, jeûner, faire abstinence. — *Ăn uống* ○ 旺, manger et boire. — *Ăn cơm* ○ 餁, manger le riz, prendre son repas. — *Ăn cưới* ○ 娓, repas de mariage, fêter un mariage. — *Ăn chơi* ○ 制, manger pour s'amuser, goûter. — *Ăn phần* ○ 分, avoir sa part d'un partage. — *Tham ăn* 貪 ○, gourmand, glouton; manger avec avidité. — *Làm ăn* 濫 ○, gagner sa vie, travailler pour vivre. — *Bữa ăn* 餻 ○, repas ordinaire, repas régulier. — *Ăn bổng* ○ 俸, avoir une solde, recevoir un traitement. — *Ăn lộc* ○ 祿, être appointé, toucher une pension. — *Ăn năn* ○ 懊, faire pénitence, se repentir. — *Ăn lời* ○ 利, faire un bénéfice, prendre des intérêts. — *Ăn ở* ○ 於, se comporter, manière d'être. — *Ăn mặc* ○ 默, s'habiller, se mettre; la mise. — *Ăn hiếp* ○ 脅, opprimer, vexer, molester, faire violence. — *Ăn hiếp người ta* ○ 脅得些, molester les gens. — *Ăn của người ta* ○ 貼得些, gruger les gens. — *Ăn trộm* ○ 濫, voler; vol ordinaire. — *Ăn cắp* ○ 扱, dérober, filouter, chiper. — *Ăn cướp* ○ 刧, pirater; vol avec armes et à force ouverte. — *Ăn gian* ○ 奸, prendre injustement, gruger, tromper au jeu.

n 恩 *. Grâce, bienfait, faveur, clémence; obliger. Voir *ơn*.

Thiên ân 天○, bienfait du ciel. — *Ân nhơn* ○ 人, un homme serviable et bienveillant. — *Ân xá* ○ 赦, amnistie; pardon accordé aux rebelles. — *Ân ái* ○ 愛, affection tendre, amour conjugal.

n 印 *. Sceau, grand cachet officiel; empreinte d'un cachet; imprimer. Voir *in*.

Ấn ngọc ○ 玉, sceau royal. — *Ấn triện* ○ 篆, grand et petit cachet. — *Ấn tin* ○ 信, cachet authentique. — *Đóng ấn* 揀○, apposer le cachet, mettre une empreinte. — *Sắp ấn* 拉○, ranger les cachets (fermer les bureaux). — *Ấn vụ* ○ 務, service des sceaux, direction des documents officiels. — *Giao ấn* 交○, faire la remise d'une charge à un successeur.

n 隱 *. Cacher, dissimuler; se cacher, vivre retiré du monde.

Ẩn sĩ ○ 士, un savant retiré; solitaire, anachorète. — *Ẩn danh* ○ 名, dissimuler son nom. — *Ẩn dật* ○ 逸, vie cachée, existence tranquille. — *Ẩn ác* ○ 惡, cacher le mal. — *Ẩn hình* ○ 形, se dissimuler. — *Trốn ẩn* 遁○, s'enfuir et se tenir bien caché. — *Ẩn chiêm* ○ 占, pronostics secrets. — *Ẩn ngữ* ○ 語, figure métaphorique.

Ang 坱 *. Grand plat en terre, grande bassine, chaudron, four.

Áng 盎 *. Plat, terrine à soupe; le vin, les liqueurs; débordant, fuyant, dispersé, dévoyé.

Áng ná ○ 那, les parents, la famille. — *Áng chiến trường* ○ 戰塲, champ de bataille. — *Áng bội bề* ○ 倍舭, lieu où l'on représente des pièces de théâtre. — *Áng nguyệt hoa* ○ 月花, lieu de débauche, lupanar. — *Áng mây* ○ 𩄲, nue, nuée.

Ảng 映 *. Éclat du soleil à son déclin; réflexion, réverbération.

Anh 嬰 *. Petit enfant, nouveau-né. A. V. Frère aîné; vous.

Anh em ○ 俺, frères aînés et cadets; amis, camarades, compagnons. — *Anh cả* ○ 駕, grand frère, premier frère, aîné. — *Anh ruột* ○ 胖, frère aîné de la même mère. — *Anh rể* 㛪, gendre, beau-frère, mari de la sœur aînée. — *Anh nào* ○ 帝, qui, quel, lequel. — *Anh ấy* ○ 意, lui, ce frère. — *Anh kia* ○ 箕, l'autre, l'autre frère. — *Anh ta* ○ 些, notre homme, notre frère.

Anh 鸚*. Un bel oiseau chanteur; perroquet, cacatois.

Anh 英*. Végétation luxuriante; beau, noble; fruit pas encore formé; petit enfant, nouveau-né.

> *Anh hùng* ○ 雄, héros. — *Anh tài* ○ 才, illustre, célèbre, doué de grands talents. — *Anh danh* ○ 名, fameux, qui fait grand bruit. — *Anh đào* ○ 桃, pomme d'acajou.

Anh 櫻*. Cerisier de Chine.

Ánh 暎*. Éclat du soleil; splendeur, clarté, réflexion de la lumière. Voir *yẻng*.

> *Ánh mặt trời* ○ 𩈘𡗶, les rayons du soleil. — *Ánh sáng* ○ 創, rayons de lumière. — *Ánh nhựt* ○ 日, la brillante clarté du jour.

Ảnh 影*. L'ombre de quelque chose; représentation, image, portrait. Voir *yẻng*.

> *Ảnh chuộc tội* ○ 贖罪, l'image du rachat des péchés (crucifix). — *Ảnh giấy* ○ 紙, image sur papier. — *Ảnh vây* ○ 捓, médaille. — *Ảnh hưởng* ○ 享, écho; au fig.: obéissance et attention. — *Ảnh tượng* ○ 像, statue. — *Nhựt ảnh* 日 ○, ombre, apparence fugitive.

Ao 泑*. L'endroit où un cours d'eau prend sa source; petit étang, mare, pièce d'eau.

> *Ao hồ* ○ 湖, lac. — *Ao cá* ○ 魚, vivier. — *Ước ao* 約 ○, souhaiter. — *Đào ao* 陶 ○, creuser un étang.

Ao 呦*. Le cri d'un cerf; bramer; bruit, tapage, tumulte.

Áo 奥*. L'angle d'une maison qui regarde le sud-ouest; profond, lointain, retiré, mystérieux, secret.

Áo 襖. Habit, robe, vêtement supérieur. (Formé des S. A. *y* 衣, vêtement, et *áo* 奥, lointain, retiré.)

> *Áo lễ* ○ 禮, vêtements sacerdotaux. — *Áo dòng* ○ 洞, habits religieux. — *Áo giáp* ○ 甲, cuirasse. — *Áo bực* ○ 幅, habit de deuil. — *Áo tơi* ○ 簔, habit en feuilles contre la pluie. — *Áo lót* ○ 律, habit rembourré pour l'hiver. — *Áo cặp* ○ 扱, habit double. — *Áo trong* ○ 冲, chemise, habit de dessous. — *Áo ngoại* ○ 外, vêtement de dessus. — *Áo nhựt bình* ○ 日平, habit de noces, étole de cérémonie des bonzes. — *Quần áo* 裙 ○, habit et pantalon, vêtement complet. — *Mặc áo* 默 ○, s'habiller, se vêtir. — *Nút áo* 鋏 ○, bouton d'habit.

Áo 泑. Onomatopée; bruit de quelqu'un qui saute dans l'eau. (Du S. A. *ao*, même car., source, petit étang.)

> *Áo ào* ○○, murmure de l'eau; bruit d'une dispute, d'une cohue; tapage, brouhaha. — *Áo ào dử bấy!* ○○ 與悲, quel vacarme vous faites! — *Đừng ào ào vậy!* 停 ○○ 不, ne faites donc pas tant de bruit!

Áo 坳*. Cavité, fossé, chemin creux.

Áp 呷*. Onomatopée; bruit de gens qui mangent ou qui boivent.

Áp 押*. Gouverner, diriger, garder

derrière soi, tenir, retenir; proche, près, voisin.

 Áp lễ ○ 禮, vigile, veille de jour de fête. — *Áp thuế* ○ 稅, collecteur d'impôts, percepteur. — *Áp tác* ○ 作, présider. — *Áp lại* ○ 吏, se joindre à..., s'approcher de... — *Áp tới* ○ 細, s'approcher, s'avancer. — *Áp nhãn* ○ 眼, myope. — *Ap lắm* ○ 蘆, lichen, mousse, végétaux cryptogames. — *Ngày áp* ○ 時, le jour qui précède, la veille. — *Hoa áp* 花 ○, paraphe, gribouillis tenant lieu de signature.

Áp 押. Mot complémentaire, syllabe euphonique. (Du S. A. *áp*, même car., même signification.)

 Đầy áp áp 苔 ○○, tout à fait plein, complètement fini.

Áp 唈*. Reprendre avec peine la respiration, haleine courte.

 Tâm áp 心 ○, battements de cœur, palpitations. — *Áp ụa* ○噫, faire des efforts pour vomir. — *Áp ợ* ○ 吹, embarrassé, douteux, incertain, indécis; le bruit d'un rot.

Ap 邑 et 阝*. Principauté, ville, cité, camp, hameau, petite agglomération d'hommes. Car. radical. A. V. Couver, soigner avec tendresse et affection.

 Lý áp 理 ○, hameau nouvellement formé. — *Lập áp* 立 ○, créer un hameau, un petit village. — *Áp con* ○ 昆, choyer, caresser; protéger ses enfants, ses petits. — *Ap yêu* ○腰, aimer beaucoup, tendrement. — *Ap trứng* ○ 菁, couver des œufs. — *Gà áp* 鴉 ○, poule qui couve. —

Khoai áp 坳 ○, sorte de tubercule. — *Mẫu áp* 母 ○, le sexe féminin (expression usitée dans les livres bouddhistes).

Át 遏*. Dire de cesser, empêcher de faire, retenir, contenir, arrêter.

 Mắng át 嘩 ○, empêcher, réprimer, reprendre. — *Át đi!* ○ 移, en voilà assez! cela suffit!

Át 乙. Syllabe euphonique. (Du S. A. *át*, même car., eau à l'usage.)

 Ướt át 汔 ○, humide, mouillé, trempé. — *Át dào* ○ 潇, id.

Ắt 乙. Précis, sûr, certain, indubitable (ne s'emploie qu'en composition). (Du S. A. *ắt*, même car., recourbé, crochu, eau à l'usage.)

 Ắt lời ○ 碗, paroles précises; résolu, décidé. — *Ắt là* ○ 羅, certainement, assurément. — *Ắt phải* ○ 沛, il faut, il est juste de... — *Ắt nên* ○ 年, il convient de, il est convenable que. — *Ắt thật* ○ 實, c'est ainsi, en effet, réellement. — *Ắt nữa* ○ 女, après, ensuite, de plus. — *Chưa ắt* 渚 ○, ambiguïté, obscurité, incertitude.

Át 乙*. Courbé, crochu; car. horaire et deuxième lettre du cycle dénaire (eau à l'usage); le nombre un, le premier. Car. radical.

Au 泑. Simple affixe; peut avoir quelquefois le sens de *hoặc là* 或 羅, peut-être. (En S. A., source, mare; se pron. *ao*.)

 Đỏ au au 赭 ○○, rouge brillant.

Áu 枃. Espèce de châtaignier d'eau. (Formé des S. A. *mộc* 木, arbre, et *áu* 幼, jeune, délicat.)

Áu 歐*. Soulèvement d'estomac; bruit que l'on fait en vomissant, en crachant.

    Áu là ○ 羅, par hasard, peut-être, sans doute. — *Áu lo* ○ 慮, agitation, trouble, inquiétude, anxiété. — *Chẳng áu* 庄 ○, sans inquiétude, sans crainte. — *Đánh câu áu* 打 求 ○, jouer en doublant la mise, faire paroli, martingaler.

Áu 謳*. Réciter des vers, chanter en récitatif; chant, ballade.

    Áu ca ○ 歌, chanter des chansons.

Áu 嘔*. Babil d'enfant; bavarder, être content; bruit de conversation; cracher, vomir. Voir *khua*.

Áu 甌*. Coupe, plat, cuvette, petit bassin; nom de pays.

    Kim áu 金 ○, une coupe en or. — *Áu vàng* ○ 鑽, id.; au figuré : royaume, principauté.

Áu 幼*. Petit, jeune, faible, tendre, délicat, pas encore mûr.

    Áu chí ○ 志, idées enfantines, puériles. — *Niên áu* 年 ○, années de jeunesse. — *Tuổi còn áu* 歲 群 ○, d'âge encore tendre. — *Lão áu* 老 ○, vieux et jeune, vieillard et enfant. *Áu học* ○ 學, leçons pour la jeunesse (titre d'un livre classique).

Áu 拗*. Se précipiter sur, frapper avec les mains.

    Áu cảnh ○ 頸, inflexible, intraitable, entêté, irascible, opiniâtre. — *Áu dả* ○ 打, frapper, se battre. — *Áu tử* ○ 子, fils méchant; homme intraitable, obstiné. — *Đấu áu* 鬪 ○, pugilat, rixes et coups; se quereller et se battre. — *Cá áu* 魥 ○, le nom d'un poisson de mer très estimé.

B

Ba 巴*. S'attacher, adhérer; nom de cours d'eau, de montagne et d'un serpent.

Ba 叭. Nombre trois, trinité. (Formé des S. A. *tam* 三, trois, et *ba* 巴, s'attacher, adhérer.)

    Ngã ba 我 ○, point de rencontre de trois rues ou de trois fleuves. — *Chúa ba ngôi* 主 ○ 鬼, la sainte Trinité. — *Ba giờ* ○ 晡, trois heures. — *Ba góc* ○ 谷, triangle, triangulaire. — *Con ba ba* 昆 ○ ○, tortue de marais. — *Cây ba* 核 ○, figuier des Indes.

Ba 舥*. Radeau, train de bois.

Ba 葩*. Floraison; au fig. : joli, élégant, gracieux, distingué.

    Hồng ba 紅 ○, belle fleur rouge.

Ba 波*. Brisant, clapotis, flot, vague; étincelant, éclatant; agiter.

Phong ba 風 ○, tempête, orage, mauvais temps. — *Thủy ba* 水 ○, moiré, ondé, lustré, luisant. — *Kim ba* 金 ○, éblouissant, comme la réflexion de l'eau agitée.

Bạ 播. Syllabe euphonique. (Du S. A. *bá*, même car., semer, disperser.)

Bậy bạ 呸○, confusément, sans ordre, inconsidérément. — *Nói bậy bạ* 吶呸○, parler à tort et à travers. — *Làm bậy bạ* 濫呸○, mal faire, désorganiser, jeter le trouble.

Bá 耙*. Herse, râteau; herser.

Bá 百*. Nombre cent; surnom. Voir *bách*.

Bá phân chi nhứt ○ 分之一, une partie sur cent (légende en caractères inscrite sur le revers des pièces de un cent). — *Bá tánh* ○ 姓, les cent familles, le peuple. — *Bá công* ○ 工, les cent métiers, les artisans. — *Bá lơ* ○ 𤈜, inconsidéré, étourdi, léger. — *Bá bái* ○ 拜, cent saluts (formule de salutations). — *Bá quả* ○ 菓, tous les fruits. — *Đi bá bộ* 迻 ○ 步, aller de tous côtés, par toutes les routes. — *Người bá hộ* 得 ○ 戶, homme de qualité, noble. — *Bá đao* ○ 刀, supplice des cent plaies. — *Bá túc* ○ 足, le cent-pieds.

Bá 伯*. Aîné, frère aîné du père.

Bá 霸*. Régner par la terreur, tenir en respect par la crainte.

Bá vương ○ 王, usurpateur, despote, tyran.

Bá 播*. Semer, répandre; publier.

Bá 栢*. Cyprès, cèdre, mangoustanier sauvage.

Bá hương mộc ○ 香木, une espèce de cèdre. — *Tùng bá* 松 ○, pin et cyprès. — *Hoàng bá* 黃 ○, un cyprès dont les feuilles sont employées en médecine. — *Thuyền bá* 船 ○, petit bateau, nacelle.

Bà 妃*. Chevelure formant deux boucles. A. V. Appellatif honorifique des femmes; madame, vous.

Đờn bà 彈 ○, femme, sexe féminin. — *Bà hoàng hậu* ○ 皇后, impératrice, reine. — *Bà vua* ○ 𤤰, reine, la reine. — *Bà công chúa* ○ 公主, fille de roi, princesse. — *Bà lớn* ○ 吝, grande dame, femme de haut mandarin. — *Bà phước* ○ 福, religieuse, sœur de charité. — *Bà thầy* ○ 柴, maîtresse d'école, institutrice. — *Bà gia* ○ 爺, vieille femme, grand'mère. — *Bà nội* ○ 內, grand'mère paternelle. — *Bà ngoại* ○ 外, grand'mère maternelle. — *Bà cố* ○ 故, bisaïeule. — *Bà sơ* ○ 初, trisaïeule. — *Bà cô* ○ 姑, grand'tante paternelle. — *Bà góa* ○ 寡, femme veuve. — *Bà mụ* ○ 媒, sage-femme. — *Bà mẹ tôi* ○ 嫛碎, ma mère. — *Một người đờn bà* 沒得 彈 ○, une femme.

Bà 琶*. Le nom d'un instrument de musique à cordes.

Đờn tì bà 弦琵○, guitare à quatre cordes.

Bã 把. Résidu, marc. (Du S. A. *bả*, même car., ramasser avec la main.)

Bã mía ○ 樸, résidu de canne à sucre. — *Bã trầu* ○ 㯱, bétel mâché. — *Bā trà* ○ 茶, résidu de thé. — *Bā cà phe* ○ 樐批, marc de café. — *Bā chā* ○ 渚, confusément, sans ordre, sans mesure. — *Bản bā* 彬 ○, se jeter sans hésitation dans les dangers. — *Bā tụ* ○ 聚, amasser, réunir, mettre en tas; le nom d'un jeu cantonnais.

Bả 把*. Terme numéral des faisceaux et des choses à prendre dans la main; direction, surveillance.

Bả lạnh ○ 冷, peu actif; joueur de flûte. — *Bả tơ* ○ 絲, soie dévidée. — *Đánh bả* 打 ○, tordre en roulant dans les mains. — *Thủ bả* 守 ○, veiller, garder, surveiller. — *Trái bả* 棵 ○, peloton de fil, de ficelle. — *Bả gia nhơn* ○ 家人, la personne qui dirige la maison, une ménagère, un chef de famille.

Bạc 泊*. Éclat ou réverbération de la lumière sur l'eau; aborder au rivage, entrer dans le port; trafic maritime, commerce des grands navires; aborder, s'arrêter.

Quan thương bạc 官商 ○, titre du ministre des relations extérieures et du commerce à Hué (sous le régime annamite).

Bạc 薄*. Fourrés épais, arbres et plantes entremêlés, mauvaises herbes; mince, léger; négligent, irrespectueux. A. V. Argent, piastre; blanc (barbe, cheveux).

Bạc ác ○ 惡, cruel, méchant, mauvais, inhumain. — *Bạc đầu* ○ 頭, tête blanche. — *Bạc râu* ○ 鬚, barbe blanche. — *Bạc tóc* ○ 髮, cheveux blancs. — *Phủ bạc* 浮 ○, ingrat. — *Bạc ngãi* ○ 義, sans cœur, sans amitié, sans piété filiale. — *Bạc tình* ○ 情, indifférent, inattentif, ingrat. — *Dầu bạc hà* 油 ○ 荷, essence de pouliot, de menthe. — *Thợ bạc* 署 ○, orfèvre, joaillier, bijoutier. — *Bịt bạc* 銅 ○, garnir d'argent, border, damasquiner. — *Đánh bạc* 打 ○, jouer de l'argent. — *Người cờ bạc* 得棋 ○, homme adonné au jeu, joueur. — *Hàng bạc* 項 ○, banque, maison de change.

Bác 博*. Large, ample, étendu, grand, spacieux; exposer son argent au jeu; oncle, frère aîné du père; vous.

Bác học ○ 學, érudit, savant; connaissances étendues. — *Bác lãm* ○ 覽, industrieux, adroit, expert. — *Bác cổ* ○ 古, depuis très longtemps; antiquités. — *Bác gái* ○ 妈, tante, femme du frère aîné du père. — *Súng đại bác* 銃大 ○, canon de grande dimension. — *Nhà đổ bác* 茹 堵 ○, maison de jeu de hasard. — *Lục bác* 六 ○, jouer aux échecs. — *Bôi bác* 盃 ○, simuler, mettre du fard, se grimer.

Bắc 北*. Nord, septentrion; établir, appliquer en travers.

Bắc đẩu ○ 斗, étoile polaire. — *Bắc cực* ○ 極, pôle boréal, extrême nord. — *Bắc cầu* ○ 橋, jeter un pont. — *Bắc thang* ○ 湯, appliquer une échelle. — *Bắc ván* ○ 版, mettre une planche pour traverser. — *Bắc mặt* ○ 楠, lever les yeux. — *Bắc mạ* ○ 禡, faire les semis. — *Bắc kỳ* ○ 圻, limite septentrionale, Tonkin.

— *Bắc kinh* ○ 京, capitale du Nord, Péking. — *Bắc ống dòm* ○ 甕窑, diriger ou braquer une longue-vue. — *Thuốc bắc* 葯 ○, médecines chinoises, drogues du nord. — *Đi ra ngoài bắc* 迻囉外 ○, se rendre dans le nord, c'est-à-dire, pour les Annamites de la Cochinchine, aller au Tonkin. — *Đông tây nam bắc* 東西南 ○, l'Est, l'Ouest, le Midi et le Nord.

Bậc 扎. Degré, échelon, marche; berge, rive. (En S. A., nord, septentrion; se pron. *bắc*.)

Bậc đá ○ 硌, marche en pierre. — *Bậc thang* ○ 湯, degré d'échelle. — *Đảng bậc* 等 ○, rang, dignité, condition. — *Từng bậc* 層 ○, par degrés, progressivement. — *Lên bậc cao* 遷 ○ 高, parvenir à une haute situation. — *Bậc sông* ○ 瀧, rive de fleuve, échelle d'embarcadère.

Bác 扎. Mèche; vexation, irritation, chaleur. (En S. A., nord, septentrion; se pron. *bắc*.)

Bác đèn ○ 畑, mèche de lampe. — *Tim bác* 胁 ○, mèche de moelle de jonc. — *Làm cho bác* 濫朱 ○, agir de façon à irriter, vexer. — *Bác lắm* ○ 廩, grande chaleur.

Bạch 白 *. Couleur blanche; clair, net, manifeste, explicite; brillant (en parlant du soleil ou de la lune). Car. radical.

Bạch nhựt ○ 日, en plein jour, le jour. — *Minh bạch* 明 ○, clairement, nettement, facilement intelligible. — *Trắng bạch* 皐 ○, très blanc.

— *Nguyệt bạch* 月 ○, brillant clair de lune. — *Bạch đậu khấu* ○ 荳蔻, cardamome, muscade. — *Bạch chỉ* ○ 止, sorte de drogue chinoise. — *Bạch nhãn* ○ 眼, le blanc de l'œil.

Bách 百 *. Le nombre cent. Voir *bá*.

Bách tính ○ 姓, les cent familles, tout le peuple. — *Bách vạn* ○ 萬, un million.

Bai 排. Syllabe euphonique. (Du S. A. *bài*, même car., disposer.)

Người bẻ bai 得掀 ○, qui a la parole facile, qui sait émouvoir en parlant. — *Thanh bai* 清 ○, voix pure, sonore, harmonieuse.

Bại 敗 *. Renverser, détruire, bouleverser; ruine, défaite; fatigue, lassitude, abattement.

Bại hư ○ 虛, détruit, ruiné, perdu. — *Bại trận* ○ 陣, perdre la bataille, être vaincu. — *Bại chức* ○ 職, cassé de son grade, révoqué. — *Thành bại* 城 ○, ville détruite. — *Tật bại* 疾 ○, paralysie. — *Huyện bại* 縣 ○, arrondissement supprimé. — *Bại đi rồi* ○ 迻来, qui n'existe plus. — *Bại gia tử* ○ 家子, un déshonneur pour la famille.

Bái 沛 *. Fortes averses, pluies abondantes; progresser, abonder. Voir *phái*.

Yên bái 安 ○, paix et abondance; nom d'une province du Tonkin.

Bái 扒 *. Arracher violemment; battre, frapper, briser, séparer.

Nạt bái 喺 ○, diviser, partager; casser quelque chose en deux (en essayant de reprendre).

Bái 拜*. Saluer en inclinant la tête dans une attitude respectueuse, faire des révérences; rendre visite, honorer, respecter.

Cúi bái 蹭 ○, se courber pour un salut, faire des révérences. — *Bái niên* ○ 年, complimenter à l'occasion du jour de l'An.

Bài 牌*. Bouclier; tablette, médaille, passeport, permis; cartes à jouer, cartes de visite.

Bài kêu ○ 叫, sorte de jeu de cartes. — *Kim bài* 金 ○, médaille d'or, tablette en or. — *Ngân bài* 銀 ○, médaille d'argent, tablette d'argent. — *Nha bài* 牙 ○, tablette en ivoire; titre donné à une catégorie de gardes royaux. — *Đánh bài* 打 ○, jouer aux cartes. — *Bài sanh ý* ○ 生 意, patente de commerçant.

Bài 排*. Arranger, disposer; composition littéraire, devoir, leçon.

Bài học ○ 學, leçon à apprendre, devoir à faire. — *Bài thơ* ○ 書, composition littéraire, versification. — *Bài dịch* ○ 譯, thème, version, traduction en général. — *Thi bài* 試 ○, concourir, composer, passer des examens. — *Ra bài* 囉 ○, donner un sujet de composition. — *Làm bài* 濫 ○, préparer une leçon; faire un thème, une version. — *Bài tập* ○ 習, leçon pour s'exercer, répétitions, exercices pratiques. — *Bài trầu* ○ 檳, préparer la chique de bétel.

Bãi 罷*. Rompre la continuité d'une chose, cesser, finir; particule finale indiquant que c'est assez, que c'est fini.

Bãi công ○ 工, interrompre un travail, quitter l'ouvrage, comme faire grève par exemple. — *Bãi học* ○ 學, cesser d'étudier, finir l'étude, prendre ses vacances. — *Bãi trường* ○ 場, cesser les cours, fermer l'école. — *Bãi binh* ○ 兵, renvoyer les troupes, licencier une armée. — *Bãi thi* ○ 試, clore les examens, renvoyer les candidats. — *Bãi liễu* ○ 了, c'est assez, c'est tout. — *Bãi hầu* ○ 候, l'audience est finie, les bureaux sont fermés. — *Bợm bãi* 泛 ○, trompeur, fourbe, libertin, mauvais sujet. — *Con bãi* 昆 ○, fille de mauvaise vie. — *Nói bóng bãi* 吶 俸 ○, parler à mots couverts, s'exprimer par figures et détours.

Bãi 擺*. Déployer, développer, faire mouvoir, agiter, secouer.

Bãi 罷. Côte, rivage. (Formé des S. A. *thổ* 土, terre, et *bãi* 罷, rompre, cesser, finir.)

Bãi biển ○ 灣, les bords de la mer. — *Bãi cát* ○ 葛, rivage de sable, belle plage.

Bay 悲*. Voler en l'air; vous, en parlant à plusieurs personnes. (Formé des S. A. *vũ* 羽, ailes, et *bi* 悲, ému, touché.)

Chim bay 鴰 ○, l'oiseau vole. — *Chúng bay* 衆 ○, vous, vous autres (à des inférieurs). — *Cái bay* 丐 ○, truelle, petite pelle à poisson. —

Bay chập chửng ○ 執拯, commencer à voler (petits oiseaux).

Bày 排*. Disposer, arranger, mettre en ordre, composer, inventer, expliquer. Voir *bài*.

Bày đặt ○ 達, inventer à plaisir, imaginer, faire des contes. — *Bày mưu* ○ 謀, préparer des embûches; inventer un piège, une ruse. — *Bày tỏ* ○ 訴, exposer clairement.

Bảy 罷. Le nombre sept. (Formé des S. A. *thát* 七, sept, *mục* 目, œil, et *khứ* 去, partir.)

Thứ bảy 次 ○, septième. — *Bảy mươi* ○ 迊, soixante-dix. — *Dao bảy* 刀 ○, sorte de poignard.

Bảy 悲. Simple affixe. (En S. A., être ému de pitié, éprouver de la compassion; se pron. *bi*.)

Bảy giờ ○ 𣇞, maintenant, à ce moment, à l'instant même.

Bậy 呯*. Bruit de gens qui discutent; confus, embrouillé.

Bậy bạ ○ 播, désordre, confusion. — *Làm bậy* 濫 ○, faire étourdiment, mal faire, mal agir. — *Nói bậy* 吶 ○, parler étourdiment, inconsidérément. — *Đánh bậy* 打 ○, frapper à tort et à travers, indistinctement. — *Lộn bậy* 輪 ○, tout mêlé, en désordre, confusément.

Bấy 閉. Tant, combien. (En S. A., fermer une porte, boucher, obstruer, clore; se pron. *bế*.)

Bấy giờ ○ 𣇞, alors. — *Bấy lâu nay* ○ 裒𠑬, de tout temps, jusqu'à présent. — *Bấy nhiêu* ○ 饒, autant, pas plus. — *Bấy lớn* ○ 客, pas plus grand. — *Có bấy nhiêu* 固 ○ 饒, voilà tout, c'est tout, rien de plus.

Bầy 悲. Troupeau, bande (se dit principalement des cerfs, des chèvres, des moutons). (En S. A., ému, touché; se pron. *bi*.)

Bầy chiên ○ 羘, troupeau de moutons. — *Đi bầy nhau* 迻 ○ 饒, aller en troupe, en bande. — *Nhập bầy* 入 ○, rassembler un troupeau.

Bẫy 櫺. Piège, collet, lacet. (Formé des S. A. *mộc* 木, arbre, et *bãi* 罷, cesser, finir.)

Đánh bẫy 打 ○, tendre un nœud coulant, dresser un piège. — *Mắc bẫy* 縸 ○, pris dans un lacet, retenu dans un piège.

Bãm 砭. Dépasser la mesure, exagérer; effronté, impudent. (Du S.A. *biếm*, même car., critiquer, se moquer.)

Người bãm 傴 ○, effronté, impudent. — *Làm bãm* 濫 ○, agir brutalement, insolemment.

Bặm 禀. Pincer les lèvres (ne s'emploie qu'en composition). (Formé des S. A. *khẩu* 口, bouche, et *bẩm* 禀, exposer respectueusement.)

Bặm miệng ○ 呬, se mordre les lèvres. — *Nói lăm bặm* 吶賢 ○, murmurer, ronchonner.

Bằm 鑮. Couper en menus morceaux, hacher. (Formé des S. A. *kim* 金, métal, et *bẩm* 禀, exposer avec respect.)

Băm thịt ○ 肉, hacher de la viande, faire du hachis. — *Giận cá băm thớt* 悷魰 ○ 槎, furieux contre le poisson, détruire l'engin; au fig., dépité d'un échec, s'en prendre à d'autres.

Bâm 砭. Critiquer, se moquer, se gausser (ne s'emploie qu'en composition). (Du S. A. *biếm*, même car., même signification.)

Nói bâm 吶 ○, lancer des sarcasmes, ricaner, se moquer de quelqu'un. — *Lời bâm bổ* 唰 ○ 補, ton sarcastique, parole mordante.

Bậm 稟*. Donner de la nourriture; prospérer, croître, grandir; verdir, verdoyer.

Bậm bạp ○ 杚, gros et gras; devenir fort. — *Chồi ra bậm* 株 囉 ○, le germe est déjà grand.

Bấm 檁. Comprimer avec l'ongle. (Formé des S. A. *mộc* 木, arbre, et *bâm* 禀, terme de respect.)

Bấm chí ○ 蛭, tuer les poux. — *Bấm vào* ○ 刨, faire entrer avec l'ongle. — *Bấm ngắt* ○ 扨, arracher en pinçant, pincer avec les ongles. — *Dính bấm* 性 ○, agglutiné, uni intimement.

Bầm 臕. Livide. (Formé des S. A. *nhục* 肉, chair, et *bầm* 禀, terme de respect.)

Bầm đen ○ 顛, de couleur plombée. — *Bầm tím* ○ 僭, livide, verdâtre. — *Bầm đỏ* ○ 赭, rouge foncé. — *Huyết bầm* 血 ○, trace bleuâtre causée par un épanchement de sang, contusion.

Bẩm 禀*. Formule respectueuse d'entrée en matière ou de réponse; informer, exposer, faire part (en parlant ou par écrit); nourrir, donner; recevoir d'un supérieur.

Bẩm tấu ○ 奏, exposer respectueusement (en s'adressant au roi). — *Khấu bẩm* 叩 ○, se prosterner avec respect. — *Bẩm ông* ○ 翁, saluer un supérieur; pardon monsieur! — *Bẩm có* ○ 固, oui, cela est (en répondant à un supérieur). — *Bẩm lạy* ○ 禮, salut très respectueux. — *Tờ phúc bẩm* 詞 覆 ○, procès-verbal, rapport administratif, compte rendu officiel.

Ban 頒*. Donner, distribuer, répandre, publier.

Ban 班*. Ordre, rang, série; conférer des titres. A. V. Pendant que, au temps de.

Ban đầu ○ 頭, en premier lieu, au commencement, dès le début. — *Ban ngày* ○ 時, pendant le jour. — *Ban đêm* ○ 店, pendant la nuit. — *Ban mai* ○ 埋, dans la matinée. — *Ban chiều* ○ 朝, l'après-midi. — *Ban tối* ○ 最, au cours de la soirée, pendant la nuit.

Ban 搬*. Faire passer d'un endroit à l'autre; disposer, égaliser, niveler, aplanir.

Ban gia ○ 家, changer de domicile. — *Ban lai ban khứ* ○ 來 ○ 去, disposer de tous côtés. — *Ban đất* ○ 坦, niveler un terrain.

Ban 頒*. Donner, doter, conférer;

répandre, faire connaître, publier, promulguer.

Ban lộc ○ 祿, donner une solde. — *Ban sắc* ○ 勅, conférer un titre, décerner un diplôme. — *Ban hạ* ○ 下, promulguer, répandre. — *Ban hàng thiên hạ* ○ 行天下, porter à la connaissance du public. — *Ban thể thức* ○ 体式, promulguer un édit. — *Ban lịch* ○ 曆, publier le calendrier. — *Ban già* ○ 㩦, se faire vieux. — *Ban bố* ○ 布, partager, distribuer (des faveurs royales).

Ban 般*. Tourner en rond, virer comme le fait un navire.

Ban 瘢*. Trace de blessure, cicatrice, couture, papille, verrue.

Trái ban 𤹰 ○, tumeur sur la peau, bouton, pustule. — *Ban miêu* ○ 猫, cantharide. — *Ban cua* ○ 瓠, boutons, pustules.

Bạn 伴*. Compagnon, camarade, ami, associé, collègue.

Làm bạn 濫 ○, se lier d'amitié, faire amitié, vivre ensemble, vivre maritalement. — *Kết bạn* 結 ○, s'unir, se marier, se lier d'amitié. — *Bậu bạn* 倍 ○, compagnon, consort, amant, amante. — *Bạn hữu* ○ 友, ami, camarade. — *Bạn học* ○ 學, condisciple. — *Bạn tàu* ○ 艚, matelot (de la marine marchande).

Bạn 棒*. Trique, gourdin, bâton, pieu; battre, frapper; le bruit d'un coup bien appliqué.

Bạn 牫*. Se révolter; abandonner, quitter, se séparer de.

Bội bạn 背 ○, traître à son pays, rebelle, transfuge; conspirer. — *Bạn tặt* ○ 賊, insurgé, rebelle, bandit, brigand.

Bạn 畔*. Ligne de démarcation, limite, talus, séparation, division (champs).

Bờ bạn 坡 ○, talus qui entoure une rizière et sur lequel on marche. — *Bạn đạo* ○ 道, limite d'un champ du côté de la route.

Bán 半*. Moitié, demi, partie. A. V. Vendre. Voir *mại*.

Nhứt bán 一 ○, une moitié. — *Đại bán* 大 ○, la plus grande partie. — *Buôn bán* 奔 ○, commercer, trafiquer. — *Bán mắt* ○ 㮈, vendre cher. — *Bán rẻ* ○ 禮, vendre à bas prix, à bon marché. — *Bán chịu* ○ 召, vendre à crédit. — *Bán mặt* ○ 㮈, vendre au comptant. — *Bán đứt* ○ 坦, vendre définitivement. — *Bán chuộc* ○ 贖, vendre avec faculté de rachat, vendre à réméré. — *Bán lẻ* ○ 禮, vendre au détail. — *Bán sỉ* ○ 唉, vendre en gros. — *Bán rao* ○ 嘩, vendre à la criée. — *Bán đấu giá* ○ 鬧價, vendre aux enchères. — *Bán vừa giá* ○ 皮價, vendre à prix moyens. — *Bán gạt* ○ 詰, tromper en vendant.

Bàn 槃*. Table, plateau, surface plane; tourner autour.

Bàn ăn ○ 咹, table à manger. — *Ngồi bàn mà ăn* 墾 ○ 麻咹, s'asseoir à table pour manger, prendre place pour le repas. — *Bàn thờ* ○ 祿, autel. — *Bàn viết* ○ 曰, table à écrire, bureau. — *Bàn cờ* ○ 棋,

échiquier, table à jeu. — *Bàn lăn* ○ 鄰, billard.

Bàn 胖*. Gros, gras, ventru, bien en chair, sûr de soi, que rien ne trouble. Voir *bởn*.

Bàn 旁*. Côté; de tous côtés, partout; latéral, distinct.

Bàn 坊*. Génie de la terre, esprit de l'air (mythologie).

Bàn 盤*. Bol, terrine, plat; délibérer, examiner, discuter.

Bàn bạc ○ 泊, s'entendre, se concerter. — *Bàn luận* ○ 論, délibérer. — *Bàn hoàn* ○ 桓, avancer avec difficulté, hésiter. — *Bàn vấn* ○ 問, questionner les gens sur une affaire. — *Giao bàn* 交 ○, confier l'affaire à un autre. — *Bàn tay* ○ 栖, paume de la main. — *Bàn chơn* ○ 蹞, plante du pied. — *Bàn cổ* ○ 古, le premier homme de la création d'après les Chinois. — *Địa bàn* 地 ○, boussole.

Bản 牓 et 版*. Planche, planchette; liste, insigne.

Bản chương ○ 章, livre, plan, tableau. — *Bản đồ* ○ 圖, carte géographique, liste de la population. — *Bản in* ○ 印, planche à imprimer. — *Bản hốt* ○ 笏, insigne en ivoire ou en bois précieux que les fonctionnaires tiennent entre leurs mains dans les circonstances officielles.

Bản 板*. Travail de menuiserie, ouvrage fait avec des planches.

Tam bản 三 ○, petite embarcation, canot, bateau de promenade. — *Hường bản* 番 ○, sorte de bâton pour battre la mesure en chantant.

Bản 鈑*. Plaque ou feuille de métal.

Kim bản 金 ○, feuille de papier doré (qu'on brûle dans certaines cérémonies religieuses).

Băn 彬. Syllabe euphonique et mot complémentaire. (En S. A., égale proportion, moitié de l'un moitié de l'autre; se pron. *bân*.)

Băn dựa ○ 預, en équilibre. — *Băn han* ○ 嘆, se plaindre sans cesse, gémir constamment.

Bắn 弅. Tirer, lancer. (Formé des S. A. *cung* 弓, arc, et *bán* 半, demi.)

Bắn súng ○ 銃, tirer avec un fusil, une arme à feu. — *Bắn ná* ○ 梛, tirer de l'arc. — *Bắn chết* ○ 折, tuer en tirant, fusiller. — *Bắn cho trúng* ○ 朱中, atteindre le but en tirant. — *Bắn nhăm* ○ 任, tirer juste. — *Đi bắn* 迻 ○, partir pour la chasse, aller au tir. — *Bắn tên* ○ 箭, lancer un javelot, tirer une flèche.

Bắn 扳. Mot complémentaire. (En S. A., attirer, entraîner, impliquer; se pron. *phan*.)

Bắn bái ○ 拜, être très ému, regretter vivement, s'excuser.

Bản 彬*. Bon, excellent (tant au fond que dans la forme); de proportions égales, bien partagé.

Bận 彬. Se vêtir (voir *mặc*); empêché, dérangé. (Pour la signification du car. en S. A., voir ci-dessus.)

    Bản áo ○ 襖, passer un habit. — *Bản việc* ○ 役, très occupé.

Bần 貧*. Pauvre, misérable; embrouillé, embarrassé, préoccupé.

    An bần 安○, supporter avec résignation la pauvreté. — *Bần sĩ* ○ 士, un savant dans l'indigence, un lettré sans ressources. — *Bần thần* ○ 臣, triste, morose; vers le soir, sur la brume, tard. — *Bần chơn* ○ 蹟, fatigué, harassé, avoir les jambes brisées de fatigue.

Bẩn 鬓*. Cheveux sur le front et sur les tempes, chevelure en désordre, mal peigné, sordide.

    Bẩn thỉu ○ 少, triste, piètre, mesquin, sale, malpropre. — *Vân bẩn* 雲○, cheveux embrouillés; litt., nuage de cheveux.

Bang 邦*. État tributaire, fief, clan; syllabe euphonique.

    Bảo kì gia bang 保其家○, protéger les clans, défendre les petits états tributaires. — *Bang cốc* ○ 谷, Bankok, capitale du royaume de Siam. — *Bụng bang bang* 膦○○, avoir un gros ventre, être obèse.

Bang 帮*. Aider, assister, compléter; congrégation, association.

    Bang biện phó tổng ○ 辦副總, sous-chef de canton supplémentaire (dans les cantons très populeux). — *Bang trưởng* ○ 長, chef de corporation ou de congrégation chinoise (dans les pays annamites).

Bang 帮*. Border un soulier; attacher, lier; aider, soutenir.

    Bang giày ○ 鞋, fausse semelle. — *Tương bang* 相○, se prêter mutuellement assistance.

Bạng 蚌*. Conque, coquille, coquillage nacré, huître.

    Lão bạng sanh châu 老○生珠, l'huître crée la perle; au fig., le vieillard engendre l'enfant. — *Chè bạng* 茶○, thé tonkinois. — *Cửa bạng* 閘○, petit port du Tonkin.

Báng 謗*. Dire du mal de quelqu'un, gronder, désapprouver. A. V. Frapper des cornes.

    Nhạo báng 嚛○, mépriser, se moquer, médire, calomnier. — *Phi báng* 誹○, faire fi, rejeter avec dédain. — *Trâu báng* 犢○, le buffle frappe des cornes. — *Báng lộn* ○ 輪, donner de la corne à tort et à travers. — *Bột báng* 桲○, farine de moelle de palmes, sagou.

Bàng 傍*. Se tenir près de, proche; s'appuyer, assister; côté, bord. A. V. Jonc servant à tisser des nattes; nom d'arbre ombreux.

    Bàng nhơn ○ 人, un assistant, un homme qui se tient à côté de. — *Xếp bàng* 揷○, se croiser les jambes en tailleur. — *Lộn bàng* 輪○, mêlé, brouillé, à l'infini. — *Cây bàng* 核○, badamier, arbre parasol.

Bàng 膀*. L'aine, les fausses côtes.

    Bàng quang ○ 胱, vessie. — *Bàng quang sán khí* ○ 胱疝氣, gonflement de l'aine, hernie.

Bảng 榜*. Pièce de bois, planchette; écriteau, affiche officielle, inscription honorifique, liste des candidats reçus aux examens.

Ra bảng 囉 ○, afficher le résultat des grands examens par édit royal. — *Đậu bảng* 杜 ○, être promu au titre des grands examens. — *Treo bảng* 橾 ○, afficher la liste des candidats reçus. — *Bảng danh* ○ 名, un nom qui a été publié; le nom d'un gradué, d'un lauréat.

Băng 冫*. Glace. Car. radical.

Băng 崩*. La chute d'une montagne ou de toute autre chose très élevée; tomber de haut, c'est-à-dire perdre une haute situation; mourir, en parlant du roi.

Vua băng 㠭 ○, le roi se meurt, le roi est mort. — *Sơn băng* 山 ○, la chute d'une montagne; au fig., la perte ou la ruine d'un royaume.

Băng 冰*. Glace; pur, clair et transparent comme de la glace.

Băng hà ○ 河, un fleuve gelé. — *Băng chừng* ○ 澄, aller vers... — *Băng sương* ○ 霜, occupé à des futilités. — *Băng xăng* ○ 摚, ennuyé de beaucoup d'affaires.

Bằng 憑*. Marque officielle, preuve, témoignage, signe, empreinte.

Bằng thị ○ 恃, insigne. — *Bằng cấp* ○ 級, diplôme, brevet. — *Bằng tước* ○ 爵, dignité, diplôme. — *Bằng khoán* ○ 券, titre de propriété. — *Bằng son* ○ 崙, empreinte d'un cachet de haut fonctionnaire. — *Bằng mực* ○ 墨, empreinte d'un cachet de petit fonctionnaire. — *Bằng cớ* ○ 據, témoignage, preuve, fondement. — *Cấp bằng* 給 ○, conférer un titre, une dignité, un diplôme. — *Sổ chấp bằng* 數 執 ○, liste du recensement de la population.

Bằng 朋*. Aplani, égal; qui est de la même classe; ami, compagnon, condisciple. A.V. En matière de.

Ví bằng 㐫 ○, si, conj. conditionnelle. — *Nhược bằng* 若 ○, supposé que. — *Chỉ bằng* 之 ○, il vaut mieux. — *Cân thăng bằng* 斤 升 ○, balance. — *Bằng gỗ* ○ 棋, en bois de construction. — *Bằng sắt* ○ 鐵, en fer. — *Bằng nhau* ○ 饒, égaux ensemble, de la même classe, qui se valent. — *Bằng hữu* ○ 友, ami, compagnon, condisciple. — *Bằng riên riên* ○ 練 練, très uni, sur le même rang, tout à fait égal.

Bằng 棚*. Habitacle, abri pour bestiaux, hangar, couverture.

Bằng 平*. Égal, uni, aplani; juste, équitable; pacifier. Voir *bình*.

Bằng an ○ 安, paisible, tranquille, heureux, content. — *Bằng lòng* ○ 悫, content, consentant, satisfait.

Bằng 凭*. Compter sur, se fier à, avoir confiance en. Voir *vừng*.

Y bằng 依 ○, s'appuyer sur.

Bâng 挷*. Battre la crécelle, frapper sur un bois creux. A.V. Porter des deux mains comme on le fait d'un plateau. Voir *bưng*.

Bâng đồ ăn ○ 圖 唉, porter les plats, servir à table. — *Bâng com*

○ 餂, servir le riz. — *Bảng tai* ○ 聦, se boucher les oreilles. — *Bảng miệng* ○ 呬, se couvrir la bouche de ses mains, rire en dessous.

Bậng 埲. Motte, croûte (ne s'emploie qu'en composition). (En S. A., génie de la terre, génie de l'air; se pron. *bàn*.)

Bậng đất ○ 坦, motte de terre. — *Bậng cháy* ○ 炡, croûte de riz cuit qui reste au fond du pot.

Báng 埲*. Même signification que ci-dessus. A. V. Arracher pour transplanter ou repiquer.

Báng bầu ○ 瓢, arracher avec la racine (pour transplanter).

Bảng 烊. Bruit, fracas, violence (ne s'emploie qu'en composition). (Formé des S. A. *hỏa* 水, feu, et *bảng* 平, paix, tranquillité.)

Tầng bảng 曾 ○, avec grand choc, avec fracas. — *Cháy bảng bảng* 炡 ○ ○, qui brûle avec bruit et violence. — *Bảng gan* ○ 肝, grande colère; irritable, emporté.

Banh 兵. Causer du désordre. (Du S. A. *binh*, même car., armée; faire la guerre, attaquer.)

Banh sanh ○ 生, avec transport, avec enthousiasme; bondissant. — *Banh tành* ○ 情, détruit, déchiré, lacéré. — *Rách rưới banh tành* 襹 洒 ○ 情, entièrement déchiré, en lambeaux, en guenilles.

Bánh 餅. Pain, gâteau; tout ce qui est fait en forme de pain. (Formé des S. A. *thực* 食, nourriture, et *nội* 內, dans, intérieur.)

Bánh mì ○ 麵, pain de blé, de froment, (pain français). — *Bánh sữa* ○ 湩, pain de lait, fromage, beurre. — *Bánh lễ* ○ 禮, pain d'autel, hostie. — *Bánh sáp* ○ 蠟, pain de cire. — *Bánh khô* ○ 枯, biscuit. — *Bánh thuốc* ○ 菜, tablette de tabac, tabac en carotte. — *Bánh dầu* ○ 油, tourteau. — *Bánh da* ○ 胵, placenta.

Bánh 軿. Roue. (Du S. A. *bính*, même car., civière, petite voiture.)

Bánh chè ○ 茶, coquille; rotule. — *Bánh xe* ○ 車, roue de char, de voiture. — *Xe bốn bánh* 車 罘 ○, voiture à quatre roues.

Bánh 柄. Barre de gouvernail. (Du S. A. *bính*, même car., tenon, manche d'outil, manivelle.)

Bánh lái ○ 柅, gouvernail.

Bành 彭*. Attirail de guerre, char militaire, harnachement.

Bành voi ○ 猨, bât d'éléphant. — *Bắt bành* 抔 ○, mettre le bât. — *Ông bành tổ* 翁 ○ 祖, le nom d'un personnage fabuleux qui aurait vécu 800 ans.

Bảnh 秉*. Prendre du grain par poignées; tenir bon, maintenir fermement. Syllabe euphonique.

Bảnh lảnh ○ 領, vif, prompt.

Bao 勹*. Envelopper. Car. radical.

Bao 包*. Enveloppe, sac; entourer, garnir, empaqueter.

Chiêm bao 占 ○, songe, rêve; songer, rêver. — *Bỏ vào bao* 補 俹 ○, mettre dans le sac. — *Bao tay* ○ 搷, gant. — *Bao thơ* ○ 書, enveloppe de lettre. — *Bao tử* ○ 子, estomac. — *Lời bao biện* 砜 ○ 變, bien dire, parler éloquemment. — *Bao nhiêu?* ○ 饒, combien? quelle quantité? — *Lấy bao nhiêu?* 㝵 ○ 饒, combien prenez-vous? — *Bao lâu?* ○ 萁, combien de temps? — *Bao xa?* ○ 賖, à quelle distance? — *Bao giờ* ○ 除, quand? jamais, en aucun temps.

Bao 洵*. Écume, bulle d'eau, la mousse des liquides.

Bạo 暴*. Féroce, cruel, audacieux, inhumain, nuisible; subitement, à l'improviste; grande chaleur.

Làm cho bạo 濫 朱 ○, agir énergiquement. — *Làm bạo quá* 濫 ○ 過, faire violemment, avec fureur. — *Hung bạo* 兇 ○, féroce. — *Bạo ngược* ○ 虐, insolent, impudent. — *Bạo bụng* ○ 膝, qui a un gros ventre.

Báo 豹*, Carnassiers de la race féline; panthère, léopard. Voir *beo*.

Nghiệp báo 業 ○, individu dangereux; mauvais métier.

Báo 襃*. Louer les bonnes actions, admirer, célébrer, proclamer la beauté; vêtement à longs pans; souvent employé comme nom propre de pays.

Báo minh ○ 明, longue robe. — *Kẻ báo* 几 ○, nom d'une île du Tonkin.

Báo 報*. Rendre compte d'une chose, reconnaître un bienfait, rapporter un fait, faire savoir, annoncer, en référer, avertir.

Báo hiếu ○ 孝, affectueux envers les parents. — *Báo lại* ○ 吏, se montrer reconnaissant. — *Báo ngãi* ○ 義, être plein de gratitude. — *Báo ân* ○ 恩, rendre grâce. — *Báo thù* ○ 讐, rendre injure pour injure. — *Báo oán* ○ 怨, se venger. — *Báo tín* ○ 信, annoncer, rapporter une nouvelle. — *Gia định báo* 嘉 定 ○, titre d'un journal officiel en langue annamite qui se publie à Saigon.

Bào 炮*. Faire cuire sur la braise; préparer des viandes sur des charbons ardents.

Bào 袍*. Longue robe de cour.

Mảng bào 莽 ○, habit royal. — *Huỳnh bào* 黃 ○, idem. — *Long bào* 龍 ○, habit de cérémonie orné du dragon symbolique. — *Đai bào* 帶 ○, ceinture, ornement.

Bào 胞*. Placenta; vessie.

Bào y ○ 衣, la membrane qui renferme le fœtus, l'arrière-faix. — *Đồng bào* 同 ○, frères utérins.

Bào 鉋*. Rabot, varlope; raboter, racler, polir.

Cái bào 丐 ○, rabot, doloire. — *Lưỡi bào* 讕 ○, lame de rabot. — *Bào ván* ○ 版, raboter une planche. — *Bào ruột* ○ 胖, qui cause de grandes douleurs d'entrailles.

Bào 飽*. Calebasse ou courge servant à faire des ustensiles de ménage et des instruments de musique genre mandoline.

Bão 雹 *. Violent orage, tempête avec pluie et grêle, ouragan.

Bão tạt ○ 悉, forte tempête. — *Bão lụt* ○ 濰, orage suivi d'inondation. — *Đau bão* 疿 ○, colique très dangereuse. — *Chim bão thanh* 鸩 ○ 青, autruche.

Bảo 保 *. Protéger, défendre; conserver, garantir, répondre de; avertir, annoncer. Voir *bàu*.

Khuyên bảo 勸 ○, exhorter. — *Dạy bảo* 吥 ○, enseigner, conseiller. — *Chỉ bảo* 指 ○, montrer, indiquer. — *Bảo hộ* ○ 護, protéger. — *Quan bảo hộ* 官 ○ 護, fonctionnaire chargé d'un protectorat. — *Bảo tin* ○ 信, donner des nouvelles, faire connaître un fait. — *Bảo lãnh* ○ 領, cautionner, se rendre responsable. — *Bảo chữa* ○ 助, tirer d'affaire, sauver d'une situation. — *Bảo trước* ○ 畧, prévenir, avertir d'avance.

Bảo 拘 *. Embrasser, étreindre; porter sur les bras, contenir.

Bắp 榡. Maïs; chou. (Formé des S. A. *mộc* 木, arbre, et *phù* 荣, nom de plantes à épis de grandes dimensions.)

Cải bắp 芨 ○, chou à cœur dur, chou pommé. — *Bắp chuối* ○ 桎, fleur de bananier. — *Nói lắp bắp* 吶 唑 ○, parler trop vite, manger les mots. — *Bắp cày* ○ 耕, manche de charrue. — *Bắp vế* ○ 髀, cuisse, fémur. — *Bắp tay* ○ 㧾, l'avant-bras. — *Bắp chơn* ○ 蹟, la jambe, le tibia, le mollet.

Bạt 拔 *. Prendre d'assaut; arracher, extirper, déraciner; être entraîné, être porté par le courant, s'échouer.

Bạt thành ○ 城, s'emparer d'une citadelle. — *Bạt lực* ○ 力, déployer toutes ses forces. — *Tàu bạt* 艚 ○, navire échoué. — *Sóng bạt vào* 湃 ○ 㗂, le flot nous porte vers la rivage. — *Lời bạt chạt* 㖡 ○ 損, paroles vides de sens, discours inutiles.

Bát 撥 *. Prendre soin de; ouvrir, exclure; répandre, publier.

Bát 鉢 *. Écuelle, bol, plat.

Một bát cơm 沒 ○ 餡, un bol de riz cuit. — *Truyền y bát* 傳 衣 ○, transmettre la robe et l'écuelle, c.-à-d. transmettre la place ou la fonction à un successeur.

Bát 癶 *. Séparer; dos à dos; opposés l'un à l'autre. Car. radical.

Bát 八 *. Huit (forme simple). Car. radical. A. V. Tribord.

Bát nghi ○ 儀, les huit catégories de coupables qui ne peuvent être frappés que par sentence royale. — *Bát tiên* ○ 仙, les huit immortels, les huit génies. — *Bát âm* ○ 音, les huit sons musicaux, un orchestre. — *Thập bát* 十 ○, dix-huit.

Bát 捌 *. Huit (forme compliquée). A. V. Appuyer à droite, venir sur tribord; rejeter, repousser.

Bát quái ○ 卦, figure géométrique employée pour la divination. (Cette figure comporte huit divisions auxquelles correspondent des signes particuliers que tous les peuples de civilisation chinoise supposent doués de nombreuses influences. Chaque signe est composé de trois lignes horizontales tantôt pleines (mâles), tantôt brisées (femelles); le signe *li* est représenté par une ligne brisée entre deux lignes pleines.) — *Bát ra* ○ 囉, appuyer sur tribord, aller vers la droite. — *Bát cạy* ○ 撔, tribord et bâbord. — *Bát đơn* ○ 單, rejeter une plainte, repousser une pétition.

Bặt 拔. Mot complémentaire. (Du S. A. *bạt*, même car., être entraîné au loin, porté par le courant; faire vite.)

Bặt tin ○ 信, sans nouvelles. — *Bặt tăm* ○ 沁, sans indices, troublé. — *Vắng bặt* 永 ○, solitaire, désert. — *Ăn bặt thiệp* 唆○捷, manger vite. — *Lời bặt thiệp* 唎○捷, paroles précises, discours bref.

Bắt 抔. Prendre, saisir, s'emparer, contraindre, forcer, obliger. (En S. A., le car. a aussi la signification de prendre, saisir, mais il se pron. *phầu*.)

Bắt người nầy đi ○ 得尼迻, emparez-vous de cet homme. — *Bắt mạch* ○ 脉, tâter le pouls. — *Bắt thăm* ○ 探, tirer au sort, voter. — *Bắt chước* ○ 斫, imiter. — *Bắt bớ* ○ 播, persécuter. — *Bắt đền* ○ 坦, forcer à restituer. — *Bắt vạ* ○ 禍, faire payer une amende, infliger une peine pécuniaire. — *Bắt lỗi* 磊, prendre en faute, incriminer. — *Bắt thề* ○ 誓, faire prêter serment. — *Bắt tay* ○ 抳, prendre la main, donner la main. — *Bắt tay làm* ○ 抳濫, mettre la main à. — *Bắt làm* ○ 濫,

obliger à faire. — *Bắt cá* ○ 魣, prendre du poisson. — *Theo bắt* 曉 ○, poursuivre, donner la chasse.

Bật 弼*. Aider, porter secours.

Bật lên ○ 蓮, redresser, corriger. — *Bật bã* ○ 把, mettre tout en désordre. — *Lật bật* 栗 ○, tout à coup, inopinément, à l'improviste.

Bất 不*. Non, ne pas; n'avoir pas, n'être pas; privation, exclusion.

Bất nhơn ○ 仁, ingrat. — *Bất hiếu* ○ 孝, id. (envers les parents). — *Bất luận* ○ 輪, indifféremment, sans distinction. — *Bất tri* ○ 智, stupide, sans intelligence. — *Bất tài* ○ 才, incapable, inepte, inhabile, sot. — *Bất kì* ○ 期, inopinément, à l'improviste. — *Bất tam bất tứ* ○ 三○四, par trois, par quatre; se dit d'une personne brouillonne, légère, inconstante; une tête sans cervelle. — *Bất dụng* ○ 用, inusité, inutile. — *Bất kể* ○ 計, sans compter, abstraction faite de. — *Bất thành khí* ○ 成器, non achevé, qui n'a pas atteint la perfection. — *Bất công bình* ○ 公平, injuste. — *Bất quá* ○ 過, tout au plus, qui dépasse à peine.

Bậu 倍. Triste, morose, renfrogné (ne s'emploie qu'en composition). (En S. A., résister, se révolter, s'opposer; se pron. *bội*.)

Bậu mặt ○ 靦, visage sombre, air mécontent, traits contractés.

Báu 寶*. Riche, précieux, rare, de grande valeur. Voir *bửu*.

Báu vật ○ 物, objet précieux, chose rare. — *Châu báu* 珠 ○, très précieux, très rare (comme une perle ou un joyau). — *Qúi báu* 貴 ○, inestimable, inappréciable.

Bàu 保*. Protéger, défendre, garder, sauvegarder. Voir *bảo*.

    Bàu chữa ○ 助, protéger, défendre, sauvegarder. — *Bàu chủ* ○ 主, protecteur, tuteur. — *Con bàu chủ* 昆 ○ 主, pupille. — *Bàu cử* ○ 舉, intercéder, protéger, élire. — *Tờ bàu* 詞 ○, lettre d'élection pour un maire ou un chef de canton.

Bàu 泡. Étang, lac, mare, flaque d'eau. (En S. A., écume, bulle d'eau, mousse; se pron. *bao*.)

    Bàu hói ○ 洶, lac, étang. — *Bàu sen* ○ 蓮, étang où croissent des nénuphars. — *Bàu loạn* ○ 亂, étang desséché ou presque desséché.

Bàu 袍. Ornement d'habit, garniture de robe. (Du S. A. *bào*, même car., robe de cour, habit de cérémonie.)

    Bàu áo ○ 襖, col d'habit, bordure de vêtement, frange. — *Ruồi bàu* 蜈 ○, sorte de mauvaise mouche.

Bậu 倍. Toi (en parlant à son amant, à son ami). (Du S. A. *bội*, même car., doubler, à deux.)

    Bậu bạn ○ 伴, compagnon, ami, amant. — *Qua bậu* 嗯 ○, moi et toi, nous deux. — *Ớ bậu ới!* 吶 ○ 喂, ô mon amant! ô mon ami!

Bàu 抱. Déchirer avec les ongles, griffer (tigre, chat). (Formé des S. A. *thủ* 手, main, et *bảo* 保, avertir, annoncer.)

Bàu mặt ○ 麵, déchirer le visage. — *Hùm báu* 貉 ○, tigre déchirant avec ses ongles.

Bàu 瓢*. Cucurbitacée; rond, en forme de citrouille.

    Trái bàu 鞭 ○, courge, melon, pastèque. — *Bàu rượu* ○ 醅, calebasse, gourde à vin. — *Bàu trời* ○ 苤, voûte céleste. — *Bàu đát* ○ 坦, globe terrestre. — *Ghe bàu* 艖 ○, barque de mer.

Be 橈. Rebord, bord, bordage. (Formé des S. A. *mộc* 木, bois, et *bi* 悲, ému, touché.)

    Be ghe ○ 艖, rebord de barque. — *Be tàu* ○ 艚, bastingage de navire. — *Be miệng* ○ 皿, les alentours de la bouche, les lèvres.

Bẹ 備 et 俻*. Disposer, préparer d'avance. A. V. Feuille engainante du cocotier, du bananier, etc.

Bé 閉. Onomatopée pour rendre le cri de la chèvre; petit, jeune, nouveau. (En S. A., fermer une porte, boucher un trou; se pron. *bế*.)

    Kêu bé hé 叫 ○ 戲, bêler. — *Bé thơ* ○ 疎, petit enfant, très jeune. — *Vợ bé* 媎 ○, concubine; seconde, troisième femme.

Bè 舭. Radeau. (Du S. A. *ba*, même car., même signification.)

    Bè cây ○ 核, train de bois. — *Nhà bè* 茹 ○, maison flottante; à Saigon, le bassin des Quatre-Bras. — *Chim bè* 鴝 ○, gros palmipèdes (parce que ces oiseaux aquatiques flottent sur l'eau comme un radeau). — *Bội bè* 倍 ○, comédie. — *Bè đảng* ○ 党, coalition, conjuration.

Bẻ 掰. Casser, briser; cueillir. (Formé des S. A. *thủ* 手, main, et *bỉ* 彼, celui-ci, celui-là.)

Bẻ ra ○ 囉, rompre, casser, briser. — *Bẻ củi* ○ 檜, casser du bois. — *Bẻ ngón tay* ○ 蔬 㧣, faire craquer les doigts. — *Người bẻ bai* 俧 ○ 悲, contradicteur; qui discute bien, qui s'exprime éloquemment.

Bẻ 陂. S'échouer; férule, houssine. (Du S. A. *bi*, même car., crête de montagne, rive, plan incliné, inégal.)

Ghe đã bẻ rồi 艓 𦨢 ○ 耒, la barque est échouée. — *Con bẻ* 昆 ○, chevreuil, chamois.

Bệ 陛*. Les degrés du trône; table, tabouret, estrade.

Bệ rồng ○ 蜂, estrade du dragon, c.-à-d. trône impérial. — *Bệ ngọc* ○ 玉, trône en pierres précieuses, trône impérial. — *Đức bệ hạ* 德 ○ 下, expression employée pour parler au souverain: Votre Majesté. — *Lạy đức bệ hạ* 禣 德 ○ 下, je me prosterne devant Votre Majesté.

Bế 閉*. Fermer une porte, boucher un trou, clore, couvrir.

Bế cửa ○ 閭, fermer ou condamner une porte. — *Bế tắc* ○ 塞, boucher, couvrir, obstruer. — *Bế mật* ○ 密, fermer ou boucher hermétiquement. — *Bế tàng* ○ 藏, tenir secret. — *Lâm bế* 淋 ○, strangurie, rétention d'urine.

Bề 皮. Partie, côté, endroit; position, situation. (En S. A., peau, cuir, écorce, bourse, étui; se pron. *bi*.)

Bề trên ○ 連, supérieur, dessus. — *Bề dưới* ○ 帶下, inférieur, dessous. — *Bề trong* ○ 冲, intérieur, partie intérieure. — *Bề ngoài* ○ 外, extérieur, partie extérieure. — *Bề trước* ○ 畧, le devant. — *Bề sau* 冀, l'arrière. — *Bề ngang* ○ 昂, la largeur. — *Bề dài* 魁, la longueur. — *Bề sâu* 溇, la profondeur. — *Bề cao* ○ 高, la hauteur. — *Bề mặt* ○ 㴷, l'endroit, la surface. — *Bề trái* ○ 債, l'envers. — *Bề đạo ngãi* ○ 道義, la droite raison. — *Bề đức hạnh* ○ 德行, la vertu. — *Quyết một bề* 决 沒 ○, maintenir une résolution, persister. — *Làm bề* 濫 ○, dissimuler. — *Bọn bề* 本 ○, abondamment. — *Việc bề* 役 ○, très occupé, accablé de travail. — *Ngồi bề* 𨆝 ○, tenir une large place, faire l'important, se mettre à l'aise.

Bể 瀺. Les vastes mers, l'immensité des eaux. (Corruption de *biên*, même car., même signification.)

Bốn bể 罘 ○, les quatre mers, le monde entier. — *Sông bể* 瀧 ○, mers et fleuves. — *Người bể dã* 俧 ○ 野, habitant des côtes, population maritime; homme rude, grossier.

Bể 掰. Briser, casser, rompre (objets fragiles). (Formé des S. A. *thủ* 手, main, et *bỉ* 彼, celui-ci, celui-là.)

Làm bể 濫 ○, briser, casser (sans le faire exprès). — *Đập bể* 搭 ○, briser, casser (en frappant dessus). — *Đánh bể đầu* 打 ○ 頭, casser la tête (menace). — *Ông bề* 橐 ○, soufflet de forge, de cheminée.

Ben 邊. Mot complémentaire, syllabe euphonique. (En S. A., limite, frontière, côté; se pron. *biên*.)

Ben theo ○ 蹺, suivre, poursuivre. — *Lang ben* 郎 ○, irrévérencieux.

Bén 變. Qui adhère, qui s'attache, qui pénètre. (En S. A., changer, disparaître; se pron. *biên*.)

Bén rễ ○ 櫺, prendre racine. — *Dính bén* 性 ○, adhérer, s'attacher, dépendre de. — *Dao bén* 刀 ○, couteau qui coupe bien. — *Lưới bén* 緷 ○, espèce de filet de pêche. — *Lửa đã bén* 焐㐫 ○, le feu a pris, l'incendie se propage. — *Theo bén* 蹺 ○, suivre de près, serrer de près.

Bèn 下. Particule auxiliaire et mot euphonique; aussitôt; par conséquent, alors. Voir *thì*. (En S. A., être pressé, aller vite; se pron. *biện*.)

Bèn nhèn ○ 然, malpropre, sordide, vil. — *Bèn là* ○ 羅, au contraire, il vaut bien mieux que...

Bên 邊. Côté, partie de lieu. (En S. A., le car. signifie aussi côté, mais s'étend à limite, frontière, confins, etc.; se pron. *biên*. Voir ce mot.)

Bên nầy ○ 尼, de ce côté, ici, par ici. — *Bên kia* ○ 箕, de l'autre côté, là, par là. — *Bên giặc* ○ 賊, du côté de l'ennemi, l'ennemi. — *Bên nào* ○ 苔, de quel côté? — *Bên tôi* ○ 碎, de mon côté. — *Bên anh* ○ 嬰, de votre côté. — *Bên tả* ○ 左, à gauche. — *Bên hữu* ○ 右, à droite. — *Bên tây* ○ 西, en Occident, en Europe. — *Một bên* 沒 ○, un côté, du même côté, du même parti.

Bện 紒. Tresser des liens. (Formé des S. A. *mịch* 糸, fils, liens, et *biện* 卞, loi, principe.)

Bện đăng ○ 簦, tresser des claies de barrage, des engins de pêche.

Bến 瀁. Débarcadère, appontement; endroit préparé sur la rive pour descendre à bord ou accoster; lavoir, abreuvoir. (Formé des S. A., *thủy* 水, eau, et *biến* 變, disparaître.)

Bến đò ○ 渡, débarcadère d'un bac. — *Bến chợ* ○ 罧, appontement devant le marché. — *Tới bến* 細 ○, s'approcher du débarcadère, aborder, accoster. — *Bến ngựa* ○ 馭, abreuvoir à chevaux.

Bền 紒. Durable, constant, ferme, tenace. (Formé des S. A. *mịch* 糸, fils, liens, et *biện* 卞, loi, système.)

Bền lâu ○ 其, qui dure longtemps. — *Bền lòng* ○ 卷, constant; fermeté d'âme, constance de cœur, solidité d'esprit. — *Bền chí* ○ 志, id. — *Vững bền* 凭 ○, ferme, durable, constant. — *Chắc bền* 卓 ○, ferme, solide, tenace (au propre et au figuré). — *Sự bền đỗ* 事 ○ 杜, persévérance, constance, fermeté.

Bệnh 病*. Maladie, infirmité, tare, imperfection. Voir *bịnh*.

Bệnh trọng ○ 重, maladie grave. — *Mắc bệnh* 繴 ○, pris par une indisposition, retenu par la maladie.

Beo 豹. Panthère, léopard. (Du S. A. *báo*, même car., même signification.)

Vẻ beo 殷 ○, tacheté, moucheté comme la peau d'une panthère ou d'un léopard. — *Kim tiền beo* 金錢 ○, le léopard.

Bẹo 標. Signal au bout d'une perche ou d'un bâton. (Du S. A. *biêu*, même car., même signification.)

Bẹo chim ○ 鴣, épouvantail pour éloigner les oiseaux.

Béo 膵 *. Gras, lourd, pesant.

Mập béo 胦 ○, gras, gros, énorme. — *Người béo* 得 ○, personne grasse, grosse, obèse. — *Thịt béo* 䏑 ○, viande grasse. — *Béo qúa* ○ 過, trop gras, trop gros. — *Béo tốt* ○ 卒, gras, dodu, replet, potelé.

Bèo 蓱. Lentilles de marais, herbes que l'on donne aux cochons. (Formé des S. A. *qua* 瓜, cucurbitacée, et 葉, nom de plantes; feuilles jaunies.)

Bèo trẹt ○ 徹, caduc, qui bave. — *Bọt bèo* 浡 ○, impoli, grossier. — *Bánh bèo* 飷 ○, espèce de gâteau.

Bẻo 表. Syllabe euphonique. (En S. A., vêtement supérieur; montrer, faire savoir; se pron. *biẻu*.)

Bẻo lẻo ○ 汀, agile, prompt, vif.

Bẹp 嗑. Écrasé, aplati; tomber, s'étaler. (Formé des S. A. *khẩu* 口, bouche, et *biệm* 砭, piquer, critiquer.)

Bút bẹp 筆 ○, pinceau usé. — *Bẹp nón* ○ 藪, écraser son chapeau. — *Tẻ bẹp* 細 ○, tomber à plat, s'étaler à terre. — *Ngồi bẹp* 跂 ○, s'asseoir par terre.

Bếp 烃. Cuisine, foyer, âtre, cheminée; chef d'escouade de la milice annamite, premier soldat. (Formé des S. A. *hỏa* 火, feu, et *phạp* 乏, pauvre, fatigué.)

Nhà bếp 茹 ○, cuisine. — *Đầu bếp* 頭 ○, chef de cuisine. — *Nằm bếp* 輀 ○, accoucher, être en couches (vient de ce que les femmes annamites font placer un réchaud sous leur lit au moment de leurs couches).

Bét 蹕. Chassie des yeux; bramer. (Formé des S. A. *mục* 目, œil, et *biệt* 別, se perdre.)

Con mắt bét 昆 䀹 ○, avoir les yeux chassieux; yeux rouges, en feu. — *Nai bét* 狔 ○, le cerf brame.

Bệt 別. Rompu, brisé, fatigué. (En S. A., partager, distinguer, disjoindre, se séparer; se pron. *biệt*.)

Bệt cha ○ 吒, injure grossière. — *Say bệt* 醅 ○, ivre mort. — *Lết bệt* 踘 ○, languissant; se traîner de fatigue. — *Bệt tay* ○ 扡, mains gourdes.

Bêu 標 *. Le point le plus élevé d'un arbre; élever, exposer; pavillon, signal; faire connaître.

Bêu đầu ○ 頭, exposer la tête d'un supplicié au bout d'une perche. — *Bêu danh* ○ 名, proclamer un nom (examens), faire connaître une réputation. — *Nổi lểu bêu* 淶 撩 ○, flotter, surnager.

Bệu 嘮. Tendre, mou, flexible.

(Formé des S. A. *khẩu* 口, bouche, et *biệu* 裒, réunir, amasser.)

 Bệu bạo ○ 暴, contourner la bouche en pleurant. — *Cây bệu* 核 ○, arbre dont le bois reste toujours tendre; bois flexible.

Bêu 漂. Syllabe euphonique. (Du S. A. *phiêu*, même car., soulevé par les vagues, balloté par les flots.)

Bi 坡, 岥 et 陂*. Crête de montagne, versant de colline; incliné, oblique; rive escarpée.

Bi 悲*. Être touché, ému de compassion; éprouver de la pitié pour ceux qui souffrent.

 Sầu bi 愁 ○, mélancolique, triste, morose. — *Lòng từ bi* 慈 慈 ○, cœur compatissant, bienfaisant, charitable. — *Cây từ bi* 核 慈 ○, sauge.

Bị 備*. Préparer, apprêter, fournir, pourvoir à, se prémunir contre. A. V. Contenant; sac, poche, bourse, blague. Voir *bì*.

 Dự bị 預 ○, se prémunir, se préparer à l'avance. — *Bỏ vào bị* 補 以 ○, introduire dans le sac. — *Xách bị* 拺 ○, porter un sac à la main (le bras pendant).

Bị 被*. Couverture de lit; souffrir, supporter, subir l'action pénible; marque du passif.

 Bị án ○ 案, condamné par jugement. — *Bị hại* ○ 害, subir un tort, un dommage. — *Bị ăn trộm* ○ 唆 濫, avoir été volé. — *Bị bão* ○ 雹, être pris dans un coup de vent, dans un cyclone. — *Bị đau* ○ 疛, être malade, souffrir. — *Bị dấu* ○ 㕻, être blessé, avoir reçu une blessure. — *Bị chìm ghe* ○ 沈 艓, faire naufrage. — *Bị phong ba* ○ 風 波, essuyer une tempête, être jeté sur des brisants. — *Bị oan* ○ 寃, être victime d'une injustice. — *Bị trận* ○ 陣, perdre une bataille, être vaincu. — *Bị đòn* ○ 柂, avoir reçu des coups de rotin, subir une correction.

Bí 秘*. Secret, caché, mystérieux, obstrué; qui ne peut être entièrement expliqué ni divulgué.

 Bí văn ○ 文, écrit secret, lettre chiffrée. — *Bí mật* ○ 密, secret, mystère. — *Bí truyền* ○ 傳, mystérieusement transmis, secrètement expliqué. — *Ấn bí* 隱 ○, cacher. — *Phép bí tích* 法 跡, sacrement. — *Bí thơ* ○ 書, lettre secrète, document qui ne peut être publié.

Bí 泌*. Eau de source, fontaine; mystérieux, secret, caché.

Bí 費. Cucurbitacée. (En S. A., dissiper, débourser; dépenses, frais; se pron. *phí*.)

 Trái bí 鞭 ○, citrouille, courge en général. — *Bí đao* ○ 刀, variété de citrouille. — *Bí ngô* ○ 莫, autre espèce. — *Bí rợ* ○ 助, autre espèce.

Bì 皮*. Peau tendre, cuir non préparé; écorce; étui, bourse, portefeuille. Car. radical. Voir *bị*.

 Bì thuốc ○ 束, blague à tabac. — *Bì thuốc súng* ○ 束 銃, cartouche de fusil, gargousse. — *Bì quế* ○ 桂, écorce de cannelle. — *Mê li bì* 迷 離 ○,

harassé, fatigué, alourdi. — *Bi cốt* ○ 骨, la peau et les os. — *Phần bỉ* 分 ○, envieux, jaloux, ombrageux. — *Phép cắt bi* 法 割 ○, circoncision. — *Trần bi* 陳 ○, écorce d'orange.

Bi 碑*. Tablette de pierre, monument funéraire; inscription lapidaire; monolithe, cible. Voir *bia*.

Bi 圮*. Troubler, ruiner, détruire.

Bi 否*. Particule négative; à la fin d'une phrase, a le sens de oui ou non? cela, celui-là; peut avoir aussi le sens de malheur. Se prononce également *phủ*.

Bi thới ○ 泰, bonne ou mauvaise fortune. — *Vận bi* 運 ○, triste sort. — *Bi cực thới lại* ○ 極 泰 更, après le malheur vient la chance.

Bi 鄙*. Petite ville; frontière, limite; paysan, rustre; vicieux, méprisable, vil.

Bi lậu ○ 陋, vulgaire, bas, commun, inférieur. — *Bi mặt* ○ 醜, offenser la pudeur, faire rougir de honte. — *Bi bàng* ○ 傍, arrangé avec soin. — *Ngồi bi bàng* 坚 ○ 傍, se tenir assis convenablement, correctement (les jambes croisées).

Bi 彼*. Cela, celui-là, celle-là; autre, différent.

Bi nhơn ○ 人, cet homme-là.

Bia 碑. But, cible, inscription lapidaire. (Du S. A. *bi*, même car., même signification.)

Bắn trúng bia 奸 中 ○, tirer et atteindre le but. — *Bia truyền* ○ 傳, publier, proclamer, célébrer. — *Hòm bia truyền* 函 ○ 傳, arche d'alliance. — *Bia đá* ○ 硌, table de pierre, stèle. — *Bia kí* ○ 記, épigraphe. — *Bia danh* ○ 名, rendre un nom célèbre. — *Bia bài* ○ 牌, monument. — *Bia văn* ○ 文, épitaphe.

Bìa 牌. Reliure, carton de reliure, couverture de livre. (En S. A., tablette, carte, passeport; se pron. *bài*.)

Bìa sách ○ 冊, couverture de livre. — *Cây chàm bìa* 核 藍 ○, mimosa ou acacia pennata.

Bích 辟*. Règle, exemple, loi.

Bích 碧*. Nom collectif de pierres précieuses; une pierre bleue ou verte transparente comme le jade.

Lục bích 綠 ○, la même pierre de couleur verte. — *Bích ngọc thạch* ○ 玉 石, agate, jaspe. — *Bích phong thạch* ○ 風 石, jais. — *Bích thanh thủy* ○ 清 水, eau limpide, cristalline; onde pure.

Biếc 碧. Bleu, vert de mer. (Du S. A. *bích*, même car., même signification.)

Nước biếc 渚 ○, l'onde azurée. — *Đáy biếc* 滨 ○, le fond clair de la mer. — *Xanh biếc* 樘 ○, bleu de ciel, vert de mer.

Biếm 砭*. Piquer avec la pointe d'une pierre; piquer, blâmer, critiquer; se moquer, se gausser.

Nói biếm 吶 ○, lancer des sarcasmes. — *Biếm hạ* ○ 下, humilier, vexer. — *Biếm giảm* ○ 減, diminuer, amoindrir, rabaisser. — *Biếm truỵ* ○ 墜, détruire, abattre, ruiner.

Biếm 貶*. Causer un dommage, faire du tort, déprimer; corriger, reprendre, traiter avec mépris.

Biên 編*. Corde qui servait autrefois à lier des livres; coordonner, mettre en ordre, disposer des matériaux pour un ouvrage littéraire, prendre des notes, écrire.

Biên ký ○ 記, noter pour se souvenir. — *Biên lấy* ○ 祕, prendre par écrit, recueillir un fait, faire des marques. — *Biên nhận* ○ 認, émarger, donner quittance; un reçu. — *Biên chép* ○ 箭, consigner; mettre par écrit. — *Biên vào sổ* ○ 伽數, inscrire dans le catalogue, enregistrer. — *Biên cheo* ○ 招, inscrire le montant de la redevance due au village pour l'enregistrement d'un mariage. — *Biên kiết* ○ 結, lier.

Biên 邊*. Rive, côte, limite, frontière, lisière. Voir *bên* et *mé*.

Biên hoà ○ 和, accord sur la frontière; nom d'une province de la Cochinchine. — *Biên lụa* ○ 縷, lisière d'une pièce de soie. — *Biên thùy* ○ 陲, limite, confins, terme, frontière. — *Tốt vô biên* 卒無 ○, infiniment bon, bonté sans limite. — *Vô lượng vô biên* 無量無 ○, immense, infini. — *Trung biên* 中 ○, en dedans et dehors, intérieur et extérieur, centre et périphérie.

Biện 采*. Mettre à part, séparer, distinguer; cueillir. Car. radical.

Biện biệt ○ 別, distinguer, établir la différence.

Biện 拚* Frapper avec la main, battre la mesure.

Biện 辯*. Discuter, débattre, examiner, juger.

Biện luận ○ 論, plaider, disputer point par point. — *Biện minh bạch* ○ 明白, discerner clairement, établir péremptoirement un fait.

Biện 辨*. Régler une affaire, veiller à, inspecter; délégué, administrateur, magistrat.

Biện bạch ○ 白, exposer clairement, résoudre. — *Biện thiệp* ○ 倢, éloquent, disert, causeur. — *Quan tham biện* 官參 ○, administrateur des affaires indigènes de Cochinchine. — *Quan biện lý* 官 ○ 理, vice-conseiller de ministère; titre donné au procureur de la République en Cochinchine.

Biện 卞*. Règle, loi; aller vite, faire rapidement.

Đại biện 大 ○, grande règle, grande loi gouvernementale. — *Biện lại* ○ 吏, écrivain, secrétaire, expéditionnaire.

Biến 變*. Se métamorphoser; changer, disparaître, s'éclipser.

Biến sắc ○ 色, changement de visage ou de couleur. — *Biến hóa* ○ 化, se transformer. — *Biến mất* ○ 秩, disparaître, s'éclipser, se perdre dans. — *Biến huyễn* ○ 幻, faux, trompeur. — *Biến cải* ○ 改, changeant, inconstant; changement, altération. — *Thiên biến* 天 ○, révolutions célestes, calamités.

Biến 遍*. Faire le tour; enserrer, entourer, enclore, enfermer.

Biển 變. La mer, l'océan. Voir *bể* et *hải*. (Formé des S. A. *thủy* 水, eau, et *biến* 變, changer, disparaître.)

Biển thẳm ○ 潯, mer profonde. — *Biển khơi* ○ 溂, haute mer, pleine mer, le large. — *Biển cả* ○ 嚳, océan. *Biển hồ* ○ 湖, grand lac. — *Bãi biển* 壥 ○, bord de la mer, rive maritime, littoral. — *Bốn biển* 罘 ○, les quatre mers, c.-à-d. le monde entier, l'univers. — *Đi biển* 迻 ○, aller en mer, naviguer, entreprendre un voyage maritime. — *Biển động* ○ 動, mer agitée, grosse mer. — *Biển lặng* ○ 朖, mer calme, eaux tranquilles. — *Đi qua biển* 迻 戈 ○, traverser la mer. — *Cá biển* 魸 ○, poisson de mer. — *Biển bạc* ○ 薄, larmes (expression poétique).

Biệng 挴. Maltraiter à coups de bâton, rouer de coups. (Formé des S. A. *thủ* 手, main, et *binh* 兵, soldat.)

Biếng 丙. Lent, paresseux (ne s'emploie qu'en composition). (Du S. A. *bính*, même car., dernier, inférieur; lent, dolent.)

Biếng xem ○ 怗, lent à regarder. — *Biếng nói* ○ 吶, ne pas se presser pour parler. — *Làm biếng* 濫 ○, paresseux, fainéant, indolent. — *Làm biếng làm nhác* 濫 ○ 濫 樂, agir avec mollesse; traînasser, lambiner.

Biệt 別*. Distinguer, séparer, diviser; se quitter, se perdre.

Biệt tin ○ 信, sans nouvelles, sans aucun avis. — *Biệt tích* ○ 跡, sans trace, pas de vestige. — *Từ biệt* 辭 ○, se séparer, se quitter, se dire adieu; vivre séparés l'un de l'autre. — *Bái biệt từ giã* 拜 ○ 辭 睹, se saluer réciproquement en prenant congé. — *Phân biệt* 分 ○, séparer, distinguer. — *Phân biệt tiền hậu* 分 ○ 先 後, distinguer entre ce qui précède et ce qui suit, faire une différence entre le passé et l'avenir. — *Xa biệt* 賒 ○, éloigné, hors de la portée de la vue. — *Biệt tài* ○ 才, un talent particulier.

Biết ノ*. Trait courbé à gauche. Car. radical. Voir *phiết*.

Biết 別. Savoir, connaître, sentir, éprouver. (En S. A., diviser, séparer, distinguer; se pron. *biệt*.)

Biết làm sao? ○ 濫 牢, comment faire? — *Biết ơn* ○ 恩, reconnaissant, savoir reconnaître un bienfait. — *Biết đâu* ○ 兜, comment savoir. — *Quen biết* 涓 ○, familier, savoir par habitude. — *Có biết không* 固 ○ 空, savez-vous, oui ou non?

Biêu 駣*. Mors, bride; tirer sur la bride; exciter, agiter, arborer.

Biêu ngựa ○ 馭, exciter un cheval, courir bride abattue. — *Biêu cờ* ○ 旗, arborer le drapeau, hisser le pavillon. — *Biêu danh* ○ 名, proclamer un nom, publier les titres.

Biểu 褒*. Réunir, amasser; grand nombre, grande quantité.

Biểu 報. Honorer, considérer (ne s'emploie qu'en composition). (Du S. A. *báo*, même car., reconnaître un bienfait, offrir, rétribuer.)

Cổ biểu 古 ○, table d'honneur (dans les festins). — *Phân biểu* 分 ○,

part offerte en signe d'honneur à l'occasion de certaines cérémonies.

Biểu 標*. Frapper; faire signe de la main. A. V. Montrer, indiquer, faire savoir, avertir, ordonner (pour ce dernier sens, voir *bảo*).

    Biểu làm ○ 濫, dire de faire. — *Khuyến biểu* 勸 ○, exhorter, engager. — *Dạy biểu* 吪 ○, enseigner, commander, ordonner. — *Dễ biểu* 易 ○, qui obéit facilement, qui est aisément docile. — *Khó biểu* 若 ○, qui n'obéit pas volontiers, qui donne de la peine à commander.

Biểu 表*. Vêtement de dessus.

    Thủy biểu 水 ○, baromètre.

Bim 砭. Papillon; plante grimpante (ne s'emploie pas seul). (Du S. A. *biếm*, même car., piquer.)

    Con bim bim 昆 ○○, papillon. — *Dây bim bim* 練 ○○, plante grimpante, sorte de salseparelle.

Bim 噷. Muet, silencieux (ne s'emploie qu'en composition). (Formé des S. A. *khẩu* 口, bouche, et *biếm* 貶, causer du dommage, déprimer.)

Bịn 紆. Passionnément (ne s'emploie qu'en composition). (Formé des S. A. *mịch* 糸, fils, et *biện* 卞, règle, loi.)

    Bịn rịn ○ 溓, en secret et avec passion; s'attacher à. — *Bịn yêu mến* ○ 腰 勉, aimer avec passion.

Binh 兵*. Armée, armement; soldat, homme de troupe. Voir *lính*.

Binh lính ○ 另, la troupe, l'armée. — *Binh bộ* ○ 步, armée de terre, infanterie. — *Binh thủy* ○ 水, armée de mer. — *Binh ngựa* ○ 馭, cavalerie. — *Binh dân* ○ 民, l'armée et le peuple. — *Binh vực* ○ 域, protéger, défendre, favoriser. — *Bộ binh* 部 ○, ministère de la guerre. — *Đóng binh* 揀 ○, disposer des troupes en ligne, en bataille. — *Điểm binh* 點 ○, faire le recensement des soldats, procéder à l'appel des troupes. — *Tổng binh* 總 ○, général en chef. — *Lãnh binh* 領 ○, général de brigade. — *Tập binh* 習 ○, exercer l'armée. — *Việc binh* 役 ○, affaires militaires, travaux de la guerre. — *Bãi binh* 罷 ○, licencier les troupes. — *Binh bãi* ○ 壃, fallacieux, trompeur.

Binh 梹*. Nom d'un arbre genre palmier qui produit l'arec.

    Binh lang ○ 榔, arec. Voir *cau*.

Bịnh 病*. Maladie, infirmité; tare, vice, défaut. Voir *bệnh*.

    Chứng bịnh 症 ○, maladie, crise. — *Mắc bịnh* 繏 ○, pris, retenu ou empêché par la maladie. — *Đã bịnh* 危 ○, guéri; la fin d'une maladie. — *Bịnh nặng* ○ 曩, maladie grave. — *Bịnh nghèo* ○ 饒, maladie dangereuse. — *Bịnh dịch* ○ 疫, le choléra, la peste. — *Bịnh cúm* ○ 噤, fièvre dingue. — *Bịnh rét* ○ 洌, fièvre ordinaire. — *Bịnh rét thấp* ○ 洌 濕, fièvre paludéenne. — *Bịnh thi khí* ○ 時 氣, maladie occasionnée par un changement de saison ou par un changement de climat.

Bính 丙*. Le dernier, le dessous;

inférieur, subalterne; troisième lettre du cycle dénaire (feu latent).

Năm bính thân 丙○申, l'année dite du feu latent et du singe.

Bính 怲*. Triste, chagrin, affligé.

Bính 柄*. Manche d'outil, poignée, hampe, manivelle; au fig., pouvoir, autorité.

Mặc bính 默○, porter les habits des autres; au fig., se prévaloir de l'autorité de quelqu'un. — *Súng bính* 銃○, carabine. — *Quốc bính* 國○, détenir l'autorité, gouverner un pays.

Bình 平*. Paix, tranquillité; réprimer, pacifier (souvent employé dans les noms de pays). Voir *bằng*.

Bình an ○安, en paix; se bien porter, être dispos. — *Ninh bình* 寧○, paix et tranquillité; nom d'une province du Tonkin. — *Bình thuận* ○順, paix et accord; nom d'une province de l'Annam limitrophe de la Cochinchine. — *Bình định* ○定, fixation de la paix; nom d'une province de l'Annam moyen. — *Thái bình* 太○, souveraine paix, ou paix profonde; nom d'un fleuve et d'une province du Tonkin. — *Quảng bình* 廣○, région paisible; nom d'une province de l'Annam moyen. — *Bình hòa* ○和, paix et concorde; le nom d'un village de la banlieue de Saigon. — *Từ bình sinh* 自○生, depuis la naissance.

Bình 瓶*. Pot en terre, cruche, gargoulette, vase, petit seau.

Hoa bình 花○, vase à fleurs. —

Bình ấm ○蔭, cafetière. — *Bình chè* ○茶, théière. — *Bình nước* ○渃, carafe, gargoulette. — *Bình thủy* ○水, id. — *Bình tích* ○積, bouillotte. — *Bình tích thủy* ○積水, aiguière, pot à eau. — *Bình giỏ* ○唲, crachoir (en forme de vase). — *Bình mực* ○墨, encrier. — *Bình vôi* ○砶, vase à chaux (pour le bétel). — *Bình điếu* ○釣, pipe à eau.

Bình 泙*. Torrent qui bouillonne en se précipitant, ravin, creux.

Bình 軿*. Petite voiture à jalousies (à l'usage des femmes); civière; char de guerre.

Bình 評*. Consulter, examiner, s'informer; remarque, critique.

Bính 餅*. Gâteau, galette, biscuit.

Bịp 鴔. Syllabe euphonique. (Formé des S. A. *điểu* 鳥, oiseau, et *phạp* 乏, pauvreté, pénurie.)

Chim bìm bịp 鴣鴔○, espèce d'oiseau dit coq des pagodes.

Bịt 鋓. Entourer; garnir d'or, d'argent ou d'autre métal. (Formé des S. A. *kim* 金, métal, et *biệt* 別, se perdre.)

Bịt bát ○鉢, garnir un bol, border une tasse. — *Bịt khăn* ○巾, enrouler le turban autour de la tête, se coiffer. — *Bịt con mắt* ○昆䀹, se bander les yeux. — *Bịt mũi* ○䵒, se boucher le nez. — *Bịt tai* ○聰, se boucher les oreilles. — *Bịt choàng hầu* ○絖喉, se couvrir la tête d'un mouchoir noué sous le menton.

Bo 甫. Onomatopée pour rendre le cri de la tourterelle. (En S. A., grand, éminent, bon, beau; se pron. *bô*.)

Cây bo bo 核○○, arbuste qui donne les fruits appelés larmes de Job. — *Giữ bo bo* 忴○○, garder avec beaucoup de soin, défendre avec une extrême ténacité. — *Chạy bo bo* 趁○○, courir à toutes jambes.

Bọ 蜅. Ver, insecte, reptile. (Formé des S. A. *trùng* 虫, insecte, et *bô* 甫, bon, beau, excellent.)

Con bọ đất 昆○坦, cloporte. — *Bọ chét* ○唽, puce. — *Bọ cá* ○鮂, insecte appelé mille-pieds, scolopendre. — *Bọ chó* ○狂, pou de chien, tique. — *Bọ mắt* ○枏, nom de petit insecte; litt., pou des yeux. — *Sâu bọ* 螻○, ver (espèce).

Bó 抔*. Étendre les bras. A. V. Mettre en gerbe, en paquet; gerbe, fagot, paquet.

Bó tay ○栖, joindre les mains; au fig., se mettre à la disposition de quelqu'un. — *Bó lại* ○更, ramasser, lier en gerbe, mettre en botte. — *Cột bó* 概○, lier, gerber, fagoter. — *Một bó lúa* 沒○稌, une gerbe de riz. — *Một bó củi* 沒○檜, un fagot de bois à brûler.

Bò 牿. Bœuf; se traîner sur les pieds et sur les mains, ramper. (Formé des S. A. *ngưu* 牛, bœuf, buffle, et *bò* 甫, grand, éminent.)

Bò đực ○特, taureau. — *Bò cái* ○丐, vache. — *Bò con* ○昆, veau. — *Thịt bò* 餂○, viande de bœuf. — *Bò cạp* ○吸, scorpion; épouvantail. — *Bò câu rừng* ○鴿棱, pigeon sauvage. — *Bò câu nhà* ○鴿茹, pigeon domestique. — *Bò lên* ○蓮, se traîner en montant, grimper. — *Cây bò cạp* 核○吸, cassia fistula. — *Đánh bò cạp* 打○吸, claquer des dents.

Bõ 補. Appellatif de vieux gardiens de pagodes ou d'établissements publics. (En S. A., aider, surajouter, fortifier; se pron. *bô*.)

Bõ bàu chủ ○保主, tuteur, protecteur. — *Bõ đỡ đầu* ○拖頭, parrain. — *Bõ nuôi* ○餒, père nourricier, père adoptif.

Bỏ 補. Rejeter, laisser, abandonner. (En S. A., raccommoder des vêtements, aider, surajouter; se pron. *bô*.)

Bỏ quên ○涓, oublier. — *Bỏ sót* ○率, omettre, passer outre. — *Bỏ vạ* ○禍, calomnier. — *Bỏ việc* ○役, abandonner une affaire. — *Bỏ rơi* ○涑, laisser tomber. — *Bỏ ra* ○囉, laisser, jeter. — *Làm bỏ qua* 濫○戈, faire à la hâte, faire par acquit, comme en passant. — *Bỏ bèn chi* ○卞之, à quoi bon? — *Bỏ thói quen đi* ○退涓挼, abandonner les mœurs, les usages; laisser tomber les traditions en désuétude. — *Bỏ đạo* ○道, abandonner la religion, quitter la bonne voie. — *Bỏ vợ* ○嬭, abandonner le domicile conjugal, répudier sa femme, divorcer. — *Bỏ nhà* ○茹, abandonner sa maison.

Bỏ 逋*. Fuir; manquer, faire défaut, se dérober, être absent.

Bô 甫*. Grand, éminent; qui protège, qui garantit; désignation respectueuse et honorifique.

Lầm bỏ 林 ○, catafalque. — *Bỏ tàu* ○ 軆, rebord du bastingage.

Bộ 部*. Le tout, la collectivité des choses, les éléments; ce qui est officiel; assemblage ou lot d'objets servant au même usage ou formant un tout complet.

Chữ bộ 字 ○, caractère radical, clef de l'écriture sino-annamite. — *Ngũ bộ* 五 ○, les cinq éléments qui constituent le lot des choses matérielles. — *Lục bộ thượng thơ* 六 ○ 尚 書, les six ministères. — *Lại bộ* 吏 ○, ministère de l'intérieur (le plus important des six). — *Hình bộ* 刑 ○, ministère des peines ou de la justice. — *Hộ bộ* 戶 ○, ministère des finances. — *Binh bộ* 兵 ○, ministère de la guerre (ou de l'armée). — *Lễ bộ* 禮 ○, ministère des rites (ou des cultes). — *Công bộ* 工 ○, ministère des travaux publics. — *Quan lại bộ* 官 吏 ○, le ministre de l'intérieur. — *Giao cho bộ* 交 朱 ○, livrer ou confier au ministère, mettre à la disposition du ministre. — *Một bộ bài* 沒 ○ 牌, un jeu de cartes. — *Một bộ nút áo* 沒 ○ 鏷 襖, un assortiment de boutons d'habit.

Bộ 哺*. Donner la becquée, gaver; donner la nourriture préalablement mâchée à un petit enfant, comme le font les nourrices du pays; mastiquer, ruminer.

Bộ 簿*. Primitivement, une tablette en bambou pour noter les événements; actuellement, registre, catalogue, rôle, cahier d'impôt.

Địa bộ 地 ○, registre de fondation ou de grand recensement. — *Tu bộ* 修 ○, refaire les cahiers d'impôt, c.-à-d. procéder au recensement des terres et de la population. — *Sổ bộ* 數 ○, cahier d'impôt, catalogue de recensement. — *Bộ nhơn* ○ 人, registre de dénombrement, matricule. — *Bộ đinh* ○ 丁, rôle d'impôt personnel. — *Bộ điền* ○ 田, cahier de description des champs. (Nota : Il existe deux sortes de recensements, l'un dit petit (*tiểu tu* 小 修) qui a lieu tous les ans, l'autre dit grand (*đại tu* 大 修) qui a lieu tous les cinq ans seulement.)

Bộ 捕*. Prendre, saisir, capturer; poursuivre, atteindre.

Ăn bộ 唵 ○, manger avec les doigts. — *Bắt bộ* 打 ○, prendre avec les mains, pêcher à la main. — *Bộ hại* ○ 害, persécuter, pourchasser. — *Bộ đạo* ○ 盜, poursuivre les voleurs; gendarmerie, police.

Bộ 步*. Le pas, la marche à pied; se donner des airs, faire semblant, simuler, imiter, contrefaire.

Đi bộ 移 ○, aller à pied. — *Bộ hành* ○ 行, voyager. — *Lính bộ* 另 ○, soldat d'infanterie. — *Đánh bộ* 打 ○, combattre sur terre. — *Coi bộ nó rầu* 視 ○ 奴 愁, il a l'air ennuyé, il paraît triste. — *Làm bộ* 濫 ○, faire mine de, faire semblant de; faire des façons, des simagrées. — *Quá bộ* 過 ○, qui dépasse, qui surpasse (superlatif excessif).

Bố 布*. Tissu de toile ou de coton; étendre, aplanir, arranger, disposer; administrer, gouverner.

    Vải bố ○ 緄, cotonnades grossières. — *Quan bố chánh* 官 ○ 政, le chef des services administratifs et financiers d'une province. — *Bố thí* ○ 施, étendre ses faveurs, faire l'aumône.

Bồ 蒲*. Jonc ou roseau servant à tresser des corbeilles ou grands paniers pour les grains; petite construction ronde en feuilles pour abriter les céréales; nom d'herbe.

    Bồ lúa ○ 穭, grenier à riz. — *Bồ nhìn* ○ 認, mannequin, poupée. — *Bồ chỉ* ○ 鈘, prodiguer des soins. — *Nói xồ bồ* 吶 摳 ○, parler avec volubilité. — *Xồ đi bộ lại* 摳 挱 ○ 更, ajouter, retirer, égaliser. — *Bồ tiên* ○ 鞭, le nom d'une herbe qui sert à tresser des sandales.

Bồ 葡*. Nom collectif de plantes grimpantes; vigne.

    Bồ đào ○ 萄, raisin. — *Bồ đào tửu* ○ 萄酒, vin de raisin.

Bồ 菩*. Nom d'un arbre qui serait originaire du pays où est né Bouddha, et qui, pour cette raison, est considéré comme sacré par les bouddhistes.

    Bồ đề ○ 提, figuier religieux dit des Siamois.

Bổ 補*. Réparer des habits, recoudre, surajouter, augmenter, fortifier; fendre, détailler.

    Bổ khuyết ○ 缺, remplir une vacance, pourvoir à un poste. — *Bổ thêm* ○ 添, surajouter, augmenter. — *Bổ thường* ○ 償, restituer, compenser une perte. — *Bổ củi* ○ 檜, fendre du bois. — *Hàng bổ* 行○, marchandises à vendre au détail. — *Tu bổ* 修○, réparer, refaire. — *Thuốc bổ* 葯○, médecine fortifiante. — *Hậu bổ* 候○, stagiaire, surnuméraire.

Bơ 巴. Syllabe euphonique, mot complémentaire. (En S. A., attacher, adhérer, rattacher; se pron. *ba*.)

    Bơ thờ ○ 徐, étourdi, imprudent, insouciant. — *Bơ vơ* ○ 攄, en peine, ahuri, ébahi. — *Bơ lơ* ○ 臚, id. — *Bơ ngơ* ○ 獹, étonné, stupéfait, hébété. — *Bơ bải* ○ 攞, essoufflé, transporté de joie.

Bợ 播. Soutenir avec les mains. (En S. A., semer, éparpiller, publier, répandre; se pron. *bạ*.)

    Bợ lấy ○ 祂, soutenir, maintenir, retenir.

Bớ 播. Syllabe euphonique, mot complémentaire. (En S. A., même signification que le car. précédent.)

    Bớ bết ○ 別, avec confusion; prendre indistinctement. — *Bớ sớ* ○ 疏, assoupi, abruti de sommeil, dormir debout. — *Bắt bớ* 抔○, vexer, persécuter.

Bớ 幡. Interjection pour appeler, cri prolongé pour attirer l'attention : ohé! Voir *ớ*. (Formé des S. A. *khẩu* 口, bouche, et *bạ* 播, publier, répandre au loin.)

    Bớ mẹ ○ 媄, hé! ma mère. — *Bớ con* ○ 昆, hé! enfants. — *Bớ ai đi đó* ○ 埃抄妁, hé! là-bas; ohé! qui va là? — *Bớ làng xóm ơi* ○ 廊坫陜, au secours! à moi, communes et hameaux!

Bờ 坡. Limite, rive; petit chemin autour des champs, sentier. (En S. A., même signification; se pron. *pha*.)

Bờ sông ○ 瀧, rive du fleuve. — *Bờ ruộng* ○ 壠, limite de rizière, petit talus pour conserver l'eau et sur lequel on marche. — *Bờ cõi* ○ 境, confins, frontière. — *Lên bờ* ○ 遷, monter à terre (se dit de débarquer, comme nous disons descendre à terre). — *Ghé bờ* 睹 ○, accoster le rivage, atterrir.

Bợ 把. Syllabe euphonique, mot complémentaire. (En S. A., saisir, prendre, s'emparer; se pron. *bã*.)

Bợ ngỡ ○ 語, stupéfait, ahuri; qui se trouve dépaysé, dérouté.

Bở 彼. Putride, faisandé; usé, mou. (En S. A., celui-là, cela; cette personne, cette chose; se pron. *bỉ*.)

Khoai bở 坊 ○, espèce de patates très farineuses. — *Vãi bở* 繿 ○, lambeau d'étoffe, chiffon, loque. — *Rách bở* 襧 ○, déchiré, lacéré.

Bọc 襆*. Sorte de coiffure militaire. A. V. Cerner, bloquer, envelopper, recouvrir.

Bọc kín ○ 謹, cerner de toutes parts, établir le blocus. — *Vây bọc* 圍 ○, cerner, bloquer, entourer de tous côtés. — *Bọc sách* ○ 冊, recouvrir ou envelopper un livre.

Bộc 僕*. Domestique, valet, esclave, vassal; être dans la dépendance de; cacher, s'appuyer.

Chủ bộc 主 ○, maître et domestique. — *Nô bộc* 奴 ○, serviteur, esclave. — *Xa bộc* 車 ○, le conducteur d'un char, un cocher. — *Thái bộc* 太 ○, grand serviteur; titre de l'officier chargé du vestiaire royal. — *Thái bộc tự* 太 ○ 寺, service spécial chargé de pourvoir aux moyens de transport et aux escortes du souverain (en Chine, ce titre est donné au directeur des haras impériaux).

Bộc 攴 et 攵*. Arrangement; affaire, cause. Car. radical.

Bóc 卜*. Deviner, prédire, conjecturer en se servant du diagramme. Car. radical. A. V. Prendre avec les doigts, prendre par pincées.

Chiêm bóc 占 ○, pratiquer la divination, consulter les sorts. — *Bóc lấy* ○ 祂, prendre par pincées. — *Bóc hốt* ○ 忽, cueillir des deux mains, faire rafle. — *Ăn bóc* 唆 ○, prendre la nourriture avec les doigts, manger gloutonnement et à la hâte. — *Một bóc* 沒 ○, une poignée, une pincée.

Bói 貝. Deviner, prophétiser. (Du S. A., *bói* coquille, écaille de tortue employée pour la divination.)

Bói số ○ 數, dire la bonne aventure. — *Bói khoa* ○ 科, deviner, prédire l'avenir. — *Đi bói* 迻 ○, aller consulter les devins. — *Thầy bói* 柴 ○, un maître devin, un sorcier. — *Sách bói* 冊 ○, le livre des divinations. — *Xoi bói* 掀 ○, se creuser l'esprit pour deviner; discerner, dévoiler.

Bội 盂*. Vase, coupe, bol, tasse. A. V. Enduire, effacer, appliquer, barbouiller, rayer, saturer.

    Kính tửu nhứt bôi 敬酒一○, présenter respectueusement une tasse de vin. — *Bôi mặt* ○ 靤, barbouiller le visage. — *Bôi phá* ○ 破, effacer, détruire. — *Bôi või* ○ 硴, mettre une couche de chaux, badigeonner. — *Bôi chữ* ○ 字, effacer des caractères, rayer un mot.

Bội 倍*. Augmenter, doubler, décupler, multiplier; beaucoup; porter au cou (décoration).

    Bội nhị ○ 式, doubler. — *Bội tinh* ○ 星, décoration étoilée, la croix de la Légion d'honneur. — *Bội phần* ○ 分, énormément, bien plus encore. — *Bội hậu* ○ 厚, trop considérable. — *Ngươi hát bội* 俱唱○, comédien, chanteur, acteur. — *Hát bội* 唱○, chanter, jouer la comédie. — *Bội bè* ○ 舥, comédie.

Bội 背*. Dos, partie postérieure d'un corps animal ou d'une chose; revers de médaille; ingratitude.

    Bội bạn ○ 伴, trahir l'amitié. — *Bội nghịch* ○ 逆, rebelle, révolté. — *Bội on* ○ 恩, méconnaître un bienfait; ingrat. — *Bội lý* ○ 理, être déraisonnable; litt., tourner le dos à la raison.

Bội 蓓*. Plantes, fleurs; s'épanouir.

Bội 貝*. Coquille, écaille de tortue; lignes croisées. Car. radical.

    Bối rối ○ 繵, embarrassé, embrouillé, troublé. — *Bối tóc* ○ 髶, boucler la chevelure, se coiffer.

Bồi 賠 et 培*. Ajouter de la terre, remblayer, endiguer; restituer, aider, assister.

    Bồi bổ ○ 補, ajouter, renforcer, indemniser, nourrir. — *Bồi thường* ○ 償, rendre, restituer, réparer un dommage. — *Đất bồi* 坦 ○, terrain d'alluvion, terre rapportée. — *Đất bồi lên* 坦 灇, la terre s'élève. — *Quan bồi sứ* 官 ○ 使, titre porté par le troisième ambassadeur dans les missions diplomatiques annamites.

Bồi 俳*. Marcher, avancer.

    Bồi hồi ○ 徊, irrésolu, qui avance et recule. — *Bồi hồi hoa* ○ 徊花, une espèce de rose. — *Bồi hồi bỡ ngỡ* ○ 徊把語, inquiet, alarmé, embarrassé; être perplexe.

Bồi 培. Objets de rebut, chiffons, menu bois. (En S. A., remblayer, endiguer, aider, restituer; se pron. *bồi*.)

    Giấy bồi 紙 ○, papier commun, papier d'emballage. — *Thuốc bồi* 菓 ○, tabac haché, médecines communes. — *Bó bồi* 抪 ○, fagot de broutilles. — *Để làm bồi* 底濫 ○, à mettre au rebut. — *Trống bồi* 敊 ○, le nom d'un petit tam-tam.

Bơi 撍. Ramer avec des palettes, avec des pagaies. (Formé des S. A. *thủ* 手, main, et *bi* 悲, être ému.)

    Đua bơi 都 ○, prendre part aux régates avec un bateau à pagaies. — *Ghe bơi* 鑲 ○, sorte de bateau à pagaies pour joutes sur l'eau. — *Giầm bơi* 檋 ○, palette, pagaie.

Bới 掰. Gratter, creuser; disposer. (Formé des S. A. *thủ* 手, main, et *bái* 拜, s'incliner avec respect.)

Bới cơm ○ 餙, retirer le riz de la marmite. — *Bới mả* ○ 瑪, violer un tombeau. — *Bới đầu* ○ 頭, s'arranger la tête, se faire la coiffure. — *Bới tóc* ○ 鬠, nouer ses cheveux, faire son chignon.

Bời 排. Syllabe euphonique. (En S. A., arranger, disposer; thème, leçon; se pron. *bài* et *bày*.)

Chơi bời 制 ○, jouer, s'amuser. — *Bời rời* ○ 渿, détacher, désunir. — *Cây bời lời* 核 䏩, laurier de l'Inde. — *Tơi bời* 哉 ○, se dresser.

Bởi 罷. De, d'où, à cause de, en raison de, parce que. (En S. A., cesser, finir; se pron. *bãi*.)

Bởi đâu ○ 兜, d'où, de quel endroit, de quelle provenance. — *Bởi đâu mà đến* ○ 兜 廠 典, d'où venez-vous? d'où arrivez-vous? — *Bởi đó* ○ 妬, de là, par conséquent, à cause de cela. — *Bởi vì* ○ 爲, parce que, puisque. — *Bởi ai* ○ 埃, par qui, à cause de qui. — *Bởi vậy* ○ 丕, c'est ainsi; donc, ainsi donc, les choses étant ainsi, c'est pour cela que. — *Bởi giận* ○ 悋, par rancune.

Bớm 蕄. Nom d'arbuste à piquants; épineux, piquant. (Formé des S. A. *thảo* 艸, plante, et *biêm* 砭, piquer.)

Cây bớm 核 ○, arbre épineux. — *Gai bớm* 荄 ○, espèce d'épine.

Bơm 砭. Ébouriffé, mal peigné (ne s'emploie que comme affixe). (En S. A., piquer avec la pointe d'une pierre; se pron. *biêm*.)

Đầu chơm bơm 頭 髻 ○, tête mal peignée. — *Tóc chơm bơm* 鬤 髻 ○, cheveux en désordre, hérissés.

Bợm 仺. Insigne, fameux (en mauvaise part); mauvais sujet, déclassé. (Formé des S. A. *nhơn* 人, homme, et *phạp* 乏, pauvre, dénué.)

Bợm đạo ○ 盜, voleur (de profession). — *Bợm bạc* ○ 薄, joueur (de profession). — *Bợm hút* ○ 唿, fumeur (d'opium) et voleur. — *Bợm bãi* ○ 擺, fraudeur, trompeur, fourbe. — *Bợm lớm* ○ 覽, insigne fripon, fameuse canaille. — *Con bợm* 昆 ○, fille de mauvaise vie, coureuse, rôdeuse. — *Thằng bợm* 倘 ○, un individu de basse condition, un voyou, un rôdeur, un voleur.

Bon 奔. Nom d'arbre. (En S. A., courir, se sauver; se pron. *bôn*.)

Cây bon 核 ○, sorte de plante à savon. — *Cây lòn bon* 核 倫 ○, baccaurea sauvage.

Bọn 体. Troupe de plusieurs individus, bande, groupe. (Du S. A. *bổn*, même car., grossier, rustre.)

Bọn gặt ○ 秸, bande de moissonneurs. — *Đi một bọn* 迻 沒 ○, aller en troupe. — *Đi nhiều bọn* 迻 饒 ○, formant plusieurs groupes.

Bón 罦. Jeune tige; gaver, engraisser; être constipé. (Formé des S. A. *võng* 网, filet, et *bổn* 本, principe, racine.)

Bón tranh ○ 薪, jeune tige de chaume. — *Bón gà* ○ 鷄, engraisser les poules, gaver les volailles. — *Bón dáu* ○ 跡, suivre des traces, suivre une piste. — *Đi bón* 跢 ○, avoir un échauffement intestinal. — *Người bón* 得 ○, homme trop regardant, avare, serré, parcimonieux.

Bòn 搶. Glaner, trier, amasser avec soin. (Formé des S. A. *thủ* 手, main, et *bòn* 盈, tordu, courbé.)

Bòn đãi ○ 待, amasser, rechercher. — *Bòn vàng* ○ 鑛, trier l'or, extraire de l'or. — *Bòn đậu* ○ 豆, glaner; récolter les arachides, les haricots. — *Bòn tro* ○ 爐, recueillir les cendres pour couvrir le feu. — *Ăn bòn* 咹 ○, faire profit de tout, demander bassement. — *Bòn tro đãi trâu* ○ 爐 待 瀇, trier les cendres et glaner dans les ordures ménagères (se dit d'un homme très indiscret). — *Bòn siển* ○ 舛, faux, menteur et avare. — *Bòn mót* ○ 攫, lésiner.

Bôn 奔*. Fuir, se sauver, courir çà et là; frayeur subite.

Bôn chôn ○ 尊, inquiet, troublé; perdre la tête. — *Bôn ba* ○ 巴, se presser, se hâter. — *Đi bôn* 跢 ○, fuir précipitamment, courir de tous côtés. — *Chạy bôn* 趍 ○, se sauver à toutes jambes.

Bộn 本. Beaucoup, nombreux; en désordre. (En S. A., principe, racine, origine; se pron. *bổn*.)

Bộn bàng ○ 傍, en quantité, très nombreux. — *Bộn bề* ○ 皮, id. — *Bộn nhộn* ○ 閙, en foule, tumultueusement, sans ordre. — *Bộn việc* ○ 役, accablé de travail, très occupé. — *Có là bộn* 固 羅 ○, il y en a énormément, en quantité considérable.

Bổn 罒. Le nombre quatre. Voir *tứ*. (Formé des S. A. *tứ* 四, quatre, et *bổn* 本, principe, racine.)

Bổn biển ○ 瀛, les quatre mers, tout l'univers, partout. — *Bổ bề* ○ 皮, de toutes parts, de tous côtés. — *Bổn phương* ○ 方, les quatre régions, les quatre contrées, partout. — *Bổn mùa* ○ 務, les quatre saisons de l'année. — *Bổn đức* ○ 德, les quatre perfections de la femme, savoir : *đức* 德, la chasteté; *dung* 容, la démarche; *ngôn* 言, le langage; *công* 工, le travail et l'adresse.

Bổn 盆*. Courbé, tortueux; plat, bassin, vase, pot; nom d'arbre.

Cây bồn bồn 核 ○ ○, garciana.

Bổn 本*. Principe, racine; originairement, primitivement; exemplaire, volume, tome.

Bổn đạo ○ 道, chrétien. — *Bổn phận* ○ 分, le devoir, la condition. — *Bổn nghiệp* ○ 業, profession, métier. — *Bổn quốc* ○ 國, patrie, pays; mon pays, ma patrie, notre nation. — *Người bổn quốc* 得 ○ 國, du même pays, compatriote, indigène. — *Bổn niên* ○ 年, année courante, toute l'année. — *Tính bổn thiện* 性 ○ 善, le caractère est originairement bon (phrase du *Tam tự kinh* 三 字 經). — *Bổn thôn* ○ 村, commune d'origine; mon village, notre commune. — *Bổn xã* ○ 社, idem. — *Bổn trường* ○ 塲, de la même école, condisciple. — *Bổn tộc* ○ 族, de la même famille, parent. — *Bổn tính* ○ 性, tempérament d'origine, naturel propre, caractère. — *Bổn thảo* ○ 草, traité des plantes; la copie d'un acte. — *Chánh bổn* 正 ○, l'original d'un acte. — *Thảo bổn* 草 ○, le brouillon, la minute. — *Nhựt bổn* 日 ○, l'origine du soleil ou le soleil levant, le Japon.

Bổn 体*. Grossier, ignorant, rustre; de mauvaise qualité. Voir *thể*.

Bơn 般. Simple affixe sans signification particulière. (En S. A., tourner, virer; se pron. *ban*.)

Cá lờn bơn 鮊客 ○, le nom d'un poisson plat comme la sole.

Bợn 湲. Mot complémentaire et syllabe euphonique. (En S. A., bruit d'eau qui coule; se pron. *viên*.)

Bợn nhợn ○ 悶, envie de vomir. — *Bợn dạ* ○ 腌, avoir des nausées. — *Bợn nhơ* ○ 洳, saleté, souillure.

Bổn 半. Mot complémentaire et syllabe euphonique. (En S. A., demie, moitié; se pron. *bán*.)

Bổn tốn ○ 散, insister, importuner, entretenir longuement.

Bổn 胖*. Gros, charnu, bien en chair; arrogant, prétentieux, sûr de soi-même. Voir *bàn*.

Bổn tả ○ 左, s'arroger un droit, avoir du toupet, porter beau.

Bong 蓬. Faire tourner, faire pirouetter. (En S. A., tige, plante; se pron. *bồng*.)

Đánh bong 打 ○, jouer à pile ou face. — *Đánh bong vụ* 打 ○ 舞, jouer à la toupie, jouer au toton. — *Bong cái* ○ 丐, celui qui fait tourner, qui fait pirouetter, celui qui tient le jeu de toton. — *Chạy bong* 趙 ○, partir comme un trait. *Đờn bong bong* 彈 ○ ○, un instrument de musique à cordes. — *Bột bong* 粋 ○, une sorte de farine. — *Cỏ bong* 鞂 ○, une herbe qui pousse au milieu du riz et dont la tige se tient droite. — *Bong lúa* ○ 櫓, tige de riz.

Bọng 脝. Ventre (animaux). Voir *bụng*. (Formé des S. A. *nhục* 肉, chair, viande, et *phụng* 奉, présenter, offrir.)

Bọng heo ○ 獵, le ventre du porc.

Bóng 俸. L'ombre; ombres, spectres. (En S. A., solde, salaire, traitement; se pron. *bổng*.)

Bóng xế ○ 熾, au déclin du jour, l'ombre s'incline. — *Bóng ác* ○ 鴉, la fin du jour, à la brune. — *Bóng mát* ○ 沫, frais, ombreux. — *Bóng bải* ○ 攊, vaporeux, changeant; au figuré et par détours (langage). — *Bóng láng* ○ 潤, clair, lumineux, brillant, resplendissant. — *Bà bóng* 妃 ○, sorcière, pythonisse, devineresse. — *Hình bóng* 形 ○, un revenant, un fantôme. — *Đánh bóng* 打 ○, polir, rendre luisant.

Bòng 榷. Un arbre de l'espèce du citronnier. (Formé des S. A. *mộc* 木, arbre, et *bồng* 蓬, plantes qui poussent en abondance.)

Bòng lái ○ 梩, arrière de navire, timonerie, gouvernail. — *Nói dèo bỏng* 吶嗀 ○, manquer de sincérité en parlant, exagérer, amplifier.

Bổng 漴. Syllabe euphonique. (Formé des S. A. *thủy* 水, eau, et *bổng* 俸, solde, salaire.)

Bổng lổng ○ 瀧, murmurer.

Bổng 芃*. Végétation luxuriante.

Bổng 蘴. Coton; numéral des fleurs. (Formé des S. A. *thảo* 艸, plantes, et *phong* 風, vent.)

Cây bổng 核 ○, arbre à coton. — *Trổ bổng* 擼 ○, fleurir, être en floraison. — *Vải bổng* 緆 ○, coton tissé, étoffe de coton. — *Bổng hoa* ○ 花, fleur, bouton de fleur. — *Có bổng* 固 ○, qui a des fleurs, des ramages, des dessins. — *Bổng trái* ○ 䭾, régime de fruits. — *Bổng lúa* ○ 稽, épi de riz. — *Bổng huệ* ○ 蕙, tubéreuse. — *Bổng bụt* ○ 孛, hibiscus. — *Cây bổng nhu* 核 ○ 喃, arbre à fruits gluants et filandreux. — *Nước bổng* 渀 ○, potage du pays. — *Nên bổng* 年 ○, avoir la petite vérole (on dit aussi *lên bổng*; voir *giổng* et *trái*). — *Múa bổng* 撲 ○, certain tour de magiciens ou de sorciers dans lequel on brûle des papiers ornés de signes cabalistiques.

Bộng 棒. Tronc d'arbre creux; ce qui a la forme d'un tronc vide. (En S. A., bâton, trique; se pron. *bạn*.)

Bộng cây ○ 核, tronc d'arbre vide. — *Bộng dầu* ○ 油, pressoir à huile. — *Bộng con ong* ○ 昆蜂, ruche d'abeilles. — *Giếng bộng* 渀 ○, puits à revêtement.

Bổng 鱗. Nom de poisson (comprend plusieurs espèces). (Formé des S. A. *ngư* 魚, poisson, et *phụng* 奉, offrir.)

Bổng 撚. Porter sur les bras ou dans les bras. (En S. A., soulever dans ses bras, prendre par les épaules; se pron. *phủng*.)

Bổng con ○ 昆, porter, tenir un enfant dans ses bras. — *Bổng nách* ○ 腋, porter un enfant à cheval sur la saillie de la hanche (selon la coutume du pays). — *Cái bổng* 丐 ○, sorte de tam-tam, timbale. — *Đánh bổng* ○ 打, battre du tam-tam. — *Bịt bổng* 鋼 ○, une des nombreuses façons d'enrouler le turban.

Bổng 蓬*. Plante qui pousse au milieu du chanvre et qui se développe abondamment et librement; fourni, épais, luxuriant.

Bổng lai ○ 萊, une herbe sauvage dite de l'immortalité. — *Bổng lai sơn* ○ 萊山, la montagne où croît cette herbe; la demeure des immortels, des génies; un lieu de délices, un paradis. — *Bổng tinh* ○ 星, le nom d'une constellation.

Bổng 俸*. Solde, salaire, gages, émoluments, rations, vivres.

Bổng lộc ○ 祿, solde, appointements en argent et en nature. — *Ăn bổng* 咹 ○, avoir une solde, recevoir un traitement. — *Bổng chốc* ○ 祝, soudainement, tout à coup. — *Nói bổng chẳng* 吶 ○ 庄, parler inconsidérément.

Bổng 捧*. Offrir en présentant des

deux mains, recevoir des deux mains (marque de respect).

Bổng 菶*. Herbeux, feuillu, luxuriant; couvert de fleurs, de fruits.

Bổng 俸. Mot complémentaire et syllabe euphonique. (En S. A., salaire, traitement; se pron. *bổng*.)

Bay bổng 懲 ○, voler haut.

Bóp 搭. Presser avec la main, toucher, palper, caresser, masser. (Formé des S. A. *thủ* 手, main, et *phù* 茉, plantain.)

Bóp nặn ○ 攤, presser, comprimer, opprimer; exiger avec rigueur (se dit surtout des usuriers). — *Bóp mũi* ○ 𩕳, saisir quelqu'un par le nez, pincer les narines. — *Bóp vú* ○ 乳, presser les mamelles. — *Bóp sữa* ○ 𤂬, traire le lait. — *Bóp nem* ○ 腩, imprégner la viande émincée de farine. — *Bóp bụng* ○ 胮, masser le ventre. — *Ma bóp* 魔 ○, imprécation : que le diable t'étrangle !

Bóp 喋. Bruit d'un coup sourd (pouf !). (Formé des S. A. *khẩu* 口, bouche, et *phù* 茉, plantain.)

Bắp bóp 栜 ○, espèce de maïs. — *Vỗ tay bóp bóp* 撫拹 ○ ○, claquer des mains en signe de joie.

Bóp 喋. Onomatopée exprimant un bruit sec, sonore, éclatant (pan !). (Pour le car., voir ci-dessus.)

Lớp bóp 藠 ○, bruit d'un pétard qui éclate, bruit de plusieurs petites détonations successives.

Bóp 抲. Frapper quelqu'un avec la main ouverte. (En S. A., prendre des deux côtés, tenir sous son bras; se pron. *hiệp*.)

Bóp tai ○ 聰, donner une gifle, allonger une taloche. — *Bóp đầu* ○ 頭, donner une calotte. — *Đánh bóp* 打 ○, gifler, claquer, calotter. — *Bóp nó một cái* ○ 奴沒丐, donnez-lui donc une gifle.

Bọt 浡*. Écume, mousse, bouillonnement de l'eau; plein; qui monte soudainement.

Hớt bọt 撜 ○, écumer. — *Rượu bọt* 酴 ○, boisson mousseuse, bière. — *Bọt nước* ○ 渚, écume, bouillon. — *Bọt miếng* ○ 吅, bave, salive. — *Cái vá hớt bọt* 丐播撜 ○, écumoire.

Bột 糩 ou 粰*. Écorce du grain, son. A. V. Farine.

Bột mì ○ 麵, farine de blé. — *Bột gạo* ○ 糕, farine de riz, poudre de riz. — *Bột lọc* ○ 漉, fleur de farine, farine tamisée. — *Xay bột* 搓 ○, réduire en farine, moudre. — *Đâm bột* 銃 ○, piler pour réduire en farine. — *Có nhiều bột* 固饒 ○, qui renferme beaucoup de farine.

Bột 荸*. Oignon de plante, tubercule, racine; châtaigne d'eau.

Bớt 扒. Diminuer, amoindrir, soustraire, défalquer. (En S. A., déchirer, dépecer, séparer; se pron. *bái*.)

Bớt lời ○ 𠳒, ménager ses paroles, retenir sa langue. — *Bớt giận* ○ 悻, diminuer sa colère, retenir son irritation, se contenir, se calmer. — *Bớt tay* ○ 㧮, retenir la main, se modérer. — *Ăn bớt* 咹 ○, soustraire, prendre, s'approprier. — *Giảm bớt* 減 ○, diminuer, amoindrir, abaisser. — *Ngót bớt* 吥 ○, id.

Bu 哺. S'acharner sur, voltiger autour, bourdonner. (En S A., gaver; se pron. *bỏ*.)

    Ruồi bu 蛛 ○, mouche qui vole en bourdonnant.

Bú 哺. Téter, sucer. (Formé des S. A. *khẩu* 口, bouche, et *bố* 布, arranger.)

    Cho bú 朱 ○, donner le sein. — *Bú mẹ* ○ 媄, téter sa mère. — *Đòi bú* 隊 ○, exiger le sein, demander à téter. — *Hết bú* 歇 ○, finir de téter, être sevré. — *Thôi bú* 崔 ○, cesser de téter, ne plus téter. — *Nó còn bú* 奴 羣 ○, il tète encore.

Bù 蒲. Syllabe euphonique. (En S. A., jonc, roseau; se pron. *bồ*.)

    Bù đi bù lại ○ 移 ○ 更, égaliser, prendre la moyenne des choses. — *Bù lu* ○ 盧, vase en terre (espèce). — *Khóc lu bù* 哭 盧 ○, pleurer à chaudes larmes.

Bư 巴. Inepte, sot, hébété. (En S. A., attacher, rattacher; se pron. *ba*.)

    Thằng bư 倘 ○, un pauvre idiot.

Bư 彼. Renfrogné; plisser le visage, avoir l'air triste. (Du S. A. *bị*, même car., souffrir, subir; marque l'action pénible.)

Bua 耑. Ancien nom des vice-rois du Tonkin (cette prononciation semble être une altération de *vua* 耑, roi). (Formé des S. A. *ngọc* 王, jade, précieux, et *bố* 布, disposer.)

    Việc bua quan 役 ○ 官, ouvrage public, corvée. — *Phân bua* 分 ○, invoquer un témoignage.

Búa 鈽. Maillet de fer, marteau, hache. (Formé des S. A. *kim* 金, métal, et *bố* 布, préparer, arranger.)

    Búa rìu ○ 鐐, hache, doloire. — *Búa nguyệt* ○ 月, lune. — *Chợ búa* 臂 ○, marché, foire.

Bùa 符. Certains charmes écrits jadis sur des tablettes en bambou; caractères que l'on porte sur soi pour chasser les mauvais esprits et éloigner les influences néfastes; formules magiques. (En S. A., même signification; se pron. *phù*.)

    Bùa chú ○ 呪, amulette avec caractères. — *Đeo bùa* 刀 ○, porter des amulettes. — *Phải bùa* 沛 ○, enchanté, charmé, ensorcelé. — *Vẽ bùa* 啟 ○, peindre des signes cabalistiques sur des amulettes. — *Bùa ếm* ○ 壓, papier de sorcellerie rédigé par un magicien.

Bủa 絟. Étendre, tendre, capter, englober. (Formé des S. A. *mịch* 糸, fils, liens, et *bố* 布, arranger, disposer.)

    Bủa lưới ○ 緹, jeter les filets. — *Bủa câu* ○ 鉤, pêcher à la ligne. — *Bủa lòng dân* ○ 委 民, capter le cœur du peuple, se rendre populaire. — *Giăng bủa* 江 ○, dresser des embûches. — *Bủa tằm* ○ 蠶, disposer les vers à soie sur des claies.

Búa 栢. Nom d'arbre. (Du S. A. *bá*, même car., cyprès, cèdre, pin, mangoustanier.)

 Cây búa 核 ○, mangoustanier sauvage. — *Trái búa* 鞭 ○, le fruit de cet arbre.

Bừa 耙. Instrument aratoire. (Du S. A. *bá*, même car., même signification.)

 Bừa cào ○ 搞, râteau, herse. — *Cái bừa* 丐 ○, id. — *Cày bừa* 棋 ○, labourer, râteler, passer la herse sur un champ.

Bữa 餄. Le temps consacré aux repas réguliers; l'espace d'un jour. Voir *ngày*. (Formé des S. A. *thực* 食, manger, et *bỉ* 否, non, ne pas.)

 Một bữa 沒 ○, un jour; un repas. — *Bữa ăn* ○ 咹, repas en général, repas régulier. — *Bữa trưa* ○ 膧, repas de midi. — *Bữa tối* ○ 最, repas du soir. — *Mỗi bữa* 每 ○, tous les jours, journellement; chaque repas. — *Ăn ngoài bữa* 咹外○, manger en dehors des repas. — *Bữa nào* ○ 苧, quel jour? — *Bữa nay* ○ 厼, aujourd'hui. — *Bữa trước* ○ 署, jour antérieur. — *Bữa sau* ○ 冀, jour postérieur.

Bửa 鎐. Fendre, séparer, couper. (Formé des S. A. *kim* 金, métal, et *phủ* ou *bỉ* 否, non, ne pas.)

 Bửa ra làm hai ○ 囉 濫 合二, fendre en deux. — *Bửa cau* ○ 樺, couper les noix d'arec. — *Bửa củi* ○ 檜, fendre du bois.

Bực 幅*. Sincère, simple, naturel, triste, songeur; ne pas être content de soi.

 Bực minh lắm ○ 命 廩, s'en vouloir beaucoup, être accablé de chagrin. — *Buồn bực* 盆 ○, triste, morose, mélancolique. — *Áo bực* 襖 ○, vêtements de deuil, habits de pénitence ou de contrition.

Bực 北. Degré, échelon, marche d'escalier. Voir *bắc*. (En S. A., nord, septentrion; se pron. *bắc*.)

Bức 迫 et 逼*. Presser, serrer, tourmenter, molester, incommoder, faire violence.

Bức 幅*. Bande d'étoffe, rouleau de papier; presser, comprimer, violenter; numéral des stores, des panneaux, des rideaux, des tableaux et des cartes géographiques.

 Bức tranh ○ 箏, tableau; treillis formant écran devant la porte des maisons. — *Bức màn* ○ 幔, rideau, portière, voile. — *Bức sáo* ○ 箱, store. — *Bức vách* ○ 壁, cloison. — *Bức bách* ○ 百, faire violence. — *Làm bức* 濫 ○, agir avec précipitation. — *Bức tức* ○ 息, être aux abois; avoir une envie folle de.

Bụi 塔. Poussière. (Du S. A. *bội*, même car., terre rapportée, terre meuble.)

Bụi 蓓. Buissons, broussailles, touffes. (Du S. A. *bội*, même car., plantes, fleurs.)

 Bụi gai ○ 荄, buisson d'épines. — *Chui bụi* 錐 ○, se glisser dans un buisson. — *Bụi tre* ○ 栁, touffes de bambou. — *Đập bụi* 搭 ○, battre les buissons. — *Núp bụi núp bờ* 納 ○ 納

坡, se cacher dans les broussailles, derrière un talus. — *Ngang qua bụi* 昂 戈 ○, à travers la brousse.

Búi 貝. Vivacité, acrimonie. (En S. A., coquille, écaille; se pron. *bói*.)

Làm búi đi 濫 ○ 拸, faire vivement, avec précipitation. — *Quở búi đi* 喋 ○ 拸, réprimander sévèrement, reprendre vertement.

Bùi 裴*. Porter une longue et belle robe; doux, soyeux, savoureux; nom de famille, nom générique.

Trái bùi 粺 ○, pimèle noire. — *Bùi nhài* ○ 燸, amadou.

Bủi 貝. Syllabe euphonique. (En S. A., coquille, écaille; se pron. *bói*.)

Bủi rủi ○ 磊, un à un, grain par grain; incohérent.

Bún 粿. Vermicelle fait avec de la farine de riz. (Formé du S. A. *mễ* 米, grain, et de l'A. V. *bốn* 罒, quatre.)

Ưa ăn bún 於 唆 ○, aimer à manger de ce vermicelle.

Bùn 坌. Ordure molle, comme boue, fange, vase, etc. (Formé des S. A. *thổ* 土, terre, et *bổn* 盆, tordu.)

Bùn lầm ○ 淋, sali, maculé. — *Mắc bùn* 縸 ○, être pris dans la vase, s'enfoncer dans la boue. — *Lội bùn* 洡 ○, patauger dans la fange. — *Vũng bùn* 漆 ○, un bourbier, un marécage. — *Đất có bùn* 坦 固 ○, terrain vaseux, marécageux.

Bủn 本. Syllabe euphonique. (En S. A., origine, racine; se pron. *bổn*.)

Bủn rủn ○ 敦, trouble, inquiétude; se décourager.

Bụng 胮. Ventre, abdomen; volonté, désir, intention, sentiments. Voir *bọng*. (Formé des S. A. *nhục* 肉, chair, et *phụng* 奉, offrir.)

Đau bụng 疷 ○, avoir mal au ventre, souffrir de douleurs d'entrailles. — *Bụng tốt* ○ 卒, bon, bienveillant, serviable, complaisant, litt. avoir un bon ventre. — *Bụng xấu* ○ 丑, mauvais cœur, malveillant, de mauvais vouloir. — *Kẻ lớn bụng* 几 客 ○, ventru, obèse. — *Đói bụng* 鬪 ○, avoir faim.

Búng 棒. Onomatopée. (Du S. A. *bạn*, même car., massue, bâton, pieu; battre, frapper; le bruit d'un coup, d'une claque, d'une décharge.)

Búng má ○ 馬, enfler les joues. — *Búng tay* ○ 扟, faire claquer les doigts.

Bùng 蓬. Onomatopée; un bruit, comme celui d'un coup de canon. (Du S. A. *bồng*, même car., fourni.)

Nghe lùng bùng 暄 拸 ○, entendre une canonnade. — *Lùng bùng trong tai* 拸 ○ 沖 聰, bruissement d'oreilles.

Bưng 掤*. Porter des deux mains, comme on porte un plateau; offrir, présenter. Voir *bâng*.

Ăn cốm bưng tai 唆 糩 ○ 聰, ruse cousue de fil blanc; litt., manger des friandises et se boucher les oreilles.

Buộc 縛. Lier, amarrer; obliger, contraindre, forcer. (Formé des S. A.

mịch 糸, fils, liens, et *bộc* 業 ou 僕, dépendre de.)

Buộc lưng ○ 腰, boucler ou enrouler une ceinture, se ceindre les reins. — *Buộc trói* ○ 縲, lier, garotter (en attachant les bras derrière le dos selon la coutume des Annamites). — *Buộc dây* ○ 絿, lier avec une corde, attacher avec un lien. — *Buộc phải làm* ○ 沛濫, contraindre à faire; avoir une obligation. — *Sự buộc* 事 ○, une chose qui oblige, qui engage, qui lie. — *Buộc góp* ○ 合, lier ensemble.

Bước 跐. Avancer, faire un pas. (Formé des S. A. *túc* 足, pieds, et *bắc* 北, nord.)

Bước ra ○ 囉, sortir. — *Bước vô* ○ 無, entrer. — *Đi một bước* 移 沒 ○, avancer d'un pas. — *Theo bước* 蹺 ○, suivre pas à pas. — *Bước mau chơn* ○ 毛蹟, au pas accéléré. — *Nước bước* 渃 ○, démarche, allure.

Buổi 𩵜. Nom de poisson. (Formé des S. A. *khẩu* 口, bouche, et *bôi* 盃, coupe, bol, verre.)

Cá buổi 魣 ○, le mulet (poisson).

Buổi 貝. Temps, époque; marque de temps (au passé). (En S. A., coquille, écaille; se pron. *bối*.)

Buổi sớm mai ○ 敘埋, le matin. — *Buổi trưa* ○ 臚, à midi, le milieu du jour. — *Buổi chiều* ○ 朝, l'après-midi. — *Buổi chợ* ○ 䍙, à l'heure du marché. — *Buổi trước* ○ 曙, autrefois, dans le temps, jadis. — *Buổi đó* ○ 姤, en ce temps-là, à cette époque. — *Buổi tôi đi học* ○ 碎移 學, au temps où j'allais à l'école.

Bươi 揌. Gratter. (Formé des S. A. *thủ* 手, main, et *bi* 悲, ému, touché.)

Bươi đầu ○ 頭, se gratter la tête. — *Gà bươi đất* 鷄 ○ 坦, la poule gratte la terre.

Bưởi 櫰. Pamplemousse. (Formé des S. A. *mộc* 木, arbre, et *bãi* 罷, finir.)

Trái bưởi 粺 ○, le fruit de cet arbre. — *Ưa ăn bưởi* 於 唆 ○, aimer à manger de ce fruit.

Buồm 帆. Voile de navire ou de bateau. (En S. A., même signification; se pron. *phàm*.)

Buồm cánh én ○ 翄燕, voile triangulaire, voile latine. — *Buồm cưu* ○ 鳩, voile d'artimon. — *Buồm loan* ○ 鸞, la grande voile. — *Buồm hoàng* ○ 鳳, voile de hune. — *Buồm phụng* ○ 鳳, voile de perroquet. — *Buồm điêu* ○ 鵰, voile de cacatois. — *Buồm ưng* ○ 鷹, brigantine. — *Buồm thước* ○ 鵲, voile de perruche. — *Buồm lạc* ○ 落, voilure. — *Tàu buồm* 艚 ○, navire à voiles, voilier. — *Chạy buồm* 趍 ○, aller à la voile, mettre à la voile, partir. — *Trải buồm* 𦀎 ○, étendre les voiles. — *Xếp buồm* 挿 ○, serrer les voiles.

Bướm 蛇. Papillon. (Formé des S. A. *trùng* 虫, insecte, et *phạp* 乏, pénurie.)

Một con bướm xinh 沒昆 ○ 檉, un joli papillon. — *Bay như bướm* 懸 如 ○, voler comme un papillon.

Buôn 奔. Commerce, trafic. (Du

S. A. *bôn*, même car., courir le monde, voyager.)

Buôn bán ○ 牛, commercer, trafiquer. — *Đi buôn đi bán* 挗 ○ 挗 牛, aller faire du commerce. — *Lái buôn* 梩 ○, patron de barque marchande. — *Tàu buôn* 艚 ○, navire de commerce.

Buồn 盆. Avoir du chagrin, être triste et mélancolique. (En S. A., courbé, tordu; se pron. *bôn*.)

Buồn lo ○ 慮, triste et inquiet. — *Buồn bực* ○ 愊, triste, chagrin, songeur, mécontent de soi. — *Buồn ruột* ○ 膵, avoir des nausées, sentir son cœur se soulever. — *Buồn ngủ* ○ 眈, avoir envie de dormir. — *Tôi buồn ngủ lắm* 碎 ○ 眈 㐲, je tombe de sommeil.

Buông 撒. Abandonner tout d'un coup, lâcher tout, laisser aller. (Formé des S. A. *thủ* 手, main, et *bông* 嵐, fleur.)

Buông đi ○ 挗, lâchez donc. — *Buông câu* ○ 鉤, lancer la ligne (pour pêcher). — *Buông dây* ○ 練, larguer l'amarre, lâcher la corde. — *Buông lời* ○ 唎, lâcher des expressions (malsonnantes), parler sans retenue. — *Buông tuồng* ○ 從, étourdi, indiscipliné, licencieux.

Buồng 房. Chambre, appartement; numéral des fruits en grappe. (En S. A., même signification, mais avec un sens beaucoup plus étendu; se pron. *phòng*. Voir ce mot.)

Buồng ngủ ○ 眈, chambre à coucher. — *Ở trong buồng* 放冲 ○, être dans la chambre. — *Buồng cau* ○ 樨, grappe d'arèque. — *Buồng chuối* ○ 桎, régime de bananes. — *Buồng nho* ○ 蕳, grappe de raisin.

Bướu 瘤. Tumeur, bosse, rugosité (corps, arbres). (Formé des S. A. *nịch* 疒, maladie, et *báo* 豹, fauve.)

Búp 苯. Tiges de certaines fleurs, boutons de fleurs, et, par extension, pelote. (En S. A., plantain; se pron. *phù*.)

Búp hoa ○ 花, bouton de fleur. — *Búp sen* ○ 蓮, la fleur du nénuphar. — *Búp vải* ○ 緄, une pelote de fil, de coton.

Bụt 孛*. Nom de plantes; intraitable, irritable; idole.

Bông bụt 崴 ○, amaranthe, hibiscus, coton de Bouddha. — *Tượng bụt thần* 像 ○ 神, statue représentant une idole de la secte de Bouddha.

Bút 筆*. Le pinceau à écrire, en bambou, dont se servent les Annamites et les Chinois.

Thủ bút 手 ○, un autographe. — *Bút viết* ○ 曰, pinceau à écrire. — *Bút trước* ○ 竹, le bambou dont on fait les pinceaux. — *Cầm bút* 擒 ○, tenir le pinceau, se disposer à écrire. — *Bút pháp* ○ 法, art de se servir du pinceau, calligraphie. — *Đại bút* 大 ○, grandes lettres, belle écriture, style élevé. — *Nhuận bút* 潤 ○, arroser le pinceau, accorder une gratification à un écrivain.

Bứt 拔. Arracher, épiler; se dit

surtout des herbes, des poils et des cheveux. (En S. A., prendre avec les deux mains; se pron. *phầu*.)

Bứt cỏ ○ 秸, arracher l'herbe avec les doigts. — *Bứt tóc mà thề* ○ 髮麻誓, s'arracher un cheveu pour jurer, pour affirmer ou confirmer un serment, selon une coutume annamite. — *Bứt ngành* ○ 梗, émonder les branches. — *Bứt từ sợi* ○ 自紙, arracher brin par brin, fil par fil.

Bửu 寶*. Objet précieux, joyau de prix, article de luxe ou de grande valeur. Voir *báu*.

Dấu kim bửu 斗金 ○, le grand sceau impérial en or. — *Hồng bửu* 紅 ○, rubis. — *Bửu bối* ○ 貝, faire grand cas de. — *Kiếm bửu* 劍 ○, un sabre d'honneur, une épée ornée de pierres précieuses. — *Bửu khi* ○ 器, riche ustensile, vase précieux, chose rare, objet de prix.

C

Ca 歌*. Chanter, chanter en récitatif (voir *hát*); chant, chanson, ballade, pièce de vers; particule explétive.

Ca hát ○ 喝, chanter. — *Ca nhạc* ○ 樂, chanter en musique. — *Ca ngợi* ○ 義, chanter les louanges. — *Khởi ca* 凱 ○, chants de triomphe, cris de joie après la victoire. — *Ca bổn* ○ 本, un cahier de chansons, un volume de vers.

Ca 哥*. Nom générique, nom de famille; synonyme du précédent.

Cá 個 et 个*. Particule numérale précédant ordinairement une énumération de personnes.

Cá 魪. Poisson. (Formé des S. A. *ngư* 魚, poisson, et *cá* 个, particule numérale.)

Con cá 昆 ○, le poisson. — *Cá biển* ○ 瀾, poisson de mer. — *Cá đồng* ○ 全, poisson d'eau douce, poisson de rizière. — *Cá tươi* ○ 鮮, poisson frais. — *Cá muối* ○ 塩, poisson salé. — *Vảy cá* 鯤 ○, écailles de poisson. — *Mang cá* 芒 ○, nageoires de poisson. — *Mắt cá* 䏚 ○, la saillie des os de l'articulation du pied, les chevilles; litt., œil de poisson.

Cà 梐. Mélongène, aubergine; piler, écraser; employé comme affixe euphonique. (Formé des S. A. *mộc* 木, arbre, et *cả* 哥, tous, en grand.)

Cà phê ○ 批, café. — *Cà độc dược* ○ 猜藥, une plante de la famille des solanées (*datura stramonium*). — *Cà tiêu* ○ 椒, broyer du poivre. — *Cà rá* ○ 笪, bague, anneau. — *Con cà đuôi* 昆 ○ 澗, taupe (voir *chuột nhủi*). — *Nói cà lăm* 吶 ○ 林, bégayer, balbutier, bredouiller. — *Trâu cà* 犂 ○, buffle se vautrant dans la boue, dans la vase. — *Kia cà* 箕 ○, ici, là, mais voilà donc. — *Cà mau* ○ 毛, le nom d'une circonscription administrative en Cochinchine.

Cả 哥*. Tout, tous; le plus grand, le plus âgé; principal, supérieur.

Cả gan ○ 肝, audacieux. — *Cả tiếng* ○ 嗜, à haute voix. — *Cả lời* ○ 唎, avoir le verbe haut. — *Cả và nhà* ○ 吧茹, toute la maisonnée, toute la famille. — *Cả ngày* ○ 時, toute la journée, tout le long du jour. — *Cả thảy* ○ 汰, tous sans exception, jusqu'au dernier. — *Cả thể* ○ 體, grandement, noblement, magnifiquement. — *Anh cả* 嬰 ○, frère aîné. — *Thầy cả* 柴 ○, prêtre, supérieur de communauté religieuse. — *Ông cả* 翁 ○, le principal notable d'un village.

Các 各*. Tout, tous; marque du pluriel (se place avant le nom).

Các anh ○ 嬰, vous (en s'adressant à plusieurs personnes). — *Các chức* ○ 職, tous les dignitaires, tous les gradés; les notables d'un village. — *Các thứ* ○ 次, toutes sortes, tous les genres, diverses espèces. — *Các sắc* ○ 色, toutes les couleurs, de couleurs variées, bigarré. — *Chim bò các* 鵓牲 ○, sorte d'oiseau de proie, faucon, épervier.

Các 閣*. Palais royal, demeure ou hôtel de haut fonctionnaire, bureaux de grande administration.

Các lão ○ 老, un conseiller d'État, un homme de la cour. — *Lầu các* 樓 ○, palais, les étages du palais. — *Nội các* 內 ○, l'intérieur du palais; chambre du conseil à la cour, secrétariat impérial, conseil privé. — *Các hạ* ○ 下, en son hôtel, en ses bureaux (formule de pièces administratives et de requêtes).

Các 胳*. Les membres antérieurs.

Cặc 胳. Terme vulgaire pour désigner la partie de l'homme qui sert à la génération. (En S. A., membres antérieurs; se pron. *các*.)

Con cặc 昆 ○, le membre viril; exclamation grossière.

Cặc 各. Onomatopée exprimant un bruit sec de choses qui se brisent; craquement, gloussement. (En S. A., marque de pluriel; se pron. *các*.)

Con cặc kè 昆 ○ 蚧, caméléon, gecko. — *Nói cặc cớ* 吶 ○ 據, critiquer, contredire, railler, se montrer incrédule. — *Kêu cặc cặc* 叫 ○ ○, craqueter, glousser.

Cách 格*. Arbre élevé; long morceau de bois; loi, modèle; mode, manière; venir, atteindre.

Cách ngôn ○ 言, belles maximes, bonnes paroles. — *Phải đổi cách* 沛 對 ○, il faudra modifier vos façons; on doit changer de système. — *Cách khác* ○ 恪, d'une autre manière, différemment. — *Cách điệu* ○ 窕, geste, port, maintien. — *Cách thói* ○ 退, mœurs, coutumes, traditions. — *Cách thức* ○ 式, règle, formule, modèle, patron. — *Cách đi* ○ 移, la démarche, la tournure. — *Cách lạ* ○ 邏, de façon extraordinaire; étrange, inusité. — *Cách vật* ○ 物, scruter les choses, philosopher. — *Cách nói* ○ 吶, manière de parler. — *Cách thể* ○ 體, manière d'être ou de faire. — *Gia cách* 假 ○, faire semblant, simuler. — *Vẽ cách* 啟 ○, donner la méthode, indiquer la manière, tracer un plan de conduite. — *Cao cách* 高 ○, en imposer, faire le fier, porter beau, dédaigner.

Cách 挌*. Frapper, se battre, lutter, résister; tenir ferme.

Cách 革*. Peau non préparée. Car. radical. Voir *bì* et *vi*.

Cách 鬲*. Vase, trépied, support, brûle-parfums. Car. radical.

Cách 隔*. Boucher, obstruer, intercepter, interrompre; espace qui sépare, être distant.

   Cách trở ○ 阻, empêchement, séparation. — *Cách biệt* ○ 別, être séparé, être éloigné. — *Cách bức* ○ 幅, obstacle; séparé par une cloison, être distant. — *Cách một ngày* ○ 沒時, un jour après, à la distance d'un jour. — *Cách nhau* ○ 饒, être séparés les uns des autres. — *Náu cách thủy* 糖 ○ 水, faire cuire au bain-marie.

Cai 垓*. Terme, limite, frontière.

Cai 該*. Préparer, disposer, administrer, diriger, pourvoir à; tout, le tout; ce, celui-là; il faut, il est permis.

   Cai trị ○ 治, gouverner, administrer, régir. — *Cai quản* ○ 管, avoir le contrôle, la surveillance, commander. — *Cai đội* ○ 隊, capitaine en premier. — *Cai tổng* ○ 總, chef de canton. — *Thầy cai trường* 柴 ○ 塲, directeur d'école, principal de collège. — *Tên cai* 笔 ○, caporal, sergent. — *Cai nhơn* ○ 人, la personne dont il s'agit. — *Cai lại* ○ 吏, un employé chargé du contrôle de certains actes administratifs.

Cai 荄*. Racine de plante herbacée; mauvaises racines.

Cái 丐*. Prier, solliciter, demander. A.V. Terme numéral général; le principal, le plus important, le premier; marque féminine chez les quadrupèdes.

   Cái tiền ○ 錢, demander de l'argent. — *Cái tử* ○ 子, un mendiant. — *Cái bàn* ○ 槃, la table. — *Cái nhà* ○ 茹, la maison. — *Cái nón* ○ 蔽, le chapeau. — *Cái này* ○ 尼, ceci, cet objet, cette chose. — *Cái ấy* ○ 意, cela, cet objet-là. — *Một cái* 沒 ○, un objet; une chose (matérielle). — *Đàng cái* 唐 ○, route principale, route publique. — *Cột cái* 橛 ○, colonne maîtresse. — *Mấy cái* 買 ○, combien d'objets? combien de coups? — *Đánh năm cái* 打 舡 ○, frapper cinq coups. — *Con cái* 昆 ○, les enfants (d'une même famille). — *Việc đại cái* 役大 ○, grand ouvrage, travail important. — *Bò cái* 犐 ○, vache. — *Ngựa cái* 馭 ○, jument.

Cái 蓋*. Couvrir, recouvrir; couvercle, couverture, abri.

Cài 拱. Lever les bras en l'air (pour faire quelque chose). (Du S. A. *cũng*, même car., joindre les mains.)

   Cài tóc ○ 髮, relever le chignon. — *Cài lược* ○ 署, mettre le peigne à chignon. — *Cài trâm* ○ 簪, placer l'épingle à cheveux.

Cãi 改*. Changer, modifier; con-

4.

tester, discuter, chicaner, nier; enfreindre, violer. Voir cới.

Cãi nhau ○ 饒, se quereller. — *Cãi lẽ* ○ 理, objecter. — *Cãi lệnh* ○ 令, violer un ordre supérieur. — *Cãi mạng* ○ 命, contrevenir à un ordre. — *Cãi phép* ○ 法, enfreindre une règle, violer les usages. — *Cãi lời* ○ 唎, contredire, se dédire, nier. — *Cãi trả* ○ 呂, querelle pour querelle. — *Cãi cọ* ○ 棋, se disputer avec véhémence. — *Sao mầy dám cãi* 牢眉敢 ○, comment! tu oses me contredire? tu oses nier?

Cải 改*. Changer, modifier; s'amender, se corriger. A. V. Chou, radis, moutarde.

Cải tên ○ 笎, changer de nom. — *Cải giá* ○ 嫁, se remarier. — *Cải dữ về lành* ○ 與衛苓, changer le mal en bien, de méchant devenir bon, revenir à de meilleurs sentiments. — *Cải ác tùng thiện* ○ 惡從善, la même idée exprimée en sino-annamite. — *Cải rỏ* ○ 礬, chou. — *Củ cải* 矩 ○, rave, navet, radis.

Cay 荾. Sûr, âcre, corrosif. (Du S. A. cai, même car., racines de mauvaises plantes.).

Cay đắng ○ 蓥, amer, âpre, mordant. — *Nước chấm cay lắm* 渃點 ○ 廩, sauce très piquante. — *Lời cay đắng* 唎 ○ 蓥, paroles amères, langage acerbe.

Cạy 忌. Toujours sur ses gardes (ne s'emploie qu'en composition). (Du S. A. kị, même car., même signif.)

Nhớ cạy cạy 汝 ○○, se souvenir continuellement. — *Lo cạy cạy* 慮

○○, sans cesse préoccupé, constamment en éveil.

Cạy 挸. Élever au moyen d'un levier; gouverner à gauche; bâbord. (En S. A., craindre, respecter; se pron. *kị*.)

Cạy cửa ○ 閨, forcer une porte, une fenêtre. — *Cạy rương* ○ 庿, crocheter un coffre, défoncer une malle, briser une caisse. — *Cạy đinh* ○ 釘, arracher un clou. — *Bát cạy* 捌 ○, tribord et bâbord. — *Lái cạy* 粴 ○, bâbord la barre! — *Cạy một chút* ○ 沒拙, bâbord un peu! — *Cạy riết* ○ 紉, bâbord toute!

Cáy 蚜. Nom de petits crustacés. (Formé des S. A. *trùng* 虫, reptile, petit crustacé, et *cái* 丐, demander.)

Con cáy 昆 ○, un crabe, un cancre.

Cày 棋. Labourer la terre; charrue. (Formé des S. A. *lỗi* 耒, charrue, et *kì* ou *ky* 其, son, sa, ses.)

Việc cày đất 役 ○ 坦, le labour. — *Kẻ cày* 几 ○, un laboureur. — *Cày ruộng* ○ 疃, labourer les rizières, les champs. — *Đất cày* 坦 ○, terre arable. — *Đàng cày* 唐 ○, sillon. — *Lưỡi cày* 耡 ○, le soc de la charrue. — *Một buổi cày* 沒貝 ○, étendue de terre qu'un homme peut labourer en un jour. — *Neo cày* 錨 ○, ancre qui laboure, qui chasse, qui ne mord pas. — *Cây cày* 核 ○, arbre dont les baies donnent une sorte de suif végétal. — *Sao cày* 犀 ○, Orion (constellation). — *Việc cày cấy* 役稼, travaux champêtres.

Cây 核. Arbre; terme numéral des

arbres et des objets longs. (En S. A., noyau, pépin; se pron. *hạch*.)

Cây cối ○ 檜, arbres et plantes, les végétaux en général. — *Cây củi* ○ 檜, morceau de bois à brûler, bûche. — *Cây rào* ○ 楞, bois de palissade. — *Cây da* ○ 椰, banian ou ficus des pagodes. — *Cây viết* ○ 曰, pinceau, plume. — *Cây viết chì* ○ 曰 錢, crayon. — *Cây đèn* ○ 畑, bougie, cierge, chandelle. — *Cây lụa* ○ 縷, pièce de soie en rouleau. — *Đái ra cây* 帶 囉 ○, être dans les transes; litt., uriner des arbres.

Cậy 忌. Espérer, attendre, avoir confiance, compter sur. (En S. A., craindre, respecter; se pron. *kị*.)

Cậy mình ○ 命, présumer de soi, compter sur ses propres forces. — *Cậy nhờ* ○ 洳, se confier, s'appuyer, compter sur. — *Cậy của* ○ 貼, se prévaloir de ses biens. — *Cậy thế* ○ 勢, se faire fort de, compter sur des protections. — *Trông cậy* 籠 ○, espérer, compter sur, faire des vœux pour. — *Xin cậy* 嗔 ○, prier, supplier, demander avec instance.

Cấy 穊. Transplanter, repiquer. (Du S. A. *kí*, même car., semer dru, planter serré, labourer profondément.)

Cấy lúa ○ 穭, repiquer le riz.

Cầy 猉. Renard, chien sauvage. (Formé des S. A. *khuyển* 犬, chien, et *kì* 其, son, sa, ses.)

Con cầy 昆 ○, le renard. — *Loài cầy cáo* 類 ○ 猎, animaux; rebelles. — *Thua cầy* 收 ○, être battu à plate couture, ne pas faire un point au jeu, être capot. — *Cây cầy* 核 ○, buchanania.

Cam 甘*. Doux, agréable, qui a bon goût; volontiers, avec plaisir. Car. radical.

Cam tâm ○ 心, très volontiers. — *Cam lòng* ○ 悉, de tout cœur. — *Cam lam* ○ 婪, avec ardeur. — *Cam chịu* ○ 召, supporter ou accepter un ennui sans montrer de l'humeur. — *Cam lấy* ○ 祕, accaparer, faire main basse sur... — *Cam thâu* ○ 收, ramasser, entasser. — *Cam thảo* ○ 草, racine de réglisse. — *Cam ngôn* ○ 言, paroles qui font plaisir. — *Bất cam tâm* 不 ○ 心, sans saveur, à contre cœur, avec regret.

Cam 疳*. Maladie que les enfants contractent en mangeant trop de douceurs (au dire des Annamites).

Cam tích ○ 積, dureté du ventre. — *Máu cam* 泖 ○, sang sortant du nez. — *Chảy máu cam* 汦 泖 ○, saigner du nez.

Cam 柑*. Oranger, orange.

Cây cam 核 ○, l'oranger. — *Trái cam* 粳 ○, l'orange. — *Cam sành* ○ 砫, le nom d'une grosse orange verte et rugueuse dite orange du Cambodge. — *Cam tàu* ○ 艚, orange de Chine. — *Cam tử* ○ 子, l'orange mandarine.

Cam 餅*. Doux au goût, agréable à manger; le nom d'un gâteau.

Cảm 感*. Ému, influencé, touché; remercier d'une faveur. A. V. Résidu de riz ou de blé, son.

Cảm cảnh ○ 景, être ému de pitié. — *Cảm nhớ* ○ 汝, garder un souvenir reconnaissant. — *Cảm ơn* ○ 恩, remercier, rendre grâces. — *Sự cảm dỗ* 事○誘, tentation.

Cảm 敢*. Oser; agir hardiment et sans crainte. Voir *dám*.

Quả cảm 果○, intrépide, vaillant, décidé, audacieux, qui ne craint rien. — *Bất cảm* 不○, je n'oserais jamais, je ne me permettrais pas.

Căm 咁*. Tenir ou garder quelque chose dans la bouche.

Căm giận ○ 忿, être furieux, exaspéré. — *Căm gan* ○ 肝, frémir de colère, écumer de rage.

Cặm et **cắm** 揕*. Saisir vivement avec la main. A. V. Enfoncer, planter, ficher en terre.

Cặm cây ○ 核, enfoncer un pieu. — *Cặm sào* ○ 樸, planter la perche d'un bateau pour mouiller. — *Cặm rào* ○ 榜, palissader, clôturer.

Cằm 䏶. Le menton. (Formé des S. A. *nhục* 肉, chair, et *cam* 甘, doux.)

Cằm dài ○ 䫏, menton long. — *Có râu dưới cằm* 固 鬚鬋 ○, avoir de la barbe au menton. — *Râu nơi cằm* 鬚 尼 ○, barbiche.

Cấm 唅. Être muet. (Du S. A. *ngậm*, même car., clos, fermé, engourdi.)

Điếc cấm 的 ○, sourd-muet.

Cấm 禁*. Empêcher, défendre, prohiber, interdire, refréner.

Cấm đạo ○ 道, prohiber la religion. — *Cấm thành* ○ 城, la résidence du souverain (dont il est défendu d'approcher). — *Cấm địa* ○ 地, un territoire prohibé, un lieu réservé, comme les terres de chasse du souverain, par exemple. — *Nghiêm cấm* 嚴 ○, défendre sévèrement, refréner. — *Cấm vô nhà* ○ 無 茹, défendre d'entrer dans la maison. — *Phép cấm* 法 ○, défense, interdiction. — *Cấm không cho* ○ 空 朱, il n'est pas permis de. — *Răng cấm* 齻 ○, dent molaire.

Cấm 噤*. Garder un silence bouderur, se taire par rancune, ronger son frein; troublé, interdit.

Cầm 琴*. Un instrument de musique à cordes du genre guitare.

Cầm 禽*. Volatiles, oiseaux.

Cầm thú ○ 獸, animaux; oiseaux et quadrupèdes. — *Gia cầm* 家 ○, le coq. — *Tiên cầm* 仙 ○, l'oiseau immortel (la grue).

Cầm 擒*. Prendre, saisir, retenir, maintenir; se retenir, s'en tenir là. A. V. Mettre en gage, engager.

Cầm lại ○ 吏, retenir, maintenir. — *Cầm tay* ○ 摣, prendre les mains. — *Cầm tù* ○ 囚, retenir en prison. — *Cầm lái* ○ 梩, tenir le gouvernail, être à la barre. — *Cầm viết* ○ 曰, tenir le pinceau, la plume. — *Cầm chèo* ○ 櫂, prendre les rames, armer les avirons. — *Nói cầm chừng* 吶 ○ 澄, parler d'une manière évasive. — *Làm cầm chừng* 濫 ○ 澄, faire superficiellement. — *Đau cầm chừng* 疨 ○ 澄, douleur continue,

— *Nhà cầm đồ* 茹○圖, maison de prêts sur gages, mont-de-piété. — *Của cầm* 貼○, biens engagés. — *Cầm của* ○貼, engager ses biens, retenir un gage.

Cầm 噖*. Voix rauque, enrouée; parole dure, langage acerbe.

Cầm 錦*. Soie brochée, étoffe sur laquelle sont brodées des fleurs de couleurs différentes; dessins, ramages, arabesques; belle écriture.

Áo cầm bào 襖○袍, habit royal. — *Cầm y* ○衣, titre du 1ᵉʳ régiment de la garde royale; litt., habillés de soie à ramages. — *Cầm thạch* ○石, marbre bariolé. — *Cầm vân* ○文, style fleuri, caractères élégants.

Can 岡*. Sommet de montagne, rocher élevé, pic, pointe, flèche.

Can 干*. Bouclier; empêcher, impliquer; tant. Car. radical.

Can qua ○戈, armes, troupes, munitions. — *Can án* ○案, être impliqué dans une affaire judiciaire. — *Thiên can* 天○, les caractères cycliques célestes ou astronomiques. — *Không can chi* 空○之, il n'y a aucun obstacle, aucun empêchement; cela importe peu, cela n'y fait rien. — *Chẳng can chi* 庄○之, id. — *Can chi đó* ○之妬, qu'importe? — — *Can gián* ○諫, mettre obstacle, empêcher par des avertissements respectueux.

Can 肝*. Le foie; au fig., valeur, courage, audace. Voir *gan*.

Cạn 涆*. Toucher le fond, avoir pied, être échoué; guéable, à sec; fond de vase, lie. (Formé des S. A. *thủy* 水, eau, et *kiện* 件, réclamer, se plaindre.)

Mắc cạn 縸○, s'échouer, toucher le fond, être envasé. — *Nước cạn* 渚○, les basses eaux. — *Tàu mắc cạn* 艚縸○, navire échoué. — *Chỗ cạn* 拄○, passage guéable, un gué. — *Cạn lời* ○䛁, être à bout de paroles. — *Cạn lòng* ○悉, sincèrement, ingénument, du fond du cœur, de toute son âme.

Cán 幹*. Tronc d'arbre; tige, manivelle, manche d'outil, poignée; diriger, conduire, administrer.

Cán dao ○刀, manche de couteau. — *Cán gươm* ○劍, poignée de sabre. — *Cán cổ* ○古, étrangler, suffoquer. — *Tài cán* 才○, industrie. — *Xa cán* 車○, machine à égrener le coton. — *Công cán* 工○, travail d'un fonctionnaire, service public. — *Cán sự* ○事, diriger une affaire, administrer une œuvre.

Cán 杆*. Pièce de bois pour palissade; manche de lance, hampe de drapeau.

Càn 乾*. Vertu du ciel, pouvoir suprême; premier diagramme du *Bát quái* 捌卦.

Càn khôn ○坤, ciel et terre, père et mère, prince et ministres. — *Tam càn* 三○, les trois pouvoirs sociaux qui sont : *vua* 蒂, le roi; *cha* 吒, le père; *chồng* 重, l'époux. — *Càn nguyên* ○元, le ciel. —

Càn ngang ○ 昂, indistinctement. — *Càn long* ○ 隆, le nom d'un célèbre empereur de la Chine.

Cản 捍*. Défendre, entourer, escorter, conduire, accompagner.

Cản 幹. Empêcher, contrarier, barrer; obstacle, empêchement. (En S. A., manche d'outil; se pron. *cán*.)

Cản ý ○ 意, résister, contrarier, s'opposer, tenir tête à. — *Cản việc* ○ 役, entraver une affaire, empêcher un travail, faire de l'obstruction. — *Làm cản* 濫 ○, faire exprès pour contredire, créer des difficultés.

Căn 根*. Racine, base, fondement; origine des choses, circonstances d'un fait; colonnes supportant un édifice, une toiture, et, par extension, entre-colonnement, compartiment, logement.

Căn bổn ○ 本, principe, chose fondamentale. — *Vô căn* 無 ○, sans base, sans fondement, sans preuve. — *Vô căn chi thảo* 無 ○ 之 草, herbe sans racines; au fig., pécher par la base, ne rien valoir, n'inspirer aucune confiance. — *Căn bịnh* ○ 病, l'origine de la maladie. — *Căn nhà* ○ 茹, compartiment de maison, entre-colonnement. — *Có mấy căn* 固 買 ○, combien y a-t-il de compartiments ?

Cặn 近. Mot complémentaire. (Du S. A. *cận*, même car., près, proche.)

Cặn kẽ ○ 技, avec le plus grand soin, avec exactitude.

Cặn 滓. Dépôt, lie. Voir *cạn*, même car., même signification.

Cắn 䶩. Mordre. (Formé des S. A. *khẩu* 口, bouche, et *cấn* 艮, dur, ferme.)

Cắn chết ○ 折, mordre à tuer; morsure qui fait mourir. — *Cắn húc* ○ 項, exciter, provoquer, agacer. — *Cắn xé* ○ 㸒, déchirer en mordant. — *Cắn đứt* ○ 坦, arracher par lambeaux avec les dents. — *Chó cắn mèo* 狂 ○ 猫, le chien mord le chat. — *Cắn răng mà chịu* ○ 䶗 麻 召, ronger son frein, retenir son dépit; litt., serrer les dents et supporter. — *Cắn lưỡi mà chết* ○ 䶗 麻 折, se suicider en se mordant la langue.

Cằn 䯳. Chercher, amasser (ne s'emploie que comme affixe). (Formé des S. A. *khẩu* 口, bouche, et *càn* 乾, vertu du ciel.)

Cằn sảy ○ 扗, chercher avec soin. — *Cằn tây* ○ 冉, amasser, thésauriser. — *Ăn cằn* 唆 ○, prendre par adresse, soutirer habilement.

Cấn 觔*. Faire effort avec les cornes; force, vigueur; nerf, tendon.

Cấn 昆*. Frère plus âgé, frère aîné; de même race; descendance.

Cân 巾*. Coiffure, bonnet, linge. Car. radical.

Cân 斤*. Hache, hachette; mesure de poids valant environ 16 onces; peser, examiner. Car. radical.

Cân thăng bằng ○ 升 平, balance. — *Cân tiểu li* ○ 小 厘, petite balance très sensible. — *Cân đại* ○ 大, grande balance, bascule. — *Rá cân* 筥 ○, les plateaux d'une balance. — *Trái cân* 粳 ○, les poids. — *Đòn cân* 柄 ○, le fléau. — *Cân thuốc* ○ 葯, peser des médecines. — *Cân vàng* ○ 鑛, peser de l'or. — *Một cân vàng* 没 ○ 鑛, une livre d'or. — *Cân cân* ○ ○, examiner à fond, peser le pour et le contre; égaliser, unifier.

Cận 近*. Près, proche, voisin; avoisiner, borner, limiter.

Cận thị ○ 侍, assister (le roi); servantes de la personne royale. — *Cận thần* ○ 臣, conseiller privé ou intime du roi. — *Người lân cận* 得 隣 ○, habitant du voisinage. — *Tiếp cận* 攝 ○, à proximité de. — *Tây cận rạch nhỏ* 西 ○ 瀝 恕, borné à l'ouest par un petit arroyo (petit cours d'eau).

Cấn 艮*. Borne, limite; arrêter, borner, limiter; ferme, dur, sévère; troisième diagramme du *Bát quái* 捌 卦. Car. radical.

Cấn nợ ○ 女, payement en nature; transmettre une créance. — *Nói cấn* 吶 ○, réprimander sévèrement; parler bref, vexer. — *Đánh cấn* 打 ○, briser à l'endroit le plus résistant, casser net et d'un seul coup.

Cấn 哏*. Pleurer, sangloter; avoir une extinction de voix. Voir *lượng*.

Cần 勤*. Soigneux, assidu, attentif, diligent, zélé. A. V. Nécessaire; gaule, canne à pêche, manche d'outil, levier, manivelle.

Cần mẫn ○ 敏, soigneux, diligent, actif, appliqué. — *Cần công* ○ 工, travailler assidûment. — *Cần kíp* ○ 急, très pressé, très urgent. — *Việc cần* 役 ○, une affaire urgente, un travail pressé. — *Nước là cần nhứt* 渃 羅 ○ —, l'eau est de première nécessité. — *Sự cần* 事 ○, le nécessaire, l'indispensable, ce qui est urgent. — *Người cần tín* 得 ○ 信, personne de confiance. — *Cần vọt* ○ 桿, manche, manivelle, levier. — *Cần câu* ○ 鉤, gaule, manche de la ligne à pêcher. — *Rau cần* 蔞 ○, espèce de légume de marais, céleri.

Cẩn 饉*. Perte de récolte; manque de grains, de légumes, de fruits.

Cẩn cơ ○ 饑, grande misère publique, disette, famine.

Cẩn 謹*. Attentif, circonspect, prudent, sérieux, appliqué; veiller à, prendre en garde, avoir soin. Voir *kín*. A. V. Incruster.

Cẩn thận ○ 慎, avec soin, diligemment. — *Cẩn phong* ○ 封, cacheter, clore, sceller. — *Cẩn ngôn* ○ 言, parole mesurée, attentive et prudente; discret, réservé. — *Cẩn xa cừ* ○ 車 渠, incrusté de nacre. — *Hộp cẩn* 匣 ○, boîte ou coffret incrusté de nacre. — *Hoa hồng cẩn* 花 紅 ○, amarante.

Cang 剛*. Dur, fort, inflexible; irascible, obstiné, emporté, qui ne cède jamais à personne.

Cang dõng ○ 勇, brave, courageux, ferme. — *Cang cường* ○ 強, dur, obstiné, courageux, fort, vaillant. — *Tính cang* 性 ○, nature inflexible, caractère intraitable; dur, arrogant. — *Cang sa* ○ 砂, sel ammoniac. — *Cang hạn* ○ 旱, grande sécheresse. — *Ngọc kim cang* 玉 金 ○, diamant; litt., pierre précieuse dure.

Cang 鋼*. Fer travaillé; affiler, aiguiser, repasser. Voir *gang*.

Cang 綱*. Corde, lien (pour retenir), et, par extension, loi, règle; courroie de la bride d'un cheval.

    Cang thường ○ 常, vertus cardinales. — *Kỉ cang* 紀○, loi; exactement, avec beaucoup de soin. — *Tam cang* 三○, les trois liens sociaux ou les trois obligations mutuelles (roi et sujet, père et fils, mari et femme). — *Dây cang* 繧○, corde, rêne, bride.

Cang 亢*. Traverser, aller au delà; excessif, exagéré; nom d'étoile.

Cang 伉*. Compagnon, égal; paire, couple; apparier, accoupler; époux. Voir *khán*.

    Doan cang lệ 綠○麗, état de mariage. — *Cang lệ* ○麗, deux époux, deux camarades, une paire d'amis.

Cáng 港. Écartement des pieds, des jambes. (Du S. A. *căng*, même car., cours d'eau se divisant en deux branches; faire la fourche.)

    Cáng nạng ○欓, marcher les pieds ou les jambes écartés.

Càng *強. Le nom d'un insecte. Voir *cường*. A. V. Meilleur que, plus que; ajouter, augmenter.

    Càng ngày càng thêm ○時○添, de jour en jour davantage. — *Càng già càng cay* ○薑○荄, plus il vieillit, plus il est mordant. — *Càng cua* ○瓢, pince du crabe. — *Nói càng ngang* 吶○昂, parler avec hauteur et suffisance.

Căng 港*. Cours d'eau qui se divise en deux bras; affluent, confluent, point de jonction.

Căng 矜*. Le bois d'une pique, le manche d'une lance; baguette, verge; montrer de la compassion, éprouver de la pitié; se vanter, se donner de l'importance; étendre, étaler, déployer.

    Kiêu căng 驕○, orgueilleux, superbe, vantard. — *Căng da* ○膀, étendre une peau.

Cẳng 胻*. Terme, limite; quartier de lune. A. V. Cuisse, jambe, pied, patte (ne devrait se dire que des animaux).

    Đau cẳng 疕○, avoir mal aux cuisses, être fatigué des jambes, et, par euphémisme, avoir ses menstrues. — *Què cẳng* 跪○, boiter, marcher en clochant; estropié. — *Chơn cẳng* 蹟○, les jambes, les pattes. — *Ngay cẳng* 宜正○, raidir les jambes; au fig., mourir (grossier).

Cảng 畺*. Limite, fin; limiter. A.V. Traiter ses enfants avec trop d'indulgence, les gâter.

    Cảng con ○昆, gâter un enfant.

Canh 更*. Veille de nuit (il y en a cinq); veiller, être de garde, faire faction; renouveler, substituer; trame, tissu.

    Canh giờ ○唺, veiller, être de garde. — *Lính canh* 另○, sentinelle, factionnaire, vigie. — *Trống canh* 鞁○, tambour de veille. — *Ngũ canh* 五○, les cinq veilles (de nuit).

— *Một canh* 沒 ○, une veille (de nuit). — *Canh một* ○ 沒, la première veille (de 7 à 9 heures du soir). — *Canh hai* ○ 仁, deuxième veille (de 9 à 11 heures). — *Canh ba* ○ 巴, troisième veille (de 11 heures à 1 heure). — *Canh tư* ○ 罰, quatrième veille (de 1 à 3 heures). — *Canh năm* 瓶, cinquième veille (de 3 à 5 heures). — *Phiên canh* 番 ○, série du poste de garde, tour de faction. — *Canh gà* ○ 鶪, la veille au chant du coq. — *Canh giữ* ○ 侼, veiller, surveiller, garder. — *Giao canh* 交 ○, remettre le service, rendre le quart. — *Điểm canh* 點 ○, faire l'appel des hommes de garde, des gens de quart; sonner les veilles, piquer les quarts. — *Canh cải* ○ 改, changer, remplacer, substituer. — *Canh cửi* ○ 絯, tisser. — *Canh tơ* ○ 絲, trame de soie. — *Canh tinh* ○ 星, météore.

Canh 庚 *. L'âge d'une personne; car. horaire et 7ᵉ lettre du cycle dénaire (métal brut).

Niên canh 生 ○, l'année cyclique, l'âge de quelqu'un.

Canh 羹 *. Jus de viande ou de légumes, potage, soupe, sauce.

Canh cá ○ 鮍, soupe de poisson, court-bouillon. — *Canh rau* ○ 蒌, bouillon aux herbes. — *Nấu canh* 麜 ○, préparer un potage. — *Bánh canh* 鈉 ○, sorte de soupe au vermicelle de riz et très épicée. — *Nước canh* 渃 ○, bouillon, sauce. — *Canh riêu* ○ 蔆, potage maigre.

Canh 耕 *. Labourer la terre; s'appliquer, faire avec soin.

Canh nông ○ 農, l'agriculture. — *Việc canh nông* 役 ○ 農, le travail des champs, les questions agricoles.

Cạnh 竟. Extrémité, marge, arête. (Formé des S. A. *kiến* 見, voir, et *tịnh* 並, copulatif.)

Cạnh nương long ○ 娘竜, flanc, côté. — *Nói cạnh khóe* 吶 ○ 誇, blesser par paroles d'une manière indirecte. — *Cạnh sườn* ○ 肕, les côtés, le flanc; bordure, arête.

Cánh 翅. Aile. (Formé des S. A. *vũ* 羽, aile, et *canh* 更, veille de nuit.)

Lông cánh 竜羽 ○, plume des ailes. — *Đập cánh* 搭 ○, battre des ailes. — *Áo cánh* 襖 ○, vêtement de mandarin. — *Cánh diều* ○ 鶺, ailes d'épervier (les ailes du vêtement de cérémonie des mandarins). — *Cánh tay* ○ 拪, bras. — *Cánh chỏ* ○ 拄, coude. — *Cánh cửa* ○ 闌, battant de porte, volet. — *Cánh giàng* ○ 弘, bois de l'arc. — *Cánh ná* ○ 椰, bois de l'arbalète.

Cành 鯨. Mot complémentaire. (Du S. A. *kinh*, même car., baleine; énorme, débordant tout.)

Cành nanh ○ 寧, jaloux, envieux. — *No cành* 飯 ○, rassasié, gorgé.

Cãnh 頸 *. Le devant du cou.

Cảnh 景 *. Brillant, clair, lumineux; d'aspect agréable et réjouissant pour la vue.

Nơi cảnh vật 尼 ○ 物, un beau site, un endroit pittoresque. — *Vườn cảnh* 園 ○, jardin d'agrément. —

Ngoạn cảnh 玩 ○, contempler un site agréable. — *Cảnh tiên* ○ 仙, un séjour d'immortels, un lieu de délices, un Eldorado.

Cảnh 境 *. Les bornes d'un pays, les limites d'un royaume; endroit, séjour, résidence (à l'extérieur).

Ngoại cảnh 外 ○, au delà des frontières, étranger. — *Qúi cảnh* 貴 ○, votre noble pays, votre honorable résidence.

Cao 高 *. Haut, élevé, éminent; nom générique, nom de famille. Car. radical.

Cao lớn ○ 客, très grand. — *Chí khí cao* 志氣 ○, qui aspire aux honneurs, qui est ambitieux. — *Cao xa* ○ 赊, très puissant, très élevé. — *Cao trí* ○ 智, haute intelligence, grand esprit. — *Cao danh* ○ 名, un grand nom; de haute réputation, de noble naissance. — *Cao cờ* ○ 棋, habile au jeu d'échecs. — *Học vấn cao* 學文 ○, très savant; haut savoir. — *Cao rao* ○ 陣, promulguer. — *Nói cao* 吶 ○, langage élevé; parler noblement. — *Làm cao* 濫 ○, se montrer fier, faire l'important. — *Gia cao* 價 ○, prix élevé; très estimé, très prisé. — *Đất cao ráo* 坦 ○ 燥, terrain sec et élevé, hauts plateaux. — *Cao bằng* ○ 平, paix des hauteurs; le nom d'une province du Tonkin. — *Ma cao* 瑪 ○, Macao. — *Đất cao mên* 坦 ○ 綿, le territoire cambodgien. — *Cao li quốc* ○ 麗國, le royaume de Corée.

Cao 搞 *. Battre, frapper, fustiger, punir, corriger, châtier.

Cao 篙 *. Grand bambou; perche avec laquelle on fait avancer un bateau; mesure agraire (dixième d'arpent). Voir *sào*.

Cao 槔 *. Nom d'arbre; machine à élévation pour l'eau; roue, poulie.

Cao 膏 *. Graisse, saindoux, suif; luisant, huileux; au fig., faveur.

Nấu cao 臁 ○, cuire à consommé, réduire. — *Thuốc cao* 藥 ○, onguent, cosmétique, fard. — *Cao ơn* ○ 恩, riches faveurs, grasses sinécures.

Cạo 搞. Raser, racler, tondre, couper ras. (Du S. A. *cao*, même car., battre, frapper, fustiger.)

Cạo râu ○ 鬚, faire la barbe. — *Cạo đầu* ○ 頭, raser la tête. — *Dao cạo* 刀 ○, rasoir. — *Cạo gọt* ○ 削, dépouiller, dévaliser.

Cáo 告 *. Accuser, dénoncer; signifier, déclarer. Voir *kiếu*.

Cáo thị ○ 示, édit, proclamation; mise en accusation officielle. — *Cáo gian* ○ 奸, accuser faussement. — *Kiện cáo* 件 ○, intenter un procès. — *Trạng cáo* 狀 ○, pièce d'accusation. — *Bị cáo* 被 ○, l'accusé, le défendeur; être victime d'une dénonciation. — *Nguyên cáo* 原 ○, le plaignant, le demandeur. — *Sơ cáo* 初 ○, accuser une première fois. — *Phúc cáo* 覆 ○, réitérer l'accusation. — *Kẻ cáo báo* 几 ○ 報, dénonciateur. — *Cáo kẻ có tội* ○ 几 固 罪, dénoncer un coupable. — *Từ cáo* 辭 ○, signifier son départ, faire savoir qu'on s'en va, prendre congé.

Cáo 猲. Renard. Voir *chồn*. (Formé des S. A. *khuyển* 犬, chien, et *cáo* 告, dénoncer, accuser.)

    Cầy cáo 猉 ○, espèce de renard. — *Loài cầy cáo* 類猉 ○, rebelles.

Cáo 誥*. Donner des préceptes, citer des exemples; signification.

Cào 搞. Râteler, herser. (Du S. A. *cao*, même car., battre, frapper.)

    Cái cào 丐 ○, râteau. — *Bừa cào* 耙 ○, herse. — *Cào cỏ* ○ 鞊, râteler du foin, faucher l'herbe. — *Một cào* 沒 ○, une râtelée.

Cào 螖. Orthoptères sauteurs. (Formé des S. A. *trùng* 虫, insecte, et *cao* 高, haut, grand.)

    Con cào cào 昆 ○ ○, sauterelle, criquet, grillon.

Cão 槁*. Arbre mort, bois sec.

Cảo 槀*. Exemplaire, type, modèle, forme, mannequin. Voir *kiểu*.

Cạp 吸. Mordre et mâcher, ronger, grignoter; tresser. (Du S. A. *hấp*, même car., aspirer, avaler.)

    Loài hay cạp 類呿 ○, rongeur. — *Cạp bắp* ○ 柣, grignoter du maïs. — *Cạp rào* ○ 楞, établir une palissade, tresser une claie. — *Cạp chiếu* ○ 詔, garnir des stores, des nattes. — *Bò cạp* 牪 ○, scorpion; sorte d'épouvantail.

Cáp 合. Une pleine main, une poignée; comparer, confronter. (En S. A., unir, joindre, resserrer, rassembler; se pron. *hiệp*.)

    Một cáp gạo 沒 ○ 糙, une poignée de riz. — *Cáp chạn* ○ 振, comparer la taille. — *Tóc cáp* 鬣 ○, crinière de cheval, de lion, etc.

Căp 笈. Couple, paire. (En S. A., boîte, sac d'écolier; se pron. *kiệp*.)

    Một căp 沒 ○, un couple, une paire. — *Một căp vịt* 沒 ○ 鶩, une paire de canards. — *Hai căp bò* 仁 ○ 牭, deux paires de bœufs. — *Căp nài nhau* ○ 乃 饒, s'aider mutuellement. — *Nói lắp căp* 吶吧 ○ ○, balbutier. — *Mà cà mà căp* 麻 榯 麻 ○, mal articuler les mots, bégayer.

Cắp 扱. Prendre furtivement; porter sous le bras. (Du S. A. *cập*, même car., même signification.)

    Cắp nắp ○ 藕, ramasser, rassembler, accaparer. — *Ăn cắp* 咹 ○, prendre, dérober, filouter (se dit du vol furtif). — *Ăn cắp bạc* 咹 ○ 薄, filouter de l'argent. — *Thằng ăn cắp* 倘 咹 ○, un filou, un voleur. — *Cắp sách* ○ 冊, porter un livre sous le bras. — *Cắp tay* ○ 搘, avoir les mains croisées derrière le dos.

Cập 及*. Atteindre le but voulu; joindre, lier; particule conjonctive.

    Bất cập 不 ○, ne pas arriver à, ne pas joindre, manquer le but.

Cập 扱*. Saisir, prendre, soulever; guider, signaler, faire connaître.

Cập 汲*. Faire venir de l'eau, inonder, submerger. Voir *ngập*.

Cáp 給*. Donner, accorder, décerner, distribuer; fournir de, pourvoir à; surabonder, regorger, être superflu; marque du passif.

Cáp lương ○ 糧, donner une solde, distribuer des rations. — *Cáp cho lính* ○ 朱另, pourvoir les troupes de. — *Cáp lính* ○ 另, fournir des soldats, recruter des hommes pour l'armée. — *Cáp dưỡng* ○ 養, nourrir, entretenir. — *Cáp lộc* ○ 祿, donner un traitement, octroyer une pension. — *Cáp chiếu* ○ 照, permis de circulation, passeport, certificat. — *Bằng cáp* 憑 ○, brevet, nomination, titre. — *Cáp bằng* ○ 憑, pourvoir d'un brevet, nommer à un poste. — *Hạ cáp* 下 ○, supprimer la solde, la pension; abaisser le grade, rétrograder un fonctionnaire.

Cáp 級*. Fils disposés par séries; ordre, rang, degré, catégorie.

Cáp 急*. Urgent, pressé; anxieux, perplexe, affligé, tourmenté, tiraillé en tous sens. Voir *kíp*.

Cáp cứu ○ 救, secourir dans un cas pressant. — *Cáp sự* ○ 事, affaire qui ne peut se différer plus longtemps. — *Cáp nạn* ○ 難, malheur subit, imminent; réduit à l'extrémité. — *Bệnh đã cáp* 病危 ○, la maladie donne de grandes appréhensions.

Cát 葛*. Plantes rampantes; au fig., famille, descendance, postérité. A. V. Sable, poudre.

Cát lỗi ○ 耒, argile savonneuse contenant de la potasse (sert aux Annamites pour se laver les cheveux). — *Cát vàng* ○ 鑛, sable aurifère. —

Đất cát 坦 ○, terre de sable. — *Đồng cát* 全 ○, plaine sablonneuse, désert. — *Đường cát* 糖 ○, sucre en poudre.

Cát 吉*. Heureux, de bon augure, favorable, faste. Voir *kiết*.

Cát nhựt ○ 日, un jour de bonheur. — *Cát nhơn* ○ 人, un homme heureux. — *Cát sự* ○ 事, une bonne affaire, une circonstance favorable. — *Cát tinh cao chiếu* ○ 星高照, étoile de bon augure qui brille au firmament. — *Cát hung* ○ 凶, bonheur et malheur, faste et néfaste.

Cặt 詰. Serrer les dents; onomatopée exprimant un bruit sec, comme cric crac. (En S. A., rendre un son dur; se pron. *cắt*.)

Kêu cặt cặt 叫 ○ ○, grincer des dents; craqueter.

Cắt 割*. Couper, trancher, découper, rogner; intercepter, retenir.

Cắt khai ○ 開, ouvrir en coupant, partager en tranches. — *Cắt móng tay* ○ 朦拪, couper les ongles de la main. — *Cắt tóc để tang* ○ 鬟底喪, couper les cheveux en signe de deuil. — *Cắt tóc mà thề* ○ 鬟麻誓, couper les cheveux en signe de serment. — *Cắt công tiền* ○ 工錢, retenir les gages, rogner le salaire. — *Cắt nghĩa* ○ 義, traduire, expliquer. — *Cắt phiên* ○ 番, désigner par tour de rôle. — *Sai cắt* 差 ○, déléguer. — *Chim bà cắt* 鳩妃 ○, oiseau de proie.

Cặt 脂. Dos, rein; nom d'arbre. (Formé des S. A. *nhục* 肉, chair, et *kiết* 吉, heureux, de bon augure.)

Đàng sau cật 唐蕢 ○, derrière le dos. — *Sấp cật* 胒 ○, tourner le dos, courber les reins (pour s'enfuir). — *Cây mật cật* 核密 ○, sorte de palmier. — *Bì cật* 皮 ○, écorce (bambou, rotin, etc.). — *Đầu cật cùng nhau* 兜 ○ 共饒, s'aider mutuellement, se prêter main-forte.

Cật 詰 *. Examiner sévèrement; se montrer dur, impitoyable.

Cật vấn ○ 問, s'enquérir rigoureusement des moindres détails, s'informer minutieusement. — *Cật tứ phương* ○ 四方, faire des recherches de tous côtés; litt., aux quatre coins du monde.

Cắt 拮 *. Saisir quelque chose pour l'enlever; ôter, mettre de côté; se mettre vigoureusement à un travail en commun (comme la construction d'une case, d'une paillote, par exemple); se cabrer.

Cắt đầu ○ 頭, se mettre à... — *Cắt binh* ○ 兵, conduire l'armée. — *Cắt xác* ○ 殻, enlever le corps pour l'enterrer. — *Cắt chức* ○ 職, retirer un grade, révoquer d'une fonction. — *Cắt quờn* ○ 權, priver de l'autorité, enlever le pouvoir. — *Cắt lộc* ○ 祿, supprimer la solde, le traitement. — *Cắt lương* ○ 糧, supprimer la ration, couper les vivres. — *Cắt lấy* ○ 祕, enlever, ôter. — *Cắt đi* ○ 迻, emporte, enlève, mets en place. — *Cắt nón* ○ 藏, ôter son chapeau, se découvrir, saluer. — *Cắt hàng lên* ○ 行遷, décharger un navire, débarquer des marchandises. — *Cắt tay làm việc* ○ 栖濫役, mettre la main à l'ouvrage. — *Cắt tiếng*

○ 嗜, élever la voix, prendre la parole. — *Cắt nhà* ○ 茹, construire une maison. — *Cắt xuống* ○ 䉣, placer plus bas, descendre (un objet). — *Cắt lên* ○ 遷, placer plus haut, remonter (un objet). — *Rắn cắt cổ* 蜛 ○ 古, le serpent dresse son cou. — *Ngựa cắt* 駁 ○, cheval rétif, qui se dresse sur ses pieds de derrière.

Cau 檳. Aréquier, arec. Voir *lang* 榔. (Du S. A. *cao*, même car., nom d'arbre; machine à puiser de l'eau.)

Cây cau 核 ○, aréquier. — *Trái cau* 鞭 ○, noix d'arec. — *Buồng cau* 房 ○, grappe de noix d'arec. — *Cau non* ○ 嫩, noix encore tendre. — *Cau dày* ○ 嗲, noix verte, c.-à-d. à point pour la chique. — *Cau khô* ○ 枯, noix sèches. — *Cau cổ hủ* ○ 古壺, chou d'aréquier. — *Dao cau* 刀 ○, couteau à couper l'arec. — *Một miếng trầu cau* 沒咀樓 ○, une chique de bétel complète.

Cáu 告. Saleté, ordure, vase, boue. (En S. A., accuser; se pron. *cáo*.)

Cáu nước ○ 渚, saletés dans l'eau, limon. — *Nước cáu* 渚 ○, eau trouble. — *Nổi cáu* 浽 ○, la vase monte à la surface. — *Làm nổi cáu* 濫浽 ○, troubler l'eau, faire monter la vase à la surface, faire perdre à l'eau sa limpidité.

Câu 箇. Syllabe euphonique. (En S. A., nasse en bambou; se pron. *câu*.)

Câu táo ○ 燥, qui aime à se plaindre, à bouder, à ronchonner.

Câu 句 *. Une phrase; membre de phrase, verset, chant. Voir *cú*.

Câu sách ○ 冊, passage d'un livre, citation. — *Một câu hát* 沒 ○ 喝, un verset, un chant. — *Tứ lục câu* 四六 ○, vers de quatre et six pieds. — *Câu thơ* ○ 書, passage en vers, strophe. — *Câu liên* ○ 聯, phrase à parallélisme, à vis-à-vis; maximes, sentences. — *Chấm câu* 點 ○, ponctuer. — *Bất câu* 不 ○, indistinctement, sans exception.

Câu 枸 *. Nom d'arbre épineux; sorte de poirier sauvage.

Câu 拘 *. Prendre avec la main; empêcher, modérer, retenir; saisir, arrêter, maintenir, détenir.

Câu tróc lại ○ 捉吏, se saisir de quelqu'un, arrêter par voie de justice. — *Câu quản* ○ 管, arrêter et maintenir en prison; le titre d'un officier de police aux ordres d'un *quan phủ* 官府 (préfet).

Câu 鉤 *. Hameçon, grappin, harpon, croc; tirer avec un crochet en fer, saisir avec une gaffe.

Câu cá ○ 鮒, pêcher à la ligne. — *Câu bắt* ○ 抔, croc, gaffe. — *Câu tôm* ○ 鯜, ligne pour pêcher les crevettes. — *Câu ống* ○ 瓷, ligne à dévidoir. — *Câu đàng* ○ 唐, corde garnie de lignes et d'hameçons. — *Cần câu* 勤 ○, canne à pêche, manche de la ligne, gaule. — *Nhợ câu* 紃 ○, ligne. — *Lưỡi câu* 禠 ○, hameçon. — *Câu kim* ○ 金, croc en métal, agrafe, crochet.

Câu 溝 *. Fossé plein d'eau, canal d'arrosage, rigole, petite tranchée.

Câu 鳩 *. Pigeon, colombe, tourterelle; espèce de grive. Voir *cu*.

Chim bò câu 鳩鵓 ○, id. — *Bò câu đất* 鵓 ○ 坦, pigeon sauvage. — *Bò câu nhà* 鵓 ○ 茹, pigeon domestique. — *Bò câu xanh* 鵓 ○ 檸, pigeon vert. — *Bò câu gù* 鵓 ○ 唄, le pigeon roucoule.

Cậu 舅 *. Oncle maternel (frère aîné ou cadet de la mère); appellatif honorifique des fils de mandarin et des étudiants.

Cậu hầu ○ 候, les proches parents du roi. — *Các cậu đi đâu* 各 ○ 移 兜, où allez-vous, messieurs?

Câu 笱 *. Nasse en bambou, panier d'osier, engin de pêche.

Rổ câu 笱 ○, corbeille pour la pêche. — *Ngư câu* 魚 ○, sorte de harpon ou de crochet en bambou pour prendre le poisson.

Câu 構 et 篝 *. Réunir un trésor, amasser des richesses; nouer, confectionner, construire, édifier.

Câu 搆 *. Traîner, tirer, exciter, en venir aux mains. A. V. Déchirer, égratigner, griffer.

Câu binh ○ 兵, entraîner des troupes; mouvements stratégiques. — *Câu xé* ○ 燨, égratigner, déchirer avec les ongles ou les griffes.

Câu 求 *. Prier, supplier, implorer, demander, rechercher; désirer vivement quelque chose.

Câu xin ○ 嗔, prier, supplier. — *Câu cho* ○ 朱, prier pour, demander à. — *Càu mưa* 〇 霧, demander de la pluie. — *Càu danh* 〇 名, rechercher les honneurs. — *Càu lòng* 〇 悉, gagner les faveurs de quelqu'un. — *Càu nài* 〇 奈, demander avec instance, solliciter. — *Nói càu cao* 吶 〇 高, faire l'important, trancher du grand seigneur. — *Ai càu mầy?* 埃 〇 眉, qui te demande quelque chose?

Càu 球*. Pierre précieuse; globe, sphère, ballon, balle, volant.

Trái càu 鞭 〇, volant, balle à jouer. — *Đá càu* 砂 〇, lancer le volant avec le pied. — *Bàn càu* 槃 〇, espèce de jeu de l'oie. — *Đánh càu* 打 〇, jouer au jeu de l'oie. — *Đánh càu đu* 打 〇 歐, jouer en doublant la mise, faire paroli, martingaler. — *Thiên* 天 〇, sphère céleste. — *Viên càu* 圓 〇, globe, boule. — *Địa càu* 地 〇, globe terrestre, la terre. — *Mãng càu* 莽 〇, pomme-cannelle.

Càu 裘*. Vêtement confectionné avec des fourrures, habit d'hiver.

Càu 橋*. Pont, viaduc; poutre transversale. Voir *kiều*.

Càu bằng đá 〇 朋 砂, pont en pierre. — *Càu bằng cây* 〇 朋 核, pont en bois. — *Càu ngang* 〇 昂, un pont, une passerelle. — *Càu nhỏ* 〇 弛, petit pont, ponceau. — *Càu bến* 〇 灣, débarcadère, appontement. — *Nhà càu* 茹 〇, galerie couverte, passage. — *Thang càu* 湯 〇, escalier de débarcadère. — *Càu vồng* 〇 綾, arc-en-ciel.

Càu 苟*. Plantes qui poussent de tous côtés, herbes folles; au fig., inconsidéré, irrégulier, illicite.

Càu tich 〇 脊, valériane. — *Càu hiệp* 〇 合, union illicite, irrégulière; libertinage, dérèglement. — *Nói càu thả* 吶 〇 且, parler sans réflexion, dire à tort et à travers.

Càu 狗*. Petit chien de garde (s'emploie en Chine comme terme de mépris pour désigner certaines catégories de domestiques, comme les gardiens, les concierges, etc.).

Chưởng môn càu 掌 門 〇, un petit chien de garde, un surveillant de la porte. — *Hải càu* 海 〇, chien de mer, phoque, holothurie.

Cha 吒. Père. (En S. A., parler avec colère, grincer des dents; se pron. *sá*.)

Cha cả 〇 哿, évêque. — *Cha cầm đầu* 〇 擒 頭, parrain. — *Cha nuôi* 〇 餒, père nourricier, père adoptif. — *Cha ghẻ* 〇 疣, beau-père, mari de la mère. — *Cha mẹ* 〇 媄, le père et la mère, les parents. — *Cha ơi!* 〇 喂, ô mon père! exclamation: hélas! — *Cha chả* 〇 吒, interjection d'admiration, d'étonnement. — *Cha mầy* 〇 眉, ton père (quelquefois injure grossière). — *Cha mầy ở đâu* 〇 眉 於 兜, où est ton père?

Chạ 喋. Confus, embrouillé, mélangé, tumultueux; dérèglement de conduite. (Formé des S. A. *khẩu* 口, bouche, et *chà* 楂, thé compressé.)

Chạ lác 〇 落, sans mœurs, débauché. — *Làm chạ* 濫 〇, mal faire un travail. — *Nói chạ* 吶 〇, s'embrouiller dans un discours, patauger.

5

— *Chung chạ* 終 ○, chose confuse, embrouillée; en commun, en désordre. — *Ngựa lai ngựa chạ* 馭夾馭 ○, cheval métis. — *Hễ chung thì chạ* 係終時 ○, quand on est nombreux, on fait du gâchis.

Chà 槎*. Thé compressé, feuilles de thé en pain; écraser, fouler, broyer; branchages, rameaux.

Chà gai ○ 荄, rameau épineux. — *Chà chuôm* ○ 槑, broutilles (pour la pêche). — *Cây chà là* 核 ○ 羅, dattier. — *Con chà là* 昆 ○ 羅, ver palmiste (v. *đuống*). — *Chà xát* ○ 擦, broyer, écraser. — *Voi chà* 猇 ○, éléphant écraseur, éléphant des supplices. — *Voi chà mày* 猇 ○ 眉, que l'éléphant t'écrase! — *Con nai chà* 昆 狉 ○, cerf qui a la tête formée, qui a la ramure. — *Chà và* ○ 吧, Java; les Malais (en Cochinchine, on emploie à tort ce vocable pour désigner les Indiens).

Chã 渚. Syllabe euphonique. (En S. A., île, îlot; couler; se pron. *chữ*.)

Chã lã ○ 浿, abondamment. — *Châu rơi lã chã* 珠淶浿 ○, pleurer à chaudes larmes. — *Chã là* ○ 羅, le nom d'un gâteau (sorte de pain caramel et farine).

Chả 吒. Interjection d'étonnement, marque de surprise. Voir *cha*.

Chạc 啅. Bouches nombreuses; bruit confus de voix. (Du S. A. *trác*, même car., même signification.)

La chạc chạc 囉 ○ ○, crier, vociférer. — *Dây chạc* 绤 ○, corde, ficelle.

Chác 卓. Stable, durable, ferme, solide. (Du S. A. *trác*, même car., même signification.)

Chác lấy lòng ○ 祂悪, se concilier la faveur de quelqu'un. — *Bán chác* 半 ○, vendre ferme. — *Mua chác* 謨 ○, acheter définitivement. — *Đánh chác* 打 ○, frapper fort, se battre pour de bon. — *Đánh chác đầu* 打 ○ 頭, fendre le crâne (menace). — *Đổi chác* 對 ○, se livrer au commerce d'échanges.

Chắc 卓. Solide, dur, ferme; sûr, certain, indubitable. (Du S. A. *trác*, même car., même signification.)

Chắc chắc ○ ○, replet, dodu. — *Chắc chắn* ○ 振, très solide, robuste; absolument certain. — *Người chắn chắn* 俾 ○ 振, homme sûr et exact, homme de confiance. — *Chắc gan* ○ 肝, intrépide, qui ne craint rien. — *Chắc việc* ○ 役, apte au travail, dur à la besogne. — *Lúa chắc* 穭 ○, épi plein. — *Chắc cua* ○ 蟹, crabe gras. — *Kẻ chắc* 計 ○, affirmer, tenir pour certain. — *Đánh chắc* 打 ○, jouer aux osselets (v. *chắt*). — *Gỗ chắc* 棋 ○, bois dur, bois de construction. — *Nói chắc* 吶 ○, affirmer (une chose), certifier (un fait).

Chạch 鯦. Petite anguille d'eau douce. (Formé des S. A. *ngư* 魚, poisson, et *chiếc* 隻, un seul, impair.)

Chai 豉. Bitume, résine, verre; durillon, rugosité. (Formé des S. A. *thạch* 石, pierre, et *chi* 支, dur.)

Trét chai 捌 ○, enduire de bitume, calfater. — *Đèn chai* 烟 ○, torche de résine. — *Ve chai* 礒 ○, bouteille.

— *Đát chai* 坦 ○, terre dure, mauvaise terre. — *Mặt chai đá* 靦 ○ 硧, impudent, effronté. — *Chai tay* ○ 扠, qui a des durillons aux mains. — *Da chai cứng* 膥 ○ 亘, peau calleuse, rugueuse; cuir épais, très dur.

Chái 厓. Galerie extérieure, toit adossé contre un mur. (Du S. A. *chát*, même car., anfractuosité, abri.)

Chái nhà ○ 茹, véranda, appentis. — *Hai căn hai chái* 亼 根 亼 ○, deux compartiments et deux toits appentis.

Chài 紨*. Fils disposés avec art. A. V. Poche de filet, épervier.

Chài lưới ○ 纚, filet à pêche. — *Quần chài* 軍 ○, se dit des gens qui pêchent à l'épervier. — *Ghe chài* 籑 ○, barque munie de filets. — *Đi chài đi lưới* 移 ○ 移 纚, aller à la pêche aux filets. — *Vãi chài* 捉 ○, jeter les filets. — *Chim thằng chài* 鴣 倘 ○, oiseau pêcheur, oiseau à poche, comme le pélican.

Chải 扯. Peigner, brosser. (En S. A., tirer avec force, casser; se pron. *xá*.)

Chải đầu ○ 頭, se peigner la tête. — *Chải gỡ* ○ 擝, démêler les cheveux, débrouiller. — *Chải ngựa* 馭 ○, panser un cheval. — *Chải áo quần* ○ 襖 裙, brosser les habits. — *Bàn chải* 盤 ○, brosse, étrille. — *Lược chải* 器 ○, peigne, démêloir.

Chay 齋*. S'abstenir de nourriture pour faire pénitence, se purifier par le jeûne; honorer. Voir *trai*.

Sự ăn chay 事 唆 ○, le jeûne par mortification. — *Ăn chay* 唆 ○, faire abstinence, observer le jeûne. — *Mùa chay* 務 ○, l'époque d'abstinence, le carême. — *Đám chay* 坫 ○, cérémonie pour honorer les défunts. — *Cây chay* 核 ○, sésame. — *Dầu chay* 油 ○, huile de sésame.

Chạy 趙. Courir, accourir; fuir, s'enfuir, se sauver; au fig., marque l'action précipitée. (Formé des S. A. *tẩu* 走, marcher vite, courir, s'enfuir, et *trĩ* ou *chĩ* 豸, ramper.)

Chạy chữa ○ 助, courir au secours. — *Chạy thuốc* ○ 菓, se procurer en hâte des médicaments, des remèdes, et les appliquer de suite. — *Chạy tiền* ○ 錢, employer son argent, fournir rapidement de l'argent. — *Chạy giặc* ○ 賊, fuir la guerre. — *Chạy mặt* ○ 靦, fuir la présence, éviter tout rapport. — *Chạy đi* ○ 移, fuyez, sauvez-vous! courez, courez donc! — *Chạy ngựa* ○ 馭, courir à cheval. — *Chạy tế* ○ 細, trotter. — *Chạy sải* ○ 仕, galoper. — *Chạy riết* ○ 絅, courir ventre à terre, à fond de train; partir comme un trait. — *Chạy đua* ○ 都, lutter à la course, rivaliser de vitesse. — *Chạy buồm* ○ 帆, naviguer à la voile, voguer. — *Chạy vát* ○ 越, louvoyer, naviguer contre le vent, tirer des bordées. — *Chạy cấn* ○ 艮, courir largue. — *Chạy xuôi* ○ 吹, naviguer vent arrière, avoir vent favorable. — *Chạy ngược* ○ 虐, aller vent contraire, naviguer à contre-marée. — *Chạy đại* ○ 大, partir comme un trait, courir à toute vitesse. — *Chạy trốn đi mất* ○ 遁 移 秋, se sauver en courant et disparaître. — *Đứa chạy hiệu* 者 ○ 號, porte-enseigne (figurant de théâtre).

Cháy 煋. Brûler, s'enflammer. (Formé des S. A. *hỏa* 火, feu, et *chí* 至, jusqu'à, atteindre.)

Đốt cháy 焯 ○, enflammer, mettre le feu, incendier. — *Nhà cháy* 茹 ○, maison qui brûle, incendie. — *Lửa cháy lên* 焰 ○ 遷, les flammes montent, le feu s'élève. — *Củi nầy cháy lắm* 檜 尼 ○ 廩, ce bois brûle très bien. — *Cơm cháy* 餂 ○, riz brûlé, riz en croûtons. — *Cá cháy* 鯦 ○, nom de poisson. — *Nghèo cháy túi* 艽 ○ 最, pauvre, gueux, sans le sou; litt., dont la poche a brûlé.

Chày 杵. Pilon à blanchir le riz. (Du S. A. *chử*, même car., même signification.)

Chày đạp ○ 踏, grand pilon. — *Chày tay* ○ 掏, pilon à main, petit pilon. — *Chày đá* ○ 硠, pilon en pierre. — *Đâm chày* 銃 ○, piler. — *Cứng cỏ như chày* 亙 古 如 ○, dur comme un pilon; entêté, opiniâtre.

Chảy 汢. Eau qui coule, qui jaillit. (En S. A., îlot, berge; se pron. *chỉ*.)

Chảy lên ○ 遷, couler en remontant. — *Chảy xuống* ○ 瓱, couler en descendant. — *Chảy ra* ○ 囉, couler, s'écouler, sortir, jaillir. — *Sông chảy* 瀧 ○, le fleuve roule ses eaux. — *Nước chảy xuôi* 渚 ○ 吹, courant favorable. — *Cái thùng nầy chảy* 丐 桶 尼 ○, ce tonneau coule, fuit. — *Chảy máu cam* ○ 衂 瘄, saigner du nez. — *Chảy nước mắt* ○ 渚 耒, verser des larmes, pleurer abondamment. — *Đọc chảy* 讀 ○, lire couramment, avoir le débit facile. — *Nói không chảy* 吶 空 ○, s'exprimer avec difficulté, ânonner.

Chạy 豸. Tortueux, oblique, contourné, de travers. (Du S. A. *trĩ*, même car., vers, reptiles.)

Lòng chẳng chạy 悉 庄 ○, un cœur non tortueux, c.-à-d. droit, ferme, inébranlable, qui ne dévie jamais de la ligne droite.

Cháy 蛭. Pou de tête. Voir *chí*. (En S. A., sangsue; se pron. *điệt*.)

Có nhiều cháy 固 饒 ○, pouilleux.

Cháy 煋. Torréfier, griller, rôtir, brûler. (Voir *cháy*, même car., même signification.)

Cháy gạo ○ 糒, griller du riz. — *Gạo cháy* 糒 ○, riz grillé, brûlé.

Chầy 遲. Marcher lentement; tard, tardif; durer longtemps. (Du S. A. *trì*, même car., même signification.)

Chầy ngày ○ 暤, depuis plusieurs jours, depuis longtemps. — *Chầy kíp* ○ 急, plus tôt, de meilleure heure; tôt ou tard. — *Chẳng chầy thì kíp* 庄 ○ 時 急, tôt ou tard; sinon maintenant, plus tard.

Chạm 揕. Sculpter, graver, piquer; appliquer un métal; se heurter. (Formé des S. A. *thủ* 手, main, et *thậm* 甚, dépasser.)

Chạm trổ ○ 擼, sculpter, ciseler; faire des moulures sur bois. — *Chạm lọng* ○ 弄, sculpter à jour, ciseler; se heurter en jouant. — *Thợ chạm* 署 ○, sculpteur, graveur. — *Đồ chạm* 圖 ○, objets sculptés, gravés. — *Con chạm* 昆 ○, sceau, cachet. — *Tống chạm* 綜 ○, se heurter, se cogner contre. — *Chạm đến cửa* ○ 典

閹, se cogner contre une porte. — *Chạm nhau* ○ 饒, se heurter, se choquer (en se pressant pour entrer).

Chấm 劉. Marquer, annoter, ponctuer. (Formé des S. A. *dao* 刀, couteau, et *thậm* 甚, dépasser.)

Chấm trán ○ 頭, marquer au front. — *Chấm sách* ○ 册, annoter un livre, mettre soi-même la ponctuation en lisant un livre, selon la coutume des lettrés annamites.

Chàm 藍. Indigo. (Du S. A. *lam*, même car., même signification.)

Cây chàm 核 ○, indigotier. — *Chàm bột* ○ 粹, poudre d'indigo. — *Ngâm chàm* 吟 ○, faire macérer l'indigo. — *Ủ chàm* 塢 ○, faire fermenter l'indigo. — *Sắc xanh chàm* 色 檬 ○, couleur d'indigo, bleu indigo. — *Cây chàm bìa* 核 ○ 牌, acacia pennata.

Chăm 針. Peuplade montagnarde à l'ouest de la Cochinchine; syllabe euphonique. (En S. A., aiguille; piquer; se pron. *châm*.)

Quân chăm 軍 ○, les montagnards Chăm. — *Gạo chăm* 糈 ○, sorte de riz de montagne. — *Voi chăm* 獦 ○, éléphant qui connaît son maître. — *Chăm chỉ* ○ 旨, attentivement. — *Coi chăm* 視 ○, regarder en fixant. — *Lăm chăm* 林 ○, d'une manière confuse; désordre, embarras.

Chặm 甚. Essuyer en pressant ou en tordant, étancher, éponger. (Formé des S. A. *thủ* 手, main, et *thậm* 甚, dépasser, excéder.)

Chặm nước mắt ○ 渚 相, sécher les larmes. — *Chặm máu* ○ 卯, étancher le sang. — *Chặm mủ* ○ 漠, étancher le pus. — *Chặm đuốc* ○ 燸, éteindre une torche. — *Chặm nhau* ○ 饒, se pousser, se bousculer. — *Giấy chặm* 紙 ○, papier buvard.

Chăm 占. Syllabe euphonique. (En S. A., consulter les sorts; se pron. *chiêm*.)

Ngay chăm chăm 証 ○ ○, très droit. — *Chu chu chăm chăm* 朱 朱 ○ ○, faire vite et comme il faut.

Chăm 掛. Lier ou coudre au moyen d'un poinçon, coudre à longs points, lacer, enfiler. (Formé des S. A. *thủ* 手, main, et *chăm* 針, aiguille, poinçon.)

Chăm nón ○ 藏, coudre un chapeau. — *Chăm áo tơi* ○ 襖 箋, coudre un habit de feuilles (pour la pluie). — *Chăm lá trầu* ○ 蘿 樓, enfiler des feuilles de bétel. — *Chăm buồm* ○ 帆, faufiler une voile. — *Chăm lấy* ○ 祕, lier fortement.

Chầm 沈. Marécage. (Du S. A. *trầm*, même car., lac, étang.)

Chầm nhạn ○ 鴈, oiseau de marais, espèce d'oie sauvage.

Chẩm 枕. Syllabe euphonique. (En S. A., barre transversale; s'appuyer; se pron. *chẩm*.)

Chẩm hầm ○ 陷, vif, bouillant; avec impétuosité, avec ardeur.

Chấm 箋*. Morceau de bambou, fragment de bois; pointu, affilé.

Châm 針*. Aiguille, poinçon; sonde de chirurgien; piquer, cautériser.

Châm chích ○ 炙, saigner en piquant. — *Phép châm chích* 法 ○ 炙, la chirurgie. — *Thầy châm chích* 柴 ○ 炙, chirurgien. — *Nói châm chích* 吶 ○ 炙, piquer quelqu'un en paroles, taquiner. — *Lời châm* 䂖 ○, paroles blessantes, satire. — *Châm chước* ○ 酌, tempérer, égaliser, mitiger; faire des concessions. — *Đá nam châm* 磲南 ○, aimant, pierre à cautériser. — *Voi châm* 㺍 ○, éléphant qui frappe de ses défenses. — *Châm điếu thuốc* ○ 釣菜, allumer une cigarette. — *Châm phép* ○ 法, la chirurgie, l'art de la couture.

Chậm 跐*. Marcher en boitant, avancer avec peine; lentement, tardivement.

Chậm chạp ○ 臘, tardif, lent, lourd. — *Nói chậm chậm* 吶 ○○, parler lentement, clairement. — *Chậm chon* ○ 䟖, à pas lents; n'arriver à rien. — *Chậm lụt* ○ 㳛, agir lourdement; traîner, lambiner. — *Đi chậm quá* 㪟 ○ 過, aller trop lentement, s'attarder. — *Chậm như rùa* ○ 如 鱉, lent comme la tortue.

Chấm 點. Apposer, annoter, pointer, distinguer, ponctuer; point. (Du S. A. *điểm*, même car., même signification.)

Con chấm 昆 ○, un cachet. — *Chấm bài* ○ 排, annoter une composition, corriger un devoir. — *Chấm láy* ○ 祕, distinguer ou noter un passage en le soulignant. — *Chấm cho* ○ 朱, approuver par un signe, donner la note bien. — *Chấm phá* ○ 破, désapprouver en pointant, raturer, biffer, corriger (un texte). — *Dấu chấm* 斗 ○, point, virgule, signe de ponctuation. — *Chấm mực* ○ 墨, prendre de l'encre avec la plume ou le pinceau. — *Chấm nước mắm* ○ 渃 鯠, humecter de mắm, assaisonner de saumure. — *Chấm muối* ○ 梅, mettre du sel, assaisonner. — *Chấm đường* ○ 糖, sucrer.

Chẩm 枕*. Barre transversale, morceau de bois; oreiller; s'appuyer.

Chẩm 拯*. Saisir fortement avec la main, frapper fort.

Chẩm 鴆*. Un oiseau qui se nourrit de serpents et dont les plumes servent à préparer un poison très violent (d'après les indigènes).

Rượu chẩm 醧 ○, vin empoisonné avec ces plumes.

Chan 潺. Eau abondante, vaste étendue; plein, débordant. (Du S.A. *điền*, même car., même signification.)

Chan hòa ○ 和, en grande quantité. — *Nắng chan chan* 曦 ○○, très grande chaleur, ardeur du soleil très intense. — *Chan cơm* ○ 甘, arroser le riz, l'humecter de saumure. — *Mưa chứa chan* 霤 貯 ○, grande pluie, averse.

Chạn 振. Adapter, ajuster; taille. (Pour le car. en S. A., voir ci-dessous.)

Cân chạn 斤 ○, adapter à la taille. — *Chạn gà đá* ○ 鵑 㪟, apparier des coqs de combat. — *Một chạn* 沒 ○, une paire, un couple; de même taille.

Chán 振*. Secouer, ébranler; effrayer, épouvanter; inquiétant.

Chán chưởng ○ 呈, montrer beaucoup d'audace. — *Tháy chán chưởng* 覚 ○ 呈, voir clairement, faire preuve de tact et d'adresse. — *No chán* 飽 ○, repu, rassasié. — *Láy làm chán* 祕 濫 ○, trouver qu'on en a suffisamment. — *Sự chán* 事 ○, satiété, réplétion d'aliments, excès d'embonpoint.

Chăn 襢. Couverture, pagne, jupe. (Formé des S. A. *y* 衣, vêtement, et *chân* 眞, pureté, haute vertu.)

Đắp chăn 搭 ○, se couvrir d'une couverture. — *Xé chăn* 燧 ○, déchirer son pagne. — *Một cái chăn tốt* 沒 丐 ○ 卒, un beau pagne.

Chăn 獌. Faire paître les bestiaux; garder, surveiller. (Formé des S. A. *ngưu* 牛, bœuf, et *chân* 眞, pureté.)

Kẻ chăn 几 ○, pasteur, berger, pâtre. — *Chăn giữ* ○ 忰, garder (des animaux). — *Tré chăn trâu* 祕 ○ 犦, un gardien de buffles, un pastoureau. — *Người chăn chiên* 俚 ○ 犙, gardien de moutons. — *Thằng chăn bò* 倘 ○ 犕, gardien de bœufs, vacher. — *Đi chăn dê* 扔 ○ 羝, mener paître les chèvres. — *Chăn móc* ○ 木, prendre soin de, surveiller.

Chăn 振. Syllabe euphonique. (En S. A., secouer, ébranler; se pron. *chán*.)

Chín chăn 愖 ○, mûr, bien cuit; vivement, avec assurance. — *Chắc chăn* 卓 ○, ferme, solide, sûr, absolument certain. — *Người chắc chăn*

俱 卓 ○, homme sûr, personne de confiance.

Chăn 獌. Monstre à face de femme (fabuleux). (Formé des S. A. *khuyển* 犬, chien, et *chăn* 眞, pur.)

Bà chăn 妃 ○, harpie. — *Chăn tình* ○ 情, sphinx. — *Dữ như chăn* 與 如 ○, méchant comme une harpie, inhumain. — *Xấu như chăn* 丑 如 ○, vilain, difforme, mauvais comme une harpie. — *Mặt chăn bán* 靣 扳, face contractée, visage ridé, figure ravagée.

Chăn 振. Exact, juste et sans reste; chiffre rond; accompli, assorti. (En S. A., secouer, ébranler; se pron. *chán*.)

Chăn đối ○ 堆, assorti, par paires. — *Năm tuổi chăn* 甀 歲 ○, cinq ans révolus, ni plus ni moins. — *Sáu tháng chăn* 恷 朒 ○, quatre mois accomplis, sans plus. — *Số chăn* 數 ○, nombre pair, chiffre rond, sans reste. — *Đánh chăn lẻ* 打 ○ 祄, jouer à pair et impair.

Chăn 眞*. Arriver à la perfection, devenir saint, être immortel; pur, vrai, parfait, divin.

Chận 振. Opposer de la résistance, faire de l'obstruction, mettre obstacle, barrer. (En S. A., secouer, ébranler, effrayer; se pron. *chán*.)

Chận lại ○ 吏, obstruer, mettre obstacle, boucher. — *Chận đón* ○ 頓, se placer devant pour barrer. — *Chận phác* ○ 樸, exciter, encourager. — *Nói chận* 吶 ○, réduire au silence. — *Tiền chận lại* 錢 ○ 吏, remboursement partiel, acompte.

Chấn 鎮*. Commander, dominer; protéger en pesant sur le peuple.

Chấn thủ ○ 守, garder, surveiller, maintenir sous le joug. — *Chấn phủ* ○ 撫, protéger despotiquement.

Chấn 震*. Craindre; frapper, remuer, secouer, agiter.

Chần 眞. Vrai, simple, sincère, droit, intègre. (Du S. A. *chân*, même car., même signification.)

Người chần chờ 俿○除, homme simple, sincère, naturel, naïf. — *Nói chần chần* 吶○○, parler avec sincérité, avec simplicité. — *Luộc chần* 㷒 ○, donner un premier bouillon sur feu. — *Chần vân* ○ 運, ample, large, grand. — *Chần ngân* ○ 銀, fixe, immobile, invariable.

Chẩn 參*. Longs poils, épaisse chevelure.

Chẩn 疹*. Petites pustules, boutons sur la peau.

Chẩn đậu ○ 痘, variole. — *Ban chẩn* 瘢 ○, tumeur, pustule, bouton.

Chẩn 賑*. Secourir, aider, assister, se montrer généreux; présent, don, largesse, libéralité.

Chẩn bần dân ○ 貧民, faire l'aumône, venir en aide aux pauvres gens. — *Chẩn mạch* ○ 脉, tâter le pouls. — *Chẩn phú* ○ 富, riche, opulent; abondance de biens.

Chang 桩. Entourage, palissade, clôture. (Formé des S. A. *mộc* 木, arbre, et *tran* 庄, maison, chaumière.)

Chang mồ ○ 墓, entourage de tombe. — *Chang cây* ○ 核, racines à découvert. — *Chang mày* ○ 眉, les sourcils, le tour des yeux.

Cháng 幛. Rideau, tenture, portière. (Formé des S. A. *cân* 巾, linge, et *chương* 章, article, chapitre.)

Màn cháng 幔 ○, draperie, voile, rideau. — *Mùng cháng* 幪 ○, toile de théâtre. — *Cháng váng* ○ 絓, trébucher, chanceler, vaciller; à la nuit tombante, au moment du crépuscule. — *Cháng ba* ○ 吧, qui a trois branches, trois rameaux, trois jets.

Chàng 撞*. Broyer avec la main, battre, piler; se précipiter l'un contre l'autre, se heurter ensemble, se gêner réciproquement.

Chàng môn ○ 門, défoncer une porte; frapper, heurter. — *Đục chàng* 鐲 ○, ciseau de charpentier. *Chàng ràng* ○ 倈, passer et repasser; gêner, embarrasser. — *Chú chàng* 注 ○, lui, notre homme (terme de mépris). — *Bắp con chàng* 栜昆 ○, épi de maïs à peine formé. — *Chàng hàng* ○ 項, les jambes écartées.

Chàng 幢*. Étoffes qui retombent, plumes qui pendent; voile, drapeau, bannière, oriflamme.

Chảng 顙. Syllabe euphonique, mot complémentaire. (Formé des S. A. *chương* 章, article, et *cống* 貢, offrir.)

Ngồi chảng hảng 塈 ○ 項, s'asseoir en croisant les jambes. — *Đứng chảng hảng* 等 ○ 項, se tenir debout les jambes croisées. — *Nói bổng chảng* 吶倖 ○, parler sans discernement. — *Chẳng váng* ○ 往, crépuscule; vacillant, douteux, incertain. — *Nhánh chẳng* 梗 ○, branches qui s'étendent horizontalement.

Chăng 庄. Particule interrogative, marque dubitative. (En S. A., maison, chaumière, abri; se pron. *tran*.)

Khá chăng 可 ○, est-ce passable? — *Hay chăng* 哈 ○, est-ce bien? — *Anh có hay chăng* 嬰固哈 ○, le savez-vous? — *Có nên làm chăng* 固年濫 ○, convient-il de faire? — *Có phải vậy chăng* 固沛丕 ○, est-ce bien ce qu'il faut? — *Chăng văng* ○ 榮, courir de tous côtés.

Chặng 拯. Intervalle, distance, intersection, extrémité, bout. (En S. A., secourir, aider; se pron. *chửng*.)

Chặng dây ○ 綕, bout de corde. — *Chặng đàng* ○ 唐, extrémité d'un chemin, point terminus d'une route.

Chẳng 紝. Hauban, câble, corde. (Formé des S. A. *mịch* 糸, fils, cordes, et *tran* 庄, maison, chaumière.)

Dây chẳng 綕 ○, cordages. — *Chẳng buồm* ○ 帆, cordages de voiles. — *Chẳng cột* ○ 楃, câbles de mâture. — *Rỗ chẳng* 簹 ○, marqué par la petite vérole. — *Đẳng chẳng* 蹬 ○, très amer. — *Con chẳng bè* 昆 ○ 舥, pélican.

Chẳng 庄. Non, ne pas. (En S. A., maison, ferme, abri; se pron. *tran*.)

Chẳng có ○ 固, il n'y a pas, ce n'est pas. — *Chẳng phải* ○ 沛, ce n'est pas cela; ce n'est pas ce qui convient, ce qu'il faut. — *Chẳng nên* ○ 年, ce n'est pas convenable, ce n'est pas permis. — *Chẳng qua là* ○ 戈羅, tout au plus, si ce n'est que. — *Chẳng kì* ○ 期, indifféremment, n'importe quand. — *Chẳng thèm nói* ○ 噡吶, dédaigner de parler, se refuser à causer. — *Cực chẳng đã* 極 ○ 兔, forcément, avec répugnance, malgré soi.

Chẳng 證. Syllabe euphonique. (En S. A., confronter, témoigner, attester; se pron. *chửng*.)

Đi lăng chẳng 移朗 ○, vaciller; aller en titubant. — *Chúng chẳng* 衆 ○, témérairement, avec effronterie. — *Nói chúng chẳng* 吶衆 ○, parler avec audace. — *Ở lăng chẳng* 於朗 ○, être sans emploi, ne pas travailler, demeurer oisif.

Chanh 柂. Citron. (Formé des S. A. *mộc* 木, arbre, et *chính* 征, s'avancer.)

Cây chanh 核 ○, citronnier. — *Màu trái chanh* 牟騏 ○, couleur de citron. — *Nặn chanh* 攤 ○, exprimer le jus d'un citron. — *Nước chanh* 渚 ○, jus de citron. — *Nước mắm nạn chanh* 渚鰻攤 ○, espèce de saumure au jus de citron.

Chạnh 鄭. Agité, ému, affecté. (En S. A., nom de dynastie; se pron. *trịnh*.)

Chạnh nhớ ○ 汝, affecté d'un souvenir. — *Chạnh tưởng* ○ 想, s'inquiéter, se préoccuper. — *Chạnh lòng* ○ 悉, attendrissement, trouble; être ému, touché. — *Nó hay chạnh lòng* 奴哈 ○ 悉, il s'affecte aisément, il s'émeut facilement.

Chánh 正*. Droit, régulier, correct;

réel, vrai; premier, principal, chef (surtout par opposition à second, adjoint ou sous-chef). Voir *chính*.

Chánh trung ○ 中, droit dans le milieu, dans le centre. — *Chánh đương* ○ 當, ainsi que cela doit être, comme il convient. — *Chánh nhơn quân tử* ○ 人君子, un vrai philosophe, un homme vraiment honorable. — *Chánh lý* ○ 理, droite raison, vrai motif. — *Chánh tâm* ○ 心, un cœur droit et honnête. — *Bát chánh môn* 八 ○ 門, les huit principales portes (qui donnent accès au paradis des bouddhistes). — *Bát chánh đạo* 八 ○ 道, les huit chemins de vertu (qui mènent droit à ces portes). — *Chánh nhứt phẩm* ○ 一品, la 1re classe du 1er degré du mandarinat. — *Chánh tùng phẩm* ○ 從品, 1er et 2e degrés du mandarinat. — *Quan chánh lục phẩm* 官 六 品, un mandarin de la 1re classe du 6e degré. — *Chánh ngoạt* ○ 月, le premier mois de l'année. — *Hương chánh* 鄉 ○, le principal notable d'une commune. — *Ông chánh hội* 翁 ○ 會, le président d'une assemblée, d'une réunion. — *Ông chánh tòa* 翁 ○ 座, le président d'un tribunal, le chef d'un bureau. — *Ông chánh tham biện* 翁 ○ 參辨, l'administrateur d'un arrondissement. — *Chánh quản vệ* ○ 管衛, colonel d'un régiment de troupes régulières à la capitale. — *Chánh quản cơ* ○ 管奇, colonel d'un régiment de milices provinciales. — *Chánh phó* ○ 副, premier et second, chef et sous-chef. — *Chánh tổng* ○ 總, chef de canton. — *Cửa chánh* 關 ○, porte principale. — *Vợ chánh* 嫡 ○, première épouse, femme légitime.

Chánh 政*. Gouvernement, haute administration; l'ensemble des lois; régir, diriger, administrer. Se prend souvent pour *chánh* 正 et réciproquement.

Chánh sự ○ 事, choses gouvernementales et politiques. — *Việc chánh chung* 役 ○ 終, la République. — *Việc chánh* 役 ○, affaire de haute importance. — *Quốc chánh* 國 ○, lois d'un royaume, gouvernement d'un pays. — *Ra chánh giáo* 囉 ○ 教, promulguer les lois. — *Quan bố chánh* 官布 ○, haut fonctionnaire chargé des services administratifs et financiers d'une province. — *Quan chánh sứ* 官 ○ 使, chef d'ambassade, premier ambassadeur. — *Gia chánh* 家 ○, règlements de famille. — *Nhơn chánh* 仁 ○, bon gouvernement, lois humanitaires. — *Thất chánh* 七 ○, les sept planètes.

Chành 梗*. Branche d'arbre, rameau. (Du S. A. *ngạnh*, même car., même signification.)

Chành hoa ○ 花, rameau de fleur. — *Cây chành rành* 核 ○ 檜, espèce de saule ou d'orme sauvage. — *Gỗi chành* 改 ○, une plante parasite.

Chao 洲. Rincer dans l'eau, nettoyer. (En S. A., petite île, petit continent; se pron. *châu*.)

Ươm chao 淹 ○, détacher par l'eau bouillante les pellicules de cocons.

Chạo 鮉. Pâté de crevettes, ragoût de poisson. (Formé des S. A. *ngư* 魚, poisson, et *triệu* 召, citer, convoquer.)

Cháo 粨. Soupe, bouillie de viande

hachée et de riz. (Formé des S. A. *mễ* 米, grain, et *triệu* 召, convoquer.)

Nấu cháo 糜 ○, préparer un potage. — *Ăn cháo* 咬 ○, manger de ce potage. — *Cháo cỏ hồn* ○ 孤魂, mets que l'on offre aux mânes des ancêtres. — *Cúng cháo* 供 ○, offrir de ce mets aux esprits, aux défunts. — *Lua cháo* 嚧 ○, avaler un potage.

Chào 嘲*. Jouer, s'amuser, rire, plaisanter. A. V. Saluer en s'inclinant (entre égaux et d'inférieur à supérieur seulement).

Phải chào quan lớn 沛 ○ 官爹, il faut saluer le haut mandarin. — *Chào mừng* ○ 恫, féliciter, complimenter. — *Nói chào chào* 吶 ○ ○, parler au milieu du désordre, du tumulte; voix confuses.

Chảo 釗. Poêle à frire, chaudron. (Formé des S. A. *kim* 金, métal, et *xảo* 巧, habile, adroit.)

Chảo đụn ○ 庵, chaudière, grand chaudron. — *Chảo thau* ○ 鐐, bassine en cuivre. — *Nón chảo* 籬 ○, sorte de chapeau.

Chạp 臘. Le dernier mois de l'année; dernier, tardif. (Du S. A. *lạp*, même car., même signification.)

Tháng chạp 腑 ○, dernier mois lunaire (12ᵉ ou 13ᵉ, suivant les années). — *Giỗ chạp* 哇 ○, repas d'anniversaire pour les défunts. — *Chạp mả* ○ 瑪, remettre les tombes en état à la fin de l'année. — *Chậm chạp* 踓 ○, lent, lourd, tardif.

Chặp 執. Rangée de cinq; petit instant, court moment. (En S. A., prendre, retenir; se pron. *chấp*.)

Một chặp 沒 ○, une rangée de cinq; un instant, un moment. — *Chồng chặp* 重 ○, entasser, superposer. — *Một chặp nữa* 沒 ○ 女, dans un instant, encore un petit moment. — *Bắt chặp* 抔 ○, prendre, saisir, empoigner vivement et retenir.

Chắp 執. Joindre, lier, attacher. (En S. A., prendre, retenir; se pron. *chấp*.)

Chắp dây ○ 綟, joindre deux bouts de corde. — *Chắp nối* ○ 芮, joindre en allongeant, mettre une rallonge; se remarier. — *Qùi gối chắp tay* 蹄 ○ 搋, se mettre à genoux et joindre les mains.

Chấp 執. Syllabe euphonique, mot complémentaire. (En S. A., prendre, soutenir; se pron. *chấp*.)

Đi chấp chững 迻 ○ 拯, commencer à marcher (petits enfants). — *Bay chấp chững* 覡 ○ 拯, commencer à voler (petits oiseaux).

Chấp 執*. Prendre, maintenir, accepter; poursuivre de sa haine, garder rancune, vouloir du mal.

Chấp pháp ○ 法, en vouloir à quelqu'un. — *Chấp nhứt* ○ 壹, rancunier de premier ordre, tenace dans la rancune. — *Chấp ý* ○ 意, entêté, obstiné; maintenir son opinion quand même. — *Chấp vật* ○ 勿, facile à irriter, prompt à la colère. — *Chấp đơn* ○ 單, prendre une pétition, recevoir une plainte. — *Chấp lễ* ○ 禮, accepter un présent, agréer les cadeaux d'usage. — *Chớ chấp* 渚 ○,

ne vous fâchez pas, je vous prie. — *Xin miễn chấp* 唙免 ○, veuillez m'excuser, me pardonner; ne m'en veuillez pas. — *Giam cháp* 擥 ○, garder en prison, retenir captif.

Chạt 擯. Onomatopée exprimant le bruit d'une corde qui se casse, ou d'un corps sec qui se fend. (Formé des S. A. *thủ* 手, main, et *chất* 質, matière, substance.)

Lạt chạt 辣 ○, bruit d'un bois sec qui se fend.

Chát 質. Aigre, sûr, acide, âcre, vert; au fig., sévère, mordant, acerbe. (En S. A., substance, matière; se pron. *chát*.)

Rượu chát 醋 ○, vin (les indigènes trouvent le vin aigrelet). — *Chuối chát* 框 ○, banane acide, c.-à-d. encore verte. — *Lời chua chát* 例珠 ○, ton mordant, sarcastique; paroles amères et blessantes. — *Chát lấy* ○ 祕, se mêler de ce qui ne regarde pas. — *Chát tai* ○ 聰, qui choque, qui blesse les oreilles. — *Miệng hay nói chát* 咄哈吶 ○, langage habituellement caustique.

Chặt 鑽. Couper dans le dur et d'un seul coup; étroit, regardant; serrer. (Du S. A. *chát*, même car., billot, enclume; glaive pour décapiter.)

Chặt đầu ○ 頭, trancher la tête. — *Chặt tay* ○ 抪, couper la main d'un coup sec, amputer. — *Chặt cây* ○ 核, abattre un arbre. — *Chặt rễ* ○ 禮, couper une racine. — *Chặt măm* ○ 嗅, hacher menu. — *Kẻ chặt dạ* 几 ○ 腌, homme tenace, qui tient bien, qui ne lâche pas.

Chắt 擯. Arrière-petit-fils; décanter, transvaser, diminuer. (Formé des S. A. *tử* 子, fils, et *chất* 質, matière, substance.)

Cháu chắt 招 ○, fils et petits-fils, arrière-neveux. — *Hòn chắt* 圦 ○, osselet. — *Đánh chắt* 打 ○, jouer aux osselets. — *Chắt lưỡi* ○ 𣦆, faire claquer la langue (en signe d'étonnement ou de douleur). — *Chắt lót* ○ 祉, très regardant, très économe. — *Chắt nước* ○ 渚, transvaser un liquide, diminuer l'eau. — *Chắt ruột* ○ 腓, éventrer, écorcher. — *Kẻ chắt chia* 几 ○ 錢, avare, cupide, rapiat.

Chặt 秩. Étroit, serré, juste. (En S. A., disposer avec ordre et régularité; ajusté, adapté; se pron. *trật*.)

Chặt hẹp ○ 陜, étroit, resserré. — *Ở chặt chòi* 於 ○ 椎, être logé à l'étroit dans une petite cabane. — *Buộc cho chặt* 縏朱 ○, lier solidement, bien attacher.

Chất 質*. Matière, substance; naturel, sincère; garantie, gage; placer au-dessus, imposer.

Chất thật ○ 實, sincère, naturel, sans apprêt ni artifice. — *Chất đống* ○ 凍, accumuler. — *Chất địa* ○ 拋, la matière terrestre, les facultés. — *Cao chất ngất* 高 ○ 仡, très haut, à donner le vertige. — *Tư chất* 資 ○, fond de nature intelligente. — *Sự chất* 事 ○, la matière, l'objet. — *Người để làm chất* 俾底濫 ○, personne laissée en otage. — *Đồ để làm chất* 圖底濫 ○, chose laissée en gage, objet remis en garantie.

Chát 鑕*. Billot, enclume; hache, couperet, glaive pour décapiter.

Chát 庢 et 厔*. Anfractuosité, abri; mettre obstacle à, empêcher de; barrière, barricade, retranchement, fortification,

Chát 桎*. Planche qui tient réunis les pieds d'un prisonnier; fers, ceps, entraves.

Chau 吷. Mot complémentaire. (Du S. A. *trú*, même car., parler avec excès, dire des choses qu'il faudrait taire.)

> *Nói lau chau* 吶簝○, bavarder.

Cháu 召. Neveu; petit-fils. (Formé des S. A. *tử* 子, fils, et *triệu* 召, citer. convoquer.)

> *Cháu trai* ○ 騋, neveu. — *Cháu gái* ○ 姼, nièce. — *Cháu nội* ○ 內, petit-fils (côté du père). — *Cháu ngoại* ○ 外, petit-fils (côté de la mère). — *Cháu ta* ○ 些, nos neveux.

Cháu 周*. Subvenir à, pourvoir de; fidélité, honnêteté, droiture.

> *Cháu phú* ○ 富, riche et fidèle; nom de pays.

Cháu 州*. Autrefois, un lieu habité entouré d'eau; l'une des douze grandes divisions du territoire annamite aux temps de l'invasion chinoise; aujourd'hui, district montagneux, arrondissement excentrique, territoire militaire.

> *Cháu đóc* ○ 督, le nom d'un arrondissement en Cochinchine.

> *Quảng châu phủ thành* 廣○府城, la ville de Canton. — *Cửu châu* 九○, les neuf régions habitables après le déluge chinois.

Châu 朱*. Arbre dont on tire la couleur rouge. Voir *chu*.

> *Châu phê* ○ 批, apostille royale en rouge; approbation, visa.

Châu 洙*. Le nom d'un fleuve en Chine. A. V. Froncement, contraction (sourcils, front).

> *Châu mày* ○ 眉, froncer le sourcil. — *Mặt châu chan* 靦○湔, figure triste et mélancolique.

Châu 珠*. Huître perlière; perle, larme, grain; prunelle; nom de dynastie, nom de famille.

> *Châu báu* ○ 寶, perles, pierres précieuses; précieux, rare. — *Liên châu* 連○, une enfilade de perles; grains formant collier. — *Châu ngọc* ○ 玉, perles, diamants; en littérature : expressions élégantes. — *Mục châu* 目○, prunelle de l'œil. — *Hột châu* 紇○, larmes (poétique). — *Châu lụy* ○ 淚, larmes, gouttes de rosée. — *Châu rơi lã chã* ○ 涞 沮 渚, répandre d'abondantes larmes.

Châu 週*. Circonférence; tourner, circuler, à l'entour, aux environs.

> *Châu vi* ○ 圍, cerner, entourer. — *Châu lưu* ○ 流, couler autour de. — *Ngoại châu thành* 外○城, extra-muros, banlieue, urbain. — *Châu tri* ○ 知, faire circuler un ordre, faire savoir aux alentours. — *Tờ châu tri* 詞○知, circulaire administrative, avis officiel.

Châu 舟*. Navire, barque, radeau; flotter; transporter. Car. radical.

Chậu 玿. Bassine, cuvette, vase, chaudron. (Formé des S. A. *thổ* 土, terre, et *triệu* 召, citer, convoquer.)

 Chậu hoa ○ 花, vase à fleurs. — *Chậu rửa mặt* ○ 洎 䩉, cuvette pour se laver la figure. — *Chậu tắm* ○ 沁, baignoire, lavabo.

Châu 蚰. Sauterelle; chevalet, support de palanquin ou de brancard. (Formé des S. A. *trùng* 虫, insectes, et *sửu* 丑, car. horaire.)

 Con châu châu 蚱 ○ ○, sauterelle, criquet. — *Cái châu* 丂 ○, brancard, chevalet, support de palanquin. — *Chàng châu* 撞 ○, irrésolu, léger, volage, inconstant. — *Châu vào* ○ 䁂, se presser en foule pour entrer.

Châu 朝. Assister à une audience, être en présence d'un supérieur. (Du S. A. *triều*, même car., même signification.)

 Châu quan ○ 官, exercer une charge. — *Châu chực* ○ 直, assister un supérieur. — *Châu lễ* ○ 禮, assister à la messe, à une cérémonie. — *Châu rày* ○ 䏁, maintenant. — *Đóng hàng châu* 揀行 ○, former la haie pour faire honneur. — *Trống châu* 皷 ○, tambour de théâtre. — *Cầm châu* 擒 ○, tenir le tam-tam qui sert au théâtre à applaudir les acteurs. — *Lui châu* 蹯 ○, quitter son service à la cour. — *Nói châu hầu* 吶 ○ 侯, présenter une requête. — *Châu cho* ○ 朱, flatter, aduler.

Che 䨐. Couvrir, cacher, protéger; pressoir. (Formé des S. A. *vō* 雨, pluie, et *chi* 支, branche, postérité.)

 Che chở ○ 濋, protéger. — *Che lấp* ○ 垃, couvrir, boucher. — *Che nắng* ○ 曀, se garantir de la chaleur. — *Che mưa* ○ 霅, se préserver de la pluie, s'abriter. — *Che dù* ○ 軸, s'abriter avec une ombrelle ou un parapluie. — *Che kín* ○ 謹, cacher, mettre à l'abri, tenir en un lieu secret. — *Che mặt lại* ○ 䩉吏, se cacher le visage, se voiler la face. — *Che miệng mà cười* ○ 呬 麻 嗼, se couvrir la bouche avec la main pour cacher son rire. — *Trời che đất chở* 盃 ○ 坦 濋, le ciel nous abrite, la terre nous porte (adage). — *Che đạp mía* ○ 踏 樸, pressoir à cannes à sucre.

Chế 埱. Grand vase en terre, pot, cruche. (Formé des S. A. *thổ* 土, terre, et *chế* 制, lois, règles.)

 Chế rượu ○ 酻, vase à vin. — *Cái lu cái chế* 丂 盧 丂 ○, jarres et cruches, vases et pots.

Chè 茶*. Thé; espèce de pain de riz sucré. Voir *trà*.

 Chè tàu ○ 艚, thé de Chine. — *Chè huế* ○ 化, thé de Hué, thé annamite. — *Nước chè* 渚 ○, infusion de thé. — *Bình chè* 甋 ○, théière. — *Chén chè* 礋 ○, tasse à thé. — *Pha nước chè* 䓃 渚 ○, préparer le thé. — *Uống nước chè* 旺 渚 ○, boire du thé. — *Chè đậu* ○ 豆, sorte de bouillie aux pois ou aux haricots. — *Chè lam* ○ 棽, friandise. — *Cúng chè* 供 ○, offrir rituellement ce mets aux défunts, aux esprits, aux idoles. — *Bánh chè* 㷓 ○, rotule, coquille.

Chẽ 紕. Écheveau (soie, fil, coton). (Formé des S. A. *mịch* 糸, fils, et *chỉ* 止, s'arrêter, faire halte.)

Một chẽ 沒 ○, un écheveau. — *Chẽ tơ* ○ 絲, écheveau de soie. — *Chẽ vải* ○ 緝, écheveau de coton, fil de quenouille. — *Chiếu chẽ* 詔 ○, espèce de natte très fine.

Chẻ 扯. Fendre avec un couteau, déchirer avec la main. (Du S. A. *xả*, même car., même signification.)

Chẻ mây ○ 邏, fendre du rotin. — *Chẻ lạt* ○ 辣, fendre très mince pour faire des liens. — *Trẻ chẻ ăn* 祂 ○ 咹, enfant qui commence à manger. — *Trẻ chẻ nói* 祂 ○ 吶, enfant qui commence à parler. — *Chẻ xương ra* ○ 昌 囉, fendre les os (menace, malédiction).

Chê 吱. Blâmer, critiquer; mépriser, déprécier, rabaisser. (En S. A., son, bruit; se pron. *chi*.)

Chê bỏ ○ 補, rejeter, faire fi. — *Chê cười* ○ 唭, se moquer, se railler, rire de. — *Chê trách* ○ 責, réprimander. — *Nói chê* 吶 ○, déprécier. — *Gièm chê* 譏 ○, allégations diffamatoires, paroles mensongères.

Chệ 滯. Languissant, affaibli, engourdi, fatigué. (Du S. A. *trệ*, même car., même signification.)

Chệ cánh ○ 翅, avoir le bras fatigué, tirer de l'aile. — *Ngồi chiếm chệ* 墊 占 ○, s'asseoir sans façon et d'une manière trop libre. — *Làm chuyện chệ* 濫 轉 ○, lambiner, traîner en longueur, n'en plus finir.

Chế 制*. Les lois; gouverner, régler, limiter, tempérer; le deuil.

Chế phép ○ 法, loi, règle; autorité, gouvernement. — *Tổng chế* 總 ○, haut grade militaire. — *Quan chế* 官 ○, mandarinat, hiérarchie du mandarinat. — *Tang chế* 喪 ○, deuil. — *Trung chế* 中 ○, le grand deuil; avis placé sur la porte de la maison mortuaire. — *Thọ chế* 受 ○, prendre le deuil. — *Để tang chế* 底 喪 ○, porter le deuil, garder le deuil. — *Ở tang chế* 於 喪 ○, être en deuil. — *Khảm chế* 監 ○, limiter, réduire, restreindre, tempérer, diminuer.

Chế 製*. Confectionner des vêtements; tempérer, mélanger; composer, façonner. (Le car. se confond souvent avec le précédent.)

Hảo chế 好 ○, vêtement bien confectionné, belle robe. — *Chế nước* ○ 渚, couper avec de l'eau, mélanger d'eau. — *Chế trà* ○ 茶, ajouter de l'eau au thé. — *Chế châm* ○ 拱, modérer, retenir, maintenir. — *Thuốc bào chế* 藥 炮 ○, brûler des drogues (préparation médicinale).

Chế 支. Syllabe euphonique. (En S. A., race, branche; se pron. *chi*.)

Ngồi chề bề 墊 ○ 皮, s'asseoir bien à l'aise, faire l'important.

Chếc 隻. Surnom que les Annamites donnent en mauvaise part aux Chinois. (Du S. A. *chích*, même car., un seul, dépareillé; terme numéral des bateaux, des souliers et des animaux qui vont par paires.)

Một người chếc 沒 俻 ○, un Chinois. — *Thằng chếc* 倘 ○, id.

Chéch 隻. Seul, isolé; impair, dépareillé. (Du S. A. *chich*, même car., même signification.)

Chéch bạn ○ 伴, seul, sans ami, veuf. — *Chéch đối* ○ 堆, impair, déparié. — *Chéch cánh* ○ 翄, qui n'a plus qu'une aile. — *Chéch lòng* ○ 悉, cœur affligé; abandonné, isolé. — *Chéch lệch* ○ 歷, maintien immodeste, posture inconvenante.

Chém 刐*. Couper, trancher, sabrer, faire des moulinets.

Chém đầu ○ 頭, décapiter. — *Chém quách* ○ 郭, trancher la tête d'un seul coup. — *Chét chém* 折 ○, mourir décapité.

Chém 檐. Cheville, coin à fendre. (Formé des S. A. *thị* 示, avertir, et *thiêm* 詹, surveiller, contrôler.)

Chém củi ○ 檜, fendre du bois avec un coin. — *Đóng chém* 揀 ○, frapper sur le coin pour l'enfoncer. — *Chém vào* ○ 包, faire pénétrer le coin ou la cheville.

Chen 羘. S'introduire, s'interposer, s'entremettre; jointure. Voir *xen*. (Formé des S. A. *dương* 羊, mouton, chèvre, et *huyền* 玄, jais.)

Chen chúc ○ 祝, se faufiler dans. — *Chen vào* ○ 包, se presser, se bousculer pour entrer. — *Bòn chen* 搵 ○, grapiller, ramasser; faire des petits gains peu légitimes. — *Vịn chen* 援 ○, soutenir avec des étais. — *Chen hàng* ○ 行, entrer dans le rang.

Chẹn 戩. Épi, tige. Voir *gié*. (Formé des S. A. *thảo* 艹, plantes, et *chiến* 戰, combattre avec des armes.)

Chẹn lúa ○ 穭, épi de riz.

Chén 礆. Tasse, bol. (Formé des S. A. *thạch* 石, pierre, et *chiến* 戰, combattre avec des armes.)

Một chén cơm 沒 ○ 餁, un bol de riz. — *Uống quá chén* 旺 過 ○, boire outre mesure. — *Đổ chén* 堵 ○, répandre le contenu d'une tasse ou d'un bol. — *Chén thuốc* ○ 藥, un médicament, une potion. — *Múa chén* 撲 ○, jongler avec des tasses.

Chến 襴. Qui adhère complètement, qui s'ajuste bien. (Formé des S. A. *y* 衣, habit, et *chiến* 戰, combattre avec des armes.)

Áo chến 襖 ○, habit étroit, maillot. — *Cái chến* 丐 ○, le long tenon en bois de la hache annamite.

Chénh 征. Incliné, penché, courbé. (En S. A., partir en avant; se pron. *chinh*.)

Đi chénh vénh 移 ○ 榮, se tenir courbé en marchant. — *Chénh chénh bóng ác* ○ ○ 倈 鶿, l'ombre s'incline, le soleil disparaît; la fin du jour. — *Chénh lệch* ○ 歷, posture inconvenante, maintien ridicule.

Chénh 正. Droit, correct. (Du S. A. *chánh*, même car., même signification.)

Cheo 招. Redevance payée à la commune pour l'enregistrement d'un mariage. (En S. A., proclamer, faire connaître; se pron. *chiêu*.)

Biên cheo 編 ○, inscrire le montant de la redevance. — *Nộp cheo*

納 ○, verser le montant de la redevance. — *Cheo cưới* ○ 嫄, se marier. — *Cheo leo* ○ 蹽, périlleux.

Cheo 猯. Agouti. (Formé des S. A. *khuyển* 犬, chien, et *triệu* 召, citer.)

Nhát như cheo 憂如 ○, craintif, timide ou peureux comme l'agouti.

Chéo 袑. Coin d'habit, partie antérieure d'un vêtement. (Du S. A. *thiệu*, même car., même signification.)

Chéo áo ○ 襖, l'angle d'un pan d'habit. — *Chéo khăn* ○ 巾, coin d'un mouchoir. — *Nói chéo véo* 吶 ○ 哫, parler sans discontinuer.

Chèo 棚. Rame, aviron; ramer. Voir *trạo* 棹. (Formé des S. A. *mộc* 木, arbre, et *triều* 朝, palais.)

Cái chèo 丐 ○, la rame, l'aviron. — *Cọc chèo* 梮 ○, cheville de l'aviron, tolet. — *Quai chèo* 乖 ○, lien d'attache de l'aviron, anneau. — *Gay chèo đi* 挍 ○ 迻, armez les avirons! — *Người chèo* 得 ○, rameur. — *Chèo lái* ○ 柅, aller à la godille; manœuvrer le grand aviron de l'arrière qui sert aussi de gouvernail. — *Chèo cho mau* ○ 朱毛, ramer vite. — *Chèo cho mạnh* ○ 朱孟, ramer fort. — *Chèo cho nhẹ* ○ 朱珥, ramer doucement, légèrement, sans à-coup. — *Chèo rập* ○ 笠, ramer avec ensemble, nager en cadence. — *Chèo tới* ○ 細, accoster, approcher de. — *Thôi chèo* 崔 ○, cesser de ramer; rentrez les avirons!

Chèo 躅. Isolé (ne s'emploie que comme affixe). (Formé des S. A. *túc* 足, pied, et *triều* 朝, palais.)

Chèo queo ○ 跳, tout seul, abandonné; replié sur soi-même. — *Nằm chèo queo* 顝 ○ 跳, être couché tout ramassé.

Chèo 嘲*. Bavarder, railler, se moquer, plaisanter. Voir *chào*.

Chẽo 了. Clair, évident, manifeste; savoir, connaître. (Du S. A. *liễu*, même car., même signification.)

Trong chẽo 冲 ○, clair, limpide; s'expliquer une chose, comprendre.

Chép 箚*. Écrire, transcrire, noter.

Chép sách ○ 典, écrire un livre. — *Biên chép* 編 ○, noter, insérer. — *Chép lại* ○ 吏, copier, laisser par écrit. — *Chép lấy trong bụng* ○ 祕 冲 滕, insérer dans son esprit, se souvenir en son for intérieur.

Chét 折 et 唽. Qui s'introduit, qui pénètre (ne s'emploie que comme affixe). (En S. A., comprendre, avoir connaissance de; se pron. *triệt*.)

Chét vào ○ 包, introduire, serrer. — *Cá chét* 魿 ○, nom de poisson. — *Bò chét* 牺 ○, puce.

Chết 折. Mourir, décéder; se casser, ne plus marcher, s'arrêter (mécanismes). (Du S. A. *chiết*, même car., casser, briser, détruire.)

Chết tức ○ 息, mourir subitement. — *Chết twơi* ○ 鮮, mourir jeune. — *Chết yểu* ○ 殀, mourir prématurément. — *Chết chém* ○ 刮, mourir décapité. — *Chết trối* ○ 潘, mourir noyé. — *Chết thiêu* ○ 燒, mourir dans les flammes, sur un bûcher.

Chết thắt cổ ○ 絟古, mourir par strangulation, par pendaison. — *Chết oan* ○ 冤, mourir injustement. — *Chết bệnh* ○ 病, mourir de maladie; mort naturelle. — *Rầu chết* 愁 ○, mourir d'ennui, s'ennuyer énormément. — *Mắt cỡ chết* 袂舉 ○, mourir de honte. — *Nó gần chết* 奴斯 ○, il va mourir, il se meurt. — *Đánh chết* 打 ○, assommer (menace). — *Sự sống chết* 事牲 ○, la vie et la mort. — *Đồng hồ chết rồi* 銅壺 ○ 耒, la montre ne marche plus, la pendule est arrêtée.

Chi 支*. Branche, postérité, descendance; ferme, résistant; secourir, soutenir. Car. radical.

Chi 吱*. Son, bruit; haleter en marchant, être hors d'haleine.

Chi 肢*. Une charpente; les quatre membres, les extrémités.

Chi 枝*. Embranchement, ramification; rameau chargé de fruits.

Le *chi* 離 ○, le nephelium litchi.

Chi 之*. Qui, quoi, lequel; signe du génitif. Voir *gì*.

Lo làm chi 慮濫 ○, pourquoi s'inquiéter? — *Giống chi* 種 ○, quoi, qu'y a-t-il? — *Có chi* 機 ○, pour quel motif, pour quelle cause? — *Còn chi nửa* 群 ○ 女, quoi de plus encore? — *Huống chi* 況 ○, à plus forte raison. — *Không can chi* 空干 ○, peu importe, cela ne fait rien. — *Chớ chi* 渚 ○, puisse-t-il, plût au ciel que. — *Chi bằng* 朋 ○, il vaut mieux. — *Hữu đức chi nhơn* 有德

○ 人, un homme en possession de la vertu, un homme sage et vertueux.

Chi 胝*. Peau calleuse, durillon.

Chị 姊. Sœur aînée. (Du S. A. *tỉ*, même car., même signification.)

Chị em ○ 姼, sœurs, les sœurs. — *Chị dâu* ○ 姙, belle-sœur. — *Cái chị thì thôi!* 丐 ○ 時崔, quelle drôle de femme!

Chí 踵*. S'avancer tout à coup, se précipiter sur, se butter contre.

Chí 蛭. Pou de tête. Voir *cháy*. (En S. A., sangsue; se pron. *diệt*.)

Có nhiều chí 固饒 ○, qui a beaucoup de poux.

Chí 志*. Intention, volonté, sentiment, ferme dessein, idée arrêtée.

Chí sĩ ○ 士, magnanime. — *Chí mãm* ○ 噉, s'appliquer à. — *Phỉ chí* 匪 ○, dont le vœu est accompli. — *Đội chí* 懷 ○, décourager les bonnes volontés, exciter le mécontentement. — *Rèn chí* 鍊 ○, orner son esprit. — *Kẻ tốt chí* 儿卒 ○, celui qui a de bonnes intentions. — *Chí khí cao* ○ 氣高, hautes intentions, pensées élevées, rêves ambitieux.

Chí 誌*. Prendre des notes, faire des remarques; histoire, annales.

Chí 至*. Jusqu'à, à l'égard de; arriver, atteindre, venir. Car. radical.

Chí nhẫn ○ 忍, jusqu'à. — *Chí tư* ○ 茲, jusqu'à présent. — *Chí như* ○ 如, quant à, pour ce qui est de, à l'égard de. — *Hạ chí* 夏 ○, solstice d'été. — *Đông chí* 冬 ○, solstice d'hiver.

Chỉ 鈠. Plomb. (Formé des S. A. *kim* 金, métal, et *chi* 支, descendance.)

Bỏ chì 補 ○, couler du plomb, plomber. — *Thợ chì* 署 ○, plombier. — *Cây viết chì* 核日 ○, crayon. — *Mỏ chì* 謀 ○, mine de plomb.

Chỉ 止*. S'arrêter, faire halte; empêché, retenu. Car. radical.

Chỉ 沚*. Îlot, berge; arrêt, s'arrêter.

Chỉ 趾 et 阯*. Orteil; base d'un mur, fondation; limite territoriale.

Giao chỉ 交 ○, orteils croisés; ligne de partage; nom ou surnom donné aux anciens Annamites.

Chỉ 旨*. Pensée, intention, volonté, dessein; sens, valeur, portée.

Chỉ phán ○ 判, avertir, ordonner. — *Chỉ truyền* ○ 傳, transmettre un ordre, publier. — *Chỉ dụ* ○ 誘, édit royal, décret. — *Ra chỉ dụ* 曬 ○ 誘, décréter. — *Mật chỉ* 密 ○, dessein caché, ordonnance secrète. — *Chỉ ý* ○ 意, le sens ou la portée d'une chose. — *Thánh chỉ* 聖 ○, la sainte volonté, c.-à-d. les ordres ou les instructions du souverain.

Chỉ 指*. Montrer du doigt, désigner de la main, indiquer; doigt.

Chỉ bảo ○ 保, avertir, ordonner, enseigner. — *Chỉ dẫn* ○ 引, diriger, conduire. — *Chỉ vẽ* ○ 啟, indiquer, tracer un plan, donner des instructions. — *Chỉ cho coi* ○ 朱覷, montrer, faire voir. — *Chỉ đường* ○ 唐, montrer la route, indiquer le chemin. — *Số chỉ phần* 數 ○ 分, dénominateur. — *Chỉ đinh* ○ 疔, panaris, mal blanc. — *Ngón chỉ* 蔬 ○, doigt index de la main. — *Chỉ nam xa* ○ 南車, boussole. — *Chỉ tây* ○ 西, indiquer l'Ouest, montrer l'Occident.

Chỉ 紙 et 帋*. Papier. Voir *giấy*.

Chỉ 織. Fil. (Formé des S. A. *mịch* 糸, soie fine, et *chỉ* 只, seulement.)

Chỉ tơ ○ 絲, fil de soie. — *Chỉ vải* ○ 綆, fil de coton. — *Chỉ gai* ○ 荄, fil de chanvre, filasse. — *Chỉ thép* ○ 鎞, fil d'archal, de fer, de laiton. — *Ống chỉ* 筌 ○, bobine, dévidoir. — *Kéo chỉ* 撟 ○, filer. — *Một sợi chỉ* 沒紲 ○, un brin de fil.

Chỉ 只*. Seulement, simplement; marque de restriction.

Chia 勓. Diviser, partager, distribuer. (Formé des S. A. *phần* 分, diviser, et *chi* 支, ferme, dur.)

Chia phần ○ 分, partager, faire les parts. — *Chia nhau* ○ 饒, partager ensemble. — *Chia ba* ○ 匕, diviser par trois, partager en trois. — *Chia cho đều* ○ 朱調, faire des parts égales. — *Phép chia* 法 ○, division. — *Số chia* 數 ○, diviseur. — *Sự chia* 事 ○, le partage, la séparation. — *Chia trí chia lòng* ○ 智悉, avoir des distractions, des absences (litt. partager l'esprit et le cœur).

Chìa 鈠. Clef. (Formé des S. A. *kim* 金, métal, et *chi* 支, descendance.)

6.

Chìa khóa ○ 鎊, clef de serrure. — *Chìa khóa gỉa* ○ 鎊假, fausse clef. — *Chìa óng ngoáy* ○ 瓷外, palette du mortier à bétel. — *Chìa vôi* ○ 砡, palette à chaux (pour le bétel également). — *Chim chìa vôi* 鵠 ○ 砡, alouette.

Chĩa 鉇. Sorte de lance pour la pêche. (Formé des S. A. *kim* 金, métal, et *chỉ* 止, s'arrêter, empêcher.)

Chĩa ba ○ 唔, trident.

Chích 炙*. Approcher du feu, rôtir, griller, frire. A. V. Faire sortir, extraire, arracher, extirper.

Chích nhục ○ 肉, faire griller de la viande. — *Chích thủ* ○ 手, approcher les mains du feu pour les chauffer. — *Chích máu* ○ 泖, tirer du sang, saigner. — *Nói châm chích* 吶 針 ○, piquer au vif en parlant, taquiner, agacer, provoquer.

Chích 隻*. Terme numéral des navires, des bateaux et des objets qui vont par paires; un seul, impair.

Chiếc 隻. Un seul, rien qu'un, impair; terme numéral des navires, des souliers, des nattes et des objets qui vont en général par paires. (Du S. A. *chích*, même car., même signification.)

Một chiếc tàu 沒 ○ 艚, un navire. — *Một chiếc giày* 沒 ○ 鞋, un soulier. — *Hai chiếc chiếu* 台 ○ 詔, deux nattes. — *Chiếc nào* ○ 芇, lequel?

Chiêm 占*. Consulter les sorts, chercher les choses cachées; divination, sortilège, maléfice.

Chiêm hầu ○ 候, prédire le temps, annoncer l'avenir. — *Chiêm bóc* ○ 卜, faire des pronostics au moyen de signes cabalistiques. — *Chiêm bao* ○ 包, avoir un songe, faire un rêve. — *Sự chiêm bao* 事 ○ 包, le rêve. — *Đất chiêm ba* 坦 茈, nom de l'ancien royaume de Ciampa, appelé aussi *đất chiêm thành* 坦 占 城.

Chiếm 占*. Tourner les yeux vers; occuper, empiéter, usurper, saisir.

Chiếm tận ○ 盡, accaparer, prendre tout. — *Chiếm lấy của* ○ 祕貼, prendre le bien d'autrui. — *Chiếm đất* ○ 坦, empiéter sur un terrain. — *Chiếm đoạt* ○ 奪, s'emparer de force, ravir, usurper.

Chiên 羘. Mouton, brebis; griller, rôtir, frire. (Formé des S. A. *dương* 羊, mouton, et *huyền* 玄, jais.)

Con chiên đực 昆 ○ 特, bélier. — *Kẻ chăn chiên* 几 慎 ○, berger. — *Chuồng chiên* 圖 ○, bergerie. — *Thịt chiên* 肪 ○, viande de mouton; viande rôtie, grillée. — *Cá chiên* 魩 ○, poisson frit. — *Chiên trứng gà* 蒜 鵰, faire une omelette. — *Chiên rau* ○ 蔓, faire frire des herbes, faire sauter des légumes.

Chiến 戰*. Faire la guerre, combattre avec des armes, lutter.

Chiến trận ○ 陣, combat, bataille. — *Chiến trường* ○ 場, champ de manœuvre. — *Chiến riêng* ○ 貞, combat singulier; se battre en duel. — *Tàu chiến* 艚 ○, navire de guerre. — *Trống chiến* 皺 ○, tam-tam de guerre. — *Hạ chiến thơ* 下 ○ 書, adresser une déclaration de guerre. — *Giãn chiên* 簡 ○, suspension d'hostilités, armistice, trêve.

Chiêng 鉦*. Espèce de cymbale à bords rentrés avec renflement extérieur; gong, tam-tam; clochette.

Dùi chiêng 槌 ○, baguette, battant de tam-tam ou de gong. — *Mặt chiêng* 緬 ○, la face du tam-tam ou du gong. — *Đánh chiêng* 打 ○, battre du tam-tam, frapper sur le gong.

Chiệng 呈. Soumettre, présenter ou exposer une affaire. (Du S. A. *trình*, même car., même signification.)

Nói chiệng ảnh 吶 ○ 影, parler par images, exposer avec des détours, faire des réticences. — *Mĩa chiệng* 美 ○, harmonieux, élégant.

Chiếng 茞. Bourgeon, bouton, bouquet. (Formé des S. A. *thảo* 艸, plantes, et *chỉnh* 正, droit, rigide.)

Chiếng bông ○ 蕊, enveloppe extérieure ou calice de la fleur.

Chiềng 緄*. Fil en soie, cordon de sceau, corde supérieure d'un filet de pêche; l'ensemble des lois.

Chiềng mối ○ 緢, lois, prescriptions, mœurs, coutumes. — *Chiềng hằng* ○ 恆, lois qui régissent les cinq ordres de la société : roi et sujets; parents et enfants; époux; frères et sœurs; amis. — *Ba chiềng* 皆 ○, les trois liens ou principes sociaux qui sont : *cha* 吒, le père; *vua* 畨, le roi; *chồng* 重, l'époux.

Chiết 折*. Briser, casser en deux; baisser, plier, courber, comprimer, greffer; décider, juger, ordonner.

Chiết cây ○ 核, courber les branches d'un arbre, marcotter. — *Chiết khán* ○ 看, décacheter une lettre. — *Chiết đoán* ○ 斷, examiner, juger.

Chiêu 釗*. Couper, tailler, rogner.

Chiêu 招*. Faire signe avec la main, agiter le bras pour appeler; proclamer, publier; affiche, enseigne, pancarte.

Chiêu dao ○ 搖, inquiet, troublé, ému. — *Chiêu binh* ○ 兵, appeler aux armes, enrôler des soldats. — *Chiêu an* ○ 安, inviter à la tranquillité. — *Chiêu mộ* ○ 慕, recruter, lever des troupes. — *Chiêu dân về* ○ 民 衛, faire revenir la population. — *Chiêu muông* ○ 獴, rappeler une meute. — *Chiêu bài* ○ 牌, écriteau, enseigne, pancarte, plaque.

Chiêu 昭*. Clarté du soleil; lumineux, clair, manifeste, évident; se prend souvent pour *chiêu* 照 ou *chiêu* 炤, clarté du feu.

Chiêu minh ○ 明, clair, évident. — *Chiêu ngôn* ○ 言, paroles claires. — *Nguyễn phước chiêu* 阮福 ○, le nom privé du roi *Thành thái* 成泰 (grandir et prospérer). — *Chiêu dương cung* ○ 陽宮, le resplendissant palais de l'impératrice.

Chiêu 詔*. Proclamer, promulguer; édit, ordonnance. A. V. Natte, store.

Chiêu ban ○ 頒, décerner, accorder. — *Chiêu dụ* ○ 諭, instructions royales. — *Chiêu thơ* ○ 書, proclamation publique, édit. — *Cáp chiếu* 給○, lettre d'ordres, visa, permis, passeport. — *Hàng chiếu liệp* 行○鐱, classe de hauts fonctionnaires; litt., classe des mandarins à nattes et à jalousies. — *Chiếu bông* ○ 嵐, natte à dessin de fleurs. — *Chiếu mây* ○ 迻, natte en rotin. — *Bọc chiếu* 襆○, envelopper d'une natte. — *Đắp chiếu* 搯○, se couvrir d'une natte. — *Trải chiếu ra* 睥○ 囉, étendre une natte. — *Con sâu chiếu* 昆 螻○, cloporte.

Chiếu 炤 et 照*. Clarté du feu; éclairer, briller; viser, pointer; s'accorder avec, conformément à.

Chiếu thử ○ 此, en conséquence de. — *Chiếu minh* ○ 明, éclairer, éclaircir; manifeste. — *Chiếu theo* ○ 蹺, suivant, conformément, vu.

Chiếu 朝. L'après-midi (jusqu'au coucher du soleil). (En S. A., cour, gouvernement; se pron. *triều*.)

Chiều nầy ○ 尼, cet après-midi. — *Chiều tối* ○ 最, vers le coucher du soleil, à la nuit tombante. — *Buổi chiều* 貝○, dans l'après-midi. — *Sớm mai và chiều* 斂 埋 吧○, matin et soir. — *Chiều hôm* ○ 歆, dans l'après-midi d'hier.

Chiểu 沼*. Étang, lac, pièce d'eau, bassin, réservoir, vivier.

Chim 苫*. Manteau de paille ou de feuilles (pour la pluie); couvrir, se couvrir, s'abriter, se préserver.

Chim 鳥. Nom général pour les oiseaux. (Formé des S. A. *điểu* 鳥, oiseau, et *chiếm* 占, prédire.)

Loài chim 類○, les animaux à plumes. — *Muông chim* 獴○, quadrupèdes et oiseaux. — *Chim phụng* ○ 鳳, aigle, phénix (oiseau royal). — *Chim sâu* ○ 螻, oiseau-mouche. — *Ổ chim* 塢○, nid d'oiseau. — *Lồng nuôi chim* 欖餕○, volière, cage. — *Kẻ đánh chim* 几 打○, oiseleur. — *Cá chim* 魸○, sorte de poisson volant. — *Bắt chim chim* 抔○○, être pris de crispations dans les mains. — *Gỗ chim chim* 棋○○, nom d'arbre (essence dure).

Chím 呫. Syllabe euphonique. (En S. A., mâcher; se pron. *thiếp*.)

Cười chúm chím 唭占○, sourire hypocrite, rire en dessous.

Chìm 沈. Submergé; se noyer, couler bas, faire naufrage. (Du S. A., *trầm*, même car., même signification.)

Chìm tàu ○ 艚, faire naufrage. — *Chết chìm* 折○, mourir submergé, se noyer. — *Chìm ngập* ○ 汲, sous l'eau, immergé, noyé. — *Chìm xuống* ○ 甋, couler au fond. — *Của chìm* 貼○, biens meubles.

Chín 㐱. Le nombre neuf; mûr, cuit. (Formé des S. A. *cửu* 九, neuf, et *chín* 参, longue chevelure.)

Giờ thứ chín 陈 次○, la neuvième heure. — *Chín giờ* ○ 陈, neuf heures. — *Dao chín* 刀○, espèce de poignard. — *Trái chín* 鞕○, fruit mûr. — *Nấu cho chín* 糲朱○, faire bien cuire.

Chín 参*. Longue chevelure; examiner, observer, se rendre compte; superlatif absolu.

Chăn thật ○ 實, c'est très vrai, c'est absolument exact.

Chinh 征*. S'avancer, conquérir, soumettre, imposer par la force des armes. A. V. Syllabe euphonique et mot complémentaire.

Chinh chi ○ 之, conquérir, soumettre, vaincre. — *Thân chinh* 身 ○, tout seul. — *Chinh chồng* ○ 重, sur le dos, les pattes en l'air, sens dessus dessous. — *Chinh phạt* ○ 伐, se révolter, s'insurger, se soulever.

Chính 正*. Droit, sincère, véritable, principal, chef. Voir *chánh*.

Công chính 公 ○, juste, équitable, loyal. — *Trung chính* 忠 ○, droit, fidèle, sûr. — *Lẽ chính* 理 ○, vraie raison, sens droit. — *Vợ chính* 嫡 ○, femme légitime. — *Chính hậu* ○ 后, reine. — *Chính thống* 統 ○, roi légitime. — *Chính ngọ* ○ 午, l'heure exacte de midi. — *Chính giữa* ○ 𦘭, le centre, le milieu. — *Chính mùa* ○ 務, au fort de la moisson. — *Chính việc* ○ 役, le fond même d'une affaire. — *Cửa chính* 閣 ○, porte principale, entrée d'honneur. — *Sao thất chính* 星 七 ○, les sept planètes.

Chình 鮏. Espèce d'anguille ou de lamproie. (Formé des S. A. *ngư* 魚, poisson, et *chính* 正, sincère.)

Cá chình 鮏 ○, anguille, lamproie. — *Lăn chỉnh* 鄰 ○, se replier, se rouler, se tordre comme une anguille.

Chĩnh 埕*. Espèce de grand vase en terre pour les liquides.

Chĩnh rượu ○ 醑, vase à vin. — *Vò chĩnh* 圩 ○, jarre à eau.

Chỉnh 整*. Orner, embellir, arranger; fortifier, raffermir, consolider.

Tu chỉnh 修 ○, refaire, modifier. — *Chỉnh hà công* ○ 河 工, réparer les rives d'un fleuve, relever les berges d'un cours d'eau.

Chít 晰. Court; un peu, seulement; onomatopée exprimant le cri des petits oiseaux. (En S. A., savoir, comprendre, s'expliquer; se pron. *triết*.)

Chút chít 抽 ○, un peu, très peu. — *Áo chít* 襖 ○, justaucorps. — *Chit chit* ○ ○, piauler, criailler, se lamenter. — *Chim kêu chít chít* 鳩 叫 ○ ○, le ramage des oiseaux.

Chịu 召. Souffrir, subir, consentir, accepter; marque du passif. (En S. A., citer, convoquer; se pron. *triệu*.)

Chịu chết ○ 折, accepter la mort. — *Chịu khó* ○ 苦, endurer, souffrir patiemment. — *Chịu thiệt* ○ 舌, supporter un dommage. — *Chịu đền* ○ 坦, consentir à restituer, à dédommager. — *Chịu tội* ○ 罪, s'avouer coupable, se reconnaître fautif. — *Chịu thua* ○ 收, s'avouer vaincu. — *Chịu phép* ○ 法, supporter la supériorité, se résigner. — *Chịu lụy* ○ 累, obéir, se laisser diriger. — *Chịu đầu* ○ 頭, se rendre, faire sa soumission. — *Chịu thuốc* ○ 藥, éprouver les bons effets d'une médecine. — *Chịu thai* ○ 胎, concevoir, devenir enceinte. — *Chịu lấy* ○ 祂, accepter, prendre. — *Chịu ơn* ○ 恩, recevoir un bienfait. — *Chẳng chịu* 庄 ○, ne pas supporter, refuser; impatient. — *Anh có chịu không?* 嬰 固 ○ 空, acceptez-vous? — *Không chịu trả* 空 ○ 呂, refuser de payer, refuser de rendre.

— *Không chịu gả con* 空〇婀昆, refuser de donner sa fille en mariage. — *Mua chịu* 謨〇, acheter à crédit. — *Bán chịu* 半〇, vendre à crédit.

Chìu 朝. Courbure, détour, inclinaison, tendance; penché vers; flexible, souple, facile à plier. (En S. A., cour, palais; se pron. *triều*.)

Chìu theo 〇蹺, se porter à, avoir du goût pour. — *Chìu lòng* 〇悉, tendre vers. — *Dây chìu* 練〇, plante grimpante, sorte de lierre.

Cho 朱. Donner, accorder, permettre; pour, afin de (surtout lorsqu'il y a un desideratum); marque du datif. (En S. A., arbre donnant la couleur rouge; se pron. *chu*.)

Cho đặng 〇鄧, pour pouvoir, pour obtenir, afin que. — *Cho nên* 〇年, par conséquent, c'est pourquoi. — *Cho mau* 〇毛, promptement, vite, vivement. — *Cho bắt* 〇抔, donner l'ordre d'arrêter, faire saisir. — *Cho hay* 〇哈, faire savoir, faire connaître. — *Cho phép* 〇法, donner la permission, donner le droit de, autoriser. — *Cho mượn* 〇嘆, prêter (à titre gracieux). — *Cho vay bạc* 〇爲薄, prêter de l'argent à intérêt. — *Làm cho phải* 濫〇沛, bien faire, bien travailler. — *Làm cho nên* 濫〇年, agir convenablement. — *Chạy cho mau* 趂〇毛, courir vite, accourir. — *Nói cho rõ* 吶〇燸, parler clairement, s'exprimer distinctement. — *Ăn cho no* 唆〇餒, manger à sa faim, manger à satiété.

Chó 狂. Chien. (Formé des S. A. *khuyển* 犬, chien, et *chủ* 主, maître.)

Con chó 昆〇, le chien. — *Chú con* 〇昆, petit chien, jeune chien. — *Chó cỏ* 〇狢, chien de petite taille. — *Chó săn* 〇狐, chien de chasse. — *Chó sói* 〇擋, loup. — *Chó dại* 〇曳, chien enragé. — *Ở như chó* 於如〇, vivre comme un chien, se mal conduire. — *Con chó chết* 昆〇折, chien crevé (insulte grossière). — *Cây chó đẻ* 核〇腴, phyllanthus niruri (euphorbiacée).

Chò 株. Espèce de pistachier. (En S. A., tronc, tige; se pron. *chu*.)

Chỏ 挂. Proéminent, élevé, qui s'avance. (Du S. A. *chú*, même car.. soutenir, supporter, étayer.)

Cánh chỏ 翃〇, le coude.

Chỗ 迬. Lieu, endroit, terroir. (Formé des S. A. *thổ* 土, terre, et *chủ* 主, maître.)

Chỗ ở 〇於, lieu de résidence. — *Chỗ vui vẻ* 〇盃殷, lieu charmant, endroit agréable. — *Anh ở chỗ nào* 嬰於〇芇, où demeurez-vous?

Chớ 諸. Syllabe euphonique. (En S. A., chaque; dans, de, à; se pron. *chư*.)

Chớ ngơ 〇瘰, délaissé, abandonné; sans aide, sans appui.

Chợ 帮. Marché. (Formé des S. A. *thị* 市, marché, et *trợ* 助, aider.)

Chợ lớn 〇吝, grand marché; nom d'une ville située aux environs de Saïgon et dite « ville chinoise », à cause du grand nombre de Chinois qui y demeurent. — *Chợ phiên* 〇番, foire. — *Đi chợ* 趆〇, aller au marché, faire son marché. — *Mua tại chợ* 謨 在 ○, acheter au marché. — *Trưởng chợ* 長 ○, le chef d'un marché. — *Chợ bờ* ○ 坡, limites du marché; nom populaire d'une province du Tonkin (*Hòa bình* 和 平).

Chớ 渚. A propos, est-ce que, mais alors (devant un nom); veuillez ne pas, gardez-vous de (devant un verbe); mais, donc, certainement, probablement (à la fin d'une phrase). (En S. A., île; se pron. *chữ*.)

Chớ chi ○ 之, puisse-t-il, plût au ciel que. — *Chớ thì* ○ 時, ainsi donc. — *Chớ anh là ai* ○ 嬰 羅 埃, à propos, qui êtes-vous ? — *Chớ mầy đi đâu* ○ 眉 㐌 兜, où vas-tu donc ? — *Tôi về nhà chớ* 碎 衛 茹 ○, mais je m'en retourne à la maison. — *Anh nói chớ* 嬰 吶 ○, parlez donc, veuillez parler. — *Tôi chớ ai* 碎 ○ 埃, mais c'est moi, qui voulez-vous que ce soit ?

Chờ 除. Attendre. (En S. A., soustraire, déduire, diminuer; se pron. *trừ*.)

Chờ dịp ○ 撲, attendre l'occasion. — *Chờ khi* ○ 欺, attendre le moment. — *Chờ nước lớn* ○ 渃 㐡, attendre la marée montante. — *Ông chờ tôi đây* 翁 ○ 碎 低, attendez-moi ici, monsieur. — *Tuổi chẳng chờ ta* 歲 庄 ○ 些, l'âge ne nous attend pas. — *Chần chờ* 眞 ○, simple, naïf. — *Vờ chờ* 爲 ○, sot, niais.

Chỡ 踏*. Marcher ou aller de travers; au fig., se mal conduire.

Chỡ dậy ○ 跜, se lever, surgir, se montrer, se dresser contre. — *Chớn chỡ* 眞 ○, à pic, escarpé.

Chở 濬. Porter, transporter. (Formé des S. A. *vũ* 雨, pluie, nuages, et *chử* 渚, île.)

Chở hàng ○ 行, transporter des marchandises. — *Chở nước* ○ 渃, faire de l'eau. — *Tàu chở lính* 艚 另, navire transportant des troupes. — *Chở che* ○ 𩂉, couvrir, cacher, protéger. — *Trời che đất chở* 坯 𩂉 坦 ○, le ciel couvre, la terre porte.

Choạc 㘖. Grande bouche (ne s'emploie qu'en composition). (Formé des S. A. *khẩu* 口, bouche, et *chúc* 祝, faire des vœux.)

Miệng choạc hoặc 呬 ○ 或, bouche fendue jusqu'aux oreilles.

Choác 槭. Partie plate d'une chose, entablement. (Formé des S. A. *mộc* 木, arbre, et *chúc* 祝, souhaiter.)

Choác ghe ○ 䑴, partie d'avant et d'arrière de barque annamite (plus élevée que le reste du pont).

Choác 嘖. Onomatopée. (Formé des S. A. *khẩu* 口, bouche, et *chích* 隻, un seul, dépareillé.)

La choác 囉 ○, crier à tue-tête. — *Choác choác* ○ ○, les cris d'un coq ou d'une volaille qu'on retient.

Choai 騅. Jeune, moyen, bien pris, c.-à-d. ni trop gros ni trop mince (se dit des animaux et de certains objets). (En S. A., un cheval noir tacheté de blanc; se pron. *chuy*.)

Heo choai 獵 ○, cochon encore tendre et jeune. — *Gà choai* 鶪 ○, poulette. — *Trâu choai* 犙 ○, jeune

Choại 縁. Une plante primpante. (En S. A., lien, cordon; se pron. *tụy*.)

Dây choại 繂 ○, espèce de lierre.

Choái 厓. Tige, queue d'une fleur ou d'un fruit; rameau d'appui, échalas. (En S. A., obstacle, barrière, empêchement; se pron. *chát*.)

Choái khoai ○ 坏, tige de pomme de terre ou de patate.

Choán 準 et 准. Prendre de force, usurper. Voir *chiếm*, *thoán* et *soán*. (Du S. A. *chuẩn*, niveler, aplanir.)

Choán đất ○ 坦, s'emparer d'un terrain. — *Kẻ choán lấy* 几 ○ 祗, usurpateur, spoliateur.

Choàng 絖. Tour ou boucle de corde pour enlever des fardeaux; enlacer, entourer, faire un nœud. (En S. A., bourre de soie; se pron. *khoán*.)

Choàng cổ ○ 古, passer le bras autour du cou de quelqu'un. — *Choàng áo* ○ 襖, se couvrir de son habit sans enfiler les manches, c.-à-d. le mettre négligemment sur les épaules. — *Bịt choàng hầu* 釖 ○ 喉, se couvrir la tête d'un mouchoir et le nouer sous le menton, à la fanchon. — *Choàng tay* ○ 栖, se donner le bras, se tenir par la main.

Choãnh 整. Syllabe euphonique. (En S. A., orner; se pron. *chỉnh*.)

Choãnh hoanh ○ 轟, ardent, actif, prompt, impétueux.

Choắt 拙. Incapable, inhabile, maladroit, gauche. (Du S. A. *chuyết*, même car., même signification.)

Choắt nhỏ ○ 𡮈, très petit, encore jeune, sans expérience. — *Chim choắt chuè* 鴲 ○ 槐, espèce de rossignol.

Chọc 祝. Provoquer, agacer, vexer, tourmenter, molester. (Pour le car. en S. A., voir ci-dessous.)

Chọc lấy ○ 祗, atteindre. — *Chọc cổ* ○ 古, titiller la luette pour provoquer le vomissement. — *Chọc huyết* ○ 血, saigner, abattre (les porcs). — *Chọc giận* ○ 悻, provoquer à la colère. — *Chọc lệch* ○ 歷, chatouiller (pour faire rire). — *Đừng chọc tôi ra* 停 ○ 碎 囉, ne m'agacez pas, sinon. — *Chọc trái* ○ 椥, secouer les fruits pour les faire tomber.

Chóc 祝. Attendre. (En S. A., prier pour, faire des vœux; se pron. *chúc*.)

Chóc ngóc đầu ○ 呆 頭, dont l'extrémité dépasse; montrer la tête hors de l'eau. — *Ngã lóc chóc* 我 六 ○, tomber sur la tête et sur les épaules. — *Chim chóc* 鴲 ○, nom d'oiseau. — *Rau chóc* 蘷 ○, espèce de légume.

Chốc 祝. Moment, instant; affirmation finale. (Pour le car. en S. A., voir ci-dessus.)

Chốc ấy ○ 意, alors, à ce moment. — *Bỗng chốc* 俸 ○, subitement, à l'improviste. — *Thoát chốc* 脱 ○, id. — *Tôi chốc* 碎 ○, moi-même. — *Một chốc* 沒 ○, un moment, un instant. — *Phải chốc* 沛 ○, mais oui, certainement, c'est bien cela.

Chóc 瘯. Ulcère. (Formé des S. A. *nịch* 疒, maladie, et *chúc* 祝, souhaiter.)

Chóc lếch ○ 癧, ulcère, tumeur, scrofule. — *Chóc đầu* ○ 頭, ulcère à la tête. — *Chóc cật* ○ 脊, ulcère à la région dorsale. — *Có ghẻ chóc* 固 疕 ○, avoir la gale ulcérée, la teigne.

Choi 椎. Sautiller (ne s'emploie qu'en composition). (En S. A., marteau, pilon; sot, stupide; se pron. *chùy*.)

Chim choi choi 鵤 ○ ○, nom d'oiseau (qui sautille sans cesse). — *Nhảy choi choi* 跂 ○ ○, sauter à petits sauts, marcher par petits bonds.

Chọi 踤*. S'avancer tout à coup, arriver soudainement. Voir *chồi*.

Chọi nhau ○ 饒, se battre à coups de pieds, se quereller. — *Gà chọi* 鶂 ○, coq de combat. — *Chọi gà* ○ 鶂, combat de coqs. — *Chọi vụ* ○ 舞, lancer la toupie. — *Đạp chọi* 踏 ○, frapper avec le pied.

Chói 煙. Briller, éclairer, étinceler, éblouir. (Formé des S. A. *hỏa* 火, feu, et *chí* 至, atteindre.)

Chói lọi ○ 爤, d'un grand éclat, très éblouissant. — *Chói mắt* ○ 耳, qui éblouit, qui a trop d'éclat.

Chòi 椎. Petite cabane, appentis. (En S. A., rustique; se pron. *chùy*.)

Cây chòi mòi 核 ○ 枚, un arbre parasol. — *Nhà chòi* 茹 ○, hutte.

Chồi 捼. Polir, ratisser, racler, raboter. (Formé des S. A. *thủ* 手, main, et *lỗi* 耒, charrue.)

Chồi ván ○ 板, raboter une planche. — *Chùi, chồi* 捼 ○, frotter, nettoyer, essuyer. — *Chồi lấy mình* ○ 祓命, s'excuser, se disculper.

Chối 踁. Nier, renier; accuser; refuser. (En S. A., rire bruyamment et avec dédain; se pron. *hí*.)

Chối làm chi ○ 濫 之, à quoi bon nier? — *Chối đạo* ○ 道, renier la religion. — *Chối làm* ○ 濫, refuser de faire. — *Đừng chối* 停 ○, ne dites pas non, gardez-vous de nier.

Chồi 樣. Bouton des arbres, germe, rejeton. (Formé des S. A. *mộc* 木, arbre, et *lỗi* 耒, charrue.)

Đâm chồi 鈗 ○, germer, pousser.

Chổi 篲. Un végétal dont on fait les balais (valérianée). (Du S. A. *chũy*, même car., même signification.)

Cây chổi 核 ○, arbuste servant à faire des balais. — *Lấy chổi mà quét* 祓 ○ 麻 扶, donner un coup de balai. — *Chổi lông* ○ 翎, plumeau. — *Sao chổi* 星 ○, comète. — *Rượu chổi* 醋 ○, sorte de vin aromatisé.

Chồi 踁*. Apparaître subitement, se montrer tout à coup. Voir *chọi*.

Chồi dậy ○ 跪, se lever, se dresser, surgir. — *La chồi ời* 曜 ○ 喂, pousser de grands cris pour appeler.

Chơi 制. Jouer, s'amuser, flâner, muser. (En S. A., loi; se pron. *chế*.)

Chơi bời ○ 排, jouer, s'amuser. — *Chơi ác* ○ 惡, jouer sans pudeur, s'amuser à outrance (en bonne part chiez les enfants). — *Con chơi ác* 昆

○ 惡, fille de mauvaise vie, prostituée. — *Đi chơi* 移 ○, aller se promener. — *Ở chơi* 於 ○, se reposer, se délasser, rester à ne rien faire. — *Nói chơi* 吶 ○, plaisanter, causer pour passer le temps, dire des riens. — *Đánh bài chơi* 打牌 ○, jouer aux cartes pour s'amuser. — *Uống rượu chơi* 旺醑 ○, boire un coup, prendre un verre de vin, de liqueur.

Chòm 呫. Groupe de maisons, village de montagnards. (En S. A., ruminer; vulgaire, vil; se pron. *thiếp*.)

Chòm cây ○ 核, fourrés, broussailles, endroit épais d'une forêt. — *Chòm râu* ○ 髦, touffe de poils au menton, barbiche. — *Chòm người ta* ○ 伵些, un groupe de personnes. — *Chòm ong* ○ 蜂, nid d'abeilles. — *Ngậm chòm hỏm* 吟 ○ 歈, mâcher avec avidité, avoir une trop grande chique dans la bouche.

Chòm 苫. Couvrir, abriter. (Du S. A. *chim*, même car., manteau de plantes sèches; couvrir, se couvrir.)

Chòm ổ ○ 塢, couvrir un nid; avidement. — *Cây chôm chôm* 核 ○ ○, nephelium lappaceum.

Chòm 跕. Se précipiter sur, se jeter dans. (Du S. A. *thiếp*, même car., même signification.)

Nhảy chòm 跀 ○, fondre sur, sauter dans. — *Cây chòm chòm đất* 核 ○ ○ 坦, jurgensia anguifera. — *Ngồi chòm hỏm* 翌 ○ 陷, se tenir accroupi, s'asseoir sur ses talons.

Chờm 髦*. Cheveux hérissés, poils en désordre; syllabe euphonique.

Đầu chờm bờm 頭 ○ 砭, cheveux mal arrangés, tête mal peignée.

Chờm 諶. S'élancer, se dresser, faire irruption, intervenir. (En S. A., droiture, sincérité; se pron. *thầm*.)

Ngựa chờm 馭 ○, cheval qui se cabre. — *Nói chờm* 吶 ○, parler avec brusquerie en coupant la parole à quelqu'un, intervenir brutalement.

Chờm 鍼. La pointe d'un glaive, le fil d'une lame. (Du S. A. *chầm*, même car., même signification.)

Sắc chờm chờm 色 ○ ○, très pointu. — *Gươm sắc chờm* 劍 色 ○, un glaive affilé, une épée pointue.

Chọn 撰. Choisir, préférer, élire. Voir *lựa*. (En S. A., arranger, disposer, choisir; se pron. *soạn*.)

Chọn lấy trong hai ○ 祝冲二, choisissez parmi les deux. — *Mặc ý chọn* 默意 ○, au choix, choisir à volonté. — *Phép chọn cử* 法 ○ 舉, les élections. — *Kẻ có phép chọn* 几固法 ○, électeur, qui a le droit d'élire, de choisir. — *Kẻ được chọn* 几特 ○, élu. — *Hàng đã chọn riêng* 行㐌 ○ 貞, marchandises de choix.

Chón 巽. Syllabe euphonique, mot complémentaire. (En S. A., l'un des huit signes du *bát quái*; se pron. *tốn*.)

Rau má chón 葽膴 ○, plante potagère, espèce de salade.

Chôn 尊. Ensevelir, couvrir de terre. (En S. A., honorer; se pron. *tôn*.)

Chôn xác ○ 殼, enterrer un cadavre. — *Đem đi chôn* 冘移 ○,

porter en terre. — *Chôn xuống đất* ○ 甑坦, enfouir, enterrer, ensevelir. — *Chôn tiền* ○ 錢, enfouir des sapèques, cacher de l'argent sous terre. — *Chỗ chôn kẻ chết* 住○几折, lieu où l'on enterre les morts.

Chôn 準. Lieu, endroit, emplacement. Voir *chỗ*. (Du S. A. *chuẩn*, même car., niveler, aplanir; égal, juste.)

Chôn chôn ○○, partout, en tous lieux. — *Chôn vui* ○ 盃, lieu où l'on s'amuse, endroit agréable. — *Chôn kinh đô* 京都, résidence royale.

Chồn 狋. Fouine, belette, blaireau, renard. Voir *cáo*. (Formé des S. A. *khuyển* 犬, chien, et *tồn* 存, garantir.)

Con chồn 昆○, fouine, putois. — *Chồn cáo* ○ 猎, espèce de renard.

Chơn 真 et 眞*. Droit, vrai, sincère, honnête, probe. Voir *chân*.

Người chơn thật 俘○ 實, homme sûr, de bonne foi, en qui on peut avoir pleine confiance.

Chơn 蹟. Pied, patte; support. (En S. A., faire un faux pas, glisser, tomber par terre; se pron. *diên*.)

Đi chơn 移○, aller à pied, aller nu-pieds. — *Đi chơn không* 移○空, marcher sans chaussures. — *Mau chơn* 毛○, presser le pas, aller vite. — *Theo chơn* 蹺○, suivre, marcher sur les talons de. — *Bước chơn đi* 趾○移, avancer le pied, partir. — *Sẩy chơn* 仕○, glisser, faire un faux pas. — *Vấp chơn* 跂○, heurter du pied. — *Lui chơn* 蹈○, s'en retourner, reculer, à reculons. — *Chơn đèn* ○畑, support de lampe, chandelier. — *Chơn núi* ○ 岗, le pied ou la base d'une montagne. — *Chơn đưng* ○ 登, étrier. — *Cây chơn đưng* 核○ 登, dodecadia agrestis.

Chớn 眞. Syllabe euphonique. (En S. A., combler, exhausser, élever.)

Chớn chở ○ 踷, escarpé, à pic.

Chong 燃. Offrir; entretenir l'offrande, renouveler l'encens. (Formé des S. A. *hỏa* 火, feu, et *chung* 終, fin.)

Chong đèn ○ 畑, entretenir une lampe (toute la nuit). — *Trâu chong* 犠○, buffle offert en sacrifice. — *Cơm chong đầu* 餂○頭, riz cuit placé à la tête du cercueil jusqu'à l'enterrement. — *Chơi chong* 制○, s'amuser sans discontinuer.

Chóng 揞. Promptement, vivement. (Formé des S. A. *thủ* 手, main, et *chúng* 衆, tout, tous.)

Làm cho chóng 濫朱○, faire vite, se presser. — *Cái chóng chóng* 丐 ○, moulin. — *Chóng mặt* ○ 柯, avoir un éblouissement, être pris de vertige. — *Chóng hết* ○ 歇, qui ne fait que passer, en un clin d'œil.

Chòng 鈌. Barre de fer, levier; peser, appuyer. (En S. A., hache d'armes, symbole d'autorité; se pron. *việt*.)

Cứng như chòng 亘 如 ○, dur comme une barre de fer. — *Chỉnh chòng* 征○, sens dessus dessous, sens devant derrière, les pattes en l'air.

Chõng 種. Couchette, lit de repos, chaise longue. (En S. A., grain, semence; se pron. *chủng*.)

Chổng 種. Syllabe euphonique. (Pour le car. en S. A., voir ci-dessus.)

Ngã lóc chổng 我六○, tomber à la renverse sur les épaules et sur la tête. — *Thằng cha chổng* 倘吒○, le corps d'un noyé (macabre).

Chổng 蔠. Sorte de pieu pointu fiché en terre, lance de bois, cheville. (Formé des S. A. *thảo* 艸, plantes, et *chung* 終, fin, terminaison.)

Đóng chổng 揀○, planter des piquets, enfoncer des lances. — *Chổng gai* ○ 茨, buisson d'épines. — *Nơi chổng gai* 尼○ 茨, lieu planté d'épines (endroit dangereux). — *Chổng hoa ciri* ○ 花緻, chevaux de frise. — *Ở chổng gai* 於○ 茨, être sur des épines, avoir des ennuis.

Chống 擦. Résister, repousser; caler, étayer. (Formé des S. A. *thủ* 手, main, et *chúng* 衆, tout, tous.)

Chống lại ○ 吏, tenir tête. — *Chống trả* ○ 呂, résister, s'opposer. — *Chống giặc* ○ 賊, repousser l'ennemi, soutenir le choc. — *Chống cho vững* ○ 朱凭, maintenir fortement. — *Chống ghe* ○ 嬪, pousser une barque à la perche, à la gaffe. — *Chống nhà* ○ 茹, étayer une maison. — *Chống nạnh* ○ 佽, placer les mains sur les hanches. — *Chống gậy* ○ 穏, s'appuyer sur un bâton.

Chồng 重. Mari, époux; superposer. (En S. A., important, sérieux; augmenter, doubler; se pron. *trọng*.)

Vợ chồng 媏○, les deux époux, mari et femme. — *Lấy chồng* 祇○, prendre un mari. — *Chồng đồng* ○ 凍, monceau, tas; qui regorge, qui encombre. — *Chồng làm một* ○ 濫沒, mettre en pile. — *Chồng chập* ○ 執, superposer, entasser. — *Phép chồng* 法○, addition (voir *phép cộng*). — *Kiến chồng hột* 蜆○ 紇, la fourmi amasse du grain.

Chóp 鬆. Les cheveux placés au sommet de la tête; toupet, panache, extrémité. (Formé des S. A. *sam* 彡, cheveux, et *chấp* 執, prendre.)

Nắm chóp 捻○, saisir par les cheveux. — *Chóp chài* ○ 紂, sommet de l'épervier. — *Bối chóp* 拼○, nouer les cheveux en touffe, faire le chignon. — *Thằng lỏm chóp* 倘鑽○, étourdi, mauvais sujet, vaurien.

Chớp 霹. Éclair, foudre; étendue, envergure, déchirure. (Formé des S. A. *vũ* 雨, pluie, et *chấp* 執, prendre.)

Đánh chớp 打○, faire des éclairs. — *Qua như chớp* 戈如○, passer rapidement comme un éclair. — *Cây có chớp* 核固○, bois qui a une fente. — *Chim chớp cánh* 㐱○ 翅, oiseau qui agite les ailes (avant de prendre son vol).

Chót 崒. Extrémité, cime, pointe. (En S. A., effrayant; se pron. *toái*.)

Chót vót ○ 撑, haut sommet, faîte. — *Chót cây* ○ 核, cime d'un arbre. — *Chót núi* ○ 岢, sommet de montagne. — *Chót sừng* ○ 朘, pointe de la corne. — *Đỏ chót* 赭○, très rouge. — *Lời chót chát* 㗂○ 質, paroles amères, langage acerbe.

Chót 椊. Tige; pointu, aigu, qui

pénètre. (En S. A., arbre mort, pourri; tenon, cheville; se pron. *tộp*.)

Chột bụng ○ 胮, douleur d'entrailles. — *Chột ý* ○ 意, se trouver blessé de ce que l'on dit, être froissé. — *Rắn chột nwa* 蜍 ○ 那, nom de serpent réputé venimeux.

Chớt 桍. Axe, cheville. (Pour le car. en S. A., voir ci-dessus.)

Chớt ghe ○ 艭, cheville de barque. — *Chớt xe* ○ 車, essieu de voiture.

Chợt 質. Mot complémentaire. (En S. A., matière, substance; se pron. *chất*.)

Chợt nhìn ○ 認, regarder subitement, jeter un coup d'œil furtif. — *Chợt da* ○ 胮, enlever la peau, égratigner. — *Chợt vỏ* ○ 補, enlever l'écorce, peler légèrement.

Chớt 質. Mot complémentaire et syllabe euphonique. (Pour le car. en S. A., voir ci-dessus.)

Nói chā chớt 吶渚 ○, dire des riens, des enfantillages; parler à la manière des enfants, mal prononcer.

Chu 朱 *. Arbre dont on tire une couleur écarlate; rouge intense; moelle de certains arbres.

Thổ chu 土 ○, terre rouge. — *Chu sa* ○ 砂, cinabre. — *Chu chu chăm chăm* ○ ○ 占占, faire vite et bien; avec mesure, soin et diligence.

Chu 株 *. Tronc d'arbre, pied d'arbuste; pieu, poteau. Voir *giâu*.

Chú 注 *. Eau qui coule; diriger ses pensées vers; commenter, expliquer. A. V. Oncle paternel (frère cadet du père); appellatif pour gens de la classe moyenne.

Nhà chú tôi 茹 ○ 碎, la maison de mon oncle. — *Chú thợ giày* ○ 署鞋, le cordonnier (on dit *chú* comme nous disons familièrement et sur un ton de protection: maître un tel, père un tel). — *Các chú* 各 ○, les Chinois (en bonne part).

Chú 註 *. Enregistrer, prendre note; commenter, expliquer; glose.

Có chú rằng 固 ○ 浪, certains commentaires disent que...

Chú 呪 *. Prières des bonzes et des sorciers; faire des imprécations.

Đọc chú 讀 ○, réciter des imprécations, lire à haute voix des formules mystérieuses pour des charmes ou des enchantements.

Chủ ヽ *. Signe de ponctuation, virgule, temps d'arrêt. Car. radical.

Chủ 主 *. Homme qui éclaire, chef qui dirige; maître, chef, seigneur, souverain. Voir *chúa*.

Chủ gia ○ 家, père de famille. — *Chủ nhà* 茹, le maître de la maison. — *Chủ sự* ○ 事, chef de bureau. — *Chủ ghe* ○ 艭, patron de barque. — *Chủ ruộng* ○ 疇, propriétaire de la rizière. — *Chủ nợ* ○ 女, créancier; litt., le maître de la dette. — *Mộc chủ* 木 ○, tablette odoriférante qui brûle pour le repos de l'âme d'un défunt. — *Thổ chủ* 土 ○, dieux pénates, dieux lares. — *Ai làm chủ* 埃濫 ○, qui commande? qui est le chef? qui est le maître?

Chủ 拄*. Soutenir, supporter; défendre, protéger, assister, aider.

Chủ 咮 et 吐*. Grand parleur, bavard, vantard, hâbleur.

Chư 諸*. Tous, le tout; prép. à, de, dans; copulatif, et, avec, en outre, de plus. Voir *gia*.

Chư hầu ○ 侯, tous les princes tributaires de l'empire. — *Chư tướng* ○ 將, tous les grands du royaume. — *Chư sư* ○ 師, tous les bonzes, tous les maîtres. — *Chư nhu* ○ 儒, tous les lettrés. — *Chư sự* ○ 事, toutes choses, chaque affaire. — *Chư công* ○ 公, vous tous.

Chừ 除. Maintenant, à présent, à l'instant même. (Formé des S. A. *nhựt* 日, soleil, jour, et *dư* 余, je, moi.)

Chữ 字. Lettre, caractère, mot, écriture. (Du S. A. *tự*, même car., même signification.)

Chữ nghĩa ○ 義, les lettres, la science des lettres. — *Chữ nhu* ○ 儒, caractères littéraires, caractères sino-annamites. — *Chữ nôm* ○ 喃, caractères vulgaires ou caractères nationaux annamites. — *Chữ quốc ngữ* ○ 國語, écriture annamite au moyen des lettres latines. — *Chữ bộ* ○ 部, caractère radical, lettre mère, clef de l'écriture idéographique. — *Chữ thảo* ○ 艸, écriture cursive, écriture abrégée. — *Chữ mắt* ○ 𡨸, caractère difficile, caractère compliqué. — *Chữ rễ* ○ 禮, caractère facile, caractère simple. — *Nét chữ* 涅 ○, traits de caractères. — *Kẻ hay chữ* 几哈 ○, celui qui connaît les caractères. — *Biết nhiều chữ* 別 饒 ○, savoir un grand nombre de caractères, être très instruit.

Chữ 杵*. Pilon de bois, battoir, hie, demoiselle; battre la terre.

Chữ 渚*. Îlot de formation récente, dépôt de vase; lavoir.

Chữ 渚. Se rappeler, se souvenir. (Pour le car., voir ci-dessus.)

Chữ lời ○ 𠳒, se souvenir de ce qui a été dit. — *Chữ lấy* ○ 祕, prendre note dans son esprit.

Chua 珠. Qui a un goût acide, une saveur aigre; piquant, aigrelet. (En S. A., perle; se pron. *châu*.)

Chua chua ○○, d'une saveur piquante, un peu sûr. — *Rượu chua* 醪 ○, vin aigrelet. — *Ưa ăn chua* 於 唉 ○, aimer les aliments acides. — *Làm cho ra chua* 濫 朱 囉 ○, acidifier. — *Sự chua* 事 ○, acidité.

Chúa 主*. Seigneur, chef suprême, maître absolu de toutes choses.

Đức chúa trời 德 ○ 𡗶, le Dieu des chrétiens. — *Thiên chúa* 天 ○, le seigneur du ciel. — *Vua chúa* 𤤰 ○, les rois, les princes. — *Công chúa* 公 ○, fille de roi, princesse du sang. — *Chúa ong* ○ 蜂, reine des abeilles. — *Chúa tàu* ○ 艚, capitaine de navire (marine marchande). — *Chúa nhà* ○ 茹, le maître de la maison.

Chùa 廚. Temple bouddhiste, pagode, bonzerie, monastère. (En S. A., cuisine, armoire; se pron. *trù*.)

Chùa miếu ○ 庙, pagode. — *Thầy chùa* 柴 ○, gardien de pagode, bonze. — *Sãi chùa* 士 ○, id.

Chwa 渚. Pas encore. (En S. A., petit îlot; se pron. *chử*.)

Chwa hề khi nào ○ 分 欺 苗, jamais, en aucun temps. — *Tôi chwa biết* 碎 ○ 別, je ne sais pas encore. — *Đã làm chwa* 㐌 濫 ○, a-t-on fini ou pas encore? — *Chwa rồi* ○ 耒, pas encore fini. — *Chwa thấy* ○ 筧, pas avoir encore vu.

Chứa 貯. Contenir, rassembler, ramasser, loger, recéler, cacher. (Du S. A. *trử*, même car., même signification.)

Chứa trong nhà ○ 冲 茹, cacher dans la maison. — *Chứa ăn cướp* ○ 唆 刦, donner asile à des pirates pour les soustraire aux recherches de l'autorité. — *Nhà chứa* 茹 ○, maison où l'on joue clandestinement, maison de recel. — *Thủng chứa* 桶 ○, espèce de grande cuve ou de grand récipient. — *Mwa chứa chan* 霜 ○ 濱, grande pluie, averse. — *Hồ chứa nước mwa* 湖 ○ 渃 霜, citerne, réservoir, bassin.

Chừa 除. Excepter de, déduire, soustraire; s'améliorer, s'amender. (Du S. A. *trừ*, même car., même signification.)

Chừa cải ○ 改, changer de vie, s'amender. — *Chừa tội* ○ 罪, se corriger de ses fautes, de ses péchés. — *Chừa ra* ○ 囉, excepter, déduire, soustraire, exception faite de. — *Không chừa ai* 空 ○ 埃, tous sans exception; n'oublier personne.

Khôn chừa 看 ○, s'amender, se corriger (après examen de conscience).

Chữa 助, Faire effort pour sauvegarder, secourir, sauver. (Du S. A. *trợ*, même car., même signification.)

Chữa bịnh ○ 病, guérir une maladie. — *Chữa đã* ○ 㐌, être guéri. — *Chữa minh* ○ 命, s'excuser, se justifier. — *Chữa lửa* ○ 焙, éteindre l'incendie. — *Chạy chữa* 跑 ○, chercher du secours. — *Bàu chữa* 保 ○, protéger. — *Cứu chữa* 救 ○, sauver, tirer quelqu'un d'un mauvais cas.

Chửa 渚. Enceinte (femme), pleine (femelle). (En S. A., dépôt, petit îlot de formation récente; se pron. *chử*.)

Có chửa 固 ○, être enceinte, être pleine. — *Cổ tay chửa* 古 㧅 ○, poignet rond, bras potelé.

Chuẩn 迍*. Ne pas avancer, ne pas aboutir, rester en arrière, retarder.

Chuẩn 準 et 准*. Niveler, aplanir; niveau, règle, cordeau; juste, exact.

Chuẩn 准*. Concéder, accorder, autoriser, approuver; pondérer.

Phê chuẩn 批 ○, donner par écrit une autorisation, un visa. — *Chuẩn cho* ○ 朱, accorder par dispense ou par faveur spéciale.

Chuẩn 揣*. Affiler, aiguiser, amincir.

Chục 逐. Une dizaine, dix. Voir *mười*. (En S. A, chasser, mettre à la porte; se pron. *trục*.)

Ba chục quan 匸 ○ 貫, trente ligatures. — *Để từng chục* 底層 ○, disposer par dizaines, par paquet de dix. — *Đếm từ chục* 點自 ○, compter dizaines par dizaines.

Chúc 祝*. Souhaiter, faire des vœux, toaster; prières, oraisons.

Chúc an hòa ○ 安和, souhaiter la paix et l'union. — *Chúc thọ* ○ 壽, souhaiter une longue vie. — *Chúc cho ai* ○ 朱埃, faire des vœux pour quelqu'un. — *Lời chúc* 刎 ○, vœu, souhait, compliment.

Chúc 囑*. Recommander; léguer.

Chúc thơ ○ 書, un testament.

Chực 直. Assister, servir, attendre. (Du S. A. *trực*, même car., même signif.)

Chầu chực 朝 ○, assister pour faire honneur. — *Đứng chực* 等 ○, attendre debout. — *Cây chực cửi* 核 ○ 綏, cheville de l'ourdissoir.

Chức 織*. Tisser, filer. Voir *dệt*.

Chức 職*. Grade, fonction, dignité, charge, emploi; régir, gouverner.

Chức phẩm ○ 品, degré de dignité. — *Chức phận* ○ 分, charges et devoirs de la fonction ou du grade. — *Chức lớn* ○ 客, grade élevé, haute situation. — *Chức nhỏ* ○ 馳, fonction subalterne, petit emploi. — *Chức việc* ○ 役, les notables, les employés. — *Lên chức* 遷 ○, monter en dignité, être promu à un grade supérieur. — *Cất chức* ○ 拮, priver d'une dignité, ôter un grade, révoquer. — *Phong chức* 封 ○, conférer un grade, une fonction. — *Các chức làng* 各 ○ 廊, les notables d'un vil-lage. — *Từ chức đi* 辭 ○ 移, donner sa démission, résigner ses fonctions.

Chuề 槐. Syllabe euphonique. (En S. A., espèce d'acacia; se pron. *hoài*.)

Chim choắt chuề 鵒拙 ○, petit oiseau du genre rossignol.

Chuề 錐. Mot complémentaire. (En S. A., vrille, alène; se pron. *chuỷ*.)

Chuề vắng ○ 永, solitaire, isolé. — *Đường chuề* 唐 ○, route déserte. — *Chuề dây* ○ 綖, brin de corde.

Chouên 專. Sans cesse, continuellement. (Du S. A. *chuyên*, même car., même signification.)

Đau từ chouên 疠自 ○, maladie qui ne cesse pas, douleur continue.

Chouển 轉. Qui tourne autour, qui enserre. (Du S. A. *chuyển*, même car., même signification.)

Chouển rìu ○ 鐐, le bois dans lequel s'ajuste la hache annamite.

Chui 錐. Se blottir, se glisser, pénétrer. (En S. A., pointu, pénétrant, sommet; se pron. *chuỷ*.)

Chui bụi ○ 蒥, pénétrer dans un buisson. — *Chui vào* ○ 伆, se glisser la tête baissée et avec précaution.

Chúi 跬. Se courber en avant, s'affaisser, s'enfoncer. (Du S. A. *chí*, même car., même signification.)

Ghe chúi mũi 籛 ○ 鮓, barque dont l'avant enfonce dans l'eau.

Chùi 揉. Fourbir, frotter, essuyer,

nettoyer. (Formé des S. A. *thủ* 手, main, et *lôi* 耒, charrue.)

Chùi khí giái ○ 器械, fourbir des armes. — *Chùi súng* ○ 銃, nettoyer le canon d'un fusil. — *Chùi gươm* ○ 劍, fourbir un sabre, une épée. *Chùi cho sạch* ○ 朱瀝, nettoyer proprement. — *Chùi nước mắt* ○ 渚䍌, essuyer les larmes. — *Khăn chùi tay* 巾 ○ 扡, linge pour essuyer les mains, serviette, torchon.

Chuy 佳*. Ailes, plumes d'oiseau. Car. radical.

Chuỳ 錐*. Vrille, alène, poinçon; percer, trouer, forer. Voir *giùi*.

Chũy 箒*. Arbuste dont on fait les balais; balai. Voir *chổi*.

Chuyên 專*. Continuellement, assidûment; application constante, effort soutenu, sans interruption.

Chuyên học ○ 學, étudier assidûment. — *Chuyên tâm* ○ 心, application unique; faire de tout cœur.

Chuyện 傳*. Histoire, anecdote, fable, conte, récit; transmettre, publier, raconter. Voir *truyện*.

Nói chuyện chơi 吶 ○ 制, causer, dire des riens, raconter des histoires pour amuser. — *Chuyện đời xưa* ○ 代初, contes, histoires de l'ancien temps (titre d'un volume de fables de P. Ký). — *Chuyện giải buồn* ○ 解盆, contes pour dissiper la tristesse (titre d'un volume de fables de P. Của). — *Chuyện vui lắm* ○ 盃廩, histoires très amusantes. — *Kiếm*

chuyện 劍 ○, faire naître des embarras, chercher noise. — *Nhiều chuyện* 饒 ○, que d'histoires! que d'affaires! c'est assommant! — *Ngồi chỉnh chuyện* 坙整 ○, s'asseoir pour causer longtemps. — *Chim chuyện chuyện* 鴿 ○ ○, nom d'oiseau.

Chuyến 專. Fois, tours, voyages; marque la quantité, la réitération. (En S. A., continuellement, effort soutenu; se pron. *chuyên*.)

Một chuyến 沒 ○, un voyage, une fois. — *Chuyến nầy* ○ 尼, cette fois, ce voyage. — *Chuyến khác* ○ 恪, une autre fois. — *Một chuyến xe* 沒 ○ 車, un transport de chariot, un voyage en voiture. — *Tàu chuyến* 艚 ○, un navire qui fait des voyages, un courrier, un transport.

Chuyền 纏. Nouer, attacher, lier, enchaîner, enlacer, enfiler. (Du S. A. *triền*, même car., même signification.)

Dây chuyền 練 ○, chaîne. — *Chuyền hột* ○ 紇, enchaîner des grains. — *Chuyền cho nhau* ○ 朱饒, se passer de main en main, faire la chaîne. — *Chuyền xà tích* ○ 蛇績, réunir des maillons de chaîne. — *Chùa chuyền* 廚 ○, temple bouddhiste.

Chuyển 轉*. Tourner, tour à tour, transmettre en tournant; numéral des révolutions, des mouvements.

Chuyển động ○ 動, mouvement circulaire violent; être agité, être ému. — *Một chuyển* 沒 ○, un mouvement, un tour. — *Chuyển thơ* ○ 書, transmettre une lettre. — *Nói chẳng chuyển* 吶庄 ○, parler sans toucher, sans émouvoir. — *Chuyển như chuyền sứ* ○ 如 ○ 使, traîner en longueur, temporiser; litt., faire tourner l'ambassadeur. — *La chuyền đi* 囉 ○ 迻, cris tumultueux.

Chuyét 掇 et 梲*. Mettre en tas, réunir; ramasser avec les mains.

Chuyét 啜*. Sucer, téter, boire.

Chuyét 拙*. Ne pas savoir, ignorer; incapable, inhabile, maladroit.

Chụm 揕. Attiser (feu). Voir *nhúm*. (En S. A., piquer, graver, sculpter; se pron. *chạm*.)

Chụm lửa ○ 焰, entretenir le feu, tisonner. — *Chụm củi* ○ 檜, ajouter du bois au feu. — *Chụm lò cho nóng* ○ 爐朱燶, chauffer un four.

Chúm 占. Assembler, joindre; pincée, prise. (En S. A., prédire, deviner; se pron. *chiếm*.)

Chúm chon ○ 賑, joindre les pieds, à pieds joints. — *Một chúm* 沒 ○, une pincée, une prise. — *Một chúm muối* 沒 ○ 塩, une pincée de sel. — *Cái chúm* 丐 ○, un panier à poisson.

Chùm 森. Grappe, rameau, paquet, assemblage; tout ramassé. (Du S. A. *sum*, même car., touffu, épais.)

Chùm hoa kiết ○ 花結, gerbe de fleurs. — *Chùm trái* ○ 槊, grappe de fruits. — *Chùm trứng* ○ 蒴, paquet d'œufs (de poisson). — *Chùm nhum* ○ 柱, se réunir pour causer, former un groupe. — *Ngồi chùm hum* 坐 ○ 歆, être assis le front dans les mains. — *Qùi chùm hum* 跪 ○ 歆, être à genoux la face contre terre.

Chun 尊. Pénétrer, se glisser. (En S. A., honorer, vénérer; se pron. *tôn*.)

Chun vào rừng ○ 愢棱, s'engager dans un bois. — *Chun ra* 囉, sortir d'un trou, d'une cachette, se montrer, apparaître.

Chũn 準. Mot complémentaire, sorte de superlatif. (Du S. A. *chuẩn*, même car., égaliser, niveler.)

Thấp chũn 濕 ○, extrêmement bas. — *Đầy chũn chũn* 苦 ○ ○, tout à fait plein, débordant.

Chung 終*. Bout, extrémité, terme, sommet; la fin d'un livre; la fin de tout, la mort.

Vô chung 無 ○, toujours, sans fin, à l'infini. — *Lâm chung* 臨 ○, être sur le point de mourir, à l'agonie. — *Đày chung thân* 苦 ○ 身, exil perpétuel, bannissement à vie.

Chung 終. Commun, public, général, ensemble, mélangé, confondu. (Pour le car. en S. A., voir ci-dessus.)

Ở chung 於 ○, demeurer ensemble, vivre en commun. — *Làm chung* 濫 ○, faire en commun. — *Đi chung* 迻 ○, aller ensemble. — *Buôn bán chung* 奔半 ○, faire du commerce ensemble, être associés. — *Của chung* 貼 ○, biens en commun. — *Nhà chung* 茄 ○, maison commune, communauté. — *Sự ích lợi chung* 事益利 ○, choses d'utilité générale, questions d'intérêt public.

Chung 鐘*. Cloche, sonnette.

Thạch chung 石 ○, cloche en pierre.

Chung 鍾*. Vase à vin ou à thé, tasse, coupe, gobelet.

Tửu chung 酒 ○, coupe à vin. — *Chén chung* 礠 ○, coupe ou vase à boire, tasse pour prendre le thé.

Chúng 衆*. Grand nombre, beaucoup, tous, marque du pluriel.

Chúng sanh ○ 生, tout ce qui est né, le genre humain. — *Chúng đa* ○ 多, beaucoup, énormément. — *Chúng tôi* ○ 碎, nous (lorsque la personne à qui l'on parle n'est pas comprise). — *Chúng ta* ○ 些, nous (lorsque la personne à qui l'on parle est comprise). — *Chúng bay* ○ 悲, vous (à des inférieurs). — *Chúng nó* ○ 奴, eux (en parlant d'inférieurs). — *Chúng bạn* ○ 伴, les compagnons, les camarades, les amis. — *Chúng cháng* ○ 證, témérairement, avec effronterie ou insolence.

Chùng 重. En secret, en cachette; cacher, dissimuler. (En S. A., sérieux, important, grave; se pron. *trọng*.)

Làm chùng vụng 濫 ○ 俸, faire en cachette. — *Ăn chùng* 唆 ○, manger en cachette. — *Nói chùng* 吶 ○, dire en secret, parler par derrière. — *Chùng lén* ○ 練, à la dérobée, en se cachant, doucement, sans bruit.

Chủng 種*. Semer, planter; au fig., répandre, étendre, multiplier, propager; disciple des bonzes.

Chủng phước ○ 福, répandre le bonheur. — *Chủng đức* ○ 德, propager la vertu.

Chưng 徵. Particule auxiliaire. (En S. A., citer, actionner; se pron. *trưng*.)

Vì chưng 爲 ○, parce que, à cause de. — *Thế chưng* 替 ○, remplacer, donner en gage.

Chưng 烝*. Bouillir à la vapeur, cuire à l'étuvée, distiller.

Chưng thuốc ○ 藥, faire cuire des médecines. — *Chưng tửu* ○ 酒, distiller des spiritueux. — *Bánh chưng* 餅 ○, pain de riz gluant, pâté de haricots et de viande pilés.

Chứng 証*. Témoigner, attester, affirmer, certifier, faire la preuve.

Kẻ làm chứng 几 濫 ○, témoin. — *Sự làm chứng* 事 濫 ○, témoignage. — *Chứng cớ* ○ 據, preuve à l'appui. — *Đứng chứng* 等 ○, figurer dans une pièce comme témoin. — *Trời đất chứng minh* 乑 坦 ○ 明, le ciel et la terre en sont les clairs témoins. — *Nhựt chứng phi chứng* 壹 ○ 非 ○, un seul témoin ne vaut. — *Chứng minh* ○ 明, témoignage infaillible, irrécusable, évident.

Chứng 症*. Maladie, infirmité, défaut, vice; crise, accès, attaque.

Chứng bệnh ○ 病, maladie, vice. — *Chứng siển* ○ 喘, l'asthme. — *Chứng hay giận* ○ 哈 悻, le vice de la colère. — *Sanh chứng* 生 ○, créer un défaut, prendre un vice. — *Ngựa chứng* 馭 ○, cheval rétif, vicieux, ombrageux.

Chứng 證*. Avertir, corriger; témoigner, affirmer, établir un fait.

Chừng 澄. Terme, limite; marque de temps pour le futur. (En S. A., pur, limpide; se pron. *trừng*.)

Chừng nào ○ 苗, quand, à quel moment. — *Nhiều quá chừng* 饒過 ○, beaucoup, énormément, outre mesure, sans limites. — *Ước chừng* 約 ○, environ, à peu près. — *Cho có chừng* 朱固 ○, avec mesure, convenablement; pour établir un terme, un délai. — *Suốt chừng* 率 ○, absolument, sans limites. — *Giác chừng* 角 ○, environ, à peu près. — *Nói phỏng chừng* 吶訪 ○, conjecturer, évaluer, estimer approximativement. — *Cầm chừng* 擒 ○, au même état, s'en tenir là, retenir. — *Hẹn chừng* 限 ○, fixer une époque, déterminer une limite, assigner un terme.

Chừng 拯*. Élever, lever, secourir, redresser, aider. Voir *giảng*.

Chừng cứu ○ 救, porter secours, venir en aide, sauver du danger, délivrer. — *Chừng lên* ○ 遴, se redresser, se relever. — *Chừng dậy* ○ 跈, surgir, se lever. — *Đi chập chừng* 拸熱 ○, marche hésitante, chancelante (se dit des enfants qui commencent à faire quelques pas).

Chuộc 贖. Racheter, dégager. (Du S. A. *thục*, même car., même signification.)

Sự chuộc lại 事 ○ 吏, rachat, dégagement. — *Chuộc ruộng lại* ○ 曨吏, racheter une rizière, dégager un champ. — *Chuộc của cầm* ○ 貼擒, retirer le gage, dégager son bien. — *Chuộc tội* ○ 罪, racheter ses fautes, expier ses péchés. — *Ảnh chuộc tội* 影 ○ 罪, crucifix.

Chuốc 祝. Joindre, lier, attacher; s'attacher, adhérer. (En S. A., vœu, souhait; se pron. *chúc*.)

Chuốc dép ○ 韘, mettre les sandales. — *Chuốc lấy sự đời* ○ 祇事代, s'attacher aux choses de la vie.

Chước 酌*. Verser du vin, remplir un verre; consulter, délibérer.

Châm chước 針 ○, faire des concessions, tempérer, égaliser. — *Chước thứ* ○ 恕, user d'indulgence, se montrer clément. — *Chước liệu* ○ 料, réfléchir, considérer, peser mûrement. — *Chước dân ngôn* ○ 民言, prendre en considération les paroles du peuple, tenir compte des vœux des populations. — *Chước tiêu* ○ 酒, verser du vin, festoyer.

Chước 斫*. Couper avec un instrument tranchant, comme une hache, un sabre; qui est facile à tromper; artifice, ruse, stratagème.

Mưu chước 謀 ○, ruse, fourberie. — *Phải chước* 沛 ○, être joué, être victime d'une tromperie. — *Ngã chước* 我 ○, tomber dans le piège. — *Làm chước* 濫 ○, user de ruse, ruser. — *Bắt chước* 抔 ○, imiter. — *Kẻ bắt chước* 几抔 ○, imitateur. — *Chước quỉ* ○ 鬼, diablerie.

Chuôi 權. Manche, poignée, bout ou extrémité de quelque chose. (En S. A., traverse; se pron. *giác*.)

Chuôi cày ○ 棋, manche de la charrue. — *Chuôi bút* ○ 筆, bout de pinceau, extrémité de porte-plume. — *Chuôi ống điếu* ○ 甕鈞, bout de pipe.

Chuối 椏. Le bananier. (En S. A., ceps, menottes, poucettes; se pron. *chất*.)

Trái chuối 蕀 ○, banane. — *Bắp*

chuối 㭲 ○, fleur du bananier. — *Buồng chuối* 房 ○, régime de bananes. — *Chuối sống* ○ 牲, banane verte. — *Chuối chát* ○ 質, banane acide. — *Chuối sứ* ○ 使, banane dite d'ambassadeur. — *Chuối hột* ○ 紇, espèce acide qui a beaucoup de graines et qu'on mange verte. — *Chuối tàu* ○ 艚, banane dite de Chine. — *Cá chuối* 魰 ○, sorte de poisson.

Chuổi 推. Pousser, comprimer, repousser avec force (en avant ou en arrière), contraindre, subjuguer, réprimer, refréner. (Du S. A. *thôi*, même car., même signification.)

Đẩm chuổi 扰 ○, pousser en avant. — *Chuổi vào* ○ 𠓨, faire pénétrer.

Chuỗi 紳. Collier de grains, chapelet. (Formé des S. A. *mịch* 糸, soie, cordon, et *quán* 串, enfiler.)

Một xâu chuỗi hổ 沒 搜 ○ 琥, un collier d'ambre. — *Xỏ chuỗi* 揂 ○, enfiler les grains d'un collier ou d'un chapelet. — *Chuỗi nó sổ đi* ○ 奴 數 迻, son collier est défilé. — *Chuỗi lần hột* ○ 吝 紇, rosaire, chapelet.

Chưởi 吡. Lancer des imprécations (contre les ascendants), maudire, injurier, insulter. (Formé des S. A. *khẩu* 口, bouche, et *chỉ* 止, s'arrêter.)

Chưởi rủa ○ 嚕, insulter grossièrement. — *Chưởi lộn* ○ 輪, se disputer, s'insulter, se lancer des injures réciproquement. — *Chưởi nát* ○ 涅, lancer des imprécations, réduire un adversaire par des injures.

Chuôm 㭲. Faisceau formé par des rameaux, ramée pour pêcher. (Formé des S. A. *mộc* 木, arbre, et *sum* 森, épaisse ramure.)

Chuôm chà ○ 㭲, broutilles pour prendre le poisson. — *Thả chuôm* 且 ○, mettre les broutilles en place pour pêcher.

Chuồn 蜳. Le nom d'un poisson et d'un insecte. (Formé des S. A. *trùng* 虫, insecte, et *tồn* 存, veiller à.)

Cá chuồn 魰 ○, poisson volant. — *Con chuồn* 昆 ○, demoiselle (insecte).

Chuông 鐘. Cloche, sonnette. (Du S. A. *chung*, même car., même signification.)

Đánh chuông 打 ○, frapper sur la cloche, sonner. — *Tiếng chuông kêu* 嗜 ○ 叫, la cloche sonne, la cloche se fait entendre.

Chuộng 重. Considérer comme important, faire grand cas de, et par suite respecter, estimer, apprécier. (Du S. A. *trọng*, même car., même signification.)

Kính chuộng 敬 ○, vénérer, avoir une estime respectueuse. — *Yêu chuộng* 腰 ○, estimer, aimer, affectionner. — *Chuộng đãi* ○ 待, entourer de soins, de prévenances, traiter dignement. — *Chuộng hơn* ○ 欣, préférer, faire plus de cas de. — *Chuộng nhau* ○ 饒, s'estimer les uns les autres, s'apprécier.

Chuồng 圖. Lieu destiné au logement des bestiaux, comme étable, bergerie, parc, etc. (Formé des S. A. *vi* 口, enceinte, et *đồng* 童, dénudé.)

Chuồng bò ○ 牰, étable à bœufs. — *Chuồng trâu* ○ 樓, parc à buffles. — *Chuồng ngựa* ○ 馭, écurie. — *Chuồng chiên* ○ 羘, bergerie. — *Chuồng heo* ○ 獾, porcherie. — *Chuồng gà* ○ 鶪, poulailler. — *Chuồng bồ câu* ○ 牰 鴿, colombier, pigeonnier. — *Kẻ giữ chuồng* 几 侍 ○, garde d'écurie.

Chưởng 彰*. Belles plumes, poil luisant; clair, net, manifeste.

Chương minh ○ 明, clair, brillant, splendide, élégant.

Chương 章*. Tout complet; chapitre d'un livre, composition littéraire, morceau de musique; section, division, leçon; règle, loi.

Đệ nhứt chương 第 一 ○, chapitre premier, première leçon. — *Văn chương* 文 ○, composition littéraire, style élégant. — *Bản chương* 版 ○, livre, plan, tableau. — *Sách cửu chương* 典 九 ○, le livre des neuf règles d'arithmétique.

Chướng 瘴*. Mauvais air, atmosphère viciée, miasmes nuisibles, émanations pestilentielles.

Chướng khí ○ 氣, air malsain, climat insalubre. — *Bệnh chướng* 病 ○, maladie causée par un mauvais climat. — *Chướng ngược* ○ 虐, frissonner de la fièvre; indiscipliné, récalcitrant. — *Chướng mẫu* ○ 母, la mère de la maladie. — *Nói chướng* 吶 ○, parler contrairement au bon sens. — *Gió chướng* 逾 ○, vent soufflant par rafales.

Chưởng 呈*. Exposer, présenter, rendre compte, faire un rapport; terme de respect. Voir *trình*.

Chưởng bẩm ○ 禀, exposer à un supérieur, présenter une pétition. — *Chưởng minh* ○ 明, exposer clairement. — *Chưởng tử* ○ 子, une plainte, un rapport. — *Chưởng bài* ○ 排, soumettre un devoir au maître.

Chưởng 掌*. Pomme de la main, et par extension, empoigner, tenir, diriger, commander, administrer, surveiller, régir.

Quan chưởng lý hình 官 ○ 理 刑, chef du service judiciaire (en Cochinchine). — *Quan chưởng thủy* 官 ○ 水, commandant de la marine. — *Quan chưởng vệ* 官 ○ 衛, commandant supérieur des troupes.

Chuột 狣. Rat, souris. (Formé des S. A. *khuyển* 犬, chien, et *truật* 朮, nom de plante.)

Con chuột 昆 ○, le rat. — *Chuột cống* ○ 貢, gros rat. — *Chuột lắt* ○ 㮔, petit rat, souris. — *Chuột xạ* ○ 麝, rat musqué. — *Dưa chuột* 茶 ○, concombre, cornichon (espèces). — *Đuôi chuột* 尾堆 ○, queue de rat (se dit en mauvaise part de la natte de cheveux que portent les Chinois). — *Chuột nhủi* ○ 䈙, taupe.

Chuốt 捽. Polir; flatter. (En S. A., se saisir de, empoigner; se pron. *tốt*.)

Chuốt ngót ○ 吪, dire des paroles douces, louer pour plaire.

Chụp 執. Faire irruption dans, fondre sur, bondir tout à coup, saisir brusquement. (Du S. A. *cháp*, même car., même signification.)

Chụp lấy ○ 祉, se jeter sur, s'emparer de. — *Cọp chụp chó* 拾 ○ 狂, le tigre saute sur le chien. — *Chụp ếch* ○ 蝰, prendre des grenouilles à la main (d'un mouvement brusque). — *Chụp cá* ○ 魦, pêcher du poisson à la main (de la même manière).

Chút 啐. Un peu, très peu, une toute petite quantité. (En S. A., goûter, mâcher; se pron. *toái*.)

Một chút xíu 沒 ○ 偼, très peu, un tantinet. — *Một chút một đỉnh* 沒 ○ 沒頂, un tout petit peu, moins que rien. — *Con chút chít* 昆 ○ 啎, nom de jouet d'enfant. — *Chút gà* ○ 鶂, appeler les poules.

Co 孤. Fléchir, se replier, se courber, se recroqueviller. (En S. A., seul, solitaire, orphelin; se pron. *cô*.)

Co lại ○ 吏, se contracter. — *Co máu* ○ 泖, vif, impétueux, ardent. — *Co quắp* ○ 急, recourbé; querelleur, chicanier. — *Co tay* ○ 搤, contracter ou fermer la main. — *Quanh co* 迷 ○, tortueux, sinueux.

Cọ 揎. Frotter, se frotter contre, s'attaquer à. (Formé des S. A. *thủ* 手, main, et *cụ* 具, préparer.)

Cọ nhau ○ 饒, se frotter l'un contre l'autre. — *Cọ với vách* ○ 貝壁, se frotter au mur. — *Cọ vào cây* ○ 伽核, se frotter contre un arbre. — *Cãi cọ* 改 ○, se disputer grossièrement. — *Cọ đánh* ○ 打, se battre.

Có 固. Avoir, posséder, avoir le fait d'être, il y a; particule affirmative. (En S. A., fermé de tous côtés, solide, durable; se pron. *cố*.)

Tôi không có 碎空 ○, je n'ai pas. — *Có công* ○ 功, avoir du mérite. — *Có bạc nhiều* ○ 薄饒, avoir beaucoup d'argent. — *Có việc cần* ○ 役勤, avoir besoin de, avoir une affaire pressante. — *Có phép mà* ○ 法麻, avoir le droit de. — *Có ý muốn* ○ 意悶, avoir envie, avoir le désir de. — *Có biết không* ○ 別空, savez-vous, oui ou non? — *Có phải không* ○ 沛空, est-ce ainsi? n'est-ce pas? — *Có chịu không* ○ 召空, consentez-vous? acceptez-vous? — *Giàu có* 朝 ○, qui est très riche.

Cò 鵝. Nom de différents oiseaux de l'ordre des échassiers. (Formé des S. A. *điểu* 鳥, oiseau, et *cô* 孤, seul.)

Con cò 昆 ○, héron, aigrette. — *Trắng như cò* 桿如 ○, blanc comme une aigrette. — *Đục nước béo cò* 濁㴇膀 ○, l'eau trouble fait la cigogne grasse (proverbe). — *Nhắc cò cò* 揹 ○ ○, aller à cloche-pied. — *Cây cò* 核 ○, clynopodium asiaticum. — *Cò súng* ○ 銃, chien de fusil.

Cỏ 靯. Herbe. (Formé des S. A. *thảo* 草, herbe, et *cô* 古, ancien.)

Loài săng cỏ 類棱 ○, le règne végétal. — *Cỏ rác* ○ 落, foin, paille, herbe. — *Cỏ khô* ○ 枯, herbe sèche. — *Cỏ xanh* ○ 檬, herbe tendre. — *Phát cỏ* 發 ○, faucher l'herbe. — *Làm cỏ* 濫 ○, faire les herbes, arracher l'herbe. — *Đi cắt cỏ* 挗割 ○, aller couper de l'herbe. — *Căn cỏ chịu đầu* 限 ○ 召頭, se soumettre humblement; litt., baisser la tête et mordre l'herbe. — *Cây cỏ cò* 核 ○ 孤鳥, dracocephalum cocincinense. — *Cây cỏ gạo* 核○精, millium effusum. — *Chó cỏ* 狂○, espèce de chien à jambes courtes, loup-cervier.

Cô 姑*. Tante (sœur aînée du père), mademoiselle; sert à désigner les jeunes filles et les jeunes femmes de la bonne société.

 Cô đi đâu? ○ 移兜, où allez-vous, mademoiselle? — *Cô tôi đã nói* ○ 碎㐌吶, ma tante paternelle l'a dit. — *Bà cô* 妣○, grand'tante.

Cô 孤*. Orphelin, seul, solitaire, abandonné, délaissé; veuvage.

 Cô bần ○ 貧, un pauvre orphelin. *Cô quả* ○ 寡, veuve. — *Cô tử* ○ 子, un fils abandonné, un orphelin. — *Cô sương* ○ 孀, veuve. — *Cô gia* ○ 家, je, moi, l'abandonné (terme d'humilité employé quelquefois par le roi et les princes).

Cô 呱*. Pleurer, crier, sangloter.

Cộ 椇. Espèce de traîneau. (En S. A., nom d'arbre; se pron. *cụ*.)

 Đi chơi xe cộ 移制車○, aller se promener en traîneau.

Cố 雇*. Louer le travail d'autrui, mettre en gage. Voir *cầm*.

 Cố ruộng ○ 曨, engager un champ. — *Cố mình* ○ 命, se donner soi-même en gage. — *Cố công* ○ 工, coolie, portefaix. — *Của cố* 貼○, la chose engagée, le gage. — *Cầm cố* 擒○, retenir un gage. — *Cố ngôn* ○ 言, engager sa parole, c.-à-d. faire connaître ses dernières volontés, faire son testament.

Cố 顧*. Observer, considérer.

Cố 固*. Solide, ferme, durable; fermeté, opiniâtreté, entêtement.

Cố 故*. Résultat, cause, occasion, prétexte; c'est pourquoi, parce que; devenir vieux; ancien, bisaïeul; appellation respectueuse.

 Ông cố tôi 翁○碎, mon bisaïeul. — *Cố hương* ○ 鄉, patrie. — *Cố lý* ○ 里, id. — *Ông cố* 翁○, nom donné par les Annamites aux missionnaires catholiques européens. — *Chiêu cố* 招○, se rappeler, se souvenir. — *Cố sự* ○ 事, une ancienne affaire, une vieille histoire.

Cồ 衢*. Route, passage, point de rencontre de plusieurs chemins; disque, rond-point. Voir *cù*.

 Gà cồ 鷍○, coq de combat.

Cỗ 古. Table bien servie. (En S. A., ancien, antique; se pron. *cổ*.)

 Dọn cỗ 抯○, préparer un repas d'apparat. — *Cỗ biểu* ○ 報, table réservée aux invités de marque.

Cổ 股 et 胐*. Hanches, fesses, parties basses, arrière-train.

Cổ 古*. Vieux, ancien, qui date de l'antiquité, les temps reculés, les générations lointaines.

 Cổ nhơn ○ 人, les vieux, les ancêtres. — *Cổ tích* ○ 昔, antique. — *Cổ văn* ○ 文, l'ancien style, les vieux écrits. — *Cổ ngữ* ○ 語, vieil adage, vieux proverbe. — *Cổ thì* ○ 時, les anciens temps. — *Cổ kim* ○ 今, anciennement et maintenant, les temps anciens et les temps modernes. — *Bàn cổ* 盤 ○, premier homme de la création (d'après les peuples de civilisation chinoise).

Cổ 古. Cou, gosier; col de vêtement; certaines parties du corps. (Pour le car. en S. A., voir ci-dessus.)

Cổ áo ○ 襖, col de chemise ou d'habit. — *Cổ chơn* ○ 蹟, cou-de-pied. — *Cổ tay* ○ 掏, poignet. — *Thắt cổ* 紶○, pendre, se pendre, étrangler, s'étrangler. — *Ngóng cổ* 顒 ○, attendre le cou tendu et en levant les yeux. — *Cán cổ* 幹 ○, étrangler, suffoquer. — *Nhợn cổ* 閒 ○, avoir envie de vomir, avoir des nausées. — *Cứng cổ* 亙 ○, obstiné, entêté, qui résiste, qui n'obéit pas.

Cổ 鼓*. Tambour, tam-tam; exciter des combattants. Car. radical.

Cổ nhạc ○ 樂, tambour d'orchestre. — *Thạch cổ* 石 ○, siège en pierre en forme de tam-tam. — *Cổ trướng* ○ 脹, hydropisie. — *Cổ canh đàng* ○ 更唐, l'espace de chemin au bout duquel on ne perçoit plus le son du tambour qui bat les veilles de nuit (pour apprécier approximativement les distances).

Cơ 機*. Mouvement, machine, mécanique; circonstance, motif, moyen; changement subtil et adroit.

Sự cơ 事 ○, raison d'être des choses. — *Thiên cơ* 天 ○, sort, destin. — *Thừa cơ* 乘 ○, saisir l'occasion, profiter des circonstances. — *Theo cơ quan* 蹺 ○ 關, selon les circonstances. — *Cơ mật viện* ○ 密院, conseil secret ou conseil aulique (à la cour de Hué).

Cơ 基*. Point de départ, origine, commencement, fondation.

Cơ nghiệp ○ 業, les biens dont on hérite; patrimoine, héritage. — *Cơ đồ* ○ 圖, id. — *Được cơ nghiệp* 特 ○ 業, recueillir une succession.

Cơ 譏*. Faire des reproches, adresser des remontrances; ourdir une machination, calomnier, scruter habilement, insinuer.

Cơ soát ○ 刷, rechercher avec soin. — *Cơ hỏi* ○ 晦, interroger avec habileté. — *Cơ thích* ○ 刺, insinuer quelque chose contre quelqu'un.

Cơ 奇*. Régiment de 500 hommes des milices de province.

Quản cơ 管 ○, commander un régiment provincial. — *Chánh quản cơ* 正管 ○, colonel d'un régiment provincial. — *Phó quản cơ* 副管 ○, lieutenant-colonel d'un de ces régiments. — *Lính cơ* 另 ○, soldat d'un régiment provincial.

Cơ 飢 et 饑*. Famine, disette, misère causée par la perte des récoltes; souffrir de la faim.

Cơ khổ ○ 苦, quel malheur! j'en suis désolé! (exclamation de surprise et quelquefois d'indignation). — *Cơ hàn* ○ 寒, qui a faim et froid. — *Cơ cẩn* ○ 饉, grande misère publique. — *Cơ dân* ○ 民, peuple affamé.

Cớ 據*. Mettre la main sur, avoir la preuve de ; établir un fait qui est évident, tangible, indubitable.

Chứng cớ 証 ○, preuve, témoignage, garantie. — *Cớ nào* ○ 苒, pour quelle cause ? en vertu de quoi ? *Cớ chi* ○ 之, id. — *Vô cớ vô lý* 無 ○ 無理, sans cause et sans raison, sans motif valable. — *Cắc cớ* 各 ○, plaisant, railleur, moqueur. — *Làm tờ cớ* 濫詞 ○, établir un procès-verbal des preuves (après un vol).

Cờ 旗*. Drapeau, étendard, pavillon, bannière, enseigne. Voir *kì*.

Cờ vua ○ 旂, oriflamme royale. — *Cờ xí* ○ 幟, pavillon, bannière. — *Cờ gió* ○ 逾, flamme, banderole (qui flotte au vent). — *Cờ tam sắc* ○ 三色, le drapeau tricolore. — *Tổng cờ* 總 ○, porte-drapeau, porte-enseigne. — *Ra cờ* 囉 ○, déployer les étendards, aller au combat. — *Phất cờ* 拂 ○, agiter un étendard, faire flotter un drapeau. — *Kéo cờ* 播 ○, hisser les couleurs. — *Hạ cờ* 下 ○, rentrer les couleurs, amener le pavillon, se rendre. — *Lính cờ đen* 另 ○ 顛, soldat des Pavillons noirs (anciens pirates du Tonkin).

Cờ 棋, 綦 et 碁*. Le jeu en général, mais plus particulièrement le jeu des échecs. Voir *kì*.

Cờ tướng ○ 將, une pièce du jeu des échecs. — *Cờ vây* ○ 圍, id. — *Cờ tiên* ○ 仙, id. — *Cờ song lục* ○ 雙陸, id. — *Bàn cờ* 槃 ○, échiquier, table à jeu. — *Một bộ cờ* 沒部 ○, un jeu d'échecs. — *Đánh* 打 ○, jouer aux échecs. — *Đánh cờ*

đánh bạc 打 ○ 打簿, adonné au jeu, jouer de l'argent avec passion.

Cờ 期*. Temps, période, époque, terme, limite. Voir *kì*.

Tình cờ 情 ○, par hasard, fortuitement, tout naturellement. — *Lờ cờ* 矑 ○, inopinément, à l'improviste ; faible d'esprit, stupide, imbécile.

Cỡ 舉. Honte, pudeur, confusion (ne s'emploie qu'en composition). (En S. A., élever, élire ; se pron. *cử*.)

Mắt cỡ 秩 ○, avoir honte, être timide. — *Mắt cỡ* 袒 ○, id. — *Mắt cỡ sượng* 袒 ○ 爽, rougir de honte, être tout confus.

Cọc 楇. Arrhes, gages ; cheville. (En S. A., nom d'arbre ; se pron. *cúc*.)

Đặt cọc 達 ○, donner des arrhes. — *Đánh cọc* 打 ○, parier, gager. — *Cọc chèo* ○ 㭗, cheville de l'aviron.

Cóc 蛤. Crapaud. (Formé des S. A. *trùng* 虫, reptile, et *cốc* 谷, vallée.)

Cóc tía ○ 紫, crapaud rouge. — *Cóc rác* ○ 落, une chose de rien, un objet insignifiant. — *Bào cóc* 鉋 ○, petit rabot. — *Thằng ăn cóc* 倘 唆 ○, mangeur de crapauds (injure). — *Mụt cóc* 瘝 ○, verrue, bouton, rugosité, pustule.

Cộc 局. Qui ne peut se contenir. (En S. A., association ; se pron. *cuộc*.)

Tính cộc 性 ○, caractère violent. — *Con thằng cộc* 昆倘 ○, plongeon.

Cốc 谷*. Vallée, ravin, creux d'où sort une source, bruit d'une eau qui sourd. Car. radical. A. V. Onomatopée; nom de plante.

Sơn cốc 山 ○, monts et vallées. — *Thủy cốc* 水 ○, torrents des montagnes. — *Cốc cốc* ○ ○, bruit de crécelle ou de bambou creux : tóc tóc. — *Cây cốc* 核 ○, anthyllis indica.

Cốc 穀*. Céréales, fruits de la terre, provisions de bouche; nourrir, entretenir; bon, vertueux.

Ngũ cốc 五 ○, les cinq céréales. — *Cây sinh ngũ cốc* 核生五 ○, plantes céréales. — *Ngũ cốc lên gía* 五 ○ 遷價, le prix des céréales a haussé. — *Thuộc về ngũ cốc* 屬衛 五 ○, qui a trait aux céréales.

Coi 禢. Voir, regarder, lire (des yeux seulement); surveiller, garder, administrer, régir. (En S. A., spectre, fantôme; se pron. *qủi*.)

Tôi đã coi 碎危 ○, j'ai déjà vu. — *Đi coi hát* 移 ○ 喝, aller au spectacle, au concert. — *Coi mạch* ○ 脉, tâter le pouls. — *Coi sách* ○ 冊, lire dans un livre. — *Coi nhựt trình* ○ 日呈, lire un journal. — *Coi nhà* ○ 茹, garder la maison. — *Coi dân* ○ 民, surveiller le peuple, l'administrer. — *Coi nó làm sao* ○ 奴濫牢, comment le trouvez-vous? — *Coi thử* ○ 試, essayer, expérimenter, se rendre compte. — *Coi cho kĩ* ○ 朱紀, examiner avec soin, avec attention. — *Coi nham* ○ 岩, consulter les sorts. — *Khó coi lắm* 苦 ○ 廩, très pénible à voir, qui choque la vue, dégoûtant, inconvenant. — *Coi bộ nó rầu* ○ 步奴愁, il a l'air triste, il semble affligé.

Cội 禢. Trompe de chasse, corne de commandement militaire. (Pour le car. en S. A., voir ci-dessus.)

Thổi còi 噯 ○, sonner de la trompe ou de la corne. — *Cây còi* 核 ○, arbre noueux, rabougri.

Cõi 堎. Limites, frontières, confins, extrémités. (Formé des S. A. *thổ* 土, terre, et *qủi* 癸, car. cyclique.)

Bờ cõi nước 坡 ○ 渚, frontière de royaume, limite de pays. — *Cõi giái* ○ 界, les confins du monde, les limites de l'univers. — *Cõi thọ* ○ 壽, le séjour des immortels.

Cỏi 堎. Mot complémentaire. (Pour la décomposition du car., voir ci-dessus.)

Cứng cỏi 亘 ○, dur, résistant, récalcitrant, entêté. — *Sự cứng cỏi* 事亘 ○, dureté, entêtement. — *Lòng cứng cỏi* 悉亘 ○, cœur dur, âme insensible; inhumain.

Côi 孤. Seul, solitaire, abandonné (ne s'emploie qu'en composition). (Du S. A. *cô*, même signification.)

Mồ côi 戍 ○, sans famille, tout seul, abondonné. — *Mồ côi cha* 戍 ○ 吒, orphelin de père. — *Mồ côi mẹ* 戍 ○ 媄, orphelin de mère.

Cội 檜. Tronc d'arbre; enraciné. (Pour le car. en S. A., voir ci-dessous.)

Cội rễ ○ 禮, principe, racine.

Cội 檜*. Arbres, plantes; un arbre comme le cyprès, le genévrier, dont le bois est employé pour les cercueils. A. V. Mortier, moulin.

Cây cối 核 ○, arbres et plantes, végétaux en général. — *Cối đâm thuốc* ○ 銃 菜, vase où l'on pile les drogues. — *Cối xay* ○ 樵, moulin à décortiquer le paddy. — *Một cối* 沒 ○, une pilée. — *Cây cối xay* 核 ○ 樵, mauve.

Cối 䰘. Queue de la feuille. (En S. A., spectre, revenant; se pron. *qủi*.)

Cối mít ○ 櫔, pétiole du jaquier. — *Cá đối cối* 魸 對 ○, nom de poisson.

Cởi 檜. Se dévêtir, se dépouiller; ôter, quitter, enlever, retirer. (En S. A., ceinture, endroit où la ceinture s'attache; se pron. *khoái*.)

Cởi áo ra ○ 襖 囉, quitter son habit. — *Cởi giày* ○ 鞋, ôter ses souliers. — *Cởi tính xấu* ○ 性 丑, se débarrasser d'un vilain caractère.

Cơi 該. Petit plateau pour servir. (En S. A., pourvoir à; se pron. *cai*.)

Cơi nước trà ○ 渃 茶, plateau de service à thé. — *Cơi trầu* ○ 樓, boîte à bétel. Voir *khay*.

Cởi 改. Changer, modifier. (Du S. A. *cải*, même car., même signification.)

Chừa cởi 除 ○, se corriger, s'améliorer, revenir au bien. — *Cởi tác* ○ 作, faire selon son bon plaisir, agir à sa guise.

Cỡi 騎. Monter à cheval, se mettre à califourchon. (Du S. A. *kỵ*, même car., même signification.)

Phép cỡi ngựa 法 ○ 馭, les règles de l'équitation. — *Cỡi ngựa* ○ 馭, enfourcher sa monture, aller à cheval. — *Tập cỡi ngựa* 習 ○ 馭, s'exercer à monter à cheval, faire de l'équitation. — *Ngựa khó cỡi* 馭 苦 ○, cheval difficile à monter.

Còm 朧. Courbé, voûté, penché, en forme d'arc. (En S. A., le gras de la jambe; se pron. *liên*.)

Đi còm lưng 迻 ○ 腰, aller en courbant le dos.

Cốm 糕. Préparation de riz grillé et confit dans le sucre. (Formé des S. A. *mễ* 米, grain, et *cấm* 禁, défendre.)

Cốm bắp ○ 樵, maïs grillé. — *Cốm gạo* ○ 糙, riz grillé. — *Ăn cốm lưng tai* 晗 ○ 拂 聰, mal cacher ses projets (ruses cousues de fil blanc).

Cồm 兼. S'élever au-dessus, former saillie; syllabe euphonique. (En S. A., unir, joindre; se pron. *kiêm*.)

Dậy lồm cồm 跴 藍 ○, se soulever sur son lit avec les mains et les pieds.

Cơm 餅. Riz cuit. (Du S. A. *cam*, même car., doux et agréable au goût.)

Cơm nếp ○ 糯, riz gluant, riz visqueux. — *Cơm tẻ* ○ 宰, riz ordinaire. — *Cơm thiu* ○ 燒, riz gâté. — *Cơm nguội* ○ 洌, riz froid. — *Cơm hôi khói* ○ 灰 煨, riz qui sent la fumée. — *Cơm cháy* ○ 煙, riz brûlé. — *Cơm lọn* ○ 侖, boule de riz (pour les voyages ou les expéditions). — *Ăn cơm* 唵 ○, manger le riz, prendre son repas. — *Nấu cơm* 燸 ○, cuire le riz, préparer les aliments. — *Mời ăn cơm* 迻 唵 ○, inviter à déjeuner (ou à dîner). — *Ăn cơm rồi chưa* 唵 ○ 耒 渚, avez-vous fini de dîner? — *Ăn cơm rồi* 咹〇耒, j'ai fini de manger, le repas est terminé. — *Cá cơm* 魤〇, nom de poisson. — *Tróng cơm* 敊〇, tam-tam de forme allongée.

Con 昆. Créature en général; fils, fille, enfant, petit; appellatif des être animés ou paraissant animés. (En S. A., pareil, égal; se pron. *cân*.)

Con cái 〇吘, les enfants (d'une même famille). — *Con trai* 𡥵𤳆, garçon, jeune homme. — *Con gái* 〇媽, fille, jeune fille. — *Con đầu lòng* 〇頭悉, le premier-né. — *Con út* 〇丞, le plus jeune, le dernier-né. — *Con ruột* 〇胂, enfant utérin. — *Con nuôi* 〇餒, enfant adoptif. — *Con ghẻ* 〇疣, beau-fils. — *Con nít* 〇涅, petit enfant. — *Bà con* 妑〇, les parents, la famille. — *Mấy đứa con* 買𠁞〇, combien d'enfants? — *Con đực* 〇特, mâle (quadrupèdes). — *Con cái* 〇吘, femelle (id.). — *Con ngựa* 〇馭, le cheval. — *Con bò* 〇牻, le bœuf. — *Con chó* 〇狂, le chien. — *Con trống* 〇俸, mâle (oiseaux). — *Con mái* 〇贋, femelle (id.). — *Con gà* 〇鶡, la poule. — *Con chim* 〇鵤, un oiseau. — *Con hát* 〇喝, chanteuse, actrice. — *Con mắt* 〇䀹, œil (l'appellatif des êtres animés est employé par exception parce que l'œil paraît animé). — *Con ngươi* 〇𥄮, pupille de l'œil. — *Cột con* 樴〇, petite colonne, colonne des bas côtés d'une maison.

Côn 滾*. Eaux torrentielles; courant rapide, impétueux; bouillonnement, ébullition. Voir *cồn*.

Còn 羣 et 群. Encore; quant à, pour ce qui est de. (En S. A., troupeau de moutons, foule; se pron. *quần*.)

Chẳng còn 庄〇, il n'en reste plus. — *Còn nhiều lắm* 饒虞〇, il y en a encore beaucoup. — *Còn nguyên* 元, encore tout entier, encore intact. — *Còn gì nữa* 〇之女, quoi encore? qu'y a-t-il de plus? — *Còn về nó* 〇衛奴, quant à lui, en ce qui le concerne. — *Còn như* 〇如, que si, mais si. — *Còn tôi làm sao* 〇碎濫牢, et moi, et moi donc?

Cồn 崑*. Haute montagne; lieu élevé et abrupte; un frère aîné.

Hòn cồn non 𡶀〇嫩, les îlots montagneux de Poulo-Condore. — *Cù lao cồn non* 岣崂〇嫩, l'île de Poulo-Condore.

Côn 棍*. Nom d'arbre; bâton, trique, gourdin; brigand, bandit.

Côn tử 〇子, verge, baguette, gaule. — *Trường côn* 長〇, long bâton servant d'insigne à certains mandarins. — *Côn đồ* 徒, vagabond, malfaiteur, individu dangereux.

Cồn 㙎. Monticule, colline, banc. (Formé des S. A. *thổ* 土, terre, et *quần*, 羣, bande, foule.)

Cồn cát 〇葛, banc de sable, barre. — *Mắc cồn* 繷〇, empêché par un banc de sable. — *Cồn cạn* 〇泮, peu profond, guéable.

Côn 衮 et 袞*. La robe de cour ornée du dragon symbolique.

Cổn 滾*. Eau qui coule avec impétuosité, torrent, courant rapide.

Cỏn 丨 *. Perpendiculairement, accroissement, crue. Car. radical.

Con 杆. Espace de temps, durée; terme numéral des crises, des accès, des orages. (En S. A., bois de palissade; se pron. *cán*.)

    Con gió ○ 逾, coup de vent. — *Con mưa* ○ 霜, ondée. — *Con giận* ○ 悻, accès de colère. — *Con bịnh* ○ 病, attaque, crise. — *Con rét* ○ 冽, accès de fièvre. — *Một con rét* 沒 ○ 冽, un accès de fièvre.

Cong 工. Courber, se courber. (En S. A., travail, artisan; se pron. *công*.)

    Cong lưng ○ 腰, courber les reins.

Cọng 共*. Faire la somme, totaliser, réunir; tout ou tous ensemble; en présence de; offrir,

    Cọng tổng ○ 總, le tout, la totalité. — *Cọng lại* ○ 更, additionner. — *Phép cọng* 法 ○, l'addition (règle de l'arithmétique).

Cống 貢. Engourdi, perclus; raideur, tension (des membres). (En S. A., offrir, présenter; se pron. *cóng*.)

    Cống tay ○ 㧎, mains engourdies. — *Cống cẳng* ○ 㣹, jambes raides.

Còng 蛩. Une espèce de crabe; pinces, entraves, ceps, fers. (En S. A., nom d'insecte; se pron. *cống*.)

    Đóng còng lại 㨂 ○ 更, entraver les pieds, mettre les fers, les ceps. — *Còng cua* ○ 蛌, plante forestière qui donne une espèce de tanin employé pour les filets de pêche.

Cõng 拱. Porter quelqu'un sur le dos ou à califourchon sur les épaules. (En S. A., joindre les mains, croiser les bras; se pron. *cũng*.)

    Cõng đồng đồng ○ 童童, porter un enfant de la même manière.

Công 公*. Juste, équitable, loyal; titre nobiliaire qui correspond à celui de duc; le paon.

    Công bình ○ 平, juste, équitable. — *Công chính* ○ 正, droit, loyal, correct. — *Phép công bình* 法 ○ 平, justice, règles de la justice. — *Công vương* ○ 王, roi. — *Công tử* ○ 子, prince du sang. — *Công chúa* ○ 主, princesse du sang. — *Quan công luận* 官 ○ 論, conseiller. — *Quan công đồng* 官 ○ 同, sénateur. — *Công sở* ○ 所, salle du conseil. — *Công việc* ○ 役, service public. — *Công ti* ○ 司, société, corporation, association de commerce. — *Công ti rượu* ○ 司 醑, ferme des vins de riz ou des alcools. — *Công ti cờ bạc* ○ 司 棋 簿, ferme des jeux. — *Công ti nha phiến* ○ 司 茅 序, ferme d'opium. — *Con công* 昆 ○, le paon. — *Con công múa* 昆 ○ 㨂, le paon fait la roue.

Công 功*. Journée de travail; les services rendus, le mérite acquis.

    Có công lắm 固 ○ 虞, avoir rendu de grands services, être très méritant. — *Công danh* ○ 名, gloire, renommée, honneurs. — *Ký công* 記 ○, prendre note des services rendus, rappeler les titres. — *Đại công* 大 ○, haut mérite, belles actions.— *Vô công* 無 ○, sans mérite, sans considération. — *Thưởng công* 賞 ○,

récompenser le mérite. — *Trả công* 呂 ○, payer le salaire, le travail. — *Lập công* 立 ○, se créer des titres. — *Mất công* 秩 ○, perdre sa peine. — *Tiếc công* 惜 ○, regarder à sa peine, regretter le mal que l'on s'est donné. — *Uổng công* 枉 ○, c'est dommage, c'est peine perdue. — *Liệu công* 料 ○, mettre tout en œuvre. — *Công swu* ○ 搜, corvée, prestation en nature. — *Công điền* ○ 田, terres communales, biens domaniaux.

Công 工 *. Le travail, la main-d'œuvre; artisan, ouvrier. Car. radical. (Se prend parfois pour le précédent et réciproquement.)

Bộ công 部 ○, ministère des travaux publics. — *Công bộ thượng thơ* ○ 部 尚 書, le ministre des travaux publics. — *Công việc* ○ 役, travail.

Công 攻 *. Attaquer, assaillir, frapper, pousser, exciter, stimuler.

Công phạt ○ 伐, se ruer les uns sur les autres. — *Giao công* 交 ○, mêlée.

Công 貢 *. Présenter au souverain; offrir, remettre, payer (taxe, tribut). A. V. Canal, aqueduc.

Công lễ ○ 禮, présents offerts à la cour. — *Công thuế* ○ 稅, payer le tribut au suzerain. — *Tán công* 進 ○, présenter au roi. — *Chuột công* 狖 ○, rat d'égout, gros rat. — *Công xương* ○ 昌, indolent, paresseux. — *Công nước* ○ 渃, aqueduc.

Công 樻 *. Boîte, malle, corbeille, panier, une caisse quelconque.

Cổng 積. Grillage, barre, traverse. (Pour le car. en S. A.; voir ci-dessus.)

Cửa cổng 闈 ○, porte barrée. — *Cổng trâu* ○ 㹥, traverses en bois fermant l'entrée des parcs à buffles.

Cọp 狧 [1]. Le tigre. (Formé des S. A. *khuyển* 犬, chien, et *hiệp* 合, unir.)

Hùm cọp 狧 ○, les fauves en général. — *Con cọp rình* 昆 ○ 伶, le tigre est à l'affût, aux aguets. — *Cọp gầm* ○ 噆, le tigre rugit. — *Vút cọp* 猙 ○, griffe de tigre. — *Da cọp* 胙 ○, peau de tigre. — *Ông cọp* 翁 ○, monsieur le tigre. (Les Annamites qui craignent beaucoup ce fauve, l'appellent monsieur avec l'espoir superstitieux de désarmer sa férocité.)

Cộp 合 [2]. Onomatopée exprimant le bruit d'objets qui s'entrechoquent. (En S. A., unir, joindre; se pron. *hiệp*.)

Kì cộp 其 ○, exclamation : comme c'est étrange! — *Lộp cộp* 拉 ○, inconsidérément, étourdiment.

Cợp 及. Entr'ouvert, béant, qui ne joint pas bien, qui bâille. (En S. A., avoir rapport à; se pron. *cập*.)

Cợp cợp ra ○ ○ 囉, mal joint, qui fait saillie, qui dépasse un peu.

Cót 簹. Entourage de nattes pour contenir du riz, claie; syllabe euphonique. (Formé des S. A. *trước* 竹, bambou, et *cốt* 骨, ossements.)

Lót cót 祉 ○, allure vive, dégagée.

---

[1] *Cọp* peut se transcrire aussi par 級. — [2] Dans certaines provinces, on emploie le car. 吸.

8

Cột 槳 et 橛. Colonne, mât, poteau, pilier; lier, nouer, attacher. (Du S. A. *quiết*, même car., cheville.)

 Cột nhà ○ 茹, colonne de maison. — *Cột cầu* ○ 橋, colonne de pont, pilier. — *Cột tàu* ○ 艚, mât de navire. — *Cột lòng* ○ 悉, grand mât. — *Cột ưng* ○ 鷹, mât d'artimon. — *Cột mũi* ○ 鮖, mât de misaine. — *Cột chót mũi* ○ 啐 鮖, mât de beaupré. — *Cột nga* ○ 俄, id. — *Cột buồm tàu* ○ 帆 艚, mâture et voilure. — *Cột trực neo* ○ 逐 錨, cabestan. — *Rường cột* 樑 ○, le pied d'une colonne ou d'un mât. — *Cột dây thép* ○ 綟 鋑, poteau télégraphique. — *Cột chó lại* ○ 狂 吏, mettre le chien à l'attache. — *Cột dây* ○ 綟, attacher un cordage, amarrer.

Cốt 骨*. Os, ossements, substance dure; desséché, insensible; couper, abattre; terme de sorcellerie. Car. radical. Voir *xương*.

 Xương cốt 昌 ○, les ossements. — *Gân cốt* 筋 ○, artères. — *Cốt nhục* ○ 肉, les os et la chair, être comme frères. — *Nước cốt* 渃 ○, premier jus, première infusion. — *Lấy cốt* 祀 ○, enlever les ossements, exhumer. — *Cột cây* ○ 核, abattre les arbres. — *Bóng cốt* 俸 ○, sorcière.

Cợt 噤. Plaisamment, joyeusement. (Formé des S. A. *khẩu* 口, bouche, et *kiệt* 桀, hardi.)

 Nói cợt 吶 ○, plaisanter. — *Giễu cợt* 昭 ○, jouer, s'amuser. — *Hay giễu cợt* 哈 昭 ○, aimer à plaisanter, faire le farceur, amuser les gens.

Cu 俱*. Entièrement pourvu de; ensemble, tout à la fois; indique le pluriel après un substantif.

Cu 駒*. Un cheval de petite taille.

 Ngựa cu 馭 ○, poulain, jeune cheval. — *Bạch cu* 白 ○, petit cheval blanc; au fig., courte vie.

Cu 鳩*. Pigeon, colombe, tourterelle, espèce de grive. Voir *câu*.

 Con cu 昆 ○, expression familière pour désigner les parties sexuelles masculines des petits enfants.

Cụ 具*. Préparer, disposer, pourvoir à, fournir de; objets, outils.

 Văn cụ 文 ○, une pièce officielle. — *Cụ bẩm* 稟 ○, un rapport, un placet. — *Nón cụ* 藏 ○, chapeau de femme annamite.

Cụ 垻*. Revêtement en terre, digue, jetée, quai, chaussée.

Cụ 懼*. Tristesse, affliction; épouvante, crainte, frayeur.

Cụ 椇*. Le nom d'un arbre qui donne un fruit rouge; espèce de poirier ou de prunier.

Cú 句*. Phrase, période, verset, chant, stance, césure. Voir *câu*.

Cú 鵂. Nom d'oiseau nocturne. (Du S.A. *cu*, même car., pigeon, tourterelle.)

 Chim cú 鴣 ○, chouette, hibou. — *Gà cú* 鶪 ○, espèce de poule. — *Cú mầu* ○ 牟, morose, hargneux.

Cú 鮑. Une variété d'anguille. Voir

lươn. (Formé des S. A. *ngư* 魚, poisson, et *câu* 句, phrase.)

Cù 衢*. Chemin, route, passage, carrefour, rond-point, disque.

Cù đạo ○ 道, une grande voie, une avenue. — *Đánh cù* 打 ○, jouer au disque (jeu de village).

Cù 劬*. Travail dur, labeur pénible, peines, fatigues, angoisses.

Cù lao ○ 劳, douleurs, soucis.

Cù 岣. Mot complémentaire. (Formé des S. A. *son* 山, montagne, et *câu* 句, phrase.)

Cù lao ○ 嶗, île (vient peut-être de *poulo*, île, en malais).

Cù 虬*. Animal fabuleux, espèce de dragon; faire des contorsions.

Cũ 奭. Ancien, vieux (se dit des choses et non des êtres animés). Voir *cựu*. (Du S. A. *lũ*, même car., pauvre, abject, misérable.)

Tình cũ ngãi 情 ○ 義, vieille amitié. — *Thói cũ* 退 ○, anciens usages, vieilles coutumes. — *Quê cũ* 畦 ○, patrie. — *Cũ lắm* ○ 廩, très vieux, très ancien, antique. — *Cũ nát* ○ 涅, délabré, réduit en morceaux. — *Đàng cũ* 唐 ○, ancienne route.

Cũ 斜*. Lier; une corde triple.

Cù 矩*. Instrument pour établir; règle, loi, usage, observance. Voir *kiểu*. A. V. Tubercule, racine.

Qui cù 規 ○, compas et équerre,

règle. — *Cù suất* ○ 率, régir, gouverner. — *Học qui cù* 學規 ○, apprendre à connaître les lois, étudier les usages. — *Cù khoai* ○ 坷, pomme de terre. — *Cù cải* ○ 芥, navet, rave. — *Cù cải đỏ* ○ 芥 赭, radis rouge. — *Cù nưa* ○ 葿, espèce de tubercule. — *Cù nghệ tây* ○ 芰 西, carotte. — *Cù khoai lang* ○ 坷 榔, patate douce. — *Cù hành* ○ 荇, oignon. — *Cù tỏi* ○ 蒜, ail. — *Cây cù chi* 核 ○ 支, vomiquier.

Cư 居*. Habiter, demeurer; le lieu où l'on habite, être à demeure quelque part, occuper une charge.

Dân cư 民 ○, population sédentaire, habitations du peuple. — *Ngụ cư* 寓 ○, hôte, étranger, habitant de passage. — *Hương cư* 鄉 ○, notable. — *Cư sĩ* ○ 士, un lettré retiré dans sa famille. — *Cư quan* ○ 官, un mandarin qui a quitté ses fonctions et qui vit dans la retraite. — *Cư tang* ○ 喪, porter le deuil.

Cư 琚*. Pierre précieuse; cabochons, parures, verroteries, clinquant; qui brille, qui a de l'éclat.

Cư 巨*. Grand, fort, puissant.

Cư 拒*. Opposer de la résistance; empêcher, arrêter, lutter contre.

Cư binh lính ○ 兵 另, s'opposer à la marche d'une troupe. — *Cư nghịch lại* ○ 逆 吏, résister à l'ennemi, le repousser, le combattre. — *Ra mà cư* 囉 麻 ○, faire une sortie, aller au-devant de l'ennemi, tenir tête, faire face. — *Lực cư* 力 ○, faire une forte opposition, donner de toutes

8.

ses forces contre. — *Tươngcự* 相 O, tenir contre, lutter, défendre.

Cự 距*. Synonyme du précédent.

Cứ 據*. Suivre, continuer; maintenir fermement; partir d'un principe, se baser sur une règle.

Cứ việc O 役, continuer le même travail. — *Cứ đường đi* O 唐拸, continuer à suivre la route. — *Cứ án* O 案, conformément au jugement. — *Cứ lời nói* O 裪吶, selon ce qui est dit. — *Cứ tho* O 書, d'après la lettre, selon le texte. — *Cứ lẽ phải* O 理沛, partir de ce qui est raisonnable. — *Cứ sự luận sự* O 事輪事, chaque chose doit passer à son tour. — *Cứ thủ* O 守, veiller à conserver, à maintenir; faire vigilance et bonne garde.

Cứ 鋸*. Une scie; scier du bois.

Lạp cứ 拉 O, manier la scie, scier.

Cứ 鐻*. Support de cloche, de tam-tam, de gong; battant.

Cừ 渠*. Pilotis pour canal ou chaussée; aqueduc, canal, rigole; grand, large, calme, paisible.

Cột cừ 櫔 O, gros pieux que l'on enfonce dans la vase pour consolider les bords d'un canal ou d'une chaussée. — *Đóng cừ* 揀 O, enfoncer des pieux, établir un pilotis. — *Cừ đằng mộc* O 棠木, sorbier. — *Cừ thủy* O 水, eau coulant dans une rigole.

Cừ 璩 *et* 渠*. Pierres précieuses, riches ornements, belles parures.

Ốc xa cừ 沃車 O, nacre. — *Hộp xa cừ* 匣車 O, boîte incrustée de nacre. — *Cẩn xa cừ* 謹車 O, incruster la nacre.

Cữ 舉*. S'abstenir; un temps de, un mouvement; accès, crise.

Vô quá cữ 無過 O, ne pas trop s'agiter. — *Kiêng cữ* 京 O, s'abstenir, se priver. — *Cữ thịt* O 胼, s'abstenir de viande. — *Một cữ rét* 沒 O 冽, un accès de fièvre.

Cữ 筥*. Corbeille en osier, panier en bambou; claie, treillis.

Cử 窐 et 舉*. Porter plus haut, élever devant soi, tenir en l'air avec les mains; élire, nommer à une fonction publique ou officielle.

Bầu cử 保 O, élire par suffrage, voter. — *Phép bầu cử* 法保 O, élection. — *Lời cử* 裪 O, intercéder en faveur de; vote. — *Cử hương chức* O 鄉職, élire un notable. — *Cử thủ* O 手, lever la main. — *Cử nhơn* O 人, licencié (grade littéraire).

Cua 蝌. Crabe, cancre. (Formé des S. A. *trùng* 虫, reptile, et *cô* 孤, seul.)

Cua biển O 灣, crabe de mer. — *Cua đồng* O 仝, crabe des rizières. — *Ban cua* 瘢 O, pustules, boutons, rugosités sur la peau.

Của 貼. Choses, biens, propriétés; s'emploie pour la formation des pronoms possessifs; marque du génitif. (En chinois, d'après le Dict. du P. Couvreur, le car. signifie commerce.)

Của cải O 改, biens, richesses. — *Của chim* O 沈, biens immeubles;

litt., biens submergés. — *Của nổi* ○ 浽, biens meubles; litt., biens flottants. — *Của ăn* ○ 唆, les biens dont on jouit, la nourriture. — *Của ai* ○ 埃, à qui? de qui? — *Nhà của tôi* 茹 ○ 碎, ma maison. — *Con ngựa của nó* 昆 駅 ○ 奴, son cheval. — *Có nhiều của* 固 饒 ○, avoir beaucoup de biens, être riche. — *Là của tôi* 羅 ○ 碎, c'est à moi, cela m'appartient. — *Hết của* 歇 ○, ruiné.

Cưa 鋸. Une scie; scier. (Du S. A. *cứ*, même car., même signification.)

Cái cưa 丐 ○, scie. — *Trại cưa* 寨 ○, scierie. — *Thợ cưa* 署 ○, scieur de long. — *Mạt cưa* 末 ○, sciure de bois, limaille de fer.

Cựa 拒 (1). Bouger, remuer, tortiller; faire des contorsions. (En S. A., opposer de la résistance; se pron. *cự*.)

Cụ cựa 具 ○, bouger, remuer. — *Đừng cựa quậy* 停 ○ 怪, ne bougez pas, ne remuez plus.

Cựa 距. Ergot de coq; combattre. (Du S. A. *cự*, même car., même signification.)

Cửa 鐻. Syllabe euphonique et mot complémentaire. (En S. A., support de cloche; se pron. *cử*.)

Cắt cửa 割 ○, couper, taillader. — *Nói cà cửa* 吶 楇 ○, bavarder, déraisonner. — *Lần cửa* 吝 ○, remettre à une autre fois.

Cửa 閘. Porte extérieure, entrée, port, embouchure. (Formé des S. A. *môn* 門, porte, et *cử* 举, élever en l'air.)

Cửa ngõ ○ 午, porte d'entrée. — *Cửa cái* ○ 丐, porte principale, portail. — *Cửa sổ* ○ 數, fenêtre. — *Cửa hai cánh* ○ 合 翄, porte à deux battants. — *Nhà cửa* 茹 ○, maison, famille. — *Kẻ giữ cửa* 几 侍 ○, portier, concierge. — *Mở cửa* 搗 ○, ouvrir la porte. — *Đóng cửa* 揀 ○, fermer la porte. — *Khóa cửa* 銙 ○, fermer la porte à clef. — *Gõ cửa* 損 ○, frapper à la porte. — *Cửa biển* ○ 灘, port de mer. — *Cửa sông* ○ 瀧, embouchure de fleuve. — *Ghe cửa* 艠 ○, barque d'embouchure. — *Răng cửa* 齩 ○, dents incisives. — *Cửa mình* ○ 命, sa propre ouverture, par euphémisme le vagin.

Cục 局. Motte, boule; terme numéral des mottes de terre, des cailloux, des boules, etc. (En S. A., entreprise, association; se pron. *cuộc*.)

Cục cơm ○ 鉗, boule de riz cuit. — *Cục đất* ○ 坦, motte de terre. — *Cục đá* ○ 砑, caillou, pierre. — *Cục sữa* ○ 㾼, caillot de lait. — *Cục máu* ○ 泖, caillot de sang. — *Đóng cục lại* 揀 ○ 吏, rouler en boule, durcir en caillots. — *Một cục tuyết* 沒 ○ 雪, une boule de neige. — *Kì cục* 奇 ○, singulier, phénoménal; exclamation: comme c'est bizarre!

Cúc 楇*. Bois qui sert à faire certaines chaussures légères.

Cúc 鞠*. Régler l'existence, élever, dresser, nourrir; courber le corps.

---

(1) Peut se transcrire aussi par le car. 距, combattre, se débattre, se démener.

Cúc dưỡng ○ 養, nourrir, élever. — *Cúc tử* ○ 子, jeune homme, élève, disciple. — *Cúc cung* ○ 躬, se prosterner selon les rites. — *Lúc cúc* 六 ○, en désordre, dispersé, étendu, épars. — *Chơi lúc cúc* 制 六 ○, prendre ses ébats, s'amuser, se divertir, folâtrer (jeux athlétiques, jeux d'écoliers).

Cúc 菊*. Plantes légumineuses, végétaux comestibles; plantes à fleurs composées, telles que le tournesol, le souci; fleurs, boutons.

Cúc hoa ○ 花, camomille. — *Cúc ăn tàu* ○ 唉艚, sorte d'herbe potagère. — *Rau cúc* 蘷 ○, chrysocoma villosa. — *Rượu cúc* 醑 ○, espèce de vin. — *Đinh cúc* 釘 ○, clou à tête. — *Kim cúc* 針 ○, épingle.

Cực 極*. Extrémité, bout; grande misère, fortes peines, détresse.

Bắc cực 扗 ○, pôle arctique. — *Nam cực* 南 ○, pôle antarctique. — *Thái cực* 太 ○, principe premier de âm dương. — *Khốn cực* 困 ○, grands chagrins, dures épreuves. — *Nghèo cực* 饒 ○, très pauvre, tout à fait misérable. — *Cực khổ lắm* 苦 廪, misère extrême, grande détresse, amertume. — *Chịu cực* 召 ○, supporter le malheur, subir la misère. — *Làm cho cực lòng* 濫 朱 ○ 悉, qui contriste, qui cause du chagrin. — *Cực trọng* ○ 重, très estimable, très important, très grave.

Cức 亟*. Urgent, pressé; se hâter.

Cúc 棘*. Ronces, épines, piquants.

Cui 愧. Plier sous le poids d'un fardeau, d'une charge. (Formé des S. A. *thị* 示, avertir, et *qủi* 鬼, diable.)

Ghe cui 艎 ○, espèce de barque de charge. — *Lui cui* 踣 ○, plier les reins, courber le dos. — *Trâu cui* 犪 ○, buffle dont les cornes sont peu développées. — *Cây cui* 核 ○, nom d'arbre; bois de construction.

Cúi 蹌. S'incliner, se courber, se prosterner. (Formé des S. A. *túc* 足, pied, et *hội* 會, assembler, réunir.)

Cúi đầu ○ 頭, courber la tête, saluer. — *Cúi xuống* ○ 尫, se courber. — *Heo cúi* 獵 ○, porc. — *Cá cúi* 魷 ○, porc marin.

Cùi 䰯. Pédoncule, axe, épi; crochu, tordu, ratatiné. (Du S. A. *qủi*, même car., diable, spectre.)

Cùi mít ○ 樄, écorce intérieure du fruit du jaquier. — *Cùi trái thơm* ○ 鞕 蕡, l'axe de l'ananas. — *Cùi chuối* ○ 桎, tige du bananier. — *Cùi bắp* ○ 榣, épis du maïs. — *Thằng cùi* 倘 ○, lépreux (qui a les extrémités des mains et des pieds tordues et rongées par son mal).

Cũi 櫃. Grillage ou cage en bois pour enfermer certains animaux. (En S. A., caisse, armoire; se pron. *qủi*.)

Cũi hùm ○ 貉, cage à fauves. — *Cũi heo* ○ 獵, cage à cochons. — *Cũi sắt* ○ 鉄, cage en fer. — *Đóng cũi* 揀 ○, établir une cage. — *Bỏ vào cũi* 補 包 ○, mettre en cage.

Củi 檜. Bois coupé, bois à brûler; bûches, bûchettes, tisons. (En S. A., nom d'arbre; se pron. *cối*.)

Một cây củi 沒核 ○, une bûche. — *Làm củi* 濫 ○, faire du bois. — *Ghe củi* 篝 ○, barque servant à transporter le bois à brûler. — *Chở củi* 𤳷 ○, transporter du bois. — *Bửa củi* 銛 ○, fendre du bois. — *Nhúm củi* 拒 ○, rassembler du bois à brûler, réunir ou rapprocher les tisons. — *Dụt củi* 燋 ○, éloigner les tisons du feu, retirer les bûches de l'âtre.

Cửi 緻. Fils ou liens entrelacés; toile de tisserand. (Formé des S. A. *mịch* 糸, fils, liens, et *cāi* 改, changer.)

Dệt cửi 緘 ○, tisser de la toile. — *Thợ dệt cửi* 署緘 ○, tisserand. — *Nghề dệt cửi* 藝緘 ○, tissage. — *Hàng dệt cửi* 行緘 ○, étoffe tissée. — *Chông hoa cửi* 蔡花 ○, chevaux de frise, pieux fichés en terre.

Cụm 樷 et 欑*. Arbustes épineux, buissons épais, touffus.

Cụm rừng ○ 棱, fourré, taillis, bosquet. — *Đi lụm cụm* 㩿懞 ○, marcher courbé comme un vieillard.

Cúm 噤*. Bouche fermée; impossibilité de parler, saisissement, paralysie; le nom d'une mauvaise fièvre endémique appelée dingue.

Cúm tay chon ○ 拪蹎, raideur des membres, paralysie des bras et des jambes. — *Bịnh cúm* 病 ○, la fièvre dingue. — *Mắc cúm* 縸 ○, avoir cette fièvre. — *Cúm núm* ○ 捻, timide, craintif, peureux.

Cùm 柑. Entraves, ceps, fers. (En S. A., oranger, orange; se pron. *cam*.

Đóng cùm 揀 ○, mettre les ceps. — *Mắc cùm* 縸 ○, être entravé, être aux ceps ou aux fers. — *Tháo cùm* 操 ○, défaire les ceps, délier les entraves. — *Gông cùm trăng trói* 杠 ○ 綾 纆, cangue, ceps, fers, liens.

Cùn 噼. Usé, émoussé, détérioré. (Formé des S. A. *khẩu* 口, bouche, et *quần* 群, troupe, foule.)

Dao cùn 刀 ○, lame usée, couteau ébréché. — *Chổi cùn* 箒 ○, un vieux balai. — *Bút cùn* 筆 ○, un pinceau usé. — *Cùn man* ○ 蠻, hargneux, irritable. — *Nó mẻ nó cùn* 奴美 奴 ○, il est usé, émoussé; il ne vaut plus rien, il ne peut plus servir.

Cung 恭*. Témoigner du respect, être attentif à exécuter un ordre donné; prévenant, attentionné.

Cung lục ○ 錄, respectueusement copié (formule officielle). — *Cung kính* ○ 敬, révérer, honorer, respecter. — *Cách cung kính* 格 ○ 敬, respectueusement. — *Cung đốn* ○ 頓, cadeau d'honneur. — *Cung phượng* ○ 奉, présenter ses hommages.

Cung 供*. Exposer, faire connaître, rendre compte (à l'autorité).

Cung khai ○ 開, déclarer. — *Cung tử* ○ 死, rendre compte d'un décès. — *Lời cung* 唎 ○, relation, rapport, exposé, compte rendu.

Cung 宮*. Le palais de l'empereur, la demeure royale; appartements particuliers des femmes du harem ou du sérail; signe du zodiaque; note de musique; un air, un chant.

Cung điện ○ 殿, salle d'audience d'un palais. — *Đông cung* 東

prince héritier. — *Chính cung* 正 ○, reine. — *Thứ cung* 次 ○, seconde femme du roi. — *Cung phi* ○ 妃, femmes du sérail, concubines royales. — *Cung nữ* ○ 女, palais réservé aux femmes du roi, harem. — *Cung môn* ○ 門, la porte principale du palais. — *Thập nhị cung* 十二 ○, les douze signes du zodiaque. — *Cung trạm* ○ 站, courrier du roi, station, relai de poste. — *Cung cách* ○ 格, notes qui composent un chant. — *Hát một cung* 喝沒 ○, chanter un air, exécuter un morceau.

Cung 弓 *. Penché, courbé, en forme de croissant; arc ou arbalète pour lancer des flèches. Car. radical.

Cung tên ○ 箭, arc et flèches. — *Cung nỏ* ○ 弩, baliste, arbalète. — *Giương cung* 張 ○, tendre l'arc. — *Bắn cung* 弹 ○, tirer de l'arc. — *Xuống cung* 骶 ○, détendre l'arc. — *Hình nguyệt cung* 形月 ○, courbé en forme de croissant. — *Cung tay* ○ 捯, mettre les bras en cercle (pour saluer rituellement).

Cụng 躬 *. Son propre corps, soi-même, personnellement.

Cụng 共 *. Tous ensemble, collectivement, au total; se placer devant, se heurter, donner contre.

Cụng đầu ○ 頭, se heurter tête à tête (comme font les bêtes à cornes).

Cúng 供 *. Présenter aux supérieurs; offrir aux mânes des ancêtres, aux parents défunts et aux idoles.

Lễ cúng 禮 ○, cérémonie de l'offrande. — *Đồ cúng quải* 圖 ○ 喹, mets apprêtés pour l'offrande. — *Thượng cúng* 上 ○, présenter en rendant un culte. — *Cúng cơm* ○ 餬, offrir du riz cuit (selon les rites). — *Cúng chuối* ○ 柜, offrir des bananes.

Cùng 窮 *. Fin, terme, bout, extrémité; réduit à rien, épuisé, fini.

Đi cho cùng 移朱 ○, marcher jusqu'au bout, aller jusqu'au terme. — *Vô cùng* 無 ○, sans fin, toujours, indéfiniment, éternellement. — *Không cùng* 空 ○, inépuisable, sans terme, qui n'aura jamais de fin. — *Chẳng cùng* 庄 ○, id. — *Cùng đường* ○ 唐, le bout d'un chemin, le point terminus d'une route. — *Cùng cực* ○ 極, misère extrême. — *Cùng dân vô cáo* ○ 民無告, pauvres gens ayant épuisé toutes ressources et n'ayant rien à attendre de personne. — *Ruột cùng* 胖 ○, le gros intestin.

Cùng 共 *. Et, avec, envers, ensemble, conjointement. Voir *với*.

Đi cùng nhau 移 ○ 饒, aller ensemble. — *Ở cùng cha* 於 ○ 吒, demeurer avec le père. — *Ăn cùng nó* 咹 ○ 奴, manger avec lui.

Cũng 拱 *. Croiser les mains, prendre des deux mains avec respect. A. V. Aussi, de même que, pareillement, également, tout aussi bien.

Cũng được ○ 特, cela se peut aussi, c'est également possible. — *Cũng có* ○ 固, cela existe aussi, tout aussi bien. — *Cũng phải* ○ 沛, c'est bien aussi, c'est également très bien. — *Cũng bằng* ○ 朋, autant que, aussi bien que. — *Cũng vậy* ○ 丕, de même, aussi, également. — *Tôi cũng biết* 碎 ○ 別, je le sais aussi, je ne l'ignore pas non plus.

Cũng 廾 *. Les mains jointes (comme pour saluer). Car. radical.

Cứng 亙 *. Dur, ferme, résistant; au fig., têtu, entêté, opiniâtre.

  Cứng cỏi 堎, dur, inflexible. — *Cứng cỗ* ○ 古, entêté, revêche, récalcitrant. — *Cứng cát* ○ 葛, ferme, tenace. — *Cứng như sắt* ○ 如鉄, dur comme du fer. — *Cứng như đá* ○ 如砂, dur comme le marbre. — *Nước cứng* 渃 ○, eau glacée. — *Làm cho cứng* 濫朱 ○, durcir, glacer. — *Cứng lòng* ○ 悉, cœur dur, âme, insensible. — *Cứng trí* ○ 智, obstiné.

Cuộc 局 *. Ordre, arrangement, plan, entreprise, association, corporation (comme pour une exposition, des comices, des courses, des régates); contracté, serré, courbé.

  Cuộc đua ngựa ○ 都駆, courses de chevaux. — *Cuộc đua ghe* ○ 都篡, régates. — *Cuộc gà* ○ 鷄, combat de coqs, assortir des coqs de combat. — *Đánh cuộc* 打 ○, parier (aux courses ou aux régates). — *Cuộc đấu xảo* ○ 鬪 巧, exposition, concours. — *Các cuộc trưởng chánh tì sự* 各 ○ 長正司事, chef des corporations réunies (mandarin de 8ᵉ degré).

Cuốc 梮 *. Fortes chaussures, souliers à semelles en bois, sabots.

Cuốc 鍋 *. Crochet ou agrafe en fer pour unir deux pièces. A. V. Houe, pioche; travailler la terre.

  Cuốc đất lên ○ 坦遷, piocher. —

Cuốc chia ba ○ 釶叱, trident. — *Chim cuốc* 鳲 ○, nom d'oiseau.

Cước 脚 *. Le bas des jambes; le pied ou la base d'une montagne.

  Phát cước 發 ○, enflure aux jambes. — *Sơn cước* 山 ○, montueux.

Cuối 檜. Un bois de construction; nom donné à certains animaux, à des buffles, par exemple. (En S. A., nom d'arbre; se pron. *cói*.)

  Thằng cuội 倘 ○, écho (terme baroque). Voir *tiếng vọng* 嗜望.

Cuối 檜. Incliné, penché, courbé, replié; fin, bout, extrémité. (En S. A., nom d'arbre; se pron. *cói*.)

  Cuối tháng nầy ○ 腩尼, à la fin du mois. — *Cuối biển* ○ 灣, au bout des mers. — *Cuối đàng* ○ 唐, bout de chemin, fin de route, tournant. — *Từ đầu chí cuối* 自頭至 ○, depuis le commencement jusqu'à la fin.

Cưới 娺. Se marier (avec le sens de prendre femme, non de prendre un mari, qui se dit *láy*). (Formé des S. A. *nữ* 女, femme, et *kí* 旣, finir.)

  Cưới vợ ○ 媥, prendre femme. — *Đám cưới* 坫 ○, le cortège, la noce. — *Đi đám cưới* 移坫 ○, aller à la noce, assister au mariage. — *Lễ cưới* 禮 ○, cérémonie du mariage; cadeaux d'usage offerts par le fiancé.

Cười 唭. Rire, se moquer, se gausser, s'épanouir. (Formé des S. A. *khẩu* 口, bouche, et *ki* 其, pron. poss.)

  Nhạo cười người ta 嚛 ○ 傳些, se moquer des gens, faire des gorges chaudes de quelqu'un. — *Chế cười* 吱 ○, se moquer, railler, mépriser. — *Vui cười* 盃 ○, s'amuser, se réjouir, s'en donner à cœur joie. — *Tức cười* 息 ○, qui porte à rire, éclater de rire. — *Nói cười* 吶 ○, plaisanter, badiner, dire des bons mots. — *Cười lén* ○ 練, rire en cachette, se moquer en dessous. — *Cười khúc khích* ○ 曲 隙, id. — *Cười chết* ○ 折, rire à mourir, rire aux larmes. — *Cười reo* ○ 嘹, rire aux éclats, rire bruyamment, à gorge déployée. — *Cười lạt* ○ 練, rire sans motif, rire sottement. — *Cười gằn* ○ 斯, rire quoique mécontent, rire jaune. — *Cười chơi* ○ 制, rire pour rien, pour s'amuser. — *Cười mỉn* ○ 唩, sourire discrètement, rire sous cape. — *Hoa cười* 花 ○, la fleur s'épanouit. — *Lửa cười* 焀 ○, le feu pétille, la flamme se réjouit, crépite.

Cườm 䌙 (1). Grains pour bracelet, pour collier. (Formé des S. A. *thạch* 石, pierre, et *cam* 甘, doux.)

Hột cườm 紇 ○, perles, grains.

Cuộn 滾 *. Grande pluie, débordement; couler, rouler. Voir *cồn*.

Nước chảy cuộn cuộn 渚 汢 ○ ○, l'eau coule à torrents. — *Mây bay cuộn cuộn* 溲 懇 ○ ○, les nuages roulent dans l'espace.

Cuốn ▨ *. Un rouleau de papier; terme numéral des livres et des choses qui se roulent. Voir *quyển*.

Một cuốn sách 沒 ○ 冊, un livre, un volume. — *Cuốn thứ nhứt* ○ 次 壹, le premier volume. — *Một cuốn sách hay* 沒 ○ 冊 哈, un bon livre.

Cuốn 捲 *. Rouler, enrouler, réunir (stores, nattes, voiles). Voir *quyển*.

Cuốn khỉ lại ○ 起 來, agglomérer, plier, rouler, pelotonner. — *Cuốn đồ đi* ○ 禚 㧯, serrer ses habits, faire ses malles. — *Cuốn chiếu* ○ 詔, rouler les nattes. — *Cuốn lại* ○ 吏, replier. — *Chỉ cuốn* 織 ○, fil en pelotte.

Cuồng 誑 *. Être très léger en paroles, tenir des propos en l'air. A. V. Tige, queue, pétiole.

Lời cuồng hoặc 㾕 ○ 惑, argument fallacieux. — *Cuồng ngôn* ○ 言, discours mensongers, paroles discourtoises. — *Cuồng hoa* ○ 花, tige de fleur. — *Cuồng trái* ○ 柄, queue de fruit. — *Cuồng lá* ○ 蘿, veine principale d'une feuille. — *Cây cuồng tàu* 核 ○ 艚, absodea sessilis.

Cuồng 狂 *. Déraisonnable, incohérent, excentrique, fou, dément.

Điên cuồng 癲 ○, qui a perdu la raison. — *Cuồng nhơn* ○ 人, homme en démence. — *Phát cuồng* 發 ○, devenir fou. — *Cuồng tay* ○ 㧜, main engourdie. — *Cái cuồng* 丐 ○, manivelle à tirer de l'eau d'un puits.

Cương 薑 *. Gingembre, racine de curcuma. A. V. Maladie cutanée.

Ghẻ cương 疣 ○, boutons purulents, gale prurigineuse.

Cương 畺 et 疆 *. Confins, limites;

---

(1) *Cườm* peut aussi se transcrire par 鉗.

les frontières ou les bornes d'un pays, les limites d'une province. *Vô cwong* 無 ○, sans limites, non déterminé — *Cwong giái* ○ 界, limites infinies, bornes extrêmes.

Cwong 韁*. Bride, rênes; contenir, retenir, refréner, réprimer.

Cwong ngwa ○ 馭, bride de cheval. — *Dây cwong* 綟 ○, rênes. — *Riét cwong lại* 綱 ○ 吏, retenir les rênes, tenir la bride haute. — *Buông cwong* 摗 ○, lâcher les rênes, les laisser flotter; donner libre cours.

Cwòng 强 et 彊*. Arc qui se détend avec force; fort, robuste, puissant, orgueilleux, autoritaire; le nom d'un petit insecte noir qui se trouve dans le riz; charançon et autres menus rongeurs. Voir *càng*.

Cang cwòng 剛 ○, dur, fort, vigoureux, constant, ferme, persévérant. — *Mộc cwòng* 木 ○, entêté comme une bûche. — *Cang cwòng dõng dược* 剛 ○ 勇 躍, libéral, magnanime, de belle et bonne humeur.

Cwòng 鶻. Un merle à plumage grisâtre, très commun en Cochinchine, dénommé merle des buffles, parce qu'il aime à se tenir sur le dos de ces animaux. (Formé des S. A. *điểu* 鳥, oiseau, et *cwong* 彊, limite.)

Cwóp 却. Ravir, prendre avec violence et force ouverte. (Du S. A. *kiếp*, même car., même signification.)

Ăn cwóp 咬 ○, enlever de force, pirater, piller. — *Kẻ ăn cwóp* 几 咬 ○, voleur à main armée, brigand, pirate. — *Ghe ăn cwóp* 艓 咬 ○, barque de pirates. — *Bị ăn cwóp* 被 咬 ○, être victime des pirates, avoir été pillé. — *Đảng ăn cwóp* 党 咬 ○, une bande de pirates, une association de voleurs de grand chemin.

Cúp 給. Manque, défaut, absence; faire un faux pas (ne s'emploie qu'en composition). (En S. A., donner, conférer, fournir; se pron. *cáp*.)

Gà cúp 鷄 ○, une poule qui a perdu sa queue. — *Cúp xuống* ○ 𤓾, tomber, glisser, faire une chute.

Cụt 橛. Court, ras; un moignon. (En S. A., colonne, poteau; se pron. *cột*.)

Tóc cụt 鬤 ○, cheveux ras. — *Cắt cụt* 割 ○, écourter, couper court. — *Cụt quá* ○ 過, trop court. — *Cụt đuôi* ○ 尾, sans queue. — *Cụt tay* ○ 扡, manchot. — *Cụt chơn* ○ 蹎, qui a la jambe coupée, pied-bot. — *Trái măng cụt* 鞔 笁 ○, mangoustan. — *Nấc cụt* 嗝 ○, hoquet, sanglot.

Cút 骨. Onomatopée pour rendre le cri de certains oiseaux. (En S. A., ossements; se pron. *cốt*.)

Chim cút 鵪 ○, la caille. — *Con cút* 昆 ○, une espèce d'insecte. — *Cút đi mất* ○ 移 ○, disparaître, s'esquiver en un clin d'œil.

Cứt 結. Déchet, ordure, excrément des hommes et des animaux. (En S. A., lier, nouer; se pron. *kiết*.)

Cứt sắt ○ 鉄, scorie de fer. — *Cứt mũi* ○ 𪖷, ordure du nez. — *Cứt bò* ○ 牯, bouse de vache. — *Cứt chó* ○ 狂, fiente de chien. — *Nấm cứt ngựa* 葱 ○ 馭, espèce de champignon, dit crottin de cheval. — *Nấm cứt trâu* 葱 ○ 犪, id., dit bouse de buffle. — *Nấm cứt voi* 葱 ○ 猭, id., dit excrément d'éléphant.

Cưu 鳩*. Réunir, assembler; séjourner, se fixer quelque part pour vivre dans le repos; nom d'oiseau.

Cưu dân ○ 民, réunir les gens du peuple, assembler la foule. — *Cưu mang* ○ 芒, gestation de femme ou de femelle d'animaux. — *Cưu khẩu* ○ 口, le bas-ventre, les parties sexuelles chez la femme. — *Chim cưu* 凸 ○, pigeon, tourterelle.

Cưu 仇*. Avoir de la haine, garder rancune, détester. Voir *cừu*.

Cưu oán ○ 怨, se venger. — *Cưu hờn* ○ 恨, avoir une haine secrète. — *Kẻ hay cưu* 几 哈 ○, rancunier.

Cựu 臼*. Mortier à piler; broyer, écraser, réduire. Car. radical.

Cựu 咎*. Blâmer, réprimander; faute, péché; défaut, vice, tare.

Cựu 舊*. Anciennement, jadis, autrefois, précédemment. Voir *cũ*.

Cựu trào ○ 朝, ancien régime, ancienne cour, précédent gouvernement. — *Cựu thì* ○ 時, le bon vieux temps. — *Cựu nhơn* 人, un vieux serviteur. — *Tổng cựu* 總 ○, ancien chef de canton. — *Quan cựu trào* 官 ○ 朝, fonctionnaire de l'ancien régime. — *Buổi cựu trào* 貝 ○ 朝, au temps de l'ancien régime. — *Lính cựu* 另 ○, ancien soldat. — *Cựu giao* ○ 交, un vieil ami, un ancien compagnon.

Cứu 救*. Sauver d'un mauvais cas, venir en aide, porter secours, tirer d'embarras, délivrer d'un danger.

Cứu chuộc ○ 贖, se sauver ou sauver quelqu'un au moyen d'un rachat. — *Cứu dân* ○ 民, secourir le peuple, protéger les gens. — *Kẻ cứu* 几 ○, celui qui a mis un terme au malheur de quelqu'un. — *Cứu khỏi chết* ○ 塊 折, éviter la mort à quelqu'un. — *Cứu mạng* ○ 命, sauver la vie.

Cứu 灸*. Brûler, cautériser; appliquer un moxa; une plante amère.

Thuốc cứu 蒁 ○, moxa, cautère. — *Cây ngải cứu* 核 艾 ○, absinthe.

Cứu 究*. Pénétrer une pensée, scruter les intentions, rechercher avec soin, examiner à fond.

Thừa cứu ký 承 ○ 記, par obéissance a été examiné et signé (formule administrative).

Cừu 仇*. Réunir, accoupler; haine, ressentiment, vengeance. Voir *cưu*.

Cừu thù ○ 讐, tirer vengeance. — *Cừu nhơn* ○ 人, un ennemi, un adversaire. — *Tam cừu* 三 ○, les trois ennemis: la chair, le monde, le démon. — *Cừu cừu* ○ ○, un ennemi irréconciliable. — *Cừu địch* ○ 摘, assouvir sa haine, se venger.

Cừu 久*. Long; durer longtemps.

Trường cừu 長 ○, qui dure depuis très longtemps. — *Cừu chi* ○ 之,

qui continue à durer. — *Nhựt tử cửu* 日子 ○, pendant de longs jours. — *Cửu kinh hoang phế* ○ 經荒廢, catégorie de terres délaissées depuis plus de cinq ans (question d'impôts).

Cửu 玖*. Une pierre précieuse de couleur noire; le nombre neuf (forme compliquée).

Cửu 九*. Le nombre neuf (forme simple); s'emploie pour beaucoup, plusieurs, grande quantité.

Cửu phẩm ○ 品, les neuf degrés du mandarinat ou le neuvième degré. — *Cửu chương* ○ 章, les règles de l'arithmétique. — *Cửu hiệp* ○ 合, rassembler, réunir. — *Cửu tuyền* ○ 泉, les neuf fontaines mythologiques, c.-à-d. l'autre monde, le tartare. — *Cửu hình* ○ 刑, les neuf peines. — *Cửu lý hương* ○ 里香, plante amère (ruta angustifolia). — *Cửu ngũ chi tôn* ○ 五之尊, je, moi, nous-même (employé par le roi).

Cửu 韭*. Oignon, poireau, ciboule; plante vivace; s'emploie comme symbole de longévité. Car. radical.

Sơn cửu 山 ○, oignon des montagnes, poireau sauvage.

Đ

Đa 多*. Beaucoup, nombreux; très fort, plus, davantage (comparatif).

Đa sự ○ 事, chargé de nombreuses affaires. — *Đa mang* ○ 忙, très occupé. — *Đa nghi* ○ 疑, méfiant, méticuleux, soupçonneux, scrupuleux. — *Chim đa đa* 鴣 ○ ○, la perdrix.

Đá 碌. Pierre en général; toucher, atteindre; ruer. (Formé des S. A. *thạch* 石, pierre, et *đa* 多, beaucoup.)

Đá sỏi ○ 碣, tas de cailloux. — *Đường đá sỏi* 唐 ○ 碣, chemin pierreux. — *Đá ong* ○ 蜂, pierre dite de Biên hoa (litt., pierre à abeilles à cause de ses trous qui la font ressembler à un rayon de miel). — *Đá nổi* ○ 浚, pierre ponce; éponge. — *Rong đá* 龍 ○, id. — *Đá thử vàng* ○ 試鑛, pierre de touche. — *Đá lửa* ○ 焙, pierre à feu, pierre à fusil. — *Đá nam châm* ○ 南針, aimant. — *Đá ngọc* ○ 玉, diamant, pierre précieuse. — *Đá vuông* ○ 风, pierre de taille. — *Đá cẩm thạch* ○ 錦石, marbre. — *Hầm đá* 拾 ○, marbrière. — *Đá hàn* ○ 韋, banc formé par des rochers ou des coraux. — *Đá đến* ○ 典, toucher, atteindre. — *Quăng đá* 挑 ○, lancer des pierres. — *Trời mưa đá* 歪霄 ○, il tombe de la grêle. — *Đá gà* ○ 鴉, combat de coqs. — *Gà đá* 鴉 ○, coq de combat. — *Ngựa hay đá* 馭哈 ○, cheval qui rue habituellement.

Đà 鼉*. Nom collectif pour grands sauriens; crocodile, iguane, alligator, lézard de mer.

Đà 它*. Cela, celui-là; autre, différent; arranger, disposer, placer. A. V. Marque du passé. Voir *đã*.

Đà 駝*. Cheval de formes étranges, espèce de quadrupède monstrueux.

    Con lạc đà 昆駱 ○, chameau, dromadaire.

Đà 陀*. Escarpement, pente raide, sentier dangereux, terrain inégal.

    Di đà 彌 ○, l'un des petits noms familiers du Bouddha.

Đà 柁*. Bois solide, bois de charpente; barre de gouvernail.

    Đại trường đà 大長 ○, grande barque. — Đà đầu ○ 頭, traverse.

Đà 沱*. Cours d'eau provenant d'un grand fleuve, arroyo. Voir đờ.

Đã 厏*. Nom de race. A. V. Avoir déjà; marque du passé. Voir đà.

    Đã rồi ○ 耒, c'est fini, c'est déjà fait. — Đã xong rồi ○ 衝耒, c'est entièrement terminé. — Đã bệnh ○ 病, être guéri, être convalescent. — Đã vậy ○ 不, les choses sont ainsi. — Đã thèm ○ 噆, n'avoir plus envie de, être rassasié. — Đã giận ○ 悚, avoir passé sa colère. — Đã hay chưa ○ 哈渚, c'est fait, ou pas encore ? — Nó đã biết 奴 ○ 別, il sait déjà. — Chẳng đã 庄 ○, inévitablement, forcément. — Khoan đã 寬 ○, attendez un peu, prenez donc patience !

Đã 燼*. Un feu qui s'éteint, clarté expirante, dernières lueurs.

Đả 打*. Frapper, exciter; se quereller; faire, effectuer. Voir đánh.

    Ấu đả 拗 ○, frapper, se battre.

Đạc 度*. Conjecturer, mesurer; capacité, contenance; établir une limite, fixer un temps. Voir đo.

    Đạc chừng ○ 澄, environ, à peu près. — Đạc điền ○ 田, mesurer des terres, arpenter des rizières. — Đồ đạc 圖 ○, objets usuels, mobilier. — Kẹp ba đạc 扳阠 ○, torturer à trois reprises (instruction judiciaire).

Đác 度. Syllabe euphonique. (Pour le car. en S. A., voir ci-dessus.)

    Mưa lác đác 霄落 ○, petite pluie fine et continue.

Đặc 特*. Jeune taureau, vigoureux étalon; s'avancer seul, être isolé; accoupler. A. V. Épais, serré, solide, dense, compact, ferme.

    Làm cho đặc 濫朱 ○, solidifier, rendre épais. — Sự đặc mịn 事勉, la densité. — Đông đặc 東 ○, solide, ferme, épais, compact. — Đặc đầy ○ 苔, beaucoup, rempli. — Sữa đặc 涏 ○, lait concentré.

Đắc 得*. Pouvoir, obtenir, réussir, trouver, désirer, posséder, avoir.

    Đắc kì sở tại ○ 己所在, chacun doit trouver son élément. — Đắc ý ○ 意, à souhait, selon ses désirs. — Bất đắc dĩ 不 ○ 巳, qui ne peut être évité. — Đắc nhơn ○ 人, l'homme qu'il faut, le mari qui convient. — Tương đắc 相 ○, être d'accord, avoir le même sentiment sur quelque chose.

Đai 帶 et 繃*. Ceinture militaire, écharpe de fonctionnaire; cercle.

    Đai bào ○ 袍, vêtement de mandarin. — Bắc đai 批 ○, tropique du

Cancer. — *Nam đại* 南 ○, tropique du Capricorne.

Đại 大 *. Grand, étendu, considérable; éminentissime. Car. radical.

Đại pháp quốc ○ 法 國, la grande nation française (expression officielle). — *Đại nam quốc* ○ 南 國, le grand royaume d'Annam. — *Đại việc* ○ 役, principale affaire, chose très importante. — *Đại tướng* ○ 將, chef suprême. — *Đại nhơn* ○ 人, homme éminent, votre Excellence. — *Đại thần* ○ 臣, éminent sujet, grand serviteur de l'État, plénipotentiaire. — *Đại xá* ○ 赦, amnistie pleine et entière. — *Đại hải* ○ 海, grande mer; nom donné à l'île de la Réunion qui est un lieu d'exil lointain. — *Đại tiểu* ○ 小, grands et petits, vieux et jeunes. — *Chạy đại* 趁 ○, partir comme un trait, courir à toute vitesse. — *Lớn đại* 吝 ○, très grand, immensément grand. — *Đại hoàng* ○ 黃, rhubarbe. — *Sách đại học* 冊 ○ 學, le livre de la Grande Étude (classique chinois et annamite).

Đại 代 *. Siècle, vie, génération, postérité, dynastie. Voir *đời*.

Hậu đại 後 ○, les siècles futurs. *Tiền đại* 前 ○, temps anciens, époques passées. — *Mãn nhựt đại* 滿 壹 ○, perpétuel, toute la vie. — *Tam đại* 三 ○, les trois générations, c.-à-d. les trois dynasties chinoises d'avant notre ère : *hạ* 夏, *âu* 殷, *châu* 周. — *Lịch đại* 歷 ○, dynasties successives, ordre des siècles.

Đại 帒 et 袋 *. Poche, bourse, sac; étui, enveloppe, housse, fourreau, couverture. Voir *đãy*.

Đái 帶 *. Ceinture, écharpe, jarretière, lacet; porter sur soi (comme attaché à la ceinture). A.V. Uriner.

Đái thơ ○ 書, porter une lettre dans sa ceinture. — *Dây thắng đái* 練 勝 ○, sangle. — *Thắng đái ngựa* 勝 ○ 馭, sangler un cheval. — *Nước đái* 溺 ○, urine. — *Mắc đái* 縛 ○, avoir besoin d'uriner. — *Chỗ đi đái* 拄 趁 ○, urinoir, pissotière. — *Chứng đái gắt* 症 ○ 噶, rétention d'urine. — *Chứng đái láu* 症 ○ 老, incontinence d'urine. — *Đái dầm* ○ 霖, enfant qui pisse au lit.

Đái 戴 *. Porter quelque chose sur la tête; abriter, protéger, garantir; honorer, estimer, respecter.

Đài 苔 *. Végétaux cryptogames; mousse, lichen; moisissure.

Đài 臺 *. Lieu élevé, tour, observatoire; palais à clochetons; amas de choses placées les unes sur les autres; être haut perché, dominer.

Đài các ○ 閣, une résidence officielle. — *Đài tiền* ○ 前, façade principale; devant votre palais, devant votre Excellence. — *Đài nước* ○ 溺, un support de vase à eau, un pied de verre à boire. — *Đài trầu* ○ 樓, un support de boîte à bétel. — *Đài diã* ○ 杷, une pile d'assiettes.

Đãi 待 *. Attendre le moment propice, prendre des dispositions, faire bon accueil, recevoir, traiter; laver dans l'eau, trier. Voir *đợi*.

Thiết đãi 設 ○, faire honneur, traiter avec magnificence. — *Trọng* đãi 重 ○, recevoir grandement, noblement; entourer de soins. — *Dọn đãi* 抯 ○, préparer un festin, disposer un grand repas. — *Đãi khách* ○ 客, traiter ses invités, donner une fête. — *Đãi tự* ○ 字, attendre son caractère, c.-à-d. attendre le nom d'un époux. — *Đãi vàng* ○ 鑛, extraire l'or du sable. — *Đãi gạo* ○ 粐, laver le riz, trier le grain.

Đãi 殆*. Dangereux, imminent, presque, à peu de chose près, sur le point d'arriver, de se produire.

Đãi 怠*. Grossier, arrogant, insolent, impoli, brutal, autoritaire.

Đãi dọa ○ 惰, négligent, paresseux, distrait. — *Đãi dọa tự an* ○ 惰自安, fainéant, insouciant, mais aimant les douceurs de la vie. — *Đãi miệng ra* ○ 呬囉, parler avec impertinence, dire des grossièretés.

Đãi 隶*. Jusqu'à, tant que; atteindre un but visé; extrémité de quelque chose. Car. radical.

Đay 低. Résister fortement, faire effort pour tenir tête. (En S. A., pencher la tête en bas; se pron. *đấy*.)

Đay chặt ○ 攢, opposer une forte résistance. — *Nói đay* 吶 ○, insister avec ténacité en parlant.

Đáy 底. Fond, dessous, partie inférieure (choses creuses). (Du S. A. *đề*, même car., même signification.)

Đáy biển ○ 灢, le fond de la mer. — *Ở đáy giếng* 於 ○ 汫, au fond d'un puits. — *Đáy rương* ○ 廂, le fond d'un coffre ou d'une malle. — *Đáy thùng* ○ 桶, fond d'un tonneau, d'une caisse. — *Cho đến đáy* 朱典 ○, jusqu'au fond, jusqu'en dessous.

Đày 苔. Envoyer en exil, chasser. (En S. A., mousse, lichen; se pron. *đài*.)

Bị đày 被 ○, subir l'exil, être exilé. — *An đày* 案 ○, être condamné à l'exil par jugement. — *Đày mười năm* ○ 逝 醉, dix ans d'exil. — *Đày chung thân* ○ 終身, exil perpétuel. — *Đày mãn đại* ○ 滿代, exil à vie. — *Đày Côn nôn* ○ 崑嶙, exilé à Poulo-Condor. — *Đày Đại hải* ○ 大海, exilé aux grandes mers (se dit de l'exil à l'île de la Réunion).

Đày 俻 et 袋*. Bourse, sac, sachet, étui, poche. Voir *đại*.

Đày thơ ○ 書, sac à livres, serviette pour papiers. — *Đày bằng da* ○ 朋胯, sacoche en cuir. — *Bộ đày* 部 ○, besace (double sac). — *Mang đày* 芒 ○, porter en sautoir une sacoche ou une besace.

Đày 待. Syllabe euphonique. (En S. A., moment favorable; se pron. *đãi*.)

Chét lày đày 折攜 ○, mourir tout d'un coup, subitement.

Đáy 低*. Baisser la tête, regarder en dessous; bas, vil, commun. A. V. Ici, à cet endroit, en ce lieu.

Đáy đầu ○ 頭, pencher la tête. — *Đáy hạ* ○ 下, commun, mesquin, bas, vil. — *Nó ở đáy* 奴於 ○, il demeure ici, il est ici. — *Lại đáy* 吏 ○, viens ici, approche-toi. — *Cho đến đáy* 朱典 ○, jusqu'ici. — *Tại*

Đây 在 ○, ici, à cet endroit. — *Đây đó* ○ 姤, ici et là; moi et vous.

Đậy 待. Couvrir. (En S. A., faire bon accueil, bien recevoir; se pron. *đãi*.)

Che đậy 雯 ○, couvrir, cacher, recouvrir. — *Đậy mặt lại* ○ 緬 吏, se couvrir le visage. — *Động đậy* 動 ○, remuer, secouer, ébranler.

Đầy 菩. Plein, rempli, complet. (En S. A., mousse; se pron. *đài*.)

Đầy nhà ○ 茄, plein la maison. — *Đầy dẫy* ○ 汜, débordant, regorgeant, exubérant. — *Rót cho đầy* 撑 朱 ○, verser plein, remplir. — *Ve đầy rượu* 磹 ○ 醋, bouteille pleine de vin. — *Thằng đầy tớ* 倘 ○ 四, domestique, serviteur, boy.

Đẫy 待. Gras, gros, épais (se dit des animaux). (En S. A., faire bon accueil, bien recevoir; se pron. *đãi*.)

Ngựa đẫy 馭 ○, un cheval lourd.

Đẩy 撘. Pousser, repousser, traîner, faire glisser. (Formé des S. A. *thủ* 手, main, et *đãi* 待, recevoir, traiter.)

Đẩy ghe ○ 篡, pousser une barque (pour la mettre à terre ou à flot).

Đam 宄 et 宠. Porter, conduire, mener. Voir *đem* et *đơm*. (En S. A., indécis, hésitant; se pron. *đảm*.)

Dam ma ○ 魔, offrir aux mânes des défunts, sacrifier aux esprits.

Đam 耽*. Grande oreille qui pend.

Dam nha ○ 芽, aloès.

Đạm 淡*. Sans saveur, sans sel; sans cœur, indifférent; dénué de tout, mal partagé. Voir *đươm*.

Đạm bạc ○ 薄, dénué d'argent; parcimonieux. — *Bình đạm* 平 ○, inférieur, ordinaire; sans aucune passion. — *Đạm định* ○ 定, calmé, abattu, réduit à l'impuissance.

Đám 坫. Portion de champ; terme numéral pour les terrains cultivés; réunion, cérémonie, cortège. (En S. A., paravent, écran; se pron. *điếm*.)

Một đám đất 沒 ○ 坦, un morceau de terre. — *Đám mây lớn* ○ 還 客, une nuée. — *Đám chim bay* ○ 鴾 翳, une nuée d'oiseaux. — *Đám hát* ○ 喝, troupe de comédiens. — *Đám cưới* ○ 嬶, cérémonie de mariage, cortège de noces. — *Đi đám cưới* 迻 ○ 嬶, assister à une noce, figurer à un mariage. — *Đám ma* ○ 魔, convoi funèbre, enterrement.

Đàm 覃*. S'étendre au loin, durer longtemps, se prolonger.

Đàm 談*. Consulter, discuter, débattre; causer familièrement.

Đàm luận ○ 論, se concerter, délibérer. — *Đàm tiếu* ○ 笑, causer pour rire ou se moquer de quelqu'un, bavarder, babiller. — *Đàm triều chánh* ○ 朝政, s'entretenir des affaires de l'État. — *Đàm binh* ○ 兵, discuter sur les affaires militaires.

Đàm 痰*. Bile, mucosité, sécrétion, humeur aqueuse, crachat.

Trung đàm 中 ○, mourir suffoqué par la bile, étouffé par les mucosités. — *Có nhiều đàm* 固 饒 ○, bilieux.

9

— *Thuộc về đảm* 屬衛 ○, biliaire. *Xổ đảm* 醜 ○, chasser la bile. — *Thuốc xổ đảm* 葉醜 ○, purgation.

Đảm 膽 et 胆 *. Foie, fiel; courage. (Les Annamites, comme les Chinois, placent l'audace et la bravoure dans le foie.) Voir *gan*.

Đảm thủy ○ 水, la bile. — *Đảm chí* ○ 志, courage, fermeté, résolution. — *Trương đảm* 張 ○, audacieux, d'humeur batailleuse. — *Đại đảm* 大 ○, indomptable, courageux, intrépide, magnanime. — *Vô đảm* 無 ○, craintif, timide, lâche. — *Đảm hỏa bịnh* ○ 火病, apoplexie.

Đảm 擔 *. Porter un fardeau à deux au moyen d'une perche; soutenir, répondre de; mesure de cent livres pour les grains. Voir *khiêng*.

Đảm võng ○ 綱, porter (à deux) un hamac, un palanquin. — *Quân đảm* 軍 ○, porteur de palanquin. — *Đảm bảo* ○ 保, soutenir quelqu'un, se porter caution. — *Đảm đương* ○ 當, supporter, endurer (pour quelqu'un ou pour quelque chose).

Đảm 宛. Le côté droit, la droite. (En S. A., indécis; se pron. *đảm*.)

Đảm chiêu ○ 招, droite et gauche. *Tay đảm* 扡 ○, la main droite.

Đảm 沅. Plongé dans, adonné à, enfoncé dans la ruine, perdu, noyé. (Du S. A. *trầm*, même car., même signif.)

Mê đảm 迷 ○, adonné aux passions, enfoncé dans le vice. — *Đảm say* ○ 醉, abruti par l'ivresse. — *Đảm xiêu* ○ 漂, s'enfoncer au fond de l'eau. — *Đảm thuyền* ○ 船, couler bas, faire naufrage. — *Sa đảm* 沙 ○, débauché.

Đảm 潭 *. Eau profonde, gouffre insondable; au fig., grave, sévère, imposant, majestueux. Voir *đầm*.

Đảm thủy ○ 水, eaux profondes. — *Ướt đảm đảm* 汔 ○○, mouillé, trempé, imbibé. — *Chảy đảm đảm* 泚 ○○, ruisseler. — *Cách đảm thẩm* 格 ○ 審, contenance digne, attitude imposante. — *Tính đảm* 性 ○, caractère sérieux, naturel grave.

Đảm 洸. Se rouler, se vautrer. (Du S. A. *trầm*, même car., boueux, fangeux.)

Đảm bùn ○ 塯, se vautrer dans la fange. — *Trâu đảm bùn* 犪 ○ 塯, le buffle se roule dans la boue.

Đảm 銃. Pointer, transpercer, écraser, broyer, piler. (Formé des S. A. *kim* 金, métal, et *đảm* 宛, indécis.)

Đảm chồi ○ 棟, germer, pousser. — *Bị đảm* 被 ○, avoir reçu un coup de lance, un coup de pointe. — *Đảm một dao* ○ 沒刀, donner un coup de couteau. — *Đảm thấu* ○ 透, percer de part en part. — *Đảm chọc* ○ 覗, exciter à se battre. — *Đảm gạo* ○ 糙, piler du riz. — *Chày đảm* 杵 ○, un pilon à blanchir le riz (que les Annamites actionnent avec les pieds).

Đậm 潭 (1). Dense, épais. (Du S. A. *đảm*, même car., eau profonde; imposant.)

Sự đậm 事 ○, la densité. — *Trà đậm* 茶 ○, thé trop fort, trop coloré.

---

(1) Certains emploient le car. 湛.

Đấm 拱 et 拱. Frapper du poing, pousser en avant. (Du S. A. *chăm*, même car., même signification.)

Đấm một đấm ○ 沒 ○, donner un coup de poing. — *Đấm ngực* ○ 膛, se frapper la poitrine. — *Đấm chuồi* 摧 ○, contraindre à marcher en avant, chasser devant soi.

Đầm 潭*. Eau abondante et profonde, citerne, bassin. Voir *đấm*.

Đầm đĩa ○ 池, vivier, piscine, réservoir. — *Đầm ầm* ○ 喑, tumulte.

Đắm 拸*. Réunir, mettre ensemble, joindre, lier, attacher. Voir *giăm*.

Đan 單*. Simple, seul. Voir *đơn*. A. V. Tresser (nattes, paniers).

Đan thúng ○ 箵, tresser un panier, confectionner une corbeille.

Đạn 彈*. Balle, boulet, projectile.

Đạn súng lớn ○ 銃客, boulet de canon. — *Đạn súng tay* ○ 銃拁, balle de fusil. — *Đạn bắn chim* ○ 竔鸹, plomb de chasse. — *Đạn giàng* ○ 弤, projectile pour l'arbalète (petit caillou rond). — *Thuốc đạn* 藥 ○, poudre et projectile. — *Bị đạn* 被 ○, recevoir un projectile. — *Rút đạn ra* 梏 ○ 囉, extraire une balle. — *Hết đạn rồi* 歇 ○ 耒, les munitions sont épuisées.

Đán 旦*. Le matin, au point du jour, dès l'aurore; clair, lumineux.

Đàn 彈*. Catapulte ou arc pour lancer des pierres; instrument de musique à cordes. Voir *đờn*. A. V. Bande, troupe, essaim.

Đánh đàn 打 ○, jouer d'un instrument à cordes. — *Đàn lũ* ○ 屡, bande, troupe, troupeau. — *Đàn ong* ○ 蜂, essaim d'abeilles. — *Đàn le le* ○ 離離, bande de sarcelles.

Đàn 檀*. Un arbre dont le bois est très lourd, comme le sandal, une essence odorante. Voir *kì nam*.

Đàn hương ○ 香, bois de sandal à odeur agréable. — *Cây bạch đàn* 核白 ○, bois de sandal blanc. — *Huỳnh đàn* 黃 ○, bois de sandal jaune.

Đàn 壇*. Endroit élevé approprié pour les sacrifices, autel sur lequel ont lieu les offrandes rituelles.

Đản 誕*. Paroles oiseuses, discours extravagants; élever des enfants.

Đản nhựt ○ 日, jour de naissance. — *Lễ chính đản* 禮正 ○, fête, anniversaire de naissance. — *Hảo đản* 妤 ○, compliment à l'occasion d'une fête ou d'un anniversaire.

Đản 疸*. Maladie qui décompose le sang, plaie maligne, tumeur.

Bệnh huỳnh đản 病黃 ○, la jaunisse. — *Nhũ đản* 乳 ○, cancer au sein.

Đãn 但*. Spécialement, uniquement; dès que; cependant, mais.

Đắn 旦*. L'aurore, la clarté du jour, le matin; clair, brillant, lumineux. A. V. Mesurer, régler.

Hoa đắn 花 ○, une actrice (ou plutôt un acteur qui joue les rôles

9.

de femme). — *Đo đắn* 度 ○, mesurer, régler, déterminer. — *Đông đắn* 東 ○, foule, multitude.

Đắn 彈. Presser, serrer, peser sur. (En S. A., arc, catapulte; se pron. *đàn*.)

Đắn 弦 *. Corde d'arc ou d'instrument de musique; être tendu; prêt à partir, sur le point d'agir.

Đắn 憚 *. Fatigué, desséché, épuisé par le travail ou la maladie; craintif, timide, indécis, hésitant.

Đắn cúi ○ 檜, éclat de bois. — *Khúc đắn* 曲 ○, tordu, rabougri, desséché. — *Lắn đắn* 客 ○, hésiter, tergiverser; se repentir, regretter.

Đang 當 *. Champs égaux et de même valeur; ce qui convient à; le temps présent, actuellement, pendant que, être en train de, au moment même où; marque de temps pour le présent immédiat. Voir *đương*.

Đang khi ○ 欺, pendant que. — *Đang khi ấy* ○ 欺意, durant ce temps-là. — *Đang đi* ○ 移, pendant le chemin, en cours de route. — *Đang học* ○ 學, pendant l'étude, être en train d'étudier. — *Đang khi nói* ○ 欺呐, au moment même où l'on parle. — *Đang ngủ* ○ 胙, pendant le sommeil, au moment même où l'on dort. — *Đang ăn* ○ 咹, être en train de manger, pendant le repas. — *Đang làm việc* ○ 濫役, être occupé au moment même; être en activité de service. — *Đang thì* ○ 時, temps de jeunesse. — *Ai dám đang* 埃敢 ○, qui oserait se comparer.

— *Họ đang* 戶 ○, réunion, famille, congrégation. — *Đang qui* ○ 歸, une plante employée en médecine.

Đáng 當 *. Qui convient, qui est en rapport, adéquat à; mériter, valoir.

Đáng tội ○ 罪, mériter un châtiment. — *Đáng ở tù* ○ 於囚, qui mérite bien d'être en prison. — *Đáng thưởng* ○ 賞, qui est digne d'une récompense. — *Đáng làm quan* ○ 濫官, qui est à hauteur de ses fonctions, qui est bien à sa place comme mandarin. — *Đáng khen* 呌, digne d'éloges. — *Đáng lắm* ○ 虞, bien! très bien! c'est bien fait! bravo! — *Người xứng đáng* 悙稱 ○, un digne homme. — *Đáng giá* ○ 價, valoir le prix de.

Đàng 堂 *. Demeure, salle, temple, tribunal, palais; les parents, la famille, la maison. Voir *đường*.

Thiên đàng 天 ○, demeure céleste, paradis, ciel. — *Thượng thơ đàng* 倘書 ○, l'hôtel du Ministère de l'intérieur. — *Gia đàng* 家 ○, la famille, la maison paternelle.

Đàng 棠 *. Pommier, sorbier.

Đàng 唐 *. Chemin conduisant au temple des ancêtres. A. V. Route, chemin, sentier, voie. Voir *đường*.

Đàng cái ○ 丐, route principale, route publique. — *Đàng đi trong xóm* ○ 移冲站, chemin vicinal. — *Đàng hẹp* ○ 陝, sentier étroit. — *Đàng đắp đá* ○ 搭磋, chemin empierré. — *Đàng băng ngang* ○ 冰昂, chemin de traverse. — *Đàng mé sông* ○ 湄瀧, sentier du bord de l'eau, chemin de halage. — *Đàng xe lửa* 車 焒, chemin de fer. — *Đàng tốt* ○ 卒, bonne route, bonne voie. — *Đàng xấu* ○ 丑, mauvaise route, mauvaise voie. — *Đàng hay đi* ○ 哈 去, chemin battu, route fréquentée. — *Nửa đàng* 姅 ○, à moitié chemin. — *Dọc đàng* 育 ○, en cours de route, le long du chemin. — *Mở đàng* 搗 ○, créer une route, ouvrir une voie. — *Đàng danh lợi* ○ 名 利, le chemin de la fortune. — *Đàng nhơn nyải* ○ 仁 義, le chemin de la vertu. — *Hoang đàng* 荒 ○, vagabond, désœuvré, rôdeur, nomade. — *Điếm đàng* 店 ○, libertin, débauché, polisson.

Đàng 搪*. Se défendre, opposer de la résistance, tenir tête; opiniâtre, tenace, violent, arrogant, capricieux, impoli, brutal.

Đàng 塘*. Étang, lac, pièce d'eau, réservoir, vivier, citerne, mare.

Đàng 糖*. Sucre. Voir *đường*.
 Đàng cát ○ 葛, sucre en poudre. — *Đàng phèn* ○ 礬, sucre candi. — *Bỏ đàng* 補 ○, sucrer, mettre du sucre. — *Bình đựng đàng* 瓨 鄧 ○, sucrier. — *Mật đàng* 蜜 ○, miel et sucre. — *Tinh đàng* 精 ○, sucre pur.

Đàng 螳*. Mante, sauterelle.
 Đàng lang ○ 螂, autre espèce de sauterelle prie-dieu.

Đàng 宕*. Antre, caverne, grotte.

Đàng 黨*. Amis, égaux, compagnons, collègues; bande, troupe, parti, faction; cabaler, intriguer.

Đảng 党*. Nom d'une famille célèbre de la Chine. (Les Annamites prennent ce car. pour le précédent et lui donnent aussi le sens de bande, troupe, parti, cabale, faction, etc.)
 Đảng ăn cướp ○ 哎 劫, bande de pirates. — *Đảng dữ* ○ 與, association de malfaiteurs. — *Đảng nghịch* ○ 逆, bande de rebelles, d'ennemis. *Làm đầu đảng* 濫 頭 ○, être à la tête d'une bande. — *Đồ đảng* 徒 ○, aventuriers, coureurs de grands chemins. — *Bè đảng* 皮 ○, complices, conjurés. — *Phe đảng* 批 ○, parti, coterie. — *Lõa đảng* 夥 ○, faction, conjuration, sédition, révolte.

Đăng 登*. Avancer, atteindre; effectuer, compléter, enregistrer.

Đăng 燈*. Grand feu, lumière intense; au fig., enseignement moral.
 Đèn vòng đăng 畑 綏 ○, phare. — *Công đăng hỏa* 功 ○ 火, mérite obtenu au prix de nombreuses veillées. — *Thiên đăng* 天 ○, clarté céleste, lumière d'en haut.

Đăng 簦*. Un grand parasol en bambou; nattes, stores et écrans. A. V. Nasse, claie de barrage.
 Chặn đăng 振 ○, tendre des nasses.

Đặng 鄧*. Nom propre d'homme et de pays. A. V. Pouvoir, obtenir, trouver, réussir. Voir *được*.
 Không đặng 空 ○, ne pas pouvoir; c'est impossible. — *Làm không đặng* 濫 空 ○, ne pas pouvoir faire. — *Nói không đặng* 吶 空 ○, impossible de parler. — *Đi không đặng* 多 空

o, impossible de marcher. — *Cho đặng* 朱 o, afin que, de manière à. — *Kiếm đặng* 劍 o, trouver en cherchant. — *Đặng kiện* o 健, obtenir gain de cause dans un procès. — *Đặng công* o 功, acquérir du mérite. — *Đặng trận* o 陣, gagner la bataille. — *Họ đặng* 戶 o, le nom générique de *Đặng*.

Đắng 蓊*. Nom de plantes amères; amertume, âcreté; amer, piquant.

Đắng nghẹt o 孽, très amer. — *Thuốc đắng* 菜 o, potion amère. — *Uống rượu đắng* 吒醋 o, prendre des amers. *Cách đắng cay* 格 o 亥, d'une saveur rude et piquante.

Đằng 鬵*. Noirâtre, foncé, brun.

Đằng thổ o 土, terre noire; expression servant quelquefois à désigner le Cambodge et les Cambodgiens.

Đẳng 等*. Degré, état, condition; comparé à, semblable à; marque du pluriel : tout, tous, ensemble.

Nhĩ đẳng 爾 o, vous tous. — *Đẳng vật* o 物, tous les êtres, tous les objets. — *Đẳng danh* o 各, tous les noms. — *Tam đẳng* 三 o, trois sortes, trois espèces, trois conditions différentes. — *Liệt đẳng* 列 o, tous les rangs, toutes les conditions. — *Bất đẳng* 不 o, différent, qui ne peut être comparé. — *Ghế đẳng* 几 o, chaise, escabot, marchepied.

Đặng 登*. Monter encore, monter toujours, plus haut, atteindre, arriver. A. V. Stérile. Voir *đưng*.

Đặng 鄧. Contenir, renfermer (pot). Voir *đựng*. (En S. A., nom de famille; se pron. *đặng*.)

Đẳng 等. Degré, condition. (Du S. A. *đẳng*, même car., même signification.) *Đẳng làm người* o 濫僃, la condition de l'homme, l'humanité. — *Đẳng đợt* o 達, dignitaire.

Danh 疔*. Clou, pustule, ulcère vénérien; les maladies de la peau en général. Voir *đinh*.

Sanh danh 生 o, une maladie syphilitique. — *Tật đồng danh* 疾童 o, teigne, dartre, gale.

Đánh 打. Frapper, battre, jouer; marque l'action répétée. (Du S. A. *đả*, même car., même signification.)

Đánh đập o 搭, frapper, donner des coups. — *Đánh giặc* o 賊, faire la guerre, combattre. — *Đánh được giặc* o 特賊, battre l'ennemi, être victorieux. — *Đánh lộn nhau* o 輪饒, se battre à la mêlée, se donner réciproquement des coups. — *Đánh tay hai* o 捫亼, se battre en duel. — *Đánh roi* o 檽, frapper des verges, donner le rotin. — *Đánh khảo* o 考, mettre à la question, torturer. — *Đánh trống* o 羢, battre du tam-tam, du tambour. — *Đánh mõ* o 楳, battre la crécelle, le bambou. — *Đánh đờn* o 彈, jouer d'un instrument à cordes. — *Đánh bạc* o 薄, jouer de l'argent. — *Đánh me* o 楣, jouer au jeu chinois improprement appelé *ba quan* par les Européens. — *Đánh bài* o 牌, jouer aux cartes. *Đánh cờ* o 棊, jouer aux échecs. — *Đánh giày* o 鞋, cirer les souliers. — *Đánh lưới* o 絙, jeter les filets.

— *Đánh bẫy* ○ 櫃, dresser un piège, placer des collets, tendre les rets. — *Đánh cá* ○ 魚, pêcher. — *Đánh thuế* ○ 稅, mettre à contribution, exiger le tribut, frapper des impôts. — *Đánh giá* ○ 價, estimer, fixer un prix, déterminer la valeur d'une chose.

Đành 停 *. S'arrêter, cesser l'action; fixer son esprit, accepter de cœur, consentir volontiers. Voir *đình*.

> *Đành công* ○ 工, cesser un travail. — *Đành lòng* ○ 悉, accepter de bon cœur. — *Đành dạ* ○ 腋, consentir volontiers. — *Đã đành* 旡 ○, c'est entendu, c'est décidé. — *Chẳng đành* 庄 ○, ne pas accepter, ne pas être d'accord. — *Việc đã đành* 役 旡 ○, l'affaire est finie; le sort en est jeté.

Đảnh 頂 *. Sommet de montagne, cime d'arbre; pointe ou boule couronnant un édifice. Voir *đỉnh*.

> *Sơn đảnh* 山 ○, sommet de la montagne. — *Thiên đảnh* 天 ○, dans les cieux. — *Hồng đảnh* 紅 ○, bouton rouge qui surmonte la coiffure (insigne du grade en Chine).

Đảnh 鼎 *. Trépied, support; un brûle-parfums. Car. radical.

Đao 刀 et 刂 *. Couteau, sabre, épée. Voir *dao*. Car. radical.

> *Đao thương* ○ 鎗, arme blanche. — *Đại đao* 大 ○, grand sabre. — *Cá dao* 魚 ○, espadon. — *Bí đao* 費 ○, citrouille (espèce commune).

Đạo 稻 *. Graine, semence; grain qu'on sème dans les terres inondées; riz en herbe, plant nouveau.

Đạo 道 *. Chemin, route; bonne voie, droite raison, sens commun; doctrine, religion; orbite; zone. A. V. Corps d'armée, escadre.

> *Chánh đạo* 正 ○, la vraie doctrine. — *Đạo thiên chúa* ○ 天 主, la religion chrétienne; litt., la doctrine du seigneur du Ciel. — *Đạo cải hội thánh* ○ 改 會 聖, religion protestante, doctrine réformée. — *Đạo giu đếu* ○ 策 搖, religion juive. — *Đạo phật* ○ 佛, le bouddhisme. — *Đạo nhu* ○ 儒, la secte de Confucius dite aussi des lettrés. — *Đạo hồi hồi* ○ 回 回, religion mahométane. — *Đạo ngay* ○ 証, religion de la droiture. — *Đạo lý* ○ 理, doctrine de la pure raison. — *Đạo ngãi* ○ 義, la droite raison. — *Đạo tôi con* ○ 碎 昆, la piété filiale. — *Đạo đức* ○ 德, la haute vertu. — *Giữ đạo* 恃 ○, pratiquer la religion, veiller à l'observance des rites. — *Giảng đạo* 講 ○, prêcher la religion, évangéliser. — *Đạo lộ* 路 ○, une route, un chemin. — *Vương đạo* 王 ○, la route royale; au fig., une bonne direction de l'esprit public. — *Ôn đạo* 温 ○, zone tempérée. — *Nhiệt đạo* 熱 ○, zone torride. — *Hàn đạo* 寒 ○, zone glaciale. — *Huỳnh đạo* 黃 ○, zodiaque. — *Đạo binh bộ* ○ 兵 步, armée, corps d'armée. — *Đạo binh thủy* ○ 兵 水, escadre, flotte de guerre. — *Đạo đi tiên phong* ○ 挱 先 鋒, tête de l'armée. — *Đạo trung* ○ 中, centre, gros de l'armée. — *Đạo hậu* ○ 後, queue de l'armée, de la flotte; arrière-garde.

Đạo 導 *. Conduire, diriger, guider, exhorter; indiquer la vraie voie.

> *Dẫn đạo* 引 ○, montrer le chemin, diriger, conduire.

Đạo 盜*. Voler, piller, prendre de force, s'emparer avec violence.

Đạo tặc ○ 賊, voleur, brigand. — Đạo danh ○ 名, voler le nom, la réputation; s'emparer frauduleusement d'une marque de fabrique. — Gian đạo 奸 ○, contrebandier. — Lõa đạo 夥 ○, association de malfaiteurs. — Hải đạo 海 ○, bande de pirates. — Thuyết đạo 說 ○, voleur et menteur (deux caractères que l'on imprime sur l'épaule droite des condamnés).

Đáo 到*. Atteindre, parvenir, arriver; achevé, complet, terminé.

Đánh đáo 打 ○, jouer au trou avec des sapèques. — Sự kín đáo 事謹 ○, le secret. — Đáo ngụ ○ 寓, résider provisoirement. — Đáo quan ○ 官, se présenter chez un fonctionnaire. — Đáo soát ○ 刷, chercher.

Đào 桃*. Nom de plusieurs arbres fruitiers et en particulier du pêcher.

Cây hồng đào 核紅 ○, pêcher. — Trái hồng đào 䰾紅 ○, pêche. — Cây hạch đào 核核 ○, le noyer. — Trái hạch đào 䰾核 ○, noix. — Cây hồ đào 核壺 ○, amandier. — Trái hồ đào 䰾壺 ○, amande. — Cây đào an nam 核 ○ 安南, jambosier annamite. — Hoa trước đào 花竺 ○, laurier-rose. — Đào lộn hột ○ 輪紇, pomme d'acajou. — Má đào 馬 ○, se dit des joues roses et veloutées comme une belle pêche. — Con đào 昆 ○, chanteuse, actrice, comédienne.

Đào 萄*. Vigne, raisin. Voir nho.

Đào 逃 et 迯*. Fuir, s'évader, déserter, se dérober, se cacher.

Đào biệt ○ 別, s'échapper, disparaître. — Đào học ○ 學, abandonner l'étude, faire l'école buissonnière. — Đào nhơn ○ 人, un déserteur, un homme en fuite.

Đào 陶*. Four à poteries; fondre, refaire, modifier. A. V. Creuser.

Đào nhơn ○ 人, un potier. — Đào giếng ○ 洪, creuser un puits. — Đào đất ○ 坦, creuser la terre. — Đào kinh ○ 涇, creuser ou percer un canal. — Việc đào kinh 役 ○ 涇, travaux de canalisation.

Đào 濤*. Vagues déferlant avec fureur, flots irrités, écumants.

Đào 倒*. Faire dévier, faire tomber, renverser, bouleverser, renvoyer, repousser, secouer, broyer.

Đả đào 打 ○, faire tomber quelqu'un brutalement. — Đả trở ○ 阻, tergiverser. — Đả thuốc ○ 葉, broyer des médicaments. — Điên đả 顛 ○, faux, trompeur, fourbe; insensé.

Đảo 島*. Montagne sur laquelle les oiseaux migrateurs s'arrêtent (en traversant les mers).

Hải đảo 海 ○, montagne au milieu des mers, île, îlot; expression employée par les Chinois pour désigner les colonies d'outre-mer.

Đảo 禱*. Prier, supplier, demander instamment, désirer vivement.

Cầu đảo 求 ○, faire des prières. — Đảo vũ ○ 雨, faire des prières pour la pluie. — Thị đảo 是 ○, et voilà ce que je sollicite (formule finale d'une lettre, d'un placet).

Đạp 踏*. Frapper la terre du pied, battre le sol, fouler, écraser, piler.

Đạp dưới chơn ○ 蹄下蹎, fouler aux pieds, piétiner. — *Đạp lúa* ○ 穭, battre le riz. — *Đạp gai* ○ 荄, marcher sur une épine. — *Cối đạp* 檜○, mortier à broyer.

Đáp 答*. Répondre, répliquer; rendre un bienfait, reconnaître une faveur; réponse, réplique, riposte.

Đáp lại ○ 更, riposter, rendre, reconnaître. — *Đáp lễ* ○ 禮, rendre des présents. — *Đáp bất* ○ 不, ne pas répliquer, laisser sans réponse.

Đắp 搭*. Couvrir, recouvrir, empiler, amonceler, entasser; remblai.

Đắp mình ○ 命, se couvrir. — *Đắp mền* ○ 綿, s'envelopper d'une couverture. — *Đắp đất* ○ 坦, amonceler de la terre, faire des terrassements. — *Đắp đường* ○ 唐, remblayer; faire une route. — *Đắp bờ* ○ 坡, élever un talus (autour d'une rizière). — *Đắp lũy* ○ 壘, construire des remparts, élever des barricades.

Đập 搭*. Frapper; empiler, accumuler, dresser, placer plus haut.

Đập đánh ○ 打, frapper sur. — *Đập một cây* ○ 沒核, donner un coup de bâton. — *Đập thượng* ○ 上, élever.

Đạt 達*. Ouvert de tous côtés; comprendre, pénétrer, percevoir facilement, connaître clairement.

Đạt nhơn ○ 人, homme intelligent.

Đặt 達. Créer, composer, établir, disposer, mettre en ordre. (Pour le car. en S.-A., voir ci-dessus.)

Đặt ra ○ 囉, formuler; établir. — *Đặt quan* ○ 官, créer des charges, des fonctions. — *Đặt thuế ra* ○ 稅 囉, établir des impôts. — *Đặt lên* ○ 遷, superposer, surélever. — *Đặt tên* ○ 笕, donner un nom. — *Tiền đặt* 錢○, mise, enjeu. — *Đặt tiền* ○ 錢, miser, mettre au jeu. — *Sắp đặt* 拉○, disposer, arranger, mettre en ordre. — *Sự sắp đặt* 事拉○, disposition. — *Đặt dơm* ○ 宪, apposer, appliquer. — *Đặt rượu* ○ 酳, distiller de l'eau-de-vie. — *Sở đặt rượu* 所○酳, distillerie. — *Bày đặt* 排○, inventer, imaginer, composer. — *Chuyện bày đặt* 傳排○, anecdote, conte, récit imaginaire.

Đắt 坦. Qui se débite facilement, qui se vend bien, qui a cours. (En S. A., vaste, uni; se pron. *thản*.)

Bán đắt 半○, vendre beaucoup. — *Hàng đắt* 行○, marchandise facile à vendre. — *Tiền chẳng đắt* 錢庄○, monnaie qui n'a pas cours. — *Lời nói không đắt* 唎吶空○, paroles qui n'ont pas d'importance.

Đặt 達. Mot complémentaire. (Du S. A. *đạt*, même car., comprendre.)

Lật đật 慄○, se hâter, se presser, faire vivement, précipitamment, sans perdre une minute.

Đất 坦. La terre; sol, région, pays. (En S. A., du même plan; se pron. *thản*.)

Trái đất 𥛭○, la terre, le globe terrestre. — *Dưới đất* 蒂下○, sur la terre, en ce bas monde. — *Đất thịt* ○ 腊, terrain gras. — *Đất sét* ○

剻, terrain argileux, terre glaise. — *Đất cát* ○ 葛, terrain sablonneux. — *Đất phần* ○ 坋, terreau. — *Đất bưng* ○ 掆, fondrières. — *Đất dổ* ○ 吐, terre compacte. — *Đất thánh* ○ 聖, cimetière chrétien; litt., terre sainte. — *Đất nam kỳ* ○ 南圻, le pays de Cochinchine. — *Đất nước* ○ 渃, terre et eau; la patrie. — *Xáo trời đất* 巧坒 ○, remuer ciel et terre. — *Trời đất ôi* 坒 ○ 喂, exclamation de douleur, prendre le ciel et la terre à témoin d'une injustice.

Đau 疨. Souffrir, avoir mal, être malade. (Formé des S. A. *nịch* 疒, maladie, et *đao* 刀, couteau.)

Sự đau 事 ○, la douleur. — *Đau đớn* ○ 疸, ressentir une vive douleur. — *Đau ốm* ○ 瘖, souffrant, abattu par la maladie. — *Đau bụng* ○ 腜, avoir mal au ventre. — *Đau nặng* ○ 曩, souffrir beaucoup, être dangereusement malade. — *Đau nhẹ* ○ 珥, légère indisposition. — *Đau kịch* ○ 劇, douleur affreuse. — *Hay đau* 哈 ○, maladif, souffreteux, malingre, souvent malade.

Đáu 到. Mot complémentaire. (Du S. A. *đáo*, même car., atteindre, arriver.)

Láu đáu 老 ○, inquiétude, anxiété.

Đàu 佻*. Faible, incapable, qui ne peut supporter le travail. A. V. Jouer un rôle de femme au théâtre.

Đáu 兜*. Exciter, pousser à bout. A. V. Adverbe de lieu: où? en quel endroit? sorte de négation.

Đâu đáp ○ 答, provoquer une réponse, exciter à parler. — *Anh ở* *đâu* 嬰於 ○, où demeurez-vous? — *Mầy đi đâu* 眉去 ○, où vas-tu? — *Ai biết đâu* 埃別 ○, nul ne sait. — *Tôi thấy đâu* 碎筧, où aurais-je vu? — *Dám đâu* 敢 ○, comment oser? — *Có ở đâu* 固於 ○, allons donc! ce n'est pas. — *Đến đâu* 典 ○, jusqu'où? jusqu'à quel point? — *Bởi đâu đến* 罷 ○ 典, d'où vient-il?

Đậu 竇*. Creux, crevasse, antre; le nom d'un sage de l'antiquité.

Đậu 杜. Demeurer, stationner; se poser sur, se percher; être reçu aux examens. (En S. A., nom d'arbre; rester chez soi; se pron. *đỗ*.)

Ở đậu 於 ○, loger provisoirement, stationner. — *Chim đậu cây* 鵁 ○ 核, l'oiseau perche sur l'arbre. — *Tàu đậu* 艚 ○, le navire mouille, stationne. — *Ghe đậu đâu* 饌 ○ 兜, où est mouillée la barque? — *Chỗ đậu* 坫 ○, poste de mouillage. — *Thi đậu* 試 ○, être reçu aux examens, réussir aux concours littéraires. — *Đậu tú tài* ○ 秀才, reçu bachelier.

Đậu 豆*. Grand plat, vase, terrine; fèves, pois, haricots. Car. radical.

Ngọc đậu 玉 ○, un plat orné de pierres précieuses. — *Hột đậu đằng* 紇 ○ 藤, fève de Saint-Ignace. — *Bột đậu* 粺 ○, farine de haricots, de pois. — *Cháo đậu* 粥 ○, potage à la purée de haricots, de pois. — *Đậu phụng* ○ 蓁, arachide, pistache. — *Cây đậu đũa* 核 ○ 箸, fayotier. — *Thổ đậu* 土 ○, truffe (voir *rā* 涾).

Đậu 荳*. Légumes et graines potagères, comme fèves, pois, haricots (se prend pour le précédent).

Đậu 痘*. La variole.

Chẩn đậu 疹 ○, pustule variolique. — *Giống ngừu đậu* 種牛 ○, vaccin (pour vacciner, voir *trồng trái*).

Đấu 斗*. Mesure pour les grains valant 10 thăng 升, soit un décalitre environ. Voir *đẩu*.

Thị đấu 市 ○, certaine mesure de marché, sorte de boisseau spécial.

Đấu 鬥*. Combattre, concourir, rivaliser, lutter, se disputer; compétition, concurrence. Car. radical.

Đấu 鬭*. Se battre, se quereller; enchérir, rivaliser, concourir; choc, combat, conflit (se prend pour le précédent et réciproquement).

Đấu tâm sự ○ 心事, débattre, discuter, contester. — *Đấu tranh* ○ 爭, se disputer, se chamailler. — *Đấu long thuyền* ○ 龍船, régates royales. — *Bán đấu giá* 半 ○ 價, vendre aux enchères publiques. — *Phép đấu giá* 法 ○ 價, le système des ventes aux enchères. — *Chỗ bán đấu giá* 挂半 ○ 價, l'endroit où ont lieu les ventes. — *Cuộc đấu xảo* 局 ○ 巧, exposition, concours.

Đầu 頭*. Tête, chef, principe, direction, commencement, premier rang (s'ajoute quelquefois aux mots qui signifient des choses rondes, comme le genou par exemple, pour former une expression composée caractéristique).

Cái đầu 丐 ○, la tête. — *Nhức đầu* 癪 ○, mal de tête, migraine. —

Chém đầu 刽 ○, trancher la tête, décapiter. — *Cúi đầu* 膾 ○, incliner la tête, saluer. — *Ban đầu* 班 ○, au commencement, dès le début. — *Con đầu lòng* 昆 ○ 悉, premier-né. — *Bạc đầu* 薄 ○, cheveux blancs; litt., tête d'argent. — *Làm đầu* 濫 ○, être le chef, diriger, présider. — *Làm đầu việc* 濫 ○ 役, être à la tête des affaires. — *Đầu bếp* ○ 炛, chef de cuisine, cuisinier. — *Đầu năm* ○ 䂇, commencement de l'année. — *Đầu đuôi* ○ 尾堆, commencement et fin. — *Đầu gối* ○ 膾, le genou.

Đầu 亠*. Perdu, détruit; sommet, pointe, extrémité. Car. radical.

Đầu 投*. Jeter, abandonner; s'incliner, se confier, se soumettre; jeter quelque chose par terre, offrir un présent; joindre, unir.

Đầu thủy ○ 水, jeter à l'eau. — *Đầu hỏa* ○ 火, jeter dans le feu. — *Đầu phục* ○ 服, se livrer, rentrer dans le devoir. — *Đầu thú* ○ 趣, se rendre, faire sa soumission.

Đẩu 斗*. Mesure de capacité, boisseau (voir *đấu*); nom de constellations, Grande Ourse. Car. radical.

Bắc đẩu 扡 ○, les quatre étoiles du Chariot de David. — *Tiểu đẩu* 小 ○, la Petite Ourse. — *Sao nam đẩu* 犀南 ○, une étoile voisine du pôle austral. — *Bái đẩu* 拜 ○, rendre un culte à la Grande Ourse (pour obtenir de vivre longtemps).

De 砥*. Pierre à aiguiser, meule; égal, uni, poli, luisant; au fig., convenable, bien élevé. A. V. Enclume; menacer, intimider.

Cái đe thợ rèn 丐 ○ 署 鍊, l'enclume du forgeron. — *Đe chết* ○ 折, menacer de la mort. — *Đe phạt* ○ 罰, menacer d'une punition. — *Sự ngăm đe* 事 吟 ○, menace.

Đề 提. Forcer, presser, pressurer. (En S. A., tenir; inscrire; se pron. *dề*.)

Đề nén ○ 鑲, soupçonner. — *Đề xuống* ○ 慫, presser de haut en bas.

Đẻ 臘. Enfanter, accoucher, mettre bas, pondre. Voir *sanh* et *sinh*. (Formé des S. A. *nhục* 肉, chair, et *dễ* 底, inférieur, bas.)

Sanh đẻ 生 ○, mettre au monde. — *Đẻ con trai* ○ 昆 䏍, accoucher d'un garçon. — *Đẻ con gái* ○ 昆 妈, accoucher d'une fille. — *Đẻ sanh đôi* ○ 生 堆, accoucher de deux jumeaux. — *Đau bụng đẻ* 疴 脟 ○, les douleurs de l'enfantement. — *Mẹ đẻ* 媄 ○, vraie mère (par opposition à *mẹ ghẻ*, marâtre, et à *mẹ nuôi*, nourrice). — *Đẻ trứng* ○ 蜌, pondre. — *Gà hay đẻ* 鶋 哈 ○, poule pondeuse.

Đê 低*. Bas, inférieur, vil, faux.

Đệ 遞 et 逓*. Placer aux mains de, remettre à; changer, succéder.

Đệ niên ○ 年, l'année prochaine; tous les ans, chaque année.

Đệ 第*. Établir avec régularité; ordre, rang; particule ordinale.

Đệ tứ phẩm ○ 四 品, quatrième degré du mandarinat.

Đệ 弟*. Degrés successifs, ordre de succession; frère cadet; les égards dus par un frère cadet.

Đệ tử ○ 子, jeune écolier, élève, disciple. — *Tiểu đệ* 小 ○, un petit garçon. — *Huinh đệ* 兄 ○, frères (aînés et cadets). — *Sư đệ* 師 ○, maître et disciple. — *Nhị đệ* 二 ○, se dit seulement du frère cadet du roi. — *Ngãi huinh đệ* 義 兄 ○, affection fraternelle réciproque.

Đệ 締*. Un nœud très serré; lien indissoluble; solide, bien ficelé.

Đế 帝*. Maître absolu, chef suprême, souveraine autorité.

Hoàng đế 皇 ○, empereur. — *Đức hoàng đế* 德 皇 ○, sa majesté l'Empereur. — *Đế vương* ○ 王, roi.

Đề 提*. Se saisir de et tenir ferme, élever quelque chose d'une seule main; guider, diriger, commander.

Quan đề đốc 官 ○ 督, officier général commandant les troupes de deux provinces. — *Quan đề lãnh* 官 ○ 領, fonctionnaire préposé au grenier du roi. — *Quan đề hình* 官 ○ 刑, juge criminel. — *Đề lại* ○ 吏, secrétaire de préfecture. — *Đề huề* ○ 携, diriger un nombreux personnel, avoir beaucoup de serviteurs.

Đề 堤*. Établir un barrage pour protéger les terrains; talus, digue, estacade, relevé de terre.

Đề 題*. En-tête, préface, titre, inscription; un sujet de composition.

Nhãn đề sách 眼 ○ 冊, titre d'un

livre. — *Đề mục* ○ 目, introduction, avant-propos, devise, titre, index. — *Thẻ đề* 箓 ○, inscription sur tablettes en bambou. — *Đề thơ* ○ 書, mettre l'adresse à une lettre. — *Đề tên* ○ 笔, mettre son nom, signer. — *Đề số* ○ 數, numéroter.

Đề 啼*. Chant ou cri de certains oiseaux; crier, se lamenter.

Đề 蹄*. Corne du pied de certains animaux; pied des ruminants, des pachydermes; ruer, regimber.

Đề giác ○ 角, sabots et cornes, c.-à-d. le bétail. — *Rau mã đề* 蘷 馬 ○, plantain; litt., pied de cheval. — *Dương đề thảo* 羊 ○ 草, une plante apéritive, un vermifuge; litt., pied de mouton. — *Cây bồ đề* 核菩 ○, le figuier religieux des pagodes, l'arbre sacré des bouddhistes.

Đề 悌*. Les sentiments d'un frère cadet envers ses frères aînés.

Hiếu đề 孝 ○, complaisance affectueuse ou déférence envers les aînés.

Đề 抵*. Se heurter à, se butter contre; s'opposer, rejeter; réunir.

Đề 底*. Fond, pied; dessous d'une chose; bas, vil, mesquin; arriver, s'arrêter. A. V. Laisser, déposer; permettre, abandonner, répudier.

Vô đề 無 ○, sans fond. — *Hạ đề* 下 ○, en bas, en dessous, au fond. — *Hoa đề* 花 ○, sous les fleurs, à l'ombre des arbres. — *Đề nhịn lại* ○ 忍吏, supporter, patienter, endurer. — *Đề cho* ○ 朱, laisser à, permettre que. — *Đề vậy* ○ 丕, laisser de la sorte. — *Đề đó* ○ 姤, laisser là. — *Đề xuống* ○ 甀, laisser descendre, laisser tomber. — *Ai đề đó* 埃 ○ 姤, qui l'a placé là? — *Đừng đề nó* 停 ○ 奴, gardez-vous de permettre qu'il. — *Đề mà* ○ 麻, afin que, dans le but de. — *Đề dành* ○ 停, mettre de côté, mettre en réserve, conserver. — *Đề tôi làm* ○ 碎 濫, laissez-moi faire. — *Đề tôi nói mà* ○ 碎吶麻, mais laissez-moi donc parler! — *Đề chế* ○ 制, prendre le deuil, être en deuil. — *Đề vợ* 孀, répudier sa femme, l'abandonner.

Đem 冘 et 宊. Porter; conduire, mener, guider, diriger. Voir *đam*. (En S. A., indécis, hésitant; se pron. *dâm*.)

Đem đến ○ 典, porter à, conduire à. — *Đem tới* ○ 細, id. — *Đem đi* ○ 迻, emporter, enlever, faire disparaître. — *Đem lại* ○ 吏, rapporter, ramener. — *Kẻ đem* 几 ○, porteur, conducteur. — *Đem đàng cho* ○ 唐 朱, montrer le chemin à. — *Đem binh* ○ 兵, conduire une armée, diriger des troupes. — *Đem lòng thương* ○ 悲傷, témoigner de la pitié, montrer sa bienveillance, traiter avec bonté.

Đém 玷*. Pierre précieuse mais encore imparfaite; défaut, tache, défectuosité, imperfection, vice.

Lấm đém 斂 ○, tacheté, moucheté, bigarré. — *Đém ô* ○ 污, souillé, sali, perdu, déshonoré.

Đém 店. La nuit. (En S. A., auberge, boutique, taverne; se pron. *điếm*.)

Đém ngày ○ 昒, nuit et jour. — *Ban đém* 班 ○, pendant la nuit.

Đầu đêm 頭 ○, commencement de la nuit. — *Đêm khuya* ○ 房, nuit très avancée, pleine nuit. — *Cả đêm* 哥 ○, toute la nuit. — *Chơi luôn ngày đêm* 制 輪 唔 ○, s'amuser jour et nuit sans discontinuer. — *Chim ăn đêm* 鸠唆, oiseau nocturne.

Đệm 笘. Natte, store, tresse pour voiles. (Formé des S. A. *trước* 竹, bambou, et *chiêm* 占, consulter les sorts.)

Đệm nằm ○ 顃, matelas, paillasson. — *Đệm xuống đất* ○ 甕坦, étaler par terre. — *Nói đệm vào* 吶 ○ 㕤, confirmer, sanctionner.

Đếm 點. Compter, nombrer, calculer. (Du S. A. *điểm*, même car., même signification.)

Đếm tay ○ 捭, compter sur ses doigts. — *Đếm từ bước* ○ 自跐, compter ses pas. — *Đếm chẳng xiết* ○ 庄挈, incalculable, innombrable.

Đen 顚. La couleur noire. (En S. A., le haut de la tête; se pron. *điên*.)

Đen thui ○ 燇, grillé, brûlé; très noir. — *Đen nhiên nhiên* ○ 然然, foncé, presque noir. — *Đen đen* ○ ○, un peu noir, tirant sur le noir. — *Đen hin* ○ 軒, bronzé, hâlé, brûlé par le soleil. — *Sắc đen* 色 ○, couleur noire. — *Dân đen* 民 ○, la population noire, bas peuple, plèbe. — *Người đen* 侼 ○, un noir, un nègre. — *Bôi đen* 盃 ○, effacer en noircissant, barbouiller de noir.

Đẹn 瘀. Une inflammation qui se produit souvent dans la bouche des nouveau-nés. (Formé des S. A. *nịch* 疒, maladie, et *điển* 典, règle.)

Đến 澳. Qui pourrit dans l'eau ou dans la boue; semences, céréales. (Du S. A. *điền*, même car., vaseux.)

Đèn 畑. Lampe, torche, bougie, chandelle, cierge. (Formé des S. A. *hỏa* 火, feu, et *điền* 田, rizière.)

Đèn vọi ○ 崷, phare. — *Lồng đèn* 櫳 ○, lanterne, réverbère. — *Đèn dầu* ○ 油, lampe à huile. — *Đèn chai* ○ 枝, torche de résine. — *Đèn đuốc* ○ 燆, torche. — *Thắp đèn* 燵 ○, allumer la lampe (ou la bougie). — *Chong đèn* 燚 ○, entretenir la lampe. — *Tắt đèn* 燼 ○, éteindre la lampe. — *Thổi đèn* 哐 ○, souffler la bougie. — *Tim đèn* 胠 ○, mèche de lampe. — *Chơn đèn* 蹞 ○, pied de lampe, chandelier. — *Đèn sáp* ○ 蠟, bougie, cierge. — *Đèn giới* ○ 淶, chandelle commune.

Đến 蜑. Espèce de serpent de mer dont la morsure passe pour être mortelle. (Formé des S. A. *trùng* 虫, reptile, et *điển* 典, règle.)

Đến 典. Arriver, parvenir, atteindre. Voir *tới*. (En S. A., règle, doctrine; se pron. *điển*.)

Cho đến 朱 ○, jusqu'à. — *Đến nhà* ○ 茹, arriver à la maison. — *Đến nơi* ○ 尼, parvenir à l'endroit. — *Đến đây* ○ 低, arriver ici. — *Đến đó* ○ 姼, arriver là. — *Đi đến* 趍 ○, venir, arriver, se rendre à. — *Chạy đến* 趍 ○, accourir, se rendre en hâte à. — *Tôi mới đến* 碎買 ○, j'arrive à l'instant, je ne fais qu'arriver. — *Nó chưa đến* 奴渚 ○, il n'est pas encore arrivé. — *Đến khi* ○ 欺, quand, lorsque. — *Đến khi nào* ○ 欺

帚, jusqu'à quand? — *Đến đỗi* ○ 隊, au point que, en arriver à. — *Đem đến* 宄 ○, porter à. — *Nói đến* 吶 ○, parler de, faire allusion à. — *Nhớ đến* 汝 ○, se souvenir de. — *Tưởng đến* 想 ○, penser à. — *Thấu đến tai* 透 ○ 聰, parvenir aux oreilles. — *Đá đến* 挀 ○, toucher à, porter la main sur. — *Đến mai* ○ 埋, demain. — *Đến mốt* ○ 沒, après-demain. — *Đến sau* ○ 叟, après, ensuite, plus tard, postérieurement.

Đền 坤. Compenser, restituer, réparer; palais, temple. (Formé des S. A. *thổ* 土, terre, et *điền* 田, champ.)

Đền bồi ○ 培, réparer un dommage, restituer. — *Đền của* ○ 貼, restituer. — *Đền tội* ○ 罪, expier ses péchés. — *Bắt đền* 抔 ○, forcer à réparer un dommage. — *Cái đền* 丐 ○, palais. — *Đền vua* ○ 歊, le palais du roi.

Đeo 刁. Porter (à la ceinture, au cou, aux bras, aux oreilles); se parer, porter, avoir sur soi (bijoux, armes, décorations). (En S. A., pervers, dépravé; se pron. *điêu*.)

Đeo gươm ○ 劍, porter un sabre à la ceinture. — *Đeo kiềng vàng* ○ 絟錠, porter au cou un collier (à coulisse) en or. — *Đeo kim khánh* ○ 金磬, porter au cou la décoration de ce nom. — *Đeo chuỗi hổ* ○ 絆琥, porter un collier d'ambre. — *Đeo cà rá* ○ 枒笪, porter des bagues. — *Đeo vòng* ○ 綏, porter des bracelets. — *Đeo sầu* ○ 愁, affligé, profondément triste; litt., porter sa peine. — *Đeo thói cũ* ○ 退窒, se parer en se conformant aux anciens usages. — *Dây deo cổ* 練 ○ 古, ruban de cou.

Đẽo 鴇. Forniquer, violer, terme obscène et injure grossière d'usage très fréquent. (Formé des S. A. *nữ* 女, femme, et *điểu* 鳥, oiseau.)

Đèo 岩. Sentier dans les montagnes, col, gorge, défilé. (Du S. A. *điêu*, même car., même signification.)

Đèo ải ○ 隘, chemin creux, route encaissée. — *Đèo ngang* ○ 昂, le nom d'un défilé qui sépare l'Annam du Tonkin. — *Trèo đèo* 躒 ○, gravir un sentier étroit et tortueux dans les montagnes.

Đẽo 搗. Équarrir, dégrossir, tailler, racler; syllabe euphonique et mot complémentaire. (Formé des S. A. *thủ* 手, main, et *điểu* 鳥, oiseau.)

Đẽo vuông ○ 鳳, tailler à angle droit. — *Đẽo cây* ○ 核, équarrir du bois. — *Đẽo gọt* ○ 削, vivre aux dépens de quelqu'un, dépouiller les gens. — *Đục đẽo* 濁 ○, tapage, turbulence, trouble, agitation.

Đẽo 搗. Syllabe euphonique. (Pour la décomposition du car., voir ci-dessus.)

Léo đẽo 了 ○, suivre continuellement, s'attacher aux pas de quelqu'un. — *Nói léo đẽo* 吶 了 ○, parler sans discontinuer.

Đẹp 愫. Beau, joli, plaisant, avenant, agréable; plaire, convenir, agréer. (Formé des S. A. *thảo* 艸, plantes, et *điệp* 愫, crainte, émotion.)

Sự đẹp dể 事 ○ 悌, l'amabilité, le charme. — *Đẹp mặt* ○ 靤, belle figure, gracieux visage. — *Đẹp ý* ○

意, qui convient, qui séduit. — *Đẹp con mắt* ○ 昆相, qui plaît à l'œil, qui flatte la vue. — *Đẹp mọi bề* ○ 每皮, agréable en tous points, d'une beauté accomplie, bien de partout. — *Đẹp lòng nhau* ○ 悉饒, se plaire ensemble, se convenir, s'aimer.

Đẹt 姪. Un avorton; rabougri, mal venu (végétaux et fruits). (En S. A., neveu, nièce; se pron. *điệt*.)

Trái đẹt 果㮅 ○, fruit qui n'arrive pas à maturité.

Đét 姐*. Le nom d'une reine néfaste de la Chine.

Đét 的. Saisissement, effroi, émotion, crainte. (En S. A., évident; se pron. *đích*.)

Sợ đét 怍 ○, être pris d'une peur soudaine, être effrayé subitement.

Đều 調*. Composer, harmoniser, égaliser; ensemble, égal, pareil. A. V. Chose en général. Voir *điều*.

Làm cho đều 濫朱 ○, agir avec ensemble, faire simultanément. — *Chia cho đều* 㐌朱 ○, diviser en parts égales. — *Nhiều đều* 饒 ○, beaucoup de choses. — *Đều lạ* ○ 邏, chose étrange, extraordinaire. — *Biết đều* 別 ○, avoir de l'expérience, savoir se conduire. — *Đều gì* ○ 之, quoi? quelle chose? — *Đều nói* ○ 吶, sujet de conversation. — *Có một đều nữa* 固沒 ○ 女, il y a encore une chose, il existe encore un fait.

Đi 逸. Aller, marcher, partir; particule impérative et excitative. (En S. A., se déplacer, changer de résidence; se pron. *di*.)

Đi chợ ○ 諸, aller au marché. — *Đi làm việc* ○ 濫役, aller travailler, aller à son service. — *Đi chơi* ○ 制, aller se promener. — *Đi coi hát* 視喝, aller au théâtre. — *Đi thăm* 探, aller faire visite. — *Đi ăn cơm* ○ 咹餂, aller prendre son repas. — *Đi ngủ* ○ 眍, aller dormir. — *Đi ghe* ○ 艍, aller en bateau. — *Đi xuống tàu* ○ 䡯艚, descendre à bord, s'embarquer. — *Đi khỏi* ○ 塊, être parti, être absent. — *Đi mất* 秩, disparaître, s'éclipser, se perdre. — *Đi về* 衛, s'en retourner, revenir. — *Đi qua cầu* ○ 戈橋, passer le pont, traverser le pont. — *Đi đâu* ○ 兜, où allez-vous? où aller? — *Đi lên trên* ○ 遷連, monter sur. — *Đi xuống dưới* ○ 䡯帮下, descendre à. — *Ăn đi* 咹 ○, mangez, mangez donc. — *Nói đi* ○ 吶, parlez. — *Đánh đi* 打 ○, frappez, tapez donc. — *Cất nón đi* 拮蘖 ○, enlève ton chapeau. — *Đi đâu đi* ○ 兜 ○, allez où bon vous semble, allez au diable.

Đi 移. Aller, marcher, partir (se prend pour le précédent et réciproquement). (Formé des S. A. *khứ* 去, partir, aller, et *đa* 多, beaucoup.)

Đì 胝. Aine, hanche. Voir *háng*. (En S. A., peau calleuse; se pron. *chi*.)

Đĩ 嫉. Fille publique, prostituée. Voir *ki* 妓. (Formé des S. A. *nữ* 女, femme, et *đễ* 底, bas, vil.)

Nhà đĩ 茹 ○, maison de tolérance.

Đỉ 肢. Les quatre membres, une

charpente de maison. (En S. A., même signification; se pron. *chi*.)

Khu đỉ 區 ○, triangle formé par le sommet d'une charpente de maison.

Địa 地*. Terre, sol, globe terrestre.

Thiên địa 天 ○, ciel et terre. — *Thiên địa nhơn* 天 ○ 人, le ciel, la terre et l'homme (phrase du *Tam tự kinh* 三字經). — *Địa ngục* ○ 獄, enfer. — *Địa hạ thiên đỉnh* ○ 下天頂, nadir. — *Địa bình diện* ○ 平面, horizon. — *Địa đồ* ○ 圖, carte géographique. — *Địa bàn* ○ 盤, boussole. — *Địa hạt* ○ 轄, territoire, circonscription administrative. — *Đất thuộc địa* 坦 屬 ○, dépendance, colonie. — *Lập đất thuộc địa* 立 坦 屬 ○, fonder une colonie, annexer un territoire. — *Địa lý* ○ 理, l'art de bien choisir un terrain pour sépulture (superstitieux). — *Thiên địa hội* 天 ○ 會, société secrète et politique chinoise dite « du Ciel et de la Terre » et qui ressemble par certains côtés à la franc-maçonnerie. — *Địa đinh thảo* ○ 丁 草, le nom d'une plante médicinale. — *Độc địa* 毒 ○, venimeux, vénéneux; cruel, atroce.

Địa 池. Flaques d'eau laissées par la marée; mare, vivier. (Du S. A. *tri*, même car., même signification.)

Cái địa 丐 ○, relevés de terre pour retenir l'eau et prendre le poisson. — *Đầm địa* 潭 ○, réservoir à poissons.

Địa 蛭. Sangsue. (Formé des S. A. *trùng* 虫, reptile, et *đê* 底, bas, vil.)

Đinh địa 釘 ○, clou à tête recourbée. — *Áo địa* 襖 ○, habit à ramages, costume de cour.

Địch 笛*. Le nom d'un instrument de musique à vent en bambou.

Ống địch 甕 ○, petite flûte, fifre.

Địch 翟*. Plumes de bel oiseau; ornements en plumes, panaches.

Địch 狄*. Une peuplade sauvage.

Di địch 夷 ○, barbare, sauvage. — *Nhung địch* 戎 ○, le nom d'une tribu de montagnards indépendants.

Địch 摘*. Cueillir, récolter (fruits, légumes). Voir *hái* et *trích*.

Địch 敵*. Ennemi, adversaire, compétiteur; combattre, lutter, s'opposer; défense contre l'attaque.

Địch quốc ○ 國, les pays ennemis. *Cự địch* 拒 ○, résister, s'opposer. — *Đối địch* 對 ○, lutter corps à corps, être aux prises. — *Cừu địch* 仇 ○, assouvir une vengeance.

Địch 滴 et 渦*. Eau qui tombe goutte à goutte; petite quantité, peu de chose, presque rien.

Địch 適*. Se diriger vers, se rendre à, avoir un but défini. Voir *thích*.

Địch 嫡*. Femme légitime, épouse principale, maîtresse de maison.

Địch mẫu ○ 母, la principale mère; la reine. — *Địch tử* ○ 子, fils légitime, fils aîné. — *Địch tôn* ○ 孫, l'aîné des petits-fils. — *Địch thân* ○ 親, parents par le sang; soi-même, personnellement. — *Đích dường huinh đệ* ○ 堂兄弟, cousin germain.

Đích 的*. Clair, brillant, qui se voit bien; but, cible; marque du génitif et particule auxiliaire.

Trúng đích 中 ○, atteindre le point visé, mettre dans le rond. — *Đích dường* ○ 當, soigneux, prudent. — *Chơn đích* 眞 ○, sincère, loyal, qui inspire toute confiance.

Điếc 的. Sourd, assourdir, étourdir. (En S. A., clair, brillant; se pron. *đích*.)

Điếc và câm ○ 吧嗆, sourd et muet. — *Điếc chết rái* ○ 折獺, sourd comme un pot. — *La điếc tai* 囉 ○ 聰, crier à vous rendre sourd. — *Nó làm tôi điếc tai* 奴濫碎 ○ 聰, il m'assourdit les oreilles.

Điểm 坫*. Paravent ou écran pour masquer les portes d'entrée.

Thổ điểm 土 ○, paravent en terre ou en maçonnerie.

Điếm 店*. Taverne, cabaret, mauvais lieu, endroit mal famé.

Nhà điếm 茹 ○, maison de prostitution. — *Con điếm* 昆 ○, fille publique. — *Đi điếm* 移 ○, se livrer à la prostitution, vivre dans la débauche. — *Thằng điếm đảng* 倘 ○ 唐, coureur de routes, vagabond, vaurien. — *Thằng điếm quớt* 倘 ○ 掘, polisson, libertin. — *Làm điếm* 濫 ○, mener une vie de débauché.

Điểm 埝*. S'enfoncer dans la terre, fouiller le sol; amoncellement, tas.

Điềm 恬*. Avoir l'esprit calme, être en paix; repos, tranquillité. A. V. Présage, augure, divination.

Ba điềm hải nội 波 ○ 海內, les vagues sont calmes, la mer est tranquille. — *Điềm lành* ○ 苓, augure favorable. — *Điềm dử* ○ 與, mauvais présage. — *Coi điềm* 視 ○, consulter les sorts, pratiquer la divination. — *Điềm lạ* ○ 邏, chose extraordinaire, qui tient du miracle.

Điểm 點*. Signe de ponctuation : un point, une virgule; le coup d'une horloge; s'assurer que tout est bien, faire l'appel, passer une revue; noter, compter, recenser.

Điểm binh ○ 兵, recenser l'armée, faire l'appel des soldats. — *Điểm lính* ○ 另, id. — *Trống điểm* 敎皮 ○, tam-tam de veille. — *Điểm canh* ○ 更, marquer les veilles de nuit. — *Điểm chỉ* ○ 指, ponctuer les phalanges de l'index sur le nom en guise de signature (comme le font les illettrés). — *Điểm số* ○ 數, compter, calculer, dénombrer.

Điên 顚*. Le sommet de la tête, le haut du crâne; cime, pointe, pic.

Điên 癲 et 瘋*. Esprit malade, moral dérangé, démence, folie.

Phát điên 發 ○, avoir un accès de folie. — *Thằng điên* 倘 ○, un fou, un dément. — *Cười như điên* 唭 如 ○, rire comme un idiot. — *Nói như điên* 吶 如 ○, parler comme quelqu'un qui a perdu la raison, dire des absurdités. — *Điên khí* ○ 氣, violent, surexcité, excessif, échauffé.

Điện 殿*. Palais, cour de roi, salle d'audience, temple; fixer, établir, déterminer; protéger, défendre.

Quang minh điện 光明 ○, la resplendissante salle des audiences royales. — *Long điện* 龍 ○, dragons du palais, gardes du corps du roi. — *Điện định* ○ 定, solidement établi.

Điền 田*. Champ, rizière, terre labourable (employé dans les cahiers d'impôt avec la signification exclusive de rizière). Car. radical.

Bộ điền 簿 ○, cahier de description des champs ou rôle d'impôt foncier. — *Thơ điền* 書 ○, champs dont les revenus étaient attribués aux savants. — *Đồn điền* 屯 ○, terres mises à la disposition des soldats. — *Công điền* 公 ○, terres communales. — *Điền tran* ○ 庄, terres de la couronne. — *Thảo điền* 草 ○, rizière herbeuse (1re cl.). — *Sơn điền* 山 ○, rizière haute (2e cl.). — *Thuế điền* 税 ○, l'impôt des rizières. — *Điền sản* ○ 產, biens immeubles.

Điền 唸*. Soupirer, se plaindre; gémissements, sons plaintifs.

Điền 填*. Combler un vide, boucher un trou, remplir un poste vacant; recruter, enrôler; son du tambour, bruit du tam-tam.

Điền lính ○ 另, enrôler des soldats.

Điền 趁 et 跡*. Poursuivre, chasser; profiter d'une occasion, saisir le moment favorable.

Điền 典*. Doctrine immuable, règle constante; diriger, administrer, gouverner; hypothéquer.

Kinh điển 經 ○, livres de doctrine, livres classiques. — *Ngũ điển* 五 ○, les cinq relations sociales. — *Điền điền* ○ 田, hypothéquer une rizière.

Điểng 叮. Pâle, exsangue. (En S. A., ordonner, enjoindre; se pron. *đinh*.)

Sợ điểng 怍 ○, pâle de frayeur. — *Chết điểng* 折 ○, s'évanouir, se trouver mal. — *Điểng hồn* ○ 魂, défaillir, tomber en pamoison.

Điệp 懾*. Tressaillir à la vue d'un danger; crainte, frayeur, émotion.

Điệp 蝶*. Papillon. A. V. Une coquille et une espèce de papier.

Phấn điệp 粉 ○, fard; litt., poussière de papillon. — *Ngọc điệp* 玉 ○, coquillage qui brille dans l'eau. — *Giấy điệp* 紙 ○, espèce de papier.

Điệp 揲*. Saisir, plier; tirer pour les sorts, les divinations. Voir *thiệp*.

Điệp 疊*. Accumulation; ajouter, empiler, entasser, compliquer.

Vạn điệp 萬 ○, dix mille fois répété.

Điệp 蹀*. Marcher en frappant du pied, avancer avec assurance.

Điệt 姪*. Neveux et nièces.

Thân điệt 親 ○, l'aîné des neveux. — *Điệt tử* ○ 子, un neveu. — *Điệt nữ* ○ 女, une nièce.

Điệt 蛭*. Une espèce de sangsue.

Điet 跌*. Donner des coups de pieds; faire une chute, un faux pas, tomber, glisser.

Điêu 彫*. Ornements, fleurs, figures; tailler, sculpter, ciseler, buriner; style riche, fleuri, orné.

 Điêu hoa ○ 花, orner de fleurs, de figures. — Điêu trác ○ 琢, polir, raboter. — Đồng điêu 同 ○, égal, uni, poli, lisse. — Điêu công ○ 工, sculpteur, graveur, incrusteur.

Điêu 洮*. Nom de cours d'eau.

Điêu 刁*. Pervers, séditieux, hardi.

 Điêu phong ○ 風, habitudes perverses, menées séditieuses, vent violent. — Điêu đầu ○ 斗, instrument pour battre les veilles de nuit. — Điêu bút ○ 筆, pinceau hardi, satire virulente, écrit séditieux.

Điệu 調*. Apaiser, calmer, mener à bonne fin; offrir convenablement.

 Điệu hộ ○ 護, conduire à un supérieur. — Điệu thuế ○ 稅, offrir le tribut au suzerain. — Của điệu 貼 ○, présents offerts au roi.

Điệu 窕*. Retiré, tranquille, discret; délicat, frêle, fin, gracieux.

 Yểu điệu 窈 ○, frêle, efféminé, mou, délicat. — Khinh điệu 輕 ○, beau, distingué, élégant; fin, habile.

Điếu 釣*. Se servir de quelque chose; croc, harpon, mécanisme, stratagème. A. V. Terme numéral des cigares et des cigarettes.

 Ống điếu 甕 ○, pipe. — Điếu thuốc lá ○ 葉蘿, cigare. — Điếu thuốc vấn ○ 葉問, cigarette. — Ống hút thuốc điếu 甕啌葉 ○, fume-cigare, fume-cigarette. — Bình điếu 瓶 ○, espèce de pipe à eau.

Điếu 弔 et 吊*. Pleurs et lamentations à l'occasion de funérailles.

 Khai điếu 開 ○, faire les préparatifs d'usage pour un enterrement. — Điếu văn ○ 文, tablettes funèbres que l'on brûle en l'honneur du mort. — Điếu lễ ○ 禮, présents de condoléances. — Điếu tang ○ 喪, offrir des condoléances.

Điều 調*. Composer, disposer, harmoniser, modérer, calmer, maîtriser; mouvoir, régler, mener à bonne fin; accord, union. Voir điệu.

 Điều trị ○ 治, se rendre maître de; guérir. — Điều hộ ○ 護, titre donné aux médecins officiels. — Điều chế ○ 製, modérer, calmer, tempérer. — Điều âm ○ 音, harmoniser des sons, accorder des notes. — Điều binh ○ 兵, poster les troupes en avant, prendre des dispositions stratégiques, se préparer à combattre.

Điều 岧*. Haute montagne, sommet escarpé, pic d'accès difficile.

Điều 條*. Branche, division, article, chapitre, paragraphe; nom d'arbre. A. V. Nom de couleur.

 Nhứt điều 一 ○, une division, un article. — Điều lệ ○ 例, article de loi. — Điều lý ○ 理, préceptes, principes. — Điều mục ○ 目, table des matières, index de livre. — Điều thứ nhứt ○ 次壹, paragraphe premier. — *Tư điều* 自 ○, article par article. — *Cây điều* 核 ○, l'arbre du rocou. — *Màu điều* 牟 ○, couleur pourpre. — *Áo điều* 襖 ○, habit de cette couleur. — *Lụa điều* 縷 ○, soie de cette couleur. — *Điều ngót* ○ 吒, une couleur rouge tendre.

Điều 鳥 *. Appellation générale pour les oiseaux. Car. radical.

Điều thú ○ 獸, oiseaux et quadrupèdes. — *Huyền điều* 玄 ○, hirondelle; litt., oiseau de jais, à cause de sa couleur noire et luisante. — *Súng điều thương* 銃 ○ 鎗, fusil de chasse.

Đinh 丁 *. Clou, pointe, cheville, broche ou épingle à cheveux; marque de virilité, homme fait, agent, soldat; nom de famille; le nom d'un personnage historique de l'Annam; quatrième lettre du cycle dénaire (feu allumé).

Họ đinh 戶 ○, du nom générique de *Đinh*. — *Dân đinh* 民 ○, un homme du peuple, un homme viril. — *Binh đinh* 兵 ○, un soldat. — *Thành đinh* 成 ○, arriver à l'âge de puberté (16 ans pour les garçons).

Đinh 釘 *. Clou, pointe, cheville, écrou; clouer, fixer, lier, attacher.

Đinh nhọn ○ 軟, pointe. — *Đinh tai* ○ 聰, clou à tête. — *Đinh móc* ○ 木, clou à crochet. — *Đầu đinh* 頭 ○, tête de clou. — *Mũi đinh* 觜 ○, pointe de clou. — *Đóng đinh* 揀 ○, enfoncer une pointe, planter un clou. — *Đinh hương* ○ 香, clou de girofle. — *Đinh tử thảo* ○ 子 草, une plante très vénéneuse.

Đinh 疔 *. Pustule, furoncle, clou, ulcère vénérien. Voir *đanh*.

Sanh đinh 生 ○, contracter une maladie syphilitique. — *Chỉ đinh* 指 ○, un mal blanc, un panaris. — *Đinh sang* ○ 瘡, bouton de gale.

Định 定 *. Décider, fixer, déterminer, statuer, établir; ferme, immuable; absolument certain.

Định việc ○ 役, décider une affaire. — *Lời nghị định* 夠 議 ○, décision, arrêté (formule officielle). — *Định giá* ○ 價, fixer un prix. — *Định ngày giờ* ○ 時 除, fixer le jour et l'heure. — *Bình định* 平 ○, fixation de la paix; nom d'une province de l'Annam. — *Gia định* 嘉 ○, affermissement du bonheur; le nom de la province dont Saigon est le chef-lieu. — *Định tường* ○ 祥, présage confirmé; le nom officiel d'une province de la Cochinchine dont le nom populaire est *Mỹ tho*.

Đỉnh 錠 * Barre ou lingot d'argent valant environ dix taëls; support.

Đỉnh 頂 *. Sommet, cime, pointe. Voir *đỉnh*. A.V. Syllabe euphonique.

Chính đính 正 ○, juste, équitable, droit, correct.

Đình 庭 *. Place, lieu de réunion, salle d'audience, intérieur de palais.

Thiên đình 天 ○, la cour céleste, le palais royal; nom d'étoile. — *Triều đình* 朝 ○, la cour, les conseils du roi, le gouvernement, les grands pouvoirs de l'État. — *Đình thi* ○ 試, les examens du plus haut degré qui se passent à la cour et pour lesquels le roi lui-même donne les sujets de composition. — *Gia đình* 家 ○, la famille, les parents.

Đình 亭*. Kiosque, pavillon, hangar; un abri pour les voyageurs.

Cái đình 丐 ○, maison commune.

Đình 停*. Cesser l'action, se reposer, stationner; un arrêt, un relai. Voir *đành*. A. V. Mesure de capacité.

Ngựa đình pho 馭 ○ 哺, cheval de poste. — *Dịch đình* 驛 ○, relais de poste. — *Đình thủ* ○ 手, ne plus agir.

Đình 婷*. Élégant, gracieux, distingué (femme, jeune fille).

Sánh đình 娉 ○, démarche gracieuse, tournure distinguée.

Đình 霆*. Coup de tonnerre, rugissement de fauve, bruit prolongé.

Lôi đình 雷 ○, le grondement du tonnerre.

Đình 仃*. Seul, abandonné, isolé, retiré; attendre, arrêter, repousser.

Đình 訂*. Examiner en commun, délibérer, se former une opinion en prenant l'avis de quelqu'un.

Đỉnh 頂*. Sommet, cime; syllabe euphonique. Voir *đảnh*.

Thiên hạ địa đỉnh 天下地 ○, le nadir. — *Đỉnh đầu* ○ 頭, le sommet de la tête, le haut d'une coiffure. — *Đỉnh trán* ○ 頭, le haut du front. — *Đỉnh núi* ○ 岂, sommet de montagne.

— *Một chút đỉnh* 沒降 ○, à peine, un peu, très peu, un rien. — *Đủng đỉnh* 董 ○, lentement, posément, doucement, sans se presser.

Địt 䢒. Pet, vent, flatuosité. (Formé des S. A. *khí* 气, air, et *đạt* 達, établir.)

Tiếng địt 嗜 ○, le bruit d'un pet. — *Đánh địt* 打 ○, lâcher un vent.

Đít 膟. Postérieur, fondement, fesses. (Formé des S. A. *nhục* 肉, chair, et *đạt* 達, établir, disposer.)

Đít nồi ○ 柄, le fond d'un chaudron, le cul d'une marmite. — *Lỗ đít* 魯 ○, l'anus. — *Đít gà* ○ 鶻, croupion de poulet. — *Ngứa đít* 癢 ○, avoir envie d'être fouetté (menace); litt., démangeaisons au derrière.

Điu 彫. Bariolé, bigarré, fleuri. (Du S. A. *điêu*, même car., même signification.)

Rắn điu điu 蜍 ○ ○, un serpent d'eau, une espèce de couleuvre.

Điu 吊. Syllabe euphonique. (Du S. A. *điêu*, même car., se lamenter.)

Đơn điu 丹 ○, étroite amitié, tendre affection, union intime.

Đo 度*. Mesure de longueur; mesurer, toiser, arpenter. Voir *độ*.

Đo ruộng ○ 隴, mesurer une rizière. — *Đo ruộng đất* ○ 隴坦, cadastrer. — *Phép đo đất* 法 ○ 坦, les règles de l'arpentage, la science géométrique. — *Việc đo đất* 役 ○ 坦, le service du cadastre. — *Quan đo đất* 官 ○ 坦, un géomètre officiel. — *Dây đo* 縧 ○, chaîne d'arpentage.

Đỏ 妬*. Jalousie de la femme; envie, haine, malveillance, méchanceté. Voir *đố*. A. V. Adverbe déterminant le lieu, là, là-bas.

Làm gì đó 濫之 ○, que fait-on là? — *Ai nói đó* 埃吶 ○, qui parle là? — *Ai đi đó* 埃移 ○, qui va là? — *Đứng đó* 等 ○, restez debout, là. — *Ngồi đó* 坐 ○, asseyez-vous là. — *Đây đó* 低 ○, ici et là; peut vouloir dire aussi moi et vous [1].

Đỏ 筶. Nasse en bambou, panier d'osier. (Formé des S. A. *trước* 竹, bambou, et *đố* 妬, jalousie.)

Lờ đỏ 簹 ○, un engin de pêche.

Đò 渡. Passer l'eau; bac, barque de passage. (Du S. A. *đồ*, même car., même signification.)

Đi qua đò 移戈 ○, passer le bac. — *Kẻ đưa đò* 几遂 ○, le passeur. — *Ghe đò* 艑 ○, barque de passage, bateau de promenade. — *Tàu đò* 艚 ○, transport de l'État, courrier, messageries. — *Ơ đò* 唹 ○, cri d'appel pour le bac.

Đồ 徒. Imiter, suivre (ne s'emploie qu'en composition). (Du S. A. *đồ*, même car., même signification.)

Giả đồ 假 ○, faire semblant. — *Giả đồ ngủ* 假○眸, simuler le sommeil. — *Giả đồ đau* 假○疴, faire le malade.

Đỏ 赭. La couleur rouge. (Du S. *giả*, même car., même signification.)

Đỏ lòm ○ 藍, rouge écarlate. — *Mặt đỏ lòm* 面 ○ 藍, avoir le visage très rouge. — *Biển đỏ* 灣 ○, la mer Rouge. (En sino-annamite, *Hồng hả* 紅海.) — *Con đỏ* 昆 ○, petit enfant nouveau-né. — *Đồng đỏ* 銅 ○, cuivre rouge. — *Vận đỏ* 運 ○, chance.

Đô 都*. Cour royale, métropole capitale; demeurer, résider; rassembler, réunir; tout, tous, nombreux, beaucoup.

Kinh đô 京 ○, la résidence du souverain, la capitale. — *Đô hội* ○ 會, multitude, assemblée. — *Đô đốc* ○ 督, un haut gradé militaire à la capitale. — *Đô sát viện* ○ 察院 conseil des inspecteurs généraux. — *Cá triều đô* 鮴朝 ○, poisson (espèce).

Độ 度*. Mesure, règle, degré; mesurer, régler, passer. Voir *đo*.

Ngũ độ 五 ○, les cinq sortes de mesures, savoir: *phân* 分, la ligne; *thốn* 寸, le pouce; *xích* 尺, la coudée; *trượng* 丈, la perche; *dẫn* 引, la toise. — *Độ lượng* ○ 量, mesurer, calculer la capacité. — *Phép độ* 法, lois, règles. — *Đại độ* 大 ○, grand magnanime. — *Một độ* 沒 ○, une mesure; espace, distance. — *Quá độ* 過 ○, dépasser les limites convenables, excéder. — *Vô độ* 無 ○, sans mesure, sans limite, sans règle. — *Độ chừng* ○ 澄, environ.

---

[1] Chez les Annamites, il existe de nombreux appellatifs ou pronoms personnels; on les applique selon le rang, la position sociale, l'âge, etc. S'il arrive qu'on ne sache à qui l'on parle, l'habileté consiste à ne se servir d'aucun de ces appellatifs, mais à dire *đây* (ici) pour moi, et *đó* (là) pour vous. C'est une façon de ne pas commettre de bévue.

Độ 渡*. Traverser un cours d'eau, passer un gué; au fig., passer outre, surmonter des difficultés.

    Độ hải ○ 海, traverser les mers. — *Siêu độ* 超 ○, être délivré. — *Độ minh* ○ 命, se libérer (de la maladie), se soigner, se guérir. — *Độ nghỉ học* ○ 擬學, se reposer des études, prendre les vacances scolaires.

Độ 鍍*. Plaquer de l'or, de l'argent, appliquer des feuilles métalliques; orner, dorer, argenter.

Đố 妬*. Jalousie de la femme, jalousie en général, envie, malveillance. A. V. Parier, défier, braver.

    Tao đố mầy 蚕 ○ 眉, je te parie que, je te mets au défi de. — *Tao đố ai* 蚕 ○ 埃, je mets qui que ce soit au défi de. — *Lời đố* 祠 ○, énigme, pari, défi, bravade.

Đồ 圖*. Tableau, carte géographique, plan, projet; régler, administrer. A. V. Choses matérielles, objets usuels, effets, provisions.

    Đồ ăn ○ 唵, vivres, nourriture, provisions de bouche. — *Đồ mặc* ○ 默, habits, vêtements, effets d'habillement. — *Đồ dụng* ○ 用, objets usuels. — *Đồ đạc* ○ 度, mobilier, ustensiles de ménage. — *Đồ nấu ăn* ○ 爌 唵, batterie de cuisine. — *Đồ thắng ngựa* ○ 勝 馭, harnachement. — *Một bộ đồ* 沒 部 ○, une collection d'objets servant au même usage. — *Bản đồ* 版 ○, carte géographique. — *Họa đồ* 畫 ○, plan, dessin, levé topographique.

Đồ 徒*. Aller à pied, suivre quelqu'un; élève, disciple; adonné à; banni, prisonnier; foule, multitude; en vain, en pure perte, inutilement, sans effet.

    Đồ đệ ○ 弟, élève, apprenti. — *Tăng đồ* 僧 ○, bonze. — *Thầy đồ* 柴 ○, maître et disciple. — *Chính đồ* 正 ○, étudiant, disciple, néophyte. — *Các ông tông đồ* 各 翁 宗 ○, les apôtres. — *Gian đồ* 間 ○, déporté au loin. — *Tửu sắc chi đồ* 酒 色 之 ○, adonné au vin et aux femmes.

Đồ 稌*. Grains qui viennent dans les terrains humides.

Đồ 荼*. Une plante amère dont les feuilles sont bonnes à manger.

Đồ 檨*. Feuilles de thé comprimées, thé en tablette.

Đồ 途*. Chemin, route, sentier.

Đồ 塗*. Boue, vase, fange; salir, tacher, souiller, barbouiller.

    Đồ diện ○ 面, se salir la figure. — *Lộ đồ* 路 ○, chemin détrempé. — *Đồ thuốc* ○ 葉, appliquer un onguent. — *Đồ nước* ○ 渚, étendue d'eau.

Đồ 屠*. Tuer des animaux de boucherie, immoler des victimes.

Đỗ 杜*. Nom d'arbre; sorbier; apaiser; loger, percher, obstruer, fermer, arrêter; nom de famille.

    Đỗ rường ○ 樑, persévérer. — *Sự bền đỗ* 事 紆 ○, persévérance. — *Ở đỗ* 於 ○, loger, demeurer. — *Đỗ trên nhánh* ○ 連 梗, percher sur les branches. — *Đổ nhờ* ○ 洳, trouver un refuge, une protection. — *Đổ dựa* ○ 預, se mettre à l'abri, à couvert.

Đổ 睹*. Voir, regarder, observer; clair, net, évident, manifeste.

Đổ 賭*. S'amuser à certains jeux, jouer aux dés; le jeu en général.

Đổ 堵*. Un mur; repos, tranquillité. A. V. Verser, répandre, exhaler, rejeter sur autrui.

    Đổ máu ○ 洳, répandre le sang. — *Đổ nước mắt* ○ 渚相, verser des larmes. — *Đổ đi* ○ 拸, verse, jette (impératif). — *Ai đổ rượu* 埃 ○ 酳, qui a répandu du vin? — *Đổ cho* ○ 朱, verser à, rejeter sur. — *Đổ vào lòng* ○ 倪悉, insinuer. — *Đổ vạ* ○ 禍, rejeter la faute sur autrui, calomnier. — *Đổ giận* ○ 悷, exhaler sa colère. — *Đổ điên* ○ 巔, faire perdre la tête à quelqu'un, faire enrager les gens; litt., verser la folie.

Đơ 多*. Beaucoup, nombreux, plus, encore, davantage. Voir *đa*.

    Đơ mặt ○ 靤, honteux. — *Cứng đơ* 亙 ○, engourdi, insensible. — *Đơ tay* ○ 拁, avoir les mains gourdes.

Đợ 拖 et 扡*.[(1)] Traîner après soi, remorquer, impliquer, être en commun dans une perte, donner des gages pour garantir.

    Đợ con ○ 昆, donner son enfant en garantie d'une dette. — *Đợ mình* ○ 命, demeurer personnellement en gage, se donner en otage. — *Ở đợ* 於 ○, rester chez un créancier comme sûreté de dette. — *Đợ đàn* ○ 疜, donner des gages, nantir.

Đờ 沱*. Fleuve se divisant en plusieurs branches, division d'un cours d'eau, arroyo. Voir *đà*.

    Đờ đăm ○ 潭, vagues qui lancent de l'écume. — *Lờ đờ* 瀘 ○, bruit d'eaux torrentielles.

Đỡ 拖. Soutenir ou protéger momentanément, alléger provisoirement, aider dans une circonstance difficile et passagère. (Du S. A. *đợ*, même car., donner des gages, garantir.)

    Đỡ nghèo ○ 危堯, soulager la misère, venir en aide aux malheureux. — *Đỡ dùng* ○ 用, défendre, tirer d'embarras. — *Ở đỡ* 唹 ○, demeurer momentanément, loger provisoirement. — *Giúp đỡ* 埶 ○, donner un coup de main. — *Nhà đỡ* 茹 ○, construction provisoire. — *Ăn đỡ* 咹 ○, manger un morceau pour se soutenir. — *Nói đỡ* 吶 ○, parler pour la forme, dire des futilités. — *Làm đỡ* 濫 ○, faire provisoirement. — *Đỡ đít* ○ 膡, flatter bassement (populaire); litt., alléger le postérieur.

Đoạ 惰*. Distrait, négligent, paresseux, indolent, sans énergie.

Đoạ 墮*. Tomber en ruines, pendre lamentablement, s'écrouler; renversé, dégradé, détruit.

    Hoa đoạ 花 ○, les fleurs tombent, meurent. — *Đày đoạ* 苦 ○, ravages,

---

[(1)] Ce mot peut se transcrire encore par 助.

dégâts. — *Đọa thành* ○ 城, détruire une ville. — *Đọa lạc* ○ 落, tomber dans le malheur. — *Phải đọa* 沛 ○, subir le malheur, être ruiné.

Đóa 朶*. Branches d'arbre retombant vers la terre, touffes de fleurs penchées vers le sol; terme numéral des fleurs et des nuages.

Đóa hương ○ 香, orchidées. — *Đóa sen* ○ 蓮, fleur de nénufar. — *Hoa đóa* 花 ○, un bouquet, une touffe. — *Đóa hào quang* ○ 豪光, cercle lumineux, auréole.

Đòa 濤*. Les vagues, les flots.

Đoác 楑. Le nom d'un arbre à gomme. (Formé des S. A. *mộc* 木, arbre, et *đóa* 朶, branches qui pendent.)

Bột đoác 粹 ○, farine faite avec la moelle de l'arbre. — *Dây đoác* 綾 ○, filin fait avec les fibres de l'arbre.

Đoái 兌. Rétrospectif. (Du S. A. *đoài*, même car., même signification.)

Đoái đến ○ 典, regarder derrière soi avec compassion, prendre en pitié les humbles, les petits. — *Đoái thương* ○ 傷, affection rétrospective. — *Đoái tưởng* ○ 想, se rappeler le passé. — *Đoái ngãi* ○ 義, se souvenir d'une ancienne amitié; faire un retour vers la justice. — *Chẳng đoái mắt* 庄 ○ 䀴, ne pas regarder derrière soi, dédaigner les petites gens.

Đoài 兌*. Changer, échanger, passer au travers de; passage, ouverture; l'un des huit signes du *bát quái* 捌 怪 (eau des montagnes).

Đoài mãi ○ 賣, échanges, trafics. — *Hướng đoài* 向 ○, l'ouest, l'occident. — *Non đoài* 巖 ○, la cime des montagnes.

Đoan 端*. Droit, correct, convenable; principe, origine; examiner soigneusement, se porter garant; numéral des mystères.

Giao đoan 交 ○, donner caution. — *Đoan đầu* ○ 頭, garantir au prix de sa tête. — *Cam đoan* 甘 ○, prendre la responsabilité. — *Dá đoan* 碢 ○, trompeur, mensonger. — *Dị đoan* 異 ○, fausse doctrine, hérésie. — *Đoan ngũ* ○ 五, cinquième jour du cinquième mois. — *Tứ đoan* 四 ○, les quatre principes: 1° *nhơn* 仁, l'humanité; 2° *ngãi* 義, fidélité et droiture; 3° *lễ* 禮, les convenances; 4° *trí* 智, le savoir.

Đoạn 斷*. Absolu, achevé, complet, fini; définitivement. Voir *rồi*.

Đoạn thì ○ 時, ensuite, après quoi. — *Việc đoạn* 役 ○, travail terminé. — *Bán đoạn* 半 ○, vente définitive. — *Đoạn mãi* ○ 賣, id.

Đoạn 段*. Article, chapitre. A. V. Pièce, bout, tronçon, fragment, segment, section, division.

Đoạn thứ nhứt ○ 次壹, chapitre premier. — *Một đoạn nỉ* 沒 ○ 絽, une pièce de drap. — *Một đoạn dây* 沒 ○ 綾, un bout de corde. — *Cắt đoạn* 割 ○, tronçonner, couper en morceaux (choses longues).

Đoán 斷*. Trancher, statuer, juger, rendre une sentence; déterminé, arrêté, résolu, fixé.

Xét đoán 察 ○, examiner, juger. — *Đoán định* ○ 定, décider. — *Chiết đoán* 折 ○, sectionner; juger. — *Đoán kiện* ○ 健, vider un procès, dirimer une cause. — *Đoán sai* ○ 差, rendre un faux jugement. — *Lý đoán* 理 ○, jugement, sentence; litt., décision conforme à la saine raison. — *Phép lý đoán* 法理 ○, philosophie, théologie. — *Quyết đoán* 決 ○, soutenir qu'une chose est vraie. — *Cang đoán* 剛 ○, constant, invariable.

Đoàn 叚 *. Ordre, série, chapitre, section, article; nom de famille.

Đoàn 團 *. Foule, troupeau, groupe, agglomération, réunion, masse.

Đoàn lũ ○ 屢, réunion nombreuse, foule compacte, serrée, pressée. — *Hiệp đoàn* 合 ○, rassembler en tas, réunir en troupe. — *Đoàn trâu* ○ 犢, troupeau de buffles (ces animaux marchent serrés les uns contre les autres). — *Đoàn niên* ○ 年, clore l'année (par une fête de famille).

Đoản 短 *. Bref, écourté, resserré; raccourcir, réduire, diminuer.

Trường đoản 長 ○, long et court. — *Đoản kiến* ○ 見, qui a la vue courte, qui a peu vu. — *Đoản mạng* ○ 命, brève existence, mourir jeune. — *Đoản nhơn* ○ 人, un homme de petite taille, un nain. — *Trí đoản* 智 ○, esprit borné. — *Đoản đao* ○ 刀, une dague, un poignard.

Đoanh 辻. Tourner en cercle, marcher en rond. (Formé des S. A. *xược* 辵, marche, et *đinh* 丁, pointe.)

Đoanh khu óc ○ 區 沃, roulé en spirale. — *Đoanh theo* ○ 蹺, à la ronde.

Đoạt 奪 *. S'emparer de haute lutte, prendre de force, enlever avec violence, usurper, opprimer, dépouiller, retrancher, censurer.

Đoạt lấy ○ 祕, s'emparer, rapiner, ravir. — *Đoạt quyền* ○ 權, usurper l'autorité. — *Đoạt lòng* ○ 悉, avoir de l'empire sur quelqu'un. — *Kẻ chiếm đoạt* 几 占 ○, usurpateur, ravisseur. — *Sự chiếm đoạt* 事 占 ○, usurpation. — *Xét đoạt* 察 ○, retrancher après examen ce qui n'est pas convenable.

Đọc 鐲 *. Cloche, clochette, grelot. A. V. Dard, lance, harpon.

Đọc ong ○ 蜂, dard d'abeille. — *Cái đọc* 吁 ○, sorte de lance pour la pêche. — *Lọc đọc* 漾 ○, rendu, harassé.

Đọc 讀 *. Lire à haute et intelligible voix; réciter en scandant les phrases; redire, raconter, rapporter, rendre compte.

Đọc lại ○ 更, relire, répéter. — *Đọc thuộc lòng* ○ 屬 悉, prononcer ce que l'on sait par cœur. — *Đọc sách* ○ 冊, lire dans un livre à haute voix. — *Đọc nhựt trình* ○ 日 呈, lire un journal à haute voix. — *Đọc thơ* 書, lire une pièce de vers. — *Đọc bài* ○ 排, lire ou réciter sa leçon. — *Bài đọc* 排 ○, leçon à lire. — *Đọc kinh* ○ 經, réciter des prières.

Độc 讀 *. Synonyme du précédent.

Độc 牘 *. Tablette, ordre écrit, note administrative, avis.

Độc 毒*. Cruel, méchant, nuisible, funeste; qui a du venin, du poison; causer un préjudice.

Độc ác ○ 惡, féroce, inhumain. — *Độc dữ* ○ 與, très cruel, très méchant. — *Độc lòng* ○ 悉, perfide, mauvais cœur. — *Độc thủ* ○ 手, malfaisant, dangereux, malintentionné. — *Khí độc* 氣 ○, mauvais air, climat insalubre, atmosphère empoisonnée. — *Nước độc* 渃 ○, eau malsaine. — *Thuốc độc* 藥 ○, du poison. — *Uống thuốc độc* 旺藥 ○, s'empoisonner. — *Giải độc* 解 ○, contre-poison. — *Cây cỏi độc* 核檜 ○, plantes vénéneuses. — *Con rắn độc* 昆蛒 ○, serpent venimeux. — *Ngôn độc* 言 ○, paroles empoisonnées, propos haineux et méchants.

Độc 獨*. Espèce de singe géant qui vit solitaire; seul, isolé, veuf.

Khỉ độc 獚 ○, nom d'un singe de la grande espèce. — *Cô độc* 孤 ○, orphelin, abandonné, seul, sans aide et sans appui. — *Độc bộ* ○ 步, marcher seul dans le chemin de la vie. — *Độc tử* ○ 子, un enfant seul et sans aucun soutien. — *Độc mắt* ○ 䀹, qui n'a qu'un œil, borgne.

Đốc 督*. Examiner, rechercher; conduire, gouverner, commander, présider; redresser, corriger.

Đốc lý ○ 理, régir, diriger, administrer. — *Giám đốc* 監 ○, inspecteur ou administrateur principal des affaires indigènes en Cochinchine. — *Đốc binh* ○ 兵, commandant supérieur des troupes. — *Đốc phủ sứ* ○ 府使, sorte de préfet général en Cochinchine (titre décerné par le gouvernement français à des fonctionnaires indigènes méritants). — *Đốc học* ○ 學, chef du service de l'enseignement. — *Tổng đốc* 總 ○, gouverneur général (indigène). — *Đô đốc* 都 ○, un chef militaire à la capitale. — *Đề đốc* 提 ○, haut mandarin militaire.

Đốc 篤*. Cheval qui va lentement; lent, simple, sincère, sûr, sérieux; le dernier, à l'extrémité; poupe de navire, arrière de barque.

Đốc canh ○ 更, dernière veille. — *Đốc đèn* ○ 畑, bout de chandelle, résidu de lampe. — *Bên đốc* 邊 ○, arrière, gouvernail, poupe. — *Chèo đốc* 櫂 ○, l'aviron de l'arrière (longue rame dont les Annamites se servent pour gouverner leurs embarcations).

Đói 饑. Avoir faim. (Formé des S. A. *thực* 食, manger, et *đối* 對, répondre.)

Đói khát ○ 渴, faim et soif. — *Bụng đói* 腹 ○, ventre affamé. — *Làm cho đói* 濫朱 ○, affamer. — *Chết đói* 折 ○, mourir de faim. — *Nghèo đói* 饒 ○, être dans une profonde misère. — *Đói rách* ○ 裸, très pauvre, déguenillé, minable.

Đòi 隊*. Demander, faire venir, exiger, réclamer (arrogant). (En S. A., tomber de haut; se pron. *đội*.)

Đòi hỏi ○ 唏, faire venir quelqu'un pour le questionner. — *Đòi tới* ○ 細, mander, faire comparaître. — *Đòi về* ○ 衛, demander à revenir, exiger le retour, rappeler. — *Quan lớn đòi ông* 官客 ○ 翁, Son Excellence vous demande, Monsieur. — *Đòi bú* ○ 哺, demander le sein, crier pour téter. — *Đòi ăn* ○ 咹, demander à manger.

réclamer la nourriture. — *Đòi nợ* ○ 女, exiger le remboursement d'une dette. — *Mặc đòi* 默 ○, selon ce qui sera exigé, d'après ce qui sera demandé. — *Con đòi* 昆 ○, fille de service, femme de chambre.

Đói 緱. Câble, amarre. (Formé des S. A. *mịch* 糸, lien, et *đội* 隊, tomber.)

Đói 搥 *. Battre, frapper, rudoyer.

Đói 堆 *. Amas de terre; entasser, empiler. A. V. Un couple, une paire, côte à côte, deux par deux; bouche à bouche.

Đói tích nhu son ○ 積如山, amasser gros comme une montagne. — *Cáp đói* 級 ○, apparier, accoupler. — *Đói ba ngày* ○ 昌晿, deux ou trois jours. — *Đói ba lần* ○ 昌客, deux ou trois fois. — *Đói bạn* ○ 伴, une paire d'amis, deux époux. — *Một đói trâu* 沒 ○ 犋, une paire de buffles. — *Một đói trứng* 沒 ○ 蒜, deux œufs. — *Một đói giày* 沒 ○ 鞋, une paire de souliers. — *Sanh đói* 生 ○, accoucher de deux jumeaux. — *Tiếng đói* 嗜 ○, mot double, expression composée. — *Cái đói* 丐 ○, nom de lieu et de fleuve (Cochinchine).

Đội 隊 *. Tomber de haut et avec bruit; troupe de gens; compagnie de 50 hommes; chef, capitaine. A. V. Porter sur la tête; remercier.

Đội trên đầu ○ 連頭, porter sur la tête. — *Đội nón* ○ 藏, porter un chapeau, mettre son chapeau. — *Đội ơn* ○ 恩, rendre grâces, remercier (à des supérieurs). — *Đội quân* ○ 軍, compagnie de soldats. — *Ông đội* 翁 ○, capitaine, chef de compagnie (ancien régime). — *Chú đội* 注 ○, sergent (régime actuel). — *Đội lính tập* ○ 另習, sous-officier de tirailleurs annamites. — *Đội lính lệ* ○ 另例, sous-officier de la garde civile, de la milice. — *Đội nhứt* ○ 壹, sergent-major.

Đội 憝 *. Détester, haïr; avoir des préventions contre quelqu'un, témoigner de l'hostilité.

Đội chí ○ 志, décourager les intentions, refroidir l'enthousiasme.

Đói 對 *. Répondre, correspondre; face à face, parallèle; pair, égal.

Ứng đói 應 ○, répliquer. — *Đói nhau* ○ 饒, se correspondre, se faire vis-à-vis, être en face l'un de l'autre. — *Không đói* 空 ○, qui ne correspond pas, qui n'est pas parallèle. — *Liễn đói* 聯 ○, sentences parallèles (panneaux qui ornent les murs des maisons). — *Câu đói* 句 ○, phrases rimées qui se correspondent. — *Đói địch* 敵, s'opposer à, être aux prises. — *Đói nại* ○ 柰, plaider une cause. — *Đàng đói nại* 唐 ○ 柰, les parties plaidantes. — *Sự đói nại* 事 ○ 柰, plaidoirie. — *Cá đói* 魜 ○, le nom d'un petit poisson de mer.

Đói 頹 *. Tête chauve; colline dénudée, montagne aride; inculte, ruiné, détruit, perdu, anéanti.

Đói tàn ○ 殘, ruiner, détruire, briser. — *Đói bại* ○ 敗, bouleverser, anéantir. — *Đói tệ* ○ 弊, id. — *Thủy đói* 水 ○, eau qui s'écoule avec fracas.

Đồi 玳*. Carapace de tortue, écaille pour la fabrication d'objets de luxe.

    Đồi mồi ○ 瑁, tortue à écailles fines. — *Vảy đồi mồi* 鯢 ○ 瑁, la carapace d'une tortue. — *Lược đồi mồi* 畧 ○ 瑁, un peigne en écaille.

Đỗi 隊. Espace, terme, mesure; sert à former un superlatif absolu. (En S. A., tomber; se pron. *đội*.)

    Đỗi đàng ○ 唐, la fin d'une route. — *Qúa chừng đỗi* 過澄 ○, qui dépasse toute mesure, excessivement. — *Cho đến đỗi* 朱典 ○, jusqu'au point de, pour en arriver à.

Đổi 對. Changer, troquer, commercer, faire des échanges. (En S. A., s'accorder; se pron. *đối*.)

    Đổi chỗ ○ 住, changer de place. — *Đổi lúa lấy gạo* ○ 穭祕粏, échanger du paddy contre du riz. — *Đổi giấy bạc* ○ 紙薄, changer un billet de banque. — *Kẻ đổi bạc* 几 ○ 薄, un changeur. — *Đổi ý* ○ 意, changer d'avis. — *Đổi nết* ○ 浬, changer de conduite. — *Đổi thói quen* ○ 退涓, changer ses habitudes. — *Đổi với nhau* ○ 貝饒, permuter. — *Đổi chác* ○ 卓, faire le commerce par échanges. — *Đổi dời* ○ 移, déplacer, transporter, changer. — *Hay đổi* 哈 ○, qui change souvent. — *Trời hay đổi* 呑 哈 ○, temps changeant. — *Sắc hay đổi* 色 哈 ○, couleur changeante. — *Sự thay đổi* 事 台 ○, modification, changement.

Đợi 待. Attendre. Voir *chờ* et *trông*. (Du S. A. *đãi*, même car., même signification.)

    Đợi ai tới ○ 埃細, attendre l'arrivée de quelqu'un. — *Đợi ông tới* ○ 翁細, attendre que Monsieur arrive. — *Đợi từ ngày* ○ 自㫜, attendre de jour en jour. — *Đợi thơ* ○ 書, attendre des lettres. — *Đợi đã lâu* ○ 㐌𥹰, attendre depuis longtemps. — *Đợi một phút nữa* ○ 沒丿女, attendre encore une minute. — *Trông đợi* 籠 ○, s'attendre à. — *Đợi tao đẩy* ○ 蚤低, attends-moi ici.

Đời 代. Siècle, vie, génération; règne, dynastie; le monde moral. (Du S. A. *đại*, même car., même signification.)

    Đời trước ○ 畧, les temps passés. — *Đời xưa* ○ 初, autrefois, dans le temps, jadis. — *Đời sau* ○ 𥹰, les siècles à venir. — *Chuyện đời xưa* 傳 ○ 初, contes de l'ancien temps, histoires des temps passés; titre d'un livre de fables annamites. — *Đời vắn* ○ 問, brève existence. — *Trọn đời* 論 ○, toute la vie, génération complète. — *Một đời vợ chồng* 沒 ○ 𤲆 重, une vie conjugale, un temps de mariage. — *Việc đời* 役 ○, les choses de ce monde, les affaires de la vie. — *Qua đời* 戈 ○, passer de vie à trépas, mourir. — *Đời vua Thành thái* ○ 𢁅 成泰, le règne (ou la dynastie) de Thành thái.

Đóm 炶. Petite torche, allumette. (Du S. A. *đóm*, même car., briller.)

    Đóm lửa ○ 焒, lumignon. — *Thắp đóm* 爆 ○, allumer la torche.

Đốm 点*. Un point noir; tacheté, moucheté (en parlant d'animaux).

    Chó đốm 狂 ○, chien noir tacheté

Đờm 炶*. Briller, étinceler; traînée de lumière, rayon de soleil.

 Con đờm 昆 ○, insecte lumineux, luciole, ver luisant.

Đơm 宠. Préparer pour un sacrifice, disposer pour une cérémonie; porter, amener, offrir. Voir *đam*. (En S. A., hésiter; se pron. *đâm*.)

 Đơm cúng ○ 拱, offrande faite aux parents défunts. — *Đơm quái* ○ 怪, offrir des mets aux mânes des ancêtres. — *Đơm ma* ○ 魔, présenter des mets aux esprits, offrir aux idoles. — *Đơm cá* ○ 魰, pêcher à la nasse. — *Đơm bông* ○ 嵐, fleurir, former des dessins, des arabesques. — *Nước đơm bông* 渚 ○ 嵐, l'eau s'agite, moutonne, se ride. — *Đặt đơm* 達 ○, apposer, appliquer, disposer.

Đờm 痰*. Humeur lymphatique, bile, mucosités, glaires. Voir *đàm*.

 Khạc đờm 喀 ○, cracher des glaires, rendre de la bile, avoir la pituite.

Đớn 憨*. Prendre à cœur, considérer comme important; pousser, exciter, s'informer, rechercher.

 Đớn ren ○ 蓮, s'informer avec anxiété, rechercher avec ardeur.

Đợn 迍. Noué, rabougri (se dit des hommes et des arbres). (En S. A., ne pas avancer; se pron. *chuẩn*.)

 Người đợn 㝵 ○, homme rachitique. — *Cây đợn* 核 ○, arbre rabougri, plante malade.

Đón 頓*. Arrêter brusquement, s'opposer à; attendre. Voir *đốn*.

 Ngăn đón 垠 ○, barrer, mettre obstacle. — *Chặn đón* 振 ○, empêcher. — *Đón rước* ○ 逴, aller au-devant. — *Đón đường* ○ 唐, aller attendre sur la route. — *Đưa đón* 遂 ○, accompagner, conduire.

Đòn 梻*. Nom d'arbuste; espèce de sumac; verge ou rotin pour fustiger; perche pour porter les fardeaux; traverse de charpente.

 Đánh đòn 打 ○, frapper, fustiger. — *Cho đòn* 朱 ○, infliger la peine du rotin. — *Bị đòn* 被 ○, recevoir des coups de rotin, être puni des verges. — *Chịu đòn* 召 ○, id. — *Đòn gánh* ○ 梗, perche flexible servant à porter en balancier. — *Đòn khiêng* ○ 杭, brancard sur lequel on dépose les dépouilles mortelles. — *Đòn võng* ○ 綱, traverse de palanquin, de civière, de hamac. — *Đòn tay* ○ 挀, traverse de charpente, soliveau, poutrelle. — *Đòn cân* ○ 斤, fléau de balance. — *Đòn dông* ○ 容, faîte de maison, sommet de charpente. — *Đòn nôi* ○ 踠, pont volant.

Đôn 敦 et 憨*. Exercer une pression, influencer; ferme, droit, correct, solide; orner, travailler.

 Đôn cây ○ 核, butter les arbres.

Đôn 墩*. Petite élévation de terre, monticule, tertre, pilier, siège.

 Đôn sành ○ 甡, tabouret en faïence.

Đớn 遯*. Faire mystère de certaines choses; cacher, dissimuler; moyens pour tromper.

Nhảm độn 壬 ○, certaines pratiques de sorcellerie, formule de magie.

Độn 沌*. Cours tumultueux d'un torrent; au fig., trouble, confusion.

Hỗn độn 混 ○, bruit, tumulte, désordre, confusion. — *Hỗn độn vô đoan* 魂 ○ 無端, la plus grande émotion, ce qu'il y a de plus troublé.

Độn 訰*. Paroles confuses, trouble d'esprit, faux jugement.

Độn trí ○ 智, esprit lourd. — *Độn dạ* ○ 腋, id. — *Mê độn* 迷 ○, abruti, idiot. — *Tính độn* 性 ○, stupide, hébété.

Đốn 頓*. Incliner le corps en avant, baisser la tête jusqu'à terre; agir brusquement, violemment; préparer, ranger; couper à coups de hache, abattre, jeter à terre.

Đốn thủ ○ 首, saluer jusqu'à terre. — *Đốn binh* ○ 兵, préparer des troupes, ranger des soldats en bataille. — *Đốn cây* ○ 核, abattre des arbres.

Đồn 屯*. Poste militaire, endroit fortifié, fort, fortin; rassembler.

Đồn điền ○ 田, champs mis à la disposition des soldats.

Đồn 吨*. Parler trop, divulguer, répandre; langage peu intelligible.

Tiếng đồn 嗜 ○, rumeur qui se propage. — *Danh đồn* 名 ○, le bruit d'une réputation. — *Đồn đặc* ○ 弋, le bruit court, la rumeur circule.

— *Đồn huyễn* ○ 幻, répandre ou propager de fausses nouvelles.

Đồn 豚*. Cochon de lait; marcher en traînant les pieds; avoir des tremblements dans les membres (comme les ataxiques).

Đơn 單*. Un seul, simple, unique; plainte, pétition, requête. Voir *đan*.

Đơn sơ ○ 初, simple, naturel. — *Đơn chiếc* ○ 隻, seul, dépareillé. — *Đơn bạc* ○ 薄, pauvre, abandonné, délaissé, ruiné. — *Đơn cô* 孤, sans enfant, sans famille, orphelin. — *Viết đơn* 曰 ○, rédiger une plainte. — *Làm đơn* 濫 ○, faire une pétition. — *Đầu đơn kiện* 投 ○ 健, soumettre une réclamation. — *Qùi đơn* 跪 ○, présenter une requête en se prosternant. — *Chấp đơn* 執 ○, accepter une plainte, recevoir une pétition. — *Bát đơn* 捌 ○, rejeter une plainte, refuser une pétition, débouter. — *Một lá đơn* 沒 蘿 ○, une pétition, une supplique, un placet.

Đơn 丹*. Le nom d'une pierre couleur rouge tendre et de plusieurs plantes médicinales.

Mẫu đơn 牡 ○, plante médicinale à fleur rouge, pivoine. — *Đơn gia* ○ 家, un apothicaire, un chimiste. — *Hồng đơn* 紅 ○, ocre rouge, pierre rouge. — *Đơn tâm* ○ 心, cœur tendre, généreux, sincère.

Đơn 坍*. Les bords d'un fleuve; berge, levée, mur, terrasse.

Đơn 癉*. Sang vicié, débilité.

Hỏa đơn 水 ○, l'érésipèle. — *Đơn*

phong ○ 瘋, la lèpre. — *Phát đơn* 發 ○, lèpre qui se déclare, devenir lépreux. — *Kẻ có đơn* 几 固 ○, les gens atteints de la lèpre.

Đớn 疽. Syllabe euphonique et mot complémentaire. (Du S. A. *đăn*, même car., décomposition du sang.)

Đau đớn ○ 疜, éprouver une vive douleur, souffrir beaucoup.

Đờn 彈*. Nom collectif d'instruments de musique à cordes; troupe, société, catégorie, classe.

Đánh đờn 打 ○, jouer d'un instrument à cordes. — *Gảy đờn* 撥 ○, id. — *Suối đờn* 澑 ○, le murmure de l'eau. — *Đờn ông* ○ 翁, homme; litt., la classe ou la catégorie des messieurs, le sexe masculin. — *Đờn bà* ○ 妃, femme; litt., la classe des dames, le sexe féminin.

Dong 揀. Mesurer du grain, des poudres, des liquides. (Formé des S. A. *thủ* 手, main, et *đông* 東, orient.)

Dong lúa ○ 穭, mesurer du riz non décortiqué (paddy). — *Dong lưng* ○ 朘, ne pas donner la mesure complète, frauder en mesurant.

Đọng 澒. Eau qui ne coule pas. (Formé des S. A. *thủy* 水, eau, et *động* 動, remuer, agiter.)

Nước đọng 渚 ○, eau stagnante.

Đóng 揀. Fermer; fabriquer, établir, construire; payer. (Formé des S. A. *thủ* 手, main, et *đông* 東, orient.)

Đóng cửa ○ 閽, fermer la porte. — *Đóng lại* ○ 更, refermer. — *Đóng giày* ○ 鞋, fabriquer des souliers. — *Đóng sách* ○ 冊, relier un livre. — *Đóng móng ngựa* ○ 朦 馭, ferrer un cheval. — *Đóng đinh* ○ 釘, enfoncer des clous. — *Đóng gông* ○ 杠, mettre la cangue. — *Đóng song* ○ 緫, établir un grillage. — *Đóng trại* ○ 寨, établir un camp. — *Đóng ổ* ○ 塢, faire un nid. — *Đóng tàu* ○ 艚, construire un navire. — *Đóng thuế* ○ 稅, payer l'impôt, le tribut.

Đồng 童. Mot complémentaire. (Du S. A. *đồng*, même car., petit enfant.)

Tật đồng danh 疾 ○ 疒, la teigne, les dartres.

Đồng 銅. Tige, épi; espèce de lance. (En S. A., cuivre; se pron. *đồng*.)

Đồng đồng lúa ○ ○ 穭, tige de riz. — *Cây lưỡi đồng* 核 祉 ○, aloès.

Đồng 東*. Est, Orient; la lumière, la clarté; fleuri, printanier.

Đồng bắc ○ 北, le Nord-Est. — *Phương đồng* 方 ○, l'Asie. — *Phía đồng* 費 ○, à l'Orient, dans la direction de l'Asie. — *Lấy hướng đồng* 祉 向 ○, s'orienter. — *Gió đồng* 遹 ○, vent d'Est. — *Đồng dương* ○ 洋, les mers orientales, l'Indo-Chine. — *Đồng kinh* ○ 京, le Tonkin. — *Các tiếng phương đồng* 各 啫 方 ○, les langues orientales.

Đông 冬*. L'hiver; achever, conclure; amasser, amonceler.

Đông chí ○ 至, solstice d'hiver. — *Mùa đông* 務 ○, saison d'hiver.

Đông 凍*. Froid, glacé, gelé, congelé, figé, dense, compact.

Nước đông 凍 ○, eau frappée, glace, glaçon. — *Làm cho đông* 濫朱 ○, glacer, congeler. — *Đông người ta lắm* ○ 得些廩, population dense, foule compacte. — *Đông đặc* ○ 特, solide, épais, serré.

Động 慟 *. Trouble, émotion, anxiété; avoir beaucoup de chagrin.

Động 動 *. Mouvoir, secouer, agiter, ébranler, remuer, faire trembler, mettre en branle, donner l'impulsion. (Se prend pour le précédent et réciproquement.)

Động địa ○ 地, tremblement de terre. — *Biển động* 瀲 ○, mer agitée, mer démontée. — *Trời động* 圣 ○, changement de temps, un mauvais temps. — *Thì động dụng* 時 ○ 用, époque troublée. — *Làm cho động* 濫朱 ○, émouvoir, émotionner. — *Sự động lòng* 事 ○ 悉, émoi, émotion. — *Động lòng* ○ 悉, être touché, être ému. — *Bất tâm động* 不心 ○, ne pas se troubler, rester calme. — *Động kinh* ○ 驚, mal caduc, épilepsie.

Động 洞 *. Eaux torrentielles, courant rapide, ravin, creux, grotte.

Động cát ○ 葛, amas de sable, dune, banc. — *Thủy động* 水 ○, un ravin. — *Tiên động* 仙 ○, une grotte, un paysage peuplé de génies, un site fréquenté par les immortels.

Đống 棟 *. Le nom d'un arbre dont le bois est employé pour la construction; poutre, solive, colonne; haut, grand; amas, monceau.

Đống đá ○ 砑, amas de pierres. — *Đống củi thối* ○ 檜喔, tas de bois à brûler. — *Đống trâu nhà* ○ 蒲茹, les ordures ménagères (réunies en tas). — *Sắp đống* 拉 ○, amasser, amonceler. — *Lương đống* 樑 ○, faîte, sommet. — *Tài lương đống* 才樑 ○, poutre faîtière; au fig., un grand serviteur de la dynastie, un soutien de la couronne impériale.

Đồng 同 *. Ensemble, réuni, égal, unanime; s'accorder, se convenir.

Đồng hiệp ý ○ 協意, d'un commun accord, avec unanimité. — *Đồng lòng* ○ 悉, consentement unanime. — *Đồng đảng* ○ 等, complices, conjurés, compagnons, bande de gens qui s'entendent. — *Đồng nhau* ○ 饒, d'accord, unis, égaux. — *Đồng sức* ○ 飭, d'égale force. — *Đồng máu* ○ 泖, du même sang, de la même famille. — *Đồng loài* ○ 類, de même race, de même espèce. — *Đồng liêu* ○ 僚, égal en dignités, collègue, confrère. — *Đồng niên* ○ 年, toute l'année, annuellement; du même âge. — *Hội công đồng* 會公 ○, conseil, assemblée. — *Hội đồng* 會 ○, commission, comité. — *Hội đồng nhánh* 會 ○ 梗, sous-commission.

Đồng 童 *. Enfant au-dessous de quinze ans, garçon chaste, fille vierge; dénudé, abandonné.

Thành đồng 成 ○, arrivé à l'âge de la puberté. — *Đồng nhi* ○ 兒, petit enfant. — *Đồng mông* ○ 蒙, id. — *Đồng trinh* ○ 貞, vierge. — *Mục đồng* 牧 ○, pasteur. — *Con đồng* 昆 ○, diseuse de bonne aventure. — *Cõng đồng đồng* 共 ○○, porter à cheval sur les épaules. — *Đồng thổ* ○ 土, terrain nu, sol inculte.

Đồng 銅*. Cuivre; terme numéral des monnaies, des médailles, des montres; mesure de poids.

Đồng bạc ○ 薄, piastre, sapèque d'argent, médaille d'argent. — *Đồng vàng* ○ 鑛, pièce de monnaie en or, sapèque d'or, médaille d'or. — *Đồng tiền kẽm* ○ 錢鎗, sapèque en zinc. — *Bạc đồng* 薄 ○, argent monnayé. — *Đồ đồng* 圖 ○, ustensiles en cuivre. — *Đồng đen* ○ 眞, cuivre noir. — *Đồng đỏ* ○ 赭, cuivre rouge. — *Đồng bạch* ○ 白, cuivre blanc (de la province de Yun-nan). — *Đồng hồ* ○ 壺, horloge, pendule. — *Đồng hồ trái quit* ○ 壺 粳 橘, une montre; litt., montre orange mandarine, comme nous disons en français montre savonnette. — *Thợ đồng hồ* 署 ○ 壺, horloger. — *Đồng hồ cát* ○ 壺 葛, sablier pour marquer la durée du temps. — *Đồng tiền* ○ 錢, fossette (à la joue), sapèque. — *Một đồng* 沒 ○, un dixième d'once annamite, un gros.

Đồng 筒*. Tube en bambou, tous les tubes en général, tuyeau, roseau, chalumeau, fifre, flageolet.

Đồng 桐*. Arbre dont le bois léger et résistant sert à faire des instruments de musique, des manches de pelle, de pioche, des hampes.

Vông đồng 橃 ○, un arbre épineux. — *Đồng lao thể* ○ 勞 柔, buphalmum.

Đồng 仝*. Fini, achevé; entier, complet, uni comme une plaine. A. V. Plaine, champ, campagne.

Đồng nai ○ 泥, la plaine des cerfs, nom populaire de Biên hòa, Cochinchine. — *Đồng điền* ○ 田, champ cultivé, rizière. — *Đồng tập trận* ○ 習 陣, champ de manœuvre. — *Ra ngoài đồng* 曪 外 ○, aller aux champs. — *Chạy cùng đồng* 趆 共 ○, courir la campagne. — *Ngang qua đồng* 昂 戈 ○, à travers champs. — *Giữa đồng* 衶 ○, en rase campagne, au milieu des plaines. — *Chuột đồng* 狨 ○, rat des rizières. — *Cá đồng* 魣 ○, petit poisson qui vit dans la vase des rizières.

Đồng 董*. Tenir fermement, gouverner avec énergie; ferme, solide; frapper des mains; se retirer, se reculer; nom propre.

Đồng đốc ○ 督, diriger d'une main sûre, gouverner avec fermeté. — *Nói đồng* 吶 ○, s'exprimer avec jactance, parler sur un ton comminatoire. — *Làm đồng* 濫 ○, faire des embarras, agir par vanterie. — *Ngay đồng đồng* 䋝 ○ ○, très droit, très ferme; strictement. — *Đồng đồng lưng* ○ ○ 腰, paresseux; avoir les côtes raides. — *Đồng tử* ○ 子, nom propre.

Đập 搚. Onomatopée pour rendre le bruit sourd d'un coup, d'un choc. (Du S. A. *đập*, même car., frapper.)

Đọt 葵. Feuille extrême des arbres et des plantes, piquants, frondaisons, pousses nouvelles. (Formé des S. A. *thảo* 艸, plante, et *đột* 突, piquer.)

Đót 楑. Branche d'arbre, gaule, aiguillon; aiguillonner, piquer.

11.

(Formé des S. A. *một* 木, arbre, et *đột* 突, piquer.)

Chổi đót 箒 ○, balai végétal. — *Đâm đót* 銃 ○, stimuler, exciter. — *Đót bò* ○牪, piquer les bœufs. — *Cái đót* 吗 ○, l'aiguillon.

Đột 突*. Tout à coup, soudain, subitement, brusquement; piquer, blesser, offenser, se montrer insolent; cheveux coupés ras.

Thì đột ngột 時 ○ 兀, temps de misère. — *May đột* 埋 ○, coudre à point arrière, piquer.

Đột 揆*. Heurter contre, frapper, choquer, cogner, secouer, ébranler.

Đột 蜨. Holothurie, sangsue de mer. (Formé des S. A. *trùng* 虫, reptile, et *đột* 突, piquer.)

Đột 凸*. Relevé en bosse, inégal, en relief, raboteux, irrégulier.

Đột 咄 et 嚉*. Réprimander, gronder, crier fort pour exciter.

Đốt 焠. Mettre le feu, enflammer, allumer; entre-nœud des arbres, articulation; un moment, un instant. (En S. A., rapprocher du feu; se pron. *toái*.)

Đốt nhà ○ 茹, incendier une maison. — *Đốt làng* ○ 廊, brûler un village. — *Đốt tàu* ○ 艚, mettre le feu à un navire. — *Đốt đống củi* ○ 棟檜, allumer un bûcher. — *Đốt đèn* ○ 畑, allumer une lampe, une bougie. (Voir *thắp*.) — *Đốt điếu thuốc* ○ 釣萊, allumer une cigarette, un cigare. — *Cho tôi đốt* 朱碎 ○, donnez-moi donc un peu de feu. — *Đốt pháo* ○ 砲, allumer des fusées, faire partir un feu d'artifice, des pétards. — *Lửa đốt* 焐 ○, incendie, brûlure. — *Một đốt mía* 沒 ○ 蔗, un entre-nœud de canne à sucre. — *Một đốt ngón tay* 沒 ○ 阮揎, une phalange du doigt. — *Nói đốt* 吶 ○, agacer.

Đột 達*. Intelligible, pénétrable; intelligent, capable; grade, dignité.

Thượng đột 上 ○, s'élever en charge, en dignité, monter en grade. — *Đẳng đột* 等 ○, un gradé, un dignitaire. — *Lợt đột* 㴖 ○, goutte à goutte, un à un.

Du 梄. Le jeu de balançoire. (Formé des S. A. *mộc* 木, arbre, et *đô* 都, cour.)

Đánh du 打 ○, se balancer. — *Chơi du* 制 ○, s'amuser à ce jeu.

Dú 妬. Rut des animaux, amours brutales; souvent employé comme injure grossière. (Du S. A. *đố*, même car., désir brutal, envie, jalousie.)

Lăng dú 陵 ○, mimique indécente, gestes obscènes; lascif, lubrique.

Dù 睹. Assez, suffisamment; avoir ce qu'il faut; nom d'arbre. (En S. A., regarder, observer; se pron. *đổ*.)

Dủ ăn ○ 咹, avoir de quoi vivre. — *Dủ bạc* ○ 薄, avoir assez d'argent. — *Có dủ không* 固 ○ 空, y en a-t-il assez? — *Dủ số* ○ 數, au complet. — *Cây dủ dủ* 核 ○○, le papayer. — *Cây dủ dủ tía* 核 ○○ 紫, le ricin.

Đua 都. Rivaliser, concourir, jouter. (En S. A., capitale; se pron. *đó*.)

Đua nhau ○ 饒, rivaliser. — *Sự đua nhau* 事 ○ 饒, l'émulation. — *Đua sức* ○ 飭, lutter d'ardeur, rivaliser de courage. — *Đua nhau học* ○ 饒學, étudier à qui mieux mieux. — *Đua tài* ○ 才, rivaliser d'adresse, d'habileté. — *Đua ghe* ○ 艣, joutes sur l'eau, régates. — *Đua ngựa* ○ 馭, courses de chevaux. — *Trường đua* 塲 ○, arène, champ clos.

Đùa 捇*[1]. Étendre, disperser, entraîner, pousser, renverser tout.

Đùa xuống ○ 𢫝, pousser à faire tomber. — *Gió đùa đi* 逾 ○ 去, le vent pousse, emporte, renverse.

Đũa 箸. Bâtonnets pour manger. Voir *trợ*. (Formé des S. A. *trước* 竹, bambou, et *đỗ* 杜, nom d'arbre.)

Một đôi đũa 沒 堆 ○, une paire de bâtonnets. — *Đũa bịt bạc* ○ 𨧲 薄, bâtonnets à garniture d'argent. — *Cầm đũa ăn* 擒 ○ 咹, prendre en main les bâtonnets. — *Đậu đũa* 豆 ○, fayotier. — *Mạnh đũa* 孟 ○, goulu.

Đưa 迻. Conduire, accompagner (pour faire honneur); bercer; donner de la main à la main. (Du S. A. *di*, même car., changer, déplacer.)

Đưa khách ○ 客, accompagner un hôte. — *Đưa em ngủ* ○ 㛪 眠, bercer un enfant pour l'endormir. — *Đưa dâu* ○ 妯, conduire la fiancée à son mari (cérémonie du mariage). — *Đưa xác* ○ 殼, accompagner le corps, assister à un enterrement. — *Đưa đò* ○ 渡, faire passer l'eau, diriger le bac. — *Đưa cho* ○ 朱, donner, remettre (de la main à la main). — *Cái đưa đồng hồ* 丐 ○ 銅 壺, le balancier d'une pendule.

Đứa 者丁[2]. Terme numéral et appellatif pour enfants (des deux sexes), petites gens, vauriens, voleurs, etc. (Formé des S. A. *gia* 者, pron. dém., et *đinh* 丁, homme.)

Một đứa con 沒 ○ 昆, un enfant. — *Đứa đầy tớ* ○ 苔 四, le domestique. — *Đứa ăn cướp* ○ 咹 刦, le brigand, le pirate. — *Đứa nào* ○ 芇, quel individu? — *Mấy đứa* 買 ○, combien sont-ils?

Đừa 遂. Refuser poliment, repousser ou rejeter sans violence. (En S. A., changer, déplacer; se pron. *di*.)

Đục 濁*. Eau sale, vaseuse; liquide trouble, épais; troubler l'eau.

Nước đục 渃 ○, eau trouble. — *Lục đục* 搮 ○, bruit d'un objet jeté à l'eau et la troublant subitement. — *Đèo đục* 搗 ○, un bruit comme : pouf! — *Đục nước béo cò* ○ 渃 膔 孤, la cigogne s'engraisse en eau trouble (proverbe).

Đục 鐲*. Ciseau de charpentier, poinçon; pratiquer une mortaise.

Đục bạt ○ 拔, grand poinçon, grand ciseau. — *Đục hom* ○ 歆, petit poinçon, petit ciseau. — *Đục lỗ* 魯, percer des trous avec un poinçon,

---

[1] Peut se transcrire aussi par le car. 摳. — [2] Se transcrit aussi par le car. simple 丁.

mortaiser. — *Cá đực* 鮒 ○, poisson, sorte de tanche.

Đúc 鑄. Fondre, couler (métaux). (Formé des S. A. *kim* 金, métal, et *đốc* 篤, lent, sûr, ferme, sincère.)

Đúc chuông ○ 鐘, fondre une cloche. — *Đúc tượng* ○ 像, couler une statue. — *Đúc bạc* ○ 鏄, fondre l'argent (frapper des piastres). — *Đúc tiền* ○ 錢, fondre des sapèques (frapper de la monnaie). — *Thợ đúc* 署 ○, fondeur, monnayeur. — *Giống như đúc* 種如 ○, comme moulé, exactement semblable.

Đực 特. Mâle (quadrupèdes, reptiles, arbres et plantes dioïques). (En S. A., jeune taureau, étalon; séparément, isolément; se pron. *đặc*.)

Đực cái ○ 叧, mâle et femelle.— *Ngựa đực* 馭 ○, cheval. — *Bò đực* 牰 ○, bœuf, taureau. — *Trâu đực* 犢 ○, buffle. — *Chó đực* 狅 ○, chien. — *Nai đực* 猊 ○, cerf. — *Cây đực* 核 ○, arbre mâle (ne donne pas de fruits). — *Hoa đực* 花 ○, fleur mâle.

Đức 德*. Haute vertu, bonté par excellence, humanité; titre honorifique et appellatif suprême.

Đức Chúa trời ○ 主宰, Seigneur du ciel, Dieu (des chrétiens). — *Đức thánh pha pha* ○ 聖葩葩, sa sainteté le Pape. — *Đức hoàng đế* ○ 皇帝, sa majesté l'Empereur. — *Đức vua* ○ 矞, sa majesté le Roi. — *Đức giám mục* ○ 監牧, monseigneur l'Évêque. — *Đức ông* ○ 翁, prince royal. — *Nhơn đức* 仁 ○, vertu, humanité. — *Phước đức* 福 ○, bienfait, œuvre de piété, bonheur. — *Đi đàng nhơn đức* 迻唐仁 ○, avancer dans le chemin de la vertu. — *Đạo đức* 道 ○, la haute perfection. — *Người nhơn đức* 侢仁 ○, homme sage et vertueux. — *Bốn đức* 桼 ○, les quatre vertus ou qualités appréciées chez la femme, savoir : 1° *đức* 德, la vertu proprement dite; 2° *dung* 容, la décence; 3° *ngôn* 言, la réserve en paroles; 4° *công* 功, le travail. — *Tự đức* 嗣 ○, nom d'un roi d'Annam. — *Thủ đức* 守 ○, une localité importante de la province de Saigon.

Đui 瞎. Aveugle. (Formé des S. A. *mục* 目, œil, et *đối* 堆, tas, amas.)

Bị đui con mắt 被 ○ 昆䀝, frappé de cécité. — *Làm cho đui* 濫朱 ○, aveugler. — *Mày đui sao* 眉 ○ 牢, tu ne vois donc pas clair? — *Dắc kẻ đui* 扙几 ○, conduire un aveugle.

Đùi 腿. Quartier d'animal, cuisse, épaule. (Formé des S. A. *túc* 足, pied, jambe, et *đối* 堆, tas, amas.)

Đùi heo ○ 獵, jambon. — *Đùi chiên* ○ 羜, gigot ou épaule de mouton. — *Đùi hươu* ○ 猱, cuissot de chevreuil.

Đũi 緵. Tissu de bourre de soie. (Formé des S. A. *mịch* 糸, fils de soie, et *đội* 隊, compagnie.)

Đùm 襓. Envelopper (dans du linge ou avec des feuilles). (Formé des S. A. *y* 衣, habit, et *dâm* 宂, vague.)

Đùm bọc ○ 襥, empaqueter, recouvrir, préserver.

Đun 擎 et 撣*. Pousser avec la main, faire entrer, introduire.

Đun nhét ○ 熱, suborner. — *Đun lửa* ○ 焅, rapprocher les tisons, attiser le feu.

Đụn 庵*. Abri pour la paille ou le grain; pailler, grenier.

Đụn rơm ○ 蘆, amas de foin.

Đùn 屯. Petit amas de terre. (Du S. A. *đồn*, même car., amasser, réunir.)

Kiến đùn 蜆 ○, une fourmilière.

Đụng 動. Heurter, cogner, choquer. Voir *cụng*. (En S. A., agiter, remuer; se pron. *động*.)

Đụng nhằm ○ 任, se heurter à. — *Đụng đầu vào cửa* ○ 頭㐹閩, se cogner la tête contre la porte. — *Tàu đụng nhau* 艚 ○ 饒, abordage. — *Đụng vớt qua* ○ 撖戈, heurter en passant. — *Đụng li* ○ 璃, choquer les verres. — *Đụng kinh* ○ 驚, épilepsie, mal caduc.

Đùng 洞. Onomatopée pour exprimer le bruit du tonnerre, du canon, etc. (En S. A., courant rapide, torrent, ravin; se pron. *động*.)

Đùng đùng ○○, à grand bruit, avec fracas, tumultueusement.

Đủng 董. Syllabe euphonique et mot complémentaire. (En S. A., tenir fermement; se pron. *đổng*.)

Đủng đỉnh ○ 頂, à pas lents, sans se presser.

Đưng 登*. Monter plus haut, atteindre. A. V. Stérile, calme.

Cây đưng 核 ○, arbre stérile. — *Chơn đưng* 蹟 ○, étrier. — *Trời* *đưng* 呑 ○, temps calme. — *Đưng đi* ○ 迻, être confus.

Đựng 鄧. Contenir, renfermer. Voir *đặng*. (En S. A., nom de famille, nom générique; se pron. *đặng*.)

Bình đựng nước 瓶 ○ 渚, vase qui contient de l'eau, jarre, gargoulette. — *Thùng đựng rượu* 桶 ○ 醋, barrique qui contient du vin. — *Cái ve nầy đựng giống gì* 丐碍尼 ○ 種之, que contient cette bouteille? — *Túi đựng bạc* 祿 ○ 薄, bourse, porte-monnaie. — *Mua chịu mua đựng* 謨召謨 ○, acheter à crédit.

Đứng 等. Se tenir droit, être debout; figurer sur un document. (En S. A., condition; se pron. *đẳng*.)

Đứng sững ○ 爽, droit, d'aplomb, immobile. — *Đứng dậy* ○ 跪, se lever, surgir. — *Đứng lại* ○ 吏, se relever, se remettre sur ses jambes. — *Đứng bóng* ○ 俸, l'ombre est droite, midi plein. — *Đứng đầu sổ* ○ 頭數, figurer en tête de liste. — *Đứng bộ* ○ 簿, être inscrit au cahier d'impôt. — *Đứng tên* ○ 笺, avoir ou mettre son nom au bas d'un acte. — *Nước đứng* 渚 ○, mer étale.

Đừng 停. Négative défendant une action : abstenez-vous, ne faites pas, gardez-vous de (impératif). (Du S. A. *đình*, même car., ne plus agir, cesser l'action.)

Đừng nói ○ 吶, abstenez-vous de parler. — *Đừng đi đó* ○ 迻妒, gardez-vous d'aller là. — *Đừng ăn* ○ 唉, ne mangez pas. — *Đừng làm gì hết* ○ 濫之歇, abstenez-vous de faire quoi que ce soit. — *Đừng sợ* ○ 怍, n'ayez pas peur, ne craignez rien. — *Chẳng khi đừng* 庄欺 ○, sans jamais s'arrêter, sans trêve.

Đuốc 燭. Torche de résine. (Formé des S. A. *hỏa* 火, feu, et *đốc* 篤, sincère.)

Thắp đuốc 燵 ○, allumer la torche.

Được 特. Pouvoir, trouver, obtenir, recevoir, apprendre. Voir *đặng*. (En S. A., taureau, étalon; se pron. *đặc*.)

Cũng được 拱 ○, c'est également possible. — *Không được* 空 ○, cela ne se peut pas. — *Không làm gì được* 空濫之 ○, ne pouvoir rien faire, n'être bon à rien. — *Được thơ* ○ 書, recevoir des lettres. — *Được tin* ○ 信, apprendre une nouvelle.

Đực 特. Nom d'arbre, d'animal et de pays. (En S. A., taureau, étalon; se pron. *đặc*.)

Con càn đực 昆勤 ○, une espèce de tortue. — *Huyện càn đực* 縣勤 ○, le nom d'une sous-préfecture en Cochinchine.

Đuôi 䯑. Appendice caudal; fin, bout, extrémité. (Formé des S. A. *vĩ* 尾, queue, et *đối* 堆, amas, tas.)

Đầu đuôi 頭 ○, tête et queue, principe et fin. — *Cụt đuôi* 橛 ○, sans queue. — *Nói đầu đuôi* 吶頭 ○, dire tout, depuis le commencement jusqu'à la fin.

Đuối 潪. Mouillé, trempé; fatigue, lassitude (ne s'emploie qu'en composition). (Formé des S. A. *thủy* 水, eau, et *đối* 對, correspondre.)

Chết đuối 折 ○, mourir noyé. — *Yếu đuối* 要 ○, faible, débile, délicat. — *Đuối hơi* ○ 噝, perdre haleine. — *Đuối tay* ○ 抯, avoir les bras fatigués, avoir les mains gourdes.

Đuối 鱝. La raie. (Formé des S. A. *ngư* 魚, poisson, et *đối* 對, répondre.)

Cá đuối 魸 ○, la raie. — *Roi đuối* 櫓 ○, une cravache faite avec la queue de ce poisson.

Đuổi 對. Pousser devant soi, chasser, renvoyer, mettre à la porte. (Formé des S. A. *xước* 辵, marche, et *đối* 對, répondre.)

Đuổi đi ○ 移, chassez-le. — *Đuổi nó ra* 奴囉, renvoyez-le, mettez-le dehors. — *Đuổi giặc* ○ 賊, mettre l'ennemi en fuite. — *Đuổi đầy tớ* ○ 苔四, renvoyer un domestique. — *Tao đuổi mầy đi* 蚤 ○ 眉迻, je te mets à la porte. — *Đuổi muỗi* ○ 蟒, chasser les moustiques. — *Đuổi trâu* ○ 犙, conduire des buffles (en les poussant devant soi). — *Đuổi đi cho ăn* ○ 移朱唉, mener paître. — *Xua đuổi* 摳 ○, repousser, rejeter.

Đuồm 軍. Onomatopée exprimant le cri de certains animaux. (Du S. A. *đàm*, même car., s'étendre au loin.)

Đuồm uồm ○ 啥, rugissement, hurlement prolongé.

Đượm 淡*. Sans goût, sans saveur; indifférent, léger, incolore; qui s'allume facilement, qui se consume lentement. Voir *đạm*.

Dầu đượm 油 ○, huile à brûler qui se consume lentement. — *Củi dwọm* 檜 ○, bois qui s'allume vite et se consume lentement. — *Đwọm nhuần* ○ 潤, gras, fertile (terre). — *Đwọm ngừng* ○ 凝, abondantes larmes. — *Đwọm hàng châu lụy* 行珠淚, verser des larmes.

Đuản 短. Bref, sec, droit. (Du S. A. *đoản*, même car., même signification.)

Suôn đuản 侖 ○, arbre bien droit.

Đuông 蟷. Ver blanc comestible du cœur du palmier d'eau (mets de luxe très estimé). Voir *chà là*. (Formé des S. A. *trùng* 虫, ver, reptile, et *đuông* 當, présentement.)

Nwớng đuông 爨 ○, faire griller des vers palmistes.

Đương 當*. Actuellement, maintenant; conforme à la raison; il convient de; marque du temps présent. Voir *đang*. A. V. Tresser, tisser.

Nó đương nói 奴 ○ 吶, il est en train de parler. — *Đương thúng* ○ 筩, faire des paniers, tresser des corbeilles. — *Đương lưới* ○ 緝, confectionner un filet de pêche. — *Họ đương* 戶 ○, nom de famille.

Đượng 丈*. Mesure de longueur valant dix *thước* ou une perche. Voir *trượng*.

Đường 唐*. Chemin qui conduit au temple des ancêtres; nom d'une dynastie chinoise. A. V. Route, chemin, sentier, voie. Voir *đàng*.

Đường 唐. Terme numéral des lignes pour la pêche. (Pour le car. en S. A., voir ci-dessus.)

Đường câu ○ 鉤, ligne à pêcher.

Đường 糖*. Sucre. Voir *đàng*.

Mật đường 蜜 ○, miel et sucre.

Đường 堂*. Temple, salle d'audience, demeure officielle, hôtel de fonctionnaire, palais. Voir *đàng*.

Thượng thơ đường 尙書 ○, ministère de l'Intérieur. — *Tam đường* 三 ○, les trois collèges impériaux (à Huế). — *Hải đảo học đường* 海島學 ○, l'École Coloniale (expression du style officiel).

Đuột 突. Directement, sans coude, sans détour, tout droit, de face. (Du S. A. *đột*, même car., tout à coup.)

Ngay đuột đuột 宜 ○ ○, en droite ligne, très droit. — *Dài đuột đuột* 䮽 ○ ○, tout au long, très long.

Đụt 突. Se précipiter contre, se jeter dans, se blottir, s'abriter. (Du S. A. *đột*, même car., tout à coup.)

Đụt nắng ○ 曒, se garantir du soleil. — *Đụt mưa* ○ 雱, se mettre à l'abri de la pluie. — *Chỗ đụt khải* 挂 ○ 塊, endroit où l'on se tient bien à l'abri, lieu sûr, cachette.

Đút 挨. Faire pénétrer, introduire (de force), boucher, obstruer. (Du S. A. *đột*, même car., heurter, choquer.)

Đút vô ○ 無, fourrer dans. — *Đút ra* ○ 囉, faire passer entre, de façon à ressortir de l'autre côté. — *Đút vô* đứt ra ○ 無 ○ 囉, faire entrer, faire sortir (avec un mouvement de va-et-vient. — *Đút tiền* ○ 錢, séduire avec de l'argent. — *Đút lót* ○ 祉, suborner, corrompre. — *Đút cơm* ○ 飪, faire manger du riz en l'introduisant de force dans la bouche (comme on fait aux petits enfants du pays).

Đứt 坦. Se rompre, se couper (cordes, fils, épiderme). Voir *đứt*.

(En S. A., uni, plat, uniforme; se pron. *thản*.)

Đứt dây rồi ○ 綾 末, la corde est coupée, le fil est rompu. — *Kéo cho đứt* 撟 朱 ○, tirer à rompre. — *Kéo đứt dây* 矯 ○ 綾, de peur que le lien ne vienne à se rompre. — *Đứt tay* ○ 拪, se faire une entaille à la main. — *Cắn đứt* 限 ○, enlever le morceau en mordant, déchirer avec les dents.

D

Da 耶*. Particule finale marquant le doute et l'interrogation.

Thị da phi da 是 ○ 非 ○, est-ce vrai ou non?

Da 爺*. Père, aïeul; terme de respect et appellatif honorifique.

Da tô ○ 蘇, le nom de Jésus. — *Đạo da tô* 道 ○ 蘇, doctrine de Jésus, religion chrétienne.

Da 梛*. Cocotier, palmier. Voir *dà* et *gia*. A. V. Espèce de grand banian, sorte d'arbre sacré.

Da tử ○ 子, un coco. — *Cây da hạch* ○, le ficus des pagodes.

Da 胗. Épiderme, peau, cuir. (En S. A., gras, bien en chair; se pron. *xỉ*.)

Da thịt ○ 腒, peau et chair. — *Da cọp* ○ 狤, peau de tigre. — *Da trâu* ○ 犧, peau de buffle. — *Da trời* ○ 荃, le voile des cieux. — *Xanh da trời* 檸 ○ 荃, couleur bleu de ciel, azur. — *Lột da* 撺 ○, dépouiller, écorcher. — *Bánh da* 納 ○, placenta.

Dạ 胞. Ventre, abdomen; au fig., cœur, sentiment, esprit. Voir *bụng*. (Formé des S. A. *nhục* 月, chair, et *dĩ* 㔾, nom de race.)

Dạ dưới ○ 帶下, bas-ventre. — *Tháo dạ* 操 ○, avoir le ventre relâché, diarrhée. — *Lòng dạ* 悉 ○, les sentiments. — *Tốt dạ* 卒 ○, bon, bienveillant, débonnaire. — *Xấu dạ* 丑 ○, mauvais, malveillant, dépravé. — *Sự mọn dạ* 事 閖 ○, petitesse d'esprit, égoïsme. — *Gan dạ* 肝 ○, audacieux, entreprenant.

Dạ 夜*. Le soleil couché, la nuit; sombre, obscur. Voir *gia*.

Tối dạ 最 ○, nuit noire, pleine obscurité. — *Sáng dạ* 創 ○, clair et obscur, jour et nuit. — *Dạ hương lan* ○ 香 蘭, hyacinthe. — *Dạ quang* ○ 光, escarboucle; qui brille la nuit. — *Dạ minh châu* ○ 明珠, autre pierre précieuse, sorte de diamant noir. — *Ngọ dạ* 午 ○, minuit plein.

Dạ 也. Oui, me voici, à vos ordres (retentissant, bref, et d'inférieur à supérieur seulement). (En S. A., particule finale; se pron. *dã*.)

Dạ nhịp ○ 入, dire oui du bout des lèvres (considéré comme une impolitesse). — *Chường dạ* 呈 ○, répondre poliment, respectueusement. — *Sao mầy không dạ* 牢眉空 ○, pourquoi ne me réponds-tu pas *dạ?* — *Dạ dạ* ○○, oui oui, j'y vais, on est à vos ordres (ironiquement et avec impatience).

Dá 液. Palanquin, litière, chaise à porteurs. (Formé des S. A. *nạch* 糸, fils, soie, et *dạ* 夜, nuit.)

Võng dá 綱 ○, palanquin en forme de hamac.

Dà 椰*. Cocotier, palmier. Voir *da* et *gia*. A. V. Arbre touffu et verdoyant dont l'écorce sert à teindre en brun; grand banian.

Dà diệp ○ 葉, feuille de palmier. — *Màu dà* 牟 ○, couleur brune. — *Chim áo dà* 鴣襖 ○, un oiseau dont le plumage est rouge fauve. — *Tốt dà* 卒 ○, verdoyant, touffu. — *Diềm dà* 幨 ○, abondant; diffus, prolixe.

Dã 也*. Particule finale servant à ponctuer une période, et qui, entre deux membres de phrase, a la valeur d'un copulatif.

Dã 野*. Lieux déserts, sauvages, rustiques; simple, naturel, inculte.

Dã nhơn ○ 人, rustre, homme des bois, orang-outang. — *Dã hồ* ○ 胡, plante vénéneuse, ciguë. — *Sẵn dã* 莘 ○, champêtre, rustique. — *Dân dã* 民 ○, la plèbe. — *Sơn dã* 山 ○, montagnes incultes. — *Dã hoa hương* ○ 花香, le parfum des fleurs sauvages. — *Dã vu* ○ 芋, arum.

Dã 瀉. Diminuer, atténuer, calmer. (Du S. A *tả*, même car., filtrer l'eau, exprimer un liquide, éliminer, purger.)

Dã thuốc ○ 藥, diminuer la force d'un venin, éliminer un poison. — *Thuốc dã* 藥 ○, contre-poison, purgation. — *Nước dã* 渚 ○, sorte de boisson très étendue d'eau.

Dã 冶*. Fondre les métaux; travailler, façonner, ornementer.

Dác 桶*. Aubier, bois blanc.

Dác cây ○ 核, traverses et lattes faites avec ce bois.

Dặc 弋*. Tirer de l'arc, lancer des flèches. Car. radical. Voir *dực*.

Dài dặc dặc 鼠 ○○, très long. — *Dặc dư* ○ 余, accablé sous le poids.

Dắc 扷. Conduire par la main; mener, diriger, guider, entraîner. (En S. A., nettoyer; se pron. *thức*.)

Dắc ngựa ○ 馭, tirer un cheval par le licou. — *Dắc chó* ○ 狂, mener un chien en laisse. — *Dắc con nít* ○ 昆涅, donner la main à un petit enfant. — *Dắc kẻ đui* ○ 儿 睢, guider ou conduire un aveugle.

Dạch 劃. Écarter, séparer, choisir (ne s'emploie qu'en composition). (Du S. A. *hoạch*, même car., séparer.)

Dạch ra ○ 囉, disjoindre; mettre de côté, faire choix de. — *Nói dạch* ra 吶 ○ 囉, désigner personnellement quelqu'un en parlant.

Dách 液. Éviter, rejeter, soulever (ne s'emploie qu'en composition). (Du S. A. *dịch*, même car., disperser, répandre (en parlant de l'eau).

Dách mình ○ 命, se soustraire à. — *Lội dách* 濫 ○, nager à la coupe.

Dai 夷. Long, durable, vivace. (Du S. A. *di*, même car., même signification.)

Nói dai 吶 ○, ne pas cesser de parler. — *Sóng dai* 甡 ○, avoir la vie dure. — *Khóc dai* 哭 ○, pleurer longtemps. — *Ác dai* 惡 ○, mal incessant; importun, récalcitrant.

Dại 曳. Sot, stupide; jeune, naïf, simple, ingénu, sans expérience. (En S. A., traîner après soi; se pron. *duệ*.)

Dại dột ○ 突, imbécile, idiot, dément. — *Chó dại* 狂 ○, chien enragé. — *Ra dại* 囉 ○, devenir enragé. — *Dại sóng* ○ 洚, avoir le mal de mer. — *Tôi còn dại* 碎 群 ○, je suis encore jeune, sans expérience aucune.

Dái 曳. S'abstenir par crainte ou respect; les testicules, les bourses. (Pour le car. en S. A., voir ci-dessus.)

Củ dái chồn 矩 ○ 狩, un tubercule dit « testicule de renard ». — *Cây dái chồn* 核 ○ 狩, une plante qui donne des graines potagères.

Dái 蚧*. Petit reptile aquatique, espèce de lézard.

Dài 甝. Long. (Formé des S. A. *trường* 長, long, et *duệ* 曳, traîner après soi.)

Bề dài 皮 ○, la longueur. — *Lâu dài* 糞 ○, longtemps, longuement. — *Áo dài* 襖 ○, vêtement long, robe, manteau. — *Dài lắm* ○ 虞, très long.

Dãi 汜. Salive, bave, morve. (En S. A., cours d'eau qui se séparent et qui se réunissent; se pron. *tị*.)

Nhểu dãi 繞 ○, saliver, baver, rendre de la morve. — *Củ dãi* 矩 ○, un tubercule mucilagineux. — *Dãi dầu* ○ 油, prendre beaucoup de peine. — *Mũi dãi* 鮐 ○, morveux.

Dải 帶*. Ceinture, lien, cordon. Voir *đai*. A. V. Argent pour offrir, pour parier; part de récompense.

Dải áo ○ 襖, lien d'habit. — *Dải ngăn sách* ○ 垠 典, cordon pour séparer les pages d'un livre, signet, tourne-feuillet. — *Đi dải* 移 ○, porter de l'argent à quelqu'un (pari, invitation). — *Ăn dải* 咹 ○, recevoir de l'argent sous forme de présent, avoir gagné à un pari, aux courses.

Day 移. Changer de direction, agiter en tous sens. (Du S. A. *di*, même car., même signification.)

Day cờ ○ 旗, déployer les étendards, agiter les drapeaux; en venir aux mains. — *Day động* ○ 動, remuer, secouer, mettre en mouvement.

Dạy 呔. Enseigner, conseiller, ordonner, exhorter. (Formé des S. A. *khẩu* 口, bouche, et *đại* 代, siècle.)

Dạy dỗ ○ 誘, instruire, persuader, calmer, rassurer. — *Khuyên dạy* 勸 ○, exhorter, encourager. — *Sửa dạy* 使 ○, corriger. — *Răn dạy* 嶙 ○,

commander. — *Thầy dạy học* 柴○學, maître enseignant, professeur, instituteur. — *Dễ dạy* 易○, docile, obéissant, facile à commander.

Dáy 浽. Syllabe euphonique. (Du S. A. *dễ*, même car., goutte à goutte.)

   Dơ dáy 浡○, sale, ordurier, répugnant. — *Chỗ dơ dáy* 坓浡○, endroit malpropre.

Dày 苔. Épais, gros, abondant. (En S. A., mousse, lichen; se pron. *đài*.)

   Bề dày 皮○, l'épaisseur. — *Dày lắm* ○㾊, très épais, très fort. — *Lụa dày* 縷○, soie épaisse, solide, de bonne qualité. — *Công dày* 功○, mérites nombreux. — *Ơn dày* 恩○, nombreuses faveurs, bienfaits abondants, largesses. — *Lược dày* 畧○, peigne fin, à dents serrées.

Dãy 跑. En rang, en ligne, par série; longue rangée. (Formé des S. A. *túc* 足, pied, et *kỉ* 己, soi-même.)

   Dãy nhà ○茹, rangée de maisons. — *Dãy núi* ○岗, chaîne de montagnes.

Dãy 跑. Sauter, sautiller, frétiller. Voir *nhảy*. (Formé des S. A. *túc* 足, pied, et *kỉ* 己, soi-même.)

   Cá dãy 魥○, le poisson frétille.

Dây 縃. Corde, cordage, amarre, lien, attache, liane. (Formé des S. A. *mịch* 糸, fil, lien, et *di* 夷, égaliser.)

Dây nhợ ○紃, ficelle. — *Dây đờn* ○彈, corde d'instrument de musique. — *Đờn dây* 彈○, un instrument de musique à cordes. — *Buộc bằng dây* 縳朋○, attacher avec une corde, lier. — *Dây lưng* ○腰, ceinture. — *Dây đai* ○帶, ceinturon militaire (bandoulière, sautoir). — *Dây lụa* ○縷, ruban de soie. — *Dây da* ○膵, courroie. — *Dây chuyền* ○纏, chaîne. — *Dây đo* ○度, chaîne d'arpenteur. — *Dây giăng mực* ○扛墨, cordeau. — *Dây thép* ○鎍, fil télégraphique. — *Việc dây thép* 役鎍, service télégraphique (expression populaire). — *Thợ làm dây* 署濫○, cordier. — *Chỗ làm dây* 坓濫○, corderie. — *Dây bìm bìm* ○砭砭, plante grimpante, convolvulus.

Dậy 跩. Se lever, se mettre vivement debout, bondir, sursauter. (Formé des S. A. *túc* 足, pied, et *duệ* 曳, traîner les pieds en marchant [1].)

   Chỗ dậy 踏○, surgir, se dresser. — *Chồi dậy* 跬○, apparaître tout d'un coup. — *Đứng dậy* 等○, debout! — *Dậy đi* ○㢦, allons, levez-vous! — *Thức dậy* 式○, se réveiller. — *Dậy sớm* ○斂, se lever de bonne heure. — *Lửa dậy* 焑○, le feu prend, la flamme s'élève. — *Nổi dậy* 浽○, se soulever, s'insurger. — *Gió dậy* 逾○, le vent se lève.

Dậy 曳 et 拽. Se prendre la main, s'entraîner, s'exciter. (Des S. A. *duệ*, mêmes car., même signification.)

---

[1] Nous donnons la décomposition de ce caractère parce que les Annamites le considèrent comme vulgaire et, par conséquent, forgé par eux; mais, en réalité, il est chinois et il a le sens de bondir, sauter, franchir un obstacle, etc. (Voir le dict. chinois du P. Couvreur, radical 157, 6 traits.)

Dấy tiếng 嗒, s'entraîner par des cris. — *Dấy loạn* ○ 亂, exciter à la révolte, se soulever, s'insurger. — *Dấy giặc* ○ 賊, pousser à la guerre.

Dấy 嗒. Avec fracas, avec bruit; à point, juste. (Formé des S. A. *khẩu* 口, bouche, et *di* 移, transplanter.)

Dấy dấy ○○, tumultueusement, bruyamment. — *Dấy tai* ○ 聰, assourdir. — *Đông dấy* 東 ○, foule nombreuse et bruyante. — *Cau dấy* 橮 ○, noix d'arec tendre. — *Dừa dấy* 椋 ○, coco mûr à point.

Dẫy 汜. Monter, déborder; faucher, sarcler, nettoyer. (En S. A., cours d'eau qui se séparent; se pron. *tị*.)

Nước dẫy 渚 ○, le flux de la mer. — *Đầy dẫy* 苔, très plein, débordant. — *Dẫy xe* ○ 車, conduire une voiture. — *Dẫy cỏ* ○ 牯, faucher l'herbe. — *Dẫy mả* ○ 瑪, nettoyer les alentours d'une sépulture.

Dám 敢. Avoir de la hardiesse, de l'assurance, du courage, de l'audace; témérité, insolence, impudence; oser, se permettre. (Du S. A. *cảm*, même car., même signification.)

Tôi dám xin 碎 ○ 嗔, je me permets de demander. — *Không dám* 空 ○, ne pas oser. — *Ai dám làm* 埃 ○ 濫, qui oserait faire? — *Nó không dám* 奴 空 ○, il n'ose pas.

Dàm 緘. Liens, attaches; fermer, sceller; secret, confidentiel. A. V. Parler par ambages, ombres et figures; faire des réticences; muselière, masque, loup.

Nói dàm 吶 ○, s'exprimer par détours. — *Dàm trâu* ○ 蔞, muselière de buffle. — *Bắt dàm* 抔 ○, mettre la muselière. — *Dàm mặt* ○ 面, se grimer, se farder, se masquer.

Dặm 琰. Stade, lieue; mesure de route. (En S. A., nom de pierre précieuse; se pron. *diễm*.)

Ngàn dặm 訐 ○, mille stades. — *Chỉ dặm* 指 ○, se diriger vers.

Dầm 淫 *. Inondation, débordement; inonder, submerger; se plonger dans, se noyer.

Dâm 姪 *. Luxure, débauche, passion désordonnée, désir violent.

Mê dâm dục 迷 ○ 慾, luxurieux, libidineux. — *Tội tà dâm* 罪 邪 ○, fornication, adultère. — *Gian dâm* 姦 ○, luxure, débauche, adultère. — *Dâm từ* ○ 辭, paroles obscènes. — *Dâm phụ* ○ 婦, une femme de mauvaise vie. — *Dâm nhơn thế nữ* ○ 人 妻 女, débaucher les femmes mariées et les jeunes filles. — *Lâm dâm* 林 ○, à voix basse, en cachette.

Dâm 宪 *. Indécis, hésitant, troublé.

Dậm 浸. Imprégner d'eau; mouiller, tremper, immerger. (Du S. A. *tẩm*, même car., même signification.)

Dậm wót ○ 汔, mouillé, humide, imbibé. — *Giấy dậm* 紙 ○, papier buvard. — *Mực dậm* 墨 ○, encre trop délayée. — *Ngâm dậm* 吟 ○, faire macérer dans un liquide.

Dậm 霪 *. Pluies qui durent longtemps; mouillé, humide, trempé.

Dầm mình ○ 命, se mettre à l'eau. — *Dầm nước* ○ 渚, immerger. — *Ướt dầm dề* 氿○浺, trempé jusqu'aux os. — *Mưa dầm dề* 雷○浺, pluie fine et pénétrante. — *Đái dầm* 帶 ○, incontinence d'urine, pisser au lit. — *Cái dầm* 丐 ○, rame courte pour la périssoire dite *xuồng ong* 艫 蜂 (canot abeille).

Dan 延 *. Étendre, répandre; durer longtemps. Voir *diên*. A. V. Délier, défaire; se retirer, s'éloigner.

Dan trường ○ 長, s'étendre au loin; long espace de temps.

Dạn 演. Hardi, audacieux, téméraire; accoutumé, habitué. (En S. A., eau qui se répand; se pron. *diên*.)

Mạnh dạn 孟 ○, fort, brave, courageux. — *Dạn dĩ* 己, plein d'audace, avec assurance. — *Dạn gan* ○ 肝, vaillant, intrépide. — *Mặt dày mày dạn* 靦 苔 眉 ○, qui n'a ni honte ni peur de rien, effronté, impudent. — *Ngựa dạn* 馭 ○, cheval sage, bien dressé, qui obéit docilement.

Dán 演. Coller, afficher, placarder. (Pour le car. en S. A., voir ci-dessus.)

Dán thị ○ 市, afficher au marché, sur la place publique. — *Dán yết thị* ○ 謁 示, placarder un avis, afficher une proclamation. — *Thuốc dán* 葉 ○, onguent, thapsia, emplâtre. — *Dán thuốc* ○ 葉, mettre de l'onguent, appliquer un thapsia ou un emplâtre.

Dần 寅. Préparer doucement, disposer peu à peu, tâter, sonder. (En S. A., car. cyclique; se pron. *dần*.)

Nói dần 吶 ○, tâter par paroles, sonder les intentions de quelqu'un.

Dặn 吲. Faire des recommandations sur un ton aimable ou bienveillant; sage, obéissant. (En S. A., le car. est un synonyme de *sấn* 哂, content et d'humeur accommodante.)

Dặn biểu ○ 表, donner avec bonté des instructions. — *Dặn khuyên* ○ 勸, recommander avec bienveillance. — *Dặn đi dặn lại* ○ 移 ○ 吏, faire et refaire des recommandations. — *Viết dặn* 日 ○, écrire posément, correctement. — *Chữ dặn* 字 ○, caractère bien formé, mot écrit avec soin.

Dằn 摜. Comprimer, presser, lester. Voir *dện*. (Formé des S. A. *thủ* 手, main, et *dần* 寅, car. cyclique.)

Dằn giấy ○ 紙, comprimer un papier. — *Cái dằn giấy* 丐 ○ 紙, presse-papier. — *Dằn tàu* ○ 艚, lester un navire. — *Dằn lòng* ○ 悉, faire violence à ses sentiments, se retenir. — *Dằn tay áo* ○ 抯 禮, corrompre, subordonner, séduire; litt., presser la manche de quelqu'un.

Dân 民 *. Le peuple, la population; sujet, citoyen, habitant.

Dân sự ○ 事, choses du peuple, affaires publiques; la population. — *Dân làng* ○ 廊, les habitants d'une commune. — *Dân bộ* ○ 簿, inscrit au rôle d'impôt. — *Dân ngoại* ○ 外, non inscrit. — *Dân lậu* ○ 漏, habitant qui échappe par fraude à l'inscription sur les rôles. — *Dân ngụ* ○ 寓, domicilié, habitant de passage. — *Quan dân* 官 ○, les fonctionnaires et le peuple. — *Binh dân* 兵 ○,

l'armée et le peuple. — *Dân chi phụ mẫu* ○ 之 父 母, le père et la mère du peuple (titre que prend le roi). — *Tứ dân* 四 ○, les quatre classes de la population: *sĩ* 士, les lettrés; *nông* 農, les agriculteurs; *công* 工, les ouvriers; *thương* 商, les marchands. — *Vạn dân* 萬 ○, tous les peuples en général. — *Trị dân* 治 ○, gouverner les gens, administrer les populations.

Dận 躓. Marcher sur quelque chose, fouler aux pieds, écraser. (Formé des S. A. *túc* 足, pied, et *dân* 寅, car. cyclique.)

Dẫn 拐 (1). Frapper; berceau d'enfant. (En S. A., lancer une flèche.)

 Dẫn ba hèo ○ 㕜 樾, donner trois coups de bâton.

Dần 寅*. Car. horaire et 3ᵉ lettre du cycle duodénaire; de temps en temps; ami, collègue; respecter.

 Giờ dần 除 ○, de trois à cinq heures du matin. — *Tháng dần* 膌 ○, troisième mois lunaire. — *Năm dần* 醉 ○, les années 3ᵉ, 15ᵉ, 27ᵉ et 33ᵉ du cycle de soixante ans. — *Tuổi dần* 歲 ○, être de l'une des années 3ᵉ, 15ᵉ, etc. (pour l'âge des gens). — *Dần lân* ○ 隣, familier, trop libre.

Dẫn 引 et 拐*. Tendre un arc, lancer une flèche; faire sortir, tirer, attirer, guider, conduire, amener; mesure de cent coudées.

 Dẫn biểu ○ 表, guider, diriger, ordonner. — *Chỉ dẫn* 指 ○, indiquer la direction. — *Dẫn đàng* ○ 唐, montrer le chemin. — *Dẫn tù* ○ 囚, conduire des prisonniers. — *Dẫn đi* ○ 迻, emmener. — *Dẫn tới* ○ 綱, faire arriver, mener à bonne fin. — *Dẫn về* ○ 衛, ramener, reconduire. — *Dẫn dụ* ○ 誘, enseigner, diriger.

Dặn 友*. Marcher longtemps, aller loin; longue route. Car. radical.

Dang 楊*. Nom donné à plusieurs espèces d'arbres. Voir *dương*. A. V. Syllabe euphonique.

 Dang ra ○ 囉, reculer, se retirer, laisser un intervalle. — *Người dang dớ* 得 ○ 嗅, à qui l'on ne peut se fier. — *Dỡ dang* 嗅 ○, manqué, fait à demi, qui échappe. — *Cò dang* 孤 ○, oiseau du genre des échassiers.

Dạng 煬*. Rôtir, griller, chauffer.

Dạng 樣*. Forme, modèle, manière, aspect, apparence, ombre.

 Hình dạng 形 ○, figure, physionomie. — *Giả dạng* 假 ○, simuler, feindre, faire semblant de. — *Khác dạng* 恪 ○, d'une autre figure, d'aspect différent. — *Giống dạng* 種 ○, uniforme, de même aspect. — *Nhất dạng* 一 ○, ressembler exactement, point par point. — *Tốt dạng* 卒 ○, bien tourné, de belle apparence. — *Múa dạng* 撲 ○, se pavaner, faire le beau. — *Xấu dạng* 丑 ○, mal venu,

---

(1) Ce car., qui ne se trouve pas dans les répertoires annamites, est un synonyme de *dẫn* 引, et il signifie tirer à soi, attirer. De là, peut-être, le sens de bercer un enfant, qui se serait étendu à celui de berceau qu'il a actuellement en annamite vulgaire.

mal tourné, vilain, laid. — *Dạng sự* ○ 事, occupation, affaire.

Dàng 陽. Un esprit malin; mot complémentaire et syllabe euphonique. (En S. A., splendeur du ciel, matière pure; se pron. *dương*.)

Thần dàng 神 ○, les génies. — *Say dàng dàng* 醉 ○ ○, légèrement pris de boisson, un peu gris. — *Dịu dàng* 妙 ○, suave, doucereux, souple, mou, flexible, indécis. — *Dùng dàng* 用 ○, qui ne sait quel parti prendre, traîner en longueur, tergiverser.

Dâng 孚. Donner du développement à la voix, crier à gorge déployée. (Formé des S. A. *khẩu* 口, bouche, et *dựng* 孕, se gonfler.)

Dâng dỗi ○ 唯, d'une voix forte et sonore. — *Dâng tiếng* ○ 嗜, élever la voix. — *Dâng ca* ○ 歌, voix qui s'élèvent, chants qui montent. — *Dâng kệ* ○ 偈, chanter des cantiques à la gloire du Bouddha.

Dâng 登. Offrir respectueusement, présenter selon les rites. Voir *dưng*. (Formé des S. A. *đăng* 登, avancer, et *thượng* 上, élever.)

Dâng của lễ ○ 貼 禮, offrir des présents en signe d'honneur. — *Của dâng* 貼 ○, offrande, présent. — *Phú dâng* 付 ○, recommander à, charger de. — *Dâng cho ông đi* ○ 朱翁移, offrez donc à monsieur.

Dạng 孕. Se redresser. (Du S. A. *dựng*, même car., même signification.)

Dạng chơn ○ 蹎, s'arrêter net et se tenir bien droit sur ses jambes.

Danh 名*. Nom, réputation, gloire, renommée, célébrité, illustration.

Hoa danh 花 ○, surnom, sobriquet; litt., nom de fleur. — *Bộ thượng vô danh* 簿上無 ○, ne pas figurer sur le cahier d'impôts. — *Danh Phú* ○ 付, le nommé Phú. — *Lễ vấn danh* 禮問 ○, demander le nom (cérémonie des fiançailles). — *Tốt danh* 卒 ○, bonne réputation. — *Xấu danh* 丑 ○, mauvais renom. — *Có danh tiếng* 固 ○ 嗜, être célèbre. — *Văn danh* 聞 ○, renommée éclatante. — *Phá danh* 破 ○, ternir la réputation de quelqu'un. — *Hư danh* 虛 ○, perdre la renommée, se déshonorer. — *Khoe danh* 誇 ○, faire son propre éloge, se vanter de ses titres, se prévaloir de son nom ou de sa réputation. — *Tánh danh* 姓 ○, noms et prénoms.

Dành 停. Garder avec soin, mettre en réserve. (En S. A., s'arrêter, se reposer, cesser l'action; se pron. *đình*.

Để dành lại 底 ○ 吏, conserver, mettre de côté. — *Dỗ dành* 誘 ○, séduire, cajoler. — *Kẻ dỗ dành* 儿 誘 ○, séducteur. — *Cây dành nam* 核 ○ 南, gardénia.

Dao 遙*. Espace qui sépare; éloigné, allongé, étendu. Voir *diêu*.

Dao viễn ○ 遠, lointain. — *Thiên lý nhị dao* 千里而 ○, à mille *lý* de distance.

Dao 搖*. Agiter, secouer, remuer; être ému; nom d'étoile. Voir *diêu*.

Dao động ○ 動, ébranler. — *Dao thủ* ○ 手, agiter la main, faire signe. — *Chiêu dao* 招 ○, ému, inquiet, troublé. — *Dao quang* ○ 光, lumière éblouissante; une étoile de la constellation de la Grande Ourse.

Dao 蛟*. Animal fabuleux dont la forme se rapprocherait de celle du serpent.

Dao long ○ 龍, espèce de dragon.

Dao 刀*. Glaive, épée, couteau. Car. radical. Voir *dao*.

Búu dao 寶 ○, épée ornée de pierres précieuses, épée d'honneur. — *Dao cạo* ○ 搞, rasoir. — *Dao bàn* ○ 槃, couteau de table. — *Dao xếp* ○ 揷, couteau de poche. — *Dao xắt thịt* ○ 劊肸, couperet, couteau de cuisine. — *Dao lớn* ○ 客, coutelas. — *Dao ăn trầu* ○ 吶樸, couteau à bétel. — *Dao cắt viết* ○ 割曰, canif. — *Lưỡi dao* 褵 ○, lame de couteau, tranchant de glaive. — *Cán dao* 幹 ○, manche de couteau, poignée d'épée. — *Mài dao* 埋 ○, aiguiser un couteau. — *Đâm một dao* 銥沒 ○, donner un coup de couteau. — *Dao tử tượng* ○ 子匠, bandits, brigands, voleurs en bande. — *Thợ làm dao* 署濫 ○, coutelier.

Dạo 道*. Se promener. (En S. A., voie, chemin, doctrine; se pron. *đạo*.)

Đi dạo chơi 迻 ○ 制, faire une promenade. — *Kẻ đi dạo* 几迻 ○, promeneur. — *Chỗ đi dạo* 拄迻 ○, promenoir. — *Người bán dạo* 俾半 ○, marchand ambulant, colporteur.

Dào 遙. Grandes pluies, eaux ruisselantes. (Formé des S. A. *vũ* 雨, pluie, et *dao* 遙, éloignement.)

Mưa dào 霄 ○, pluies abondantes, grandes averses. — *Át dào* 乙 ○, tout trempé, complètement mouillé.

Dão 眇*. Cligner des yeux (pour mieux voir); faible, léger. Voir *diểu*.

Dão tới ○ 細, faire effort pour voir si on arrive. — *Nước dão* 湛 ○, boisson faible, thé très léger.

Dáp 嗒 et 嗒*. Stupéfié, hébété, sans connaissance (ne s'emploie qu'en composition).

Nói mách dáp 吶竟 ○, parler comme quelqu'un qui a perdu la tête, dire des absurdités.

Dập 摺. Remplir un vide, couvrir, combler; remblayer, empiler; clapoter. Voir *đắp*. (Du S. A. *tập*, même car., même signification.)

Dập bồi ○ 培, accumuler de la terre. — *Dập đất* ○ 坦, remblayer un terrain. — *Sóng dập nhau* 湃 ○ 饒, le clapotement de l'eau, le choc des vagues qui déferlent.

Dạt 撖. Semer, disperser, éparpiller, étendre, éloigner. (Du S. A. *diệt*, même car., enlever, renverser.)

Dạt củi ra ○ 槍囉, disperser les tisons, diminuer l'intensité du feu. — *Dạt như* ○ 如, comme si, par exemple. — *Bỏ dạt* 補 ○, jeter.

Dát 鎰. Feuille de métal, plaque, blindage; plaquer, blinder. (En S. A., ancienne pièce d'or chinoise de la valeur de vingt taëls; se pron. *dật*.)

Dát vô ○ 無, appliquer un blindage. — *Dát vàng* ○ 鑌, appliquer des feuilles d'or. — *Dát tàu* ○ 艚, blinder un navire. — *Cái máy dát* 丐 榎 ○, laminoir. — *Đập ra dát* 搭 囉 ○, laminer. — *Nổi dát* 浽 ○, tumeur, enflure, bouffissure.

Dặt 逸*. Repos, loisir, solitude. A. V. Appliquer, coller (emplâtre, cataplasme); panser une plaie.

Ăn dặt 隱 ○, vivre caché. — *Dẽ dặt* 扡 ○, soigneux, tranquille, grave, compassé. — *Dặt thuốc* ○ 葉, appliquer un remède sur la peau. — *Thuốc dặt* 葉 ○, onguent, cataplasme, emplâtre, vésicatoire.

Dật 溢 et 泆*. Crue, débordement, inondation; au fig., débauché.

Mwa dật 霜 ○, grande pluie, averse.

Dặt 迭*. Changer tour à tour, aller de ci de là, alterner, hésiter, tergiverser, varier.

Dặt dư ○ 余, aller de côté et d'autre, être inconstant. — *Dặt vào bờ* ○ 伵 坡, s'échouer à la côte. — *Dặt quận* ○ 運, mouvement de rotation. — *Dặt dụng* ○ 用, se succéder; prendre des détours.

Dật 鎰*. Pièce d'or de vingt taëls, un poids de vingt onces.

Dấu 酉. Oignon de plante, bulbe. (En S. A., liqueur; se pron. *dậu*.)

Dấu thơm ○ 蓁, bulbe de l'ananas.

Dàu 油. Mot complémentaire. (En S. A., huile; se pron. *dầu*.)

Mặt ủ dàu dàu 靦 塢 ○ ○, visage triste et défait. — *Héo dàu* 烆 ○, se faner, se flétrir. — *Nằm dàu* 靦 ○, se calmer après un accès, avoir un instant de repos; relâche, détente.

Dâu 妯*. Bru, belle-fille.

Chị dâu 姉 ○, belle-sœur (aînée). — *Em dâu* 婼 ○, belle-sœur (cadette). — *Đưa dâu* 迻 ○, faire cérémonieusement la conduite de la mariée au domicile conjugal.

Dâu 柚. Mûrier. Voir *tang*. (En S. A., nom d'arbre; se pron. *hửu*.)

Cây dâu 核 ○, le bois du mûrier[1]. *Trái dâu* 㯖 ○, mûre. — *Rượu dâu* 醲 ○, liqueur extraite du fruit du mûrier. — *Roi dâu* 櫓 ○, baguette de mûrier (pour chasser les démons).

Dậu 酉*. Achevé; mûr à point; vin, liqueur; car. horaire et 10e lettre du cycle duodénaire (poule). Car. radical.

Năm dậu 醛 ○, l'année *dậu*. — *Tháng dậu* 腑 ○, le dixième mois lunaire. — *Giờ dậu* 晾 ○, de cinq à sept heures du soir. — *Tuổi dậu* 歲 ○, l'âge qui correspond à l'année *dậu*. — *Khoa dậu* 科 ○, un concours.

Dấu 酉. Aimer, estimer, considérer. (Pour le car. en S. A., voir ci-dessus.)

---

[1] Cet arbre, dont le bois est employé principalement pour la construction des barques, renferme dans ses fibres une grande quantité d'oléorésine qui ressemble par l'aspect, l'odeur et le goût à celle du copahu et qui sert à faire du mastic.

Dấu 𨱺. Signe, vestige, cicatrice, blessure, trace; l'empreinte d'un cachet. (Formé des S. A. *túc* 足, pied, et *đẩu* 斗, constellation.)

    Làm dấu 濫 ○, faire un signe, marquer, noter. — *Dấu thánh gía* ○ 聖架, le signe de la croix. — *Dấu chơn* ○ 蹎, trace de pied, trace de pas. — *Theo dấu cọp* 曉 ○ 狩, suivre les traces du tigre. — *Dấu tích* ○ 跡, vestige, stigmate. — *Dấu vít* ○ 曰, trace de coups, marque de blessure. — *Bị dấu* 被 ○, être blessé. — *Con dấu* 昆 ○, un cachet. — *Đóng dấu* 揀 ○, apposer le cachet. — *Dấu kim bửu* ○ 金寶, le grand cachet en or de l'empereur.

Dầu 油*. Huile (végétale ou animale). Voir *du*. A. V. Bien que, néanmoins, toutefois, cependant.

    Cây dầu 核 ○, arbre à huile. — *Dầu cá* ○ 魣, huile de poisson. — *Dầu phụng* ○ 菶, huile d'arachides, de pistaches. — *Dầu thơm* ○ 薈, huile parfumée. — *Dầu chai* ○ 砭, poix pour calfater, goudron, bitume. — *Dầu lửa* ○ 焰, pétrole. — *Đèn dầu* 炧 ○, lampe à huile. — *Xức dầu* 臟 ○, huiler, frotter, frictionner, enduire. — *Bánh dầu* 餇 ○, sorte de tourteau, gâteau à l'huile. — *Dầu mà* ○ 麻, quoique, néanmoins, pourtant. — *Dầu vậy* ○ 丕, quoi qu'il en soit, malgré cela. — *Dầu lòng* ○ 悉, à volonté, au choix. — *Ví dầu* 查 ○, par exemple, par comparaison, si.

Dè 提. S'attendre à, croire que, prévoir (ne s'emploie que précédé d'une négation ou du pronom *ai*, qui). (En S. A., tenir, guider, inscrire; se pron. *dè*.)

    Ai dè 埃 ○, qui se serait attendu à, qui eût pensé que. — *Không dè* 空 ○, sans q'on s'y attendît. — *Không ai dè* 空埃 ○, nul n'aurait cru que; c'était tout à fait imprévu.

Dẽ 杞. Nom d'arbre. (Du S. A. *khỉ*, même car., même signification.)

    Cây dẽ bộp 核 ○ 咮, chêne (quercus concentrica).

Dẽ 圮. Compact, condensé, serré. (En S. A., ruiner, détruire; se pron. *bĩ*.)

    Dẽ dặt ○ 逸, grave, compassé, soigneux, méticuleux. — *Đất dẽ* 坥 ○, terre compacte, terrain ferme et solide. — *Thịt dẽ* 胲 ○, chairs fermes, texture compacte, tissu solide.

Dê 羝*. Bouc, chèvre, chevreuil; au fig., lascif, libidineux; vanner.

    Con dê cái 昆 ○ 丐, une chèvre. — *Dê gạo* ○ 糙, vanner du riz. — *Dê lúa* ○ 稌, vanner du paddy.

Dệ 裔*. La partie inférieure d'un habit; éloigné, lointain; générations futures. Voir *duệ*.

    Miêu dệ 苗 ○, postérité, descendance. — *Tứ dệ* 四 ○, les quatre frontières, les pays limitrophes.

Dệ 澨*. Tomber goutte à goutte, filtrer; laisser échapper un secret.

Dế 蟀. Grillon. (Formé des S. A. *trùng* 虫, insecte, et *đế* 帝, empereur.)

    Dế gáy ○ 吥, le grillon crie,

chante. — *Dể cơm* ○ 餌, espèce blanche qui se mange.

Dể 泜. Syllabe euphonique. (En S. A., nom de cours d'eau.)

Dầm dể 霶 ○, mouillé, trempé, ruisselant; en grand nombre, en grande quantité.

Dể 易. Commode, facile, aisé. (Du S. A. *dị*, même car., même signification.)

Dể làm ○ 虞, très commode, très facile. — *Sự dể* 事 ○, aisance, facilité. — *Việc dể* 役 ○, travail facile, aisé à faire. — *Dể nói* ○ 吶, facile à dire. — *Dể làm* ○ 濫, aisé à faire. — *Dể đâu* ○ 兜, ce n'est nullement commode, où voyez-vous que ce soit facile? — *Dể dạy biểu* ○ 呌 表, qui est docile, qui se laisse facilement diriger. — *Dể thương* ○ 傷, aimable.

Dể 易. Léger, sans souci, indifférent, changeant, irrespectueux; mépriser, dédaigner, critiquer. (Du S. A. *dị*, même car., même signification.)

Sự khinh dể 事 輕 ○, le mépris, le dédain. — *Đáng khinh dể* 富 輕 ○, méprisable, critiquable.

Dém 艶. Gros, rond, arrondi; fixer, décider, statuer. (Du S. A. *diệp*, même car., même signification.)

Dém lại ○ 吏, roulé en boule. — *Dém vậy* ○ 丕, ainsi, de la sorte.

Dểm 艷. Louer pour plaire, flatter par intérêt. (Formé des S. A. *khẩu* 口, bouche, et *diệp* 艶, arrondi.)

Nói dểm 吶 ○, flatter, aduler, louanger. — *Lểm dểm hảm* 斂 ○ 含, inconsidéré, irréfléchi.

Dện 搟. Presser, serrer, comprimer, battre, fouler, refouler. Voir *dần*. (Formé des S. A. *thủ* 手, main, et *dần* 寅, car. cyclique.)

Dện diệt ○ 威, damer la terre. — *Đất dện* 坦 ○, sol foulé. — *Dện một cái* ○ 沒 丐, donner une raclée.

Dẹo 妙. Belles manières; façons aimables, distinguées, élégantes; mine, tournure. (En S. A., beau, admirable, habile; se pron. *diệu*.)

Cái dẹo 丐 ○, la tournure, la démarche. — *Coi dẹo* 䰟 ○, considérer les manières d'être ou les façons d'agir. — *Phải dẹo* 沛 ○, plaisant.

Dẻo 妙. Visqueux, gluant, collant; solide, durable. (En S. A., regarder en fermant un œil; se pron. *diểu*.)

Dẻo sức ○ 飭, plein de force, infatigable. — *Đồ dẻo* 圖 ○, matières visqueuses, gluantes, collantes.

Dẹp 揲. Réprimer, comprimer, préparer, contenir, retenir, disposer. (Du S. A. *diệp*, même car., saisir, plier.)

Dẹp loạn ○ 亂, écraser une rébellion, réprimer une émeute. — *Dẹp yên* ○ 安, ramener la tranquillité. — *Dẹp tánh* ○ 性, réprimer son naturel, contenir son caractère. — *Dẹp nết* ○ 涅, mettre un frein aux mauvaises mœurs. — *Dọn dẹp* 抁 ○, préparer, ranger, mettre en ordre.— *Dẹp đàng* ○ 唐, préparer les voies.

Dép 蹀. Sandale. (En S. A., marcher en frappant du pied; se pron. *điệp*.)

Đi dép 扡〇, porter des sandales. — *Một đôi dép da* 沒堆〇脦, une paire de sandales en cuir.

Dệt 緎. Tisser; au fig., amplifier, entortiller, envelopper. (Formé des S. A. *mịch* 糸, fil, et *diệt* 戚, détruire.)

Thợ dệt cửi 署〇緻, tisserand. — *Kẻ dệt cửi* 几〇緻, celui qui tisse. — *Thêu dệt* 紗〇, broder et tisser. — *Dệt vải* 〇絽, tisser le coton. — *Việc dệt* 役〇, tissage. — *Hàng dệt* 行〇, tissu, étoffe tissée. — *Con dệt cửi* 昆〇緻, espèce d'araignée à pattes très longues. — *Nói thêu dệt* 吶紗〇, amplifier un récit, faire des insinuations; litt., broder des phrases.

Dều 摇. Mot complémentaire et syllabe euphonique. (En S. A., secouer, agiter; se pron. *dao*.)

Nước giu dều 渃箂〇, la Judée. — *Dân giu dều* 民箂〇, le peuple juif. — *Đạo giu dều* 道箂〇, la religion juive. — *Bao dều* 包〇, combien (corruption de *bao nhiêu*).

Di 迻*. Quitter un lieu pour un autre, changer de résidence, déménager; prendre la place de.

Di 遺*. Oublier, perdre; faire présent, laisser après sa mort, léguer à ses descendants, à ses héritiers.

Di ngôn 〇言, dernières paroles d'un mourant. — *Di chúc* 〇囑, dernières volontés d'un mourant. — *Di thơ* 〇書, dispositions testamentaires. — *Di ý* 〇意, léguer une idée.

Di 移*. Transplanter du riz, changer une chose de place, transmettre, transporter, emporter.

Di quan 〇棺, emporter le cercueil, procéder à un enterrement.

Di 㐌*. Race indigène de Canton.

Di 夷*. Aplanir, égaliser; tuer, exterminer; étranger, sauvage.

Man di 蠻〇, tribus de montagnards indépendants. — *Di nữ* 〇女, un monstre femelle fabuleux.

Di 彌*. Arc dont la corde est détendue après que le trait a été lancé; fort, serré; influence néfaste.

Di ngoạt 〇月, l'état d'une femme après ses couches. — *Di đà* 〇陀, un des noms familiers du Bouddha. — *Di lặt* 〇勒, autre nom d'idole.

Dị 易*. Indifférent, facile, négligent, léger, badin, irrespectueux.

Dị 異*. Dissemblable, bizarre, extraordinaire, étrange, étonnant, comique, ridicule, opposé au bien, contraire à la raison.

Dị kì 〇奇, curieux, bizarre; être étonné, surpris (exclamation). — *Dị kì cục* 〇奇局, tout à fait étrange, extravagant. — *Dị tặc* 〇賊, à face de bandit, de mine patibulaire. — *Dị hình* 〇形, figure comique, visage amusant, masque burlesque. — *Dị hàm* 〇拾, horrible, monstrueux, effrayant. — *Dị đạo* 〇道, hérésie, fausse doctrine.

Dì 姨*. Tante maternelle, sœur de l'épouse (appellatif respectueux).

Đại dì 大 ○, la sœur aînée de la mère. — *Tiểu dì* 小 ○, la sœur cadette. — *Dì ghẻ* ○ 疺, marâtre, belle-mère. — *Dì đi đâu* ○ 艻 兜, où allez-vous, ma tante? — *Thạp bát dì* 十 八 ○, une divinité du vent.

Dĩ 以*. Pour, afin que, à cause de, pour arriver à; conformément, suivant, selon, d'après.

Dĩ thượng ○ 上, au-dessus, en montant, jusqu'en ha t. — *Dĩ hạ* ○ 下, au-dessous, en descendant, jusqu'en bas. — *Sở dĩ* 所 ○, ce que.

Dĩ 苡*. Plantain, pourpier.

Ý dĩ 意 ○, graines du nénufar, larmes de Job.

Dĩ 巳*. Conclu, terminé, achevé.

Dĩ 呬*. Soupirer, se plaindre, gémir; parler bas (peu employé seul).

Dĩ tai ○ 聰, parler tout bas à l'oreille. — *Không dám dĩ hơi* 空 敢 ○ 唏, ne pas oser souffler mot.

Dĩa 鮧*. Espèce de poisson à grosse tête; laisser voir, étaler.

Cá dĩa 魳 ○, brochet.

Dĩa 砨. Assiette (pièce de vaisselle); le blanc de la cible. (Formé des S. A. *thạch* 石, pierre, et *kỉ* 己, soi-même.)

Dĩa lớn ○ 客, plat. — *Dĩa nhỏ* ○ 靴, soucoupe. — *Dĩa sâu* ○ 漊, assiette à soupe, assiette creuse. — *Dĩa tràng lòng* ○ 浪 悉, assiette plate. — *Dĩa đầy* ○ 苦, assiette pleine, assiettée. — *Dĩa sạch* ○ 瀝, assiette propre. — *Dĩa bàn than* ○ 盤 炭, plat de métal. — *Thay dĩa đi* 台 ○ 艻, changez les assiettes. — *Rửa dĩa đi* 洿 ○ 艻, lavez la vaisselle. — *Ai bể dĩa* 埃 掖 ○, qui a cassé l'assiette? — *Dĩa dầu* ○ 油, godet.

Dịch 覗*. Regarder, épier, observer, être en vedette, faire faction.

Dịch 驛*. Poste de route royale, relai pour les chevaux; exciter, stimuler; transférer, transmettre.

Dịch đi ○ 艻, faire passer (un renseignement), transmettre (un ordre). — *Dịch ngựa* ○ 馭, éperonner son cheval. — *Lính dịch kị* 另 騎, courrier à cheval. — *Dịch đề* 提, transmettre des dépêches. — *Dịch thừa* ○ 丞, chef de station.

Dịch 譯*. Traduire, interpréter, expliquer, éclaircir, transcrire.

Dịch sách ○ 典, traduire un livre. — *Dịch đơn* ○ 單, traduire une plainte, une pétition. — *Dịch bài* ○ 排, faire un thème, une version. — *Bài dịch* 排 ○, thème, version. — *Nam tự tây dịch* 南 字 西 ○, traduit de l'annamite en français. — *Dịch quan* ○ 官, traducteur officiel, interprète du gouvernement. — *Thông dịch* 通 ○, id.

Dịch 揚*. Porter ou soulever un fardeau à l'aide d'un bâton.

Dịch 疫*. Peste, choléra, épidémie, contagion; mal subit, étrange.

Đại dịch 大 ○, grande épidémie. — *Dịch non* ○ 嫩, cholérine. — *Mắc bệnh dịch* 縸病 ○, être atteint du choléra. — *Dịch khí* ○ 氣, climat malsain, air empesté. — *Dịch bắt mầy* ○ 抔眉, que la peste te prenne!

Dịch 腋*. Les aisselles. Voir *nách*.

Dịch 役*. Agent, employé, serviteur; aller, partir; être sur les rangs; œuvre, travail, occupation.

Diệc 易*. Changements ou mouvements des astres sur lesquels sont basées certaines combinaisons pour les sorts; changer, modifier.

Kinh diệc 經 ○, le livre des changements ou des sorts. — *Niêm diệc* 拈 ○, prendre des notes pour les sorts, dire la bonne aventure. — *Chim diệc* 占鳥 ○, un oiseau dont parle Confucius dans le premier des quatre livres classiques ou *Tứ thơ* 四書.

Diệc 亦*. Encore, également, en outre, de plus; part. conjonctive et explétive.

Diêm 閻*. Porte monumentale; porte à l'entrée d'un village; maison, chaumière; sombres régions.

Diêm vương ○ 王, le roi des enfers. — *Diêm phủ* ○ 府, l'enfer (des bouddhistes). — *Diêm la* ○ 羅, id. — *Diêm đài* ○ 臺, id.

Diêm 焰 et 鹽*. Brûler, flamber; sel de nitre, sel ordinaire.

Diêm sanh ○ 牲, soufre et nitre. — *Đất có diêm* 坦固 ○, terre nitreuse. — *Diêm tràng* ○ 晶, salpêtre, sel marin. — *Diêm điền* ○ 田, saline.

Diêm 幨*. Rideau, garniture, tenture, bordure, ornement pour baldaquin, dais, etc. Voir *xiêm*.

Diêm mùng ○ 幪, garnit re placée en haut de la moustiquaire. — *Diêm dà* ○ 梛, luxuriant; prolixe. — *Xe diêm* 車 ○, rideau de voiture.

Diêm 琰*. Une pierre précieuse comme la topaze; tablette de jade donnée autrefois comme sauf-conduit de route ou passe-port aux mandarins envoyés en mission.

Diên 延*. Durer longtemps, s'étendre au loin; durer, continuer, prolonger indéfiniment. Voir *dan*.

Diên 筵*. Natte en bambou, la natte qui sert de tapis et sur laquelle on mange dans les festins; banquet, grand repas.

Diện 面*. Visage, figure, face, aspect, air, apparence. Car. radical.

Thể diện 采 ○, aspect de la physionomie, air du visage. — *Diện mục* ○ 目, le regard. — *Diện sắc* ○ 色, le teint, la coloration. — *Phương diện* 方 ○, l'une des faces d'un carré.

Diễn 縯*. Long, prolongé; allonger, attirer, entraîner.

Diễn 演*. Cours d'eau s'étendant au loin; vaste espace, grande étendue; exercer, faire manœuvrer.

Diễn dẫn ○ 引, soigneusement fait. — *Diễn trường* ○ 場, hippodrome, champ de manœuvre. — *Diễn binh* ○ 兵, exercer des troupes.

— *Tập diễn* 習 ○, s'exercer, manœuvrer, pratiquer, s'habituer. — *Cây bá diễn* 核栢 ○, if, cyprès, cèdre.

Diềng 盈*. Plein, complet, rempli; qui dépasse, qui s'étend. Voir *dinh*.

Láng diềng 朗 ○, le voisinage, les environs. — *Xóm diềng* 坫 ○, id. — *Ngoạt diềng* 月 ○, pleine lune, mois complet, c.-à-d. de 30 jours.

Diệp 葉*. Feuille d'arbre, de plante; se dit de diverses choses larges, plates et plus ou moins minces.

Dà diệp 椰 ○, feuille de palmier. — *Dà diệp thổ* 椰 ○ 土, terrain planté de palmiers (les feuilles de cet arbre servent à couvrir les cases). — *Diệp tử* ○ 子, les feuilles d'un livre, d'un cahier. — *Kim diệp* 金 ○, or en feuille.

Diệp 楪*. Pièce de bois mince et plate, plaque, tablette, planchette.

Diệp 鍱*. Plaque de fer, bande ou feuille métallique; (se confond avec les deux articles précédents).

Diệp 艶*. Beau, gras, dodu, potelé, brillant, coloré, d'un bel aspect.

Diệp 葉. Feuille de plante. (Du S. A. *diệp*, même car., même signification.)

Rau diệp 蕒 ○, espèce de laitue.

Diệt 威 et 滅*. Détruire, arracher, renverser, éteindre, consumer; cri de révolte : à bas !

Tru diệt 誅 ○, détruire de fond en comble. — *Trời tru đất diệt* 丕 誅 坦 ○, que le ciel tue, que la terre consume. — *Diệt tội* ○ 罪, faire expier une faute sous le bâton. — *Diệt Trịnh phò Lê* ○ 鄭 扶 梨, à bas les *Trịnh*, vivent les *Lê*.

Diêu 徭*. Vasselage, servitude; travailler pour un service public.

Miễn diêu hạng 免 ○ 項, classe d'hommes qui servent comme agents des autorités locales et qui sont dispensés des corvées et de la moitié de l'impôt personnel.

Diêu 搖*. Exciter, agiter, remuer, secouer, ébranler, troubler.

Diệu 妙*. Beau, admirable, sublime, parfait, efficace, excellent, avantageux, habile. Voir *diu*.

Diệu nhơn ○ 人, belle personne, homme parfait. — *Diệu sự* ○ 事, excellente affaire, chose avantageuse.

Diệu 吵*. Parler haut et ferme, se faire entendre au loin; fort, vigoureux, agile, vif, léger.

Twơng diệu 相 ○, clameur lointaine, bruit de disputes.

Diêu 鷂*. Milan, épervier, vautour.

Diêu tử ○ 子, l'épervier. — *Diêu giấy* ○ 紙, cerf-volant. — *Thả diêu* 且 ○, jouer au cerf-volant, le lancer.

Diêu 眇*. Avoir un œil plus petit que l'autre; cligner des yeux, regarder attentivement et de très près. A. V. Garnir tout autour.

Diêu mục ○ 目, regarder minutieusement, examiner avec le plus grand soin. — *Diếu vàng* ○ 鑕, garnir d'or. — *Diếu bạc* ○ 薄, garnir d'argent.

Dim 閹. Syllabe euphonique. (En S. A., porte, entrée; se pron. *diêm*.)

Mắt lim dim 耒目瞵 ○, yeux à demi fermés, paupières lourdes (sommeil).

Dín 哂*. Mesurer ses paroles, avoir une attitude humiliée.

Nói dín 吶 ○, parler en se rabaissant (pour s'attirer des compliments).

Dính 盈*. Plein, rempli, complet, entier, abondant. Voir *diếng*.

Dinh 營*. Prétoire; demeure, hôtel ou bureau de fonctionnaire; camp, ville; arranger, disposer.

Dinh thành phố ○ 城鋪, hôtel de ville. — *Dinh thượng thơ* ○ 尙書, hôtel, bureaux ou résidence d'un ministre. — *Dinh quan phủ* 官府, la résidence d'un *quan phủ*, la préfecture. — *Quận dinh* 軍 ○, campement militaire. — *Dinh điền* ○ 田, inspecteur des cultures. — *Người ở dinh* 伊於 ○, habitant des villes, citadin (par opposition à *người nhà quê* 伊茹圭, homme de la campagne). — *Mũi dinh* 䏑 ○, le cap Padaran (entre les provinces de *Bình thuận* 平順 et *Khánh hòa* 慶和).

Dính 性. Intimement uni, qui colle, qui adhère, qui tient bien. (En S. A., nature, tendance; se pron. *tánh*.)

Dính theo ○ 嶢, s'attacher, coller. — *Dính nhau* ○ 饒, unis ensemble.

Dĩnh 潁*. Épi gros, bien plein, terminé en pointe; pointu, aigu.

Dip 葉 et 揲. Occasion, prétexte. (Des S. A. *điệp*, mêmes car., saisir, tirer.)

Dip tốt ○ 卒, excellent prétexte, occasion favorable. — *Kiếm dip* 劍 ○, chercher une occasion. — *Lấy dip* 祗 ○, saisir, profiter d'une occasion. — *Có dip đi* 固 ○ 迻, avoir l'occasion d'aller quelque part. — *Cớ làm dip* 機濫 ○, cause déterminante. — *Dip chơn* ○ 蹎, battre la mesure avec le pied, conduire un chœur.

Diụ 妙*. Subtil, délicat, doux, suave, beau, élégant, gracieux, facile, accommodant. Voir *diệu*.

Diụ mềm ○ 饃, mou, flexible, tendre, dodu, potelé.

Díu 紗. Tirer, attirer, entraîner vers soi. Voir *níu*. (Formé des S. A. *mịch* 糸, fil, et *tiểu* 小, petit.)

Díu lấy ○ 祗, tirer à soi et retenir fermement. — *Đánh díu* 打 ○, se battre en se prenant par les cheveux.

Dìu 調. Diriger par la parole et les gestes; mener, guider, conduire. (Du S. A. *điều*, mouvoir, régler, mener à bonne fin.)

Dìu dắc ○ 找, conduire par la main.

Do 遊*. Se promener de tous côtés, aller à la découverte, excursionner, explorer, éclairer, espionner, se renseigner. Voir *du*.

Quân do 軍 ○, espion, éclaireur. — *Đi do* 迻 ○, aller à la découverte, partir aux informations.

Do 由*. Cause, motif, provenance; d'où, de, selon, d'après.

Do sự ○ 事, les antécédents d'une chose. — *Do lệ tả tam bổn* ○ 例寫三本, suivant l'usage, il a été écrit trois expéditions. — *Do nào* ○ 苗, pour quel motif? à quelle fin? — *Vô lai do* 無來○, il n'y a aucune raison pour.

Dọ 唯. Examiner, s'informer, sonder (ne s'emploie qu'en composition). (Formé des S. A. *khẩu* 口, bouche, et *đồ* 徒, aller, suivre.)

Dọ dẫn ○ 引, examiner à fond, explorer avec soin. — *Hỏi dọ* 嗨○, s'informer des causes et motifs. — *Dọ lòng* ○ 恩, scruter les sentiments, sonder les intentions.

Dó 楮. Nom de plusieurs arbres du genre mûrier.

Cây dó 核○, un arbre dont l'écorce sert à faire du carton.

Dò 紬. Fils étendus, croisés, disposés en mailles. (Du S. A. *trừ*, même car., même signification.)

Dò lưới ○ 縺, filets, rets. — *Đánh dò* 打 ○, jeter les filets, tendre les rets. — *Diệt dò* 撚○, couper les mailles.

Dò 滁. Sonder, comparer, expertiser, collationner. (Formé des S. A. *thủy* 水, eau, et *đồ* 徒, suivre.)

Dò lòng sông ○ 恩瀧, sonder un fleuve, une rivière. — *Trái dò* 鞕○, la sonde, les plombs de sonde. — *Kẻ dò* 几 ○, sondeur, expert, vérificateur. — *Dò lòng* ○ 恩, sonder les cœurs. — *Dò lại* ○ 吏, comparer deux écrits ensemble, collationner des textes.

Dỏ 杜. Arrêter, empêcher, surveiller; poste de garde, campement militaire. (Du S. A. *đồ*, même car., même signification.)

Điểm dỏ 點○, veiller, surveiller. — *Canh dỏ* 更 ○, monter la garde, faire faction.

Dỗ 誘*. Conseiller, persuader, séduire, câliner, flatter, inciter, pousser, égarer. Voir *dũ*.

Day dỗ 代○, instruire, enseigner; calmer, amadouer. — *Phỉnh dỗ* 哂○, pousser à mal faire, corrompre. — *Dỗ dành* ○ 停, flatter, cajoler (pour corrompre). — *Sự cám dỗ* 事感○, tentation diabolique.

Dỗ 啅. Dense, épais, serré, pressé, compact. (Formé des S. A. *khẩu* 口, bouche, et *đỗ* 杜, nom d'arbre.)

Khoai dỗ 圬○, tubercule très farineux. — *Gạo dỗ* 糙○, riz bien plein.

Dơ 汙*. Flotter sur l'eau, surnager. A. V. Malpropre, ordurier, boueux, sale, sordide, obscène.

Dơ dáy ○ 洩, très sale, dégoûtant. *Nước dơ* 渚○, eau sale. — *Đường dơ* 唐 ○, route malpropre, chemin boueux. — *Chỗ dơ dáy* 𡉕○洩, endroit sale, mal tenu. — *Áo quần dơ* 襖裙○, habits sales, vêtements crasseux. — *Cách dơ dáy* 格○洩, d'une manière très malpropre, salement. — *Kẻ dơ nhớp* 几○汃, un être repoussant. — *Làm ra dơ* 濫嘩 ○, salir, souiller. — *Ăn ở dơ* 唉於○, vivre ou se conduire d'une façon malpropre. — *Hay nói dơ* 哈呐 ○, avoir l'habitude de dire des grossièretés, des obscénités.

Dỡ 搋. Abattre, démolir, défaire, démonter. (Formé des S. A. *thủ* 手, main, et *dữ* 與, avec.)

 Dỡ vách ○ 壁, abattre un mur. — *Dỡ nhà* ○ 茹, démolir une maison, démonter une case. — *Cơm dỡ* 䭃 ○, riz préparé pour être emporté en expédition ou en voyage.

Dỡ 嘆. Élever, soulever, ouvrir; maladroit, incapable, inhabile. (Formé des S. A. *khẩu* 口, bouche, et *dữ* 與, avec.)

 Dỡ ra ○ 囉, découvrir. — *Dỡ lên* ○ 遷, mettre plus haut. — *Dỡ nắp* ○ 蒳, enlever ou soulever un couvercle. — *Dỡ nón* ○ 藏, ôter son chapeau. — *Người dỡ* 㤈 ○, personne incapable, homme sans valeur.

Doan 緣*. De cause à effet, relation directe; c'est pourquoi, la raison en est que. Voir *duyên*.

 Doan phận ○ 分, bonnes conditions de la vie, sort favorable. — *Doan cang lệ* ○ 伉儷, l'état de mariage. — *Doan cớ* ○ 據, motif, circonstance. — *Doan do* ○ 由, raison déterminante, cause qui fait agir.

Doãn 允*. Relater fidèlement; consentir, accorder, accepter; croire.

 Doãn tích ○ 跡, rapporter un fait historique. — *Doãn lại* ○ 吏, transmettre, rapporter. — *Vô doãn* 無 ○, rejeter, refuser, interdire.

Doãn 尹*. Diriger, corriger, rectifier; loyal, fidèle, dévoué, soumis.

 Thừa thiên phủ doãn 承天府 ○, administrateur du territoire soumis aux volontés du ciel (titre donné au préfet de la capitale).

Doạt 閱*. Examiner avec soin, voir, comparer, reviser, rectifier.

Dọc 育. Longueur; pendant que, au cours de, à la file, en brochette. (En S. A., nourrir, soutenir; se pron. *dục*.)

 Bề dọc 皮 ○, la longueur. — *Dọc đàng* ○ 唐, pendant la route, le long du chemin. — *Dọc cá* ○ 魚, lien pour enfiler les poissons.

Dốc 篤. Ferme, solide; se proposer de, être résolu à; prêt, dispos, décidé. (Du S. A. *đốc*, même car., aller lentement, mais sûrement.)

 Dốc lòng ○ 恭, ferme propos, résolution extrême. — *Dốc lòng chừa* ○ 恭 除, promettre formellement de s'amender. — *Dốc chí* ○ 志, se proposer fermement, avoir un but défini, déterminé. — *Chí dốc* 志 ○, id.

Dộc 猲. Espèce de singe au pelage noirâtre; injure; nom d'oiseau et nom de plante. (Formé des S. A. *khuyển* 犬, chien, et *dục* 育, élever, nourrir.)

 Chim dộc dộc 鴆 ○ ○, le loriot. — *Cà dộc dược* 檞 ○ 藥, une plante de la famille des solanées.

Dốc 篤. Abrupt, escarpé, en pente. (Du S. A. *đốc*, même car., aller lentement, être le dernier.)

 Lên dốc 遷 ○, monter lentement une pente raide. — *Đàng dốc* 唐 ○, chemin difficile à monter. — *Mái dốc* 厭 ○, une toiture en pente.

Dői 堆. Petit banc de vase, amas de sable; petit tas de sapèques. (Du S. A. *dôi*, même car., amas de terre.)

Dội 唯. Mot explétif exprimant la continuité de la douleur. (En S. A., penser, projeter; se pron. *duy*.)

La *dội* 囉 ○, crier et gémir continuellement. — Khóc *dội* 哭 ○, pleurer sans discontinuer. — Đau *dội* 疗 ○, douleur qui ne cesse pas.

Dõi 唯. Syllabe euphonique. (Puor le car. en S. A., voir ci-dessus.)

Dõi theo ○ 蹺, suivre, poursuivre. — Dõi gót ○ 蹯, imiter. — Dòng dõi 泂 ○, postérité, descendance, race.

Dỏi 唯. Syllabe euphonique. (Pour le car. en S. A., voir ci-dessus.)

Dẳng *dỏi* 嘩 ○, d'une voix forte, à gorge déployée.

Dội 隊. Tomber, glisser, rebondir, reculer; résonner, retentir. (Du S. A. *đội*, même car., tomber de haut.)

Tiếng *dội* 嗜 ○, voix qui résonne, qui fait écho, l'écho lui-même.

Dối 嘴. Faux, mensonger; tromper, duper, mentir. (En S. A., gronder, réprimander; se pron. *đốt*.)

Dối trá ○ 詐, trompeur. — Luống *dối* 隴 ○, tromper et mentir par plaisir, sans en retirer le moindre avantage. — Dối người ta ○ 得些, duper les gens. — Nói *dối* 吶 ○, mentir. — Chước *dối* 斫 ○, ruse, fourberie; obsession diabolique. — Thề *dối* 誓 ○, prêter un faux serment, se parjurer. — Làm chứng *dối* 濫 証 ○, produire un faux témoignage. — Đừng nói *dối* vậy mà 停 吶 ○ 丕 麻, ne mentez donc pas ainsi.

Dồi 搥. Jeter en l'air; bourrer, farcir; farce, boudin, saucisse. (Du S. A. *đôi*, même car., battre, frapper.)

Đồ *dồi* 圖 ○, farce, pièce farcie. — Dồi heo 獦 ○, boudin de porc. — Ăn *dồi* 咹 ○, manger du boudin. — Dồi bì 皮, charger une gargousse, préparer une cartouche. — Đánh *dồi* 打 ○, jouer à pile ou face.

Dơi 夷. Égal, uniforme; égaliser, aplanir, rendre uni. (Du S. A. *di*, même car., même signification.)

Dơi 猦. Chauve-souris. (Formé des S. A. *khuyển* 犬, chien, et *di* 夷, aplanir.)

Dơi chồn ○ 犴, roussette, vampire. — Dơi ăn muỗi ○ 咹蝒, petite chauve-souris qui mange les moustiques.

Dời 移. Changer, transférer, transformer; emporter. (Du S. A. *di*, même car., transplanter du riz.)

Đổi *dời* 對 ○, changer, modifier. — Dời nhà ○ 茹, changer de maison. — Dời mả ○ 瑪, transférer une sépulture. — Dời tù ○ 囚, transférer un prisonnier. — Sự *dời* qua 事 戈, changement, transformation. — Biến *dời* 變 ○, se transformer, s'éclipser, disparaître en un clin d'œil, passer de vie à trépas.

Dom 木窖. Une liane des forêts; theophrasta. (Formé des S. A. *mộc* 木, arbre, et *hãm* 窖, trou.)

Trái dom 果更 ○, le petit fruit sauvage que donne cette liane.

Dòm 窨. Regarder par un trou ou par une fente, épier, observer. (En S. A., trou, fosse; se pron. *hăm*.)

Dòm lén ○ 練, regarder en secret, à la dérobée. — *Dòm vào* ○ 甸, regarder dedans. — *Dòm rình* ○ 伶, épier, observer en rusant, en se cachant. — *Ống dòm* 甕 ○, lorgnette, longue-vue, télescope. — *Bắc ống dòm* 抃甕 ○, diriger une longue-vue, braquer un télescope.

Don 敦. Régulier, moyen; de proportions normales, convenables. (En S. A., droit, correct; se pron. *đôn*.)

Dọn 扽. Préparer, ranger, disposer, mettre de l'ordre. (Formé des S. A. *thủ* 手, main, et *đồn* 屯, réunir.)

Dọn tử tế ○ 仔細, disposer avec soin, préparer convenablement. — *Dọn nhà* ○ 茹, préparer la maison. — *Dọn bàn* ○ 槃, mettre la table, servir à table. — *Dọn tiệc* ○ 席, préparer un festin, recevoir des convives. — *Dọn cơm* ○ 䭃, préparer le dîner, disposer les mets. — *Dọn cỗ* ○ 古, préparer la table pour un grand repas. — *Thằng dọn bàn* 倘 ○ 槃, domestique qui sert à table. — *Dọn giường* ○ 牀, préparer la couche, faire le lit. — *Dọn ghe* ○ 艔, préparer la barque, parer le canot. — *Dọn dẹp* ○ 摋, disposer, ranger, mettre de l'ordre.

Dón 寸. Sommaire, succinct, abrégé. (Du S. A. *thôn*, pouce; peu de chose.)

Nói dón 吶 ○, parler brièvement, ne dire que quelques mots.

Dọn 咄. Cris, bruit, tapage, tumulte. (Du S. A. *đồn*, même car., parler trop.)

Dọn dực ○ 弋, rumeur, bruit.

Dồn 屯. Rassembler, réunir, ramasser, mettre en tas. (Du S. A. *đồn*, même car., même signification.)

Dồn lại ○ 吏, réunir ou lier ensemble des choses séparées.

Dọn 演. Mouvement ondulatoire des vagues, soulèvement des flots. (En S. A., long cours d'eau; vaste, étendu; se pron. *diễn*.)

Dọn sóng ○ 㳂, balancé par les vagues, secoué par les flots.

Dón 寅. Espèce de légume; fougère. (En S. A., 3ᵉ lettre du cycle duodénaire; se pron. *dần*.)

Dờn 寅. Vert clair, vert tendre. (Pour le car. en S. A, voir ci-dessus.)

Dong 容*. Renfermer, contenir, recevoir, accepter, supporter, laisser faire; visage, aspect, attitude, maintien. Voir *dung*.

Thỏng dong 通 ○, à volonté, librement. — *Rộng dong* 曠 ○, indulgent, affable, cordial, libéral. — *Dong con* ○ 昆, gâter un enfant. — *Dong cho* ○ 朱, accorder facilement, se montrer indulgent, facile à vivre. — *Dong tha* ○ 赦, pardonner, dispenser, faire remise. — *Dong nhau* ○ 饒, se pardonner mutuellement, se réconcilier. — *Mai dong* 媒 ○,

entremetteur, entremetteuse (pour les mariages). — *Dong mạo* ○ 貌, apparence extérieure, physionomie. — *Dong nghi* ○ 儀, visage grave, maintien sévère, air imposant.

Dong 鎔*. Forme, moule, creuset; fondre des métaux, liquéfier.

Dong 庸*. Ordinaire, usuel, médiocre, commun, vulgaire, peu capable; méritant, bon, cordial, juste. Voir *dung*.

Sách trung dong 典中 ○, le livre du juste milieu (classique chinois). — *Vô dong* 無 ○, sans utilité, sans mérite, qui n'a aucune importance.

Dòng 洞. Mouvement de l'eau dans la même direction; tirer au fil de l'eau, remorquer; postérité; confrérie. (Formé des S. A. *thủy* 水, eau, et *dùng* 用, se servir de, employer.)

Dòng nước ○ 洚, courant d'eau. — *Dòng nước sông* ○ 洚 瀧, le courant de la rivière. — *Theo dòng nước* 蹺 ○ 洚, suivre le mouvement de l'eau. — *Dòng dõi* ○ 唯, postérité, descendance. — *Dòng họ* ○ 戶, famille, parenté. — *Dòng tàu* ○ 艚, remorquer un navire. — *Tàu dòng* 艚 ○, navire remorqueur. — *Dây dòng* 綀 ○, câble de remorque. — *Quẳng dây dòng* 挄 綀 ○, jeter la remorque, lancer le câble. — *Thầy dòng* 柴 ○, membre de confrérie, frère de la Doctrine chrétienne.

Dõng 勇*. Fort, vigoureux, brave, hardi, intrépide, courageux.

Cang dõng 剛 ○, ferme, constant, persévérant. — *Dõng sĩ* ○ 士, déterminé, entreprenant, audacieux. — *Dõng nhơn* ○ 人, un gaillard solide, un brave et vaillant homme.

Dõng 湧*. Eaux qui montent toujours, inondation, débordement.

Dỏng 容. Errer, vaguer, vagabonder. (Du S. A. *dong*, même car., laisser faire.)

Dỏng dài ○ 長曳, vagabond, nomade. — *Đi dỏng dài* 迻 ○ 長曳, aller de côté et d'autre, vagabonder. — *Đòn dỏng* 梴 ○, sommet de charpente, faîte de maison.

Dỏng 溶*. Eau qui s'écoule abondamment; couler à pleins bords; mauvais temps, grande pluie.

Dỏng gió ○ 逾, coup de vent, bourrasque. — *Trời dỏng gió* 烝 ○ 逾, temps orageux, ciel menaçant.

Dộng 動. Enfoncer, fracturer, renverser, repousser. (Du S. A. *động*, même car., ébranler, faire trembler.)

Dộng cửa ○ 閽, forcer une porte. — *Đạp dộng* 踏 ○, défoncer à coups de pieds. — *Gởi dộng* 改 ○, adresser d'office, faire parvenir brutalement.

Dột 突*. Subitement, tout à coup; se jeter sur, se précipiter contre.

Dột 濱. Tomber goutte à goutte; au travers de (en parlant de la pluie). Voir *giột*. (Formé de S. A. *thủy* 水, eau, et *dột* 突, subitement.)

Nhà dột 茹 ○, maison délabrée dont le toit laisse passer la pluie; il pleut dans la maison. — *Dại dột* 曳 ○, idiot, imbécile, crétin, dément.

Dốt 訥. Ignorant, qui ne sait même pas signer son nom. (En S. A., bredouiller, balbutier; se pron. *nột*.)

Dốt nát ○ 涅, complètement illettré. — *Dốt đặc* ○ 特, id. — *Bẩm ông tôi dốt* 禀碎翁 ○, pardon, monsieur, je ne sais pas signer, je suis illettré.

Du 斿 *. Gland, frange, garniture, feston, dent, bordure d'étendard, ornement de drapeau.

Du 遊 *. Vaguer, flâner, se délasser, se distraire, faire une promenade.

Du thủ du thực ○ 手 ○ 食, s'amuser chez les uns et les autres. — *Du sơn* ○ 山, faire une excursion dans la montagne. — *Du thủy* ○ 水, faire une promenade en mer. — *Du học* ○ 學, voyager pour son instruction.

Du 蝣 *. Nom d'insecte éphémère.

Phù du 蜉 ○, espèce de vermisseau.

Du 楰. Orme. (Formé des S. A *mộc* 木, arbre, et *du* 斿, gland, frange.)

Cây du nhỏ 核 ○ 馳, ormeau.

Du 逾 *. Passer comme un trait, escalader, franchir, aller au delà.

Du ngoạt ○ 月, le mois passé.

Du 偷 *. Voler, dérober, prendre, s'emparer; oisif, paresseux.

Du 油 *. Huile; huiler, graisser; doux, facile, commode. Voir *dầu*.

Dụ 諭 *. Initier, exhorter, ordonner, enseigner, attirer, séduire, inviter.

Lời dụ 唎 ○, les ordres du souverain. — *Thượng dụ* 上 ○, décret d'en haut. — *Ra lời dụ* 囉唎 ○, rendre un décret, faire paraître une ordonnance. — *Thí dụ* 譬 ○, exemple, parabole; supposé que.

Dụ 猶 *. Espèce de singe que l'on dit craintif, hésitant; tergiverser.

Dù 帕. Parapluie, ombrelle, parasol (terme collectif). (Formé des S. A. *cân* 巾, linge, et *do* 由, cause.)

Dù đi mưa ○ 趍霄, parapluie. — *Dù che nắng* ○ 雩曬, ombrelle, parasol. — *Dù lụa* ○ 縷, parapluie de soie. — *Dù vải* ○ 緄, parapluie de coton. — *Che dù* 雩 ○, s'abriter avec un parapluie ou une ombrelle. — *Đi dù* 趍 ○, sortir avec un parapluie ou une ombrelle. — *Quên dù* 消 ○, oublier son parapluie.

Dũ 誘 et 喻 *. Persuader, conseiller, exhorter, citer des exemples, engager par des paroles. Voir *dỗ*.

Dẫn dũ 引 ○, conseiller, instruire, diriger. — *Thí dũ* 譬 ○, exemple, parabole. — *Dũ voi* ○ 猥, dresser un éléphant (par la douceur).

Dũ 愈 *. Encore, en outre, de plus, d'avantage, augmenter, surpasser, exceller, l'emporter sur.

Dũ 裕 *. Riche, abondant, prospère; grand, large, ample, vaste.

Dũ 籲 *. Prier, implorer, invoquer.

Dư 余 et 予*. Je, moi; surnom.

Dư 餘*. Surabondance, superflu, de reste, en trop; en outre, de plus.

 Sự dư dật 事 ○ 迭, surabondance. — Dư bao nhiêu ○ 包 饒, combien en reste-t-il? — Dư một chục ○ 沒 逐, il en reste une dizaine. — Phần dư 分 ○, le reste, un reliquat.

Dư 徐*. Maintien digne, démarche lente, air tranquille et assuré.

Dư 預*. Prévoir, savoir par avance; préparer, arranger; être impliqué ou compris dans, faire partie de.

 Dư định ○ 定, décidé, fixé. — Dư hàng ○ 行, être sur les rangs, prêt à entrer dans le mandarinat.

Dư 譽*. Louanger, exalter, flatter, caresser; tenir en haute estime.

 Danh dư 名 ○, renommée, réputation. — Dư thiện ○ 善, admirer et louer la bonté.

Dữ 與*. Préposition, conjonction; et, avec, à, de. A. V. Féroce, cruel, méchant; marque la surprise, l'admiration; employé en composition comme superlatif absolu.

 Nhơn dữ ngãi 仁 ○ 義, bonté et droiture. — Người độc dữ 得 毒 ○, homme très méchant, très cruel. — Đừng làm dữ mà 停 濫 ○ 麻, ne faites donc pas le méchant. — Hung dữ lắm 凶 ○ 廩, féroce, cruel, atroce. — Kẻ dữ 几 ○, les méchants. — Coi dữ tợn 視 ○ 羡, qui paraît terrible, effrayant. — Dữ ác ○ 惡, dépravé; exclamation d'étonnement : allons donc! — Dữ mặt ○ 靣, avoir l'air très méchant, paraître terrible. — Nó làm dữ quá 奴 濫 ○ 過, il est horriblement méchant. — Tôi đau dữ 碎 疗 ○, je souffre beaucoup, je suis très malade. — Ngon dữ ông 唔 ○ 翁, c'est très bon, c'est excellent, monsieur. — Nhiều dữ lắm 饒 ○ 廩, énormément, considérablement.

Dua 諛*. Flatter, aduler, cajoler, louer dans un intérêt quelconque.

 A dua phụng thừa 阿 ○ 奉 承, dire des flagorneries. — Dua nịnh ○ 佞, id. — Lời a dua 俐 阿 ○, basse flatterie, adulation. — Nói dua 吶 ○, id.

Dùa 摣*. Faire une rafle, réunir, mettre en tas, emporter tout.

 Dùa lại ○ 吏, amonceler, réunir, entasser (pour emporter ensuite).

Duất 矞*. Forer, percer, trouer, transpercer, piquer.

Duất 聿*. Instrument à écrire, pinceau, plume; suivre, obéir; particule explétive. Car. radical.

Dưa 荼*. Plantes amères. A. V. Terme général pour les cucurbitacées; fruits et légumes macérés.

 Dưa chuột ○ 狌, concombre, cornichon. — Dưa ác ○ 惡, coloquinte. — Dưa bí ○ 費, citrouille (espèce). — Dưa nước ○ 渃, melon d'eau. — Dưa gan ○ 肝, autre espèce. — Dưa hấu ○ 餱, pastèque.

Dựa 預. S'accouder, s'appuyer. (Du S. A. dự, même car., disposer; assister.)

Cái dựa 丐 ○, accoudoir. — *Dựa cánh chỏ* ○ 翄挂, s'accouder, s'appuyer. — *Dựa nênh* ○ 佞, id. — *Dựa vào vách* ○ 侊壁, s'appuyer ou s'adosser contre un mur.

Dừa 預. Avoir de l'importance (ne s'emploie qu'en composition). (Pour le car. en S. A., voir ci-dessus.)

Chẳng dừa 庄 ○, cela ne compte pas. — *Dừa chi* ○ 之, qu'importe?

Dừa 棕*. Catalpa (ou calebassier). A. V. Cocotier, palmier; suivre, se conformer au désir de quelqu'un.

Trái dừa 鞭 ○, fruit du cocotier, noix de coco. — *Nước dừa* 渚 ○, lait de coco. — *Dầu dừa* 油 ○, huile de coco. — *Vườn dừa* 園 ○, jardin ou plantation de cocotiers. — *Trồng dừa* 櫳 ○, planter des cocotiers. — *Dừa xiêm* 暹, coco siamois (petite espèce). — *Dừa nước* ○ 渚, cocotier d'eau. — *Dừa theo* ○ 蹉, suivre, se conformer à. — *Dừa ý* ○ 意, id.

Dục 育*. Nourrir, élever, protéger, honorer, instruire, perfectionner.

Dưỡng dục 養 ○, nourrir et entretenir. — *Dục đức* ○ 德, pratiquer la sagesse, respecter la vertu; nom de règne d'un roi d'Annam. — *Dục tài* ○ 才, protéger le talent.

Dục 涜*. Marais, marécage, fange; se vautrer dans la boue.

Dục 浴*. Se tremper dans l'eau, faire ses ablutions, se purifier.

Dục 慾*. Désir excessif, passion brutale, violente; concupiscence, dérèglement, mauvaise conduite.

Ý dục 意 ○, vouloir avec passion. — *Lòng dục* 慾 ○, cœur déréglé, âme vicieuse. — *Dâm dục* 婬 ○, libidineux, lascif. — *Dục sự* ○ 事, la luxure. — *Dục tưởng* ○ 想, pensées lascives, convoitises coupables. — *Sắc dục* 色 ○, forniquer.

Dực 弋*. Tirer de l'arc. Car. radical.

Dực 翼. Ailes, flancs; au fig., couvrir, défendre, protéger, abriter.

Hữu dực 古 ○, l'aile droite ou le flanc droit d'une armée. — *Tả dực* 左 ○, l'aile gauche ou le flanc gauche. — *Vô dực thượng thiên* 無 ○ 上天, sans ailes on ne peut pas s'élever dans les cieux; au fig., sans moyens on ne peut arriver à aucun résultat.

Dức 吰. Crier, hurler, vociférer, se disputer. (Formé des S. A. *khẩu* 口, bouche, et *thức* 式, forme, modèle.)

Dức mắng ○ 嘩, insulter. — *Dức lộn nhau* ○ 論饒, se disputer grossièrement.

Duệ 曳 et 拽*. Traîner les pieds en marchant, se dandiner, flâner.

Duệ 溲*. Liquide qui tombe goutte à goutte; couler, s'échapper, se vider.

Duệ 呭*. Cris discordants, paroles confuses, expressions malsonnantes.

Duệ 裔*. Pan postérieur d'habit; postérité, descendance. Voir *dệ*.

Dụi 隊*. Tomber ou glisser d'un endroit élevé. Voir *đội*.

Dụi xuống ○ 𩖅, laisser descendre un lourd fardeau. — *Dây dụi* 綀 ○, corde servant à descendre des fardeaux. — *Té dụi* 細 ○, tomber de tout son poids.

Dùi 槌 et 椎*. Instruments en bois pour frapper sur un coin; grossier, rustique; nom d'arbre.

Cái dùi 丂 ○, alêne, poinçon. — *Dùi nện* ○ 捽, fouloir. — *Dùi gậy* ○ 梲, gourdin, trique. — *Dùi trống* ○ 皷, baguette de tambour. — *Dùi dục* ○ 鐲, maillet.

Dũi 唯. Sillonner, fendre, ouvrir. (Pour le car. en S. A., voir ci-dessous.)

Dé dũi 蟅 ○, taupe-grillon.

Duy 唯*. Particule auxiliaire: mais, seulement; particule affirmative: tout bien considéré, oui, c'est cela.

Duy 惟*. Réfléchir, considérer; seul, seulement; mot explétif et syllabe euphonique.

Duy 蜼*. Cicindèle; le nom d'un singe de la grande espèce.

Duyên 緣*. Relation de cause à effet: c'est pourquoi, et alors, la cause en est que. Voir *doan*.

Duyên sự ○ 事, par suite d'une affaire. — *Có duyên* 固 ○, être gracieux, aimable, plaisant. — *Vô duyên* 無 ○, sans agrément, sans attrait; antipathique. — *Duyên phận* ○ 分, condition due à un arrangement du destin, sort favorable, rencontre providentielle.

Duyệt 閱*. Examiner, contrôler, revoir un document. Voir *doạt*.

Duyệt 說*. Parler, raconter, réciter; louer, complimenter, féliciter.

Duyệt 悅*. Gai, joyeux, content, satisfait; aimable, complaisant.

Dum 棽*[1]. Arbre de l'espèce chêne.

Cây dum da 核 ○ 椰, arbre qui a beaucoup de feuillage

Dun 敦 et 惇*. Exercer une pression, influencer; plissé, froncé.

Dun lại ○ 更, resserrer, rétrécir; laisser détendre tout d'un coup. — *Dun da* ○ 胈, dont la peau est ridée. — *Dun mình* ○ 命, rentrer en soi-même, se contracter.

Dung 庸*. Ordinaire, commun, usuel; bon, méritant. Voir *dong*.

Dung 容*. Visage, aspect, maintien, tournure; laisser faire, laisser aller. Voir *dong*.

Dụng 用*. Se servir de quelqu'un ou de quelque chose, faire usage, employer; utile, commode, usager. Car. radical.

---

[1] Se transcrit aussi par le car. 森.

Trọng dụng 重 ○, estimable, précieux. — *Tiêu dụng* 消 ○, user, dépenser, faire des frais, consommer. — *Vô dụng* 無 ○, sans emploi, sans utilité. — *Hũu dụng* 有 ○, utile, commode. — *Dụng ý* ○ 意, volontiers.

Dùng 用*. Employer, se servir de (se confond avec le précédent).

Dùng ngày giờ ○ 時 賒, employer son temps. — *Dùng mọi phép* ○ 每 法, employer tous les moyens, se servir de toutes les méthodes. — *Dùng của cải* ○ 貼 改, user des richesses, employer ses biens. — *Dùng binh lính* ○ 兵 另, se servir de la force armée. — *Dùng đồ tây* ○ 圖 西, se servir d'objets ou d'ustensiles européens. — *Quen dùng rượu* 涓 ○ 醋, faire usage de vin. — *Có việc dùng* 固 役 ○, avoir besoin de. — *Không muốn dùng* 空 悶 ○, refuser d'employer, ne pas vouloir se servir de. — *Dùng dằng* ○ 陽, indécis, hésitant, troublé, interdit.

Dưng 𨀈. Offrir, donner, présenter, remettre (à un supérieur). Voir *dâng*. (Formé des S. A. *đăng* 登, avancer, et *thượng* 上, présenter.)

Dựng 孕*. Porter un enfant dans son sein, concevoir, créer, élever, ériger, édifier, dresser.

Dựng nên ○ 年, créer. — *Đấng dựng nên* 等 ○ 年, le Créateur. — *Sự dựng nên* 事 ○ 年, la création. — *Dựng cột* ○ 橛, dresser une colonne. — *Dựng bia bài* ○ 碑 牌, élever un monument, ériger une stèle. — *Dựng dậy* ○ 跪, se dresser, se montrer, surgir, apparaître. — *Dựng dưng* ○ 𨀈, s'étonner.

Dừng 停. S'arrêter, ne plus agir, cesser l'action. (Du S. A. *đình*, même car., même signification.)

Dừng chơn lui lại ○ 蹎 躇 吏, s'arrêter et revenir en arrière. — *Dừng thuyền* ○ 船, arrêter la barque, cesser de ramer.

Dược 藥*. Nom collectif de plantes médicinales; drogues, prescriptions médicales; soigner, guérir.

Cây ô dược 核 烏 ○, le laurier myrte. — *Hiệp dược* 合 ○, préparer un remède. — *Thực dược* 食 ○, avaler un médicament. — *Tánh dược* 性 ○, propriété d'un remède, effet d'une drogue. — *Độc dược* 毒 ○, poison. — *Cà dược* 椐 ○, datura stramonium. — *Dược gia* ○ 家, apothicaire, herboriste.

Dược 躍*. Sauter, sautiller, gambader, jouer, s'amuser, folâtrer.

Cang cường dõng dược 剛 彊 勇 ○, gai, content; libéral, magnanime.

Duỗi 唯. Étendre, allonger, dilater. (En S. A., répondre; se pron. *duy*.)

Duỗi tay ○ 挰, s'étirer les bras. — *Duỗi chơn ra* ○ 蹎 囉, allonger les jambes. — *Sự mầng duỗi lòng sự tình* ○ 悉, la joie dilate le cœur.

Dưới 帶. Inférieur, bas, dessous, au fond. (Formé des S. A. *hạ* 下, inférieur, et *đái* 帶, ceinture.)

Hàng dưới 行 ○, rang inférieur, basse classe. — *Bề dưới* 皮 ○, le dessous, le fond. — *Hàm dưới* 合 ○, mâchoire inférieure. — *Dưới nước* ○ 渚, dans l'eau, sous l'eau. — *Xuống* dưới tàu 舺 ○ 艚, descendre à bord d'un navire, s'embarquer. — Ở dưới ghe 於 ○ 艍, demeurer dans une barque. — Kẻ ở dưới 几 於 ○, ceux qui sont en dessous, les inférieurs.

Dủng 容. Tolérer, laisser faire, user d'indulgence; aspect, figure, forme. (Corruption du S. A. *dong*, même car., même signification.)

Dủng nhau ○ 饒, se pardonner, se réconcilier. — Dủng nhan ○ 顏, beauté des formes, aspect extérieur. — Phù dủng 芙 ○, espèce d'arbre à coton.

Dủng 洶. Eau qui coule; suivre le courant (ne s'emploie qu'en composition). Voir *dòng*. (Formé des S. A. *thủy* 水, eau, et *dùng* 用, user.)

Dủng bỏ ○ 補, rejeter, repousser, refuser, se débarrasser de. — Cá dủng 魰 ○, nom de poisson.

Dương 陽*. Splendeur du ciel; clarté, lumière; principe mâle, par opposition à *âm* 陰, qui est le principe femelle; matière pure; bien, bon, beau; jour, ciel, soleil.

Dương gian ○ 間, le monde moral. — Âm dương 陰 ○, les deux grands principes opposés (clarté et ténèbres, nuit et jour, bien et mal, mâle et femelle). — Khí dương 氣 ○, air pur, parties éthérées et subtiles de la matière, fluide positif. — Dương khí thạch ○ 起 石, amiante. — Dương giác thứ ○ 角 刺, pervenche.

Dương 揚*. Exciter, soulever, agiter, répandre au loin, étendre la réputation, publier, rendre célèbre.

Dương danh ○ 名, publier un nom, célébrer la renommée de quelqu'un. — Trương dương w ngoại 張 ○ 於 外, faire connaître au dehors ce qui se passe dedans, divulguer les secrets de famille. — Minh dương 明 ○, démontrer, exposer, rendre manifeste.

Dương 楊*. Pin des pagodes, cyprès, peuplier; nom de famille.

Cây huỳnh dương 核 黃 ○, buis de Chine. — Thanh dương 青 ○, l'arbre toujours vert, le saule.

Dương 羊*. Chèvre, mouton. Car. radical. Voir *dê* et *chiên*.

Sơn dương 山 ○, chevreuil, chamois. — Còi sơn dương 魂 山 ○, corne de berger. — Dương tửu ○ 酒, mouton et vin (présent de noces).

Dương 佯*. Aller de tous côtés sans but déterminé, courir çà et là, errer à sa fantaisie.

Dương 洋*. Océan, vaste mer; qui s'étend au loin; étranger, extérieur.

Dương hải ○ 海, l'immensité des mers, les vastes océans. — Đông dương 東 ○, les mers orientales (l'Indo-Chine française). — Ngoại dương 外 ○, mers extérieures, pays lointains. — Tổng thống đông dương 總 統 東 ○, titre écourté du gouverneur général de l'Indo-Chine française. — Hải dương 海 ○, le nom d'une province du Tonkin [1].

---

[1] Dans quelques provinces, on écrit 海 陽.

Dường 羕*. Crue des eaux; augmenter. A. V. Autant que, au point de, comme si, tellement.

    Dường nhw ○ 如, comme. — *Dường bằng* ○ 朋, à l'instar de. — *Dường ấy* ○ 意, autant que cela, à ce point, tellement. — *Dường nào* ○ 苐, combien! à quel point!

Dưỡng 養*. Nourrir, pourvoir à, prendre soin de, traiter, soigner.

    Nuôi dưỡng 餒 ○, élever, entretenir. — *Cấp dưỡng* 給 ○, fournir des vivres. — *Cúng dưỡng* 供 ○, traiter des supérieurs. — *Cúng dưỡng phụ mẫu* 供 ○ 父母, subvenir aux besoins de son père et de sa mère. — *Thịt dưỡng sức* 朒 ○ 飭, viande nourrissante. — *Dưỡng bệnh* ○ 病, soigner une maladie, être en convalescence, se reposer. — *Dưỡng lão* ○ 老, nourrir les vieillards, fournir une pension ou des subsides aux gens âgés. — *Dưỡng sanh* ○ 生, prendre soin de sa santé, entretenir la vie.

Duột 聿*. Très vite, sur-le-champ; pinceau à écrire. Voir *duật*.

    Duột tin ○ 信, apporter rapidement une nouvelle. — *Cây càn duột* 核勤 ○, arbuste dont les baies servent à assaisonner certains mets.

Duợt 閱. Passer en revue, examiner, contrôler. (Corruption du S. A. *doạt*, même car., même signification.)

Dụt 燧. Retirer, éloigner, reculer, diminuer. (Formé des S. A. *hỏa* 火, feu, et *đột* 突, tout à coup.)

    Dụt củi ○ 檜, retirer le bois du feu. — *Dụt lửa* ○ 焰, diminuer l'intensité de la flamme.

Dựt 迭. Mouvement brusque, saisissement, tremblement. (En S. A., succéder, alterner; se pron. *điệt*.)

    Dựt mình ○ 命, être surpris, sursauter, frissonner.

Dứt 撍. Dire ou faire tout en une fois; absolu, parfait, complet; couper net. (Formé des S. A. *thủ* 手, main, et *tát* 悉, en entier, complet.)

    Nói cho dứt 吶朱 ○, en finir par un mot bref. — *Làm cho dứt* 濫朱 ○, terminer complètement une besogne. — *Dứt dây* ○ 練, rompre un lien, couper une corde (d'un coup sec). — *Dứt đoạn* ○ 斷, entier, absolu, parfait. — *Dứt gió* ○ 逾, le vent a cessé tout d'un coup. — *Dứt lòng* ○ 悉, tenir pour certain. — *Dứt tình* ○ 情, briser net des liens d'amitié ou d'affection.

E

E 哦. Se voir menacé d'un mal, craindre un malheur. (Formé des S. A. *khẩu* 口, bouche, et *y* 衣, habit.)

    E sợ ○ 怍, avoir peur, être inquiet. — *Sự e* 事 ○, crainte, timidité, émotion, appréhension.

É 薏. Plante graminée, herbe odoriférante; petit cri pour attirer l'attention. (Du S. A. *ý*, même car., nom de plantes.)

Cây rau é 核薐 ○, basilic.

É 哎. Râle, soupir, gémissement; interjection. (Formé des S. A. *khẩu* 口, bouche, et *y* 衣, vêtement.)

Kêu è è 叫 ○○, cri étouffé. — *Thở è è* 咀 ○○, respirer péniblement, râler.

É 哎. Lassitude, fatigue, souffrance. (Pour la décomposition du car., voir ci-dessus.)

É bụng ○ 膆, douleur d'entrailles.

É 黳*. Un bois noir très lisse.

E 饐*. Conserves pour voyage, nourriture préparée d'avance, viandes cuites, mets qui commencent à se gâter. A. V. De peu de prix, de peu de valeur.

Hùng é 行 ○, choses peu prisées, marchandises qui ne se vendent pas facilement.

É 曀*. Temps sombre, ciel couvert.

É 壒*. Poussière soulevée par le vent; nuageux, sombre, obscur.

É 医*. Étui à flèches, carquois.

Ech 蜭. Petite grenouille verte qui vit dans l'herbe et sur les arbres. (Formé des S. A. *trùng* 虫, reptile, et *ich* 益, utile.)

Em 俺. Cadet, cadette; appellatif et pronom de la 2ᵉ personne. (En S. A., je, moi, nous; se pron. *yểm*.)

Em trai ○ 男, frère cadet. — *Em gái* ○ 妈, sœur cadette. — *Em út* ○ 丞, dernier né (frère ou sœur) de la famille. — *Anh em* 嬰 ○, frères, cousins, amis, compagnons, camarades. — *Chị em* 姊 ○, sœurs, cousines, compagnes. — *Làm anh em* 濫 嬰 ○, être liés d'amitié. — *Em đi đâu* ○ 迻 兜, où allez-vous?

Ém 掩. Empiler, entasser, serrer. (Du S. A. *yểm*, même car., couvrir.)

Êm 厭*. Agréable, moelleux, doux, suave, tendre, délicieux, charmant.

Êm ái ○ 愛, agréable aux sens. — *Cách êm ái* 格 ○ 愛, tendrement, délicieusement. — *Êm tay* ○ 挏, doux au toucher. — *Êm tai* ○ 聰, plaisant à l'oreille, harmonieux, mélodieux. — *Êm lòng* ○ 悆, qui réjouit le cœur, qui fait plaisir. — *Ngủ êm* 眛 ○, sommeil doux, agréable; faire un bon somme. — *Ra đi êm* 囉 迻 ○, s'en aller tout doucement, sans bruit.

Ém 壓*. Abattre, renverser; soumettre à son autorité, tenir sous sa dépendance; insinuer, suggérer, enchanter, ensorceler, exorciser.

Bùa êm 符 ○, amulette (consistant en un papier de sorcellerie rédigé par un magicien). — *Êm quỉ trừ ma* ○ 鬼 除 魔, chasser les démons et les fantômes, éloigner les revenants.

En 燕. Rester seul, demeurer isolé (ne s'emploie qu'en composition). (Pour le car. en S. A., voir ci-dessous.)

Run en 敦 ○, trembler de fièvre (en se tenant accroupi comme le font habituellement les Annamites).

Én 燕 et 鶯*. Hirondelle, salangane. Voir *yến*.

Ổ *én* 塢 ○, nid d'hirondelle (nid comestible, mets de luxe). — *Buồm cánh én* 帆 㷍 ○, voile triangulaire, voile latine. — *Én anh* ○ 鸚, séduire.

Eo 夭. Dépression de terrain, col ou gorge de montagne, défilé. (En S. A., joli, pittoresque; se pron. *yểu*.)

Eo hẹp ○ 夾, passage étroit, chemin creux. — *Eo đất* ○ 坦, isthme.

Éo 要. Vexer, tracasser (ne s'emploie qu'en composition). (Du S. A. *yểu*, même car., même signification.)

Uốn éo 捥 ○, importuner. — *Éo óc* ○ 屋, causer de l'ennui. — *Éo le* ○ 離, variable, changeant, bizarre. — *Củ éo* 矩 ○, espèce de tubercule.

Ép 押. Forcer, presser, opprimer, pressurer, exprimer, comprimer. (En S. A., tenir, retenir; se pron. *áp*.)

Ép nước ra 渚 囉, extraire le jus en pressant. — *Ép người ta* ○ 怿 些, presser les gens, pressurer, opprimer. — *Ép lòng* ○ 悲, contraindre, forcer, amener à. — *Sự bắt ép* 事 抔 ○, contrainte, violence, pression. — *Ép voi* ○ 獂, dresser l'éléphant. — *Chín non giú ép* 九 嫩 注 ○, faire mûrir en pressant; forcer le naturel.

Ét 謁. Glapir, japper, grogner. (En S. A., exposer, déclarer; se pron. *yết*.)

Giọng ét 喱 ○, glapissement, ton aigu, criard, voix de tête, voix de fausset.

G

Gá 架. Laisser espérer, promettre. (En S. A., support, étagère; se pron. *giá*.)

Gà 鵑. Terme collectif pour les gallinacés : poule, poulet, volaille. (En S. A., oie domestique; se pron. *gia*.)

Gà vịt ○ 遮, poules et canards, la volaille en général. — *Gà trống* ○ 俫, coq. — *Gà mái* ○ 厊, poule. — *Gà con* ○ 昆, poulet, poulette. — *Gà con mới nở* ○ 昆 買 芽, poussin. — *Gà thiến* ○ 倩, chapon. — *Gà đá* 扅, coq de combat. — *Gà chọi* ○ 跬, id. — *Gà gáy* ○ 吚, le coq chante. — *Gà ấp* ○ 邑, une poule couveuse. — *Gà lôi* ○ 雷, faisan. — *Gà rừng* ○ 棱, coq sauvage. — *Gà tây* ○ 西, dindon. — *Gà bươi* ○ 捧, la poule gratte. — *Mồng gà* 夢 ○, crête de coq. — *Trứng gà* 黐 ○, œuf de poule. — *Ruột gà* 胖 ○, intestin de poulet; tire-bouchon, ressort à boudin. — *Hoa mồng gà* 花 夢 ○, amarante. — *Giò gà* 跿 ○, pattes de poule (au moyen desquelles les sorciers pratiquent la divination).

Gả 婀. Donner sa fille en mariage. (En S. A., indécis, irrésolu; se pron. *a*.)

Không chịu gả con 空 召 ○ 昆, refuser de donner une fille en mariage.

Gạc 觡. Cornes (se dit plus particulièrement des cornes de cerf). Voir *sừng*. (Formé des S. A. *giác* 角, cornes, et *các* 各, marque du pluriel.)

Gạc nai ○ 狔, la ramure d'un cerf.

Gác 挌 [1]. Appuyer, élever, attirer; appui; comble, soupente, grenier. (En S. A., parer les coups; se pron. *cách*.)

Gác lên ○ 遛, soulever en appuyant (comme avec un levier). — *Gác nhà* ○ 茹, les combles d'une maison. — *Gác súng* ○ 銃, un ratelier d'armes.

Gặc 各. Donner son assentiment, accepter, approuver, consentir, accorder, confirmer par un signe. (En S. A., tout, tous; se pron. *các*.)

Gặc đầu ○ 頭, faire un signe de tête affirmatif. — *Gục gặc* 局 ○, baisser la tête pour approuver.

Gác 棘. Un arbre de l'espèce jaquier. (En S. A., ronces, épines; se pron. *cức*.)

Mít gác 機 ○, autre espèce. — *Trái gác* 棘 ○, le fruit de cet arbre.

Gạch 劃. Tracer, régler, barrer, rayer. (Du S. A. *hoạch*, même car., même signification.)

Gạch đường cho ai ○ 唐朱埃, tracer le chemin à quelqu'un. — *Gạch ngang* ○ 昂, barrer d'un trait. — *Gạch chữ* ○ 字, barrer une lettre, biffer un caractère. — *Gạch tên* ○ 箋, rayer un nom. — *Gạch hàng* ○ 行, tracer des lignes, régler (un cahier). — *Thước gạch* 托 ○, une règle.

Gạch 礜. Brique, carreau; crasse. (Formé des S. A. *thạch* 石, pierre, et *kích* 擊, pousser, heurter.)

Lò gạch 爐 ○, four à briques, briqueterie. — *Gạch tàu* ○ 艚, carreaux dits « de Chine ». — *Lót gạch* 律 ○, carreler. — *Hầm gạch* 焓 ○, cuire des briques. — *Một trăm gạch* 沒㕪 ○, un cent de briques. — *Gạch đầu* ○ 頭, les pellicules du cuir chevelu.

Gai 荄. Plante épineuse, chanvre, chardon, ramie, ortie de Chine. (En S. A., mauvaise racine; se pron. *cai*.)

Cây có gai 核固 ○, arbre qui a des piquants. — *Chông gai* 蔠 ○, être sur les épines, avoir du chagrin. — *Dây gai* 綀 ○, corde de chanvre. — *Bụi gai* 蓓 ○, buisson épineux. — *Vải gai* 緄 ○, tissu d'ortie de Chine ou ramie; étoffe grossière.

Gái 妈. Jeune fille, femme. (Formé des S. A. *nư* 女, femme, et *cái* 丐, prier.)

Con gái 昆 ○, la jeune fille. — *Con gái nhỏ* 昆 ○ 馳, petite fille, fillette. — *Em gái* 婇 ○, sœur cadette. — *Con gái lịch sự* 昆 ○ 歷事, une jeune fille charmante, une personne distinguée. — *Trai gái* 猍 ○, garçon et fille; par euphémisme, faire l'amour, forniquer. — *Phận gái* 分 ○, condition ou sort des filles et des femmes.

Gài 掑. Boutonner, fermer, croiser, entremêler, verrouiller. (Formé des S. A. *thủ* 手, main, et *kì* 其, pron. poss.)

Gài nút áo ○ 鐷襖, boutonner un habit. — *Gài cửa lại* ○ 闥吏, fermer

---

[1] Se transcrit aussi par le car. 擱.

une porte. — *Gài bẫy* ○ 橀, dresser un piège. — *Gài gặp* ○ 岌, ne pas s'entendre. — *Khuy gài nút áo* 虧 ○ 鍥襖, boutonnière. — *Rào song gài lăng* 楞䏢 ○, garnir d'un treillis, entourer d'un grillage.

Gãi 掀. Gratter, se gratter; en vain. Voir *quào*. (Formé des S. A. *thủ* 手, main, et *cải* 改, changer.)

Gãi ra máu ○ 曪冲, se gratter à faire sortir le sang. — *Ngứa đầu gãi đó* 癢兕 ○ 妬, gratter où cela démange (proverbe). — *Nói như gãi* 呐 如 ○, parler inutilement.

Gay 垓. Préparer les rames, disposer les avirons; garnir, armer. (En S. A., limite, borne; se pron. *cai*.)

Gay chèo đi ○ 橀迻, disposez les rames! armez les avirons!

Gay 楒. Irriter, exciter, provoquer. (Formé des S. A. *mộc* 木, arbre, et *kị* 忌, s'abstenir.)

Gay ra ○ 曪, susciter, occasionner. — *Gay mọc* ○ 木, chercher à surprendre, se montrer tout à coup.

Gáy 吗. Le chant du coq, le cri de la tourterelle; crinière (cheval, lion). (Formé des S. A. *khẩu* 口, bouche, et *cái* 吗, demander.)

Gà gáy 鶏 ○, le coq chante. — *Cu gáy* 鸲 ○, la tourterelle roucoule. — *Lông gáy* 翎 ○, poils, crinière. — *Rỡn gáy* 展 ○, hérisser la crinière; frémir, frissonner. — *Gáy ngựa* ○ 駁, crinière de cheval. — *Cá gáy* 魚 ○, espèce de poisson.

Gãy 掀. Casser, briser, rompre (se dit du bois, du fer, etc). (Formé des S. A. *thủ* 手, main, et *cải* 改, changer.)

Gãy cây gậy ○ 核棍, casser son bâton, briser sa canne. — *Gãy gươm* ○ 劍, briser un sabre, une épée. — *Gãy chèo rồi* ○ 橀耒, voilà l'aviron cassé! — *Nói gãy lưỡi* 呐 ○ 祀, répéter sans cesse la même chose.

Gẩy 掀. Pincer avec les doigts, faire vibrer en pinçant. (Pour la décomposition du car., voir ci-dessus.)

Gẩy đờn ○ 彈, faire vibrer les cordes d'un instrument de musique.

Gẩy 挍[1]. Quereller, exciter, provoquer, susciter, pousser quelqu'un à bout, faire naître des disputes. (En S. A., agiter, secouer; se pron. *hái*.)

Gẩy oán ○ 怨, susciter une vengeance. — *Gẩy loạn* ○ 亂, inciter à la révolte, pousser à un soulèvement. — *Gẩy chuyện rầy* ○ 傳蠣, chercher dispute. — *Gẩy gỗ* ○ 棋, id.

Gậy 楒. Bâton pour s'appuyer, trique, gourdin, canne. (Formé des S. A. *mộc* 木, arbre, et *kị* 忌, s'abstenir.)

Chống gậy 撡 ○, se servir d'un bâton pour marcher. — *Đánh một gậy* 打 沒, donner un coup de trique. — *Gậy cầm tay* ○ 擒抯. canne, badine.

Gậy 棋. Commencer quelque chose,

---

[1] Se transcrit aussi par le car. 棋.

mettre un travail en train; disposer, préparer, arranger, garnir. (Formé des S. A. *thủ* 手, main, et *ki* 其, pronom possessif.)

Mới gầy việc ra 買○役囉, se mettre à l'ouvrage, commencer un travail. — *Gầy giống* ○ 種, semer.

Gầy 痕. Malade, maigre, décharné. Voir *guộc*. (Formé des S. A. *nịch* 疒, maladie, et *ki* 其, pron. poss.)

Gầy guộc ○ 痼, très malade.

Găm 吟. Ficher, enfoncer, piquer, percer, larder, planter. (En S. A., réciter, soupirer; se pron. *ngâm*.)

Kim găm 針○, épingle. — *Găm kim* ○ 針, piquer l'aiguille. — *Dao găm* 刀○, poignard, dague.

Găm 噤. Saisir avec les dents, ronger, grignoter. (En S. A., se taire, ronger son frein; se pron. *câm*.)

Găm xương ○ 昌, ronger un os. — *Găm bắp* ○ 栐, ronger du maïs. — *Loài hay găm* 類呤○, animaux rongeurs; race parasitique.

Găm 錦, Avoir des intentions arrêtées; se diriger vers un point fixe, déterminé. (En S. A., couleurs voyantes, bariolé, fleuri; se pron. *câm*.)

Găm ghé ○ 睹, roder autour d'une femme. — *Gởi găm* 改○, confier une chose à quelqu'un.

Găm 賸. Coup d'œil oblique, regard furtif; s'incliner. (Formé des S. A. *mục* 目, œil, et *kiêm* 兼, ajouter.)

Găm ghè ○ 揆, regarder à la dé-

robée. — *Găm mặt* ○ 緬, ne pas oser regarder, paraître honteux. — *Găm đầu* ○ 頭, courber le front, baisser la tête.

Gấm 錦. Soie à fleurs, étoffe à ramages de différentes couleurs. (Du S. A. *câm*, même car., même signification.)

Nệm gấm 裧○, matelas, tapis.

Gầm 噷. Onomatopée; bruit du tonnerre, rugissement des fauves. (Du S. A. *câm*, même car., voix rauque.)

Trời gầm 圶○, il tonne. — *Cọp gầm* 拾○, le tigre rugit. — *Tiếng gầm* 嗜○, sourd grondement.

Gẫm 吟. Penser, méditer, réfléchir; considérer attentivement. (En S. A., dire, réciter; se pron. *ngâm*.)

Sự nguyện gẫm 事願○, extase, contemplation. — *Gẫm coi* ○槐, tomber en extase, être en contemplation. — *Gẫm thể* ○體, comme si, à supposer que. — *Có ý gẫm* 固意○, qui est à considérer, qui donne lieu à réflexion. — *Gạt gẫm* 詰○, tromper, mystifier, attraper.

Gan 肝. Le foie; au fig., courage, audace, hardiesse, intrépidité. (Du S. A. *can*, même car., même signification.)

Có gan ruột 固○脾, avoir du courage, montrer de l'audace. — *Lớn gan* 客○, brave, courageux, vaillant. — *Người cả gan* 侼斮○, homme de grand courage, personne pleine d'audace. — *Ngứa gan* 痕○, être irrité; litt., avoir des démangeaisons au foie. — *Non gan* 嫩○, craintif, peureux, pusillanime.

Gạn 浐. Décanter, transvaser, épuiser, mettre à sec. (Formé des S. A. *thủy* 水, cau, et *kiện* 件, discerner.)

Gạn nước ○ 渚, transvaser de l'eau. — *Múc gạn giếng* 沐 ○ 汫, mettre un puits à sec. — *Gạn lại* ○ 吏, séparer.

Gắn 哏. Faire adhérer, amorcer. (Formé des S. A. *khẩu* 口, bouche, et *cấn* 艮, dur.)

Gắn giấy ○ 紙, coller du papier. — *Gắn hột nổ* ○ 紇弩, mettre la capsule (sur la cheminée du fusil).

Gẩn 斯. Agiter, secouer, épurer, nettoyer (grain). (Formé des S. A. *bối* 貝, coquille, et *cấn* 斤, hache.)

Gẩn bột ○ 粹, épurer de la farine. — *Cười gẩn* 唭 ○, rire jaune.

Gân 肋 et 筋. Nerf, muscle, tendon; force physique. (Des S. A. *cân*, mêmes car., même signification.)

Có gân 固 ○, être nerveux. — *Sự đau gân cốt* 事 疠 ○ 骨, affection nerveuse. — *Gân cốt* ○ 骨, les muscles et les os. — *Bền gân* 紑 ○, solide.

Gần 斯. Près, proche, voisin; approchant, peu éloigné. (Formé des S. A. *bối* 貝, coquille, et *cấn* 斤, hache.)

Gần nhà ○ 茹, près de la maison. — *Gần tới* ○ 細, sur le point d'arriver. — *Không cho lại gần* 空 朱 吏 ○, ne pas laisser approcher. — *Đã gần hai năm* 㐌 ○ 仁 醉, il y a près de deux ans. — *Người ở gần* 㝵 於 ○, le voisin. — *Lại gần người nào* 吏 ○ 㝵 苔, aborder quelqu'un. — *Ở gần nhau* 於 ○ 饒, demeurer près, être voisin. — *Gần đất xa trời* ○ 坦 赊 呑, être près de la terre et loin du ciel (élégante figure pour dire qu'on va mourir).

Gang 剛. Main complètement ouverte; palme, empan (mesure); nom de filet; syllabe euphonique. (En S. A., inflexible; se pron. *cang*.)

Gang ra ○ 囉, étendre la main pour mesurer. — *Một gang tay* 沒 ○ 㧣, un empan. — *Góm gang* 憾 ○, cri d'horreur, exclamation d'épouvante. — *Lưới gang* 絚 ○, espèce de filet pour la pêche.

Gang 鋼. Fonte de fer; au fig., ferme, solide, énergique. (Du S. A. *cang*, même car., même signification.)

Súng lớn bằng gang 銃 吝 朋 ○, canon de fonte. — *Sắt gang* 鉄 ○, fer aciéré. — *Lòng gang dạ sắt* 悉 腋 鉄, cœur de fonte, âme d'acier; brave, vaillant, courageux.

Gàng 強. Empêcher d'approcher, tenir à l'écart, barrer le chemin, maintenir à distance. (En S. A., nom d'insecte; se pron. *càng*.)

Sự gàng trở 事 ○ 阻, obstacle, empêchement. — *Gàng lại* ○ 吏, tenir en respect, contenir.

Găng 矜. Arbuste épineux, plante à piquants; génipayer. (En S. A., manche de lance, se pron. *căng*.)

Nón gò găng 藏 摳 ○, sorte de chapeau. — *Con găng* 昆 ○, cheville.

Gắng 勁. Effort d'esprit, tension des muscles, déploiement d'énergic. (Formé des S. A. *lực* 力, force, et *cảng* 亘, quartier de lune.)

Gắng sức ○ 飭, faire tout son possible, développer ses forces. — *Gắng lấy* ○ 祂, agir courageusement. — *Gắng lòng* ○ 悉, de tout cœur, de toute son âme, énergiquement.

Gầng 薑. Gingembre. Voir *gừng*. (Du S. A. *cương*, même car., même signification.)

Củ gầng 矩 ○, la racine de cette plante. — *Mứt gầng* 蜜 ○, confiture de gingembre.

Ganh 爭. Envier, jalouser, détester. (Du S. A. *tranh*, même car., lutter.)

Ganh gỗ người nào ○ 棍 得 苔, porter envie à quelqu'un. — *Ganh nhau* ○ 饒, se jalouser réciproquement, se porter mutuellement envie. — *Sự ganh gỗ* 事 ○ 棍, la jalousie, l'envie, la haine.

Gạnh 竟. Supplément, rallonge; nourrice, concubine (à la cour). (Formé des S. A. *tịnh* 並, ajouter, et *kiến* 見, voir.)

Con gạnh 昆 ○, enfant de concubine, enfant illégitime. — *Vợ gạnh* 嬭 ○, femme supplémentaire, concubine. — *Viết gạnh* 曰 ○, écrire quelques mots sous forme d'apostille. — *Chữ gạnh* 字 ○, visa.

Gánh 挭. Porter sur l'épaule aux deux extrémités d'un bâton flexible. (En S. A., remuer au moyen d'un bâton; se pron. *ngạnh*.)

Một gánh 沒 ○, une charge à double faix. — *Gánh lấy* ○ 祂, emporter une charge de cette manière. — *Gánh nặng* ○ 囊, lourde charge, pesant fardeau. — *Kẻ gánh nước* 几 ○ 湝, porteur d'eau. — *Đòn gánh* 柅 ○, le bâton flexible qui sert à porter à double faix.

Gành 磧. Côte rocheuse, rive escarpée, falaise, bordure de galets. (Formé des S. A. *thạch* 石, pierre, et *kinh* 京, lieu élevé.)

Gạo 糕. Riz décortiqué et non cuit (pour riz cuit, voir *cơm*). (Formé des S. A. *mễ* 米, grain, et *cáo* 告, accuser.)

Gạo châu ○ 珠, riz de première qualité. — *Gạo lứt* ○ 栗, riz non pilé, riz cargot. — *Gạo gia* ○ 猪, riz blanchi. — *Gia gạo* 猪 ○, piler le riz. — *Bột gạo* 粹 ○, farine de riz. — *Buôn bán gạo* 奔 牢 ○, faire le commerce de riz. — *Đậu gạo* 豆 ○, haricot riz. — *Đi gạo mới* 移 ○ 買, offrir le riz nouveau. — *Tàu ăn gạo* 艚 唆 ○, bateau chargeur de riz. — *Cây gạo* 核 ○, espèce de banian, arbre des pagodes. — *Ốc gạo* 沃 ○, sorte de coquillage.

Gáo 梏. Ustensile pour puiser de l'eau (ordinairement fait avec des courges séchées). Voir *gàu*. (Formé des S. A. *mộc* 木, bois, et *cáo* 告, accuser.)

Cái gáo 丐 ○, petit seau, calebasse montée en épuisette pour vider l'eau. — *Thằng gáo* 倘 ○, individu à tête de calebasse (se dit par moquerie des gens qui ont les cheveux coupés ras).

Gặp 及. Rencontrer; trouver ou obtenir par hasard, par chance.

(Du S. A. *cập*, même car., atteindre le but voulu, arriver à, joindre.)

Gặp trúng ○ 中, tomber juste, rencontrer à point. — *Gặp được* ○ 特, trouver par hasard. — *Gặp vận* ○ 運, rencontrer heureusement. — *Gặp dịp* ○ 撛, trouver une occasion. — *Gặp nhau* ○ 饒, se rencontrer. — *Anh có gặp nó không* 嬰 固 ○ 奴 空, l'avez-vous rencontré? — *Gặp việc khốn khó* ○ 役 困 若, se trouver en présence d'une situation pénible, fâcheuse.

Gắp 扱. Saisir avec des bâtonnets, prendre avec des pinces. (En S. A., prendre, saisir, conduire; se pron. *cập*.)

Gắp cá ○ 魤, se servir du poisson avec les bâtonnets (à table). — *Để tôi gắp cho* 底 碎 ○ 朱, laissez, je vais vous servir. — *Gắp lửa* ○ 焙, prendre une braise avec des bâtonnets ou avec des pinces (pour offrir du feu).

Gập 峎. Haute colline; montueux, qui va en s'élevant. (Du S. A. *ngập*, même car., même signification.)

Gập ghềnh ○ 巣, terrain inégal, tortueux; dangereux. — *Gài gập* 拱 ○, être en désaccord.

Gấp 急. Pressant, urgent; presser, pousser, stimuler, activer. (Du S. A. *cấp*, même car., même signification.)

Việc gấp 役 ○, affaire urgente, besoin pressant. — *Không gấp cho lắm* 空 ○ 朱 廩, ce n'est pas très pressé. — *Chết gấp* 折 ○, mourir trop tôt, décéder subitement.

Gạt 詰. Racler le grain (pour égaliser un boisseau); tromper, attraper, mystifier. (En S. A., rechercher, se montrer dur; se pron. *cật*.)

Gạt hộc ○ 斛, donner mesure rase. — *Gạt gẫm* ○ 哈, tromper sur la mesure. — *Bị gạt* 被 ○, s'être laissé attraper, avoir été mystifié. — *Kẻ hay gạt* 几 哈 ○, trompeur, mystificateur. — *Kẻ gạt lớp* 几 ○ 律, id.

Gặt 秸. Moissonner le riz, récolter le grain. (En S. A., chaume des graminées, paille en tuyau; se pron. *kiết*.)

Gặt hái ○ 核, cueillir, récolter (fleurs, fruits, légumes). — *Gặt lúa* ○ 稌, faire la récolte du riz. — *Mùa gặt* 務 ○, l'époque de la moisson. — *Kẻ đi gặt* 几 迻 ○, celui qui va moissonner. — *Bọn gặt* 体 ○, troupe de moissonneurs

Gắt 噶 [1]. Piquant au goût, âcre, fort, irritant; odeur forte; serré, étroit. (Formé des S. A. *khẩu* 口, bouche, et *cát* 葛, nom de plante.)

Gắt gỏm ○ 憾, qui sent fort, qui prend à la gorge. — *Gắt cổ* ○ 古, qui brûle le gosier, qui irrite la gorge. — *Thuốc gắt* 藥 ○, tabac trop fort, âcre, de mauvaise odeur. — *Gắt cống* ○ 貢, facilement irritable. — *Đái gắt* 帶 ○, difficulté d'uriner.

Gật 脂. Laisser tomber la tête de sommeil, s'assoupir pour avoir trop bu. (Formé des S. A. *nhục* 肉, chair, et *kiệt* 吉, heureux.)

---

[1] Se transcrit aussi par le car. 刻.

Ngủ gật 眒 ○, s'endormir (del.out ou assis). — *Say gật* 醛 ○, ivre mort.

Gàu 篙. Vase à puiser de l'eau, calebasse munie d'un manche pour vider l'eau ou arroser. Voir *gáo*. (En S. A., grand bambou; se pron. *cao*.)

Gàu tát nưóc ○ 薩渚, seau à vider l'eau, épuisette, écope.

Gấu 猫. Ours; frange, ourlet, bordure. (Formé des S. A. *khuyển* 犬, chien, et *cấu* 靠, amasser des richesses.)

Con gấu cái 昆 ○ 丐, ourse. — *Con chó gấu* 昆 狂 ○, dogue, molosse. — *Gấu áo* ○ 襖, bordure de vêtement, ourlet d'habit. — *Hỗn như gấu* 混 如 ○, ne pas tenir en place, bouger sans cesse comme l'ours.

Ghe 稽. Nombreux, plusieurs, beaucoup, très souvent, fréquemment. (En S. A., élever, assujettir; se pron. *ké*.)

Ghe phen ○ 番, à plusieurs reprises. — *Ghe đắng* ○ 等, plusieurs êtres. — *Ghe đàng* ○ 唐, sous bien des rapports.

Ghe 艭. Jonque, barque, pirogue, les embarcations en général. Voir *thuyền*. (Formé des S. A. *châu* 舟, bateau, et *ki* 箕, crible, tamis.)

Ghe bầu ○ 瓢, jonque de mer (mâtée et pontée). — *Ghe cửa* ○ 関, barque de grand fleuve, d'embouchure. — *Ghe đò* ○ 渡, barque de passage, bateau de louage. — *Ghe lòng* ○ 橦, bateau de charge, espèce de chaland. — *Ghe lườn* ○ 樆, pirogue de plaisance. — *Ghe cui* ○ 視, bateau de charge. — *Ghe hầu* ○ 侯, barque officielle (pour le service des fonctionnaires). — *Đi ghe* 迻 ○, aller en bateau. — *Xuống ghe* 迒 ○, s'embarquer; litt., descendre dans la barque (les Annamites disent descendre à bord comme nous disons monter à bord). — *Cột ghe lại* 橛 ○ 吏, amarrer la barque. — *Lui ghe* 踣 ○, démarrer, prendre le large, se mettre en route. — *Mưón ghe* 僈 ○, louer une barque. — *Chủ ghe* 主 ○, le maître du bateau, le propriétaire de la barque. — *Chèo ghe* 棹 ○, ramer, nager. — *Bạn ghe* 伴 ○, rameur. — *Thuế ghe* 税 ○, l'impôt des barques.

Ghẹ 蟿. Une espèce particulière de crabe. (Formé des S. A. *trùng* 虫, reptile, et *kị* 忌, s'abstenir.)

Ghé 睇. Prendre une direction; accoster, aborder, approcher. (Formé des S. A. *mục* 目, œil, et *kí* 寄, passer.)

Ghé mặt ○ 麵, diriger son regard sur. — *Ghé bờ* ○ 坡, ramer vers la terre. — *Ghé tàu* ○ 艚, accoster un navire. — *Ghé vai* ○ 髇, courber les épaules pour recevoir un fardeau. — *Ghé miệng* ○ 皿, avancer la bouche. — *Găm ghé* 錦 ○, rôder autour.

Ghè 壜. Pot en terre pour les saumures; vase pour les huiles, les graisses, etc. (Formé des S. A. *thổ* 土, terre, et *ki* 箕, crible, tamis.)

Ghè nưóc mắm ○ 渚鰻, pot de saumure. — *Găm ghè* 賺 ○, regard d'envie, coup d'œil furtif.

Ghẽ 技. Écorner, ébrécher, diminuer, séparer, partager. (En S. A., frapper légèrement; se pron. *ki*.)

Ghē hàu ○ 蠔, écailler les huîtres. — *Ghē bót* ○ 扒, diminuer peu à peu.

Ghẻ 疥. Gale; parenté par mariage. (Formé des S. A. *nịch* 疒, maladie, et *kĩ* 几, banc, tabouret.)

Ghẻ chóc ○ 瘯, ulcère. — *Mụt ghẻ* 瘇 ○, bouton purulent. — *Cha ghẻ* 吒 ○, beau-père. — *Mẹ ghẻ* 媄 ○, belle-mère, marâtre. (Voir *kẻ mẫu*.) — *Con ghẻ* 昆 ○, beau-fils, belle-fille. — *Gãi ghẻ* 掶 ○, se gratter.

Ghẻ 髻. Horrible, épouvantable (ne s'emploie qu'en composition). En S. A., unir, réunir; se pron. *kẻ*.)

Gớm ghẻ 憾 ○, cri d'effroi, exclamation d'horreur. — *Ghẻ thay* ○ 台, c'est dégoûtant! — *Ghẻ răng* ○ 酸, agacement des dents.

Ghế 几. Banc, chaise, escabeau, guéridon; petit autel. (Du S. A. *kĩ*, même car., même signification.)

Ghế nằm ○ 飈, chaise longue, lit de camp. — *Ghế rơm* ○ 簾, chaise de paille. — *Ngồi ghế* 堃 ○, prendre un siège, s'asseoir. — *Nhắc ghế ngồi* 拵 ○ 堃, apporter une chaise, avancer un siège. — *Mời ông ngồi ghế* 逇 翁 堃 ○, veuillez vous asseoir, monsieur.

Ghém 劍[1]. Adjoindre, ajouter; accessoire, mélange; sorte de salade. (En S. A., épée, glaive; se pron. *kiếm*.)

Rau ghém 韭 ○, macédoine de légumes, salade composée d'herbes mélangées. — *Ăn ghém* 咹 ○, manger de cette préparation culinaire.

Ghen 慳*. Avare, mesquin, parcimonieux, regardant. A. V. Jaloux, envieux; inimitié, aversion.

Ghen tương ○ 相, porter envie. — *Ghen ghét* ○ 悋, détester, haïr, en vouloir par jalousie. — *Đánh ghen* 打 ○, maltraiter par jalousie. — *Đờn bà ghen* 彈 妳 ○, femme jalouse.

Ghèn 堅. Humeur qui coule des yeux. (Formé des S. A. *mục* 目, œil, et *kiên* 堅, fort, ferme.)

Con mắt ghèn 昆 䀶 ○, avoir les yeux chassieux.

Ghểnh 崇. Montueux, difficile; mal appliqué; différent, changeant, inégal. (Formé des S. A. *sơn* 山, montagne, et *kinh* 京, lieu très élevé.)

Ghểnh gập ○ 岌, qui ne cadre pas, qui n'est pas sur le même plan.

Ghẹo 嬌. Agacer, provoquer, vexer, exciter, pousser à bout. (En S. A., bouche de travers, se pron. *kiều*.)

Ghẹo chơi ○ 制, taquiner. — *Hay chọc ghẹo* 咍 㖕 ○, qui agace constamment. — *Hát ghẹo* 喝 ○, chants érotiques (souvent avec allusions).

Ghét 悋. Haïr, détester. (Formé des S. A. *tâm* 心, cœur, et *kiết* 吉, heureux.)

Ghét bỏ ○ 補, repousser, rejeter. — *Đáng ghét* 當 ○, détestable, odieux, qui mérite d'être haï. — *Ghen ghét* 慳 ○, haïr par envie, par jalousie. — *Nó ghét tôi lắm* 奴 ○ 倅 虜, il m'en veut beaucoup, il ne

---

[1] Se transcrit aussi par le car. 檢.

peut me souffrir. — *Một đều nén ghét* 沒調年 ○, une chose odieuse, une action détestable. — *Bị người ta ghét* 被俘些 ○, être l'objet d'une haine.

Ghi 記. Annoter, marquer, inscrire, insérer, mentionner, signer. (Du S. A. *kí*, même car., même signification.)

Ghi láy ○ 祀, prendre note, insérer. — *Ghi chữ* ○ 字, marquer d'un signe, d'un caractère. — *Ghi số* ○ 數, faire mention de quelque chose sur un registre, émarger. — *Ghi lòng* ○ 悤, se mettre dans l'esprit.

Ghì 持. Tenir bon, ne pas lâcher, persévérer; syllabe euphonique. (Du S. A. *trì*, même car., même signification.)

Ghì đầu ○ 頭, tenir la tête. — *Chim gù ghì* 鴿唄 ○, pigeon ramier.

Ghiếc 怵. Affreux, horrible, dégoûtant, détestable; abominablement. (Formé des S. A. *tâm* 心, cœur, et *diệc* 亦, part. conjonc.)

Gớm ghiếc lắm 憾 ○ 廩, très répugnant, qui fait horreur.

Ghiền 堅 [1]. Avoir une funeste passion, être abruti par les excès (opium, tabac, alcool, liqueurs). (En S. A., fort, violent; se pron. *kiên*.)

Ghiền nha phiện ○ 芽片, abruti par l'opium. — *Ghiền rượu* ○ 酹, adonné aux boissons alcooliques.

Ghim 金. Baguette, aiguille, broche; enfoncer, faire pénétrer, piquer. (Du S. A. *kim*, même car., métal.)

Ghim mứt ○ 蜜, baguette de table pour prendre les fruits confits.

Ghình 徑. Long, étendu; par séries, par rangées; beaucoup, nombreux; en tas, en paquet, serré. (Du S. A. *kính*, même car., ligne droite.)

Gí 織. Bordure, ourlet, repli, pan, frange, garniture. (Formé des S. A. *mịch* 糸, fils, soie, et *chỉ* 只, seulement.)

Gí áo ○ 襖, bordure de robe, galon d'habit. — *Gí khăn* ○ 巾, angle de mouchoir, ourlet de turban.

Gì 之. Qui, quoi, quel, lequel. (Du S. A. *chi*, même car., même signification.)

Cái gì 丐 ○, quoi? quel objet? qu'y a-t-il? — *Sự gì* 事 ○, quoi? quelle chose? qu'y a-t-il? — *Giống gì* 種 ○, quoi? quelle sorte? quelle espèce? — *Anh nói giống gì* 嬰吶種 ○, que dites-vous? de quoi parlez-vous? — *Ông nghĩ sự gì* 翁擬事 ○, à quoi pensez-vous, monsieur? — *Làm nghề gì* 濫藝 ○, quel métier faites-vous? — *Mà làm gì* 麻濫 ○, pourquoi faire? dans quel but? — *Mầy tên gì* 眉笙 ○, quel est ton nom? — *Còn gì nữa* 群 ○ 女, après? ensuite? quoi encore? — *Không biết gì hết* 空別 ○ 歇, ne savoir rien, ignorer tout. — *Chẳng có sự gì mới hết* 庄固事 ○ 買歇, il n'y a absolument rien de nouveau.

Gỉ 只. Rouillé, maculé; tacher,

---

[1] Peut se transcrire aussi par le car. 研.

14

salir, altérer, décolorer. (En S. A., seulement, rien que; se pron. *chỉ*.)

 Sắt gỉ 鉄 ○, fer rouillé. — *Gỉ áo* ○ 襖, tacher un habit. — *Gỉ ra* ○ 囉, faire des taches, salir, souiller.

Gia 家*. Maison, demeure, famille.

 Đại gia 大 ○, famille illustre. — *Gia cư* ○ 居, habitant. — *Gia tộc* ○ 族, généalogie. — *Gia thất* ○ 室, la famille, la parenté. — *Gia thần* ○ 臣, serviteur, courtisan. — *Gia sự* ○ 事, affaires de famille. — *Gia tài* ○ 財, meubles, immeubles, bien-fonds, héritage. — *Gia lễ* ○ 禮, livre des rites domestiques (rédigé par le philosophe Châu hi 朱熹). — *Ông gia* 翁 ○, beau-père. — *Bà gia* 妣 ○, belle-mère. — *Sui gia* 嫶 ○, parent par alliance, beau-père.

Gia 耶 et 爺*. Père; particule finale marquant le doute.

Gia 梛 et 枒*. Cocotier, palmier (arbres dont les feuilles servent à couvrir les maisons).

 Gia tử ○ 子, la noix du coco.

Gia 加*. Étendre, ajouter, superposer, surélever; employer.

 Gia thêm ○ 添, augmenter. — *Gia giảm* ○ 減, tempérer, égaliser; bien dosé. — *Gia vị* ○ 味, assaisonner convenablement. — *Gia vị đồ ăn* ○ 味 圖 唆, assaisonner des mets. — *Gia quan* ○ 官, faire monter en grade.

Gia 駉 et 鵝*. Oie domestique.

Gia 嘉*. Beau, bon, doux, excellent; avoir de bonnes intentions, faire du bien, rendre les gens heureux, se montrer compatissant.

 Gia định ○ 定, nom officiel de la province de Saigon. — *Gia định báo* ○ 定 報, le titre d'un journal officiel en langue annamite qui se publie à Saigon. — *Gia long* ○ 隆, le nom du premier roi de la dynastie des *Nguyễn* 阮, père de *Minh mạng* 明 命. — *Gia lễ* ○ 禮, belle cérémonie, magnifique présent. — *Gia ý* ○ 意, bonne idée, belle pensée, excellente intention.

Gia 諸*. Tout au complet, tous réunis; préposition à, de, dans; copulatif et, avec. Voir *chư*.

Giạ 者斗 Mesure d'environ 30 kilog. pour les grains (demi-picul annamite). (Formé des S. A. *đấu* 斗, boisseau, et *giã* 者, pronom dém.)

 Một giạ gạo 没 ○ 精, un demi-picul de riz décortiqué.

Giạ 夜*. Soleil couché, crépuscule; vers la nuit, sur le tard. Voir *dạ*.

Giá 價*. Le prix d'un objet, la valeur d'une chose.

 Điền giá 田 ○, prix ou valeur d'une rizière. — *Giá cao* ○ 高, prix élevé, grande valeur. — *Giá thấp* ○ 濕, bas prix, bon marché. — *Giá ngựa* ○ 馭, le prix d'un cheval. — *Hạ giá* 下 ○, vil prix; baisser le prix. — *Gạo mới lên giá* 精 買 遷 ○, le prix du riz vient d'augmenter. — *Đáng giá bao nhiêu* 當 ○ 包 饒, quel est le prix? combien cela vaut-il? — *Định giá* 定 ○, fixer un prix.

— *Vô giá* 無 ○, inestimable. — *Bán gião giá* 半 較 ○, vendre aux enchères publiques, vendre à la criée.

Giá 蔗 *. Canne à sucre. Voir *mía*.

Giá thổ tam mẫu ○ 土 三 畝, trois hectares d'un terrain planté de cannes à sucre.

Giá 稼 *. Ensemencer un champ, cultiver la terre; semence, graine.

Giá hòa ○ 禾, semer le grain.

Giá 架 *. Nom d'arbre; pièces de bois entrelacées ou disposées en croix; pupitre, étagère, râtelier.

Giá vật ○ 物, support, chevalet. — *Y giá* 衣 ○, portemanteau. — *Giá sách* ○ 冊, casier à livres, rayon de bibliothèque. — *Giá để gác súng* ○ 底 挌 銃, râtelier d'armes. — *Cây thánh giá* 核 聖 ○, la sainte croix; (on dit aussi *thập tự giá* 十 字 架, ou pièces de bois disposées en caractère 十 (dix).

Giá 駕 *. Quadrige, char impérial, trône; le souverain lui-même.

Giá ngự ○ 御, le char royal; sa Majesté. — *Qúi giá* 貴 ○, vous, votre Excellence. — *Giá thượng* ○ 上, id. — *An giá* 安 ○, le char royal est en repos, c.-à-d. le trône est vacant, ou bien encore le roi est mort.

Giá 嫁 *. Donner une fille en mariage; recevoir un époux.

Giá nữ ○ 女, la mariée. — *Giá nhơn* ○ 人, le marié. — *Giá thú* ○ 娶, se marier. — *Cải giá* 改 ○, prendre un autre époux.

Giá 這 *. Aller au-devant de quelqu'un; rencontrer, faire bon accueil; pron. dém. ce, ceci, celui-ci; le plus près, le plus rapproché. A. V. Glace, givre.

Giá sự ○ 事, cette affaire, cette question. — *Giá điền thổ* ○ 田 土, ces terres et rizières. — *Ưng tá giá ngưu* 應 借 ○ 牛, consentons à louer ces buffles (formule d'acte).

Già 老茶. Vieux, âgé; de longue date, depuis longtemps; mûr. (Formé des S. A. *lão* 老, vieillard, et *trà* 茶, thé.)

Tuổi già 歲 ○, très vieux. — *Già cả* ○ 觜, le plus âgé. — *Già yếu* 要, vieux et cassé; faiblesse sénile. — *Ông già* 翁 ○, un vieux monsieur, un homme vénérable; père, grand-père. — *Bà già* 妣 ○, vieille dame, vieille femme; mère, grand-mère. — *Ngựa già* 馭 ○, vieux cheval. — *Lão già kia* 老 ○ 箕, le vieux bonhomme, ce vieux-là.

Già 枷 *. Bâtons joints, bois croisés; la cangue des criminels.

Già 伽 *. Syllabe entrant en composition pour former l'un des noms du Bouddha; terme collectif de plantes odorantes et d'herbes médicinales.

Già lam phật ○ 藍 佛, un nom du Bouddha. — *Già nam* ○ 楠, un bois précieux. — *Na già hoa* 那 ○ 花, narcisse.

Giã 者 *. Pronom démonstratif et

relatif, suffixe du participe, signe de l'impératif.

Vô tình giã 無情 ○, celui qui n'a aucune passion. — Phú giã 富 ○, la richesse, les honneurs. — Sứ giã 使 ○, cette ambassade. — Tam tài giã 三才 ○, ce sont les trois puissances qui. — Nhựt giã 日 ○, autrefois, au temps passé. — Đồng giã 童 ○, l'enfance, la jeunesse. — Giòn giã 存, vif, rapide, alerte.

Giã 揸*. Frapper, battre; piler, décortiquer, blanchir (grain).

Giã gạo ○ 粘, piler du riz. — Gạo giã 粘 ○, riz blanchi, décortiqué.

Giã 嗜. Remercier, prendre congé. (Formé des S. A. khẩu 口, bouche, et giã 者, pron. démonstratif.)

Giã ơn ○ 恩, rendre grâces. — Giã nhau ○ 饒, se faire les adieux. — Từ giã 辞 ○, se saluer en se quittant. — Giã từ ○ 辞, id.

Giã 赭*. Terre rougeâtre; incarnat.

Giả 假*. Simuler, affecter, faire semblant, prétexter, falsifier; faux, trompeur, simulateur; prendre par orgueil ou intérêt le nom ou le titre d'un autre.

Giả danh ○ 名, un nom supposé, un faux nom, un pseudonyme. — Giả đò đau ○ 徒疠, simuler une maladie. — Giả đò ngủ ○ 徒眈, faire semblant de dormir. — Giả lệnh ○ 令, falsifier un édit. — Giả như ○ 如, supposé que, comme si, si, par exemple; hypothétique. — Giả ngộ ○ 慢, plaisanter, faire le farceur. — Đừng có giả ngộ 停固 ○ 慢, ne faites donc pas l'imbécile. — Đều giả như 調 ○ 如, hypothèse, supposition. — Đúc bạc giả 鐪薄 ○, faire de la fausse monnaie. — Giấy giả 紙 ○, faux papier.

Giạc 度 [1]. Détendu, relâché; environ, à peu près; les formes, la taille (ne s'emploie qu'en composition). (En S. A., mesurer; se pron. đạc.)

Giạc ra ○ 囉, détendre, relâcher. — Giạc chừng ○ 澄, approximativement. — Vóc giạc 胕 ○, taille, stature, structure, corpulence.

Giác 覺*. Voir, percevoir, éprouver, sentir, ressentir, connaître; bon sens, raison, intelligence.

Vô giác 無 ○, qui ne voit pas bien, qui ne fait pas attention; étourdi, brouillon. — Giác minh ○ 明, comprendre clairement; sagesse, intelligence. — Giác hồn ○ 魂, âme sensitive. — Nói giác 吶 ○, comparer.

Giác 角*. Cornes; frapper, heurter de ses cornes; piquer, tirer du sang; coin, angle. Car. radical.

Giác 榷*. Pièce de bois servant à passer, pont, traverse, passerelle.

Giặc 賊. La guerre, les ennemis; prendre de haute lutte, piller à force ouverte; se soulever contre l'autorité établie. (Du S. A. 賊, même car., même signification.)

---

[1] Se transcrit aussi par le car. 角.

Hải giặc 海 ○, guerre maritime; pirates, corsaires. — *Giặc tới* ○ 細, voilà l'ennemi. — *Giặc giã* ○ 者, troubles, guerre civile, rébellion. — *Giặc nổi lên* ○ 浚 遷, l'émeute gronde, l'insurrection se propage. — *Làm giặc* 濫 ○, troubler l'ordre. — *Đánh giặc* 打 ○, frapper l'ennemi, faire la guerre. — *Kẻ giặc* 几 ○, les rebelles, les ennemis. — *Bên giặc* 邊 ○, du côté de l'ennemi, le parti des rebelles.

Giấc 職 [1]. Un moment de repos, un temps de sommeil. (En S. A., dignité, fonction; se pron. *chức*.)

Giấc ngủ êm ○ 眸 厭, faire un bon somme. — *Giấc nghỉ* ○ 擬, faire la sieste, se reposer un instant. — *Ngủ thẳng giấc* 眸 倘 ○, dormir d'un seul somme. — *Chết giấc* 折 ○, perdre connaissance, tomber en syncope.

Giai 佳 *. Bel homme, jolie personne; beau, bien, élégant, parfait, accompli.

Giai 皆 et 偕 *. La totalité, le tout; pareil, semblable, uniforme; ensemble, en commun, simultanément, collectivement.

Giai đồng ○ 同, tous les mêmes, entièrement pareils. — *Giai đều hết thảy* ○ 調 歇 汰, tous ensemble, tous sans exception. — *Lão tiểu giai tại* 老少 ○ 在, vieux et jeunes, tous sont ici, tous sont présents. — *Giai lão* ○ 老, atteindre ensemble la grande vieillesse. — *Giai hưu* ○ 休, finir, cesser ou se retirer tous en même temps, avec ensemble.

Giải 豸. Courbe, oblique, contourné, déformé. Voir *giãi*. (En S. A., vers, reptiles; se pron. *trĩ*.)

Đất giải 坦 ○, terrain qui se déforme (par les inondations, par les pluies). — *Bóng giải* 俸 ○, l'ombre portée. — *Giải chơn* ○ 蹟, placer les pieds en équerre.

Giái 屆 *. Parvenir; terme, limite.

Giái 戒 *. Garder, veiller, défendre, prohiber; s'abstenir, se précautionner, se prémunir; défense, interdiction, prohibition.

Giái sắc ○ 色, éviter la débauche. — *Giái sát* ○ 殺, se garder de tuer (animaux). — *Giái tửu* ○ 酒, s'abstenir de vin, de spiritueux. — *Thầy giái* 柴 ○, un bonze. — *Phá giái* 破 ○, violer les règles des bonzes.

Giái 誡 *. Commandement, ordre, précepte; principes d'ordre, règles de conduite; prévenir, avertir.

Giái răn ○ 嶙, avertissements, enseignements, conseils. — *Đại giái* 大 ○, grande loi, précepte important.

Giái 械 *. Outils en bois, objets usuels, ustensiles; armes offensives et défensives; menottes, entraves, ceps.

Khí giái 器 ○, armement, armes et bagages militaires. — *Binh giái* 兵 ○, armement des troupes. — *Mang khí giái* 芒 器 ○, prendre les armes. — *Nộp khí giái* 納 器 ○, rendre les

---

[1] Se transcrit aussi par le car. 眤.

armes, mettre bas les armes. — *Thợ làm khí giái* 署 濫 器 ○, armurier.

Giái 介*. Intervalle, séparation, entre-deux; aider, seconder.

Giái 界*. Terme, borne, limite, ligne de démarcation.

Giái hạn ○ 限, frontière. — *Giáp giái* 夾 ○, limitrophe, adjacent. — *Lập giái* 立 ○, établir une séparation. — *Phân giái* 分 ○, délimiter. — *Mộc giái đất* 木 ○ 坦, les bornes d'un champ. — *Cõi giái* 掜 ○, limites du monde, confins de l'univers. — *Tam giái* 三 ○, les trois limites supérieures : ciel, *thiên* 天; terre, *địa* 地; homme, *nhơn* 人. — *Thế giái mới* 世 ○ 買, le nouveau monde, l'Amérique.

Giái 芥*. Une plante à moutarde, comme le sénevé; désigne plusieurs autres plantes piquantes ou amères.

Giái tử ○ 子, graines de moutarde. — *Kinh giái* 荊 ○, herbe odorante, plante aromatique.

Giãi 豸. Oblique, incliné, penché, de côté, de travers, contourné, déformé, anormal. Voir *giại*. (Du S. A. *trĩ*, même car., reptile.)

Giải 解*. Fendre une corne en deux; délier, dissiper, expliquer, transmettre, transférer, conduire.

Giải khai ○ 開, délier, expliquer, éclaircir. — *Giải mở ra* ○ 搗 囉, détacher, lâcher. — *Giải nạp phủ* 納 府, conduire et livrer à la préfecture. — *Giải buồn* ○ 盆, chasser la tristesse, distraire, amuser. — *Giải tội* ○ 罪, excuser une faute, remettre les péchés, absoudre. — *Giải ngãi* ○ 義, expliquer, interpréter. — *Giải ách* ○ 厄, se soustraire à un sort cruel. — *Giải độc* ○ 毒, détourner les effets d'un poison. — *Thuốc giải độc* 藥 ○ 毒, contrepoison. — *Giải say* ○ 醒, dissiper les vapeurs de l'ivresse, se dégriser. — *Giải hòa* ○ 和, faire la paix, s'entendre. — *Nói giải* 吶 ○, s'excuser. — *Giảng giải* 講 ○, prêcher, instruire.

Giay 移. Agiter, remuer, mouvoir. Voir *day*. (Du S. A. *di*, même car., changer, modifier.)

Giay lại ○ 吏, retourner. — *Giay mặt* ○ 靦, tourner la tête. — *Nói giay* 吶 ○, rechigner, répliquer, riposter avec humeur.

Giạy 搋. Porter la main à, passer les doigts sur (à plusieurs reprises); frotter, frictionner. (Formé des S. A. *thủ* 手, main, et *trĩ* 豸, reptile.)

Giạy mắt ○ 䀹, se frotter les yeux.

Giáy 戒. Promptement, lestement, très vite (excitatif). (En S. A., veiller à, défendre, prohiber; se pron. *giái*.)

Làm giáy đi 濫 ○ 迻, allons, vivement! pressons la besogne!

Giày 鞋. Terme collectif pour les chaussures ordinaires (bottes et sabots exceptés). (Du S. A. *hài*, même car., même signification.)

Giày dép ○ 䠱, souliers et sandales, chaussures de toutes sortes. — *Giày da* ○ 胯, souliers de cuir. — *Mang giày* 芒 ○, mettre des souliers, se chausser. — *Đi giày* 移 ○, porter des souliers, faire usage de chaussures. — *Một chiếc giày* 沒隻 ○, un soulier. — *Một đôi giày* 沒堆 ○, une paire de souliers. — *Thợ đóng giày* 署揀 ○, cordonnier.

Giãy 跡. Faire des pieds et des mains pour réussir, se démener. (Du S. A. *nhảy*, saisir l'occasion.)

Giãy giũ ○ 擾, se débattre.

Giây 之. Moment, instant; minute, seconde. (En S. A., marque du génitif; se pron. *chi*.)

Giây phút ○ 發, court moment, instant rapide. — *Một giây* 沒 ○, une seconde, une minute. — *Đợi một giây nữa* 待沒女, attendre encore un moment. — *Nội trong một giây* 內冲沒 ○, dans une minute.

Giấy 紙. Papier. (Du S. A. *chỉ*, même car., même signification.)

Giấy để viết thơ ○ 底曰書, papier à lettre. — *Giấy đổi bạc* ○ 對薄, billet de banque, lettre de change, traite. — *Giấy chặm chữ* ○ 揕字, papier buvard. — *Giấy hút thuốc* ○ 嗒菜, papier à cigarette. — *Giấy tàu* ○ 艚, papier de Chine. — *Giấy vàng bạc* ○ 鐄薄, papier doré ou argenté (qu'on brûle dans certaines cérémonies en l'honneur des ancêtres). — *Viết giấy* 曰 ○, préparer un écrit, rédiger un acte. — *Một tờ giấy* 沒詞 ○, une feuille de papier.

Giây 持. Bon état du corps, pleine croissance, juste à point (hommes, plantes). (En S. A., conserver, maintenir; se pron. *trì*.)

Giấy 糕. Préparation culinaire à base de riz gluant. (Formé des S. A. *mễ* 米, grain, et *trì* 持, tenir, diriger.)

Bánh giấy 餅 ○, nom de gâteau.

Giãy 扯. Couper, briser, faucher, tondre, arracher. (Du S. A. *xá*, même car., même signification.)

Giãy khai ○ 開, ouvrir en déchirant, creuser, défoncer. — *Giãy cỏ* ○ 鵠, faucher l'herbe. — *Giãy mả* ○ 馬, arracher les herbes autour d'une sépulture.

Giam 監 et 檻. Prendre avec la main, tenir, maintenir. (Des S. A. *lầm*, mêmes car., même signification.)

Giam tù ○ 囚, retenir en prison. — *Giam cháp* ○ 執, garder, détenir, maintenir. — *Phải giam* 沛 ○, être incarcéré, subir une peine.

Giám 監*. Inspecter, examiner, diriger; service officiel, agence, bureau, contrôle, direction.

Ông giám quốc 翁 ○ 國, chef d'Etat, président de République. — *Quan giám đốc* 官 ○ 督, inspecteur, administrateur principal (Cochinchine). — *Quan giám khảo* 官 ○ 考, examinateur, censeur. — *Giám sanh* ○ 生, élèves du collège des princes. — *Ông giám mục* 翁 ○ 牧, évêque. — *Khâm thiên giám* 欽天 ○, service de l'observatoire, bureau d'astrologie.

Giám 鑑*. Bassine, grand plat en métal; miroir; reluire, briller.

Giảm 械 et 緘*. Enfermer dans un coffret, serrer dans une cassette; cacher, envelopper, recouvrir.

Giảm 減*. Diminuer, décroître, amoindrir, abaisser, commuer.

Giảm gia ○ 價, diminuer la valeur, abaisser le prix. — *Giảm xuống một bậc* ○ 甑沒扒, abaisser d'un degré. — *Giảm bớt* ○ 扒, diminuer, amoindrir. — *Giảm đẳng* ○ 等, rétrograder. — *Giảm tội* ○ 罪, commuer une peine, diminuer un châtiment. — *Gia giảm* 加 ○, augmenter et diminuer; doser, égaliser.

Giảm 箋. Bambou affilé, fragment de bois, copeau. (Du S. A. *chẩm*, même car., même signification.)

Giảm cây ○ 核, parcelle de bois, planchette, palette. — *Giảm bào* ○ 鉋, parcelle mince enlevée avec le rabot. — *Cái giảm* 丐 ○, alambic.

Giảm 扡. Réunir, ajouter, renforcer; suppléer, remplacer. (Du S. A. *đắm*, même car., même signification.)

Giảm vào ○ 勹, mettre ensemble, joindre à, introduire, insérer.

Giảm 趼. A pas lents; lourd, pesant; tardif; patauger. (Du S. A. *chẩm*, même car., même signification.)

Giảm chơn ○ 蹎, frapper lourdement avec les pieds, piétiner. — *Giảm nước* ○ 渚, patauger, se vautrer. — *Giảm bùn* ○ 壋, se rouler dans la vase.

Giảm 秧. Petit rejeton tendre et flexible d'un arbre ou d'une plante; piquer, repiquer, bouturer. (Du S. A. *wong*, même car., même signification.)

Giảm giống ○ 種, repiquer le riz. — *Giảm rau* ○ 蔞, transplanter des légumes. — *Giảm cây* ○ 核, bouturer.

Giảm 踸. Fouler aux pieds, piétiner, trépigner, écraser, broyer, réduire. (Du S. A. *chẩm*, lourd, pesant.)

Giảm 酕. Vinaigre. (Formé des S. A. *dậu* 酉, vin, et *nhậm* 任, soutenir.)

Đồ dầu giảm 圖油 ○, la double burette à huile et vinaigre. — *Bình giảm* 瓶 ○, vinaigrier. — *Chế giảm* 製 ○, assaisonner avec du vinaigre.

Giảm 樿. Courte rame, palette, spatule. (Formé des S. A. *mộc* 木, bois, et *tầm* 尋, rechercher, démêler.)

Giảm bơi ○ 撍, pagaie. — *Bơi giảm* 撍 ○, ramer avec des palettes.

Gian 閒 et 間*. Espace libre, intervalle, interstice; dedans, intérieur, milieu, entre-colonnement.

Trung gian nhơn 中 ○ 人, un intermédiaire. — *Trung gian* 中 ○, dans le milieu, entre les intervalles. — *Thế gian* 世 ○, le monde, la vie. — *Dương gian* 陽 ○, id. — *Nhơn gian* 人 ○, les hommes, les gens, l'humanité. — *Gian nhà* ○ 茹, compartiment de maison.

Gian 菅*. Nom de plante à fibres déliées (comme celles du bambou). Voir *quan*.

Gian 奸 et 姦. Injuste, déloyal,

faux, trompeur, déréglé, désordonné, vicieux, corrompu.

Gian tà ○ 邪, pervers, mauvais, fourbe, de mauvaise foi. — *Gian đảng* ○ 党, brigand, voleur, vaurien. — *Gian tham* ○ 貪, avide, cupide. — *Có lòng gian* 固 悉 ○, avoir de méchantes intentions, être de mauvaise foi. — *Nói gian* 吶 ○, mentir, tromper. — *Chứng gian* 証 ○, faux témoin. — *Khai gian* 開 ○, faire une fausse déposition. — *Cáo gian* 告 ○, accuser injustement, calomnier. — *Hòa gian* 和 ○, alliance irrégulière, union illicite, adultère (article du code pénal).

Gian 艱*. Sol difficile à travailler, terre ingrate, travail pénible; calamité, misère, tourment.

Gian nan ○ 難, troublé, tourmenté; se trouver dans une fâcheuse situation. — *Gian hiểm* ○ 險, pénible et dangereux. — *Gian thực* ○ 食, nourriture gagnée à la sueur de son front.

Gián 諫*. Faire remarquer l'injustice d'une chose, présenter des observations, censurer le souverain, plaider une cause, conseiller.

Gián tránh ○ 諍, blâmer un supérieur (en observant certaines formes). — *Gián quan* ○ 官, titre d'un fonctionnaire chargé des remontrances. — *Gián quả* ○ 菓, l'olive; litt., le fruit des remontrances (à cause de son amertume). — *Nam giản* 南 ○, nom de pays.

Giản 簡. Distinguer, séparer, diversifier; cafard, blatte. (Du S. A. *giản*, même car., distinguer, séparer.)

Giản sắc ○ 色, de différentes couleurs. — *Đặc giản* 特 ○, spécialement. — *Con giản* 昆 ○, cancrelat.

Giàn 栅*. Plancher, plate-forme, estrade, échafaudage, tréteau.

Giàn trận ○ 陣, le plancher d'un théâtre en plein air. — *Giàn xử tù* ○ 處 囚, échafaud pour les exécutions capitales. — *Giàn thiêu* ○ 燒, bûcher. — *Ghe giàn* 艖 ○, sorte de barque pontée. — *Giàn thợ mộc* ○ 署 木, établi de menuisier.

Giản 簡*. Anciennes tablettes à écrire, bande de bambou; détendre, ajourner; armistice, suspension, ajournement; distinguer, séparer.

Giản ra ○ 囉, remettre à plus tard. — *Giản việc* ○ 役, ajourner une affaire, retarder un travail. — *Giản phiền* ○ 煩, alléger la peine. — *Việc đã giản* 役 匜 ○, il se produit une détente, on est moins occupé. — *Bệnh đã giản* 病 匜 ○, il y a amélioration dans la maladie. — *Giản chiến* ○ 戰, suspension d'armes, armistice.

Giản 柬 et 揀*. Choisir, élire; séparer, trier; abréger; terme numéral des feuilles de papier, des cartes.

Giản biên ○ 編, un papier, un écrit, une carte de visite. — *Hồng giản* 紅 ○, une carte de visite rouge (couleur des félicitations et des vœux).

Giản 擱*[1]. Heurter, pousser et

---

[1] Se transcrit aussi par le car. 擯.

repousser, faire rebondir, jeter sur, froisser, importuner.

Giăn thúc ○ 束, vexer, pousser à bout. — *Giăn bạc* ○ 薄, faire sonner les piastres. — *Đánh giăn* 打○, jouer à pile ou face.

Giăn 簡. Rude, sévère, rigoureux. (Du S. A. *giăn*, même car., bambou; contrôler.)

Giăn mắt ○ 枂, entre-nœuds de bambou. — *Giăn tiếng* ○ 嗒, parler avec rudesse, sans aucun ménagement. — *Mạnh giăn* 孟○, air furieux.

Giận 悻. Colère, fureur, irritation. (Formé des S. A. *tâm* 心, cœur, et *xa* 車, char.)

Giận dữ ○ 與, être furieux. — *Giận ngầm* ○ 唫, colère sourde, haine secrète. — *Con giận* 杆○, accès de colère. — *Tánh giận* 性○, caractère haineux, irascible; d'un naturel irritable. — *Câm giận* 唫○, muet de colère. — *Chọc giận* 祝○, irriter, provoquer la colère. — *Nổi giận* ○ 浥, bouillir de colère. — *Hờn giận* 恨○, en vouloir à quelqu'un; bouder. — *Anh giận ai* 嬰○ 埃, à qui en voulez-vous? — *Không thèm giận* 空 噆○, dédaigner de se fâcher, de se mettre en colère. — *Đừng có giận mà* 停 固○ 麻, ne vous fâchez donc pas. — *Giận hết khôn ngoan* 歇 圤 頑, la colère fait perdre la prudence.

Giăn 櫺*. Nom d'arbre. A. V. Claie pour nettoyer le grain; tamiser.

Cái giăn 丐○, crible, tamis. — *Giăn bột* ○ 粹, tamiser de la farine.

Giang 江*. Grand fleuve.

Giang tử ○ 子, le Yang-tse. — *Đại giang* 大○, id. — *Giang hà* ○ 河, les fleuves en général. — *Giang sơn* ○ 山, fleuves et montagnes; les terres, le pays. — *Tiền giang* 前○, fleuve antérieur (Cochinchine). — *Hậu giang* 後○, fleuve postérieur (id.). — *Đò giang* 渡○, bateau de passage, bac. — *Quá giang* 過○, faire une traversée. — *Kẻ quá giang* 几 過○, passager.

Giang 杠*. Traverse ou barre en bois, fermeture intérieure de porte, vergue de navire; brancard, chaise à porteur; porter un fardeau.

Giang quan ○ 棺, porter un cercueil. — *Kẻ giang quan* 几○ 棺, ceux qui portent les morts en terre.

Giang 舡*. Bateau, barque, navire. Voir *thuyền* 船.

Phong giang 風○, bateau à voiles. — *Hỏa giang* 火○, navire à vapeur.

Giạng 扛. Lancer, jeter; tendre, étendre; se camper pour faire un effort, pour recevoir un fardeau. Voir *giăng*. (Formé des S. A. *thủ* 手, main, et *giang* 江, fleuve.)

Giạng lưới ○ 纙, jeter les filets. — *Giạng sức* ○ 餝, déployer ses forces. — *Giạng chơn* ○ 蹎, écarter les pieds.

Giáng 降*. Venir d'en haut, tomber du ciel; faire descendre, abaisser, soumettre; grâce, faveur, bienfait.

Hạ giáng 下○, descendre du ciel. — *Lôi giáng* 雷○, tonner, coup de foudre. — *Giáng sinh* ○ 生, s'incarner (se dit de Dieu). — *Sự giáng sinh* 事 ○ 生, incarnation. — *Giáng thế* ○ 世, venir au monde. — *Giáng sanh niên* ○ 生 年, années du calendrier grégorien. — *Giáng phước* ○ ○ 福, accorder une grâce, octroyer une faveur. — *Hạ giáng nhứt phẩm* 下 ○ 一 品, faire descendre un degré, rétrograder un fonctionnaire.

Giáng 泽*. Eau qui coule, liquide qui se répand; déborder, inonder; dissolu, débauché.

Giáng 絳*. Couleur rouge ardent.

Giàng 弧. Arc pour lancer des flèches ou autres projectiles. Voir *cung* et *ná*. (Formé des S. A. *cung* 弓, arc, et *giang* 江, fleuve.)

   Giàng tên ○ 箭, arc à flèche. — *Giàng đạn* ○ 磾, arc à balle. — *Lên giàng* 遷 ○, encocher. — *Giềnh giàng* 征 ○, homme de haute stature.

Giảng 講*. Recommander, haranguer, expliquer, développer; prononcer un discours, faire un sermon.

   Giảng đạo ○ 道, prêcher la religion. — *Giảng dạy* ○ 吪, enseigner, instruire. — *Giảng giải* ○ 解, expliquer, commenter. — *Giảng kinh* ○ 經, expliquer les livres classiques. — *Bài giảng* 排 ○, narration. — *Lời giảng* 俐 ○, discours, harangue, sermon. — *Thầy giảng* 柴 ○, prédicateur, orateur. — *Thị giảng* 侍 ○, fonctionnaire chargé d'expliquer les textes canoniques au souverain.

Giăng 扛. Tendre, étendre, allonger. Voir *giang*. (Formé des S. A. *thủ* 手, main, et *giang* 江, fleuve.)

   Giăng dây ○ 繗, tendre la corde. — *Giăng tay ra* ○ 拕囉, allonger le bras, tendre la main. — *Giăng lưới ra* ○ 絏囉, étendre les filets. — *Dây giăng mực* 繗 ○ 墨, cordeau.

Giăng 庄. Retenu, occupé, embarrassé. (En S. A., abri; se pron. *tran*.)

   Giặng việc ○ 役, entièrement pris par les affaires.

Giăng 扛 (1). Manivelle d'un moulin à décortiquer. (Formé des S. A. *thủ* 手, main, et *giang* 江, fleuve.)

Giảng 牀*. Lit en bois, planches formant lit de camp. Voir *giường*.

Giảng 拯. Dresser, lever, hérisser. (Du S. A. *chửng*, même car., même signification.)

   Giảng tai ○ 聰, dresser les oreilles. — *Giảng mày* ○ 眉, lever les sourcils. — *Làm cho giảng tóc* 濫朱 ○ 鬟, faire dresser les cheveux. — *Con sư tử giảng gáy* 昆獅子 ○ 吤, le lion hérisse sa crinière.

Giành 爭. Lutter, disputer, tenir tête; revendiquer ce qui n'est pas à soi, se faire fort de prendre le bien d'autrui. (Du S. A. *tranh*, même car., même signification.)

   Giành của ○ 貽, usurper un bien. — *Giành đất* ○ 坦, empiéter sur le

---

(1) Se transcrit aussi par le car. 擴.

terrain d'autrui. — *Giành nhau* ○ 饒, se prendre mutuellement, tirer chacun de son côté. — *Giành nước* ○ 渚, se disputer un royaume. — *Giành lấy* ○ 祂, prendre, enlever, ravir. — *Giành lại* ○ 更, revendiquer.

Giao 交*. Croiser, joindre, mêler, unir; convenir d'une chose, se lier par un pacte; remettre, livrer, transmettre, échanger.

Giao ước ○ 約, faire un pacte, établir une convention. — *Giao hòa* ○ 和, conclure la paix, faire un arrangement à l'amiable. — *Giao cùng nhau* ○ 共 饒, se lier mutuellement, convenir ensemble de quelque chose. — *Tờ giao ước* 詞 ○ 約, une convention écrite, le texte d'un traité. — *Lời giao miệng* 㕥 ○ 皿, convention verbale. — *Phép giao* 法 ○, cérémonie du mariage. — *Giao cho* ○ 朱, donner, remettre, confier à. — *Giao lại* ○ 更, transmettre, remettre; renouveler une convention. — *Giao chỉ* ○ 趾, orteils croisés; nom primitif des Annamites. — *Giao phiên* ○ 番, passer le tour, passer le service de veille à un autre. — *Sự giao báu* 事 ○ 搆, coït.

Giao 郊*. Territoire qui entoure une grande ville et qui en dépend, zone suburbaine, banlieue.

Giao 膠*. Colle faite de peaux, de muscles ou de différentes autres matières animales. Voir *kéo*.

Ngư giao 魚 ○, colle de poisson. — *A giao* 阿 ○, substance mucilagineuse employée en médecine.

Giáo 教*. Doctrine, enseignement, précepte, dogme; instruire, enseigner, aviser, ordonner; secte religieuse, école de philosophie.

Giáo huấn ○ 訓, enseigner. — *Thầy giáo tập* 柴 ○ 習, maître d'école. — *Thánh giáo* 聖 ○, la sainte doctrine. — *Đức giáo tông* 德 ○ 宗, le Saint-Père, le pape. — *Ngũ giáo* 五 ○, les cinq préceptes concernant les relations humaines. — *Tam giáo* 三 ○, les trois sectes de la Chine: *Nhu, Phật, Đạo*. — *Thất giáo* 七 ○, les sept sujets d'instruction, les sept relations sociales. — *Đại giáo* 大 ○, la grande secte (celle de Confucius d'après les confucionistes).

Giáo 槊*. Lance de guerre. Voir *sóc*.

Giáo mác ○ 鎛, lances et piques. — *Gươm giáo* 劍 ○, sabres et lances, armes blanches, glaives, épées.

Giáo 繳*. Tordre des liens, enrouler des fils; payer, acquitter; rendre, remettre, restituer, finir.

Giáo thượng ○ 上, présenter, remettre, soumettre. — *Giáo thẻ* 筅, permis, privilège, immunité; planchette indiquant le grade que les mandarins portent à l'un des boutons de l'habit. Voir *bài ngà*.

Giáo 狡*. Petit animal très rusé dont le nom est regardé comme synonyme d'artifice et de mensonge.

Gian giáo 奸 ○, traître, trompeur, artificieux, perfide. — *Giáo côn* ○ 棍, un coquin, un scélérat.

Giáo 絞*. Lier autour, serrer fortement, étrangler avec une corde; enrouler, tourner. Voir *thắt cổ*.

Án xử giảo 案處○, condamné à la strangulation. — *Bị giảo* 被○, avoir subi la peine de la strangulation. — *Xử giảo quyết* 處○決, condamné à la strangulation sans sursis. — *Xử giảo giam hậu* 處○監候, condamné à la strangulation avec sursis. — *Giảo hình* ○刑, la peine de la strangulation.

Giảo 較*. Comparer, mesurer, expertiser, évaluer, confronter.

Giảo lượng ○量, comparer et mesurer. — *Giảo tự* ○字, comparer des écritures. — *Đại giảo* 大○, en grand, en masse; fixer par estimation. — *Bán giảo giá* 半○價, vendre à la criée, aux enchères publiques. — *Nhà bán giảo giá* 茹半○價, salle des ventes.

Giáp 甲*. Enveloppe préservatrice des végétaux et des animaux, écorce, écaille, carapace, armure; premier caractère du cycle dénaire (eau naturelle).

Giáp binh ○兵, cuirasse. — *Lính mã giáp* 另馬○, cuirassier. — *Lục giáp* 六○, un cycle de 60 ans.

Giáp 夾*. Tenir sous chaque bras, serrer de près, comprimer; proche de, qui avoisine, qui est attenant; tour, révolution; aider.

Giáp côn ○棍, instrument de torture pour briser les chevilles. — *Giáp giái* ○界, frontière, confins, limites. — *Giáp lai* ○來, réunir. — *Giáp tới* ○細, aboutir. — *Giáp nhau* ○饒, qui se touchent; limitrophe, contigu, conjoint. — *Đơn giáp* 單○, simple et double. — *Một giáp* 沒○, un tour, une révolution.

Giáp 習. Refaire, recommencer. (Du S. A. *tập*, même car., s'exercer.)

Giáp 習. Casser, briser, écraser. (Pour le car. en S. A., voir ci-dessus.)

Giáp 蓺*. Planter des arbres, cultiver des plantes; nom d'herbe.

Giáp trầu ○樸, feuille de bétel. — *Rau giáp cá* 蔞○魚, une herbe potagère.

Giáp 焫 et 熱*. Forte chaleur; chaud, brillant, ardent, énergique.

Giáp giới ○烒, briller, rayonner.

Giạt 泆. Inondation, débordement. (Du S. A. *dật*, même car., crue des eaux.)

Mưa giạt 霅○, grande pluie. — *Giạt tiền* ○錢, espacer des sapèques (pour les compter). — *Giọt giạt* 湏○, déteindre au contact de l'eau.

Giát 戛*. Lance, épieu; cahotement, bégaiement; ordinaire, habituel; pauvre, mesquin (en parlant de cérémonies). Voir *kiết*.

Bó giát 抍○, un triste paquet (se dit de la dépouille d'un pauvre homme simplement enveloppée dans une natte et ensevelie sans cercueil).

Giát 捐*. Prendre un animal par les cornes, attaquer en face.

Giạt 泆. Laver en pleine eau, rincer, nettoyer, blanchir (se dit du linge). (En S.A., inonder; se pron. *dặt*.)

    Giặt áo quần ○ 襖裙, laver des effets d'habillement. — *Giặt khăn* ○ 巾, laver des mouchoirs, des serviettes, des torchons. — *Kẻ giặt đồ* 几 ○ 圖, blanchisseur, blanchisseuse. — *Chỗ giặt* 坫 ○, blanchisserie, lavoir.

Giặt 揌. Insérer, introduire, faire pénétrer; surajouter, augmenter, alimenter. (Formé des S. A. *thủ* 手, main, et *chất* 質, matière, substance.)

    Thịt giặt vào răng 胑 ○ 㘶䶖, viande prise entre les dents. — *Giặt củi vào lửa* 檜 ○ 焐, alimenter le feu, ajouter des bûches.

Giậu 樌. Haie, entourage, clôture, palissade, enclos. (Formé des S. A. *mộc* 木, arbre, et *tráo* 笓, nasse.)

    Rào giậu 橯 ○, établir un entourage. — *Nọc giậu* 橭 ○, pieu ou piquet pour soutenir une palissade.

Giàu 朝. Riche, fortuné. (En S. A., cour, palais; se pron. *triều*.)

    Giàu có ○ 固, qui est réellement riche. — *Giàu lắm* ○ 廩, très riche. — *Giàu sang* ○ 郎, riche et bien considéré. — *Sự giàu có* 事 ○ 固, richesse, fortune. — *Kẻ giàu lớn* 几 ○ 㝵, richard. — *Cách giàu có* 格 ○ 固, richement. — *Nhà giàu* 茹 ○, maison riche. — *Làm giàu* 濫 ○, devenir riche, faire fortune.

Giàu 株. Tronc d'arbre, tige d'arbuste; numéral des arbres. (Du S.A. *chu*, même car., même signification.)

    Giàu gia ○ 加, un arbre à petits fruits rouges et acides (baccaurea).

Giấu 丑. Cacher, dissimuler. (En S. A., lettre cyclique; se pron. *sửu*.)

    Giấu ý ○ 意, cacher ses intentions. — *Giấu sự thật* ○ 事實, dissimuler la vérité. — *Giấu cho kín* ○ 朱謹, cacher avec le plus grand soin. — *Giấu mặt* ○ 𩈘, se cacher le visage, se voiler la face. — *Giấu dưới đất* ○ 𦥯坦, cacher dans la terre. — *Giấu bạc* ○ 薄, cacher de l'argent. — *Giấu giếm* ○ 占, tenir secret.

Gié 秬. Épi, tige. Voir *chẹn*. (Du S.A. *trật*, même car., même signification.)

    Gié lúa ○ 穭, épi de riz.

Giẻ 𥿠 [1]. Étoffe quelconque, morceau de linge, loque, chiffon. (Du S.A. *thẻ*, même car., même signification.)

    Giẻ chùi ○ 挶, lambeau d'étoffe pour essuyer. — *Một miếng giẻ rách* 沒咂 ○ 𥿠, linge à pansement. — *Tua giẻ* 須 ○, guenille.

Giéc 鱦. Nom de poisson. (Formé des S.A. *ngư* 魚, poisson, et *chích* 隻, impair.)

Giệch 隻. Déformé, de travers, qui a perdu sa forme primitive. (En S. A., un seul, impair; se pron. *chích*.)

    Giệch miệng ○ 㗁, bouche déformée, bouche de travers. — *Giệch giác* ○ 角, altéré, déformé, dépareillé; litt., qui a perdu ses cornes.

---

[1] Se transcrit aussi par le car. 幣.

Gièm 譧*. Flatter, vanter, aduler; médire, cancaner, déblatérer, dénigrer, calomnier. Voir *sàm*.

    Gièm nhơn ○ 人, un individu en même temps servile et médisant, un faux bonhomme. — *Gièm dua* ○ 諛, flatter, aduler; s'insinuer. — *Gièm pha* ○ 葩, diffamer, déblatérer; fausses allégations. — *Gièm chế* ○ 吱, se moquer en cancanant, en ricanant.

Gièm 占. Syllabe euphonique. (En S. A., consulter les sorts; se pron. *chièm*.)

    Gidu gièm 丑 ○, cacher avec soin, tenir bien secret.

Giền 蘆⁽¹⁾. Espèce d'herbe que l'on mange avec du riz. (Formé des S. A. *thảo* 艸, plantes, et *triền* 廛, boutique.)

    Rau giền 虉 ○, espèce de brèdes.

Giêng 胚. Terme spécial pour désigner le premier mois de l'année (les autres, sauf le douzième, sont désignés par des numéros d'ordre). (Formé des S. A. *ngoạt* 月, mois, lune, et *chánh* 正, droit, correct; premier.)

    Tháng giêng 膧 ○, première lune; le premier mois de l'année.

Giếng 洴. Puits. (Formé des S. A. *thủy* 水, eau, et *tỉnh* 井, puits.)

    Giếng xoi mạch ○ 抓脉, puits artésien. — *Đào giếng* 陶 ○, creuser un puits. — *Nước giếng* 渚 ○, de l'eau de puits. — *Múc gạn giếng* 沐 泮 ○, mettre un puits à sec. — *Hoa giếng* 花 ○, une fleur de ce nom.

Giềng 緄*. Liens en soie, cordons de sceau; l'ensemble des lois et des coutumes; bout, extrémité.

    Giềng mói ○ 緔, coutumes, préceptes. — *Giềng lưới* ○ 緄, maîtresse corde d'un filet.

Giếnh 征. Syllabe euphonique. (En S. A., marcher contre; se pron. *chính*.)

    Giềnh giàng ○ 弘, un géant.

Gieo 招. Un signe fait avec la main, le geste du semeur; semer le grain, faire les semailles; jeter. (En S. A., appeler avec la main; se pron. *chiêu*.)

    Gieo giống ○ 種, répandre la semence, ensemencer. — *Gieo lúa* ○ 穭, semer du riz. — *Gieo mình xuống sông* ○ 命 瓱 瀧, se jeter dans la rivière. — *Gieo neo* ○ 楴, mouiller l'ancre. — *Gieo vạ* ○ 禍, rejeter la faute sur autrui. — *Gieo bài* ○ 牌, jouer aux cartes; jeter les cartes en les éparpillant sur la table.

Gieọ 召. Oblique, penché, incliné. Voir *xiên*. (En S. A., convoquer, faire comparaître; se pron. *triệu*.)

    Đứng gieọ 等 ○, se tenir penché d'un côté. — *Đàng gieọ* 唐 ○, ligne courbe. — *Đi gieọ bên hữu* 迻 ○ 邊 右, obliquer à droite. — *Xiên gieọ* 孅 ○, biaiser.

Giẹp 甲. Écraser, comprimer; déprimer en pressant, en appuyant. (En S. A., cuirasse; se pron. *giáp*.)

    Đạp giẹp 踏 ○, écraser sous les pieds. — *Cái giẹp* 丐 ○, sorte de nasse.

⁽¹⁾ Se transcrit aussi par le car. 蓋.

Giệt 滅*. Éteindre; détruire, anéantir, renverser, détrôner. Voir *diệt*.

Giết 折. Tuer, assassiner, massacrer. (En S. A., briser, casser; se pron. *chiết*.)

 Giết mình ○ 命, se tuer, se suicider. — *Chém giết* 刂○, tuer en sabrant. — *Giết người* ○ 俘, assassiner quelqu'un. — *Kẻ giết người* 几○俘, assassin, meurtrier. — *Tội giết người* 罪○俘, le crime d'homicide.

Giệu 兆. Hésiter, tergiverser; incertain, chancelant. (En S. A., consulter les sorts; se pron. *triệu*.)

Giễu 召. Jouer, plaisanter, se divertir, se moquer. (Formé des S. A. *khẩu* 口, bouche, et *triệu* 召, convoquer.)

 Giễu cười ○ 唭, rire et s'amuser. — *Nói giễu* 吶○, dire des plaisanteries, lancer des sarcasmes. — *Lời giễu* 俐○, facétie, bon mot. — *Giễu cợt* ○ 噄, plaisanterie, badinerie.

Gìn 廛. Garder, conserver, retenir (ne s'emploie qu'en composition). (En S. A., boutique; se pron. *triền*.)

 Gìn giữ ○ 伃, soigner, surveiller. — *Giữ gìn* 伃○, prendre soin de. — *Kẻ giữ gìn* 几伃○, gardien, surveillant, conservateur, préposé.

Gio 䈴. Saillant, en relief, proéminent. Voir *giỏ*. (Formé des S. A. *trước* 竹, bambou, et *đô* 都, capitale.)

Gió 逾. Vent, brise. (En S. A., passer comme un trait, franchir d'un bond; se pron. *du*.)

 Gió đông ○ 東, vent d'Est. — *Gió tây* ○ 西, vent d'Ouest. — *Gió nam* ○ 南, vent du Sud. — *Gió bắc* ○ 北, vent du Nord. — *Gió tuôn* ○ 潻, le vent souffle avec violence. — *Gió mát* ○ 潻, un vent qui rafraîchit. — *Gió hiu hiu* ○ 囂囂, léger zéphyr, vent doux et agréable. — *Gió xuôi* ○ 吹, vent favorable, vent arrière, bon vent. — *Gió ngược* ○ 虐, vent contraire, vent debout. — *Gió xuân* ○ 春, vent printanier. — *Sóng gió* 渶○, flots agités, fortes vagues, mauvaise mer. — *Mưa gió* 霄○, pluie et vent, mauvais temps. — *Dông gió* 溶○, bourrasque, ouragan, grande pluie. — *Trận gió trốc* 陣○築, tempête, cyclone. — *Mùa hay có gió* 務哈固○, saison venteuse. — *Hút gió* 唥○, appeler le vent (en sifflant d'une certaine façon comme font les matelots annamites). — *Làm cho có gió* 澁朱固○, ventiler. — *Xe gió* 車○, ventilateur. — *Kẻ gió trăng* 几○曨, fourbe, trompeur, perfide.

Giò 蹱. Pied ou patte d'animal; terme dont se servent les gardiens de buffles pour arrêter ou calmer leurs bêtes. (Formé des S. A. *túc* 足, pied, et *đồ* 徒, aller à pied.)

 Giò heo ○ 獦, pied de cochon. — *Chả giò* 渚○, hachis de pied de cochon. — *Giò nem* ○ 腩, pâté de viande hachée enveloppé de feuilles tendres. — *Coi giò* 䫉○, dire la bonne aventure en examinant la conformation de pattes de poule.

Giõ 哇. Appuyer contre, appliquer sur (bouche, oreille). (Du S. A. *chũ*, même car., bavarder.)

 Giõ tai ○ 聰, parler à l'oreille.

Giỏ 筡. Sorte de corbeille ou de panier en bambou tressé. (Du S. A. *trụ*, même car., même signification.)

Giỏ là ○ 羅, autre espèce. — *Giỏ oi* ○ 渨, autre espèce. — *Cái giỏ* 丐 ○, banne. — *Giỏ cá* ○ 魳, nasse.

Giỏ 篘. Prééminence, saillie, bosse. Voir *gio*. (Formé des S. A. *trước* 竹, bambou, et *đỏ* 都, capitale.)

Giỏ giám ○ 監, rude, âpre. — *Sửa giỏ* 鮲 ○, méduse, poulpe.

Giỏ 躇. S'élancer sur, se précipiter contre (tigre, chien). (Formé des S. A. *túc* 足, pied, et *đỏ* 都, capitale.)

Chó sủa giỏ 狂噢 ○, chien qui s'élance en aboyant.

Giỏ 哇. Grand repas de famille en l'honneur des parents défunts. (En S. A., parler beaucoup; se pron. *chủ*.)

Giỏ chạp ○ 臘, célébrer l'anniversaire d'un parent décédé. — *Giỏ trộm* ○ 濫, le premier repas d'anniversaire.

Giỏ 哇. Cracher, expectorer, saliver. (Pour le car. en S. A., voir ci-dessus.)

Giỏ nước miếng ○ 渃呬, cracher, saliver. — *Giỏ vặt* ○ 吻, cracher souvent. — *Giỏ nước cốt trầu* ○ 渃骨樓, cracher le jus du bétel. — *Khạc giỏ* 喀 ○, crachat. — *Bình giỏ* 瓶 ○, crachoir (en forme de vase).

Giơ 抳. Allonger, tendre, étendre, lever, avancer. (Formé des S. A. *thủ* 手, main, et *gia* 加, étendre.)

Giơ tay ra ○ 栖羅, étendre le bras, avancer la main. — *Giơ má* ○ 膡, tendre la joue. — *Làm giu giơ* 濫笑 ○, faire semblant, faire le farceur.

Giờ 除. Heure. (Les Annamites divisent le jour en douze heures: une heure annamite vaut donc deux heures françaises.) (Formé des S. A. *nhựt* 日, jour, soleil, et *dư* 余, je, moi.)

Giờ tí ○ 子, de 11 heures du soir à 1 heure du matin. — *Giờ sửu* ○ 丑, de 1 à 3 heures du matin. — *Giờ dần* ○ 寅, de 3 à 5 heures. — *Giờ mẹo* ○ 卯, de 5 à 7 heures. — *Giờ thìn* ○ 辰, de 7 à 9 heures. — *Giờ tị* ○ 巳, de 9 à 11 heures. — *Giờ ngọ* ○ 午, de 11 heures du matin à 1 heure du soir. — *Giờ mùi* ○ 未, de 1 à 3 heures du soir. — *Giờ thân* ○ 申, de 3 à 5 heures. — *Giờ dậu* ○ 酉, de 5 à 7 heures. — *Giờ tuất* ○ 戌, de 7 à 9 heures. — *Giờ hợi* ○ 亥, de 9 à 11 heures. — *Giờ thứ nhứt* ○ 次壹, une heure (d'après le système européen). — *Giờ thứ năm rưỡi* ○ 次舥祂, cinq heures et demie. — *Giờ thứ mười hai* ○ 次迯仁, midi, minuit. — *Giờ ăn cơm* 唆饀, l'heure du repas. — *Giờ đi học* ○ 移學, l'heure d'aller en classe. — *Đánh giờ* 打 ○, sonner l'heure. — *Gần tới giờ* 斯細 ○, l'heure approche. — *Bây giờ mấy giờ* 悲 ○ 買 ○, quelle heure est-il maintenant? — *Bao giờ* 包 ○, quand? à quel moment? — *Bấy giờ* 閉 ○, alors. — *Cửa cần giờ* 閘勤 ○, port à l'entrée de la rivière de Saigon.

Giớc 祝. Tresser (cheveux, liens). (En S. A., faire des vœux; se pron. *chúc*.)

Giớc tóc ○ 鬠, tresser les cheveux en natte. — *Giớc dây* ○ 綡, fabriquer des cordages, confectionner des liens.

Giọi 捼. Frapper avec les articulations des doigts. (Formé des S. A. *thủ* 手, main, et *đội* 隊, compagnie.)

Giọi đầu ○ 頭, frapper sur la tête, donner des pichenettes.

Giòi 蛆. Vers blancs qui naissent dans la chair putréfiée et dans la matière en décomposition, asticot. (Formé des S. A. *trùng* 虫, reptile, et *lỗi* 耒, charrue.)

Giòi nhỏ ○ 純, vermisseau, asticot.

Giỏi 烃 [1]. Adroit, habile, leste, vif, alerte, dispos et plein d'entrain. (Formé des S. A. *hỏa* 火, feu, et *chí* 至, atteindre.)

Giỏi giang lắm ○ 江 廪, très vif, très leste. — Đầu bếp giỏi 頭 烃 ○, cuisinier capable. — Cỡi ngựa giỏi 騎 馭 ○, bien monter à cheval. — Đánh xe giỏi 打 車 ○, bien conduire une voiture. — Học giỏi 學 ○, étudier avec intelligence, faire des progrès. — Đánh bài giỏi 打 牌 ○, être habile au jeu, bien manier les cartes. — Chạy giỏi lắm 趄 ○ 廪, courir vite, être très alerte. — Việc gì cũng giỏi 役 之 拱 ○, adroit en tout, habile et capable en tout. — Mạnh giỏi 孟 ○, se bien porter, être dispos, fort, vigoureux et plein d'entrain. — Ông mạnh giỏi không 翁 孟 ○ 空, comment vous portez-vous, monsieur?

Giọi 沫. Verser, répandre; couler. (Du S. A. *lội*, même car., communiquer.)

Giọi nước ○ 渚, répandre de l'eau. — Đèn giọi 燈 ○, chandelle commune.

Giồi 揉. Frotter, polir, rendre luisant, orner. Voir *giui*. (Formé des S. A. *thủ* 手, main, et *lỗi* 耒, charrue.)

Giồi cho láng ○ 朱 潮, faire briller, rendre uni et luisant. — Giồi mài ○ 埋, id. — Giồi phấn ○ 粉, mettre du fard. — Trau giồi 搾 ○, polir, orner. — Đồ để giồi 圖 底 ○, polissoir. — Kẻ giồi láng 儿 ○ 潮, polisseur. — Giồi lỗi ○ 磊, corriger.

Giồi 櫋 [2]. Nom d'un arbre qui fournit un très bon bois de construction. (Formé des S. A. *mộc* 木, arbre, et *chủy* 箠, balai.)

Gỗ giồi 棋 ○, le bois de cet arbre.

Giời 烕*. Feu très ardent, grande flamme; briller, étinceler, irradier.

Giáp giời 㸌 ○, miroiter, rayonner; bravos ironiques. — Sáng giời 創 ○, brillant, radieux.

Giời 蜰. Cicindèle, coccinelle. (Du S. A. *dụy*, même car., même signification.)

Giợm 濫. Prendre son élan, s'apprêter à franchir un obstacle. (Du S. A. *giạm*, même car., dépasser.)

Đánh giợm 打 ○, combattre en tirailleurs, escarmoucher. — Giợm nhảy ○ 跃, s'élancer, franchir.

Giòn 存. Mince, frêle, faible, fragile, cassant, de peu de consistance. (En S. A., préserver de; se pron. *tồn*.)

Giòn rùm ○ 揉, qui casse facilement. — Sự giòn 事 ○, fragilité. —

---

[1] Se transcrit aussi par le car. 唯. — [2] Se transcrit aussi par le car. 栜.

Giỡn giã ○ 揩, alerte, vif, agile. — *Giỡn cười* ○ 唭, rire à tout propos.

Giỡn 狷. Flatter, caresser, cajoler, amuser; jouer, gambader. (En S. A., ajourner, suspendre; se pron. *giãn*.)

Giỡn chơi ○ 制, s'amuser d'un enfant. — *Giỡn con* ○ 昆, faire sauter un enfant sur ses genoux. — *Chó hay giỡn* 狂哈 ○, les chiens sont caressants. — *Giỡn bóng* ○ 俸, s'amuser à un certain jeu.

Giọng 嘘. Le timbre de la voix; ton, accent, prononciation; troublé, agité (en parlant de l'eau, de flots). (Formé des S. A. *khẩu* 口, bouche, et *trọng* 重, important, sérieux.)

Giọng óc ○ 腥, voix de tête. — *Giọng ét* ○ 謁, voix glapissante, ton criard. — *Giọng nói* ○ 吶, prononciation. — *Giọng bắc* ○ 北, accent tonkinois. — *Khan giọng* 嗛 ○, son rauque. — *Ngọt giọng* 吪 ○, voix douce, ton suave. — *Giọng lưỡi* 祖, éloquent, beau parleur. — *Nói giọng* ○ 吶, parler ironiquement. — *Nước giọng* 渚 ○, eau agitée, troublée.

Gióng 擽. Donner un signal, battre le rappel; comparer. (Formé des S. A. *thủ* 手, main, et *chúng* 衆, tout.)

Gióng lệnh ○ 令, publier un avis de l'autorité. — *Gióng trống* ○ 敇, battre le tam-tam pour un rassemblement. — *Gióng trống dẫn đi* ○ 敇引去, conduire au son du tambour.

Giống 種. Semence, espèce, sorte, genre; semer, planter; analogue, pareil, semblable. (Du S. A. *chủng*, même car., même signification.)

Giống má ○ 秏, semences (céréales). — *Kẻ gieo giống* 几招 ○, celui qui répand la semence. — *Giống dực* ○ 特, genre masculin. — *Giống cái* ○ 丐, genre féminin. — *Giống gì* ○ 之, quoi, quelle sorte? — *Nó nói giống gì* 奴吶 ○ 之, que dit-il? — *Giống nhau* ○ 饒, similaires, pareils, semblables. — *Giống như* ○ 如, semblable à. — *Nên giống* 年 ○, avoir la petite vérole (on dit aussi *lên giống*). Voir *trái* et *bóng*.

Giồng 城. Banc de sable, élévation de terre, monticule, colline, coteau. Voir *gò*. (Formé des S. A. *thổ* 土, terre, et *nhung* 戎, armes de guerre.)

Đất giồng 坦 ○, terrain d'alluvion, terrain accidenté. — *Giồng tốt cây trái* ○ 卒核鞕, coteau fertile.

Giớp 執. Dépouiller, détacher, enlever; privé, dépourvu. (En S. A., saisir, prendre, tenir; se pron. *chấp*.)

Giớp ra ○ 囉, écorcer, décortiquer. — *Giớp vỏ* ○ 補, enlever l'écorce.

Giọt 潎. Eau tombant goutte à goutte. Voir *dợt*. (Formé des S. A. *thủy* 水, eau, et *đột* 突, subitement.)

Một giọt nước 沒 ○ 渚, une goutte d'eau. — *Từ giọt* 自 ○, goutte à goutte. — *Nhỏ giọt* 泍 ○, verser goutte à goutte. — *Mưa giọt* 霄 ○, pluie tombant goutte à goutte. — *Nhà giọt* 茹 ○, maison dans laquelle il pleut, dont le toit laisse passer la pluie. — *Ngay giọt* 𠲤 ○, tout droit, perpendiculairement. — *Con giọt* 昆 ○, sauterelle.

Giọt 喫. Paroles mordantes; vexer, molester. (Formé des S. A. *khẩu* 口, bouche, et *đột* 突, subitement.)

Giọt nhau ○ 饒, se taquiner réciproquement, se vexer mutuellement, se chamailler ensemble.

Giót 卒. Finir, terminer, s'approcher de la fin, être près de la mort; à peu près mûr. (Du S. A. *tốt*, même car., même signification.)

Cây giót 核 ○, arbre épuisé, sec et presque mort.

Giọt 瀆 (1). Changer de couleur, devenir noirâtre. (Formé des S. A. *thủy* 水, eau, et *chất* 質, matière, substance.)

Giọt giạt ○ 洗, déteindre au contact de l'eau. — *Giọt da* ○ 膀, se contusionner, se faire un bleu.

Giu 笨. Simuler, feindre, imiter, contrefaire; syllabe euphonique. (Formé des S. A. *trước* 竹, bambou, et *châu* 朱, nom d'arbre.)

Giu mình ○ 命, se faire tout petit. — *Làm giu giơ* 濫 ○ 抲, faire le farceur. — *Nói giu giơ* 呐 ○ 抲, dire des plaisanteries. — *Đạo giu dêu* 道 ○ 搖, la religion juive.

Giú 注. Fixer son esprit; exercer une pression, influencer. (Du S. A. *chú*, même car., même signification.)

Giú trái ○ 粳, faire mûrir les fruits. — *Chín non giú ép* 搶 嫩 ○ 押, faire mûrir par force; au fig., forcer le naturel, agir à contre-temps.

Giũ 擩 (2). Secouer fortement; se débattre, se démener. (Formé des S. A. *thủ* 手, main, et *lũ* 屡, souvent.)

Giũ nệm ○ 裧, battre un tapis. — *Giũ giày* ○ 鞋, secouer la poussière de ses souliers. — *Giũ bụi* ○ 培, chasser la poussière. — *Giũ cánh* ○ 翅, battre des ailes. — *Giãy giũ* 跦 ○, se démener, se trémousser.

Giư 措. Planter, bouturer. (Formé des S. A. *thủ* 手, main, et *gia* 諸, tout.)

Giư khoai ○ 圬, planter des pousses de patates.

Giữ 佇 et 侍. Garder, surveiller, guetter, prendre soin. Voir *thủ*. (Des S. A. *trừ*, mêmes car., veiller.)

Giữ gin ○ 廛, conserver, garder. — *Giữ mình* ○ 命, s'observer, se méfier. — *Giữ lòng* ○ 愨, veiller sur son cœur. — *Giữ phép* ○ 法, se conformer aux usages, aux lois, vivre convenablement. — *Giữ cửa* ○ 閭, garder une porte. — *Giữ nhà* ○ 茹, garder la maison. — *Canh giữ* 更 ○, faire bonne garde. — *Giữ bo bo* ○ 甫甫, surveiller avec le plus grand soin. — *Kẻ giữ ngựa* 几 ○ 馭, palefrenier, garde d'écurie.

Giữa 剉 et 坐. Limer, racler, râper, polir, aplanir. (Des S. A. *tỏa*, mêmes car., même signification.)

Cái giữa 丂 ○, lime, râpe. — *Mạt giữa* 末 ○, limaille de fer.

---

(1) Se transcrit aussi par le car. 逸. — (2) Se transcrit aussi par le car. 愉.

Giũa 架. Nom de plante odorante, espèce d'ananas; nom de poisson. (En S. A., bois croisés; se pron. *giá*.)

Giũa 荼. Nom de plante aquatique. (Formé des S. A. *thảo* 艸, plante, et *từ* 徐, lent, tranquille.)
 Rau giũa 蔓 ○, plante aquatique comestible.

Giũa 忡. Centre, milieu, entre-deux. (Formé des S. A. *trung* 中, milieu, et *thủ* 守, garder.)
 Giũa hai bên ○ 仜 邊, entre deux côtés. — *Giũa đàng* ○ 唐, au milieu du chemin. — *Cửa giũa* 閶 ○, porte de milieu, entrée centrale. — *Tàu đậu giũa sóng* 艚 杜 ○ 瀧, le navire est mouillé au milieu du fleuve. — *Chính giũa* 正 ○, bien au centre, au beau milieu.

Giục 逐. Pousser en avant, presser d'avancer, provoquer, exciter, stimuler, irriter. (Du S. A. *trục*, même car., même signification.)
 Giục lòng ○ 悲, se donner du courage. — *Giục nhau* ○ 饒, s'exciter mutuellement. — *Giục kẻ đánh giặc* ○ 几 打 賊, exciter des combattants. — *Thuốc giục* 菜 ○, potion stimulante, remède excitant.

Giụi 捼. Frapper, appuyer, écraser, frotter, polir. Voir *giỏi*. (Formé des S. A. *thủ* 手, main, et *lỗi* 耒, charrue.)
 Giụi đuốc ○ 燋, éteindre une torche en l'appuyant à terre. — *Giụi con mắt* ○ 昆 䀹, se frotter les yeux.

Giùi 錐. Vrille, poinçon, alène; percer, trouer. (Du S. A. *chùy*, même car., même signification.)
 Giùi lỗ ○ 魯, perforer, trouer. — *Nói không giùi* 吶 空 ○, propos qui ne touchent pas, mots en l'air.

Giụm 貼. Rassembler, réunir, joindre, mettre en commun. (En S. A., goûter, mâcher; se pron. *thiệp*.)
 Giụm củi ○ 檜, réunir les tisons. — *Giụm chon* ○ 𨂁, joindre les pieds. — *Giụm một* ○ 沒, rassembler en un tas, mettre tout ensemble.

Giùm 㙮. Venir en aide, rendre service. (Formé des S. A. *thổ* 土, terre, et *sum* 森, forêt épaisse.)
 Giúp giùm 㔍 ○, aider, secourir. — *Giùm tiền bạc* ○ 錢 薄, aider de sa bourse, prêter de l'argent. — *Nói giùm cho tôi* 吶 ○ 朱 碎, parlez donc en ma faveur. — *Làm giùm* 濫 ○, être agréable, rendre service.

Giun 敦. Raboteux, rugueux, ridé. (En S. A., ferme, solide; se pron. *đôn*.)
 Giun da ○ 膠, qui a la peau ridée.

Giún 挪 [1]. Tordre, tortiller, froisser, chiffonner; se contracter, se ratatiner. (Du S. A. *nhuyễn*, même car., même signification.)
 Giún dây ○ 綵, tordre des liens. — *Giún lại* ○ 吏, resserrer, raccourcir.

Giương 張*. Étendre, déployer, allonger, espacer, élargir, étirer; ouvrir. Voir *trương*.

---

[1] Se transcrit aussi par le car. 頓.

Giường lưới ra ○ 繲 曬, étendre les filets. — *Giường cánh* ○ 翄, ouvrir les ailes. — *Giường cổ* ○ 古, allonger le cou. — *Giường mắt* ○ 䶌, écarquiller les yeux. — *Giường cung* ○ 弓, tendre un arc.

Giượng 仗*. Armes; s'appuyer sur la force, demander l'appui de; le mari d'une tante. Voir *trượng*.

Giượng phu ○ 夫, un mari. — *Giượng nhon* ○ 人, un homme puissant, un protecteur. — *Giượng ghẻ* ○ 疕, beau-père.

Giường 牀*. Lit, couchette, bois de lit. Voir *giảng*.

Nằm trong giường 靚 冲 ○, coucher dans un lit. — *Dọn giường* 拖 ○, faire le lit, préparer la couche. — *Giường thờ* ○ 裇, lit de parade pour les cérémonies du culte des ancêtres. — *Không có giường nằm* 空 固 ○ 靚, n'avoir pas de lit pour se coucher.

Giúp 執. Venir en aide, secourir. (En S. A., saisir, tenir; se pron. *chấp*.)

Giúp giùm ○ 溙, aider, rendre service. — *Giúp nhau* ○ 饒, s'aider mutuellement. — *Giúp đỡ* ○ 拖, secourir, aider, calmer, adoucir, alléger (momentanément). — *Giúp anh em bạn* ○ 嬰 俺 伴, rendre service à ses amis. — *Giúp lời* ○ 㗂, prêter l'appui de sa parole, intercéder. — *Kẻ giúp việc* 几 ○ 役, aide, servant. — *Cứu giúp* 救 ○, venir au secours, sauver, tirer d'un mauvais cas. — *Nhờ người ta giúp* 汭 得 些 ○, compter sur l'aide des gens.

Giựt 秩. Prendre des mains, arracher violemment, brusquement; tirer tout d'un coup, enlever avec force. (En S. A., série; se pron. *trật*.)

Giựt giựt ○ ○, retirer ou arracher par petites secousses. — *Giựt lấy* ○ 秘, enlever tout d'un coup. — *Giựt lại* ○ 吏, retirer vivement, reprendre par surprise. — *Giựt cờ* ○ 旗, s'emparer d'un drapeau, arracher un étendard. — *Giựt mình* ○ 命, tressaillir, sursauter, être effrayé, saisi.

Go 姑. Trame; misère, malheur. (En S. A., tante; se pron. *cô*.)

Gò 絀. Retenir, contenir, arrêter, tirer à soi pour arrêter. (Formé des S. A. *mịch* 糸, fils, et *cô* 姑, tante.)

Gò cương lại ○ 韁 吏, tirer la bride à soi (pour arrêter un cheval).

Gò 堀. Colline, coteau, monticule, banc de sable, tumulus. (Formé des S. A. *thổ* 土, terre, et *khu* 區, courbé.)

Gò bãi ○ 壩, dune. — *Gò má* ○ 腸, joue, pommette. — *Gò mả* ○ 螞, éminence de terre recouvrant une sépulture. — *Gò vấp* ○ 圾, nom d'un grand marché des environs de Saigon. — *Gò quao* ○ 槁, autre nom de lieu.

Gõ 揠. Frapper un coup sec avec les doigts. (Formé des S. A. *thủ* 手, main, et *cụ* 具, préparer.)

Gõ cửa ○ 閈, frapper à la porte. — *Ai gõ cửa như vậy* 埃 ○ 閈 加 丕, qui frappe ainsi à la porte?

Gõ 塤. Préparer une forme, faire un moulage. (En S. A., digue, revêtement, terrassement; se pron. *cụ*.)

Gõ khuôn ○ 坤, mouler. — *Nón gõ* 藏 ○, le chapeau conique des soldats annamites.

Gỗ 根. Bois (se dit surtout des essences propres à la construction). (En S. A., nom d'arbre; se pron. *cụ*.)

Gỗ cắt nhà ○ 桔 茹, bois pour la construction des maisons. — *Gỗ đóng tàu* ○ 揀 艚, bois pour la construction des navires. — *Đồ bằng gỗ* 圖 朋 ○, meubles en bois, objets en bois. — *Cây gỗ* 核 ○, essence dure. — *Gỗ mun* ○ 柄, bois d'ébène.

Gỡ 擧. Débrouiller, démêler, peigner. (Formé des S. A. *thủ* 手, main, et *cử* 舉, porter plus haut.)

Gỡ mình ra khỏi ○ 命 囉 塊, se dégager, se tirer d'un mauvais cas. — *Gỡ chỉ rối* ○ 織 繚, débrouiller des fils. — *Gỡ đầu* ○ 頭, démêler les cheveux, peigner la tête. — *Gỡ tóc* ○ 鬉, débrouiller les cheveux. — *Lược gỡ đầu* 畧 ○ 頭, peigne à tête, démêloir. — *Gặp gỡ* 及 ○, par hasard.

Gở 懼. Horrible, affreux, effrayant. (Formé des S. A. *tâm* 心, cœur, et *cử* 舉, porter plus haut.)

Gở lạ ○ 邏, étrange, étonnant, extraordinaire. — *Quái gở* 怪 ○, épouvantable, monstrueux; cri d'horreur: c'est affreux!

Góa 寡. Veuf, veuve; demeurer seul, vivre dans le célibat. (Du S. A. *quả*, même car., même signification.)

Góa vợ ○ 孀, veuf de son épouse. — *Góa chồng* ○ 重, veuve de son mari. — *Bà góa* 妃 ○, une dame veuve. — *Gái góa* 妀 ○, femme ou fille sans mari, sans soutien. — *Ở góa* 於 ○, vivre seul, garder le veuvage.

Góc 谷. Angle, coin, encoignure, renfoncement. Voir *xó*. (En S. A., vallée, ravin, creux; se pron. *cốc*.)

Xó góc nhà 臭 ○ 茹, le coin de la maison. — *Ở trong góc* 於 冲 ○, se tenir dans le coin. — *Bốn góc trời* 罘 ○ 至, les quatre coins du monde. — *Góc đường* ○ 唐, coin de rue. — *Góc vách* ○ 壁, angle formé par deux murailles. — *Góc ngay* ○ 症, angle droit. — *Góc nhọn* ○ 軟, angle aigu. — *Góc tà* ○ 邪, angle obtus. — *Cái ba góc* 丐 陛 ○, triangle. — *Có ba góc* 固 陛 ○, triangulaire. — *Có góc* 固 ○, anguleux, angulaire. — *Góc tư* ○ 胃, coupure représentant un quart de piastre (actuellement la pièce de un franc). — *Góc tám* ○ 糝, coupure représentant un huitième de piastre (actuellement la pièce de cinquante centimes)[1].

Góc 榕. Tronc, tige, base, appui, soutien, support. (Formé des S. A. *mộc* 木, arbre, et *cốc* 谷, vallée, creux.)

Lổng góc 橰 ○, arbre arraché avec les racines. — *Góc củi* ○ 檜, une grosse bûche. — *Góc cột* ○ 概, la base d'une colonne. — *Gai góc* 荄 ○, épines, ronces, broussailles. — *Từ góc tới ngọn* 自 ○ 細 阮, du tronc à la cime, de la base au sommet. —

---

[1] Vient sans doute de ce que, autrefois, les Annamites, qui n'avaient pas de monnaie divisionnaire d'argent, coupaient souvent la piastre en quatre et en huit.

Đầu gốc sừng 頭 ○ 䚡, naissance des cornes. — *Tơ gốc* 絲 ○, fientes de vers à soie. — *Lớn gốc* 客 ○, être très puissant, disposer de beaucoup d'autorité. — *Có gốc* 固 ○, avoir de grands appuis, être très protégé.

Gọi 噲. Donner un nom, appeler. Voir *kêu*. (En S. A., bruit confus de voix, cri rauque; se pron. *khoái*.)

 Gọi là ○ 羅, le nom est. — *Cái nầy gọi là* 丐 尼 ○ 羅, ceci s'appelle. — *Người ta gọi nó làm sao* 俕 些 ○ 奴 濫 牢, comment le nomme-t-on?

Gói 繪. Envelopper, empaqueter, emballer; paquet, ballot. (En S. A., broder des couleurs; se pron. *hội*.)

 Gói lại ○ 吏, mettre en paquet. — *Một cái gói* 沒 丐 ○, un paquet. — *Gói hàng* ○ 行, envelopper des marchandises. — *Gói sách* ○ 冊, faire un paquet de livres. — *Giấy gói* 紙 ○, papier d'emballage.

Gỏi 膾. Mets préparé avec du poisson cru. (En S. A., hachis de viande ou de poisson cru; se pron. *khoái*.)

 Nham gỏi 岩 ○, espèce de macédoine (viande, herbes, pamplemousse, crevettes ou vers à soie; le fond du plat est la pamplemousse aigre ou le citron). — *Ưa ăn gỏi* 於 咹 ○, aimer à manger de ce plat.

Gội 澮. Eau pour les ablutions; se laver les cheveux, se doucher la tête. (En S. A., rigole; se pron. *khoái*.)

 Gội đầu ○ 頭, se laver la tête. — *Tắm gội* 沁 ○, prendre un bain de propreté, se laver complètement.

Gối 膾. Genou; traversin, oreiller, coussin, accoudoir. (Formé des S. A. *túc* 足, pied, et *hội* 會, réunir.)

 Đầu gối 頭 ○, le genou. — *Qùi gối* 跪 ○, se mettre à genoux. — *Sự bái gối* 事 拜 ○, génuflexion. — *Gối đầu* ○ 頭, oreiller, coussin, traversin.

Gởi 改. Envoyer, adresser, confier, expédier, faire parvenir. (En S. A., changer, modifier; se pron. *cải*.)

 Gởi bạc ○ 薄, envoyer de l'argent. — *Gởi một cái thơ* ○ 沒 丐 書, adresser une lettre. — *Gởi một gói cho* ○ 沒 繪 朱, expédier un paquet à. — *Gởi lời kính thăm* ○ 唎 敬 探, envoyer un salut respectueux. — *Gởi gắm* ○ 錦, confier. — *Tôi gởi con cho anh* 碎 昆 朱 嬰, je vous confie mon enfant. — *Chành gởi* 梗 ○, le nom d'une plante parasite.

Gom 拑. Serrer, grouper, assembler, réunir, résumer. (Formé des S. A. *thủ* 手, main, et *kiêm* 兼, réunir.)

 Gom lại ○ 吏, mettre ensemble, placer en tas, grouper en un même endroit.

Gốm 墥. Argile, terre cuite, poteries en général. (Formé des S. A. *thổ* 土, terre, et *cấm* 禁, interdire.)

 Đồ gốm 圖 ○, objet en terre cuite. — *Lò gốm* 爐 ○, four à cuire les poteries. — *Thợ gốm* 署 ○, potier.

Gồm 㘱. Rassembler, réunir, totaliser; tirer à soi. (Formé des S. A. *tinh* 並, copulatif, et *kiêm* 兼, réunir.)

 Gồm no ○ 飯, en avoir assez, être rassasié, saturé. — *Gồm lại* ○ 吏,

faire la somme. — *Gồm lấy việc xấu cho mình* ○ 褦役丑朱命, s'attirer de vilaines affaires.

Gớm 憾. Horrible, repoussant, hideux ; détester, abhorrer. (Du S. A. *hám*, même car., même signification.)

Gớm ghiếc ○ 惇, horriblement, affreusement. — *Gớm lắm* ○ 廩, qui répugne fort, qui dégoûte profondément. — *Quá gớm* 過 ○, id.

Gọn 緂[1]. Soigneusement arrangé, convenablement disposé ; bien mis, bien habillé. (Formé des S. A. *mịch* 糸, fils de soie, et *cồn* 袞, robe de cour.)

Làm cho gọn 濫朱 ○, disposer convenablement, se mettre correctement. — *Gọn gàng* 強 ○, distingué.

Gòn 棍. Espèce d'arbre à coton. (En S. A., nom d'arbre ; se pron. *côn*.)

Cây gòn 核 ○, cotonnier. — *Sài gòn* 柴 ○, capitale de la Cochinchine.

Gọng 共. Pinces de crabe, d'écrevisse ; croisé, contourné, recourbé ; en sautoir. (En S. A., faire la somme ; se pron. *cọng*.)

Gọng xe ngựa ○ 車馭, les brancards d'une voiture.

Gồng 杠. La cangue des criminels. (En S. A., barres de bois ; se pron. *giang*.)

Đóng gồng lại 挊 ○ 吏, mettre la cangue à quelqu'un. — *Mang gồng* 芒 ○, porter la cangue, être à la cangue.

Gồng 工. Lourd d'un côté, léger de l'autre ; haut par ici, bas par là ; inégal, mal équilibré, sans contrepoids. (En S. A., travail ; se pron. *công*.)

Gánh gồng 挭 ○, porter sur l'épaule des charges inégales aux deux extrémités d'un bâton. — *Phép gồng* 法 ○, pouvoir mal pondéré, autorité despotique. — *Gồng trí* ○ 智, esprit mal équilibré.

Góp 裕. Prendre, ramasser, recueillir, réunir (pour mettre à la masse). (En S. A., recevoir ; donner ; se pron. *cấp*.)

Góp lại ○ 吏, rassembler, réunir. — *Góp nhóp* ○ 呌, réunir (des cotisations), rassembler (l'argent des contributions). — *Góp tiền* ○ 錢, recueillir de l'argent, faire une collecte. — *Cho tiền góp* 朱錢 ○, prêter de l'argent à intérêts généralement usuraires et payables chaque jour ou chaque mois (coutume locale).

Góp 合. Mettre en commun, réunir, rassembler, grouper. (Du S. A. *hiệp*, même car., même signification.)

Buộc góp 縶 ○, attacher ensemble.

Gọt 刖. Raser, peler, dépouiller. Voir *cạo*. (Formé des S. A. *dao* 刀, couteau, et *cốt* 骨, os.)

Gọt đầu ○ 頭, raser la tête. — *Gọt râu* ○ 鬚, raser la barbe. — *Dao gọt* 刀 ○, rasoir. — *Gọt vỏ* ○ 補, enlever l'écorce. — *Đẽo gọt* 搗 ○, dépouiller les gens. — *Ăn gọt* 咹 ○, dévorer.

---

[1] Se transcrit aussi par le car. 論.

Gót 踵. Le talon du pied. (Formé des S. A. *túc* 足, pied, et *cót* 骨, os.)

   Đạp gót 踏 ○, talonner. — *Dõi gót* 唯 ○, imiter. — *Theo gót* 跪 ○, suivre. — *Từ đầu nhẫn gót* 自頭忍 ○, des pieds à la tête.

Gù 唄.⁽¹⁾ Onomatopée pour exprimer le roucoulement des pigeons et des tourterelles. (Formé des S. A. *khẩu* 口, bouche, et *cụ* 具, préparer.)

   Bò câu gù 牪鳩 ○, la tourterelle roucoule. — *Chim gù ghì* 鴿 ○ 抲, pigeon ramier. — *Vũng gù* 漆 ○, nom de lieu (Cochinchine).

Gũ 楨. Bois de construction. Voir *gỗ*. (En S. A., nom d'arbre; se pron. *cụ*.)

   Con mèo gũ 昆猫 ○, chat noir.

Gừa 渠. Un arbre qui a beaucoup de branches et qui fournit du bois à brûler. (En S. A., pilotis; se pron. *cừ*.)

Gục 局. Se courber, s'incliner. (En S. A., service, entreprise; se pron. *cuộc*.)

   Gục đầu ○ 頭, courber la tête. — *Gục gặc* ○ 各, s'incliner, se pencher. — *Ngủ gục* 盱 ○, s'endormir (debout ou assis) la tête penchée sur la poitrine, comme quelqu'un qui tombe de sommeil.

Gùi 祝. Hotte; nom d'arbre. (En S. A., fantôme, revenant; se pron. *qủi*.)

   Mang gùi sau lưng 芒 ○ 雙腠, porter une hotte sur le dos. — *Một gùi* 沒 ○, une hottée.

Gừng 薑. Gingembre. Voir *gầng*. (Du S. A. *cương*, même car., même signification.)

   Củ gừng 矩 ○, racine de gingembre.

Guộc 瘑. Hâve, maigre, décharné. Voir *gầy*. (Formé des S. A. *nịch* 疒, maladie, et *cuộc* 局, ordre, arrangement.)

   Gầy guộc 瘠 ○, gravement malade, très maigre, qui n'a plus que la peau et les os.

Guốc 楇. Chaussures à semelles de bois, socques, sandales, sabots. (Du S. A. *cuộc*, même car., même signification.)

Gươm 劍. Glaive, sabre, épée. (Du S. A. *kiếm*, même car., même signification.)

   Gươm dao ○ 刀, glaives et poignards. — *Gươm giáo* ○ 槊, sabres et lances, armes blanches. — *Mũi gươm* 鑐 ○, la pointe de l'épée. — *Lưỡi gươm* 祂 ○, tranchant du sabre. — *Chém bằng gươm* 占 朋 ○, sabrer. — *Rút gươm ra* 摔 ○ 囉, tirer l'épée du fourreau, mettre sabre au clair, dégainer. — *Vỏ gươm* 補 ○, fourreau de sabre, d'épée. — *Lổm gươm* 鑑 ○, poignée de sabre, d'épée. — *Đeo gươm* 刁 ○, porter un sabre.

Gườm 朕. De côté, de travers, en dessous, détourné, sournoisement. (En S. A., flanc, côté; se pron. *hìm*.)

   Coi gườm 視 ○, regarder de travers, lancer un coup d'œil menaçant.

⁽¹⁾ Se transcrit aussi par le car. 虬.

Gương 銅. Miroir; forme, modèle, exemple. (Formé des S.A. *ti* 司, régler, et *khương* 姜, femme distinguée.)

Để gương tốt ○ 卒, laisser de bons exemples. — *Làm gương xấu* 濫 ○ 丑, donner le mauvais exemple. — *Ăn ở nên gương* 唆 於 年 ○, avoir une conduite exemplaire. — *Phạt làm gương* 罰 濫 ○, punir pour l'exemple.

Gương 強 et 强. Faire des efforts, se donner de la peine, surmonter une répugnance. (Du S.A. *cường*, même car., arc qui se détend avec force.)

Gương dậy ○ 跩, faire des efforts pour se mettre sur ses jambes. — *Cười gượng* 唭 ○, rire forcé. — *Nói gượng* 吶 ○, parler pour se donner une contenance. — *Làm gượng* 濫 ○, mettre tout en œuvre pour.

Guột 霤. Replis onduleux; serrer, lier, nouer, attacher. (Formé des S.A. *võ* 雨, pluie, et *cốt* 骨, os.)

Guột mây ○ 遲, la masse fluide des nuages. — *Guột túi* ○ 對, serrer les cordons d'une bourse.

Gụt 猾. Nettoyer, laver, polir, lisser. (En S.A., uni, poli, lisse; se pron. *hoạt*.)

Gụt áo ○ 襖, nettoyer un vêtement. — *Gụt đầu* ○ 頭, lisser les cheveux. — *Gụt sạch* ○ 瀝, laver proprement.

Gút 骨. Nœud, maille; faire un nœud. (En S.A., substance; se pron. *cốt*.)

Gút dây lại ○ 練 吏, faire un nœud à une corde. — *Gút lưới* ○ 緄, les mailles d'un filet. — *Gút tay* ○ 搚, phalange du doigt.

H

Ha 呵. Bruit de respiration; exclamation d'étonnement. (Du S.A. *kha*, même car., ouvrir la bouche.)

Hạ 下*. Bas, inférieur, humble, vil, abject; en bas, au-dessous, en aval; abaisser, faire descendre.

Bệ hạ 陛 ○, sous les degrés du trône; votre majesté. — *Đức bệ hạ* 德 陛 ○, formule employée pour parler au roi; votre majesté. — *Các hạ* 閣 ○, sous les degrés du palais; expression respectueuse en s'adressant à un haut fonctionnaire dans l'exercice de ses fonctions. — *Hạ xuống* ○ 甌, déposer, abaisser, humilier. — *Hạ mình xuống* ○ 命 甌, s'abaisser, s'humilier. — *Hạ cờ xuống* ○ 旗 甌, amener le pavillon, se soumettre. — *Hạ giá* ○ 價, baisser le prix. — *Hạ lưu* ○ 流, aval. — *Hạ lợi* ○ 痢, dysenterie. — *Hạ giái* ○ 界, ce bas monde. — *Thiên hạ* 天 ○, le monde, les gens; litt., sous le ciel. — *Hèn hạ* 賢 ○, méprisable; humble. — *Hạ châu* ○ 州, Singapoore. Voir *Phố mới* 舖 買.

Hạ 暇*. Perdre de son zèle, se laisser aller, se relâcher, flâner; repos, loisir; paresse, oisiveté.

Công hạ 工 ○, chômer. — *Hạ nhựt* ○ 日, jour de repos.

Hạ 賀*. Complimenter, féliciter, congratuler; offrir des présents à l'occasion d'un heureux événement.

Hạ 夏*. L'été; nom d'une ancienne dynastie chinoise. Voir *hè*.

    Hạ chí ○ 至, solstice d'été. — *Đại hạ* 大 ○, canicule. — *Mùa hạ* 務 ○, saison d'été. — *Hạ mộc* ○ 木, tilleul.

Hạ 厦*. Appentis, hangar, corps de logis, dépendances. Voir *hè*.

Há 罰. De quelle manière? Où est la raison? (Formé des S. A. *khả* 可, capable de, et *khỉ* 豈, part. interrog.)

    Há dám ○ 敢, comment oser? — *Há là chẳng* ○ 羅 庄, pourquoi pas? — *Há miệng* ○ 皿, ouvrir la bouche toute grande, bâiller.

Hà 河*. Fleuve (fréquemment employé pour la formation de noms géographiques).

    Hà giang ○ 江, grand fleuve; le nom d'une province du Tonkin. — *Hà hải* ○ 海, fleuves et mers. — *Hà nam* ○ 南, sud des fleuves; le nom d'une province du Tonkin. — *Hà nội* ○ 内, dans les fleuves; capitale du Tonkin et chef-lieu de la province du même nom. — *Hà tiên* ○ 仙, génie des fleuves; nom d'un arrondissement de la Cochinchine. — *Hà tịnh* ○ 靜, tranquillité des fleuves; le nom d'une province de l'Annam moyen.

Hà 苛*. Mauvaises herbes, petites plantes inutiles; petit, mince, mesquin; vexer, violenter, opprimer.

    Hà hiếp dân ○ 脇 民, opprimer le peuple, vexer les gens. — *Hà phép* ○ 法, lois vexatoires, usages tracassiers. — *Hà tiện* ○ 便, avare, regardant, mesquin, chiche. — *Hà chánh* ○ 政, mauvaise administration, gouvernement despotique.

Hà 荷*. Nénufar, lotus, mauves.

Hà 遐*. Loin, lointain, éloigné.

Hà 瘕*. Poumons malades, difficulté de respirer; maladies du ventre; cancer, tumeur (femmes).

Hà 何*. Lequel? qui? quoi? pourquoi? comment? où? nom de famille.

    Hà sự ○ 事, quelle affaire? quoi que ce soit. — *Hà nhơn* ○ 人, quel homme? — *Hà huống* ○ 況, à plus forte raison. — *Hà dĩ* ○ 以, pour quel motif? — *Nại hà* 奈 ○, demander un surcroît de poids, une bonne mesure.

Hà 蚵 et 蝦*. Petits animaux vivant sous l'eau: poux de bois, vers rongeurs, tarets et autres petits testacés qui attaquent les bois immergés et les coques des navires.

Hà 訶*. Paroles sévères; réprimander, gourmander, faire des observations sur un ton irrité. Voir *kha*.

Hà 呵. Bouche largement ouverte; bâillement. Voir *há*. (Du S. A. *kha*, même car., même signification.)

Hả miệng ○ 呱, ouvrir la bouche toute grande. — *Hả hơi* ○ 唏, s'évaporer, s'éventer, s'évanouir (vapeur). — *Cọp hả miệng* 狺 ○ 呱, le tigre ouvre sa gueule.

Hạc 鶴*. Un oiseau de mer dont l'existence, d'après les croyances populaires, atteint des centaines d'années, et qui est considéré pour ce motif comme un emblème de longévité; après 160 ans d'existence il devient noir et on l'appelle alors l'oiseau *huyền* 玄 (noir, jais).

Hác 濼*. Eau qui coule avec violence, torrent, canal, rigole.

Hắc 黑*. Noir, sombre, obscur, ténébreux; superlatif. Car. radical.

Hắc tâm ○ 心, âme noire, cœur ténébreux, mauvais sentiments. — *Hắc bạch phân minh* ○ 白分明, distinguer le blanc du noir; discerner, tirer au clair. — *Hắc thước điểu* ○ 鵲鳥, merle noir. — *Hắc cổ* ○ 古, qui démange dans le gosier. — *Hắc hơi* ○ 唏, éternuer.

Hạch 核*. Noyau, pépin; sang qui ne circule pas; glande, ganglion, grosseur; examiner à fond.

Cây hạch đào 核 ○ 桃, le noyer. — *Trái hạch đào* 粿 ○ 桃, noix. — *Hạch nơi họng* ○ 尼哄, glande à la gorge, goitre; os hyoïde.

Hạch 覈*. Rechercher, contrôler, examiner à fond, juger avec soin.

Hạch 劾*. Examiner, vérifier, s'assurer d'un fait, juger de l'état d'une chose.

Quan khảo hạch 官考 ○, examinateur, membre d'un jury d'examen. — *Chịu hạch thi* 召 ○ 試, subir ou passer un examen. — *Trường hạch* 場 ○, salle où l'on passe les examens. — *Đốc học hạch* 督學 ○, examens trimestriels que font passer les directeurs d'études provinciaux.

Hách 赫*. Brillant, lumineux, resplendissant; imposant, grandiose.

Hiển hách 顯 ○, illustre, glorieux. — *Hách nộ* ○ 怒, rouge de colère.

Hai 台二. Le nombre deux. (Formé des S. A. *nhị* 二, deux, et *thai* 台, haut.)

Thứ hai 次 ○, deuxième, deuxièmement, le second. — *Số hai* 數 ○, le chiffre deux. — *Đoạn thứ hai* 段次 ○, deuxième chapitre. — *Chia ra làm hai* 妢囉濫 ○, partager en deux. — *Người hai mặt* 得 ○ 㖔, homme à deux faces, faux bonhomme. — *Người hai lòng* 得 ○ 悉, homme à deux cœurs; faux, perfide, hypocrite, sans sincérité. — *Một hai khi* 沒 ○ 欺, une ou deux fois, quelquefois, de temps en temps. — *Mười hai* 迣 ○, douze. — *Hai mươi* ○ 迣, vingt. — *Hai trăm* ○ 百, deux cents.

Hại 害*. Nuire, faire du tort, causer un dommage; nuisible, désavantageux, préjudiciable.

Sự thiệt hại 事舌 ○, dommage, détriment. — *Nó muốn hại tôi* 奴悶 ○ 碎, il veut me nuire, il cherche à me faire du tort. — *Làm hại người ta* 濫 ○ 得些, faire du mal aux gens, causer un détriment. — *Bị hại* 被 ○, subir un dommage. — *Tai hại* 災 ○, calamité, ruine, fléau.

Hái 孩*. Secouer, agiter, ébranler. A. V. Cueillir (fruits, fleurs, etc.).

Sự hái trái 事 ○ 㩪, cueillette. — *Hái củi trong rừng* ○ 檜 冲 棱, faire du bois dans la forêt. — *Hái rau* ○ 蔞, cueillir des légumes. — *Hái trái chuối* ○ 㩪 柢, cueillir des bananes. — *Hái lá trầu* ○ 蘿 樓, cueillir des feuilles de bétel. — *Hái hoa hồng* ○ 花 紅, cueillir des roses. — *Gặt hái* 秸 ○, faire la cueillette, la récolte.

Hài 鞋*. Souliers, chaussures (de toutes sortes). Voir *giày*.

Hài 骸*. Les membres, les parties du corps, les os du corps.

Lục hài 六 ○, les six principales parties du corps : la tête, le tronc et les quatre membres. — *Bá hài* 百 ○, les cent membres : tout le corps, tous les os.

Hài 諧*. Accord, concorde, entente, harmonie, consentement mutuel, réciprocité de sentiments.

Hòa hài 和 ○, s'accorder, s'assortir, se convenir; en bonne harmonie. — *Chẳng hài* 庄 ○, discordant, disparate; mésintelligence, désaccord.

Hài 孩*. Enfant qu'il faut porter ou conduire; traiter quelqu'un comme un enfant, comme un bébé; sourire d'enfant.

Hài xích ○ 赤, un nouveau-né; litt., un enfant rouge. — *Hài tử* ○ 子, un tout petit garçon.

Hãi 駭*. Donner l'alarme, répandre la terreur; effrayé, terrifié.

Hãi 悸*. Trembler de peur; panique, frayeur, épouvante.

Sợ hãi 怍 ○, avoir une peur horrible. — *Thất kinh sợ hãi* 失 驚 怍 ○, saisi de terreur, épouvanté au plus haut degré. — *Hơ hãi* 烯 ○, faire sécher au feu.

Hải 海*. Mer, océan; vaste étendue, immensité. Voir *biển*.

Hải dương ○ 陽, splendeur de la mer; nom d'une province du Tonkin. — *Hải phòng* ○ 防, défenses maritimes; nom d'un port de mer du Tonkin. — *Hà hải* 河 ○, fleuves et mers. — *Đại hải* 大 ○, grande mer, océan; île de la Réunion (lieu d'exil). — *Ngoại hải* 外 ○, au delà des mers, au large, en pleine mer. — *Thượng hải* 上 ○, la haute mer; la ville de Shanghaï. — *Hải đạo* ○ 盗, pirates. — *Con hải loa* 昆 ○ 騾, castor, cheval de mer.

Hay 哈. Savoir, connaître; souvent, fréquemment; avoir l'habitude de; bon, bien (quant au fond); marque d'approbation et d'applaudissement : bravo! conjonction : ou, ou bien. (En S. A., rire bruyamment, plaisanter; se pron. *thai*.)

Hay chữ ○ 字, connaître les caractères, être lettré. — *Hay việc* ○ 役, être au courant d'une affaire, savoir la traiter, la diriger. — *Hay được* ○ 特, apprendre, être informé; avoir réussi à savoir, à connaître. — *Cho hay* 朱 ○, annoncer, faire savoir, faire connaître. — *Tôi chưa có hay* 碎渚固 ○, je l'ignore, je ne le savais pas encore. — *Chẳng hay* 庄 ○, ne pas savoir, ignorer. — *Hay ăn nhiều* ○ 唉饒, avoir l'habitude de manger beaucoup. — *Hay đi chơi* ○ 迻制, aller souvent se promener. — *Hay nói chuyện* ○ 吶傳, aimer à conter, être causeur. — *Hay coi sách* ○ 視典, aimer la lecture, lire souvent. — *Hay tin* ○ 信, qui croit généralement ce qu'on lui dit, crédule, confiant. — *Hay sợ* ○ 怍, craintif, peureux. — *Hay giận* ○ 悷, irascible, colérique. — *Hay chịu* ○ 召, patient, docile, résigné, facile à mener. — *Ngựa hay* 馭 ○, bon cheval, cheval qui va bien, qui a du fond. — *Sách hay* 冊 ○, bon livre, livre amusant, intéressant, instructif. — *Nói hay* 吶 ○, bien dire, bien parler, dire des choses intéressantes. — *Hát hay* 喝 ○, bien chanter, bien jouer la comédie. — *Đánh đờn hay* 打彈 ○, bien jouer d'un instrument (piano, orgue, violon). — *Hay lắm* ○ 虜, c'est très bien! c'est parfait! bravo! — *Hay là* ○ 羅, ou, ou bien. — *Có hay là không?* 固 ○ 羅 空, est-ce ou n'est-ce pas? a-t-on ou n'a-t-on pas? oui ou non?

Háy 睸. Regarder par derrière, détourner la vue; paraître en colère, avoir l'air fâché. (Formé des S. A. *mục* 目, œil, et *hải* 海, mer.)

Háy hố ○ 虞, regarder en faux jour; froncer les sourcils.

Hãy 唉. Marque de l'impératif (se place toujours devant le verbe). (En S. A., soupir; se pron. *ai*.)

Hãy nói ○ 吶, parlez, dites. — *Hãy làm* ○ 濫, faites, faites donc. — *Hãy còn* ○ 群, avoir encore.

Hảy 熙*. Joyeusement, gaiement; avec joie, avec plaisir. Voir *hi*.

Phước hảy 福 ○, chances.

Hảy 燷. Se servir d'un instrument pour souffler le feu. (Formé des S. A. *hỏa* 火, feu, et *hải* 海, mer.)

Hảy lửa ○ 焙, souffler le feu.

Ham 蚶*. Mollusque à coquille.

Ham 歆*. Désirer vivement, convoiter; se passionner pour, être avide de; goûter, jouir. (Du S. A. *hàm*, même car., même signification.)

Ham danh vọng ○ 名望, être avide de gloire, ambitionner les honneurs. — *Ham chơi* ○ 制, aimer l'amusement. — *Ham đánh bạc* ○ 打薄, être passionné pour le jeu. — *Ham của* ○ 貼, désirer ardemment la fortune. — *Ham học* ○ 學, avoir la passion de l'étude. — *Ham biết* ○ 別, être désireux de connaître, de s'instruire. — *Sự ham hố* 事 ○ 虞, avidité, cupidité, rapacité.

Ham 歛* Réunir, amasser, entasser, récolter; désirer, convoiter.

Hám 憾*. Haïr, détester; colère sourde, indignation contenue.

Hôi hám 灰 ○, odeur infecte, horrible puanteur.

Hàm 銜 et 衘*. Frein, mors; tenir dans la bouche; garder en son cœur; contenir, maîtriser; rang ou position honoraire.

Chức huyện hàm 職縣 ○, grade de sous-préfet honoraire.

Hàm 函 *. Renfermer, envelopper, contenir, armoire, coffre, bahut.

Hàm 含 *. Garder dans la bouche; endurer, supporter; retenir au moyen d'un frein; mâchoire.

Hàm mai ○ 枚, avoir un baillon, garder le silence. — *Hàm trên* ○ 蓮, mâchoire supérieure. — *Hàm dưới* ○ 帶下, mâchoire inférieure. — *Hàm thiết* ○ 鐵, mors, bride. — *Hàm hồ* ○ 糊, prendre le faux pour le vrai.

Hàm 咸 *. Ensemble, en totalité; conjointement; partout, toujours.

Hàm 誠 *. Union, concorde, accord parfait, entente complète.

Hãm 陷 *. Tomber de haut, écraser, ruiner; contraindre, forcer, violer, violenter, opprimer.

Hãm hại ○ 害, faire du tort à quelqu'un, nuire, ruiner. — *Hãm minh* ○ 命, se mortifier. — *Hãm hiếp* ○ 脅, forcer, faire violence, opprimer. — *Hãm khớp tánh xấu* ○ 紗性丑, refréner les passions, contenir la mauvaise nature. — *Hãm ép con gái* ○ 担昆妈, violer une fille.

Hãm 窞 *. Trou, fosse, excavation.

Hăm 猷. Avoir l'air menaçant. (En S. A., désirer, convoiter; se pron. *hàm*.)

Hăm người ta ○ 得些, menacer les gens. — *Hăm hở* ○ 許, avec ardeur; vif, bouillant.

Hàm 啥 *. Grogner en montrant les dents; s'acharner sur quelqu'un.

Sự hăm hăm 事 ○ ○, acharnement.

Hầm 陷. Lieu élevé et abrupt. (Du S. A. *hãm*, même car., tomber de haut.)

Bực hầm 扒 ○, rivage escarpé. — *Hầm sâu* ○ 漊, profond et à pic; gouffre, précipice. — *Chảm hầm* 枕 ○, vif, leste, prompt, alerte.

Hâm 熻. Chauffer, réchauffer. (Formé des S. A. *hỏa* 火, feu, et *âm* 音, son.)

Hâm nước ○ 渚, chauffer de l'eau, préparer du thé. — *Hâm đồ ăn lại* ○ 圖 唆 吏, réchauffer les aliments.

Hâm 歆 *. Aspirer avec bonheur l'odeur des offrandes, recevoir avec joie les présents offerts; désirer, convoiter, envier, soupirer pour.

Hầm 焓. Cuire à l'étouffée. (Formé des S. A. *hỏa* 火, feu, et *hàm* 含, retenir.)

Hầm vôi ○ 砳, faire de la chaux. — *Hầm gạch* ○ 甓, cuire des briques. — *Lò hầm* 爐 ○, four.

Hầm 掐. Grande fosse, profonde excavation, antre, caverne, carrière, cave. (Formé des S. A. *thổ* 土, terre, et *hàm* 含, retenir.)

Hầm sâu ○ 漊, fosse profonde. — *Hầm đá* ○ 砳, marbrière. — *Đào hầm* 陶 ○, creuser un fossé. — *Có rượu dưới hầm* 固 醅 帶 ○, avoir du vin en cave.

Hẫm 噷. Noirâtre, grisâtre; moisi, gâté; tiède. (Formé des S. A. *khẫu* 口, bouche, et *hẫm* 歆, convoiter.)

    Gạo hẫm 糕 ○, riz noirci par le temps. — *Bánh hẫm* 餶 ○, pain moisi. — *Nước hẫm* 渚 ○, eau tiède.

Han 嘆. Gémir, se lamenter; s'enquérir, s'informer. (Du S. A. *than*, même car., même signification.)

    Hỏi han 唏 ○, demander, questionner. — *Han hỏi* ○ 唏, id.

Hạn 旱 *. Soleil ardent, temps sec; chaleur, sécheresse, aridité.

    Đại hạn 大 ○, grande sécheresse. — *Trời hạn* 垄 ○, température chaude. — *Hạn hán* ○ 熯, famine occasionnée par l'extrême sécheresse.

Hạn 垾 *. Rive, bord, berge, talus, petite digue, relevé de terre.

Hạn 汗 *. Sueur, transpiration.

    Xuất hạn 出 ○, suer, transpirer. — *Phát hạn* 發 ○, id.; exciter la transpiration.

Hạn 限 *. Terme, limite, délai; déterminer, fixer, établir. Voir *hẹn*.

    Hạn ngày ○ 時, fixer un jour, une date. — *Giái hạn* 界 ○, terme, limite, frontière. — *Quá hạn* 過 ○, dépasser une limite, un délai. — *Mãn hạn* 滿 ○, temps fixé accompli; avoir fini son temps. — *Kì hạn* 期 ○, déterminer une date. — *Vô hạn* 無 ○, illimité, sans bornes.

Hán 厂 *. Escarpement pouvant servir d'abri, anfractuosité, antre, caverne, grotte. Car. radical.

Hán 熯 *. Feu très ardent; chaud, brûlant, rôti, grillé, sec, aride.

Hán 漢 *. Un grand cours d'eau; grandiose, imposant, de belle apparence; nom d'une famille impériale célèbre de la Chine.

    Hán giang ○ 江, nom d'un fleuve de la Chine. — *Thiên hán* 天 ○, la voie lactée. — *Hán nhơn* ○ 人, un descendant des *Hán*, un Chinois.

Hàn 翰 *. Oiseau fabuleux; voler haut et longtemps; instrument à écrire, pinceau, plume.

    Hàn lâm viện ○ 林 院, l'académie impériale; litt., la forêt de pinceaux.

Hàn 寒 *. Froid, froidure; misère, pauvreté, indigence; égoïsme.

    Hàn môn ○ 門, misérable demeure, famille d'indigents. — *Hàn tâm* 心, un cœur glacé, un égoïste. — *Hàn thử biểu* ○ 試 表, thermomètre. — *Cơ hàn* 饑 ○, misère, famine. — *Chim hàn điểu* 鵁 ○ 鳥, coucou.

Hàn 韓 *. Le rebord ou la margelle d'un puits; barrage, barricade.

    Đá hàn 磜 ○, barrage sous-marin. — *Cửa hàn* 閭 ○, le port de Tourane. — *Cầm hàn* 撑 ○, établir une défense, construire un barrage.

Hàn 恨 *. Haine sourde, ressentiment profond, colère rentrée; être fâché contre soi-même, bouder. Voir *hờn*.

Hàn 釬*. Armure pour garantir les bras; souder des métaux; trop prompt, trop vif.

Hàn lại ○ 吏, resouder. — *Hàn thiếc* ○ 錫, boucher avec de l'étain. — *Hàn khẩu* ○ 口, souder, boucher, obstruer une ouverture. — *Thuốc hàn* 葉 ○, enduit, mastic, soudure.

Hản 罕*. Rare, peu fréquent, peu commun; vrai, certain, véritable, non douteux. Voir *thật* et *thiệt*.

Hản thật ○ 實, sûr et certain, indubitablement. — *Hản lòng* ○ 悉, avoir bien résolu, tenir pour certain; sincèrement, fermement. — *Hản ý* ○ 意, ferme intention; résolument. — *Đã hản* 㐫 ○, c'est absolument certain, c'est bien réel.

Hàn 恨*. Haïr fortement, détester, avoir en aversion; chercher à se venger; envie, dépit, colère, rage.

Đại hản 大 ○, terrible colère, grande indignation. — *Hản thù* ○ 讐, préparer une vengeance.

Hản 忻 et 欣*. Joyeux, content; nager dans la joie, être ravi.

Hản 釁*. Sacrifice sanglant; laver avec du sang, purifier, consacrer; faute, crime; cause, prétexte, signe, indice, présage; conjecturer, présager, pronostiquer.

Hang 窨. Antre, caverne, tanière, repaire, grotte, trou de bête. (Formé des S. A. *huyệt* 穴, antre, et *hwong* 香, odorant.)

Hang thú rừng ○ 獸棱, repaire de bêtes fauves. — *Núi có nhiều hang* 峀固饒 ○, montagne caverneuse. — *Hang đá* ○ 碢, grotte de pierre.

Hạng 項*. Le derrière de la tête ou du cou, la nuque; espèce, classe, catégorie, article; taxes, droits, contributions régulières.

Cảnh hạng 頸 ○, la nuque. — *Hạng mảy* ○ 買, quelle classe? de quelle classe? — *Hạng nhứt* ○ 壹, première classe. — *Các hạng* 各 ○, toutes les classes. — *Chức sắc hạng* 職色 ○, classe des fonctionnaires (cahiers d'impôt). — *Các hạng sanh lý* 各 ○ 生理, toutes les classes du commerce, toutes les patentes. — *Phân hạng* 分 ○, classer, étiqueter, coordonner. — *Chia ra ba hạng* 妍囉叱 ○, diviser en trois catégories, en trois classes. — *Lão hạng* 老 ○, classe des vieillards au-dessus de 55 ans (rôles ou cahiers d'impôt). — *Tráng hạng* 壯 ○, classe des hommes valides. — *Bình hạng* 平 ○, classe de ceux qui ont obtenu le premier rang aux examens provinciaux.

Háng 項. Aine, haut de la cuisse; partie, côté. Voir *đi*. (Pour le car. en S. A., voir ci-dessus.)

Háng nhà ○ 茹, l'un des côtés d'une maison.

Hàng 沆*. Vaste étendue d'eau, grand lac; brouillard, rosée.

Hàng 杭*. Traverser; nom de ville.

Hàng 吭*. Le gésier des oiseaux.

Hàng 航*. Barques liées ensemble et formant un pont; passer l'eau.

Hàng 行*. Rang, rangée, alignement; étalage de marchandises. Car. radical. Voir *hành*.

Đứng hai hàng 等仝 ○, se mettre sur deux rangs. — *Sắp cho ngay hàng* 拉朱証 ○, aligner, disposer sur un rang. — *Hàng rào* ○ 楞, haie, clôture, palissade. — *Hàng chữ* ○ 字, ligne d'écriture. — *Hàng cây* ○ 核, rangée d'arbres. — *Hàng hóa* ○ 化, marchandises. — *Hàng gói* ○ 繪, mercerie. — *Hàng bổ* ○ 補, menues marchandises. — *Nhà hàng* 茄 ○, maison de commerce, magasin, boutique. — *Lập hàng* 立 ○, créer un commerce, s'établir. — *Chở hàng* 瀦 ○, transporter des marchandises. — *Bán hàng* 半 ○, vendre des marchandises. — *Hàng lụa* ○ 縷, soieries. — *Hàng vải* ○ 絚, cotonnades.

Hàng 降. Se soumettre, obéir aux volontés du ciel. (Du S. A. *giáng*, même car., même signification.)

Hàng đầu ○ 頭, faire sa soumission. — *Hàng phục* ○ 伏, rentrer dans l'obéissance.

Hàng 蒼. Odeur des plantes, parfum des fleurs. (Formé des S. A. *thảo* 艸, plante, et *hương* 香, odorant.)

Thơm hàng hàng 薋 ○ ○, odorant. — *Hàng hoa* ○ 花, parfum des fleurs.

Hàng 行*(1). Article, sorte, classe; taxes, droits, fermage, exploitation, grande maison de commerce.

Công hàng 公 ○, les fonds publics, les deniers de l'État. — *Hướng hàng* 餉 ○, les droits, les taxes. — *Hàng bạc* ○ 薄, banque, change. — *Hàng bạc đông dương* ○ 薄東洋, la banque de l'Indo-Chine. — *Chàng hàng* 撞 ○, les jambes écartées, se mettre à califourchon.

Hăng 興. Âcreté, aigreur, acidité; amer, caustique, mordant. (En S. A., surgir; se pron. *hưng* et *hứng*.)

Nó hăng lắm 奴 ○ 廩, il est très acerbe, très mordant.

Hăng 燠. Ardent, chaleureux, fougueux, vif, violent, impétueux. (Formé des S. A. *hỏa* 火, feu, et *hưng* 興, surgir.)

Cách hăng 格 ○, ardemment, chaleureusement, fougueusement. — *Ngựa hăng* 駅 ○, cheval plein d'ardeur, cheval fougueux. — *Tính hung hăng* 性 凶 ○, caractère violent, naturel impétueux. — *Sự hăng* 事 ○, ardeur, violence, acharnement.

Hăng 嚊. Onomatopée; cri sourd de quelqu'un qui fait des efforts pour cracher. (Formé des S. A. *khẩu* 口, bouche, et *hứng* 興, surgir.)

Hằng 恆 et 恆*. Toujours, continuellement; perpétuel, constant, régulier; selon des règles normales.

Hằng lệ ○ 例, régulièrement, normalement. — *Hằng ngày* ○ 暭, chaque jour, tous les jours, quotidiennement. — *Hằng thường* ○ 常,

---

(1) Se transcrit aussi par le car. 項.

accoutumé à; permanent. — *Hằng chi* ○ 之, partout et toujours, en tout lieu. — *Hằng hà sa số* ○ 河沙數, aussi nombreux que les sables d'un grand fleuve. — *Hằng tâm* ○ 心, cœur constant. — *Hữu hằng* 有 ○, être assidu, être persévérant.

Háng 興. Recevoir quelque chose d'en haut; accepter, recueillir. (Du S. A. *hứng*, même car., surgir.)

Háng gió ○ 逾, gonflé par le vent. — *Háng lấy nước* ○ 祖渚, recueillir de l'eau qui tombe.

Hanh 亨*. Influence qui pénètre; prospère, florissant; issue propice, succès; chaud, ardent, passionné.

Hanh gia ○ 嘉, qui réussit, qui a du succès. — *Hanh hao* ○ 耗, chaleur brûlante, vent qui dessèche. — *Hanh tre* ○ 椥, éclat de bambou.

Hạnh 行*. Bien en ordre, rangé avec soin; qui a du tact, de la mesure; sagesse, bonne conduite, modestie, réserve, modération.

Hạnh thánh ○ 聖, mener une vie de saint. — *Đức hạnh* 德 ○, sagesse et modestie (vertus dites de la femme). — *Làm hạnh* 濫 ○, faire le modeste, agir en hypocrite.

Hạnh 幸*. Béni, heureux, prospère, agréable; tendre affection; terme de bon augure employé dans de nombreux noms propres.

Quí hạnh 貴 ○, richesse et bonheur. — *Vô hạnh* 無 ○, désagréable.

Hạnh 哗 et 詩*. Blâmer, réprimander, reprendre, gourmander.

Hạnh 杏*. Nom collectif d'arbres fruitiers du genre prunier.

Trái hạnh đào 梗 ○ 桃, abricot, pêche. — *Trái hạnh nhơn* 梗 ○ 仁, amande. — *Trái hạnh táo* 梗 ○ 棗, prune. — *Hạnh hoa* ○ 花, prunier fleuri (titre d'un poème annamite).

Hánh 哼*. Stupéfait, hébété, être comme pétrifié, se tenir immobile.

Hành 行*. Aller, marcher l'un derrière l'autre, voyager; agir, faire, diriger. Car. radical. Voir *hằng*.

Thi hành 試 ○, exécuter, assurer l'exécution de. — *Bộ hành* 步 ○, voyager à pied. — *Tờ thông hành* 詞通 ○, passeport, sauf-conduit, ordre de route. — *Học hành* 學 ○, étudier d'une manière soutenue, étudier avec ordre et méthode. — *Nói hành* 吶 ○, déblatérer, médire. — *Ngũ hành* 五 ○, les cinq éléments: *kim* 金, métal; *mộc* 木, bois; *thủy* 水, eau; *hỏa* 火, feu; *thổ* 土, terre. — *Hành hình* ○ 刑, supplicier, torturer, tourmenter. — *Đức hành* 德 ○, conduite vertueuse, vie sage et modeste.

Hành 葒*. Nom de plantes à tige droite; se redresser. A. V. Oignon.

Ngọc hành 玉 ○, membre viril (terme d'anatomie). — *Trồng hành* 權 ○, planter des oignons. — *Củ hành* 矩 ○, partie bulbeuse de la racine des oignons.

Hành 荇*. Un certain végétal qui croît dans les terrains humides.

Hành 悻*. Colère, indignation, rage, emportement, violence.

Hành 倖*. Obtenir par chance, réussir par hasard, jouir de faveurs ou d'avantages sans les mériter.
>*Kiêu hành* 驕 ○, arrogant, orgueilleux. — *Miễn hành* 免 ○, éviter.

Hao 哮*. Crier, hurler, rugir; voix rauque, rude et comme enrouée.
>*Hao suyễn* ○ 喘, l'asthme.

Hao 耗*. Se consumer, s'affaiblir; diminuer, amoindrir; gaspiller.
>*Hao hơi* ○ 唏, perdre le souffle. — *Hao hen* ○ 癆, dépérir, s'en aller de la poitrine. — *Tổn hao* 損 ○, dépenser, dissiper. — *Sự tổn hao* 事 損 ○, frais, dépenses. — *Gia hao* 加 ○, compenser une perte.

Hạo 灝*. Grand, large, ample, vaste; insondable, illimité.

Hào 豪*. Éminent, supérieur en tout; fort, vaillant, courageux, audacieux; un brave, un héros; sanglier, por-épic; piquants.
>*Hào quang* ○ 光, splendide, magnifique, radieux, glorieux. — *Hào phú* ○ 富, riche, opulent, possédant l'influence que donne la richesse. — *Hào cường* ○ 強, puissant, violent, hardi. — *Hổn hào* 混 ○, impertinent, insolent, sans retenue. — *Hào kiệt* ○ 傑, hautes vertus, grands talents. — *Hương hào* 鄉 ○, le titre d'un des principaux notables d'une commune (celui qui est chargé de la police). — *Hỏa hào* 火 ○, bruit de flammes qui montent, incendie.

Hào 號*. Pousser de grands cris; le chant du coq. Voir *hiệu*.

Hào 淆*. Eau vaseuse, trouble, sale; au fig., confusion, désordre.

Hào 壕*. Les murs ou les remparts d'une ville forte; muraille, enceinte; tranchée, fossé.
>*Hào thành* ○ 城, l'enceinte d'une ville, les murs d'une citadelle.

Hào 濠*. Fossé rempli d'eau qui entoure les murs d'une forteresse.
>*Đào hào* 陶 ○, creuser un de ces fossés.

Hào 毫*. Poils très fins, duvet, cheveu, atome, miette, chose minime, une bagatelle, un rien; un millième de taël.
>*Nhu hào* 濡 ○, mouiller la pointe d'un pinceau, prendre un peu d'encre.

Hào 爻*. Lignes croisées, choses entrelacées; placer en croix, mêler, tordre, enrouler; mutations, changements. Car. radical.
>*Hào quẻ* ○ 卦, les lignes du diagramme *Bát quái*.

Hảo 好*. Ce qui est bon, beau, juste, aimable; prendre plaisir à, se complaire dans, désirer.
>*Hảo nhơn* ○ 人, homme bon, excellente personne. — *Hảo hán* ○ 漢

beau, magnifique, d'un bel aspect. — *Hảo học* ○ 學, aimer l'étude. — *Hảo sắc* ○ 色, aimer les femmes, être dissolu, voluptueux. — *Hảo danh* ○ 名, avoir de l'ambition. — *Hòa hảo* 和○, paix, union, concorde; rapports intimes, relations amicales.

Hạp 合*. Convenir, s'entendre, se plaire, s'accorder. Voir *hiệp* et *hợp*.

   Hạp ý ○ 意, être du même avis, se convenir. — *Hạp nhau* ○ 饒, se plaire ensemble. — *Thầy hạp* 柴○, titre donné à certains employés de bureau dans une préfecture.

Hạp 哈*. Rire aux éclats; le bruit que l'on fait en riant. Voir *ngáp*.

Hạp 匣*. Caisse, boîte, écrin, coffret. Voir *hộp*.

Háp 匣. Séché ou brûlé par l'ardeur du soleil (fruits, céréales). (Pour le car. en S. A., voir ci-dessus.)

Háp 翕*. Accord, union, concorde; rassembler, joindre, unir, réunir. A. V. Cuire à la vapeur.

   Hòa háp 和○, harmonieux. — *Háp cơm* ○ 餂, faire cuire quelque chose dans du riz chaud.

Háp 潝*. Le bruit que fait l'eau en coulant, le murmure de l'eau; couler de source, sans embarras.

Háp 噏 et 吸*. Respirer, aspirer, humer, avaler en aspirant. Voir *hớp*.

   Háp hối ○ 悔, suffoqué, essoufflé;
agoniser. — *Mệt háp hơi* 瘦○嘚, très fatigué, à bout de souffle; perdre haleine, suffoquer.

Hạt 紇. Grain, graine, noyau. Voir *hột*. (En S. A., franges; se pron. *hột*.)

Hạt 轄*. Diriger un char; gouverner, administrer, contrôler; circonscription administrative, arrondissement, territoire.

   Hạt Vĩnh long ○ 永 隆, l'arrondissement de *Vĩnh long* (Cochinchine). — *Địa hạt* 地○, territoire, colonie. — *Các quận hạt* 各 管 ○, les colonies. — *Hội đồng quận hạt* 會同管○, Conseil colonial (Cochinchine). — *Thơ ký địa hạt* 書 記 地 ○, secrétaire d'arrondissement. — *Hạt tinh* ○ 星, le nom d'une constellation.

Hạt 曷*. Effrayer par des cris, intimider; pourquoi? comment?

Hát 喝. Chanter. Voir *ca*. (En S. A., voix forte, appeler; se pron. *ái* et *yết*.)

   Hát hay ○ 哈, bien chanter. — *Hát nam* ○ 南, chanter d'une voix douce et harmonieuse. — *Hát trúng* ○ 中, chanter juste. — *Hát sái* 洒, chanter faux. — *Hát bội* ○ 倍, jouer la comédie. — *Hát hoa tình* ○ 花情, chanter des chansons obscènes. — *Hát đưa con ngủ* ○ 逸昆眸, chanter pour endormir un enfant. — *Ca hát* 歌○, chanter. — *Tiếng hát* 嗜○, le chant. — *Bài hát* 排○, la chanson. — *Câu hát ghẹo* 句○嘚, chant érotique. — *Con hát* 昆○, actrice, chanteuse, comédienne. — *Đám hát* 玷○, troupe théâtrale ou de concert, chœur. — *Nhà hát* 茹○,

théâtre, concert. — *Đi coi hát* 扡 視 ○, aller au théâtre, au concert.

Hắt 迲*. Rejeter, pousser; tomber.

 Nước hắt vào nhà 渚○ 侴 茹, l'eau pénètre dans la maison. — *Hắt héo* ○ 嘵, misérable, dénué de tout. — *Mái hắt* 𠃅 ○, gouttière.

Hát 訖*. Cesser de parler, clore un discours, terminer une péroraison. A.V. Refouler, repousser, prohiber.

 Ngón hát 言 ○, la fin d'un discours. — *Thanh hát* 清 ○, l'éclaircissement d'un compte, le règlement d'une affaire. — *Hát lên* ○ 遱, pousser, repousser, rejeter (avec le pied ou la main).

Háu 妤. Glouton, vorace, avide; gourmandise, goinfrerie, avidité. (En S. A., désirer vivement; se pron. *hảo*.)

 Háu ăn ○ 咹, manger avec avidité, dévorer. — *Háu đá* ○ 跢, ruer.

Hàu 蠔*. Huître.

 Hàu đàng ○ 唐, un banc d'huîtres. — *Vỏ hàu* 補 ○, écaille d'huître. — *Ghẽ hàu* 技 ○, ouvrir les huîtres.

Hậu 后*. Reine, impératrice (non régnante); prince feudataire; après, à la suite, qui peut succéder.

 Bà hoàng hậu 妃 皇 ○, la reine, l'impératrice. — *Hậu phi* ○ 妃, seconde reine. — *Bà hoàng thái hậu* 妃 皇 太 ○, la reine mère. — *Mẫu hậu* 母 ○, ma royale mère (dans la bouche du roi). — *Hậu thổ* ○ 土, déesse de la terre. — *Hậu thiên* ○ 天, reine du ciel.

Hậu 逅*. Rencontrer par hasard, trouver sans chercher.

Hậu 厚*. Grand, large, vaste; libéral, humain, généreux; pourvu de tout, bien approvisionné; abondamment, grandement.

 Hậu đãi ○ 待, bien traiter quelqu'un. — *Hậu ân* ○ 恩, haute faveur, grand bienfait. — *Hậu phước* ○ 福, grand bonheur. — *Hậu đức* ○ 德, généreux, libéral. — *Tính hậu* 情 ○, caractère bienveillant et serviable, porté naturellement au bien. — *Bội hậu* 倍 ○, trop considérable.

Hậu 後*. Après, derrière, croupe; à la suite de; lignée, descendance.

 Hậu lai ○ 來, ensuite, après; au futur. — *Hậu đại* ○ 代, siècles à venir, postérité. — *Hậu hôn* ○ 婚, épouser une veuve, secondes noces. — *Hậu sanh* ○ 生, né après les autres. — *Hậu ngwa* ○ 馭, croupe de cheval. — *Hậu thu* ○ 鞦, croupière. — *Hậu binh* ○ 兵, arrière-garde. — *Hậu môn* ○ 門, porte de derrière; anus. — *Tiền hậu* 前 ○, avant et après, passé et futur, devant et derrière.

Hậu 候*. Temps, époque; faire un stage, attendre un poste officiel; s'enquérir, rechercher, demander.

 Hậu bổ ○ 補, stagiaire, surnuméraire. — *Tham biện hậu bổ* 參 辨 補, administrateur stagiaire. — *Ký lục hậu bổ* 記 錄 ○ 補, secrétaire stagiaire, lettré stagiaire. — *Hậu kiến* ○ 見, demander à voir.

Hậu 堠*. Relevé de terre, défense, entourage; poste de garde.

Hấu 瓠. Plante de la famille des cucurbitacées. (Formé des S. A. *qua* 瓜, cucurbitacée, et *hấu* 侯, beau, joli.)

Dưa hấu 茶 ○, pastèque, melon d'eau. Voir *tây qua* 西瓜.

Hầu 侯*. Beau, joli; prince, noble; assister à l'audience d'un personnage; près de, presque; concubine.

Hầu quan ○ 官, assister à une audience officielle. — *Quan hầu* 官 ○, fonctionnaire assistant, officier d'ordonnance, aide de camp, attaché. — *Lính hầu* 另 ○, satellite, garde du prétoire, soldat de planton. — *Ghe hầu* 簾 ○, la barque de service d'un fonctionnaire. — *Tấn hầu* 進 ○, le moment des audiences, l'heure du bureau. — *Đi hầu* 抄 ○, se rendre à l'audience, aller au bureau. — *Đi hầu về* 抄 ○ 儒, revenir de l'audience ou du bureau. — *Đánh trống hầu* 打 鞁 ○, battre le tam-tam pour annoncer l'audience ou l'ouverture des bureaux. — *Bãi hầu rồi* 罷 ○ 耒, l'audience est finie, les bureaux sont fermés. — *Hầu hết* ○ 歇, près de finir. — *Hầu cho* ○ 朱, espérer.

Hầu 猴*. Singe (espèce); au fig., fripon, coquin, canaille.

Hầu 喉*. Trachée-artère. Voir *yết*.

Yết hầu 咽 ○, gorge, gosier. — *Bịt choàng hầu* 刷 絖 ○, nouer un mouchoir sous le menton, en fanchon.

Hầu 吼*. Cri de bête, beuglement, rugissement. Voir *hống*.

He 希. Syllabe euphonique. (En S. A., peu fréquent; se pron. *hi*.)

Hăm he 歆 ○, menacer. — *Xếp bê he* 揷皮 ○, s'asseoir les genoux pliés (pose de salutation des femmes).

Hẹ 薤. Une plante potagère du genre oignon. (Formé des S. A. *thảo* 艸, plante, et *hệ* 係, lier.)

Hé 戲*. Jouer avec des armes, rire, s'amuser. Voir *hí*. A. V. Interjection : hein? n'est-ce pas? un peu, à peine, récemment.

Mở hé hé 摀 ○ ○, entr'ouvrir, ouvrir un peu, commencer à s'ouvrir. — *Hó hé* 虞 ○, murmurer. — *Bé hé* 閉 ○, le cri de la chèvre. — *Trời hé mọc* 枖 ○ 木, le soleil commence à paraître, à se lever. — *Có phải hé* 固 沛 ○, hein? qu'en dites-vous? n'est-ce pas ainsi?

Hè 夏*. Été. Voir *hạ*. A. V. Interjection excitative : allons! cris prolongés que les Annamites poussent ensemble pour se donner du courage dans les combats et dans les travaux de force.

Mùa hè 務 ○, l'été. — *Làm hè* 濫 ○, faire avec courage, s'efforcer de. — *Hè nhau* ○ 饒, s'exciter mutuellement, s'encourager en criant.

Hè 廈*. Les dépendances d'une maison; mur extérieur avec appentis; hangar, toiture, abri. Voir *hạ*.

Hẽ 唉. Soupirer, se plaindre. Voir *hỡi*. (Du S. A. *ai*, même car., même signification.)

Hệ 系*. Lier, continuer, succéder;

Hệ 係*. liaison, connexion, relation; se prend parfois pour le suivant.

Hệ 係*. Dépendre de, se rattacher à, être, appartenir; lier, rattacher.

   Hệ biệt ○ 別, distinct, séparé. — *Số hệ* 數 ○, sort qui lie, destin, fatalité. — *Can hệ* 干 ○, cause déterminante, raison, motif. — *Chí hệ* 至 ○, le meilleur moment; ce qui vaut mieux, ce qui est préférable.

Hề 兮*. Particule de repos; après une négation signifie jamais; à la fin d'une phrase exprime la satisfaction ou l'admiration.

   Hề chi ○ 之, qu'importe? cela m'est bien égal. — *Không hề gì* 空 ○ 之, il n'importe pas, cela ne fait rien. — *Chẳng hề khi nào* 庄 ○ 欺 芾, jamais, en aucun temps. — *Chẳng hề bao giờ* 庄 ○ 包 睐, jamais jusqu'à présent.

Hề 奚*. Serviteur, domestique; gros, ventru; quel? qui? comment?

   Thằng hề 倘 ○, paillasse, bouffon de comédie. — *Cười hề hề* 唭 ○ ○, un rire bonasse.

Hễ 係. Tout, tous; en tant que, chaque fois que. (En S. A., dépendre de, se rattacher à; se pron. *hệ*.)

   Hễ người nào ○ 得 芾, chaque individu qui. — *Hễ ai* ○ 埃, quiconque, toute personne qui. — *Hễ là* ○ 羅, toutes les fois que; quand, lorsque. — *Hễ lần nào* ○ 客 芾, chaque fois que. — *Hễ có* ○ 固, s'il arrivait que.

Hể 匸*. Armoire, coffre, bahut; cacher, mettre de côté. Car. radical.

Hèm 糠. Résidu, marc, cosse de grain pressée. (Formé des S. A. *mễ* 米, grain, et *kiêm* 兼, réunir.)

Hèm 險. Passage dangereux, sentier abrupt, chemin étroit, trottoir. (Du S. A. *hiểm*, même car., même signification.)

   Đường hèm 唐 ○, chemin escarpé.

Hềm 嫌*. Nourrir un ressentiment, avoir de l'aversion ou de l'antipathie pour quelqu'un; doute, soupçon; inquiet, troublé.

   Hềm oán ○ 怨, se venger. — *Hềm lấy* ○ 祝, prendre en grippe, détester, haïr. — *Hềm nghi* ○ 疑, soupçonner, se méfier. — *Tiểu hềm* 小 ○, faire peu de cas de; petites répugnances. — *Mựa hềm* 馬 ○, ne m'en veuillez pas, ne me gardez pas rancune. — *Hềm vì* ○ 為, bouder.

Hen 痶. Toux sèche et pénible, embarras de la gorge; être grippé. (Formé des S. A. *nịch* 疒, maladie, et *hiên* 軒, char couvert.)

   Ho hen 呼 ○, tousser péniblement. — *Nói hen* 浽 ○, id. — *Hao hen* 耗 ○, dépérir, se consumer.

Hẹn 現. Assigner un terme, fixer un temps, convenir d'une date, promettre, s'engager. (En S. A., surgir, se montrer; se pron. *hiện*.)

   Hẹn ngày ○ 时, fixer un jour. — *Hẹn lại* ○ 吏, ajourner, remettre. — *Hẹn mua* ○ 謨, promettre d'acheter.

— *Hẹn trả* ○ 呂, fixer la date d'un remboursement. — *Hẹn chỗ tới* ○ 迬 細, donner un rendez-vous. — *Tới ngày hẹn* 細旹 ○, au jour assigné. — *Sái lời hẹn nói* 洒啹 ○ 吶, manquer à la parole donnée. — *Quá hẹn* 過 ○, dépasser le terme, excéder le temps fixé. — *Kì hẹn* 期 ○, temps fixé, date convenue.

Hèn 賢. Vil, méprisable; humble. (En S. A., sage, bon; se pron. *hiền*.)

Rớt hèn 卒 ○, le plus vil, le plus humble. — *Hèn mạt* ○ 未, méprisable, au-dessous de tout. — *Hèn hạ* ○ 下, infime, abject. — *Người hèn hạ* 俤 ○ 下, un homme vil, un pauvre homme. — *Vật hèn* 物 ○, chose de peu, objet sans valeur. — *Loài hèn* 類 ○, gens de rien, race méprisable, manants, vilains.

Heo 獵. Porc, cochon. Voir *lợn* et *trư*. (En S. A., chien de couleur jaune; se pron. *hiêu*.)

Heo đực ○ 特, verrat. — *Heo cái* ○ 吗, truie. — *Heo con* ○ 昆, pourceau. — *Heo còn bú* ○ 群 咘, cochon de lait. — *Heo rừng* ○ 棱, sanglier. — *Thui heo* 燿 ○, brûler un cochon, le flamber, le griller. — *Thịt heo* 肸 ○, viande de porc. — *Chuồng heo* 圕 ○, porcherie. — *Kẻ chăn heo* 几 愼 ○, porcher. — *Dơ như heo* 汙 如 ○, sale comme un cochon. — *Mập như heo* 眨 如 ○, gras comme un cochon.

Héo 烤. Sécheresse, aridité. (Formé des S. A. *hỏa* 火, feu, et *hiếu* 孝, piété.)

Khô héo 枯 ○, très sec, brûlé. — *Héo hắt* ○ 迄, réduit à rien. — *Héo dàu* ○ 油, fané, flétri, défraîchi.

Hèo 桻. Verge, rotin; insigne officiel. Voir *roi*. (Formé des S. A. *mộc* 木, bois, et *hiệu* 号, crier.)

Hèo quai ○ 乖, verge à franges de soie portée devant les hauts fonctionnaires comme marque d'autorité. — *Hèo hoa* 花, espèce de rotin à bigarrures. — *Hèo tàu* ○ 艚, autre espèce.

Hẻo 嘵. Très peu de chose, une toute petite quantité, un rien. (En S. A., se lamenter; se pron. *nghiễu*.)

Một chút hẻo 沒 拙 ○, un soupçon de quelque chose. — *Hắt hẻo* 迄 ○, réduit à la dernière extrémité, à bout de ressources. — *Đi hổng hẻo* 扐 開 ○, marcher délibérément, sans gêne.

Hẹp 陜. Étroit, serré, borné. (Du S.A. *hiệp*, même car., même signification.)

Hẹp lắm ○ 虞, très étroit. — *Hẹp quá* ○ 過, trop serré, étriqué. — *Hẹp lại* ○ 吏, resserrer. — *Người trí hẹp* 俤 智 ○, esprit faible, cerveau creux. — *Người hẹp dạ* 俤 ○ 腋, homme avare, chiche, regardant. — *Đường hẹp* 唐 ○, sentier étroit, chemin creux.

Hét 喝. Rugir, frémir, hurler. (Du S. A. *yết*, même car., même signification.)

Giận la hét 悻 囉 ○, frémir et crier de colère. — *Hét gầm* ○ 噙, hurler, rugir.

Hệt 頡. Exactement semblable, tout à fait identique. (En S. A., tenir la tête bien droite; se pron. *hiệt*.)

Hệt mặt ○ 靤, ressemblance physique. — *In hệt* 印 ○, absolument semblable; identiquement.

Hết 歇. Fini, épuisé; tout à fait, absolument; tout, tous. (Du S. A. *yết*, même car., même signification.)

    Hết thảy ○ 汰, entièrement, tout sans exception, tous jusqu'au dernier. — *Hết lòng* ○ 悉, de tout cœur. — *Hết sức* ○ 飭, de toutes ses forces, avec énergie. — *Hết rồi* ○ 耒, complètement terminé, entièrement épuisé; c'est fini. — *Đầu hết* 頭 ○, dès le début, au commencement, en tête. — *Sau hết* 箕 ○, après tout, finalement, en dernier lieu. — *Trước hết* 署 ○, tout d'abord, avant tout, premièrement. — *Phải nói cho hết* 沛 吶 朱 ○, il faut tout dire. — *Tôi thua hết bạc* 碎 收 ○ 薄, j'ai perdu (au jeu) tout l'argent. — *Ăn cho hết đi* 咹 朱 ○ 迻, mangez tout.

Hểu 嚻. Ouvert à tous les vents, exposé à tous les dangers. (Du S. A. *hiêu*, même car., même signification.)

    Để hểu 底 ○, placé trop haut.

Hểu 曉. Porter gaîment (ne s'emploie qu'en composition). (Du S. A. *hiểu*, même car., content, joyeux.)

    Nhẹ hểu 珥 ○, léger comme rien. — *Gánh đi hểu hểu* 梗 迻 ○ ○, emporter une charge gaîment et sans effort. — *Hểu hảo* ○ 好, large, libéral.

Hi 希 *. Peu fréquent, rare, précieux; rarement, en petit nombre, en petite quantité; déployé, dispersé, éparpillé, clairsemé.

Hi 唏 *. Haleine, souffle; soupirs, gémissements; pleurer, sangloter.

Hi 稀 *. Ouvert, béant; clairsemé, peu épais, rare; distrait, inattentif.

    Hi thiểu ○ 少, petite quantité.

Hi 羲 *. Air, vapeur, fluide; partie du nom d'un empereur chinois.

Hi 犧 *. Animal pour les sacrifices (bœuf, buffle, brebis, chèvre, etc.).

Hi 熙 *. Clair, brillant, lumineux; avec joie, avec plaisir. Voir *hảy*.

Hí 哇 *. Rire bruyamment et avec dédain, se moquer des gens.

Hí 戲 *. Jouer avec des armes, se divertir, s'amuser, rire. Voir *hé*. A. V. Hennir; hennissement.

    Ngựa hí 馭 ○, le cheval hennit. — *Tiếng hí* 嗜 ○, hennissement.

Hĩ 矣 *. Mot final ponctuant une phrase à sens précis ou renfermant une proposition affirmative.

Hỉ 喜 *. Joie, contentement, plaisir; être joyeux, content, satisfait.

    Hỉ sắc ○ 色, une bonne figure, un visage gai. — *Đại hỉ* 大 ○, excessivement content, joie immense. — *Hỉ mũi* ○ 鼻, se moucher; litt., satisfaire le nez.

Hia 鞾 [1]. Bottes en cuir. Voir *huê*.

---

[1] Peut se transcrire aussi par le S.A. 鞵 qui est un synonyme de *hài* 鞋, chaussures.

(Formé des S. A. *cách* 革, peau, et *hi* 希, rare.)

Một đôi hia 沒 堆 ○, une paire de bottes. — *Mang hia* 芒 ○, porter des bottes. — *Đi hia* 拸 ○, id.

Hiếm 險. Peu fréquent; par tournure ironique signifie aussi à profusion, très nombreux, beaucoup. (En S. A., dangereux; se pron. *hiểm*.)

Hiếm có ○ 固, très précieux. — *Của hiếm* 貼 ○, chose rare. — *Chẳng hiếm* 庄 ○, qui n'est pas rare, qui est abondant. — *Hiếm chi* ○ 之, en manque-t-il? est-ce que c'est rare?

Hiềm 嫌*. Garder rancune, conserver un vif ressentiment; jalouser, détester; déprécier, faire très peu de cas de. Voir *hềm*.

Hiểm 險*. Dangereux, hasardeux, peu sûr, escarpé, inaccessible.

Hiểm nghèo ○ 饒, dangereux, difficile; risque, péril, danger. — *Hiểm cách* ○ 隔, inabordable, insurmontable, inaccessible. — *Cách hiểm nghèo* 格 ○ 饒, dangereusement, avec risques et périls. — *Đường hiểm nghèo* 唐 ○ 饒, chemin peu sûr, dangereux. — *Việc hiểm nghèo* 役 ○ 饒, affaire risquée, entreprise hasardeuse. — *Mắc hiểm nghèo* 縸 ○ 饒, qui est exposé, qui est en danger. — *Chỗ hóc hiểm* 拄 旭 ○, endroit escarpé, inaccessible, dangereux. — *Hiểm yếu* ○ 要, effrayant.

Hiên 軒*. Char couvert, capote de voiture; saillie, avancée, appentis.

Mái hiên 屓 ○, marquise, véranda, partie extrême d'une toiture. — *Hiên lầu* ○ 樓, balcon, galerie extérieure.

Hiện 莧*. Nom de plantes tendres comestibles; pourpier, épinard.

Hiện 現*. Briller, scintiller; surgir, se manifester, apparaître.

Hiện hình ra ○ 形 囉, se montrer tout à coup. — *Hiện ngân* ○ 銀, argent comptant. — *Quỉ hiện* 鬼 ○, apparition diabolique.

Hiến 獻*. Chien engraissé pour les sacrifices; présent, offrande; offrir, remettre, donner (à un supérieur).

Phụng hiến 奉 ○, présenter respectueusement. — *Hiến thượng* ○ 上, offrir à un supérieur.

Hiến 獻*. Offrande rituelle aux mânes des ancêtres, aux parents défunts (chien, cochon).

Sơ hiến 初 ○, première offrande. — *Á hiến* 亞 ○, deuxième offrande. — *Chung hiến* 終 ○, troisième et dernière offrande (ces offrandes sont toujours accompagnées de prosternations et de libations).

Hiến 憲*. Loi; modèle, exemple; guider, diriger, conseiller.

Nhơn hiến 仁 ○, un administrateur humain, un fonctionnaire bienveillant. — *Quan hiến* 官 ○, id.

Hiền 賢*. Sage, bon, doux, prudent; de grand talent, de haute intelligence; capacité, habileté.

Hiền nhơn ○ 人, homme très capable; sage, philosophe. — *Hiền lành*

○ 苓, bon, doux, bienveillant. — *Tính hiền lành* 性○苓, d'humeur accommodante. — *Con nít hiền lành* 昆涅○苓, enfant sage. — *Ngựa hiền* 馭○, cheval doux, facile à monter.

Hiển 顯*. Illustre, éclatant, remarquable; éclairer, resplendir; expliquer, commenter.

Hiển minh ○明, brillamment, avec éclat. — *Vinh hiển* 榮○, florissant, prospère; noble. — *Hiển hách* ○赫, illustre, glorieux. — *Hiển danh* ○名, nom célèbre. — *Vinh hiển sáng láng* 榮○創朗, très grand éclat, très haute renommée.

Hiểng 煋*. Couleur et éclat du feu; feu qui flambe; brillant, ardent.

Hơ hiểng hiểng 烯○○, se chauffer.

Hiệp 陕*. Serré, étroit. Voir *hẹp*.

Hiệp 浹*. Humide, mouillé; fertile (parlant des terres, des rizières).

Hiệp 挟 et 挾*. Prendre, saisir, s'approprier; porter sous son bras en cachant; rassembler, réunir.

Hiệp thơ ○書, cacher des livres; porter des livres sous son bras. — *Súng hiệp* 銃○, fusil à deux coups; litt., fusil à canons joints.

Hiệp 恊 et 協*. Union, concorde; conformité, unanimité; réunir, rassembler; être d'accord, se secourir mutuellement, s'entr'aider; titre du mandarinat militaire.

Hiệp lòng ○悉, d'un commun accord. — *Hiệp lực* ○力, réunir les forces. — *Hiệp lãnh* ○領, grade d'officier dans la garde royale.

Hiệp 合*. Unir, assembler, resserrer, joindre, se joindre; mesure de capacité pour les grains valant exactement 10 thược. Voir *hạp*.

Hiệp lại với nhau ○吏貝饒, se joindre ensemble. — *Hòa hiệp* 和○, être d'accord. — *Hiệp lõa* ○夥, se former en bande (de malfaiteurs).

Hiệp 脇 et 脅*. Se prévaloir de, employer la force, abuser du pouvoir; vexer, opprimer, intimider.

Ăn hiếp 唆○, faire violence. — *Ăn hiếp người ta* 唆○俚些, opprimer les gens. — *Hà hiếp* 荷○, id. — *Hãm hiếp* 陷○, forcer, faire violence. — *Mắng hiếp* 夆○, vexer en insultant, malmener. — *Kẻ hà hiếp* 几荷○, oppresseur. — *Bị ăn hiếp* 被唆○, être opprimé.

Hiệt 頁*. La tête humaine; début, commencement, origine; terme numéral. Car. radical.

Hiệt 頡*. Tenir la tête bien droite; voler ouvertement, prendre sans se gêner, piller avec audace.

Hiếu 嚣*. Crier, hurler, pousser de grands abois; être en danger.

Hiếu 獢*. Un chien de couleur jaune; aboyer furieusement.

Hiệu 號 et 号*. Rugir, hurler, crier de toutes ses forces; dénomination, surnom, numéro, chiffre, devise, enseigne, étiquette, signe distinctif, raison sociale.

Danh hiệu 名 ○, nom de commerce, raison sociale. — *Niên hiệu* 年 ○, date de l'année. — *Lấy làm hiệu* 祝 濫 ○, prendre pour devise. — *Hiệu lệnh* ○ 令, ordre royal; signe distinctif. — *Hiệu mầy là gì* ○ 眉 羅 之, quel est ton numéro? ton signe distinctif? — *Tại kinh quân hiệu* 在 京 軍 ○, les différents corps de troupes de la capitale. — *Hiệu nhà hàng* ○ 茹 行, raison sociale d'une maison de commerce. — *Bản hiệu phó* 版 ○ 舖, enseigne de magasin. — *Cải hiệu* 改 ○, changer le nom, le numéro, son signe distinctif, sa raison sociale.

Hiệu 校 *. Bois croisés formant palissade; se battre avec des bâtons.

Hiệu 效 *. Imiter; faire du zèle, des efforts; réussite, mérite, résultat obtenu; qui agit, qui est efficace.

Công hiệu 功 ○, mérite, services rendus. — *Hiệu lực* ○ 力, déployer son zèle, s'efforcer de mériter. — *Thuốc hiệu* 藥 ○, remède qui produit son effet, médicament efficace.

Hiếu 孝 *. Piété filiale, devoirs de l'enfant envers les parents, respect et vénération pour les ancêtres.

Hiếu kinh ○ 敬, soumis et respectueux. — *Hiếu dưỡng* ○ 養, honorer et nourrir ses parents. — *Hiếu tử* ○ 子, fils pieux et reconnaissant. — *Rất hiếu thảo* 慄 ○ 討, pousser très loin la piété filiale. — *Bất hiếu* 不 ○, ingrat, irrespectueux, manquer au devoir filial. — *Hiếu kinh* ○ 經, le livre classique de la piété filiale (écrit en 475 avant J.-C., par un disciple de Confucius).

Hiểu 曉 *. Clair, lumineux; comprendre, percevoir, se rendre compte; compréhensible, explicable; saisir aisément, s'expliquer facilement; gai, content, joyeux.

Hiểu rõ ràng ○ 燭練, comprendre parfaitement, clairement. — *Hiểu biết* ○ 別, connaître, se rendre compte. — *Hiểu ý* ○ 意, connaître, deviner, saisir l'intention ou le désir. — *Hiểu thấu* ○ 透, connaître à fond. — *Nghe hiểu* 瞠 ○, entendre, percevoir, saisir. — *Thông hiểu* 通 ○, comprendre parfaitement, pénétrer un sens. — *Dễ hiểu* 易 ○, facile à comprendre. — *Anh có hiểu không* 嬰 固 ○ 空, comprenez-vous? saisissez-vous? — *Tôi hiểu được* 碎 ○ 特, je comprends fort bien, je suis capable de comprendre. — *Khó hiểu lắm* 苦 ○ 虞, très difficile à comprendre.

Him 瞼 *. Mouvement de paupières.

Him mắt ○ 眛, yeux à demi fermés.

Hìm 朕 *. Flanc, côté, aine; se prononce aussi *hãm*.

Hin 軒. Mot complémentaire. (En S. A. *hiên*, même car., capote de voiture.)

Đen hin 顛 ○, bronzé, hâlé.

Hình 形 *. Forme, aspect, contour, visage, figure, image, portrait, photographie; se montrer, se manifester, surgir, apparaître.

Hình tích ○ 跡, forme, contour; signe particulier. — *Hình tướng* ○

相, aspect, apparence. — *Hình mặt* ○ 面, figure, visage, ensemble de la physionomie. — *Hình vóc* ○ 服, stature, taille. — *Hình tượng* ○ 像, statue, portrait, image; simulacre. — *Hình nộm* ○ 俿, épouvantail, poupée. — *Hình ảnh* ○ 影, portrait. — *Đồ hình* 圖 ○, peinture, photographie. — *Lấy hình* 祦 ○, photographier. — *Thợ vẽ hình* 署 敱 ○, peintre de portraits. — *Thợ lấy hình* 署 祦 ○, photographe. — *Chữ tượng hình* 字 像 ○, caractère figuratif. — *Giả hình* 假 ○, simuler, faire semblant, agir en hypocrite.

Hình 刑 *. Supplice; châtiment légal, loi pénale; punir, châtier.

Gia hình 加 ○, infliger une peine. — *Hình phạt* ○ 罰, punition, châtiment. — *Hình khổ* ○ 苦, tourment, supplice, torture. — *Chỉ hình* 指 ○, genre de torture généralement appliquée aux femmes et qui consiste à comprimer les doigts. — *Ngũ hình* 五 ○, les cinq peines : 1° 50 coups et au-dessus, 2° 100 coups et audessus, 3° l'exil, 4° l'exil perpétuel, 5° la mort. — *Bộ hình* 部 ○, ministère de la justice. — *Quan thượng hình* 官 尙 ○, le ministre de la justice. — *Quan đề hình* 官 提 ○, juge criminel. — *Luật hình* 律 ○, lois pénales. — *Việc hình* 役 ○, affaires judiciaires, affaires criminelles.

Hình 脛 *. Tibia, péroné; pattes d'échassier. A. V. Odeur de chairs en putréfaction.

Hình cốt ○ 骨, les os de la jambe. — *Hình mũi* ○ 齈, relever le nez, renâcler. — *Mùi hình* 味 ○, sentir mauvais.

Híp 協. Enflé, gonflé, boursoufflé. (En S. A., réuni, contracté; se pron. *hiệp*.)

Híp mắt ○ 相, yeux gonflés.

Hít 歇. Aspirer par le nez, priser, renifler, flairer, sentir, humer. (En S. A., cesser, épuiser; se pron. *yết*.)

Hít thuốc ○ 葉, priser du tabac. — *Thuốc hít* 葉, tabac à priser. — *Hôn hít* 昏 ○, le baiser annamite (qui consiste à appliquer la bouche et le nez et à aspirer fortement des narines). — *Hôn hít nhau hoài* 昏 ○ 饒 懷, s'embrasser sans cesse, se baisoter. — *Hôn hít con hoài* 昏 ○ 昆 懷, couvrir son enfant de caresses.

Hiu 嚻. Qui souffle légèrement, doucement; petite brise, zéphyr. (En S. A., crier; se pron. *hiêu*.)

Gió hiu hiu 逾 ○ ○, brise légère, vent très doux et agréable. — *Buồn hiu* 盈 ○, seul, abandonné, triste, mélancolique.

Ho 呼 *. Expiration; tousser, être enrhumé. Voir *hồ*.

Ho hen ○ 痷, tousser douloureusement. — *Bệnh ho lao* 病 ○ 癆, maladie de poitrine, bronchite. — *Ho sổ mũi* ○ 數 齈, être enrhumé du cerveau. — *Thuốc ho* 葉, remède contre la toux. — *Hay ho* 哈 ○, tousser souvent. — *Ho sò* ○ 嚠, id.

Họ 戶 *. Famille, parenté, société, congrégation; nom générique. Voir *hộ*. A. V. S'emploie comme pronom indéfini: on, les gens.

Họ nội ○ 內, parenté paternelle. — *Họ ngoại* ○ 外, parenté maternelle. — *Họ hàng* ○ 行, race, lignée, parenté. — *Trăm họ* 蔉 ○, les cent familles, c.-à-d. tout le monde. — *Bá họ* 百 ○, id. — *Một họ với nhau* 沒 ○ 貝饒, porter le même nom, être de la même famille. — *Họ lương bằng* ○ 頁朋, société, association. — *Họ nói* ○ 吶, les gens disent que. — *Họ sợ* ○ 怍, on craint, on a peur de.

Hò 呼. Crier, appeler; cris des travailleurs pour s'exciter et régler les mouvements d'ensemble. (Du S. A. *hô*, même car., même signification.)

Hò lơ hò dịch ○ 臚 ○ 役, cris des matelots qui lèvent l'ancre; au fig., se donner beaucoup de peine. — *Hò khoan* ○ 鐩, refrain des rameurs pour s'exciter et nager avec vigueur et ensemble. — *Hẹn hò* 現 ○, convenir de quelque chose.

Hồ 瑚*. Vase destiné à contenir le grain dans certaines cérémonies rituelles. A. V. Qui ressort, qui est en saillie (en parlant des dents).

San hồ 珊 ○, corail rose de très belle qualité. — *San hồ giả* 珊 ○ 假, faux corail. — *Răng hồ* 鲮 ○, dents saillantes, dents déchaussées.

Hố 呼*. Expiration; crier, appeler; mot de commandement militaire, ordre bref pour faire exécuter les mouvements d'ensemble.

Tung hố 嵩 ○, acclamer, pousser des cris de joie. — *Tiếng tung hố* 嗜 嵩 ○, acclamations, cris d'enthousiasme d'une multitude. — *Hố lên mà ưng* ○ 遷麻膺, nommer par acclamation. — *Phải hố cho lớn* 沛 ○ 朱

客, il faut commander à haute voix. — *Người dạy tập hố* 得 吥 習 ○, l'instructeur commande. — *Khi nghe tiếng hố thì phải đi* 欺 瞗 嗜 ○ 時 沛 迻, à ce commandement il faudra partir. — *Hố hoán* ○ 喚, appeler au secours, crier à l'aide.

Hộ 怙*. Compter sur, mettre son appui en; croire que, espérer, désirer, attendre; soutien, tuteur.

Hộ 護*. Garder, protéger, assister, défendre, garantir, conserver.

Bảo hộ 保 ○, protéger, garantir. — *Phù hộ* 扶 ○, prendre sous sa protection. — *Quan bảo hộ* 官 保 ○, le représentant d'un protectorat. — *Hộ vệ* ○ 衛, le régiment des gardes à la cour. — *Hộ môn thảo* ○ 門 草, nom de plante.

Hộ 詁*. Doctrine des anciens; expliquer les vieux préceptes; annoter.

Hộ 戶*. Défendre, garder; le fisc, les revenus publics; ouverture, porte. Voir *họ*. Car. radical.

Hộ bộ ○ 部, ministère des revenus ou des finances. — *Hộ bộ thượng thơ* ○ 部 尙 書, le ministre des finances. — *Người bá hộ* 得 百 ○, homme de qualité. — *Hộ trưởng* ○ 長, chef de quartier (à *Chợ lớn*).

Hổ 虎*. Rugir comme les fauves. A. V. Gouffre rempli d'écueils, fossé profond, fondrière, excavation.

Ham hổ 歃 ○, avide. — *Hãy hổ* 睸 ○, froncer les sourcils. — *Cá hổ* 鱛 ○, espèce de petit poisson de mer.

Hồ 狐*. Le renard; au fig., fin, rusé, malin, défiant, soupçonneux.

Bạch hồ 白 ○, renard blanc. — *Hồ nghi* ○ 疑, se douter de quelque chose, se méfier. — *Hồ tinh* ○ 精, démon familier, esprit, apparition.

Hồ 胡*. Long, qui pend; rougeâtre, noirâtre; sauvage, étranger; nom de famille, nom générique.

Họ hồ 户 ○, du nom générique de Hồ. — *Hồ tiêu* ○ 椒, poivre. — *Hồ ma tử* ○ 麻子, graine de lin. — *Dã hồ* 野 ○, ciguë. — *Hồ nhung* ○ 戎, peuples barbares.

Hồ 湖*. Étang, mare, pièce d'eau.

Giang hồ 江 ○, fleuves et lacs. — *Biển hồ* 灣 ○, le grand lac du Cambodge. — *Hồ chứa nước mưa* ○ 貯 潞霄, réservoir d'eau de pluie, citerne. — *Long hồ* 隆 ○, nom populaire du chef-lieu de la province de Vĩnh long (Cochinchine).

Hồ 糊*. Colle de farine de riz, substance agglutinante, empois, pâte, bouillie; empeser, coller.

Hồ áo quần ○ 襖裙, empeser des chemises, des pantalons. — *Hồ bằng bột* ○ 朋粺, colle de farine, colle d'amidon. — *Hàm hồ* 合 ○, prendre le faux pour le vrai. — *Hồ đồ* ○ 塗, confus, troublé, en désordre; collant, boueux. — *Trét hồ* ○ 捌 ○, enduire de colle, barbouiller, empeser.

Hồ 乎*. Signe d'interrogation.

Hồ 壺*. Vase, coupe, gourde. Voir *hủ*. A. V. Horloge, montre.

Hồ rượu ○ 醑, vase à contenir du vin. — *Đồng hồ* 銅 ○, pendule, montre. — *Đồng hồ vàng* 銅 ○ 鑛, montre en or. — *Đồng hồ trái quít* 銅 ○ 鞭橘, montre à savonnette; litt., en forme d'orange mandarine. — *Đồng hồ đánh giờ* 銅 ○ 打除, montre à répétition, horloge qui sonne l'heure. — *Vặn đồng hồ lại* 捫 銅 ○ 吏, remonter une montre, une pendule. — *Đồng hồ chết rồi* 銅 ○ 折 未, la montre est arrêtée, la pendule ne marche plus. — *Đầu hồ* 頭 ○, un certain jeu d'adresse.

Hồ 庀*. Tacheté, moucheté, tigré. Car. radical.

Hồ 虎*. Tigre; symbole de force et de cruauté; surnom guerrier. Voir *cọp*. A. V. Honte, confusion.

Hồ mặt ○ 麵, avoir honte, être confus, embarrassé. — *Hồ ngươi* ○ 皉, rougir de honte. — *Hồ thẹn* ○ 嘈, id. — *Hồ phận* ○ 分, rougir de sa condition. — *Sợ xấu hồ* 怍 丑 ○, craindre le déshonneur, redouter les conséquences d'une mauvaise action. — *Không biết xấu hồ* 空別丑 ○, ne pas savoir rougir, sans amour-propre, sans dignité. — *Cách xấu hồ* 格丑 ○, honteusement. — *Bị xấu hồ* 被 丑 ○, avoir reçu un affront. — *Sỉ hồ* 耻 ○, faire affront. — *Rắn hồ* 蛤 ○, espèce de serpent venimeux.

Hồ 琥*. Une pierre veinée, tigrée; sceau en forme de tigre; ambre. Voir *phách*.

Hồ phách ○ 珀, ambre. — *Chuỗi hồ* 絆 ○, collier d'ambre. — *Nút hồ* 鎂 ○, boutons en ambre. — *Hồ phù*

○ 符, le sceau d'un plénipotentiaire ou d'un délégué royal.

Hơ 烯. Chauffer, se chauffer, sécher au feu. (Formé des S. A. *hỏa* 火, feu, et *hi* 希, rare.)

    Hơ hãi ○ 烖, se réchauffer. — *Hơ nắng* ○ 曬, se chauffer au soleil. — *Hơ lửa* ○ 焓, se chauffer près du feu. — *Hơ hiểng hiểng* ○ 烊烊, id.

Hờ 除. Conserver, réserver; séparer une partie du tout. (Du S. A. *trừ*, même car., déduire, soustraire).

    Để hờ 底 ○, mettre de côté. — *Quân hờ* 軍 ○, détachement de troupes. — *Phần hờ* 分 ○, poste de garde, poste de douane.

Hở 許*. Écouter, accorder, consentir. Voir *hứ*. A. V. Entr'ouvert, disjoint; fente, fissure.

    Cửa hở ra 閭 ○ 囉, porte entr'ouverte. — *Mở hở ra* 搗 ○ 囉, entre-bailler, entr'ouvrir. — *Lỗ hở* 魯 ○, fente, fissure. — *Hán hở* 漢 ○, épanoui (visage). — *Hở cơ* ○ 機, à l'improviste. — *Hở hơi* ○ 唏, respirer. — *Chẳng hở* 庄 ○, sans discontinuer. — *Ngồi hở* 璽 ○, assis les jambes écartées.

Hoa 花*. Fleurs de plantes, fleurs artificielles; dessins, sculptures; bigarrures, arabesques, ornements; ciseler, orner; galanterie, licence, libertinage.

    Bông hoa 蘲 ○, les fleurs en général. — *Hoa quả* ○ 果, fleurs et fruits. — *Hoa nở* ○ 芛, les fleurs s'épanouissent; fleurir; floraison. — *Tràng hoa* 裱 ○, corolle. — *Phần âm cái hoa* 分陰丐 ○, pistil. — *Cánh hoa* 翄 ○, pétale. — *Chùm hoa kiết* 森 ○ 結, bouquet de fleurs. — *Hoa hồng* ○ 紅, rose. — *Búp hoa hồng* 苿 ○ 紅, bouton de rose. — *Hoa huệ* ○ 蕙, tubéreuse. — *Hoa phấn* ○ 粉, belle de nuit. — *Hoa sen* ○ 蓮, fleur de nénufar. — *Bạch hạp hoa* 白合 ○, lis. — *Hoa lài* ○ 茶, jasmin. — *Hoa nở ngày* ○ 芛曘, immortelle. — *Hoa phần* ○ 糞, réséda, belle de nuit. — *Hoa cẩm nhung* ○ 錦茸, œillet. — *Hoa dù hạp* ○ 峀合, fleur du magnolier. — *Thảo hoa* 草 ○, fleurs artificielles. — *Bình hoa* 瓶 ○, vase à fleurs. — *Thêu hoa* 繞 ○, broder des fleurs. — *Bắt hoa* 抔 ○, tisser, brocher. — *Thợ vẽ hoa* 署敨 ○, peintre, ornemaniste. — *Hoa tai* ○ 聰, boucles d'oreilles. — *Hoa thuyền* ○ 船, bateau approprié aux parties de plaisir, lieu de débauche; litt., bateau de fleurs. — *Hoa nữ* ○ 女, fleur de femme; une femme, une jeune fille. — *Hoa nương* ○ 娘, fille galante. — *Hoa tình* ○ 情, amoureux, licencieux. — *Nguyệt hoa* 月 ○, lubrique, obscène. — *Hoa tiêu* ○ 標, un pilote. — *Nước hoa lang* 渚 ○ 郎, le royaume de Hollande.

Hoa 華*. Grande abondance de fleurs; fleuri, élégant, gracieux, majestueux, glorieux, splendide; se confond souvent avec le précédent et réciproquement.

    Hoa mĩ ○ 美, joli, élégant, charmant, gracieux. — *Hoa nghi* ○ 儀, beau, majestueux, imposant. — *Hoa dương* ○ 陽, gloire et splendeur. — *Trung hoa* 中 ○, le centre du Beau, l'Empire chinois.

Họa 話. Parler, dire, s'exprimer, raconter, converser, discourir; parole, langage, discours.

> Âm họa 音 ○, prononcer, articuler. — Bát thành họa 不成 ○, discours qui ne repose sur rien de sérieux, paroles en l'air.

Họa 禍*. Malheur, misère, calamité, punition du ciel; faire du tort aux gens, faire le mal, nuire.

> Tai họa 災 ○, malheur, calamité, infortune. — Họa may ○ 埋, par bonheur, par chance, heureusement. — Họa phước ○ 福, heur et malheur. — Là họa 羅 ○, c'est malheureux!

Họa 畫*. Tracer des lignes, délimiter, définir; peindre, dessiner; dessin, carte, plan, tableau.

> Họa đồ ○ 圖, dessin, plan, carte. — Lấy họa đồ 祕 ○ 圖, lever un plan. — Họa hoa ○ 花, peindre des fleurs, dessiner des arabesques. — Sơn thủy họa 山水 ○, paysage.

Hóa 化*. Transformation, changement; ce qui survient, ce qui arrive.

> Khí hóa 氣 ○, changements atmosphériques. — Hóa nên ○ 年, devenir; il arrive que. — Hóa ra làm sao ○ 囉濫牢, qu'arrive-t-il? que se passe-t-il? qu'est-il devenu?

Hóa 貨*. Vendre; suborner; biens, richesses, objets précieux, marchandises de toutes sortes.

> Hàng hóa 行 ○, marchandises. — Chở hàng hóa 䮾 行 ○, transporter des marchandises. — Tạp hóa 雜 ○, marchandises diverses, menues marchandises, commerce de détail.

Hòa 禾*. Grains, céréales; les moissons, les biens de la terre. Car. radical.

Hòa 和*. Paix, union, concorde, harmonie; unir, mêler, mélanger.

> Hòa bình ○ 平, paix et concorde; le nom d'une province du Tonkin appelée aussi Phương lâm 方林 (région forestière) et Chợ bờ 幣坡 (limites du marché). — Hòa thuận ○ 順, concorde et union. — Hòa hảo ○ 好, liens d'amitié, rapports amicaux. — Hòa nhã ○ 雅, entente cordiale, harmonie. — Hòa gian ○ 姦, union illicite, adultère. — Hòa lại ○ 吏, se remettre ensemble, se réconcilier. — Làm hòa 濫 ○, faire la paix. — Xin hòa 嗔 ○, demander la paix. — Giao hòa 交 ○, conclure la paix, faire un arrangement; traité, convention. — Bình hòa 平 ○, calme, pacifié; le nom d'une localité des environs de Saigon. — Hiền hòa 賢 ○, paisible, tranquille, modéré, retenu. — Biên hòa 邊 ○, paix sur la frontière; le nom d'une province de Cochinchine. — Khánh hòa 慶 ○, concorde et fidélité; le nom d'une province de l'Annam moyen. — An hòa 安 ○, nom de pays. — Ăn ở thuận hòa 咹於順 ○, vivre en bonne intelligence, en un accord parfait. — Hòa thuốc ○ 茱, mélanger des drogues. — Hòa thượng ○ 尙, supérieur d'un couvent de bonzes.

Hỏa 火 et 灬*. Feu; l'un des cinq éléments. Car. radical. Voir lửa.

17.

Hỏa tai ○ 災, incendie, sinistre, calamité. — *Hỏa hồ* ○ 虎, sorte de brûlots dont se servent les pirates pour attaquer les barques. — *Hỏa hoa* ○ 花, étincelle, flamme, flammèche. — *Hỏa mai* ○ 枚, torche incendiaire, mèche. — *Hỏa giếng* ○ 汫, source de naphte. — *Hỏa diêm sơn* ○ 焰山, montagne de feu, volcan. — *Hỏa lò* ○ 爐, four, fourneau, réchaud. — *Trái hỏa* 菓吏 ○, fusée, pièce d'artifice. — *Sao hỏa tinh* 星 ○ 星, la planète Mars. — *Hỏa hình* ○ 刑, le supplice du feu. — *Hương hỏa* 香 ○, encens et feu; biens dont le revenu sert à payer les frais du culte des ancêtres dans chaque famille. — *Hỏa đản* ○ 瘴, érésipèle.

Hoác 藿*. Plantes odoriférantes. A. V. Syllabe euphonique et mot complémentaire.

   Đậu hoác 豆 ○, pois sauvages. — *Hoác hương* ○ 香, bétoine. — *Cười hả hoác* 哄呵 ○, rire à gorge déployée. — *Hoác việc* ○ 役, échouer dans une entreprise.

Hoặc 或*. Douteux, vague, incertain; douter, soupçonner; très mince, très faible; dubitatif.

   Hoặc là ○ 羅, peut-être. — *Hoặc có* ○ 固, peut-être oui. — *Hoặc không* ○ 空, peut-être non. — *Miệng choạc hoặc* ○ 呬 呪 ○, bouche fendue jusqu'aux oreilles.

Hoặc 惑*. Être trompé, être déçu; trouble d'esprit, illusion, aveuglement; erreur, doute, soupçon; tromper, intriguer, exciter le doute dans l'esprit de quelqu'un.

   Vu hoặc 誣 ○, être victime d'une supercherie. — *Nghi hoặc* 疑 ○, douter, se méfier, être intrigué par. — *Hoặc dân* ○ 民, en imposer au peuple. — *Huyền hoặc* 幻 ○, tromper.

Hoặc 或. Mot complémentaire, sorte de superlatif excessif. (En S. A., vague, incertain; se pron. *hoặc*.)

   Xấu hoặc 丑 ○, très laid, horrible.

Hoạch 畫 et 嘪*. Tracer des lignes, régler; carte, plan, dessin.

Hoạch 劃*. Alêne, poinçon; tailler, graver, couper; fendre, diviser, séparer, disjoindre, distinguer.

Hoạch 獲 et 穫*. Prendre une bête à la chasse, s'emparer d'un malfaiteur; obtenir un résultat, acquérir des biens; pris, retenu.

   Hoạch ân ○ 恩, gagner les grâces de. — *Phần hoạch* 分 ○, part de prise; quotient, résultat. — *Số hoạch* 數 ○, nombre obtenu dans un calcul. — *Thâu hoạch* 收 ○, récolter, recueillir. — *Sanh hoạch* 生 ○, prendre vivant.

Hoai 懷. S'éventer, s'évanouir, se dissiper, se perdre. Voir *phai*. (En S. A., toujours; se pron. *hoài*.)

   Hoai mùi ○ 味, perdre l'odeur.

Hoại 話*. Langue, langage; mot, parole; parler, dire, s'exprimer.

Hoại 壞*. Ruiner, détruire, faire du tort, porter préjudice; corrompre les gens, gâter les cœurs.

Bại hoại 敗 ○, ruiné, détruit, corrompu; langueur, fatigue (s'écrit aussi *bải hoại*). — *Hoại nhơn tâm* ○ 人心, corrompre le cœur de l'homme. — *Hoại sự* ○ 事, gâter une affaire.

Hoài 懷 et 怀*. Porter dans son sein, garder dans son esprit, penser constamment à une chose, rester continuellement attaché à une idée; toujours, sans cesse.

Hoài hoài ○ ○, constamment. — *Hoài hủy* ○ 毀, toujours, sans relâche. — *Hoài đức* ○ 德, demeurer toujours vertueux, conserver la sagesse. — *Hoài thai* ○ 胎, être enceinte. — *Nhức đầu hoài* 癩頭 ○, avoir toujours mal à la tête. — *Đi chơi hoài* 拶制 ○, aller constamment se promener, être toujours dehors.

Hoài 槐 et 槐*. Espèce d'acacia. Voir *hoe*.

Hoài 壞. Sur le point de se rompre, qui va se gâter, se désagréger. (Du S.A. *hoại*, même car., ruiné, détruit.)

Hoan 歡*. Content, heureux, charmé; se réjouir, s'amuser, folâtrer.

Hoan nhã ○ 雅, accord parfait, bonne entente, concorde, tranquillité. — *Hoan nhàn* ○ 閒, heureux, paisible, en repos. — *Hoan tâm* ○ 心, cœur content, esprit satisfait. — *Hoan hỉ* ○ 喜, être au comble de ses vœux; joie, ravissement.

Hoạn 患*. Tribulation, malheur, peine, souffrance; s'attrister de.

Hoạn nạn ○ 難, misère, infortune, affliction, chagrin. — *Hoạn họa* ○ 禍, calamité, fléau. — *Bệnh hoạn* 病 ○, maladie douloureuse.

Hoạn 宦*. Eunuque du palais[1].

Hoạn quan ○ 官, fonctionnaire gardien du sérail. — *Hoạn thần* ○ 臣, id. — *Ông hoạn* 翁 ○, id.

Hoạn 豢*. Animaux domestiques; nourrir des animaux; élever, soigner; attirer, gagner, séduire.

Hoán 喚*. Appeler à haute voix, crier au secours; invoquer.

Hô hoán 呼 ○, crier, appeler; faire des commandements. — *Hô phong hoán vũ* 呼風 ○ 雨, commander au vent et à la pluie (se dit d'un personnage très puissant).

Hoán 渙*. Se répandre, se disperser; dissipé, étendu, élargi.

Hoàn 還*. Restituer, rendre; rétrograder; entourer. Voir *huờn*.

Bồi hoàn 培 ○, réparer un dommage. — *Hoàn lại* ○ 吏, restituer, rendre. — *Hoàn lai* ○ 來, revenir sur ses pas. — *Hoàn công* ○ 功, payer un salaire. — *Hoàn gia* ○ 家, retourner à la maison. — *Bệnh hoàn nguơn* 病 ○ 原, maladie qui reprend après une amélioration.

---

[1] A la cour de Hué, comme dans d'autres cours orientales, les gardiens du harem disposent d'une grande influence et ils arrivent parfois à jouer un rôle important dans les affaires de l'État.

Hoàn 丸*. Objet rond, sphère, globe, boule; rouler dans les mains comme font les faiseurs de pilules.

Hoàn tử ○ 子, une pilule, une boulette. — *Hoàn thuốc* ○ 葯, faire des pilules; pilule. — *Đạn hoàn* 彈 ○, projectile rond : une balle, un boulet, une pierre pour baliste. — *Hoàn lạc* ○ 樂, grelot.

Hoàn 完*. Achever, finir, terminer, compléter, conclure.

Hoàn thành ○ 成, parfait, complet, achevé, fini. — *Hoàn khoản* ○ 欵, id. — *Hoàn sự* ○ 事, une affaire terminée, conclue. — *Hoàn tát* ○ 畢, complètement, entièrement. — *Hoàn nguơn* ○ 元, intégralement. — *Hoàn công* ○ 工, la tâche est entièrement accomplie, le travail est terminé.

Hoàn 桓*. Espèce de saule; planchettes funéraires; supports d'un cercueil; poteau, soutien, appui.

Bàn hoàn 盤 ○, avancer avec précaution, hésiter; se trouver mal. — *Hoàn hoàn* ○ ○, qui pense constamment aux défunts, qui se souvient sans cesse de choses tristes.

Hoàn 鐶*. Anneau, chaînon, bague.

Thủ hoàn 手 ○, bracelet. — *Kim hoàn* 金 ○, un bracelet en or.

Hoàn 弘*. Grand, large, libéral; élargir, agrandir, développer.

Hoãn 緩*. Différer, remettre, tarder, retarder; laisser agir, laisser faire; attendre un peu. Voir *huởn*.

Hoãn việc ○ 役, suspendre un travail, remettre une occupation, différer une affaire. — *Hoãn ngày* ○ 時, attendre quelques jours, remettre à quelques jours. — *Hoãn hoãn* ○ ○, avec précaution, avec lenteur, tout doucement, sans se presser.

Hoang 荒*. Couvert d'herbes, inculte, improductif; famine, disette, cherté des vivres; vagabond, nomade, débauché, libertin.

Đất hoang 坦 ○, terrain vague, inculte, abandonné, en friche. — *Hoang phế* ○ 廢, terres délaissées depuis plus de cinq ans (rôle d'impôt). — *Ruộng bỏ hoang* 疄補 ○, rizière abandonnée, laissée en friche. — *Cỏ hoang* 菇 ○, herbes parasites, mauvaises herbes. — *Rau hoang hủy* 蔓 ○ 毀, lycopus. — *Thằng hoang đàng* 倘 ○ 唐, vagabond, nomade, rôdeur, coureur, libertin, débauché. — *Hoang hủy* ○ 畏, de mauvaises mœurs, noceur, bambocheur.

Hoang 慌*. Trouble, désordre, confusion; frayeur, épouvante; se troubler, s'effrayer, perdre la tête.

Hoang 肓*. Le diaphragme.

Hoàng 凰*. La femelle du phénix (mythologie chinoise).

Phụng hoàng 鳳 ○, un phénix à la fois mâle et femelle (fabuleux). — *Chim phụng hoàng* 沾鳳 ○, l'aigle.

Hoàng 皇*. Empereur, roi, prince.

Đức hoàng đế 德 ○ 帝, sa majesté l'empereur. — *Bà hoàng hậu* 妃 后, l'impératrice. — *Bà hoàng thái* 妃 ○ 太, l'impératrice mère.

Hoàng thái tử ○ 太子, prince héritier. — *Hoàng tử* ○ 子, fils de l'empereur. — *Ông hoàng* 翁 ○, prince du sang.

Hoàng 徨*. Aller à l'aventure, sans but déterminé; indécis, hésitant, irrésolu, troublé, inquiet.

Hoàng 隍*. Fossé entourant les fortifications d'une ville.

Thành hoàng 城 ○, génie protecteur, esprit tutélaire des villes et des villages; nom d'idole. — *Thành hoàng miếu* 城 ○ 廟, pagode dédiée au culte de ce dieu.

Hoàng 黃*. La couleur jaune, la couleur impériale (exclusivement réservée au souverain); nom de famille. Voir *huỳnh*.

Hoàng đạo ○ 道, zodiaque. — *Đại hoàng* 大 ○, rhubarbe. — *Hoàng hà* ○ 河, le fleuve Jaune. — *Hoàng giáp tấn sĩ* ○ 甲進士, titre d'un lauréat des examens de la cour. — *Trung hoàng* 中 ○, la cassette du souverain, le trésor privé de l'empereur. — *Ma hoàng* 麻 ○, remède.

Hoàng 礦*. La gangue des métaux.
Lưu hoàng 硫 ○, soufre.

Hoàng 穬*. Riz qui pousse sans culture, graines sauvages.

Hoàng 怳*. Fou, dément, extravagant, insensé, agité, déconcerté. Voir *hoảnh*.

Hoảng hốt ○ 忽, n'avoir pas la tête à soi, délirer. — *Hoảng kinh* ○ 驚, terreur, épouvante. — *Nói hoảng* 吶 ○, tenir des propos déraisonnables. — *Làm hoảng* 濫 ○, agir follement, faire tout de travers.

Hoanh 轟*. Bruit de chars qui roulent, tapage assourdissant.

Hoanh hành thiên hạ ○ 行天下, courir le monde, traîner sa bosse. — *Choãnh hoanh* 整 ○, hardi, entreprenant, impétueux. — *Làm hoanh* 濫 ○, se démener, se débattre.

Hoánh 轟. Mot complémentaire. (Pour le car. en S. A., voir ci-dessus.)

Hoánh chừng ○ 澄, à peu près; au loin; depuis longtemps. — *Hoánh rồi* ○ 耒, achevé, fini, conclu.

Hoành 宏*. Grand, large, vaste; répercussion de la voix, du son.

Hoành thái ○ 泰, grande prospérité. — *Hoành tài* ○ 才, très capable.

Hoành 橫*. Transversal; se mettre en travers de; ne pas s'accorder avec les gens; faire de l'opposition, causer de l'obstruction.

Bề hoành 皮 ○, largeur. — *Tung hoành* 縱 ○, qui n'est pas soumis à la loi; sans frein, sans retenue.

Hoảnh 怳*. Extravagance, agitation; fou, déraisonnable. Voir *hoảng*.

Hoạt 活*. Eaux bouillonnantes; tourbillon, gouffre, remou, tournoiement; courant rapide; actif, efficace, vif, alerte; vivre, revivre.

Hoạt 闊*. Large, vaste, ample; ouvert, béant, vide. Voir *quát*.

Bề hoạt 皮 ○, largeur, ampleur; l'espace vide. — *Miệng chẳng hoạt* 口 絍 ○, énorme bouche, gueule immense.

Hoạt 滑*. Uni, poli, lisse, glissant; rusé, fourbe, menteur, flatteur.

Học 學*. Étudier, apprendre; raconter un fait, rapporter ce qui se passe; suivre, imiter, pratiquer.

Học hành ○ 行, étudier d'une façon suivie. — *Sự học hành* 事 ○ 行, l'étude (se dit de l'étude soutenue et méthodique). — *Học trò* ○ 徒, écolier, élève. — *Học sanh* ○ 生, étudiant au chef-lieu de la province (lauréats des examens provinciaux, nourris par l'État et dispensés du service militaire). — *Học siêng năng* ○ 生 能, étudier avec diligence et assiduité. — *Học chữ nhu* 字 儒, étudier les caractères chinois. — *Học chữ nôm* ○ 字 喃, étudier les caractères annamites. — *Học chữ quốc ngữ* ○ 字 國 語, étudier l'écriture annamite en caractères latins. — *Học tiếng an nam* ○ 嗜 安 南, étudier la langue annamite. — *Học phép luật* ○ 法 律, étudier les lois, le droit, la jurisprudence. — *Học phép thuốc* ○ 法 葉, étudier la médecine. — *Học phép cách vật* ○ 法 格 物, étudier la philosophie. — *Thất học* 失 ○, ne pas réussir dans ses études. — *Trường học* 塲 ○, école, lycée, académie. — *Học đường* ○ 堂, id. — *Đốc học* 督 ○, directeur des études d'une province et professeur au chef-lieu (mandarin du 5ᵉ degré). — *Thầy dạy học* 柴 吆 ○, instituteur, professeur, maître enseignant. — *Đi học* 移 ○, aller à l'école, se rendre à l'école, fréquenter l'école. — *Học nghề* ○ 藝, apprendre un métier. — *Kẻ học nghề* 几 ○ 藝, apprenti. — *Cho đi học nghề* 朱 移 ○ 藝, mettre en apprentissage. — *Sách đại học* 冊 大 ○, le livre de Confucius intitulé Grande Étude. — *Đại học sĩ* 大 ○ 士, grand censeur, grand maître des lettrés. — *Học chuyện lại* ○ 傳 吏, rapporter un fait, raconter une histoire. — *Học đi học lại* ○ 移 ○ 吏, rapporter, bavarder, cancaner, faire des commérages. — *Hải đảo học đường* 海 島 ○ 堂, école coloniale.

Hóc 旭*. Lever du soleil, aurore; contentement. A. V. Avoir un os ou une arête dans la gorge; épineux.

Hóc môn ○ 門, le nom d'une localité des environs de Saigon. — *Hóc hiểm* ○ 險, escarpé, inaccessible, dangereux. — *Ở trong hóc* 於 冲 ○, habiter très loin, demeurer au diable.

Hộc 斛*. Mesure de capacité pour le grain (en paille ou non décortiqué); ration mensuelle du soldat annamite. Pour le riz blanchi ou décortiqué, l'unité de mesure s'appelle *phương*, *vuông* et *giạ*.

Một hộc lúa 沒 ○ 稉, un picul de paddy. — *Hộc ba quân* ○ 匞 軍, autre mesure; litt., boisseau pour trois soldats. — *Hộc nội phủ* ○ 內 府, autre mesure; litt., boisseau de la préfecture. — *Hộc kho* ○ 庫, mesure réglementaire; boisseau officiel. — *Hộc giếng* ○ 井, tubage de puits. — *Học mả* ○ 瑪, entourage de tombe.

Học 嗀 *. Trembler de peur. A. V. Onomatopée pour rendre le cri de certains animaux; grognement, rugissement; vomir avec effort.

Hùm học 貪 ○, cri du tigre en chasse. — *Heo học* 獦 ○, le cochon grogne. — *Tiếng heo học* 唒獦 ○, grognement du porc. — *Chạy học tóc* 趍 ○ 騋, courir en se précipitant.

Học 鵠 *. Grue, cygne, oie sauvage; oiseau servant de cible; cible, but, dessein, intention.

Hồng học 鴻 ○, oiseau échassier de grande taille, espèce de cigogne. — *Hoàng học* 黃 ○, le nom d'un oiseau mythologique.

Hộc 斛. Crier, vociférer. (Formé des S. A. *khẩu* 口, bouche, et *học* 斗, boisseau.)

Hộc lác ○ 落, en criant et avec colère. — *Hộc ăn* ○ 咹, manger gloutonnement, avec goinfrerie.

Hộc 頊 *. Une certaine façon de tenir la tête; grave, sérieux, sévère, rigide, imposant, menaçant.

Hoe 槐 *. Espèce d'acacia[1]; jaune, blond ardent, rouge. Voir *hoài*.

Hoe đỏ đỏ ○ 赭赭, roux, rougeâtre. — *Màu hoe* 牟 ○, couleur de flamme. — *Tóc hoe hoe* 騋 ○ ○, cheveux blonds, roux. — *Hoe hỏa* ○ 火, l'arbre à feu. — *Thằng hoe* 倘 ○, un blond ardent (sobriquet que les Annamites donnent par dérision aux Européens qui ont les cheveux roux). — *Bà hoe tóc* 妃 ○ 騋, dame blonde, dame aux cheveux roux.

Hoẻn 幻 *. Changements soudains, transformations instantanées, tours de passe-passe; changer, tromper; en imposer aux gens. Voir *huyễn*.

Hoẻn hóa ○ 化, se transformer comme par enchantement. — *Tiền hoẻn* 錢 ○, anciennes sapèques, monnaies qui n'ont plus cours.

Hoi 灰 *. Braise, cendre; pâlir, s'évanouir; découragé. Voir *khói*.

Hoi sắc ○ 色, couleur de cendre. — *Hoi hóp* ○ 哈, hors d'haleine, essoufflé; effrayé. — *Kiếp hoi* 劫 ○, désolation générale. — *Hỏa hoi* 火 ○, charbons ardents. — *Hoi thổ* ○ 土, poussière.

Hói 洄 *. Petit ruisseau dans les rizières pour l'écoulement des eaux.

Bàu hói 泡 ○, mare, lac, étang.

Hỏi 嗨. Interroger, questionner, interpeller, demander, s'informer. (Formé des S. A. *khẩu* 口, bouche, et *mỗi* 每, chaque, chacun.)

Hỏi han ○ 嘆, s'enquérir, s'informer. — *Hỏi giống gì* ○ 種之, que voulez-vous? que demandez-vous? — *Hỏi ai* ○ 埃, qui demandez-vous? — *Hỏi thử* ○ 試, questionner, éprouver, tâter. — *Kẻ hay hỏi* 几 哈 ○, questionneur. — *Lời hỏi* 唎 ○, question, interpellation. — *Có hỏi có thưa* 固

---

[1] Les bourgeons de cet arbre fournissent une teinture jaune tirant sur le rouge.

○ 固疎, par demandes et par réponses. — *Dấu hỏi* 斗 ○, point d'interrogation, signe tonique dit remontant. — *Hỏi thăm* ○ 探, demander des nouvelles. — *Hỏi giá* ○ 價, s'informer du prix. — *Tra hỏi* 查 ○, faire subir un interrogatoire, mettre un accusé à la question. — *Lễ hỏi* 禮 ○, accordailles. — *Bánh hỏi* 餉 ○, espèce de gâteau.

Hối 灰. Puer, sentir mauvais; odeur forte, mauvaise, fétide, infecte. (En S. A., braise; se pron. *hoi* et *khối*.)

Hối thúi ○ 退, mauvaise odeur; sentir mauvais, puer. — *Hối hám* ○ 憾, odeur infecte, fétide. — *Hối tỏi* ○ 蒜, sentir l'ail. — *Hối xạ* ○ 麝, sentir le musc. — *Hối miệng* ○ 皿, avoir la bouche mauvaise. — *Hối mũi* ○ 鼻, punais. — *Làm cho hối thúi* 濫朱 ○ 退, gâter, corrompre. — *Mồ hối* 戊 ○, transpiration, sueur. — *Ra mồ hối* 囉戊 ○, suer, transpirer. — *Chuột hối* 狄 ○, rat musqué.

Hội 會*. Assemblée, conseil, réunion, société, congrégation; se réunir pour délibérer; comprendre, se rendre compte, s'expliquer.

Thí hội 試 ○, un examen littéraire très élevé qui se passe à la cour. — *Hội đồng* ○ 同, assemblée, conseil, commission, jury; s'assembler, se réunir. — *Hội bộ nghị* ○ 部議, conseil des ministres. — *Hội công đồng* ○ 公同, sénat. — *Hội dân viện* ○ 民院, chambre des députés. — *Hội đồng quản hạt* ○ 同管轄, conseil colonial. — *Hội đồng bổn hạt* ○ 同本轄, conseil d'arrondissement. — *Hội thành phố* ○ 城舖, conseil municipal (ville). — *Hội hương chức* ○ 鄉職, conseil des notables. — *Hội lại với nhau* ○ 吏貝饒, s'assembler, se réunir. — *Mời hội đồng nhóm* 媧 ○ 同呫, convoquer les membres d'une assemblée, réunir un conseil. — *Quan làm đầu hội* 官濫頭 ○, le président d'une assemblée ou d'un conseil. — *Hội đồng thi* ○ 同試, commission d'examen, jury d'examen. — *Hội nhánh* ○ 梗, sous-commission. — *Lập hội* 立 ○, former une société, établir un conseil, fonder une réunion. — *Các sanh hội đồng* 各生同, association d'étudiants. — *Thuộc về hội* 屬衛 ○, qui a rapport à la société. — *Người trong hội* 㝵冲 ○, membre d'une société, sociétaire. — *Mở hội* 搗 ○, ouvrir les travaux d'une assemblée, ouvrir la séance. — *Đám hội* 坫 ○, lieu de réunion en plein air. — *Nhà hội* 茹 ○, local affecté aux réunions, salle des séances. — *Thiên địa hội* 天地 ○, le nom d'une société secrète et politique chinoise, dite du Ciel et de la Terre, et qui par les statuts, les rites et les signes de reconnaissance ressemble beaucoup à la franc-maçonnerie.

Hội 繡 et 繪*. Broderie, tapisserie, peinture; broder, peindre, dessiner, tracer des arabesques.

Miêu hội đồ 描 ○ 圖, faire un croquis, dessiner un plan.

Hội 薈*. Épais, serré, touffu (en parlant des plantes ou de la végétation); couvrir, abriter, ombrager.

Hội 潰*. Digues rompues, passages forcés; trouble, désarroi, confusion.

Hối 晦*. La lune à son déclin; temps sombre, nuit, obscurité; moment où le soleil va paraître.

Hối 瘣*. Excroissance charnue, protubérance, tumeur, grosseur.

Hối 悔 et 悔*. Se repentir, faire pénitence, se réformer, s'amender; presser, pousser, stimuler, exciter.

 Ăn năn sám hối 咹難識 ○, se repentir, faire pénitence pour les défunts. — *Hối cải* ○ 改, changer de vie, changer de conduite, s'amender. — *Hối háp* ○ 噏, presser, stimuler, pousser. — *Làm hối đi* 濫 ○ 迻, faites vite et lestement! — *Ăn hối ăn hả* 咹 ○ 咹呵, manger au galop. — *Háp hối* 噏 ○, agoniser. — *Nói hối* 吶 ○, parler avec hauteur, s'exprimer avec autorité.

Hối 誨*. Instruire, enseigner; donner de bons avis, de bons conseils.

Hối 賄*. Biens, richesses; argent donné pour suborner, corrompre.

 Hối lộ ○ 賂, suborner, corrompre (par de l'argent ou des présents).

Hối 廻, 回 et 囬*. Revenir sur ses pas, retourner en arrière; tourner sans cesse; un temps, une série; marque de temps au passé; batterie de tam-tam; signal, rappel.

 Hối lại ○ 吏, revenir en arrière, retourner. — *Hối chầu* ○ 朝, revenir assister le roi. — *Hối binh* ○ 兵, donner le signal de la retraite, rappeler les troupes. — *Hối dương* ○ 陽, reprendre force et vigueur. — *Hối sớm mai nầy* ○ 斂理尼, ce matin. — *Hối đy* ○ 意, à ce moment. — *Một hối* 沒 ○, un moment, un instant; une fois. — *Luân hối* 輪 ○, métempsycose. — *Đạo hối* 道 ○, religion mahométane.

Hối 洄*. Eau coulant et tournant en cercle, remous. Voir *hồi*.

Hối 徊*. Aller en avant et en arrière; ne pas se prononcer, ne pas être fixé; perplexe, indécis, irrésolu.

 Hối hộp ○ 匣, ému, inquiet, avoir peur. — *Bồi hối* 徘 ○, avancer et reculer; hésiter, tergiverser.

Hối 蚘 et 痐*. Vers intestinaux, ver solitaire ou ténia.

Hối 茴*. Plantes aromatiques de la famille des ombellifères.

 Hối hương ○ 香, graine odorante, anis. — *Tiểu hối* 小 ○, petit anis, fenouil, aneth. — *Đại hối* 大 ○, anis étoilé, badiane. — *Bổ hối hương* 補 ○ 香, aromatiser avec de l'anis. — *Rượu có hối hương* 酒固 ○ 香, anisette.

Hối 怐*. Maladie mentale, esprit troublé; vague, indécis, incertain.

Hối 晦. Urgent, pressé; se hâter. Voir *vội*. (Formé des S. A. *mục* 目, œil, et *mỗi* 每, chacun.)

 Mừng hối 怐 ○, s'être trop pressé de se réjouir; désenchanté, déçu.

Hơi 唏. Haleine, souffle, respiration, soupir, bouffée, vapeur. (Du S. A. *hi*, même car., même signification.)

Hết hơi 歇 ○, perdre haleine. — *Hơi thở* ○ 咀, souffle, soupir. — *Không dám dĩ hơi* 空敢呷 ○, ne pas oser souffler mot. — *Cho đến tắt hơi* 朱典燧 ○, jusqu'au dernier soupir. — *Không còn hơi nữa* 空群 ○ 女, ne plus avoir de souffle, ne plus respirer. — *Lỗ thông hơi* 魯通 ○, soupirail. — *Có hơi* 固 ○, vaporeux. — *Hơi nước* ○ 渚, vapeur d'eau. — *Hơi rượu* ○ 酹, bouffée de vin. — *Hơi lên mịt mù* ○ 遷䕺霙, vapeurs épaisses. — *Làm cho ra hơi* 濫朱曜 ○, vaporiser.

Hợi 亥 *. La derniere lettre du cycle duodénaire; caractère horaire; de 9 à 11 heures du soir; deuxième veille; le porc. Voir *tí*.

Chánh hợi 正 ○, le milieu de la 2ᵉ veille, c.-à-d. 10 heures du soir.

Hỡi 唉. Soupirer, se plaindre; exclamation exprimant le regret, la douleur; s'épancher. (Du S. A. *ai*, même car., même signification.)

Hỡi ôi ○ 喂, hélas! — *Hỡi ai* ○ 埃, que chacun (recommandation). — *Hỡi ai lặng lặng mà nghe* ○ 埃朗朗麻瞪, que chacun fasse silence pour écouter.

Hởi 唉. Couleur fauve, tirant sur le roux (en parlant de chevaux); mot complémentaire peu usité. (Pour le car. en S. A., voir ci-dessus.)

Ngựa hởi 馭 ○, cheval alezan doré. — *Hởi dạ* ○ 胞, gai, content, joyeux, de bonne humeur.

Hom 歆. Latte de bambou; barre, traverse (porte); préparer, disposer; surveiller, examiner. (En S. A., désirer, être avide; se pron. *ham*.)

Hòm 函. Contenir, renfermer; cercueil, coffre, caisse; arche. (Du S. A. *hàm*, même car., même signification.)

Bỏ cho đầy hòm 補朱苦 ○, remplir des caisses. — *Gói hàng vào hòm* 繪行伋 ○, emballer des marchandises. — *Hòm rương* ○ 廂, coffre, malle. — *Hòm xe* ○ 車, coffre à roulettes. — *Hòm nắp vồ măng* ○ 繨補筕, bahut, coffre à couvercle bombé. — *Hòm quan tài* ○ 棺材, bière, cercueil. — *Bỏ vào hòm* 補伋 ○, placer dans un coffre, mettre en bière, ensevelir. — *Đóng hòm* 揀 ○, fermer une caisse, clouer un cercueil. — *Hòm bia truyền* ○ 碑傳, arche d'alliance.

Hõm 陷. S'enfoncer dans le sol; surface creuse, dépression de terrain, bas-fond, cavité, concavité. (En S.A., tomber de haut; se pron. *hãm*.)

Lỗ hõm 魯 ○, concave, en forme de cuvette. — *Hõm vào* ○ 伋, id.

Hôm 歆. Le soir, la nuit; marque de temps pour le passé et le présent. (En S. A., désirer; se pron. *hâm*.)

Hôm nay ○ 啓, aujourd'hui. — *Hôm qua* ○ 戈, hier. — *Hôm kia* ○ 箕, avant-hier. — *Hôm trước* ○ 署, avant, l'autre jour. — *Hôi hôm* 回 ○, hier soir. — *Cơm hôm* 餅 ○, repas du soir. — *Sao hôm* 犀 ○, nom d'étoile.

Hỗm 歆. Syllabe complémentaire. (Pour le car. en S. A., voir ci-dessus.)

Ngồi chồm hồm 堃踮 ○, accroupi. — *Bữa hồm* 𩛞 ○, l'autre jour.

Hờm 垎. En contre-bas; tas de poussière; sale, malpropre. (Formé des S. A. *thổ* 土, terre, et *hàm* 含, tenir.)

Chỗ hờm 垍 ○, excavation. — *Ghẻ hờm* 疠 ○, gale purulente. — *Có hờm* 固 ○, poussiéreux.

Hớn 昏. Syllabe complémentaire. (En S. A., obscur, sombre; se pron. *hôn*.)

Ăn mặc chỉn hớn 咹默 巽 ○, avoir une mise décente, une tenue convenable, s'habiller avec élégance.

Hòn 巩. Élévation de terre, bloc rond, monticule, montagne, boule, globe. (Formé des S. A. *thổ* 土, terre, et *huờn* 丸, boule, boulette.)

Hòn cầu ○ 球, globe, sphère, boule. — *Hòn đất* ○ 坦, motte de terre, élévation de terre. — *Hòn đá* ○ 砑, quartier de roche, rocher, roc. — *Hòn núi* ○ 𡶀, montagne.

Hồn 昏*. Soleil disparaissant derrière l'horizon; obscur, sombre. A. V. Le baiser olfactif (en aspirant fortement des narines comme le font les Annamites). Voir *hun*.

Hồn hoa ○ 花, voir trouble, voir des ombres, des fantômes; litt., baiser des fleurs. — *Hồn một cái* ○ 沒丐, donner un baiser. — *Hồn một cái mạnh* ○ 沒丐孟, imprimer un vigoureux baiser. — *Hồn hít hoài* ○ 歆懷, baiser et renifler sans cesse. — *Hồn đi hồn lại* ○ 去多 ○ 吏, donner force baisers.

Hôn 婚*. Se marier; le mariage.

Phép hôn phối 法 ○ 配, cérémonie du mariage. — *Làm phép hôn phối* 濫法 ○ 配, marier. — *Hôn nhơn* ○ 姻, s'unir en mariage. — *Hôn thơ* ○ 書, acte ou contrat de mariage. — *Sổ hôn thú* 數 ○ 娶, registre des mariages. — *Hậu hôn* 後 ○, mariage entre veufs. — *Đồng tánh bất hôn* 同姓不 ○, ceux qui portent le même nom de famille ne peuvent se marier entre eux (code annamite).

Hồn 魂*. Âme, esprit, par opposition à corps, matière, qui est *phách* 魄 (voir ce mot); spirituel, immatériel; les mânes, les ombres.

Linh hồn 靈 ○, âme spirituelle. — *Giác hồn* 覺 ○, âme végétative. — *Sanh hồn* 生 ○, âme sensitive. — *Hồn phách* ○ 魄, âme et corps, spirituel et matériel. — *Hoảng hồn* 恍 ○, troublé, ému. — *Kinh hồn* 驚 ○, effrayé, saisi de crainte. — *Hết hồn hết vía* 歇 ○ 歇𩪘, émotion profonde causée dans l'âme par une frayeur subite, n'avoir plus de sang dans les veines. — *Vong hồn* 亡 ○, les mânes, les âmes des défunts.

Hỗn 渾*. Eau sale, liquide trouble; confus, mélangé; complet, entier; replet, arrondi, harmonieux.

Mỡn hỗn 們 ○, trop gras. — *Hỗn hậu* ○ 厚, bien fait, comme il faut.

Hỗn 混*. Eau trouble et sale; cours d'eau confondus, mêlés; désordre, confusion; turbulent, insolent.

Hỗn loạn ○ 亂, anarchie, confusion, désordre. — *Hỗn độn* ○ 沌, confusion, chaos. — *Hỗn hào* ○ 淆, insolent, dissipé, sans retenue. — *Hỗn như gấu* ○ 如 獚, turbulent comme l'ours (qui bouge sans cesse), insupportable. — *Thằng nhỏ hỗn lắm* 倘 馳 ○ 廩, enfant très turbulent, très dissipé. — *Nói hỗn* 吶 ○, parler avec insolence.

Hơn 欣*. Être enchanté, être heureux; manifester son contentement. A. V. Plus, davantage; l'emporter sur; comparatif de supériorité.

Hơn nữa ○ 女, de plus, bien plus, qui plus est, davantage. — *Nhiều hơn* 饒 ○, davantage, en plus grande quantité, en plus grand nombre. — *Ít hơn* 丕 ○, moins, moindre. — *Cho hơn* 朱 ○, donner plus, avantager. — *Tốt hơn* 卒 ○, mieux, meilleur, préférable. — *Xấu hơn nhiều* 丑 ○ 饒, c'est bien plus laid. — *Nó mạnh hơn tôi* 奴 孟 ○ 碎, il est plus fort que moi. — *Cái hơn cái kém* 丐 ○ 丐 劍, le plus et le moins. — *Làm cho mau hơn* 濫 朱 毛 ○, faire plus vivement.

Hớn 漢*. Quelque chose de belle apparence; un homme imposant; grand fleuve; voie lactée. Voir *hán*.

Hớn hở ○ 許, très content, ravi, épanoui de joie. — *Vui hớn* 盃 ○, avec joie, en gaîté, gaîment.

Hờn 恨*. Colère sourde, indignation contenue; aversion, rancune; se taire par dépit, bouder. Voir *hân*.

Hờn giận ○ 悋, être fâché, en vouloir à. — *Nó hờn tôi hoài* 奴 ○ 碎 懷, il me boude constamment, il est toujours fâché contre moi. —

Hờn mát ○ 沫, avoir une haine secrète. — *Căm hờn* 咁 ○, bouillir de colère, être irrité, exaspéré. — *Mầy hờn ai* 眉 ○ 埃, contre qui es-tu fâché? à qui en veux-tu?

Họng 哄. Trachée-artère, œsophage; gorge, gosier en général. (En S. A., bruit de voix; se pron. *hống*.)

Trống họng 敊 ○, criard, braillard. — *Lớn họng* 客 ○, parler haut, beaucoup et mal à propos. — *Bóp hầu bóp họng* 揲 喉 揲 ○, prendre à la gorge, serrer la gorge. — *Làm cho đầy họng* 濫 朱 苦 ○, gorger. — *Cuống họng* 誆 ○, épiglotte. — *Cắt họng* 割 ○, ouvrir la carotide. — *Hạch họng* 核 ○, goitre.

Hống 烘. Noir de fumée, suie, noirâtre, foncé; recevoir; prendre l'air. (En S. A., lueur de feu; se pron. *hống*.)

Mồ hống 炨 ○, suie. — *Quân mò hống* 軍 炨 ○, un nègre. — *Hống mát* ○ 沫, prendre le frais. — *Hống gió* ○ 逾, se placer au vent, se tenir dans un courant d'air.

Hồng 洪. Sur le point d'arriver, imminent; près de, presque. (En S. A., eaux débordantes; se pron. *hống*.)

Hồng đến ○ 典, qui approche. — *Hồng rồi* ○ 耒, presque fini. — *Hồng chết* ○ 折, sur le point de mourir. — *Sự sắp hồng đến* 事 立 ○ 典, ruine imminente. — *Hồng đợi* ○ 待, attendre, s'attendre à, espérer en. — *Hồng trông* ○ 籠, compter sur. — *Sắp hồng* 立 ○, écroulement qui peut se produire d'un moment à l'autre.

Hồng 鬨. Cris, clameurs; manquer, échouer; trompé, frustré, déçu. (Du S. A. *hống*, même car., crier.)

Hát hồng 喝 ○, chanter à tue-tête. — *Nói hồng* 吶 ○, parler pour amuser, bavarder pour faire rire. — *Hồng chơn* ○ 蹎, faire un faux pas, trébucher. — *Hồng mói* ○ 枚, avoir la lèvre retroussée.

Hông 胸. Les côtes, les flancs; partie, côté, bord, arête, angle. (Du S. A. *hung*, même car., poitrine.)

Đau xóc hông 疓 觸 ○, avoir une douleur au côté. — *Hai bên hông* 仒 邊 ○, sur les flancs, sur chaque côté. — *Hông tàu* ○ 艚, le côté d'un navire. — *Ăn cành hông* 唉 鯨 ○, se gaver, se bourrer les flancs. — *Lớn hông* 客 ○, ventru, obèse.

Hồng 焗. Une espèce de marmite pour cuire à l'étouffée. (Formé des S. A. *hỏa* 火, feu, et *hung* 囟, funeste.)

Hồng xói ○ 秋, cuire à l'étouffée.

Hồng 鬨 et 閧*. Bruit de voix, clameurs; crier pour s'exciter dans les combats; cris, rixes, querelles.

Hống 吼*. Beuglements, rugissements, cris de colère. Voir *hẫu*.

Nói hống tống 吶 ○ 送, crier, brailler; dire des choses quelconques, parler pour amuser les gens.

Hống 哄*. Bruit de foule, brouhaha; séduire, attirer; trompeur.

Hồng 紅*. Rouge tendre, rose (la couleur du bonheur); heureux, agréable, plaisant, distingué.

Hồng sắc ○ 色, la couleur rouge. — *Hồng đơn* ○ 丹, ocre rouge. — *Hồng nhan* ○ 顏, visage rosé, teint vermeil, belle en parlant d'une femme. — *Hồng huân* ○ 薰, vermillon. — *Hồng phiến* ○ 片, une carte de visite (sur papier rouge). — *Hồng hải* ○ 海, la mer Rouge. — *Đại hồng hoa* 大 ○ 花, hibiscus de Chine à couleur rouge. — *Hoa hồng tàu* 花 ○ 艚, rose à cent feuilles dite « de Chine ». — *Hoa hồng cuống gai* 花 ○ 誆 茇, rose épineuse. — *Hoa hồng lợt* 花 ○ 㵦, rose pâle. — *Trái hồng đào* 㮙 ○ 桃, pêche (fruit). — *Cá hồng* 魪 ○, poisson rouge. — *Ngựa hồng* ○ 馭, cheval alezan. — *Người hồng mao* 侼 ○ 毛, sobriquet donné aux Anglais par les Annamites. — *Ông tơ hồng* 翁 絲 ○, le génie mâle du mariage (le génie femelle est *bà nguyệt lão* 妃 月 老). — *Hồng bạch nhị sự* ○ 白 二 事, deux choses : l'une blanche, l'autre rouge, c.-à-d. l'une triste, l'autre agréable, comme par exemple un enterrement (le deuil se porte en blanc) et un mariage (le rouge est la couleur du bonheur).

Hồng 洪*. Grande inondation, eaux débordantes; grand, vaste, immense; noyer, submerger, envahir.

Lụt hồng thủy 潗 ○ 水, le déluge universel. — *Hồng hoang* ○ 荒, vaste plaine abandonnée, désert immense. — *Hồng phước* ○ 福, grand bonheur. — *Hồng ân* ○ 恩, grand bienfait, haute faveur. — *Hồng môn* ○ 蒳, orchis à larges feuilles.

Hồng 烘*. Lueur de feu, flammes qui montent; chauffer, sécher.

Hồng 鴻*. Un oiseau aquatique de la grande espèce, oie sauvage.

    Hồng nhạn ○ 鴈, oies sauvages qui émigrent.

Hồng 訌*. Contester; se disputer, se quereller; nuire, faire du tort.

Họp 合*. Se réunir, s'assembler; se joindre, s'entendre; ensemble, en commun. Voir *hiệp* et *hạp*.

    Họp nhau ○ 饒, se mettre en groupe. — *Họp mặt* ○ 靦, id. — *Họp chợ* ○ 腎, se réunir au marché. — *Họp bạn* ○ 伴, former une association d'amis, se mettre en bande.

Hớp 哈*. Rire aux éclats. Voir *háp*. A. V. Sorte de bambou ou de roseau; être essoufflé, s'évanouir.

    Hớp hoi ○ 灰, être essoufflé, hors d'haleine. — *Cái hớp* 丐 ○, nom de lieu (Cochinchine).

Hộp 匣*. Cassette, boîte, coffret, écrin (avec couvercle). Voir *hạp*.

    Hộp thuốc ○ 葉, boîte à tabac. — *Hộp trầu* ○ 樓, boîte à bétel. — *Hộp để đồ quí* ○ 底圖貴, cassette, écrin. — *Hộp bằng bạc* ○ 朋溥, boîte en argent. — *Hộp bỏ thơ* ○ 補書, boîte aux lettres. — *Một cái hộp tốt* 沒丐 ○ 卒, une jolie boîte.

Hộp 忽. Prompt; qui ne peut se contenir, qui ne se possède plus. (Du S. A. *hốt*, même car., aussitôt.)

    Nói hộp tộp 吶 ○ 唖, parler témérairement. — *Hộp tộp* ○ 唖, en bande, quatre à quatre, précipitamment.

Hớp 吸*. Aspirer vivement, avaler d'un trait, happer, humer, boire, ingurgiter; gorgée. Voir *háp*.

    Một hớp nước 沒 ○ 渚, une gorgée d'eau. — *Uống từ hớp* 旺自 ○, avaler par gorgées. — *Quá hớp* 過 ○, dépasser la mesure. — *Cá hớp mồi* 魤 ○ 收, le poisson happe l'amorce. — *Tin hớp* 信 ○, crédule.

Hót 旭. Aussitôt, soudainement; enlacer, étreindre; onomatopée. (Du S. A. *hóc*, même car., gaîment.)

    Hót cổ ○ 古, se jeter au cou de quelqu'un, presser dans ses bras. — *Chim hót* 鴆 ○, le cri d'un oiseau.

Hột 紇*. Soie grossière; pendants, franges. A. V. Grain, perle, pépin, noyau; terme numéral. Voir *hạt*.

    Hột cơm ○ 飪, grain de riz. — *Hột tiêu* ○ 椒, grain de poivre. — *Hột trái nho* ○ 貏薵, grain de raisin. — *Hột cát* ○ 葛, grain de sable. — *Hột giống* ○ 種, graine, semence. — *Hột trai* ○ 球, perle, pierre précieuse. — *Hột ngọc* ○ 玉, id. — *Hột châu* ○ 珠, larme. — *Chuối hột* 桎 ○, espèce de banane. — *Chuỗi hột* 緋 ○, chapelet, collier de grains. — *Một hột hổ* 沒 ○ 琥, un grain d'ambre. — *Lần hột* 客 ○, dire son chapelet. — *Lộn hột* 論 ○, mêlé.

Hột 捐*. Gratter la terre, creuser, déterrer; se donner de la peine.

Hốt 忽*. Fils de vers à soie; peu de chose, petite quantité, infinitésimal; aussitôt, tout à coup, soudainement, à l'instant même.

Hót 摁*. Chasser la poussière; battre, secouer, agiter, enlever.

 Hót bóc ○ 卜, réunir en tas avec les mains. — *Hót rác* ○ 落, ramasser des balayures. — *Hót thuốc* ○ 菜, composer un médicament. — *Hư hót* 虛 ○, vicié, gâté, corrompu, altéré, détruit. — *Hoảng hót* 恍 ○, hors de soi-même, en délire, terrifié.

Hót 笏*. Sorte d'insigne en forme de tablette, en ivoire pour les mandarins supérieurs, en bois pour les autres, que les fonctionnaires annamites tiennent entre les mains dans les circonstances officielles et qui servait autrefois à prendre des notes. Voir *thẻ* 筅.

Hót 撔 et 搪*. Couper, diminuer, détacher, retrancher, racler, gratter, enlever ce qui dépasse.

 Hót tóc ○ 髪, diminuer les cheveux, rafraîchir les cheveux. — *Nói hót* 吶 ○, couper la parole à quelqu'un. — *Hót bọt* ○ 浡, enlever l'écume. — *Hót lông* ○ 翾, tondre.

Hu 忓*. Affliction, tristesse, chagrin, peine, douleur, mécancolie.

Hu 吁*. Interjection exprimant la douleur, l'étonnement; bruit de plaintes, de pleurs et de sanglots.

 Khóc hu hu 哭 ○ ○, pleurer à chaudes larmes, sangloter.

Hu 訏*. Faux, mensonger; mentir, amplifier, exagérer; se vanter.

Hú 嘑*. Cri prolongé pour appeler au loin; crier, héler, houper.

 Hú nhau ○ 饒, s'appeler de très loin les uns les autres. — *Hú hồn* ○ 魂, je respire! litt., je rappelle mon âme. — *Hú hồn hú vía* ○ 魂 ○ 𩲡, évoquer les esprits. — *Hú đăn* ○ 但, cris poussés au point du jour (comme le font certains animaux sauvages).

Hú 呴*. Tenir au chaud, entourer de soins; tendresse maternelle.

Hũ 壺*. Vase à large panse ovoïde, grand pot en terre, jarre. Voir *hồ*.

 Hũ rượu ○ 酒, pot à vin. — *Cau cỏ hũ* 樟 古 ○, chou d'aréquier (qui se mange en salade).

Hủ 朽*. Bois pourri, gâté, moisi, vermoulu; sentir mauvais.

 Hủ thoàn ○ 般, bateau en mauvais état, embarcation hors d'usage.

Hủ 詡*. Paroles qui se répandent au loin; discours prétentieux; se vanter, se flatter, se faire valoir.

Hư 虛*. Vide, vacant; non réel, qui est du domaine de l'imagination. A. V. Vicié, détérioré, avarié, altéré, ruiné, corrompu, détruit.

 Hư vô ○ 無, vacant, vide; rien. — *Hư không* ○ 空, sans raison, pour rien. — *Tâm hư* 心 ○, cœur découragé. — *Hư hót* ○ 忽, vicié, gâté, altéré, corrompu. — *Hư nát* ○ 涅, perdu, détruit, réduit en miettes.

— *Làm cho hư* 濫朱 ○, gâter, endommager, détruire. — *Làm hư phong tục* 濫 ○ 風俗, corrompre les mœurs. — *Bị hư hại* 被 ○ 害, subir une perte, un dommage. — *Giày tôi đã hư* 鞋碎㐌 ○, mes souliers sont vieux, usés. — *Thằng nhỏ hư rồi* 倘𠖈 ○ 耒, enfant vicieux, corrompu, adonné au vice. — *Lão hư* 老 ○, un vieux gâteux.

Hứ 許*. Accorder, permettre, autoriser; promettre, laisser espérer. Voir *hở* et *hứa*.

Hùa 和. S'entendre, s'accorder, se liguer, s'unir; onomatopée. (Du S. A. *hòa*, même car., même signification.)

Hùa nhau ○ 饒, se conjurer, se liguer. — *Hùa theo* ○ 蹺, faire partie d'une conjuration. — *Nói hùa* 吶 ○, se ranger à l'avis d'un parti. — *Sủa hùa* 嗷 ○, aboiements continuels, concert de chiens.

Hứa 許*. Promettre, acquiescer, consentir, permettre, accorder. Voir *hở* et *hứ*.

Hứa cho ○ 朱, promettre à; promettre de donner. — *Hứa cho bạc* ○ 朱薄, promettre de donner de l'argent. — *Lời hứa* 悧 ○, promesse, consentement. — *Anh đã hứa* 嬰㐌 ○, vous avez promis. — *Việc đã hứa* 役㐌 ○, chose promise. — *Giao hứa* 交 ○, s'engager, se lier par une promesse. — *Khẩn hứa* 懇 ○, faire vœu. — *Anh có hứa không* 嬰固 ○ 空, promettez-vous? — *Tôi hứa chắc chắn* 碎 ○ 卓振, je promets formellement. — *Hứa do* ○ 由, le nom d'un célèbre philosophe de l'antiquité.

Huân 熏*. Évaporation par le feu, fumée, vapeur, brouillard; sombre, obscur, nuageux, assombri; tard.

Huân 醺*. Légèrement pris de boisson, un peu gris; folâtrer.

Huân 曛*. Soleil à son déclin, crépuscule du soir, lumière affaiblie, réverbération.

Huân 勳*. Fidélité, loyauté; mérite, action d'éclat; services rendus au pays, à l'État, au souverain.

Huân thần ○ 臣, homme d'État qui a rendu de grands services à son pays. — *Công huân* 功 ○, grand mérite, action glorieuse.

Huân 蘍*. Le nom d'une plante odorante; chaud, brûlant, rouge.

Hồng huân 紅 ○, vermillon.

Huấn 訓*. Paroles qui coulent; enseigner, exhorter, instruire, expliquer, exposer; précepte, doctrine.

Huấn giáo ○ 教, instruire, enseigner. — *Nữ huấn* 女 ○, l'enseignement moral donné aux jeunes filles. — *Huấn đạo* ○ 道, directeur des études d'un arrondissement.

Huẩn 蘊*. Recueillir, amasser, accumuler; serrer, couvrir, cacher.

Huẩn 慍*. Haine secrète, colère sourde, ressentiment profond.

Húc 觸*. Heurter des cornes, frapper avec un bélier; tenir tête à.

Trâu húc 犢 ○, le buffle frappe

avec ses cornes. — *Cắn húc nhau* 哏 ○ 饒, se disputer, se chamailler, se déchirer à belles dents.

Huế 花*. Fleur, bouton de fleur; dessin, ramage, floriture. Voir *hoa*.

    Lên huế 遷 ○, avoir la petite vérole. Voir *bổng* et *nẩn*.

Huế 靴*. Bottes en cuir. Voir *hia*.

Huệ 慧*. Ingénieux, intelligent, éclairé, libéral, subtil, fin, sagace.

Huệ 惠*. Bon, généreux, libéral; se montrer bienveillant, combler de faveurs; caractère fréquemment employé dans les épitaphes.

    Trí huệ 智 ○, perspicace, ingénieux; indulgent. — *Ân huệ* 恩 ○, grâce, faveur, bienfait.

Huệ 蕙*. Une plante odoriférante.

    Hoa huệ 花 ○, tubéreuse (polyantes tuberosa). — *Huệ lang* ○ 郎, deux plantes odorantes; une paire d'amis.

Huế 化*. Ce qui survient, ce qui arrive; transformer, créer. Voir *hóa*. Nom de la capitale de l'Annam.

    Chè huế 茶 ○, thé commun dit de Huế par opposition au thé chinois appelé *trà tàu*. — *Ra ngoài huế* 囉 外 ○, aller à Huế, aller à la capitale.

Huế 和*. Paix, union, concorde, entente cordiale. Voir *hòa*.

    Cầu huề 求 ○, demander la paix. — *Làm huề* 濫 ○, faire la paix. — *Huề nhau lại* ○ 饒 吏, se réconcilier.

Huề 携*. Conduire, diriger, guider, emmener, emporter; élever.

    Đề huề 提 ○, conduire par la main; être suivi de nombreux domestiques. — *Huề tống* ○ 送, aller respectueusement au devant de quelqu'un pour le guider, lui faire escorte. — *Huề thủ đồng hành* ○ 手 同 行, marcher en se donnant le bras ou en se tenant par la main.

Hủi 癩. Espèce de lèpre du pays. Voir *đơn*, *phung* et *lại*. (Formé des S. A. *nịch* 疒, maladie, et *húy* 毀, perdu.)

    Kẻ có bệnh hủi 几 固 病 ○, ceux qui sont atteints de cette lèpre, les lépreux. — *Mắc bệnh hủi* 纆 病 ○, être pris de la lèpre, avoir la lèpre.

Huy 揮*. Remuer, secouer, agiter; exciter par des gestes vifs, rapides.

Húy 諱*. Cacher quelque chose, se taire par respect; éviter de prononcer certains noms, comme celui du souverain, par exemple.

    Húy kỵ ○ 忌, s'abstenir de prononcer les mots sacrés. — *Chữ húy* 字 ○, caractère prohibé. — *Chiêu nhận bất húy* 招 認 不 ○, avouant tout sans rien cacher.

Húy 尉*. Attendre, épier, regarder; chef de soldats; particule honorifique qui s'ajoute à tous les grades militaires des *vệ* (pour les officiers supérieurs et officiers généraux seulement).

    Thành thủ húy 城 守 ○, commandant de citadelle, de place forte. —

Chánh vệ hủy 政衛 ○, colonel d'un régiment à la capitale.

Hủy 慰*. Soulager, adoucir, aider; satisfaction, contentement. Voir *úy*.

Hủy 畏*. Craindre, respecter. Voir *úy*. A. V. Exclamation de douleur, cri de souffrance : oh! malheur!

Hủy 委*. Se fier à quelqu'un; confier une affaire; se donner de la peine pour autrui.

Hủy 毀*. Détruire, casser, démolir; perdu sans espoir de retour.

   Hoang hủy 荒 ○, perdu de mœurs. — *Hoài hủy* 懷 ○, toujours, constamment, sans relâche. — *Đánh bài hoài hủy* 打牌懷 ○, qui ne cesse pas de jouer aux cartes, être un joueur fieffé. — *Hủy di* ○ 移, tuez-le; qu'on le mette à mort.

Hủy 燬 et 煨*. Un feu ardent, les flammes d'un grand incendie.

Huyên 萱 et 椿*. Le lis (plante qu'on suppose porter bonheur aux femmes mariées, aux mères).

   Bông huyên 蘭 ○, fleurs de lis. — *Nhà huyên* 茹 ○, une mère. — *Thung huyên* 椿 ○, les parents.

Huyện 縣*. Circonscription administrative, arrondissement, sous-préfecture, ville de 3e ordre.

   Quan huyện 官 ○, titre de l'administrateur d'une sous-préfecture (mandarin du 6e degré). — *Ông huyện* 翁 ○, monsieur le sous-préfet. — *Huyện doãn* ○ 尹, sous-préfet à la capitale. — *Tri huyện* 知 ○, *huyện* titulaire, *huyện* en exercice. — *Huyện hàm* ○ 銜, *huyện* honoraire. — *Cán huyện* 幹 ○, id. — *Anh ở huyện nào* 嬰於 ○ 芇, dans quel arrondissement demeurez-vous?

Huyền 烜*. Dessécher à la chaleur du feu, fumer, rôtir, griller.

Huyền 玄*. Sombre, noir; profond, calme, tranquille, caché, mystérieux; dieu, génie. Car. radical.

   Màu huyền 牟 ○, la couleur noire. — *Huyền thiên thượng đế* 天上帝, le génie des sombres régions. — *Huyền Phú quốc* ○ 富國, jais de Phú quốc. — *Một chiếc huyền* 沒隻 ○, un bracelet en jais. — *Đen láng như huyền* 顚朗如 ○, noir et brillant comme du jais.

Huyền 弦*. Corde tendue (arc ou instrument de musique); être prêt et dispos; en forme de croissant.

   Huyền nguyệt ○ 月, nouvelle lune. — *Thượng huyền* 上 ○, premier quartier. — *Hạ huyền* 下 ○, dernier quartier de la lune.

Huyền 絃*. Corde d'instrument de musique; lien, attache; rallonge.

   Đờn huyền 彈 ○, les instruments de musique à cordes en général. — *Tứ huyền* 四 ○, violon. — *Thục huyền* 續 ○, ajouter une rallonge (se dit des hommes qui se remarient).

Huyền 懸*. Suspendre, pendre; en suspens, dans le vide, dans l'infini.

Huyền không ○ 空, régions éthérées. — *Đảo huyền* 倒 ○, pénible situation. — *Nhứt nhựt vô vương thiên hạ rối loạn* 一日無王天下繚亂, un jour sans roi, et le peuple est dans l'anarchie (maxime).

Huyễn 幻*. Magie, enchantements, tours d'adresse; faux, trompeur; tromper, changer. Voir *hoễn*.

Huyễn hoặc ○ 惑, tromper, duper, en imposer. — *Nói huyễn* 吶 ○, dire des choses fausses, tenir des propos mensongers. — *Đồn huyễn* 噸 ○, répandre de faux bruits, propager de fausses nouvelles. — *Huyễn vu* ○ 誣, calomnier. — *Huyễn hóa* ○ 化, changer tout à coup, se métamorphoser; escamoter, faire disparaître; terme de magie.

Huyệt 穴*. Antre, fosse, trou, caverne, sépulcre. Car. radical.

Khai huyệt 開 ○, exhumer. — *Đào huyệt* 陶 ○, creuser une fosse. — *Coi huyệt mả* 䰟 ○ 瑪, faire choix d'un bon emplacement pour une sépulture (usages locaux).

Huyết 血*. Le sang; sanglant, ensanglanté. Car. radical. Voir *máu*.

Khí huyết 氣 ○, liqueur séminale, humeur génératrice, sperme, sang vital. — *Chọc huyết* 祝 ○, abattre, saigner (porcs). — *Huyết mạch* ○ 脉, artère, veine. — *Huyết phách* ○ 珀, ambre rouge.

Huịch 閱. Syllabe complémentaire. (En S. A., examiner; se pron. *duyệt*.)

Rộng huịch 曠 ○, très vaste, très étendu. — *Chành huịch* 梗 ○, id.

Huích 鬩*. Se disputer; querelle, procès en justice, affaire litigieuse.

Huinh 兄*. Frère aîné; appellatif.

Huinh đệ ○ 弟, aînés et cadets. — *Huinh muội* ○ 妹, frères et sœurs.

Huình 黃*. La couleur jaune d'ocre; nom de plantes; nom de famille. Voir *hoàng*. Car. radical.

Đại huình 大 ○, rhubarbe. — *Huình đạo* ○ 道, zodiaque. — *Huình liên* ○ 蓮, chélidoine (remède pour les yeux). — *Huình dương* ○ 楊, buis de Chine, peuplier, cyprès, pin des pagodes. — *Huình lạp* ○ 蠟, cire. — *Bệnh huình đãn* 病 ○ 疸, la jaunisse. — *Huình bì* ○ 皮, couverture jaune; certains cahiers relatifs à l'établissement de l'impôt que les autorités provinciales adressent à la cour. — *Huình tâm* ○ 心, un remède.

Huình 皇*. Prince, roi, empereur, souverain maître. Voir *hoàng*.

Huình hậu ○ 后, impératrice.

Hum 歁. Syllabe euphonique. (En S. A., désirer vivement; se pron. *ham*.)

Nằm chùm hum 龕森 ○, être couché tout ramassé. — *Ngồi chùm hum* 墾森 ○, être assis sur les talons le front dans les mains.

Hùm 猞. Grands fauves, grands félins. (Formé des S. A., *trĩ* 豸, ramper, et *hàm* 含, colère, fureur.)

Hùm beo ○ 豹, panthère, léopard. — *Hùm cọp* ○ 猞, tigre.

Hun 昏*. Le soleil disparaissant.

A. V. Baiser, embrasser. Voir *hôn*. (Le baiser annamite consiste à aspirer avec les narines, la bouche étant hermétiquement fermée.)

Hun con hoài ○ 昆 懷, baiser sans cesse son enfant. — *Một cái hun* 沒 丐 ○, un baiser. — *Hun một cái mạnh* 沒 丐 孟, donner un bon baiser. — *Đừng có hun tôi* 停 固 ○ 碎, ne m'embrassez pas. — *Đừng hun nó* 停 ○ 奴, gardez-vous bien de l'embrasser. — *Hun đi hun lại* ○ 去多 ○ 吏, donner force baisers.

Hung 凶 *. Funeste, néfaste; grand malheur, calamité, adversité.

Hung 兇 *. Cruel, féroce, brutal, inhumain; méchanceté, violence; s'emploie comme superlatif absolu; peut se prendre pour le précédent et réciproquement.

Hung bạo ○ 暴, féroce, cruel, méchant. — *Hung ác* ○ 惡, terrible, cruel, inhumain, atroce. — *Hung đồ* ○ 徒, bandit, brigand, pirate, voleur, repris de justice. — *Hung hăng* ○ 爊, pervers, violent, malfaisant, audacieux dans le mal. — *Người hung dữ lắm* 侍 ○ 與 虞, un homme très méchant, très violent, très brutal. — *Tánh hung ác* 性 ○ 惡, caractère cruel et méchant. — *Làm hung* 濫 ○, violenter, brutaliser, agir méchamment. — *Cách hung dữ* 格 ○ 與, violemment, brutalement. — *Ăn hung* 咹 ○, manger avec voracité, comme une brute. — *Hành hung* 行 ○, brutaliser, malmener, se livrer à des actes de violence. — *Nói hành hung* 吶 行 ○, faire des menaces terribles. — *Hung vợ* ○ 㛪, un bourreau de femmes, se dit d'un homme qui s'est souvent marié. — *Hung chồng* ○ 重, se dit d'une femme qui a eu plusieurs maris.

Hung 洶 *. Eaux qui coulent avec bruit; courant rapide, impétueux.

Hung hung ○○, bruit d'une dispute, d'une querelle, clameurs, cris.

Hung 匈 et 胸 *. Poitrine, thorax; le siège de l'intelligence.

Hung trung ○ 中, dans la poitrine. — *Hung nô* ○ 奴, Tartares. — *Nước hung nô* 渃 ○ 奴, Tartarie.

Húng 葒. Nom collectif de plantes odorantes, comme menthe, mauve. Voir *hà*. (Formé des S. A. *thảo* 艹, plante, et *hung* 匈, poitrine.)

Rau húng 蔞 ○, plante odorante.

Húng 哅. Violenter, tourmenter. (Formé des S. A. *khẩu* 口, bouche, et *khủng* 恐, crainte, peur.)

Ăn húng 咹 ○, opprimer, vexer. — *Húng hiếp* ○ 脇, id.

Hùng 雄 *. Mâle, brave, courageux, audacieux, vaillant, fort, martial, vigoureux, incomparable.

Anh hùng 英 ○, héroïque, martial; un héros; le titre que prennent les membres de la société secrète chinoise dite du Ciel et de la Terre (*Thiên địa hội* 天地會). — *Sức anh hùng* 飭英 ○, héroïsme, vaillance, courage. — *Việc anh hùng* 役英 ○, action incomparable, action d'éclat. — *Người nữ anh hùng* 侍女英 ○,

une héroïne. — *Gian hùng* 奸〇, un chef de brigands.

Hùng 熊*. Ours; au fig., très fort, brave, vaillant, redoutable. V. *gấu*.

 Hùng chưởng 〇掌, plante du pied de l'ours (mets de luxe). — *Hùng đãm* 〇胆, foie de l'ours (employé en médecine).

Hùng 寵*. Amitié, affection, bienveillance. Voir *lũng* et *sủng*. A. V. Concave, convexe, inégal, vallonné, accidenté (sol, pays).

 Hùng ân 〇恩, grâce, faveur. — *He hùng* 希〇, inégal (en parlant d'un terrain).

Hưng 興*. Se lever, se soulever, surgir, monter, avancer, progresser.

 Hưng lên 〇遷, s'élever, se dresser, prospérer, fleurir. — *Hưng binh* 〇兵, lever des soldats, mobiliser. — *Hưng loạn* 〇亂, se soulever, se révolter, s'insurger. — *Hưng hóa* 〇化, progrès qui se manifeste; le nom d'une province du Tonkin. — *Hưng yên* 〇安, paix qui se manifeste; le nom d'une autre province du Tonkin.

Hứng 興*. Se mettre debout; accueillir, recevoir; mettre en mouvement, donner naissance à, entreprendre. Voir *háng*.

 Hứng nước 〇渚, recueillir de l'eau qui tombe. — *Hứng gió* 〇逾, avoir le vent dans les voiles. — *Hứng vui* 〇盃, être transporté de joie et de plaisir, s'amuser énormément. — *Hứng màu* 〇牟, heureux et content. — *Cao hứng* 高〇, hautement satisfait, être enchanté.

Hừng 燠. Chaleur qui se répand; monter, s'élever. (Formé des S. A. *hỏa* 火, feu, et *hưng* 興, surgir.)

 Hừng hỉ 〇矣, faire tous ses efforts. — *Lửa hừng* 焰〇, les flammes montent.

Huơ 舞. Balancer, brandir, agiter (sabre, épée, bâton). (Du S.A. *vũ*, même car., prendre des poses, faire des armes.)

 Nó huơ gươm 奴〇劍, il brandissait son sabre.

Huởn 緩*. Lent, tardif; attendre, remettre, différer. Voir *hoãn*.

Huờn 丸*. Boule, boulette, pilule, bouton, globule; rond, sphérique.

Huờn 還*. Rendre; revenir, reculer, retourner, reprendre. Voir *hoàn*.

 Huờn khế 〇契, rendre le reçu. — *Huờn sanh* 〇生, revivre une nouvelle vie (métempsycose). — *Huờn sức mạnh lại* 〇飭孟吏, reprendre des forces.

Huỡn 緩*. Remettre, différer; laisser aller, laisser faire; lâcher, relâcher. Voir *hoãn* et *huờn*.

Huợt 活*. Eaux vives, eaux qui s'écoulent; mouvement, activité rapidité, vivacité. Voir *hoạt*.

Huống 凶 et 兇. Malheur, misère, calamité; cris de frayeur. (Corruption des S. A. *hung*, mêmes car., même signification.)

 Huống hập 〇吸, tomber d'un malheur dans un autre. — *Huống miệng* ○ 咀, annoncer des malheurs, prévoir des calamités; avoir une mauvaise langue. — *Huông ác* ○ 惡, inhumain, féroce, cruel. — *Huông tính* ○ 性, naturel cruel et méchant, mauvais caractère.

Huống 況 *. De plus, en outre, encore, davantage; combien plus, à plus forte raison.

Huống chi ○ 之, combien plus, combien mieux. — *Huống lựa là* ○ 路 羅, id. — *Hà huống* 何 ○, id.

Hương 香 *. Odoriférant, aromatique; encens, parfum. Car. radical.

Hương khí ○ 氣, bonne odeur, atmosphère parfumée. — *Hương mộc* ○ 木, bois odoriférant. — *Hoa hương* 花 ○, odeur de fleurs; la rose. — *Bông hương* 蕊 ○, une rose, un bouton de rose. — *Nước hương tưởng vi* 渃○詳爲, eau de rose. — *Cây bạch đàn hương* 核白檀○, bois de santal. — *Hương kì nam* ○ 琦南, bois d'aigle. — *Hương nam mộc* ○ 南木, cèdre. — *Hương thảo* ○ 草, romarin. — *Hoắc hương* 藿○, bétoine. — *Đinh hương* 丁 ○, clou de girofle. — *Rượu hương hoa* 酒○花, vin aromatique, hypocras. — *Xạ hương* 麝○, musc. — *Ốc hương* 沃○, espèce de coquillage. — *Đốt hương* 焠○, brûler de l'encens, des parfums. — *Lư hương* 爐 ○, brûle-parfums. — *Nhũ hương* 乳 ○, encens. — *Xông hương* 衝○, répandre de l'encens, encenser. — *Kẻ xông hương* 几衝○, celui qui encense, qui répand de l'odeur. — *Bình hương* 瓶○, encensoir. — *Người bán hương hoa* 俘半○花,

marchand d'épices, d'aromates, de parfums. — *Phần hương hỏa* 分○ 火, la part d'encens et de feu; biens familiaux dont les revenus sont consacrés au culte des ancêtres.

Hương 鄉 *. Campagne, village, lieu d'origine, petite patrie; titre donné aux notables majeurs.

Hương đảng ○ 党, village natal. — *Hương quán* ○ 舘, lieu d'origine, lieu de naissance. — *Về quê hương* 衛圭○, revenir dans ses foyers. — *Bổn hương* 本○, notre village, mon pays, la patrie. — *Hương thí* ○ 試, concours régionaux pour l'obtention des grades littéraires de *tú tài*, bachelier, et *cử nhơn*, licencié (ont lieu tous les trois ans). — *Các hương chức* 各○職, les notables d'un village. — *Hương thân* ○ 紳, notable chargé de l'administration. — *Hương hào* ○ 豪, notable chargé de la police. — *Hương trưởng* ○ 長, chef de village, maire (détenteur des rôles et du sceau). — *Hương chủ* ○ 主, l'un des plus importants notables par l'âge et la fortune. — *Hương sư* ○ 師, notable majeur. — *Hương chánh* ○ 正, id. — *Hương văn* ○ 文, id. — *Hương lễ* ○ 禮, notable chargé des cérémonies rituelles. — *Hương quan* ○ 官, ancien fonctionnaire, notable honoraire. — *Minh hương* 明○, métis de Chinois et de femme annamite.

Hướng 向 *. Côté, partie, région, direction; les points de la boussole, les points cardinaux; point de départ d'une chose.

Phương hướng 方○, région,

contrée, pays. — *Coi hướng* 視 ○, choisir le côté, l'endroit, la direction, la position. — *Lấy hướng đông* 視 ○ 東, s'orienter à l'Est. — *Bốn hướng* 罘 ○, les quatre points cardinaux. — *Nhị thập tứ hướng* 二十四 ○, les vingt-quatre points de la boussole. — *Hướng lai* ○ 來, depuis. — *Hướng lai bất kiến y* ○ 來 不 見 伊, depuis on ne l'a plus vu.

Hướng 餉*. Droits, taxes, contributions, impositions; présents en nature; s'approvisionner de vivres.

Hưởng 享*. S'appuyer sur quelqu'un, jouir de quelque chose, bénéficier d'une faveur; offrir ou présenter à des supérieurs.

Hưởng phước ○ 福, jouir du bonheur, être heureux. — *Hưởng nhờ* ○ 沜, compter sur un avantage. — *Hưởng công ơn* ○ 功恩, jouir des mérites. — *Hưởng lộc* ○ 祿, jouir d'une solde, d'un traitement, d'une pension. — *Hiếu hưởng* 孝 ○, offrir des mets aux parents décédés. — *Yến hưởng* 宴 ○, offrir un festin, traiter des convives.

Hwou 狖 et 狖*. Un animal sauvage, un carnassier. A. V. Espèce de petit cerf ou chevreuil au pelage grisâtre (très commun en Cochinchine). Voir *bé*.

Hwou nai ○ 狔, cerfs et biches, daims, chevreuils. — *Sừng hwou nai* 鮻 ○ 狔, cornes de cerf, ramure (les cornes tendres des jeunes cerfs sont employées en médecine). — *Ăn thịt hwou* 唆 胎 ○, manger de la viande de cerf. — *Đùi hwou* 䐹 ○, cuissot de chevreuil.

Hụp 渝. Plonger dans, immerger. (En S. A., eaux qui coulent; se pron. *háp*.)

Hụp xuống ○ 齨, plonger dans; couvrir, recouvrir. — *Hụp cá* ○ 魣, prendre du poisson en le couvrant d'une nasse ou d'un boisseau.

Húp 噏*. Avaler, aspirer. Voir *háp*.

Húp bằng muỗng ○ 朋 鏤, prendre une cuillerée. — *Húp từ miếng* ○ 自 呷, avaler par bouchées.

Hụt 紇. Faire défaut, manquer le but; court, bref, borné; trop tard. (En S. A., franges de soie; se pron. *hột*.)

Hụt chơn ○ 蹎, faire un faux pas, n'avoir plus pied, glisser, tomber. — *Hụt chạt* ○ 質, avec précipitation. — *Tới hụt* 細 ○, arriver trop tard. — *Đánh hụt* 打 ○, frapper en aveugle; coups qui ne portent pas. — *Chết hụt* 折 ○, mourir sans secours. — *Gió hụt* 逾, vent qui souffle par rafales. — *Hụt việc* ○ 役, affaire manquée.

Hút 唿. Humer, aspirer, fumer; siffler en aspirant. (Formé des S. A. *khẩu* 口, bouche, et *hốt* 忽, tout à coup.)

Hút nước lên ○ 渚 遷, aspirer de l'eau. — *Hút một điếu thuốc* 沒 鈞 菜, fumer une cigarette, un cigare. — *Ông hút điếu thuốc* 甕 ○ 鈞 菜, fume-cigare, fume-cigarette. — *Hút nha phiến* ○ 芽 片, fumer de l'opium. — *Kẻ hay hút* 几 咍 ○, fumeur. — *Hút gió* ○ 逾, siffler en aspirant (pour appeler le vent comme le font les matelots annamites).

Hưu 休*. Voyageur qui se repose sous un arbre; se reposer, cesser; se démettre, se désister; répudier.

Về hưu trí 衛○智, cesser ses fonctions, prendre sa retraite. — *Quan hưu trí* 官○智, fonctionnaire en retraite ou en congé. — *Cam hưu* 柑○, se désister de part et d'autre. — *Hưu thơ* ○書, un acte ou une déclaration de répudiation. — *Bất hưu* 不○, sans cesse, sans arrêt.

Hưu 咻*. Cris de détresse, appels désespérés, plaintes, gémissements.

Hưu 貅*. Monstre fabuleux, animal redoutable; fort, brave, vaillant.

Hưu 鵂*. Oiseau nocturne; hibou, chat-huant; funeste, sinistre.

Hựu 又*. De nouveau, encore, en outre, plus, davantage; répétition, réitération. Car. radical.

Hựu 宥*. Se montrer indulgent pour les fautes commises, commuer une peine, faire grâce.

Hựu 侑*. Traiter des amis, recevoir plusieurs personnes à sa table.

Hựu 囿*. Enclos, enceinte, palissade; clôturer, enfermer, garantir.

Hựu 佑*. Aider, protéger, secourir.

Hựu 祐*. Secours donné par les esprits, faveur du ciel; bonheur.

Hữu 右*. La droite, le côté droit.

Bên hữu 邊○, du côté droit. — *Tay hữu* 搦○, main droite. — *Hữu thừa tướng* ○承相, titre d'un des plus hauts dignitaires de la cour. — *Hữu quân* ○軍, maréchal de droite. — *Tả hữu quan* 左○官, mandarins assistants de gauche et de droite.

Hữu 友*. Se lier d'amitié; ami, camarade, compagnon, associé; amitié, cordialité, affection.

Nghĩa hữu 義○, s'unir cordialement. — *Giao hữu* 交○, être unis par des liens d'amitié. — *Thiên địa tương hữu* 天地相○, le ciel et la terre ont les mêmes vues. — *Hiếu hữu* 孝○, piété filiale et amour fraternel. — *Hội hữu* 會○, confrères, membres d'une même association. — *Sư hữu* 師○, maître et disciple. — *Anh em bạn hữu* 嬰俺伴○, frères en amitié, amis, camarades, compagnons. — *Bạn hữu mới đến* 伴○買典, les amis viennent d'arriver. — *Đi thăm bạn hữu* 移探伴○, aller visiter ses amis.

Hữu 有*. Avoir; être, exister; particule affirmative; désignatif.

Hữu vô ○無, être ou ne pas être, oui ou non. — *Hữu tình* ○情, avoir de bonnes intentions. — *Hữu ý* ○意, avoir un désir formel, une volonté bien arrêtée; fermeté de convictions. — *Tự hữu* 自○, qui existe par soi-même. — *Vật hữu hình* 物○形, un objet matériel. — *Đại hữu chi niên* 大○之年, une bonne année, une année fertile. — *Hữu khí vô lực* ○氣無力, être sans force, n'avoir plus que le souffle, se trouver à toute extrémité.

Hữu 柚*. Nom d'arbres fruitiers; pamplemousse, citronnier.

I

I 衣. Syllabe complémentaire. (En S. A., vêtement supérieur; se pron. *y*.)

Người i pha nho 俉○葩儒, un Espagnol. — *Nước i pha nho* 渃○葩儒, l'Espagne. — *Người i ta li* 俉○些離, un Italien. — *Nước i ta li* 渃○些離, l'Italie.

Ích 益*. Augmenter, ajouter, avancer, accroître; utile, avantageux, profitable; nom de plante.

Có ích 固○, utile, avantageux, profitable. — *Vô ích* 無○, inutile, sans avantage, sans profit. — *Làm ích cho dân* 濫○朱民, être utile au peuple, lui faire du bien. — *Có ích lợi chung* 固○利終, qui est d'utilité publique, d'intérêt général. — *Cách có ích lợi* 格固○利, d'une manière avantageuse, utilement. — *Hảo đại ích xử* 好大○處, ce sera grandement avantageux. — *Không có ích gì* 空固○之, ce n'est nullement utile. — *Thằng nầy vô ích* 倘尼無○, cet individu n'est bon à rien, n'est d'aucune utilité. — *Ích lợi* ○利, avantage, profit, gain, bénéfice. — *Ích chi* ○之, à quoi bon? à quoi cela servirait-il? — *Ích bụng* ○膪, lourdeur d'estomac. — *Ích mẫu* ○母, plante odoriférante, armoise, herbe de la Saint-Jean.

Ích 謚*. Dire des plaisanteries; faire rire les gens, être loquace.

Ích 嗌*. Gosier; gorge contractée, voix gutturale, étranglée; sanglot.

Ím 掩. Cacher, abriter, couvrir, garantir; fermé, bouché. (Du S. A. *yểm*, même car., même signification.)

Đậy ím ím 待○○, qui reste toujours couvert, à l'abri. — *Nằm ím ím* 䭙○○, rester longtemps couché sous les couvertures.

In 印. Imprimer; imiter, faire ressemblant; exactement identique, comme deux empreintes. (Du S. A. *án*, même car., sceau, empreinte.)

In sách ○冊, imprimer un livre, un ouvrage. — *In nhựt trình* ○日呈, imprimer une feuille périodique, un journal. — *In vải bông* ○絏嵐, imprimer sur étoffe. — *Nhà in* 茹○, imprimerie. — *Nhà in nhà nước* 茹○茹渃, imprimerie du gouvernement. — *Bản in* 版○, table d'imprimerie, planche à imprimer. — *Máy in* 槓○, machine à imprimer. — *Thợ in* 署○, imprimeur, ouvrier typographe. — *Chữ in* 字○, caractères d'imprimerie. — *Sách in* 冊○, livre imprimé. — *In nhau* ○饒, se ressembler exactement. — *In rập* 笠, moulé, parfait, très ressemblant; similitude complète. — *In vào trí* ○智, se mettre quelque chose dans l'esprit. — *Giống như in* 種如○, absolument semblable, comme si c'était imprimé. — *Bánh in* 䭷○, sorte de pâtisserie du pays.

Ính 咉. L'odeur pénétrante des fleurs; sentir fort. (Formé des S. A. *khẩu* 口, bouche, et *anh* 英, fleur.)

Ít 丞. Peu de chose, petite quantité. (Formé des S. A. *tiểu* 小, peu, petit, et *đt* 乙, recourbé.)

Ít ít ○ ○, à peine, un tant soit peu. — *Ít lắm* ○ 廩, très peu. — *Ít quá* ○ 過, trop peu. — *Ít có* ○ 固, qui est rare, qui arrive rarement. — *Ít khi* ○ 欺, rarement, de temps en temps. — *Ít lời* ○ 捥, quelques paroles. — *Ít điều* ○ 調, peu de choses. — *Một ít* 沒 ○, un peu, quelque peu. — *Ít hơn* ○ 欣, moins que, inférieur à. — *Cho ít nhiều* 朱 ○ 饒, donner quelque chose, peu ou prou. — *Ít nữa là* ○ 女 羅, au moins, pour le moins. — *Ít lâu nữa* ○ 冀 女, dans un moment, bientôt.

— *Còn ít ngày nữa* 群 ○ 晬 女, dans quelques jours. — *Ít rượu nhiều nước* ○ 醋 饒 湉, peu de vin, beaucoup d'eau. — *Người ít oi* 俱 ○ 漊, personne ingénue, simple, pauvre d'esprit. — *Bánh ít* 飿 ○, espèce de gâteau. — *Ăn ít* 咹 ○, manger peu.

Íu 夭. Agréable à voir, jeune, frais, tendre; humide, mouillé, pas encore sec (en parlant du linge). (Du S. A. *yểu*, même car., frais.)

Íu lu ○ ○, délicat, tendre, frais, délicieux. — *Gió thổi íu lu* 逾 喱 ○ ○, vent doux, air agréable, petite brise, léger zéphyr.

Y

Y 衣*. Vêtement, et plus particulièrement celui qui couvre la partie supérieure du corps à partir de la ceinture; radical des habits, des robes, des couvertures et généralement de tout ce qui sert à envelopper ou à couvrir le corps.

Y bát ○ 鉢, la robe et l'écuelle; les insignes d'une charge officielle. — *Y quan* ○ 官, costume de grande tenue, uniforme des mandarins. — *Y phục* ○ 服, effets d'habillement en général. — *Tràng y* 裇 ○, longue robe, vêtement de cérémonie.

Y 依*. S'appuyer sur, se conformer à; terme de comparaison: comme si, selon, conformément à, autant que; similitude complète.

Y theo ○ 蹺, d'après, selon, suivant. — *Y theo lời nghị* ○ 蹺 捥 議, conformément à la décision, suivant l'arrêté. — *Y theo lời xin* ○ 蹺 捥 嗔, suivant la demande, conformément à la proposition. — *Bằng y* 憑 ○, se fier à, compter sur. — *Y như cựu trào* ○ 如 舊 朝, comme sous l'ancien régime. — *Y án* ○ 案, selon le jugement; maintenir le jugement, la sentence. — *Y thị giá* ○ 市 價, d'après les prix du marché, selon les prix courants. — *Y đạo* ○ 道, selon la doctrine, conformément à la droite raison. — *Y ngôn* ○ 言, selon ce que vous dites, d'après vos propres paroles. — *Y phép* ○ 法, d'après les usages, selon les coutumes.

Y 醫*. Art de guérir, profession médicale; médecin, chirurgien.

Thái y viện 太 ○ 院, la direction

du service de santé (à la cour de Huế). — *Ngự y* 御 ○, titre porté par le médecin du roi. — *Y viện* ○ 院, faculté de médecine, académie de médecine. — *Y sĩ* ○ 士, un docteur, un médecin. Voir *thầy thuốc*. — *Y chánh* ○ 政, premier médecin, médecin principal. — *Lương y quan* 良 ○ 官, médecin militaire. — *Hội đồng lương y* 會同良 ○, conseil de santé. — *Y trị* ○ 治, guérir une maladie, enrayer un mal.

Y 伊*. Nom de famille, nom de pays; il, elle, celui-là; seulement, rien de plus, pas davantage.

Y nói ○ 吶, il dit. — *Của y* 貼 ○, c'est à lui, c'est son bien, sa propriété. — *Y niên* ○ 年, cette année-là. — *Y xã* ○ 社, ce village.

Ý 意*. Volonté, intention; sentiment, pensée; projet, idée, opinion. A. V. Particule exclamative.

Ý dục ○ 慾, vouloir fermement; désir violent et désordonné. — *Ý muốn* ○ 悶, vouloir formellement. — *Ý chỉ* ○ 旨, intention; attention. — *Ý tưởng* ○ 想, idée, pensée, opinion. — *Ý chung thiên hạ* ○ 終天下, opinion publique. — *Ý cao kì* ○ 高其, idée élevée, idée sublime. — *Ý riêng* ○ 貞, volonté propre, idée personnelle. — *Ý tốt* ○ 卒, bons sentiments, bonnes intentions, bonnes idées. — *Nó có ý xấu* 奴固 ○ 丑, il a de mauvais desseins, de mauvaises intentions. — *Hãy cho có ý* 唉朱固 ○, faites attention, soyez attentif. — *Cách có ý tứ* 格固 ○ 思, attentivement. — *Cạn ý* 泮 ○, avec sincérité, du fond du cœur, franche- ment. — *Định ý* 定 ○, fixer son opinion, arrêter un projet; ferme, déterminé. — *Mặc ý anh* 默 ○ 嬰, à votre volonté, selon vos désirs. — *Vì ý nào* 爲 ○ 苒, dans quelle intention? pour quel motif? — *Ngoài ý* 外 ○, en dehors de l'idée, de l'esprit. — *Trái ý* 債 ○, contrairement à la volonté; aller contre un désir. — *Cãi ý* 改 ○, résister, contredire, tenir tête. — *Cải ý* 改 ○, changer d'opinion, d'idée, de manière de voir, se déjuger. — *Vô ý vô tư* 無 ○ 無思, inattentif, étourdi, distrait. — *Anh có ý gì* 嬰 固 ○ 之, quel est votre sentiment? quelle est votre idée? — *Ý cha tôi là* ○ 吒碎羅, mon père pense que, a l'intention de. — *Xuất kì bất ý* 出其不 ○, tout à coup, sans qu'on s'y attendît, à l'improviste. — *Sự sự như ý* 事事如 ○, puisse toute chose être comme vous le désirez. — *Ý cha chả* ○ 吒吒, exclamation d'admiration ou d'étonnement: oh! ah! bah! — *Như ý* 如 ○, selon la volonté de, conformément au désir de. — *Sanh ý* 生 ○, créer un commerce, fonder une industrie; patente.

Ý 薏*. Nom de plantes graminées.

Ý dĩ ○ 苡, larmes de Job; graine de nénufar, du lis d'eau. — *Cỏ ý* 苦 ○, nom de différentes plantes de la famille des composées.

Ý 倚*. Compter sur, se prévaloir de, avoir confiance dans; dépendre de; appui, soutien, protection.

Ý thế ○ 勢, s'appuyer sur certains moyens, se prévaloir d'une protection. — *Ý thế người nào* ○ 勢𠊛苒, s'appuyer sur quelqu'un. — *Ý mình giàu sang* ○ 命朝郎, se prévaloir de son rang, de sa fortune. — *Ý quyền phép mình* ○ 權法命, s'enorgueillir de son autorité, de son grade. — *Ý tài mình* ○ 才命, se prévaloir de son talent. — *Một người ỷ thị* 沒得 ○ 恃, un homme prétentieux. — *Cách ỷ thị* 格 ○ 恃, prétentieusement.

Ý 錡 *. Support, trépied, marmite ou vase à trois pieds.

Ý 椅 *. Arbre dont le bois, très estimé, sert à faire des meubles et des outils; banc, siège de repos.

Trước ỷ 竹 ○, banc, chaise ou fauteuil en bambou. — *Ý tử* ○ 子, siège quelconque — *Đoản ỷ* 短 ○, siège léger, tabouret, escabeau.

Ỷa 糈. Décharger le ventre (grossier). Voir *tiêu* et *sống*. (Formé des S. A. *mễ* 米, grain, et *kì* 奇, étrange.)

Đi ỷa 㧯 ○, aller à la selle.

Yéc 嗌. Gorge contractée; voix gutturale, rauque, étranglée. (Du S. A. *ich*, même car., même signification.)

Nói yéc 呐 ○, reprendre quelqu'un avec humeur, gronder vertement.

Yêm 奄 *. Couvert, caché, dissimulé; s'étendre, durer longtemps.

Yêm 淹 *. Inondation, débordement; inondé, submergé, plongé dans l'eau; empêchement, obstruction, barrage, estacade, bordure.

Yếm 裺 *⁽¹⁾. Cache-poitrine, sorte de bavette, morceau de linge dont les femmes du peuple se servent pour cacher leurs seins.

Mặc yếm 默 ○, se revêtir de ce linge. — *Quần yếm* 裙 ○, pantalon qui se noue au-dessus des seins, pantalon d'enfant.

Yêm 俺 *. Je, moi, nous; s'emploie aussi pour désigner son frère.

Yêm 广 *. Hangar, abri. Car. radical.

Yểm 掩 *. Recouvrir, cacher, dissimuler; abriter, calmer, apaiser.

Yểm giấu ○ 丑, cacher, fermer. — *Yểm sự thật* ○ 事實, dissimuler la vérité. — *Yểm binh lính* ○ 兵另, placer des troupes en embuscade. — *Phủ yểm* 撫 ○, apaiser, caresser, calmer, consoler.

Yểm 厭 *. Rassasié, dégoûté; faire peu de cas de, ne plus vouloir.

Yên 胭 *. Cosmétique ou fard de couleur rouge; gorge, gosier.

Mặc yên 抹 ○, se frotter avec un cosmétique vermillon, se mettre du fard rouge au visage.

Yên 烟 et 煙 *. Fumée, vapeur, brouillard; ce qui se fume.

Yên 安 *. Paix, calme, repos, tranquillité, quiétude. Voir *an*.

Yên nhàn ○ 閒, dans le calme, au repos. — *Yên lòng* ○ 悉, paix du

⁽¹⁾ Se transcrit aussi par le car. 襺.

cœur, calme de la conscience. — *Yên ôn* ○ 穩, satisfaction, contentement; sécurité, confiance, quiétude. — *Bình yên* 平 ○, être tranquille, paisible; se bien porter. — *Dẹp yên giặc giã* 撲 ○ 賊者, rétablir la paix, réprimer une rébellion. — *Chỗ ở bình yên* 拄於平 ○, demeure paisible, lieu de repos. — *Thanh yên* 青 ○, espèce de grosse orange très charnue avec laquelle on fait d'excellents confits. — *Phú yên* 富 ○, abondance et tranquillité; nom d'une province de l'Annam. — *Yên bái* ○ 沛, progrès dans la paix; nom d'une province du Tonkin.

Yên 焉 *. Particule finale interrogative: comment? Mot euphonique.

Yên 鞍 *. Selle de cheval. Voir *an*.

Bắt yên ngựa 抔 ○ 馭, seller un cheval. — *Thắng yên* 勝 ○, seller, harnacher. — *Lên yên* 遷 ○, se mettre en selle, monter à cheval.

Yên 燕 *. Demeurer seul, rester isolé; se reposer en cours de route.

Yên 燕 et 鷰 *. Se reposer; hirondelle (salangane). Voir *én*. Poids de dix livres (ou quatre ligatures).

Ổ yên 塢 ○, nid d'hirondelle (nid comestible très estimé). — *Ăn yên* 咹 ○, manger de ces nids; chercher de ces nids. — *Phi yên* 飛 ○, le vol rapide de l'hirondelle. — *Hai yên* 合 ○, vingt livres (ou huit ligatures).

Yên 宴 *. Repos, délassement; grand repas, banquet, festin. Voir *tiệc*.

Đãi yên 待 ○, donner un grand repas, traiter des invités. — *Dọn yên* 拕 ○, préparer un festin. — *Ăn yên* 咹 ○, festoyer. — *Mời ăn yên* 蚾 咹 ○, inviter à un festin. — *Kẻ ngồi ăn yên* 几垫咹 ○. convive, hôte, invité. — *Yên tiệc hội hữu* ○ 席會友, banquet d'amis. — *Yên tiệc đám cưới* ○ 席坫嫺, repas de noces, banquet de mariage.

Yểng 嚶 *. Voix, chant, ramage des oiseaux; crier, brailler, assourdir.

Kêu yểng ỏi 叫 ○ 喂, faire entendre le ramage. — *Tiếng yểng tai* 嗜 聰, bruit assourdissant.

Yểng 影 *. Ombre qui passe, image qui s'évanouit; reflet. Voir *ảnh*.

Yểng bóng ○ 俸, vague, fuyant. — *Chiếu yểng* 照 ○, produire un reflet, renvoyer une image.

Yểng 暎 *. Clarté du jour, soleil qui brille avant de disparaître; réflexion, reflet, image. Voir *ảnh*.

Mét yểng 鑛 ○, pâle clarté, blafard, terne. — *Nhựt yểng* 日 ○, éblouissant, d'un éclat trop vif.

Yểng 嬰鴂 *. Nom d'oiseau chanteur; le nom d'un bel oiseau. Voir *anh*.

Yểng vũ ○ 鵡, le cacatois; l'argus. — *Con yểng* 昆 ○, le merle mandarin.

Yết 咽 *. Cou, gorge, gosier; avaler, engloutir. Voir *hầu*.

Yết hầu ○ 喉, trachée-artère. — *Bệnh yết hầu* 病 ○ 喉, angine, mal de gorge. — *Yết hạ sự* ○ 下事, déglutition.

Yét 歇*. Finir, terminer, achever, épuiser complètement. Voir *hét*.

Yét 喝*. Appeler d'une voix forte, crier sur un ton de colère. Voir *ái*.

Yét 謁*. Être reçu par un supérieur, assister à une audience royale.

   Triều yét 朝 ○, réception à la cour, audience royale.. — *Lễ bái yét* 禮拜 ○, une cérémonie rituelle dite des révérences (à la cour).

Yét 揭*. Soulever, enlever, défaire, décoller; publier, faire paraître, faire connaître, placarder, afficher.

   Yét thị ○ 示, décret, arrêté, décision, avis officiel, affiche. — *Ra yét thị* 囉 ○ 示, faire paraître une proclamation. — *Dán yét thị* 演 ○ 示, coller un avis, poser un placard. — *Kẻ dán yét thị* 几演 ○ 示, colleur d'affiches.

Yét 遏*. Arrêter le mouvement, faire cesser l'action; atteindre un but, arriver à destination.

Yêu 腰*. Reins, côtes, région lombaire; centre, milieu. A. V. Aimer, avoir de l'affection. Voir *thương*.

   Sơn yêu 山 ○, au milieu de la montagne. — *Địa yêu* 地 ○, isthme. — *Yêu mến* ○ 勉, aimer (élevé). — *Yêu mến Chúa* ○ 勉 主, aimer Dieu. — *Yêu mến con* ○ 勉 昆, aimer ses enfants. — *Yêu vì* ○ 為, estimer. — *Yêu vì người ta* ○ 為 侢 些, aimer son prochain. — *Yêu thương với nhau* ○ 傷 貝 饒, s'aimer les uns les autres. — *Yêu chuộng* ○ 重, tenir en haute estime. — *Yêu dấu* ○ 鈄, éprouver une vive affection. — *Yêu dấu vợ mình* ○ 鈄 嬭 命, aimer tendrement sa femme. — *Sự yêu riêng mình* 事 ○ 貞 命, l'amour de soi-même, l'égoïsme.

Yêu 夭*. Joli visage, air souriant; agréable à voir, à contempler.

Yêu 妖*. Prodigieux, surhumain, surnaturel, étrange; fée, fantôme, esprit malfaisant; pronostic de malheur, indice défavorable,

   Yêu nghiệt ○ 孽, esprits. — *Yêu quái* ○ 怪, monstres, fantômes. — *Yêu tinh* ○ 星, figures surnaturelles. — *Yêu hưng* ○ 興, apparition; présage de malheurs. — *Yêu thuật* ○ 術, maléfice, sortilège, magie, enchantement. — *Yêu thơ* ○ 書, livres magiques; contes de sorciers. — *Yêu ngôn* ○ 言, histoires étranges, paroles mystérieuses. — *Thành yêu* 成 ○, changé en esprit, devenu monstre.

Yêu 幺*. Petit, jeune, tendre, délicat; nom d'oiseau. Car. radical.

Yêu 要*. Souhaiter, désirer; demander, s'informer; importuner. A. V. Débile, faible, chétif, maladif.

   Sự yêu đuối 事 ○ 對, débilité, faiblesse. — *Làm cho yêu đuối* 濫 朱 ○ 對, débiliter, affaiblir. — *Tánh yêu ớt* 性 ○ 渴, complexion faible, tempérament maladif. — *Nó còn yêu lắm* 奴 群 ○ 廩, il est encore très faible. — *Con nít yêu đuối* 昆 涅 ○ 對, enfant maladif. — *Cây yêu ớt* 核 ○ 渴, plante chétive, arbre rabougri. — *Ốm yêu* 瘖 ○, maigre, chétif, languissant. — *Yếu sức* ○ 飭, faible, débile, sans force, sans vigueur. — *Yếu liệt* ○ 劣, infirme.

Yếu 窅*. Fixer les yeux avec attention; yeux profonds, caverneux.

Yếu 殀*. Vie courte, fin prématurée; tuer des animaux trop jeunes.

Chết yếu 折 ○, mourir jeune, quitter la vie avant l'âge d'homme.

Yếu 杳*. Le soleil à son déclin, les approches de la nuit; sombre.

Yếu 窈*. Doux, calme, paisible, tranquille, retiré, à l'écart.

Yếu điệu ○ 窕, délicat; modeste, réservé. — *Yếu nhiễu* ○ 繞, doux, velouté, soyeux; caractère affable.

Ym 淹. Frais, rafraîchissant; humide, mouillé; garder longtemps. (Du S. A. *yêm*, même car., inondé.)

Ym mát ○ 沬, frais, agréable.

Ym 庵*. Chaumière, hutte, abri; maison retirée, maison de retraite; doux, paisible, sans bruit. Voir *am*.

Ym diệp ○ 葉, retiré; ombragé. — *Trời ym* 弇 ○, ciel clément.

K

Kẹ 偈. Espèce de croquemitaine dont on menace les petits enfants. (En S. A., impétueux; se pron. *kẹ*.)

Ý hà ông Kẹ 意呵翁 ○, gare au seigneur *Kẹ*!

Ké 寄. Faire pénétrer, faire entrer; nom d'arbre; maladie de la vessie. (En S. A., transmettre; se pron. *kí*.)

Ké vào ○ 㐌, introduire dans. — *Ké né* ○ 徐, se rapetisser, se contracter. — *Cây ké* 核 ○, bardane. — *Hột ké* 紇 ○, graine de bardane. — *Bệnh trái ké* 病鞭 ○, calcul, gravelle. — *Đau ké* 疨 ○, id.

Kè 期. Ailes déployées; nom d'arbre et mot complémentaire. (Formé des S. A. *vũ* 羽, aile, et *kì* 其, explétive.)

Kè liệng ○ 翎, déployer les ailes. — *Cây kè* 核 ○, palmier dont on se sert pour couvrir les maisons. — *Con cắc kè* 昆各 ○, caméléon, gecko. — *Cá kè* 魣 ○, le nom d'un petit poisson qui ressemble au caméléon. — *Đi cặp kè* 迻笈 ○, aller bras dessus bras dessous. — *Nói kè nhè* 吶 ○ 晒, quémander, mendier, importuner.

Kẽ 技. Fente, intervalle, séparation; tracer, indiquer, désigner. (En S. A., main adroite et habile; se pron. *kĩ*.)

Kẽ chơn ○ 蹎, intervalle entre les doigts des pieds. — *Kẽ tay* ○ 扡, séparation des doigts de la main. — *Kẽ hàng* ○ 行, tracer une ligne. — *Hàng kẽ* 行 ○, ligne tracée avec une règle. — *Cặn kẽ* 近 ○, exactement, avec soin. — *Cách cặn kẽ* 格近 ○, scrupuleusement, soigneusement.

Kẻ 几. Celui qui, ceux qui; les gens; sorte de pronom indéfini. (En S. A., banc, tabouret; se pron. *kĭ*.)

Kẻ nào ○ 苒, lequel? lesquels? — *Kẻ kia* ○ 箕, celui-là, cet autre. — *Kẻ nói* ○ 吶, celui qui parle. — *Kẻ loạn* ○ 乱, envahisseur. — *Kẻ có tội* ○ 固 罪, celui qui est fautif, le coupable. — *Kẻ xấu* ○ 丑, celui qui est méchant, les mauvaises gens. — *Kẻ lớn* ○ 吝, les grands, les puissants. — *Kẻ nhỏ* ○ 貀, les petits, les humbles, les gens de peu. — *Là kẻ* 羅 ○, c'est celui qui. — *Những kẻ qua đàng* 仍 ○ 戈 唐, les gens qui passent sur la route. — *Kẻ chợ* ○ 髯, prudent, sage, civilisé; ancien nom de la capitale du Tonkin.

Kê 稽*. Examiner, rechercher; retenir, assembler, assujettir, caler.

Kê lên ○ 遷, élever en calant, soulever au moyen d'un billot. — *Kê nhà* ○ 茹, élever la charpente d'une maison en posant des billots sous les colonnes. — *Kê bàn* ○ 槃, caler une table. — *Kê rựa vào* ○ 鈩 包, faire pénétrer la serpe dans. — *Kê mình thảo* ○ 鳴 艸, thym.

Kế 計*. Réunir des nombres, calculer; plan, combinaison, projet.

Kế sổ ○ 數, dresser une liste, un catalogue. — *Sổ kế* 數 ○, livre de comptes. — *Tâm kế* 心 ○, calculer de tête, compter mentalement, supputer. — *Bá kế* 百 ○, cent projets, nombreuses combinaisons.

Kê 笄*. Épingle à cheveux.

Như kê 如 ○, cérémonie de l'imposition de l'épingle (aux jeunes filles). — *Thập ngũ nhi kê* 十 五 而 ○, c'est à l'âge de quinze ans qu'on impose l'épingle (c.-à-d. quand la jeune fille est devenue nubile et qu'elle peut être fiancée).

Kê 雞*. Gallinacées; la poule.

Chim thủy kê 鳬 水 ○, goéland, mouette. — *Sơn kê* 山 ○, coq sauvage, coq des montagnes.

Kê 稽*. Se courber jusqu'à terre; consulter, délibérer. Voir *khê*.

Kệ 偈*. Prières bouddhiques; vif, bouillant, impétueux, audacieux.

Dâng kệ 呼 ○, réciter des prières. — *Ca kệ* 歌 ○, chanter des prières. — *Kệ câu* ○ 句, vers rythmés des bonzes; phrases énigmatiques. — *Thầy kệ tao* 屍 ○ 釜, que m'importe; cela m'est égal; laissez-moi en paix. — *Nón thanh kệ* 藏 清 ○, espèce de chapeau fait avec des feuilles. — *Kệ sách vở* ○ 典 冩, bibliothèque.

Kế 計*. Stratagème, artifice, machination, trame, ruse, tromperie.

Kế giặc ○ 賊, ruse de guerre. — *Mưu kế* 謀 ○, ruse; finesse. — *Làm mưu kế* 濫 謀 ○, user de ruse, dresser des embûches, tendre un piège. — *Lập mưu kế* 立 謀 ○, machiner, ourdir, tramer. — *Sa kế* 沙 ○, être victime d'une fourberie, tomber par intrigue. — *Kế hạ* ○ 下, petite ruse.

Kệ 彐*. La tête d'un cochon; sanglier, porc, pourceau. Car. radical.

Kế 繼 et 継*. Joindre, unir; se toucher, se succéder sans interruption; lier une chose avec une autre, ajouter; attenant à.

Kế tán ○ 進, continuer, succéder. — *Kế lấy* ○ 祂, ensuite, immédiatement après. — *Kế hậu* ○ 後, succéder, prendre la suite, suivre. — *Kế mẫu* ○ 母, celle qui succède à la première femme, la belle-mère. Voir *mẹ ghẻ*. — *Ngồi kế nhau* 坐 ○ 饒, assis l'un contre l'autre, à se toucher, côte à côte. — *Nhà kế nhau* 茹 ○ 饒, les maisons se touchent. — *Cách ít bữa kế* 隔丕餂 ○, quelques jours après, un peu plus tard.

Kề 掑. Appuyer de côté, s'accoter; être près de. (Formé des S. A. *thủ* 手, main, et *kì* 其, explétive.)

Kề dựa ○ 預, s'appuyer. — *Ở kề nhau* 於 ○ 饒, être près les uns des autres. — *Đi kề* 移 ○, suivre.

Kể 計 *. Qui compte pour quelque chose; recenser, énumérer, calculer, estimer; plan, projet.

Kể ra ○ 囉, énumérer, détailler, recenser. — *Kể lại* ○ 吏, rappeler, redire, détailler de nouveau. — *Kể công* ○ 功, rappeler ses services en les détaillant, en faire parade. — *Kể chắc* ○ 卓, tenir pour certain, affirmer. — *Kể chẳng xiết* ○ 庄挈, innombrable, qu'on ne peut énumérer. — *Kể ra cho hết* ○ 囉朱歇, exposer tout, énumérer complètement. — *Kể lễ* ○ 禮, énumérer des titres, les compter, les étaler. — *Người nầy không kể* 得尼空 ○, cet homme ne compte pas.

Kéc 鵴. Perroquet, perruche; un peu recourbé. (Formé des S. A. *điểu* 鳥, oiseau, et *kiết* 吉, heureux.)

Con kéc biết nói 昆 ○ 別吶, le perroquet sait parler. — *Nói như kéc* 吶 如 ○, bavarder comme une perruche. — *Màu xanh kéc* 牟檬 ○, couleur vert perroquet.

Kệch 劇 *. Pénible, misérable, triste; rustique, lourd, commun, grossier, mal élevé. Voir *kịch*.

Người quê kệch 得圭 ○, paysan, rustre. — *Tiếng nói quê kệch* 噌吶 圭 ○, langage rustique, expression commune. — *Sự quê kệch* 事圭 ○, banalité. — *Diễn kệch* 演 ○, acteur.

Kem 兼. Satellite de mandarin, planton de fonctionnaire; esprit malin, fantôme, revenant, diable. (En S. A., cumuler; se pron. *kiêm*.)

Kém 劍. Moins, moindre; ce qui manque, ce qui fait défaut, déficit. (En S. A., glaive; se pron. *kiêm*.)

Kém hơn ○ 欣, au-dessous de, moins que, inférieur à. — *Kém chi* ○ 之, qui équivaut, qui ne le cède en rien. — *Kém đâu* ○ 兜, qui n'est pas au-dessous, qui n'est pas inférieur. — *Thua kém* 收 ○, être surpassé, être vaincu, valoir moins. — *Tôi kém anh* 碎 ○ 嬰, je suis moins que vous, je ne vous égale pas. — *Cái hơn cái kém* 丐欣丐 ○, le plus et le moins. — *Nào kém* 芇 ○, au complet.

Kẽm 鐱. Zinc (employé pour la monnaie divisionnaire du pays). (Formé des S. A. *kim* 金, métal, et *thiểm* 僉, unanime.)

Bằng kẽm 朋〇, en zinc. — *Có kẽm* 固〇, avoir du zinc, c.-à-d. être à son aise. — *Một đồng tiền kẽm* 沒銅錢〇, une sapèque en zinc. — *Ten kẽm* 銑〇, oxyde de zinc.

Kẽm 鈐*. Presser, serrer, comprimer; garniture de fer. Voir *kìm*.

Kẽm 鉗*. Tenailles, pinces, forceps, collier de fer, carcan. Voir *kìm*.

Cái kẽm 丐〇, pincettes. — *Bắt kẽm khảo* 抔〇考, tenailler, torturer, tourmenter. — *Kẽm ác* 〇惡, serrer cruellement. — *Cái kẽm thầy thuốc* 丐〇柴萊, forceps de médecin.

Ken 鏗*. Espèce de soie; tendu, pressé, serré. A. V. Joindre bout à bout; recoudre, rapiécer, ravauder.

Ken buồm lại 〇帆吏, rapiécer une voile. — *Đông ken* 冬〇, grand froid; hiver rigoureux.

Ken 鏗*. Le son d'un instrument de métal; s'appeler, s'entraîner.

Kén 繭*. Le cocon du ver à soie.

Kén dỗ 〇誘, cocon percé.

Kén 現. Nom vulgaire donné à un recensement qui se fait tous les cinq ans; opter, choisir, recenser; le dénombrement. Voir *tuyển* 選. (En S. A., apparaître; se pron. *hiện*.)

Năm kén 鮓〇, l'année d'un recensement. — *Kén lính* 〇另, faire le recensement des soldats. — *Kén lão hạng* 〇老項, recenser les vieillards. — *Kén lựa* 〇路, choisir. — *Kén lấy trong hai* 〇禠冲合, faire son choix entre deux choses.

Kèn 鍍. Clairon, trompette, cor, et en général tout instrument à vent en cuivre. (Formé des S. A. *kim* 金, métal, et *kiền* 虔, massacrer.)

Thổi kèn 喂〇, sonner de l'un de ces instruments. — *Loa kèn thổi* 鏢〇喂, fanfare. — *Lính thổi kèn* 另喂〇, soldat qui sonne du clairon ou de la trompette. — *Khi nghe kèn thổi* 欺喧〇喂, quand on entendra le son du clairon. — *Kèn chàng* 〇撞, espèce de trompette. — *Kèn bầu* 〇瓢, autre espèce.

Kên 鷳. Le vautour. (Formé des S. A. *điểu* 鳥, oiseau, et *kiên* 堅, solide.)

Kênh 泾*. Canal; fendre en long, creuser, couper, briser. Voir *kinh*.

Đào kênh 陶〇, creuser un canal. — *Vét kênh* 扣〇, nettoyer, curer un canal. — *Kênh khai lấy nước* 開禠渚, canal de dérivation. — *Kênh gỗ* 〇棋, fendre une pièce de bois.

Keo 膠*. Colle forte de menuisier, colle de bureau (animale ou végétale). Voir *giao*.

Nấu keo 糖〇, cuire ou préparer de la colle. — *Mực keo* 墨〇, espèce d'encre. — *Cây keo* 核〇, arbre à gomme. — *Gắn keo* 限〇, coller.

Keo 鴝. Un perroquet de la grande espèce; nom d'insecte. (En S. A., faisan à longue queue; se pron. *kiêu*.)

Sâu keo 螻〇, charançon.

Keo 糕. Tablettes gélatineuses et transparentes faites avec du miel et de la farine de pois. (Formé des S. A. *mễ* 米, grain, et *kiều* 喬, recourbé.)

Ăn bánh kẹo 唉 𩚵 ○, manger de ces tablettes. — *Kéo kẹo* 撟 ○, faire ces tablettes. — *Nói kẹo* 吶 ○, parler longuement, indéfiniment. — *Nhầu kẹo* 擾 ○, en désordre, pêle-mêle.

Kéo 撟. Saisir, tirer, traîner, entraîner; hisser, arborer. (Du S. A. *kiều*, même car., même signification.)

Kéo lôi ○ 雷, enlever par force, enlever en traînant. — *Kéo đi kéo lại* ○ 移 ○ 吏, tirailler, tirer par saccades, tirer en tous sens. — *Kéo neo* ○ 柿, lever l'ancre. — *Kéo buồm* ○ 帆, hisser les voiles, établir la voilure. — *Kéo lên kéo xuống* ○ 遷 ○ 䡾, tirer en haut, tirer en bas, élever, abaisser. — *Kéo xe* ○ 車, traîner un char, une voiture. — *Ngựa kéo xe* 馭 ○ 車, cheval de trait. — *Kéo thuyền lên bờ* ○ 船 遷 坡, haler une barque à terre. — *Kéo ghe* ○ 艭, remorquer un bateau. — *Kéo chèo bèo* ○ 嘲 表, tirer en sens contraire. — *Kéo cờ lên* ○ 旗 遷, hisser les couleurs, arborer un drapeau. — *Kéo cờ xuống* ○ 旗 䡾, rentrer les couleurs, amener le pavillon. — *Kéo binh lính* ○ 兵 另, conduire des troupes, entraîner des soldats. — *Kéo nhau* ○ 饒, s'entraîner mutuellement, aller en bande en se donnant la main les uns les autres. — *Cái kéo* 丐 ○, ciseaux.

Kèo 橋. Pièces de bois qui soutiennent un édifice; la toiture d'une maison; chevron, ferme. (Du S. A. *kiều*, même car., même signification.)

Kèo cặp gặp ○ 笒 扱, ferme assemblée. — *Kèo dù* ○ 㭉, les baleines d'un parapluie. — *Giao kèo với nhau* 交 ○ 貝 饒, s'associer par un contrat. — *Kèo móc* ○ 木, croc, cheville, portemanteau.

Kẻo 矯. De peur que, par crainte de; parce que, car (marquant la preuve ou la raison de la proposition avancée). (Du S. A. *kiều*, même car., corriger.)

Kẻo trời mưa ○ 𡗶 𩄎, par crainte de la pluie. — *Kẻo nó té xuống* ○ 奴 細 䡾, parce qu'il pourrait tomber. — *Chỉ kẻo* 之 ○, justement, en effet.

Kẹp 扱. Saisir, prendre; pincer, tenailler, enferrer, entrelacer; border, garnir, entourer. (Du S. A. *cặp*, même car., même signification.)

Treo kẹp 撩 ○, mettre aux ceps, aux fers. — *Mắc kẹp* 縸 ○, être aux ceps, être aux fers. — *Kẹp hai đạc* ○ 仁 度, torturer pour la seconde fois (instruction judiciaire). — *Dấu kẹp* 斗 ○, marque qui reste sur la peau lorsqu'elle a été pincée. — *Kính kẹp mũi* 鏡 ○ 䑛, pince-nez. — *Kẹp cua* ○ 瓠, pince de crabe. — *Kẹp khảo* ○ 考, tourmenter, torturer. — *May kẹp nẹp* 埋 ○ 納, coudre les bords sans ourlet. — *Chỗ kẹp hói* 拄 ○ 洄, défilé, passage étroit et difficile. — *Cái kẹp* 丐 ○, pince.

Kép 甲. Exactement, avec beaucoup de soin; chose double. (Du S. A. *giáp*, même car., enveloppe, carapace.)

Kép hát ○ 喝, bien chanter. — *Con kép* 昆 ○, premier rôle au théâtre (femme). — *Thằng kép* 倘

id. (homme). — *Áo kép* 襖○, habit doublé. — *Hoa kép* 花○, fleur double, fleur composée.

Kẹt 桀. Bruit strident, grincement. (En S. A., arrogant; se pron. *kiệt*.)

Cửa kéu kẹt 閭叫○, porte qui grince. — *Bánh xe kéu kẹt* 軿車叫○, roues de voiture qui grincent. — *Tre kéu kẹt* 椆叫○, bruit de bambous agités par le vent.

Kẹt 搩. Pincé entre deux planches, pris dans une jointure. (Du S. A. *kiệt*, même car., même signification.)

Kẹt tay ○扼, avoir les doigts pris dans une jointure. — *Mắc kẹt cái đuôi* 縸○丐鬣, avoir la queue prise.

Kết 結. Joindre, lier, unir, réunir, accoler; conclusion. (Du S. A. *kiết*, même car., même signification.)

Kết bạn ○伴, se lier d'amitié, s'unir, se marier. — *Kết ngãi* ○義, se lier d'amitié. — *Kết mối* ○綯, joindre deux bouts de cordes. — *Chuyện kết* 轉○, épilogue, résumé, conclusion. — *Tóm lại mà kết* 縿吏麻○, se résumer. — *Lời kết* 𠱙○, conclusion. — *Lũ kết* 屢○, se liguer, se coaliser, se former en bande.

Kéu 叫. Appeler de loin, crier; dénommer; résonner. (Du S. A. *kiếu*, même car., même signification.)

Kéu la ○囉, crier, vociférer. — *Kéu cứu* ○救, crier au secours, appeler à l'aide. — *Kéu tên người nào* ○筌得茹, appeler quelqu'un par son nom. — *Kéu khóc* ○哭, pleurer, se lamenter, se désoler. — *Kéu trời đất* ○𡗶坦, implorer ciel et terre.

— *Kéu oan* ○寃, crier à l'oppression, en appeler d'une injustice. — *Kéu cửa* ○閭, appeler à la porte, demander la porte. — *Kéu nó lại đây* ○奴吏低, appelez-le ici, faites-le venir. — *Kéu tên ra* ○筌囉, appel nominal; faire l'appel. — *Kéu án* ○案, en appeler d'un jugement, faire appel. — *Tôi xin kéu án* 碎嗔○案, je demande à faire appel du jugement. — *Kéu ông bằng gì* ○翁朋之, comment appelez-vous monsieur? — *Tôi kéu bằng cha* 碎○朋吒, je l'appelle mon père. — *Ai kéu tôi đó* 埃○碎妬, qui m'appelle là? — *Không ai kéu hết* 空埃○歇, personne ne vous appelle. — *Ra dấu mà kéu* 囉𠴊麻○, appeler par signes, faire des signaux. — *Người hay kéu rào* 得哈○榜, qui se plaint toujours; geignant, crie misère. — *Chim kéu* 㘅○, les oiseaux chantent. — *Chuông kéu* 鐘○, la cloche sonne, tinte, appelle. — *Bài kéu* 牌○, espèce de jeu de cartes.

Kha 哿*. Satisfaisant, convenable.

Kha 呵*. Parler avec colère, ouvrir la bouche toute grande. Voir *hả*.

Kha 訶*. Paroles sévères, langage acerbe; réprimander, apostropher. Voir *hả*.

Kha tử ○子, remède astringent.

Kha 疴*. Maladies de la peau, comme boutons, pustules, dartres, eczémas, etc. Voir *a*.

Khá 哿* et 可*. Capable de, apte à; possible, passable, qui fait bien l'affaire, qui donne satisfaction.

Khá khá ○ ○, assez bien, passablement. — *Khá mạnh* ○ 孟, se porter assez bien. — *Khá lớn* ○ 吝, assez grand. — *Khá giàu* ○ 朝, être passablement riche, être à l'aise. — *Đã khá rồi* 㐌 ○ 耒, aller mieux. — *Chưa khá* 渚 ○, pas encore assez bien. — *Viết mới khá* 曰 買 ○, commencer à écrire passablement. — *Ngựa khá* 馭 ○, assez bon cheval. — *Năm nay khá hơn* 醘 㡏 ○ 欣, cette année cela va mieux. — *Chẳng khá gì hơn* 庒 ○ 之 欣, ne valoir guère mieux.

Khả 可 *. Propre à, capable de; qui convient parfaitement; sert de pronom relatif.

Bất khả 不 ○, impropre, incapable

Khạc 喀. Cracher fortement, faire de grands efforts pour vomir. (Du S. A. *khách*, même car., tousser.)

Khạc ra ○ 囉, cracher, expectorer. — *Khạc giỏ* ○ 哇, id. — *Khạc đờm* ○ 痰, cracher des humeurs.

Khác 恪 *. Respect mêlé de crainte; respecter, honorer. A. V. Autre, différent, contraire, opposé.

Cẩn khác 謹 ○, vigilant, attentif. — *Khác ra* ○ 囉, changer, modifier. — *Khác chi* ○ 之, comme si. — *Khác xa* ○ 賒, très différent. — *Cái khác* 丐 ○, autre chose, autre objet. — *Người khác* 得 ○, un autre homme. — *Ngày khác* 時 ○, un autre jour. — *Thói khác* 退 ○, d'autres mœurs, d'autres coutumes. — *Khi khác* 欺 ○, un autre moment, une autre époque. — *Lần khác* 吝 ○, une autre fois. — *Nơi khác* 尼 ○, un autre endroit. — *Sự ý khác nhau* 事 意 ○ 饒, divergence d'opinions — *Sự khác nhau* 事 ○ 饒, différence — *Đổi đi chỗ khác* 對 多 拄 ○ changer de poste, de résidence, de place. — *Nó ở nhà khác* 奴 於 茹 ○, il demeure dans une autre maison. — *Nói lẽ khác* 吶 理 ○, donner d'autres raisons, tenir un autre langage. — *Đàng khác* 唐 ○, autre route.

Khắc 刻 *. Un quart d'heure; instant, moment; intervalle, entre-deux; couper, trancher, graver; se montrer dur et parcimonieux.

Một khắc đồng hồ 沒 ○ 銅 壺, un quart d'heure. — *Khúc khắc* 曲 ○, par intervalles, peu à peu. — *Ho khúc khắc* 呼 曲 ○, tousser par intervalles, avoir des quintes de toux. — *Hà khắc* 荷 ○, vexer, tourmenter, tracasser. — *Khắc bác* ○ 挊, se disputer, se quereller. — *Khắc chữ* ○ 字, graver des caractères, des lettres. — *Khắc con dấu* ○ 昆 斜, graver un cachet. — *Thợ khắc* 署 ○, graveur.

Khắc 克 *. Avoir l'esprit dominateur; vaincre, soumettre, réprimer; savoir commander, pouvoir faire, être capable de; antipathie.

Sự khắc nhau 事 ○ 饒, répugnance mutuelle. — *Khắc chế* ○ 制, faire respecter son autorité, se faire obéir. — *Tâm khắc* 心 ○, cœur bien trempé. — *Kị khắc* 忌 ○, aversion.

Khắc 剋 *. Vaincre, subjuguer, soumettre; traiter durement, molester.

Khắc 刻. Pratiquer une entaille, faire une marque. (Du S. A. *khắc*, même car., même signification.)

Khác trong cây ○ 冲核, inciser un arbre, marquer un arbre.

Khách 客*. Étranger, hôte, invité, visiteur; terme aimable par lequel les Annamites désignent les Chinois.

 Người khách 偉 ○, l'hôte, l'étranger; un Chinois. — *Nhà khách* 茹 ○, maison des étrangers. — *Phòng khách* 房 ○, salon de réception. — *Rước khách* 連 ○, aller au-devant de son hôte. — *Tiếp khách* 摄 ○, accueillir son hôte, recevoir un étranger. — *Đãi khách* 待 ○, traiter ses invités, donner un festin. — *Hay rước khách* 哈連 ○, qui est hospitalier, qui reçoit beaucoup. — *Khi có khách* 欺固 ○, lorsqu'il y a des invités, des étrangers. — *Khi khách tới* 欺 ○ 細, lorsque les invités arriveront. — *Chim khách* 鵲 ○, espèce d'oiseau migrateur. — *Khách gia nhơn* ○ 家人, aventuriers, émigrants, immigrants. — *Làm khách* 濫 ○, faire des façons, des manières, s'excuser poliment; litt., faire l'invité.

Khách 喀*. Tousser, cracher; racler.

Khai 漑*. Mouiller, inonder; salir.

Khai 開*. Ouvrir, déplier; creuser, percer; commencer un travail; déclarer, faire une déposition.

 Khai mỏ ○ 㗱, ouvrir une mine. — *Khai niên* ○ 年, année qui s'ouvre, qui commence. — *Khai điếu* ○ 吊, faire les préparatifs pour un enterrement. — *Khai mở ra* ○ 攄 囉, ouvrir, percer. — *Khai kênh* ○ 涇, creuser un canal. — *Khai phá* ○ 破, briser, défoncer, démolir. — *Khai lộ* ○ 路, percer une rue, faire une route. — *Khai huyệt* ○ 穴, exhumer. — *Khai khán* ○ 看, ouvrir pour voir (décacheter une lettre). — *Khai ấn* ○ 印, reprendre les sceaux (qui sont enfermés pendant les vacances). — *Khai ra* ○ 囉, déposer, déclarer. — *Khai ra cho thiệt* ○ 囉 朱實, dire toute la vérité, déposer exactement. — *Khai ra cho hết* ○ 囉 朱歇, faire une déposition complète. — *Lời khai* 啊 ○, déposition, déclaration. — *Anh đã khai chưa* 嬰 㐌 ○ 渚, avez-vous fait votre déclaration? — *Tôi không dám khai* 碎 穴 敢 ○, je n'ose pas déposer.

Khai 寨. Forte claie pour cerner les bêtes fauves dans les battues. (Du S. A. *trại*, même car., barrage.)

Khái 慨*. Noble, désintéressé, généreux, loyal; se dit du tigre[1].

 Khảng khái 慷 ○, libéral, magnanime, généreux.

Khái 漑*. S'écouler, se déverser dans; humecter, mouiller, inonder, laver (avec ce dernier sens peut s'écrire aussi 摡).

Khái 槩 et 概*. Planchette ou rouleau pour racler le dessus d'une mesure de grain; unir, aplanir, égaliser; une sorte de vase pour les sacrifices rituels.

---

[1] Les Annamites, qui craignent beaucoup le tigre, croient se le rendre favorable en le désignant par cet adjectif flatteur.

Khái 嘅*. Gémissements, soupirs; se plaindre, se lamenter; déplorer.

Khãi 愷*. Gai, content, satisfait.

Khải 啓*. Ouvrir ou défoncer en frappant; sculpter, incruster; exposer respectueusement. Voir *khởi*.

Khải 凱*. La joie d'avoir triomphé; bon, doux, bienfaisant. Voir *khởi*.

Khay 萠. Petit plateau à pieds (généralement en bois dur incrusté de nacre). (Formé des S. A. *thảo* 艹, plante, et *khai* 開, ouvrir.)

Khay nước trà ○ 渃茶, plateau pour servir le thé. — *Khay trầu* ○ 樓, le même plateau pour le bétel.

Khảy 扐. Gratter, pincer, enlever avec le doigt, donner un léger coup avec le doigt. (Formé des S. A. *thủ* 手, main, et *cải* 改, changer.)

Khảy móng tay ○ 朦栘, se faire les ongles. — *Khảy đờn* ○ 彈, pincer d'un instrument à cordes (on dit aussi *gảy đờn*). — *Khong khảy* 啌 ○, mou, flasque, tendre. — *Làm khảy* 濫 ○, faire le délicat, le dégoûté.

Kham 堪*. Être capable, être de force, être bon pour; pouvoir servir, susceptible de supporter.

Bát kham 不 ○, qui n'est pas de force, qui n'est bon à rien. — *Sự bát kham* 事不 ○, incapacité, inaptitude. — *Kham hèn chi* ○ 賢之, en conséquence, c'est pourquoi.

Khám 勘*. Rechercher, examiner clairement; comparer des témoignages, classer des compositions; interroger un criminel, examiner un candidat. A. V. Prison, geôle.

Khám nhà ○ 茹, fouiller une maison. — *Khám soát* ○ 刷, perquisitionner. — *Khám ghe* ○ 艓, visiter une barque. — *Khám điền* ○ 田, visiter les champs (pour établir l'impôt). — *Khám đàng* ○ 堂, prison.

Khám 匼. Tabernacle pour l'autel des ancêtres. (Formé des S. A. *phương* 匚, coffre, et *khảm* 坎, creuser.).

Khảm 凵*. Réceptacle, boisseau, sorte de stère; abîme. Car. radical.

Khảm 橄*. L'olivier de Chine.

Khảm lãm ○ 欖, olive.

Khảm 嵌*. Ravin, creux; creuser, enchâsser, incruster, emboîter.

Khảm 坎*. Fosse, cavité, trou; endroit dangereux; creuser; l'un des caractères du *bát quái* (nord, eau).

Khảm huyệt ○ 穴, creuser une fosse, une sépulture. — *Hướng khảm* 向 ○, région septentrionale.

Khảm 坎*. Suffisant, au complet. (Pour le car. en S. A., voir ci-dessus.)

Khảm ăn ○ 唫, posséder de quoi vivre, avoir le nécessaire. — *Khảm mặc* ○ 默, avoir de quoi se vêtir. — *Khảm đủ* ○ 睹, en quantité suffisante. — *Khảm lòng* ○ 悉, être rassasié, satisfait, repu. — *Khảm mặt* ○ 麵, être tous présents. — *Gánh cho khảm* 揯朱 ○, porter une

charge proportionnée à ses forces.
— *Chở ghe cho khẳm* 艣艐朱 ○,
porter un chargement en rapport
avec le tonnage de la barque. — *Cho
khẳm* 朱 ○, suffisamment.

Khâm 欽*. Respecter et honorer ce
qui émane du souverain; être prudent, circonspect, discret, réservé.

> *Khâm sứ* ○ 使, ambassadeur,
> ministre plénipotentiaire. — *Khâm
> sai* ○ 差, envoyé extraordinaire,
> chargé d'affaires (indique la qualité
> d'envoyé royal). — *Khâm phái* ○ 派,
> commissaire du gouvernement. —
> *Khâm thừa* ○ 承, qui a reçu une
> mission de la cour. — *Khâm phục*
> ○ 服, se soumettre aux ordres du
> souverain. — *Khâm kính* ○ 敬, res-
> pecter, honorer. — *Khâm tuần* ○ 巡,
> se conformer à ceci (formule finale
> des édits). — *Dư y nghỉ khâm thử*
> 餘依擬○此, le reste selon le
> jugement, et respectez ceci (formule
> finale d'un jugement approuvé par le
> roi). — *Quan khâm mạng* 官○命,
> titre donné à un représentant officiel
> qui a pleins pouvoirs.

Khâm 衿*. Revers d'habit, col de
vêtement, collet à revers croisés.

Khâm 衾*. Couverture de lit; suaire.

> *Thượng khâm* 上 ○, linceul supé-
> rieur d'un cercueil. — *Hạ khâm* 下
> ○, linceul inférieur.

Khan 看. Voix rauque, gutturale,
rude (comme celle d'un muet, par
exemple); être pris d'enrouement.
(En S. A., voir, observer; se pron. *khán*.)

> *Tiếng khan có* 嗜○古, voix

rauque, enrouée. — *Làm cho khan
có* 濫朱○古, s'enrouer, faire enrouer. — *Mắc khan tiếng* 繢○嗜,
être empêché ou pris par un enrouc-
ment. — *Khô khan* 枯○, sec, aride.
— *La khan* 羅○, simuler. — *Uống
khan* 旺○, boire sans rien manger.
— *Mửa khan* 嗎○, avoir envie de
vomir. — *Khan lại* ○ 吏, empêcher.

Khán 伉*. Compagnon, collègue,
égal; aller par couples; deux
amis, deux époux. Voir *cang*.

Khán 看*. Voir, observer, regarder, examiner, épier; avoir l'œil
sur quelqu'un. A. V. Sentir le moisi.

> *Tương khán* 相○, s'observer
> mutuellement, se regarder. — *Khai
> khán* 開○, décacheter (une lettre).
> — *Ông khán thủ* 翁○守, petit no-
> table chargé de la surveillance.

Khán 匠*. Table de nuit, guéridon
à thé et autres petits meubles.

Khán 抗*. Lutter, résister; refuser
d'obéir, se mettre en révolte.

Khán 刊*. Tailler, graver sur bois.

> *Khán mộc* ○ 木, tailler des arbres.
> — *Khán bản* ○ 板, planche ou forme
> d'imprimerie.

Khản 看. Sec, dur, rude, encrassé.
(Du S. A. *khán*, même car., regarder.)

> *Mực khản* 墨 ○, encre mal délayée.

Khăn 巾*. Turban, mouchoir de
poche, serviette, essuie-mains,
linge en général. Car. radical.

Khăn bàn ○ 槃, linge de table. — *Khăn bàn nhỏ* ○ 槃 馳, serviette. — *Khăn bàn lớn* ○ 槃 客, nappe. — *Khăn chùi tay* ○ 抹 揥, essuie-mains, torchon. — *Khăn vuông* ○ 甌, mouchoir de poche. — *Khăn chùi mũi* ○ 抹 觲, id. — *Khăn xéo* ○ 祒, serre-tête pour deuil. — *Khăn liệm* ○ 殮, linceul. — *Khăn vấn con nít* ○ 問 昆 浬, langes. — *Khăn bịt đầu* ○ 鉰 頭, turban. — *Khăn nhiễu* ○ 繞, turban en crêpe de Chine, foulard. — *Bịt khăn* 鉰 ○, enrouler le turban, porter un turban.

Khăn 懇. S'attacher, adhérer, coller; se toucher, se tenir. Voir *dính*. (En S. A., persistance; se pron. *khấn*.)

Khăn lấy nhau ○ 祕 饒, se toucher, se tenir ensemble. — *Khăn ghi lòng* ○ 記 悉, garder le souvenir au fond du cœur. — *Nhớ khăn* 茹 ○, se souvenir toujours.

Khăn 懇. Puant, infect, corrompu. (Pour le car. en S. A., voir ci-dessous.)

Khăn khẳn ○ ○, mauvaise odeur.

Khẩn 懇 et 懇*. De tout cœur; promettre avec sincérité; bon, compatissant; ténacité, persistance.

Khẩn vái ○ 呢, prière votive. — *Khẩn hứa* ○ 許, promettre. — *Khẩn khất* ○ 乞, demander instamment. — *Khẩn nguyện* ○ 願, id. — *Lời khẩn* 浰 ○, vœu, paroles votives. — *Cái đồ khẩn* 丐 圖 ○, ex-voto. — *Cầu khẩn* 求 ○, faire une promesse, un vœu. — *Khẩn lấy* ○ 祕, avec ferveur.

Khẩn 懇*. Synonyme du précédent.

Khẩn 墾 et 墾*. Travailler vigoureusement la terre, défricher, cultiver, mettre un sol en valeur.

Khai khẩn thổ địa 開 ○ 土 地, mettre des terrains vagues en culture. — *Làm đơn khẩn ruộng* 濫 單 ○ 矓, faire une demande de défrichement. — *Ruộng mới khẩn* 矓 買 ○, rizière nouvellement défrichée. — *Khẩn trưng* ○ 徵, défricher, débroussailler. — *Phục khẩn* 復 ○, remettre une terre abandonnée en valeur.

Khang 康*. Calme, repos, tranquillité, quiétude; bonne santé. Voir *khương*.

Khang ninh ○ 寧, délicieux, agréable; l'une des cinq joies de la vie. — *Bình khang tỉnh* 平 ○ 省, ancien nom d'une province annamite.

Khắng 康. Ferme, robuste, solide (ne s'emploie qu'en composition). (Pour le car. en S. A., voir ci-dessus.)

Khắng khắng ○ ○, tenace, durable, résistant. — *Chặt khắng khắng* 鑕 ○ ○, très ferme, très solide, bien serré, bien attaché.

Khẳng 慷 et 忼*. Brave, courageux, décidé, entreprenant.

Khẳng khái ○ 慨, vaillant, énergique. — *Khẳng cự* ○ 拒, résister fermement. — *Khẳng tăng* ○ 顙, se vanter, se faire valoir.

Khẳng 肯*. Chair et os joints ensemble; vouloir bien, consentir volontiers; être bien disposé pour, juger digne de.

Khẳng lòng ○ 悉, daigner faire,

se montrer bienveillant. — *Chẳng kháng* 庄 ○, dédaigner.

Khanh 坑*. Terrain vague, non occupé; fosse, creux; creuser.

Lỗ khanh 魯 ○, fosse d'aisances, cloaque; tannière; piège à fauves. — *Họa khanh* 禍 ○, grand malheur.

Khanh 卿*. Expression noble et respectueuse; intelligent, éclairé; nom complémentaire de dignité.

Quang lộc tự khanh 光祿寺 ○, la cour des sacrifices (à *Huế*). — *Tự khanh* 寺 ○, le principal fonctionnaire de ce service.

Khánh 磬*. Sorte d'instrument de musique en pierre résonnante, suspendu comme une cloche, et qu'on touche avec une ou deux baguettes en bois; l'un des huit instruments musicaux des Chinois.

Chuông khánh 鐘 ○, sonnette, clochette. — *Kim khánh* 金 ○, décoration en or qui se porte suspendue à l'un des boutons de l'habit.

Khánh 罄*. Vide, épuisé, desséché.

Khánh tận ○ 盡, faire faillite, déposer son bilan. — *Sự khánh tận gian* 事 ○ 盡 奸, faillite frauduleuse, banqueroute.

Khánh 慶*. Félicité, bonheur, allégresse; complimenter, offrir des présents à l'occasion d'une fête.

Khánh hòa ○ 和, concorde et félicité; nom d'une province de l'Annam.

Khảnh 景*. Clàrté; forme, figure, apparence, aspect; vue agréable.

Quang khảnh 光 ○, aspect de la nature, vue d'un paysage. — *Giay khảnh* 厓 ○, site agréable. — *Khổng khảnh* 孔 ○, très mince, vague de formes. — *Mảnh khảnh* 萌 ○, délié, ténu, frêle, délicat.

Khao 稿*. Sec, brûlé, desséché; gâté, moisi, pourri (surtout en parlant du bois et des céréales).

Khô khao 枯 ○, très sec. — *Khát khao* 渴 ○, avoir très soif. — *Tiếng khao* 嗜 ○, voix rauque, enrouée. — *Khao bồn* ○ 本, sorte de graine médicamenteuse. — *Khao mộc* ○ 木, arbre sec, pourri; au fig., homme incapable, homme inutile.

Khao 熇*. Un grand feu; brûlant, ardent, sec, aride, desséché.

Khao 滈*. Immense étendue d'eau; pluie de longue durée.

Kháo 犒*. Distribuer des vivres; donner des récompenses en nature aux soldats, aux travailleurs.

Kháo 靠*. Mettre son appui ou sa confiance dans; soutien, appui, aide, protection.

Khảo 攷 et 考*. Torturer, tourmenter; examiner, vérifier, comparer, confronter, corriger.

Tra khảo 查 ○, mettre à la question. — *Khảo thi* ○ 試, faire passer un examen. — *Khảo hạch* ○ 覈, id. — *Quan chánh khảo* 官 正

○, président de jury d'examen. — *Quan giám khảo* 官監○, examinateur, membre du jury. — *Thừa khảo ký* 承○記, par obéissance, avons vérifié et signé (formule de pièce administrative).

Khạp 㕸. Espèce de pot en terre pour le thé (généralement de forme arrondie et à couvercle). (En S. A., attirer, caresser [1].)

Kháp 㕸. Jointure, articulation. (Pour le car. en S. A., voir ci-dessus.)

Kháp xương ○昌, articulations des membres. — *Xương sái kháp* 昌洒○, luxation, déboîtement.

Khắp 泣. Partout, en tous lieux. (Pour le car. en S. A., voir ci-dessous.)

Khắp mọi nơi ○每尼, en tous les endroits. — *Khắp tỉnh* ○省, dans toute la province. — *Khắp mặt* ○面, tous étant présents.

Kháp 泣*. Pleurer silencieusement, gémir en secret. Voir *khóc*.

Mừng kháp khởi 恦○啓, pleurer de joie. — *Cheo leo kháp khởi* 招躁○啓, très dangereux.

Khát 渴*. Avoir soif, être altéré; éprouver une grande envie de.

Khát nước lắm ○渃廩, avoir très soif. — *Khát khao* ○滈, désirer ardemment. — *Khát uống* ○旺, avoir envie de boire. — *Đói khát* 鐓○, avoir faim et soif; manquer de tout. — *Anh có khát không* 嬰固○空, avez-vous soif? — *Tôi không khát mấy* 碎空○買, je n'ai guère soif. — *Đã khát* 尬○, désaltéré; satisfait.

Khắt 刻. Syllabe complémentaire. (Du S. A. *khắc*, même car., couper.)

Khắt khao ○滈, tenace, opiniâtre; qui joint bien, qui ne baille pas.

Khật 吃. Opposé aux règles, contraire au bien (ne s'emploie qu'en composition). (Du S. A. *ngật*, même car., parler difficilement, bredouiller.)

Tính khật khù 性○區, caractère anormal, nature bizarre; propension au mal. — *Nói khật khù* 吶○區, parler inconsidérément, à tort et à travers. — *Đi khật khù* 迻○區, aller tantôt à droite, tantôt à gauche en marchant, vaciller, chanceler. — *Khật khiêu* ○窙, volage, mobile, changeant, inconstant, étourdi.

Khát 乞*. Prier, supplier, implorer, solliciter, mendier.

Hành khát 行○, demander l'aumône. — *Câu khát* 求○, prier avec instance. — *Đơn khát* 單○, demande écrite, pétition, supplique.

Khâu 扣*. Frapper contre, enfoncer dans; accrocher, tirer fortement; coudre quelque chose; virole.

Khâu vá ○播, coudre ou raccom-

---

[1] C'est en composition avec 阿 que ce car. signifie «attirer, séduire» (*Dict. chinois* du P. Couvreur), mais les Annamites ne le connaissent et ne l'emploient que comme car. vulgaire; il est impossible et d'ailleurs inutile de lui donner ici une transcription sino-annamite.

moder quelque chose de dur. — *Khấu dao* ○ 刀, virole de couteau.

Khấu 寇 et 寇*. Bandit, rebelle; piller à main armée et en bande.

Khấu 蔻*. Nom de plante; graine.
    Bạch đậu khấu 白荳 ○, cardamome blanc, muscade.

Khấu 叩*. Demander, questionner; se prosterner humblement, s'incliner profondément, avec respect.
    Khấu bẩm ○ 稟, exposer respectueusement une affaire. — *Khấu đầu* ○ 頭, frapper humblement le front contre la terre, être en adoration.

Khẩu 口*. Bouche, orifice, entrée, ouverture; terme numéral des ouvertures, des passages. Car. radical.
    Khẩu súng ○ 銃, canon de fusil, bouche à feu. — *Khẩu cấp* ○ 急, prompt à parler. — *Khẩu phong* ○ 風, prononciation. — *Khẩu âm* ○ 音, id. — *Hảo khẩu tài* 好 ○ 才, parole aisée, habile, éloquente. — *Khẩu thị tâm phi* ○ 是 心 非, bouche droite, mais cœur de travers; bien dire et mal agir. — *Khẩu chi* ○ 吱, ventriloque. — *Một khẩu* 沒 ○, une embouchure, une entrée. — *Cưu khẩu* 鳩 ○, vagin, matrice. — *Hà khẩu* 河 ○, embouchure de fleuve. — *Thúng khẩu* 箭 ○, se rincer la bouche.

Khe 溪. Ruisseau coulant au fond d'une vallée; creux de montagne; passage étroit. (Du S. A. *khê*, même car., même signification.)

Khe suối ○ 濼, source, eaux vives. — *Thanh khe* 清 ○, un clair ruisseau. — *Trúng khe* 中 ○, faire entrer dans le passage, dans le creux (jeu de la toupie).

Khế 契. Syllabe complémentaire. (En S. A., accord; se pron. *khê*.)
    Vàng khế 鐄 ○, jaune clair.

Khè 契. Syllabe complémentaire. (Pour le car. en S. A., voir ci-dessus.)
    Vàng khè 鐄 ○, jaune ardent.

Khẻ 稽. Frapper à petits coups avec un instrument tranchant ou contondant; usé, ébréché, fendillé. (En S. A., s'incliner; se pron. *kê*.)

Khê 溪*. Vallée au fond de laquelle coule un cours d'eau; ruisseau. Voir *khe*. A. V. Sentir le brûlé, sentir le roussi.
    Cơm khê 飪 ○, riz un peu brûlé, rissolé. — *Khê lẽ* ○ 黎, en grande quantité, abondamment.

Khế 契*. Accord, convention, acte écrit; réunir, joindre deux parties.
    Tờ văn khế 詞 文 ○, contrat, acte, titre. — *Lập khế* 立 ○, passer un acte, dresser un contrat, établir une convention. — *Cây khế* 核 ○, carambolier. — *Trái khế* 聚 ○, carambole. — *Khế hữu* ○ 友, unis d'amitié, camarades, compagnons.

Khể 稽. S'étendre, se courber, s'incliner; s'informer, rechercher. (Du S. A. *kê*, même car., même signification.)
    Khể thủ ○ 首, courber la tête

jusqu'à terre. — *Khẻ thủ bá bái* ○ 首百拜, se courber cent fois, faire force salutations.

Khem 稴. Pieu, poteau, perche (que l'on plante devant la maison d'une femme qui vient d'accoucher [1]). (Du S. A. *liêm*, même signification.)

Khem cữ ○ 舉, perche d'abstinence. — *Cắm khem* 攢○, planter cette perche devant la porte.

Khém 欠. Passe, goulet, passage étroit, canal entre deux récifs; un banc de sable; roches, écueils. (En S. A., expiration; se pron. *khiêm*.)

Cửa khém 閩○, entrée étroite d'un port ou d'une rade; porte intérieure d'une maison. — *Ra ngoài khém* 囉外○, sortir de la passe, aller au large.

Khen 吶. Adresser des louanges, faire des compliments, applaudir, flatter. (Formé des S. A. *khẩu* 口, bouche, et *nghiệng* 刊, racler.)

Đáng khen 當○, mériter d'être loué, être digne de louanges. — *Được khen* 特○, être loué, complimenté, avoir reçu des félicitations. — *Lời khen* 婀○, louanges, compliments. — *Bài khen* 排○, panégyrique. — *Sự khen từng* 事○曾, flatterie. — *Kẻ hay khen* 几哈○, flatteur. — *Vỗ tay mà khen* 撫抷麻○, applaudir en battant des mains. — *Khen về việc tốt* ○ 衞役卒, louer d'une bonne action. — *Khen mình giỏi* ○ 命炬, se vanter, se flatter d'être habile. — *Khen nhau* ○ 饒, se congratuler mutuellement.

Khén 焆. Sec, maigre, brûlé, desséché (se dit surtout des céréales). (Formé des S. A. *hỏa* 火, feu, et *khán* 看, voir.)

Lúa khén 穙 ○, riz maigre, desséché; mauvaise récolte.

Khén 遣. En saillie, en bosse, en relief. (En S. A., déléguer; se pron. *khiển*.)

Khén góc ○ 谷, anguleux, raboteux, inégal, irrégulier.

Kheo 丘. Syllabe complémentaire. (En S. A., tertre, colline; se pron. *khưu*.)

Kheo cọt ○ 喋, plaisanter, agacer. — *Kheo khảy* ○ 摢, mou, tendre, frêle, délicat, douillet.

Khéo 窖. Habile, capable, adroit. (En S. A., caverne; se pron. *táo*.)

Khéo léo ○ 了, très habile. — *Khéo lo* ○ 慮, adroit dans les affaires, capable de se débrouiller, retors. — *Khéo chọn tay* ○ 蹎抷, adroit des pieds et des mains, habile en tout. — *Khéo ăn ở* ○ 唵於, adroit dans la pratique de la vie. — *Anh khéo* 嬰 ○, vous êtes bien habile! — *Làm cho khéo* 監朱 ○, faire adroitement, avec soin, avec attention. — *Khôn khéo* 坤 ○, intelligent, prudent, adroit, fin, rusé, astucieux. — *Khéo*

---

[1] Cette perche, généralement en bambou et haute de quatre à cinq mètres, est traversée horizontalement par un morceau de bois dont un des bouts est charbonné. Le bout charbonné tourné vers la maison indique un garçon, tourné vers la rue indique une fille.

hỏi ○ 嗨, comment pouvez-vous demander cela! — *Anh khéo nói* 嬰 ○ 吶, comme vous parlez bien! c'est facile à dire!

Khép 怯. Fermer (pas hermétiquement), pousser négligemment; ajuster, assembler. Voir *đóng*. (En S. A., craintif, timoré; se pron. *khiếp*.)

Khép cửa ○ 閘, pousser la porte (sans la fermer à clef). — *Khép áo* ○ 襖, croiser son habit sur la poitrine (sans le boutonner). — *Khép nép* ○ 納, montrer une grande réserve, être très timide.

Khét 煠. Brûlé, rôti, sec; gâté, puant, nauséabond, infect. (Formé des S. A. *hỏa* 火, feu, et *khế* 契, accord.)

Khét khao ○ 熇, odeur de chairs brûlées. — *Khét nghẹt* ○ 孽, id.

Khéu 挑. Extraire, faire sortir, faire monter, soulever, soutirer. (Du S. A. *khiêu*, même car., même signification.)

Khéu khai ○ 開, creuser, ouvrir, vider. — *Khéu đèn* ○ 炟, faire sortir la mèche de la lampe. — *Khéu chọc* ○ 祝, agacer, vexer. — *Khéu việc* ○ 役, obtenir par adresse des renseignements sur une affaire.

Khi 欺*. Tromper, duper; malmener les gens. A. V. Lorsque, quand; marque de temps employée surtout au passé et au présent.

Khi phụ ○ 負, vexer, molester, traiter les gens d'une façon injurieuse. — *Khi nầy* ○ 尼, maintenant, actuellement, à ce moment. — *Khi ấy* ○ 意, alors, à cette époque (au passé). — *Khi trước* 署, autrefois, avant, antérieurement. — *Khi sau* ○ 燮, postérieurement. — *Khi nào* ○ 苻, quand? — *Đang khi dy* 富 ○ 意, pendant ce temps, au cours de cette époque. — *Cũng một khi dy* 拱 沒 ○ 意, au même moment, en même temps. — *Có khi* 固 ○, peut-être que, il se pourrait que.

Khí 气*. Air, vapeur, souffle (peut se prendre pour le suivant et réciproquement). Car. radical.

Khí 氣*. Air, atmosphère, vapeur, électricité, éther, fluide, force vitale, liqueur séminale, esprit.

Thanh khí 清 ○, air pur. — *Khí trời độc* ○ 歪 毒, air malsain, vicié. — *Khí ta thở vào* ○ 些 咀 包, l'air que nous respirons. — *Khí bọc trái đất* ○ 襆 鞕 坦, air atmosphérique. — *Khí dương* ○ 陽, clarté (par opposition à *khí âm* 氣 陰, obscurité). — *Khí chất* ○ 質, constitution, complexion. — *Dịch khí* 疫 ○, air malsain, air empesté. — *Lôi khí* 雷 ○, électricité atmosphérique, fluide électrique. — *Chí khí cao* 志 ○ 高, élévation d'esprit, grand caractère, nobles sentiments.

Khí 器*. Instrument, outil, ustensile; meuble, objet usuel; un vase.

Khí giái ○ 械, armes de guerre. — *Phải nộp khí giái* 沛 納 ○ 械, il faut livrer les armes, il faut se soumettre. — *Bửu khí* 寶 ○, vase précieux. — *Khí minh* ○ 皿, mobilier.

Khí 棄*. Rejeter, quitter, abandonner, délaisser, renoncer.

Khỉ 起*. Origine des choses, commencement d'une action; se produire, se manifester; commencer, entreprendre; se mettre debout, se lever. Voir *khởi*.

Khỉ phát ○ 發, augmenter de volume. — *Khỉ ý* ○ 意, manifester l'intention. — *Khỉ sự* ○ 事, commencer un travail, entreprendre une affaire. — *Khỉ việc* ○ 役, id. — *Khỉ trưng* ○ 徵, percevoir les impôts. — *Khỉ binh* ○ 兵, lever une armée.

Khỉ 豈*. Particule interrogative : comment? pourquoi? est-ce que?

Khỉ 獖. Singe. (Formé des S. A. *khuyển* 犬, chien, et *khỉ* 豈, part. interrog.)

Một con khỉ lớn 沒昆 ○ 客, un grand singe. — *Khỉ độc* ○ 猜, une espèce de singe au pelage noir. — *Khỉ mốc* ○ 木, la moindre chose (terme de mépris). — *Khỉ mốc dó* ○ 木 妬, qu'importe!

Khỉ 屺*. Montagne aride, colline nue et desséchée, plateau inculte.

Khỉ 杞*. Un arbre du genre saule ou du genre peuplier.

Khịa 喫. Manquer le but; être à côté de la question; se tromper. (En S. A., manger, boire; se pron. *khích*.)

Khía 契. Côte, saillie, arête, marge; les bords de quelque chose; tour, pourtour, circuit. (En S. A., joindre deux parties; se pron. *khế*.)

Khích 喫*. Manger, boire; être ému; marque du passif pour les choses pénibles ou désagréables.

Khích 隙*. Ouverture, trou, fente, crevasse; aversion, inimitié, haine.

Khai khích 開 ○, pratiquer une fente; au fig., chercher querelle à quelqu'un. — *Hờn khích* 恨 ○, avoir de la haine, de la rancune; colère sourde. — *Cười khúc khích* 哄 曲 ○, rire méchamment et en dessous.

Khích 激*. Repousser un courant, faire reculer l'eau; agacer, vexer, irriter; influencé, touché, ému.

Khích báng ○ 謗, poursuivre quelqu'un de ses sarcasmes. — *Khích nhau* ○ 饒, s'en vouloir mutuellement. — *Nói khích* 吶 ○, agacer.

Khiêm 謙*. Humble, modeste; ne pas se prévaloir de, savoir céder. Épigraphe du mausolée de l'empereur *Tự Đức* 嗣 德.

Khiêm nhượng ○ 讓, humble, soumis, plein de déférence. — *Khiêm đề* ○ 提, réservé, respectueux. — *Khiêm từ* ○ 詞, qui s'exprime avec modestie et humilité. — *Cách khiêm nhượng* 格 ○ 讓, modestement, humblement, simplement. — *Làm mặt tự khiêm* 濫 𡱐 自 ○, prendre faussement un air simple et modeste, simuler la modestie.

Khiêm 欠*. Expiration; donner des marques de lassitude, comme bailler, étendre les bras; manquer de, être à court, devoir. Car. radical.

Khiêm khuyết ○ 缺, manquer, faire défaut, devoir. — *Khiêm tiền*

○ 錢, devoir de l'argent. — *Khiểm hạng* ○ 項, une dette.

Khiểm 慊*. Mécontent; soupçonneux; grincer des dents de colère; avoir de la rancune; peut signifier aussi: gai, content, satisfait.

Khiểm 歉*. Insuffisamment pourvu de, qui manque, qui fait défaut.

Khiển 愆*. Faute, erreur, manquement; excéder, dépasser.

Tội khiển 罪 ○, une faute, un péché. — *Tam phong thập khiển* 三 風 十 ○, trois habitudes, dix manquements. — *Oan khiển* 寃 ○, injustice, iniquité, vexation.

Khiên 牽*. Placer au-devant de soi; traîner ou tirer à soi; bouclier, rondache, pointe de lance.

Khiên diên ○ 延, traîner en longueur, n'en plus finir. — *Khiên ngưu* ○ 牛, pousser des buffles devant soi; convolvulus; nom d'étoile. — *Khiên liên* ○ 連, joindre, lier ensemble (surtout en parlant des idées).

Khiển 遣*. Déléguer, députer, envoyer; ordonner, prescrire, fixer.

Sai khiển 差 ○, charger quelqu'un de remplir une mission. — *Khiển dạy* ○ 吒, ordonner, commander. — *Khiển sứ* ○ 使, envoyer une ambassade. — *Lời khiển* ○ 裥 ○, ordre, commandement, prescription. — *Xui khiển* 吹 ○, presser, pousser, exciter, stimuler. — *Ai khiển* 埃 ○, qui a donné l'ordre?

Khiển 遣*. Même signification que ci-dessus; nom de grade ou de dignité; mot complémentaire.

Phát khiển 發 ○, envoyer en exil. — *Quan điều khiển* 官 調 ○, fonctionnaire ordonnateur.

Khiêng 杭. Porter à deux ou à plusieurs sur les épaules à l'aide d'une perche ou d'un long bâton. (En S. A., traverser; se pron. *hàng*.)

Kẻ khiêng 几 ○, porteur, coolie. — *Kêu hai người khiêng* 叫 二 偉 ○, appelez deux porteurs. — *Khiêng một thùng rượu* ○ 沒 桶 酳, porter à deux une barrique de vin. — *Đồ khiêng* 圖 ○, attirail (cordes et bâtons) pour porter à deux ou à plusieurs sur les épaules.

Khiếp 怯*. Cœur faible et timoré; craintif, peureux, timide, poltron.

Kinh khiếp 驚 ○, être saisi d'épouvante. — *Khiếp vía* ○ 㕂, très effrayé, paralysé de frayeur. — *Khiếp hung* ○ 凶, id. — *Khiếp chí* ○ 志, volonté faible, hésitante, timide.

Khiết 潔*. Pur, chaste; propre; clair, limpide, transparent.

Khiết tâm ○ 心, cœur pur et chaste. — *Khiết thanh* ○ 清, sans tache. — *Trinh khiết* 貞 ○, pur de toute souillure, chaste, vierge. — *Lưu khiết* 流 ○, courant limpide.

Khiêu 挑*. Faire sortir; agacer, exciter, provoquer; porter un fardeau sur les épaules.

Khiêu chiến ○ 戰, provoquer au combat. — *Kiên khiêu* 肩 ○, porteur.

Khiếu 竅*. Caverne, creux, fente, interstice, crevasse; ouverture, passage étroit. Voir *khíu*.

Bá khiếu 百 ○, les cent trous de la peau, les pores. — *Cửu khiếu* 九 ○, les neuf ouvertures du corps humain.

Khín 嘽. Syllabe complémentaire. (Formé des S. A. *khẩu* 口, bouche, et *khiển* 遣, envoyer, déléguer.)

Ăn khín 咹 ○, vivre aux dépens d'autrui, compter sur les autres pour manger, se faire entretenir.

Khinh 輕*. Char léger; de peu de poids, de peu d'importance; faire peu de cas de; vif, léger, inconsidéré, volage, frivole; se moquer.

Khinh dể ○ 易, mépriser, critiquer, se moquer, faire fi. — *Khinh dị* ○ 易, id. — *Khinh mạn* ○ 慢, id. — *Vật khinh hình trọng* 物 ○ 刑 重, retirer grand profit d'un objet sans valeur. — *Khinh khinh xāo xāo* ○ ○ 巧 巧, habile, adroit, ingénieux, rusé. — *Khinh diệu* ○ 窕, beau, gracieux; fin, habile. — *Khinh khoái* ○ 快, prompt, léger, alerte, dispos, gai, joyeux, content.

Khít 契*. Joindre deux parties; réuni, fermé, clos, sans interstice; qui s'ajuste parfaitement. (Du S. A. *khế*, même car., même signification.)

Khít khao ○ 橰, bien ajusté. — *Khít rịt* ○ 絗, id. — *Đóng cửa cho khít* 揀 闠 朱 ○, fermer hermétiquement une porte.

Khíu 竅*. Creux, fente, interstice, ouverture béante. Voir *khiếu*.

Kho 庫. Magasin, grenier, resserre, dépôt; préparer du poisson à la saumure; poisson ainsi préparé. (Du S. A. *khô*, même car., magasin.)

Kho bạc ○ 薄, le trésor. — *Quan kho bạc* 官 ○ 薄, trésorier-payeur général. — *Kho lúa gạo* ○ 穭 粗, grenier à riz. — *Kho cá* ○ 鮴, préparer le poisson à la saumure. — *Cá kho* 鮴 ○, poisson salé (tenu en réserve dans les magasins).

Khó 苦. Amer, pénible, difficile; pauvre, malheureux, dénué de tout; très embarrassé. (Du S. A. *khổ*, même car., même signification.)

Khó lòng ○ 悤, triste, pénible, amer, douloureux, désagréable. — *Khó chịu* ○ 召, pénible, difficile à supporter, révoltant. — *Khó khăn* ○ 巾, pauvre, malheureux, misérable. — *Khó ở* ○ 於, être malade, être mal à l'aise, incommodé. — *Khó biểu* ○ 表, difficile à commander, à guider; esprit rebelle, indocile. — *Khó nói* ○ 吶, revêche, hargneux, peu sociable, de rapports difficiles. — *Khó biết* ○ 別, difficile à connaître, à savoir. — *Khó rách mà thơm* ○ 禔 麻 蒼, pauvre mais honnête. — *Khốn khó* 困 ○, dans de grandes difficultés; grande misère, dénué de tout. — *Làm việc khó làm* 濫 役 ○ 儢, travail qui donne beaucoup de peine. — *Sanh sự khó* 生 事 ○, soulever une difficulté, créer des embarras. — *Cách khó nhọc* 格 ○ 辱, péniblement. — *Khó lòng thi thôi* ○ 悉時崔, c'est assommant! je n'en peux plus!

Khô 枯*. Arbre sec, mort, pourri; calciné, brûlé, desséché, aride; provisions de bouche sous forme de conserves (viande, poisson, biscuit, etc.)

Sự khô khan 事 ○ 看, sécheresse, aridité. — *Đất khô khan* 坦 ○ 看, terrain sec, aride, brûlé par le soleil. — *Làm cho khô* 濫朱 ○, sécher, dessécher. — *Phơi khô* 胚 ○, faire sécher au soleil, mettre à sécher. — *Bánh khô* 餅 ○, gâteau sec, biscuit.

Khô 庫*. Abri pour les chars de guerre; magasin, trésor. Voir *kho*.

Khô 袴*. Vêtement inférieur qui tient lieu de pantalon et appelé pagne ou langouti.

Vận khô 運 ○, mettre, nouer ou ajuster son langouti. — *Quyển khô* 絹 ○, un pagne en soie.

Khổ 苦*. Nom d'une plante amère et âcre; au fig., amer, pénible, difficile, dur; pauvre, malheureux. A. V. Laize, extrémité, bordure; peigne de tisserand.

Khổ sai ○ 差, travaux forcés. — *Cực khổ* 極 ○, quel malheur! comme c'est malheureux! — *Nghèo khổ* 饒 ○, très pauvre, très misérable. — *Ăn ở cực khổ* 陀於極 ○, vivre dans la misère, dans la pauvreté. — *Cách cực khổ* 格極 ○, amèrement, péniblement, pauvrement. — *Khốn khổ* 困 ○, grand chagrin, affliction, détresse. — *Khổ ngược* ○ 虐, vexer, tourmenter; vexation. — *Khổ hàng khổ vải* ○ 行 ○ 緄, laize. — *Bề khổ* 皮 ○, largeur de tissus. — *Khổ rộng* ○ 曠, laize large. — *Khổ hẹp* ○ 陝, laize étroite. — *Khổ sâm* ○ 參, gentiane (robinia amara). — *Khổ thảo* ○ 草, herbe amère (chicorée). — *Khổ qua* ○ 瓜, concombre sauvage (cucumis momordica). — *Cái khổ* 丐 ○, le ros du tisserand.

Khờ 渠. Faible d'esprit, stupide. (Du S. A. *cừ*, même car., paisible.)

Khờ dại ○ 曳, sot, idiot. — *Khờ lắm* ○ 虞, très bête. — *Lờ khờ* 臚 ○, imbécile, inepte, abruti, crétin. — *Nó còn khờ lắm* 奴羣 ○ 虞, il est encore jeune et sans expérience.

Khoa 科*. Bois creux; tige, racine; classe, rang, degré; examen littéraire; médecine pratique.

Mộc khoa 木 ○, une pièce de bois. — *Khoa mục* ○ 目, ordre, classe, rang, index, table, classement. — *Khoa thi* ○ 試, examen, concours. — *Khoa dậu* ○ 酉, un concours triennal. — *Khai khoa* 開 ○, ouvrir la session d'examen des lettrés. — *Đại khoa* 大 ○, grands examens (concours triennaux de la capitale). — *Tiểu khoa* 小 ○, petits examens (concours provinciaux). — *Thi khoa* 試 ○, se présenter aux examens, concourir. — *Đậu khoa* 杜 ○, être reçu aux examens. — *Ngoại khoa* 外 ○, chirurgien. — *Bói khoa* 貝 ○, pronostiquer, dire la bonne aventure. — *Lực bất đồng khoa* 力不同 ○, la force n'est pas égale chez tous.

Khoa 夸*. Grand, gros, démesuré, considérable; énormité, vantardise, exagération.

Khoa 誇*. Se faire gloire de quelque chose, se vanter, amplifier. Voir *khoe*.

Khóa 銙*. Ornement de ceinture, boucle, agrafe; boucler, fermer.

 Ống khóa 甕 ○, serrure, cadenas. — *Chìa khóa* 鉸 ○, clef. — *Khóa lại* ○ 吏, boucler, fermer à clef. — *Khóa cửa* ○ 閹, fermer la porte à clef. — *Khóa hòm* ○ 函, fermer un coffre à clef. — *Khóa dây lưng* ○ 練 腰, boucle de ceinture. — *Khóa giày* ○ 鞋, boucle de souliers. — *Đừng quên khóa cửa* 停涫 ○ 閹, n'oubliez pas de fermer la porte à clef.

Khóa 跨*. Passer, surpasser, escalader, enjamber, enfourcher.

 Khóa mã ○ 馬, monter à cheval.

Khóa 顆*. Grain, boule, perle, motte; terme numéral. Voir *lõa*.

Khóa 課*. Donner une tâche, un devoir, une composition; faire passer des examens; comparer des textes; égaliser, niveler, établir.

 Thuế khóa 稅 ○, l'assiette de l'impôt. — *Khóa đất* ○ 坦, égaliser un terrain, niveler le sol. — *Khóa lấp* ○ 拉, enterrer dans l'oubli. — *Khuẩy khóa* 快 ○, vexer, tourmenter, tracasser, agacer.

Khoách 廓*. Grand, gros, vaste, large; espacer, étendre, ouvrir.

Khoai 坊. Nom collectif de plantes dont les tubercules sont bons à manger: patate, pomme de terre. (En S. A., badigeonner; se pron. *ó*.)

 Một củ khoai 沒 矩 ○, une pomme de terre, une patate. — *Khoai lan* ○ 蘭, patate douce. — *Khoai tây* ○ 西, pomme de terre d'Europe. — *Khoai gòn* ○ 棍, manioc. — *Cá khoai* 魥 ○, le nom d'un poisson qui a peu d'arêtes.

Khoái 噲*. Gorge serrée, parler rauque; bruit confus de voix; engloutir; avidité, gourmandise.

Khoái 夬*. Clair, net, distinct, précis; diviser, distinguer, séparer.

Khoái 快*. Joyeux, content, gai, plein d'entrain; réjouir, plaire, être agréable, faire plaisir.

 Khoái chí ○ 志, caractère heureux, porté à la joie. — *Khoái ý* ○ 意, pensées gaies, riantes. — *Khoái tâm* ○ 心, âme contente, cœur à l'aise. — *Khinh khoái* 輕 ○, prompt, vif, alerte, gai. — *Ghe khoái* 艓 ○, une barque rapide.

Khoái 膾*. Sorte de hachis fait avec de la viande et du poisson.

Khoái 澮*. Canal, ruisseau; couler.

Khoan 寬*. Vaste, large; libéral, doux, indulgent. A. V. Lentement, peu à peu; cesser, surseoir.

 Khoan nhơn ○ 仁, clément, humain, miséricordieux. — *Khoan đã* ○ 匜, attendez un peu! pas si vite!

doucement! un moment! — *Khoan thai* ○ 台, qui fait posément, avec lenteur et prudence. — *Khoan hòa* ○ 和, conciliant, sociable, affable et complaisant. — *Khoan tay* ○ 拘, cesser de faire un travail manuel; se dessaisir. — *Khoan chèo* ○ 撩, arrêter l'aviron; ramer en douceur, plus lentement.

Khoan 鑛*. Houille, minerai; élargir, agrandir; percer, trouer, forer, perforer; vrille. Voir *khoáng*.

   Cái lưỡi khoan 丐 𥱬 ○, vrille, vilebrequin, tarière, perçoir. — *Khoan lỗ* ○ 魯, faire un trou. — *Khoan ra* ○ 曬, mettre en perce. — *Khoan lủng* ○ 𥪝, perforer, percer, trouer une digue. — *Hò khoan* 呼 ○, cri ou refrain des rameurs pour nager vigoureusement et en cadence.

Khoán 券*. Acte, contrat; prohiber.

   Băng khoán 憑 ○, titre de propriété. — *Khoán ước* ○ 約, acte, contrat, convention liant deux parties. — *Thủ khoán* 守 ○, un notable chargé de la surveillance des contrats. — *Khoán cấm* ○ 禁, défendre, interdire, prohiber.

Khoán 絖 et 纊*. Fils grossiers, soie non travaillée, bourre de soie.

Khoản 款*. Intervalle; article; terme numéral des affaires; mourir.

   Từ khoản 自 ○, par intervalles, article par article. — *Khoản thứ nhứt* ○ 次 壹, article premier. — *Các khoản hòa ước* 各 ○ 和 約, les articles d'un traité de paix. — *Chừa* *khoản* 除 ○, ménager un espace. — *Mở cửa cho khoản* 摝 闢 朱 ○, ouvrir complètement une porte. — *Nhứt khoản sự* 壹 ○ 事, une affaire. — *Khoản mặt* ○ 麵, mourir, décéder. — *Hoàn khoản* 完 ○, terminé, achevé. — *Khoản đông hoa* ○ 東 花, une plante médicinale.

Khoang 光*. Clair, brillant, lumineux, resplendissant; lumière.

Khoang 桄*. Taille-mer, coupe-lame, barre placée à l'avant d'un bateau; un arbre genre palmier.

Khoang 舡. La coupe d'un navire, le plan intérieur, les compartiments; terme numéral des compartiments. (Formé des S. A. *châu* 舟, navire, et *khoang* 光, brillant.)

   Khoang tàu ○ 艚, les compartiments d'un navire. — *Khoang mũi* ○ 𦨡, cale avant. — *Khoang lái* ○ 柂, cale arrière. — *Khoang lòng* ○ 悉, cale centrale. — *Khoang nước* ○ 渃, sentine, fond de cale.

Khoáng 壙*. Creux, fosse, caverne; terres abandonnées, lieux déserts.

Khoáng 鑛*. Mine; extraire des métaux, des minéraux. Voir *khoan*.

Khoáng 曠*. Brillant; large, spacieux; vacant, désert; oisiveté.

   Không khoáng 空 ○, le vide. — *Khoáng quan* ○ 官, fonctionnaire qui s'acquitte mal des devoirs de sa charge. — *Khoáng cách* ○ 隔, lointain. — *Khoáng mạch* ○ 麥, millet.

Khoanh 傾*. Croiser, tourner en spirale, enrouler; galon de grade. *Khoanh tay* ○ 㧣, insignes de grade aux manches, aux parements. — *Khoanh khu óc* ○ 區 沃, spirale. — *Khoanh vàng* ○ 鑛, galon d'or. — *Khoanh bạc* ○ 薄, galon d'argent. — *Khoanh cổ* ○ 古, insignes du grade au collet de l'habit. — *Khoanh nón* ○ 䃒, insignes du grade à la casquette ou au képi. — *Bò đi khoanh khoanh* 牗 㧣 ○○, serpenter, se tortiller en rampant. — *Khoanh lại* ○ 吏, se replier. — *Khoanh tay lại đi* ○ 㧣 吏 㧣, croisez les bras.

Khoảnh 頃*. Tête inclinée sur un côté; un moment, un instant; mesure agraire; terme numéral des terrains; cent arpents de terre. *Một khoảnh đất* 沒 ○ 坦, un lot de terre. — *Hai khoảnh ruộng* 台 ○ 曨, deux parcelles de rizières. — *Mộ địa nhứt khoảnh* 墓 地 壹 ○, un lot de terrain à sépultures.

Khoát 括*. Contenir ou repousser de la main; lier, mettre ensemble. *Khoát nước* ○ 渃, rejeter de l'eau avec la main, vider l'eau. — *Bao khoát* 包 ○, empaqueter. — *Khoát đi* ○ 㧣, faire un geste pour chasser, pour repousser.

Khoát 闊*. Large, vaste, étendu. *Bề khoát* 皮 ○, largeur, épaisseur.

Khóc 哭*. Pleurer, crier, gémir, se lamenter, sangloter. Voir *kháp*. *Khóc lóc* ○ 六, pousser des sanglots. — *Khóc la* ○ 囉, pleurer en jetant des cris. — *Khóc dai* ○ 夷, pleurer longtemps. — *Khóc hu hu* ○ 呼 呼, sangloter, pleurer à chaudes larmes. — *Khóc con chết* ○ 昆 折, pleurer son enfant mort. — *Kẻ khóc mướn* 几 ○ 嚘, pleureur ou pleureuse de profession. — *Kẻ khóc dối* 几 ○ 對, pleurnicheur. — *Làm bộ khóc* 濫 步 ○, faire semblant de pleurer. — *Tiếng than kêu khóc* 啫 嘆 叫 ○, pleurs, sanglots et lamentations. — *Anh khóc làm chi* 嬰 ○ 濫 之, pourquoi pleurez-vous? — *Và cười và khóc* 吧 唭 吧 ○, et de rire et de pleurer; pleurer et rire en même temps. — *Thôi đừng khóc nửa* 崔 停 ○ 女, assez, ne pleurez plus.

Khoe 誇*. Se vanter, se flatter, tirer vanité de; exagérer. Voir *khoa*. *Khoe khoang* ○ 光, faire le fanfaron. — *Khoe tài* ○ 才, vanter son talent, étaler son savoir-faire. — *Khoe trí* ○ 智, faire parade de son intelligence. — *Khoe danh* ○ 名, se glorifier, vanter sa renommée, se prévaloir de son nom. — *Tính hay khoe khoang* 性 呵 ○ 光, naturel vantard. — *Người hay khoe khoang* 㝵 呵 ○ 光, homme vaniteux; hâbleur. — *Khoe mình giỏi* ○ 命 烴, se dire très fort, habile, capable en tout. — *Nói khoe* 吶 ○, se flatter.

Khóe 恗*. Fier, altier, arrogant, orgueilleux, prétentieux, vantard.

Khóe 觟*. Les cornes d'un bélier. A.V. Angle, pan d'habit, bordure. *Khóe con mắt* ○ 昆 䁛, l'angle de l'œil. — *Khóe lưới* ○ 緪, bout de seine, extrémité de filet. — *Cạnh* *nương khỏe* 觠 娘 ○, froisser quelqu'un indirectement.

Khỏe 迕*. Marcher, enjamber; être gai et dispos, avoir de l'entrain.

Khỏe mạnh ○ 孟, fort, robuste, vigoureux, solide, sain, salubre. — *Ông sức khỏe không* 翁 飭 ○ 空, comment vous portez-vous? — *Chúc cho mạnh khỏe* 祝 朱 孟 ○, à votre santé! (en portant un toast).

Khoen 圈. Cercle, anneau, carcan. (Du S. A. *khuyến*, même car., même signification.)

Khoen xà tích ○ 蛇 錫, les anneaux d'une chaîne.

Khoét 抉. Percer, trouer, perforer. (Du S. A. *quyết*, même car., arracher.)

Khoét lỗ ○ 魯, percer un trou. — *Khoét con mắt* ○ 昆 刲, crever les yeux. — *Nói khoét* 吶 ○, mentir, chercher à en imposer.

Khói 煨. Fumée. (Du S. A. *hủy*, même car., feu ardent, incendie.)

Ông khói 甕 ○, cheminée. — *Hương khói* 香 ○, baguette odoriférante, bâtonnet d'encens.

Khỏi 塊. Éviter, échapper, être dispensé de; être sorti, être absent. (En S. A., bloc, masse; se pron. *khối*.)

Khỏi đi lính ○ 迻 另, éviter le service militaire. — *Khỏi bị đánh* ○ 被 打, éviter d'être battu. — *Khỏi tội* ○ 罪, échapper à une punition; être sans faute. — *Ra khỏi nhà* 囉 ○ 茹, sortir de la maison; être absent. — *Ra khỏi đi* 囉 ○ 迻, sortez! allez-vous-en! — *Chẳng khỏi bao lâu* 庄 ○ 包 斐, peu après, quelque temps après. — *Qua khỏi ngày ấy* 戈 ○ 時 意, passé ce jour-là. — *Chủ nhà đi khỏi* 主 茹 迻 ○, le maître de la maison est absent, est sorti.

Khói 灰*. Charbon, résidu de feu, cendre; gris cendré. Voir *hoi*.

Khói 恢*. Grand, large, vaste, beau; âme grande, sentiments élevés.

Khói 魁*. Grandiose, prodigieux, magnifique; nom d'étoile.

Khôi tinh ○ 星, la Petite Ourse.

Khối 塊*. Bloc, masse, monceau; fragment, motte; terme numéral.

Khối vàng ○ 鑛, bloc d'or. — *Khối bạc* ○ 溥, lingot d'argent. — *Khối sắt* ○ 鉄, masse de fer. — *Thổ khối* 土 ○, motte de terre. — *Khối nhiên vô tri* ○ 然 無 知, lourd, stupide, ignorant. — *Sáp khối* 蠟 ○, cire vierge.

Khơi 潤. Le large, la haute mer. (Formé des S. A. *thủy* 水, eau, et *khai* 開, creuser.)

Ra khơi 囉 ○, prendre le large, sortir en pleine mer. — *Ngoài khơi* 外 ○, au large, en pleine mer.

Khơi 啓. Ronger, grignoter (souris). (En S. A., développer; se pron. *khởi*.)

Chuột khơi 狱 ○, le rat ronge.

Khởi 豈*. Marque d'interrogation: pourquoi? comment? Voir *khỉ*.

Khởi 凱*. Victorieux, triomphal; remporter un avantage. Voir *khải*.

Khởi ca ○ 歌, chants de triomphe. *Khởi hoàn* ○ 還, triompher; revenir victorieux. — *Mừng khấp khởi* 忙 泣 ○, joie extrême, joie délirante; pleurer de joie. — *Thắng trận khởi* 勝 陣 ○, célébrer une victoire.

Khởi 起*. Origine, début, commencement; entreprendre une affaire, se mettre en train. Voir *khỉ*.

Khởi 啓*. Ouvrir quelque chose en frappant dessus; développer, exposer; présenter une supplique, envoyer un placet. Voir *khải*.

Khởi quan ○ 官, s'adresser à l'autorité. — *Khởi minh* ○ 明, étoile du matin.

Khom 謙. Courber, fléchir (dos, reins). Voir *cung* et *khum*. (En S. A., humble, modeste; se pron. *khiêm*.)

Khom lưng ○ 腰, courber le dos, fléchir les reins.

Khóm 坎. Choses réunies; groupe, grappe, touffe, assemblage, lot. (En S. A., trou, fosse; se pron. *khảm*.)

Khóm 感. Pellicule ou résidu qui se produit sur certains liquides. (En S. A., être ému; se pron. *cám*.)

Có khóm 固 ○, qui répugne fort.

Khọn 猭*. Un jeune cochon (peu usité). A. V. Singe (mot d'injure).

Khôn 坤*. La terre; une des figures du *bát quái* 捌 怪; adroit, prudent, avisé; zèle, ardeur, empressement.

Khôn ngoan ○ 頑, prudent, sage, avisé, réfléchi, sensé. — *Trí khôn* 智 ○, intelligent. — *Khôn khéo* ○ 窖, adroit, intelligent, habile, avisé, fin. — *Người ấy khôn lắm* 得 意 ○ 慮, cet homme est très prudent, très avisé. — *Càn khôn* 乾 ○, ciel et terre. — *Ngất trí khôn* 仡 智 ○, en rester tout interdit, au-dessus de ce qu'on peut imaginer.

Khôn 困*. Affliction, désolation, peine, tristesse; extrême misère.

Khôn nạn ○ 難, grands malheurs, calamités. — *Khôn khó* ○ 苦, grandes peines, grandes difficultés. — *Khôn cực* ○ 極, extrême misère. — *Bị khôn nạn* 被 ○ 難, tomber dans le malheur. — *Làm cho dân khôn* 濫 朱 民 ○, faire le malheur du peuple.

Khốn 困*. Synonyme du précédent.

Khốn 閫*. Seuil de porte monumentale; petite ouverture pratiquée dans une porte cochère.

Khốn nội ○ 內, l'intérieur d'un palais. — *Khốn ngoại* ○ 外, l'extérieur d'un édifice.

Khốn 看*. Observer, examiner. Voir *khán*. A. V. S'amender.

Khốn chưa ○ 除, s'amender, se corriger. — *Đã khốn chưa* 乜 ○ 渚, êtes-vous enfin corrigé?

Khong 硿. Syllabe euphonique et

mot complémentaire. (En S. A., embarras du gosier; se pron. *xan*.)

Khong khen ○ 吖刋 , louer, louanger, complimenter. — *Khong ngợi* ○ 義 , exalter. — *Khong khảy* ○ 揿, extrêmement gracieux, très délicat.

Khổng 孔. Syllabe euphonique et mot complémentaire. (Du S. A. *khổng*, même car., parfait, excellent.)

Sơn khổng 山 ○, creux de montagne, crevasse. — *Khổng khảnh* ○ 景, mince, maigre, fluet, svelte.

Không 空*. Le vide, le néant; faire abstraction, ne pas tenir compte; non, ne pas, particule négative et interrogative.

Tâm không 心 ○, un cœur vide; sans cœur, sans passion. — *Không có* ○ 固, cela n'est pas, cela n'existe pas, il n'y en a pas. — *Không đâu* ○ 兜, non, certainement non; où cela serait-il? — *Không có gì hết* ○ 固之歇, n'avoir absolument rien, être dépourvu de tout. — *Không có nhà cửa* ○ 固茹闍, n'avoir ni feu ni lieu, être sans domicile. — *Không có nghề nào* ○ 固藝芾, n'avoir aucun métier, aucun moyen d'existence. — *Không có bà con* ○ 固妑昆, être sans famille. — *Không chịu đi* ○ 召去多, refuser de s'en aller. — *Ở không* 於 ○, demeurer sans rien faire, être oisif, rester les bras croisés. — *Tôi cũng không* 碎拱 ○, moi non plus, ni moi non plus. — *Kẻ không lo* 几 ○ 慮, sans souci, qui ne s'inquiète de rien. — *Dữ ác không* 與惡 ○, n'est-ce pas cruel? est-il assez méchant! — *Một cái ve không* 沒丐礶 ○, une bouteille vide. — *Mầy có đánh không* 眉固打 ○, as-tu frappé, oui ou non? — *Không cửi* ○ 緻, métier de tisserand.

Không 空*. Vide, vacant; le néant; vague, indéfini, indéterminé.

Nói không khứ 吶 ○ 去, parler d'une manière générale.

Không 悾*. Simple, droit, sincère, sans malice, loyal, fidèle, dévoué.

Không 控*. Tenir ferme; tirer à soi, traîner; repousser; présenter une pétition.

Không cáo ○ 告, accuser devant l'autorité. — *Không mã* ○ 馬, tirer un cheval par la bride. — *Đơn không* 單 ○, pétition, requête. — *Đơn không huyền* 單 ○ 懸, id.

Khổng 孔*. Trou, fente; à un haut degré, parfait, excellent; première et principale partie du nom de Confucius.

Diện khổng 面 ○, les ouvertures du visage, la figure. — *Sơn khổng* 山 ○, creux de montagne, crevasse. — *Đức khổng tử* 德 ○ 子, nom complet de Confucius; le sage et vertueux *Khổng tử*. — *Khổng lồ* ○ 路, nom d'un autre personnage célèbre.

Khớp 級. Frein, mors, muselière. Voir *hàm thiết*. (En S. A., fils disposés en ordre; se pron. *cấp*.)

Khớp ngựa ○ 馭, mors et bride de cheval. — *Dàm khớp* 閣 ○, licou, muselière. — *Khớp mồm lại* ○ 嗅吏, museler. — *Bắt khớp ngựa* 抔

○ 馭, brider un cheval. — *Hãm khóp tánh xáu* 陷 ○ 性 丑, refréner les mauvaises passions.

Khu 區*. Courbé, cintré; le bas des reins, les fesses; partie inférieure ou envers d'une chose; serrer, cacher; abri, cachette.

 Lỗ khu 魯 ○, anus, fondement. — *Khu bát dĩa* ○ 鉢 砒, dessous ou envers d'un bol, d'une assiette, d'un plat. — *Khu đỉ* ○ 肢, triangle formé par le haut des pignons du toit (l'air y passe pour pénétrer dans la maison à travers des tuiles, la poutre faisant saillie en dedans).

Khu 摳*. Prendre avec la main; relever, repousser; frapper tout doucement. Voir *khua*.

 Khu y ○ 衣, relever son vêtement. — *Khu lai* ○ 來, revenir.

Khủ 窟*. Grotte, antre, caverne. A.V. Mot complémentaire.

 Già khủ rũ 檥 ○ 屢, vieux, cassé de vieillesse. — *Sự lũ khủ* 事 屢 ○, faiblesse sénile.

Khư 墟*. Vallée profonde, trou béant, abîme, gouffre sans fond.

 Chốn leo khư 準 蹽 ○, enfoncement, creux, précipice.

Khứ 去*. S'en aller, s'éloigner; partir, quitter, sortir; ancien, passé; distant, séparé par le temps.

 Khai khứ 開 ○, se disperser, se débander. — *Tương khứ* 相 ○, s'éloigner les uns des autres, se séparer. — *Khứ niên* ○ 年, l'année passée, les années précédentes. — *Khứ quan* ○ 官, cesser de remplir des fonctions officielles. — *Suy xuất khứ* 推 出 ○, fuir les responsabilités.

Khứ 抾*. Enlever violemment, prendre de force le bien d'autrui.

Khử 去*. Chasser, éloigner, écarter, rejeter, bannir; enlever, ôter.

 Khử độc ○ 毒, administrer un contre-poison, extirper un mal. — *Khử ma* ○ 魔, chasser les démons, éloigner les fantômes, faire fuir les revenants. — *Khử trừ* ○ 除, exorciser, extirper, supprimer.

Khua 摳*. Battre, frapper, sonner; heurter, pousser, chasser. Voir *khu*.

 Khua trống ○ 皷, battre du tamtam. — *Khua chuông* ○ 鐘, sonner la cloche. — *Khua động cửa* ○ 動 闗, se heurter contre une porte. — *Khua đuổi* ○ 邇, mettre en fuite.

Khua 嘔*. Bruit d'efforts faits avec la bouche; parler avec jactance; cracher, vomir, rendre. Voir *ẩu*.

 Khua miệng ○ 吅, bavarder, crier en parlant. — *Khua miệng rân* ○ 吅 嘟, parler avec autorité et audace; causer bruyamment.

Khứa 抾. Couper, sectionner. (Du S.A. *khứ*, même car., enlever de force.)

 Khứa cá ○ 魚, couper un poisson par tranches.

Khuấy 擓*. Chasser, dissiper; diminution, décroissance. Voir *khuy*.

 Khuấy láp ○ 拉, chasser, dissiper,

apaiser. — *Khuấy khuất* ○ 屈, id. — *Khuấy buồn* ○ 盆, dissiper la tristesse, chasser les ennuis. — *Huyết khuấy* 血 ○, affaiblissement, épuisement, débilité.

Khuấy 快. Importuner, taquiner; jouer sans aucune retenue; préparer, délayer. (En S. A., gai, content, plein d'entrain; se pron. *khoái*.)

Khuấy khỏa ○ 課, tracasser, taquiner. — *Khuấy khuất* ○ 屈, molester, vexer. — *Khuấy rối* ○ 繞, agacer, chercher querelle. — *Kẻ hay khuấy* 几哈 ○, taquin, querelleur, importun. — *Nói khuấy* 吶 ○, railler, plaisanter, tenir des propos légers et blessants. — *Đừng khuấy* 停 ○, ne soyez donc pas si taquin, cessez de m'agacer. — *Cọp tới khuấy* 狺細 ○, le tigre vient faire des siennes. — *Khuấy hồ* ○ 糊, délayer une substance glutineuse comme de la colle ou du mortier.

Khuân 捃. Emporter, transporter; transférer, changer, déplacer. (Du S. A. *quấn*, même car., recueillir.)

Khuân lấy lúa ○ 祧稽, prendre du paddy, l'emporter. — *Khuân lấy đồ* ○ 祧圖, prendre des effets, les emporter, les changer de place.

Khuẩn 窘*. Manquer de tout, être dans la gêne; affligé, malheureux; restreint; détourné. Voir *quẩn*.

Nói khuẩn 吶 ○, parler avec restriction mentale, parler par détours. — *Lời khuẩn khúc* 唎 ○ 曲, paroles ambiguës; propos en l'air.

Khuâng 傾*. Bouleversé, renversé, sens dessus dessous; ruiner de fond en comble; syllabe euphonique.

Khuâng gia ○ 家, détruire une maison, ruiner une famille.

Khuất 屈*. S'abaisser, se courber; se mettre à couvert; ne pas voir, passer outre; se soumettre aux circonstances, se plier aux événements.

Khuất tịch ○ 寂, très caché, très secret. — *Khuất gió* ○ 逾, à l'abri du vent. — *Khuất thân* ○ 身, se courber, se soumettre. — *Chỗ kín khuất* 挂謹 ○, abri, cachette, lieu sûr. — *Khuất trễ* ○ 禠, échapper à; tarder à. — *Khuất đi* ○ 拶, oublié, disparu, passé. — *Biết ơn chẳng khuất* 別恩庄 ○, ne jamais oublier un bienfait ou un service reçu. — *Lẫn khuất* 客 ○, étourdi, imprudent.

Khúc 曲*. Courbé, tortueux; faux; morceaux d'un objet long coupé en travers, par tronçons; terme numéral des chants populaires.

Khúc sông ○ 瀧, tournant, coude de fleuve, contour de rivière. — *Còn mấy khúc nữa* 群買 ○ 女, combien y a-t-il encore de tournants? — *Tâm khúc* 心 ○, les replis du cœur, les pensées intimes et cachées. — *Người khúc mắt* 得 ○ 耝, homme qui manque de loyauté, de franchise; retors. — *Ăn ở khúc mắt* 唆於 ○ 耝, conduite tortueuse, façons louches. — *Cười khúc khích* 唭 ○ 隙, rire en dessous. — *Chặc từ khúc* 擯 自 ○, couper par morceaux, couper par tranches. — *Một khúc* 沒 ○, un tronçon, un morceau; un tournant, un contour. — *Khúc cá* ○ 魿,

tranche de poisson. — *Khúc thịt* ○ 膴, morceau de viande.

Khuy 窺*. Regarder furtivement ce qui se passe au dehors, observer à la dérobée, faire le curieux.

Khuy 虧*. Qui manque, qui fait défaut; inattention, inadvertance; trou, ouverture. Voir *khuầy*.

    Khuy khuyết ○ 缺, manquer. — *Khuy bao* ○ 包, ouverture de sac. — *Khuy áo* ○ 襖, boutonnière.

Khuya 房. Le milieu de la nuit, la pleine nuit, minuit. (Formé des S. A. *yểm* 广, maison, toit, et *ớ* 𠮾, dire.)

    Đêm khuya 店○, nuit avancée. — *Đã khuya lắm* 爹○廩, il est déjà tard, la nuit est très avancée. — *Dậy sớm thức khuya* 䞨斂式○, se lever matin et veiller tard.

Khuyếc 缺. Cercle, cerceau, bague, anneau, boucle, nœud coulant. (En S. A., brisé, fendu; se pron. *khuyết*.)

Khuyên 圈*. Parc à bestiaux, enclos, entourage, enceinte, cercle.

Khuyên 勸*. Avertir, exhorter, engager, conseiller, instruire; donner de bons avis, encourager au bien.

    Khuyên bảo ○ 保, exhorter, encourager; avertir. — *Khuyên mời* ○ 𠻵, inviter, engager, conseiller, amener. — *Khuyên khâm thử* ○ 欽此, prière de respecter ceci (formule officielle qui termine une lettre royale). — *Khuyên dạy* ○ 伮, instruire, conseiller, prêcher, enseigner. — *Khuyên dỗ* ○ 誘, persuader, séduire, gagner. — *Khuyên điểm* ○ 點, la note très bien aux compositions littéraires. — *Khuyên hòa* ○ 和, conseiller la paix, l'entente.

Khuyên 勸*. Synonyme du précédent; faire des quêtes à domicile.

Khuyển 犬 et 犭*. Chien et autres animaux de la famille des carnassiers; terme de mépris. Car. radical.

    Loài khuyển súc 類○畜, animaux domestiques; race vile, méprisable.

Khuyết 缺*. Cassé, fendu; manquer, faire défaut, être vacant.

    Khuyết khứ ○ 去, brisé, ébréché; dispersé. — *Khuyết thiếu* ○ 少, manquer; déficit. — *Khuyết mặt* 靤, faire défaut, être absent. — *Chỗ khuyết* 𪱱○, poste vacant. — *Khai khuyết* 開○, déclarer une vacance. — *Bổ khuyết* 補○, remplir une vacance, pourvoir à un poste.

Khuyết 闕*. Porte, entrée; vacant, vide, libre; décroître, décliner.

Khuynh 傾*. Tête penchée; courbé, incliné, oblique; bouleverser, ruiner; peut s'écrire aussi *khuinh*.

    Khuynh gia ○ 家, ruiner une famille. — *Khuynh bát hình thuẩn* ○ 抔形盾, compas d'ellipse.

Khum 穹*. Courbé, voûté, penché; convexe; haut, grand, spacieux.

    Khum lưng ○ 腰, courber les reins, plier le dos, se pencher sur.

— *Mặt trái đất khum* 䵶䵰坦 ○, la surface de la terre est convexe.

Khung 芎*. Nom d'une plante médicinale de la famille des rosacées.

Khùng 窮*. Pauvre, épuisé, réduit à la dernière extrémité; faiblesse d'esprit, sottise, imbécillité.

Khùng khùng dại dại ○○曳曳, imbécile, nigaud. — *Nói khùng ngộ* 吶 ○ 誤, parler sottement, dire des niaiseries, des absurdités.

Khủng 恐*. Crainte, frayeur, peur, saisissement, anxiété; peut-être.

Kinh khủng 驚 ○, être saisi de peur, éprouver une frayeur subite. — *Đăng khủng vô bằng* 但 ○ 無憑, cependant on pourrait craindre une absence de preuves (formule).

Khứng 肯*. Être d'accord, être unis comme la chair et les os; vouloir, consentir, daigner faire. Voir *khẳng*.

Khwớc 孑*. Être seul, isolé; ce qui reste; un homme auquel il manque le bras droit.

Khwớc 却*. Rejeter, refuser; reculer, mépriser; refréner, réprimer.

Khwớc di ○ 扔, rejeter avec dédain. — *Khwớc kháo* ○ 靠, fin, rusé, prompt, agile; porter des os de tigre ou d'éléphant en guise d'amulette pour se préserver du démon.

Khwớc 脚*. Jambe, pied. Voir *cwớc*.

Khwới 揦. Gratter, racler; au fig., exciter, susciter. (Formé des S. A. *thủ* 手, main, et *khai* 開, creuser.)

Khwớu 鴝*. Oiseau de la famille des merles. Voir *cwờng* et *sáo*, autres variétés. A. V. Couleur foncée.

Chim khwớu 鴝 ○, un merle très commun en Cochinchine. — *Ngựa khwớu* 駆 ○, cheval bai brun.

Khuôn 坤*. Forme, figure, modèle, moule, formule, règle, exemple.

Gõ khuôn 揤 ○, préparer un moule. — *Khuôn rập* ○ 笠, forme, moule, modèle. — *In khuôn* 印 ○, parfait, exactement reproduit, comme moulé. — *Khuôn phép lễ nghi* ○ 法禮義, formule de politesse.

Khuông 匡*. Bordure, encadrement; unifier, régulariser; soutenir, aider; disposer en carré.

Khuông chánh ○ 正, redresser, rectifier. — *Khuông phò* ○ 扶, défendre, garantir, résister. — *Khuông cửa* ○ 閶, encadrement de porte. — *Khuông ảnh* ○ 影, bordure entourant une gravure, un tableau, une image. — *Vô khuông* 無 ○, encadrer. — *Cái khuông* 丐 ○, cadre.

Khuóng 抦. Faire du bruit, du tapage, parler trop fort. (Formé des S. A. *thủ* 手, main, et *khuông* 匡, cadre.)

Khuóng nhau ○ 饒, se disputer, s'interpeller mutuellement. — *Khuóng dậy người ta* ○ 踉俚些, faire du bruit pour éveiller les gens.

Khwong 姜*. Beauté de la femme; personne jolie et distinguée.

Khwong tử ○ 子, nom de famille de l'empereur *Thần nuong* 神農 (le divin laboureur). — *Khwong hoàng* ○ 黄, curcuma.

Khương 康*. Paisible, tranquille, calme, heureux. Voir *khang*.

Khưu 丘*. Petite élévation de terrain, tertre, monticule, petite colline. Voir *kheo*.

Khưu 邱*. Terrassements, remparts; nom de famille. Voir *kì*.

Kí 技*. Main adroite et habile; dextérité, adresse, savoir-faire; esprit inventif, sagace, ingénieux.

Ki 妓*. Prostituée, danseuse, courtisane, fille galante. Voir *đĩ*.

Ki 箕*. Crible, tamis; passer, tamiser, disperser; temps, période.
> *Ngũ ki* 五○, les cinq divisions du temps. — *Niên ki* 年○, l'âge de quelqu'un.

Kị 騎*. Enfourcher une monture, monter à cheval. Voir *cỡi*.
> *Lính mã kị* 另馬○, cavalier. — *Binh mã kị* 兵馬○, la cavalerie. — *Một đoàn lính kị* 沒團另○, un peloton de cavaliers.

Kị 揭 et 忌*. S'abstenir par superstition ou respect, refuser par antipathie ou dégoût; être toujours sur ses gardes, craindre, éviter.
> *Kiêng kị* 京○, faire abstinence. — *Kị thịt* ○胑, se priver de viande.

Ki 无*. Non, ne pas; qui manque, qui fait défaut. Car. radical.

Kí 稘*. Semer dru, planter serré; labourer profondément la terre.

Kí 既*. Manger peu; dépérir, finir, mourir; une marque du passé.

Kí ou *ký* 記*. Écrire, noter, enregistrer; mettre son nom ou sa signature au bas d'un acte.
> *Kí lục* ○錄, secrétaire, greffier, écrivain, copiste. — *Kí lục hạng nhứt* ○錄項壹, secrétaire de 1re classe. — *Kí chép* ○劄, prendre note, enregistrer. — *Kí tên* ○笺, signer de son nom. — *Kí nhận thuộc thiệt* ○認屬寔, certifié conforme à la vérité. — *Bất kí nhựt* 不○日, ne pas se rappeler le jour. — *Thủ kí* 手○, signer de sa propre main. — *Sự kí tên* 事○笺, le fait de signer son nom, signature. — *Kẻ đã thủ kí* 几㐌手○, celui qui a signé, signataire. — *Quan biên kí* 官編○, notaire, avoué. — *Nam việt sử kí* 南越史○, les Annales de l'Annam. Voir *kỉ 紀*. — *Kí sự* ○事, note, marque. — *Lễ kí* 禮○, mémorial des rites.

Kí ou *ký* 寄*. Loger momentanément, ne faire que passer; faire circuler, faire parvenir, envoyer, transmettre. Voir *gởi*.
> *Giao kí* 交○, confier pour envoi. — *Kí cho* ○朱, confier à, charger de. — *Kí cho quan phủ* ○朱官府, le préfet sera chargé de.

Kì ou *kỳ* 奇*. Étrange, extraordinaire, prodigieux, merveilleux, étonnant; exclamation marquant la surprise, l'étonnement.

Dị ki 異 ○, bizarre, singulier, inattendu. — *Kì cực* ○ 局, c'est extraordinaire! comme c'est bizarre! — *Tiếng nói kì cực* 嗜 吶 ○ 局, expression baroque, langage grotesque.

Kì 邱*. Fortifications, remparts; élévation de terre, tertre, tumulus. Voir *khwu*.

Kì ou *kỳ* 圻*. Limites, frontières; confins d'un pays, d'un domaine.

Bắc kì 批 ○, limite septentrionale; Tonkin. — *Nam kì* 南 ○, limite méridionale; Cochinchine. — *Lục tỉnh nam kì* 六省南 ○, les six provinces qui forment la Cochinchine.

Kì ou *kỳ* 琦*. Pierre précieuse; objet rare; un bois odorant.

Kì nam ○ 南, bois d'aigle, salambac, sandal. — *Kì tài* ○ 才, habileté merveilleuse, talent remarquable. — *Kì công* ○ 功, mérite distingué.

Kì ou *kỳ* 其*. Son, sa, ses, leurs; marque d'impératif, et, quelquefois, simple syllabe explétive.

Các kì sự 各 ○ 事, tout, en totalité. — *Kì dư* ○ 餘, ce qui reste; les autres, ceux qui sont en trop.

Kì ou *kỳ* 期*. Temps, époque, période; terme, borne, limite, délai; fixer, déterminer. Voir *cờ*.

Kì hẹn ○ 限, déterminer une époque, fixer un terme. — *Kì năm ngày* ○ 舡 晬, délai de cinq jours. — *Kì niên* ○ 年, une année complète, révolue. — *Kì ngoạt* ○ 月, l'espace d'un mois. — *Lễ thỉnh kì* 禮請 ○, cadeaux de fiançailles après l'acceptation desquels les familles des futurs époux ne peuvent plus se dédire. — *Quá kì* 過 ○, dépasser le terme, le délai; aller au delà du temps fixé. — *Bất kì* 不 ○, inopinément; n'importe, sans distinction, sans choix. — *Nói ca kì* 吶 歌 ○, parler longuement, traîner ses phrases, être filandreux. — *Chẳng kì ai* 庄 ○ 埃, sans distinction de personnes; quiconque.

Kì ou *kỳ* 麒*. Nom d'un animal fabuleux de forme chevaline, qui se montre, d'après la légende, lorsqu'un événement heureux est sur le point de se produire.

Kì lân ○ 麟, un des quatre animaux fabuleux dits *tứ linh* 四靈; sphinx, chien des pagodes. — *Kì đà* ○ 罷, caméléon de la grosse espèce, iguane, crocodile. — *Kì lân kiệt* ○ 麟竭, sang-dragon.

Kì ou *kỳ* 淇*. Nom d'une rivière et d'une île dans la Chine du Sud. A. V. Nettoyer, essuyer, rendre lisse, frictionner, masser.

Kì mài ○ 埋, frotter, lisser, polir. — *Kì mình* ○ 命, se frictionner le corps.

Kì 綦, 棋 et 碁*. Toutes sortes de jeux, mais plus particulièrement le jeu des échecs. Voir *cờ*.

Kì ou *kỳ* 畿*. Un domaine royal ou impérial; zone, frontière, limite.

Chốn kinh kì 準京 ○, le lieu de résidence du souverain.

Kì ou *kỳ* 蓍*. Nom d'une plante qui croît sur la tombe de Confucius.

Huỳnh ki 黃 ○, une plante médicinale qui sert aussi pour la divination. — *Ki lão* ○ 老, vieillard.

Kì ou *kỳ* 岐*. Lieu élevé, hauteur; montagne à deux embranchements.

Ki son ○ 山, nom d'une montagne de la Chine sur laquelle demeuraient les ancêtres de la dynastie des *Châu* 周 (de 122 à 225 av. J.-C.).

Kì ou *kỳ* 示 et 祇*. Esprit de la terre; prescrire, avertir, proclamer. Voir *thị*. Car. radical.

Thần ki 神 ○, génies protecteurs des villages, dieux lares. — *Thổ ki* 土 ○, l'esprit ou le génie de la terre. — *Địa ki* 地 ○, id.

Kì ou *kỳ* 祈*. Prier les dieux; implorer, supplier, invoquer, demander le bonheur, appeler la chance.

Ki thần ○ 神, invoquer les esprits. — *Ki yên* ○ 安, prier pour obtenir la paix. — *Cầu ki* 求 ○, invoquer; demander avec instance.

Kỉ 幾*. Mouvements intérieurs, ressorts cachés, mobiles secrets; marque interrogative : combien?

Kỉ ou *kỷ* 己*. Soi-même, ce qui est personnel; sixième caractère du cycle dénaire (bois travaillé). Car. radical.

Niên canh kỉ tị 年庚 ○ 巳, être de l'année cyclique *kỉ tị*. — *Ích kỉ* 益 ○, avantage propre, utilité personnelle. — *Ái nhơn như kỉ* 愛人如 ○, aimer son prochain comme soi-même. — *Kỉ phần* ○ 分, une part personnelle, sa propre part.

Kỉ ou *kỷ* 紀*. Assortir des fils; arranger avec soin; narrer, décrire; histoire, chronique, annales.

Cang kỉ 綱 ○, règle, loi; relation exacte. — *Nam việt sử kỉ* 南越史 ○, les Annales de l'Annam. Voir *kí* 記. — *Làm cho kỉ cang* 濫朱 ○ 綱, faire exactement et avec le plus grand soin. — *Siêng năng kỉ cang* 生能 ○ 綱, appliqué, soigneux, exact, ponctuel, assidu.

Kỉ 几*. Siège, banc, tabouret; petite table à thé; plateau, service; boîte; s'appuyer sur. Car. radical.

Kia 箕. Autre, distinct, différent; détermine le lieu et marque parfois l'antériorité; corrélatif de *nầy*. (En S. A., tamis, crible; se pron. *ki*.)

Nầy và kia 尼吧 ○, l'un et l'autre, ceci et cela. — *Bên kia sông* 邊 ○ 瀧, de l'autre côté du fleuve. — *Đàng kia* 唐 ○, l'autre chemin, l'autre côté; là, là-bas. — *Người kia* 得 ○, l'autre homme. — *Ở thằng kia* 唹 倘 ○, hé! toi, là-bas, l'autre. — *Hôm kia* 歆 ○, avant-hier. — *Ngày kia* 昂 ○, l'autre jour, le jour passé. — *Có một ngày kia* 固沒昂 ○, un certain jour. — *Chuyện nầy chuyện kia* 傳尼傳 ○, cette histoire-ci et cette histoire-là, toutes sortes d'histoires; trop d'ennuis à la fois.

Kia 箕. Voici, voilà; mais là-bas! (Pour le car. en S. A., voir ci-dessus.

Kìa cà 〇 橺, ici, là; mais voilà donc! oh! — *Kìa nó* 〇 奴, mais le voilà là-bas. — *Bữa kìa* 飯 〇, le jour qui précède avant-hier, c.-à-d. il y a trois jours.

Kích 劇*. S'élever par degrés; augmenter en quantité; pénible, fatigant; misérable, triste. Voir *kệch*.

Nghe lịch kịch 暄曆 〇, bruit pénible à entendre, bruit de ferraille, de pots cassés. — *Đau kịch* 疧 〇, douleurs affreuses.

Kích 格. Emmanchure (habit, robe). (Du S. A. *cách*, même car., manière.)

Kích áo 〇 襖, emmanchure de corsage. — *Chẹt kích* 折 〇, trop serré, qui gêne aux entournures.

Kích 戟*. Lance, pique, hallebarde.

Kiếm kích 劍 〇, sabres et lances.

Kích 擊*. Battre, frapper; pousser; heurt, choc, coup, rencontre.

Kích thác 析 〇, battre la crécelle, faire retentir le bambou. — *Kích bác nhau* 〇 博饒, querelle, dispute.

Kiêm 兼 et 兼*. Réunir plusieurs choses ensemble, joindre, ajouter, majorer, surajouter, augmenter; simultanément, cumulativement.

Kiêm lý 〇 理, diriger plusieurs affaires en même temps. — *Kiêm chức* 〇 職, cumuler des fonctions, des grades, des dignités. — *Kiêm nhiều việc* 〇 饒役, s'occuper en même temps de plusieurs affaires. — *Tài kiêm văn võ* 才 〇 文武, avoir à la fois des aptitudes civiles et des aptitudes militaires.

Kiệm 鱇*. Esturgeon. Voir *tầm*.

Kiệm 儉*. Économie, tempérance, frugalité, parcimonie, modération.

Tiết kiệm 節 〇, sobre, tempérant, modéré dans ses désirs. — *Cần kiệm* 勤 〇, parcimonieux, regardant. — *Bất kiệm chi hại* 不 〇 之害, maux causés par l'intempérance ou le manque d'économie.

Kiếm 劍*. Glaive, épée, poignard. A. V. Chercher, rechercher, se livrer à des investigations. Voir *tầm*.

Bửu kiếm 寶 〇, un glaive précieux. — *Kiếm ăn* 〇 哎, chercher à manger, chercher à gagner sa vie. — *Kiếm thế* 〇 勢, chercher des moyens pour. — *Kiếm phương* 〇 方, chercher sa voie. — *Kiếm tiền kiếm bạc* 〇 錢 〇 薄, chercher à se procurer de l'argent. — *Kiếm chỗ ở* 住於, chercher une place, un lieu de résidence. — *Kiếm việc làm* 〇 役溫, chercher du travail. — *Kiếm chuyện* 〇 傳, chercher des histoires, chercher noise, faire naître des embarras. — *Kiếm đều nói dối* 〇 調吶嘟, préparer un mensonge. — *Tìm kiếm* 尋 〇, procéder ou se livrer à des investigations. — *Anh kiếm giống gì* 嬰 〇 種之, que cherchez-vous? — *Ông kiếm ai* 翁 〇 埃, qui cherchez-vous, monsieur? — *Kiếm thì gặp* 〇 時及, en cherchant on trouve.

Kiếm 薟*. Végétaux employés en médecine. Voir *liêm*.

Kiểm 檢*. Titre, en-tête; loi, règle, modèle, exemple; examiner, considérer, vérifier, comparer.

Kiểm lâm ○ 林, garde forestier.

Kiên 堅*. Fort, ferme, solide, durable; établir, renforcer, consolider.

Kiên ý ○ 意, intention bien arrêtée. — *Kiên tâm* ○ 心, avec une ferme conviction, de propos délibéré.

Kiên 緊*. Tendu, serré; solide, ferme; faire le nécessaire, agir d'urgence, ne pas différer.

Kiên 肩*. Épaule, omoplate; faire effort, soutenir; être capable de.

Kiện 件*. Article, partie, division; appellatif pour les objets usuels et les affaires particulières.

Nhứt kiện 一 ○, une affaire, un objet. — *Kiện sự* ○ 事, id.

Kiện 健*. Fort, robuste, vigoureux; ferme, décidé, hardi, entreprenant; réclamer, porter plainte.

Tráng kiện 壯 ○, robuste; dispos. — *Cang kiện* 剛 ○, courageux, vaillant, décidé, résolu, militant. — *Kiện cáo* ○ 告, intenter un procès, accuser, dénoncer. — *Đi kiện* 移 ○, aller faire une réclamation contre quelqu'un. — *Xử kiện* 處 ○, juger un procès. — *Đặng kiện* 鄧 ○, obtenir gain de cause. — *Thất kiện* 失 ○, perdre un procès. — *Ông thầy kiện* 翁 柴 ○, avocat, défenseur. — *Ông kiện cho* 翁 ○ 朱, avoué. — *Người hay kiện cáo* 悋 ○ 告, chicanier, processif.

Kiến 翅. Aile, bras; vantail, volet. Voir *cánh*. (Formé des S. A. *vũ* 羽, aile d'oiseau, et *canh* 更, veille de nuit.)

Kiến 鏡. Glace, miroir. (Du S. A. *kính*, même car., même signification.)

Mục kiến 目 ○, lunettes, lorgnon.

Kiến 敬. Témoigner du respect, faire grand cas de, considérer comme important. (Du S. A. *kính*, même car., même signification.)

Kiến 建*. Fonder, établir, instituer; affermir, consolider; car. employé souvent comme nom propre.

Phước kiến 福 ○, établissement du bonheur; le nom d'une province chinoise. — *Kiến an* ○ 安, paix consolidée; le nom d'une préfecture de la province de *Mỹ tho*. — *Kiến đức* ○ 德, vertu consolidée, morale établie. — *Kiến công* ○ 功, consolider ou affermir son mérite, se créer des titres à l'avancement.

Kiến 毽*. Volant; le jeu de volant.

Kiến 見*. Voir, regarder, observer; se manifester, apparaître; avoir conscience de. Car. radical.

Kiến tinh sĩ ○ 星 士, astronome, astrologue. — *Kiến long tại điền* ○ 龍 在 田, le dragon s'est montré dans les rizières, c.-à-d. l'heure de la moisson est venue. — *Tiếp kiến* 攝 ○, se voir, se rencontrer.

Kiến 蜆. Fourmi (terme collectif). (Du S. A. *nghiện*, même car., insecte.)

Ổ kiến 塢 ○, fourmilière. —

Kiến mối ○ 蛾, fourmi blanche, termite. — *Kiến vàng* ○ 鑛, fourmi rouge (on dit aussi *kiến lửa* 蜆焰, fourmi feu). — *Kiến hôi* ○ 灰, fourmi noire, fourmi puante. — *Kiến cánh* ○ 翾, fourmi ailée. — *Kiến vương* ○ 王, scarabée; litt., insecte royal. — *Cánh kiến* 翾○, gomme laque, croton à laque. — *Áo hàng cứt kiến* 襖行結○, vêtement en étoffe dite «fiente de fourmi».

Kiến 乾*. Vertu du ciel, pouvoir suprême; fort, solide. Voir *càn*.

Kiến 虔*. Agir comme les tigres; tuer, massacrer; couper, trancher.

Kiến 偃*. Suivre à la file indienne.

Kiêng 京. S'abstenir, faire acception de; avoir des égards, craindre. (En S. A., capitale; se pron. *kinh*.)

Kiêng kị ○ 忌, faire abstinence. — *Kiêng ăn* ○ 陔, jeûner. — *Kiêng lời* ○ 詷, s'abstenir de parler (par respect). — *Kiêng mặt* ○ 靤, ne pas oser regarder quelqu'un en face.

Kiềng 鐄. Sorte de collier à coulisse, en or ou en argent, que portent les femmes annamites. (Formé des S. A. *kim* 金, métal, et *kinh* 京, capitale.)

Kiềng chơn lại ○ 蹎吏, lier les pieds en les attachant ensemble. — *Kiềng cổ vàng* ○ 古鑛, collier à coulisse, en or, des femmes annamites. — *Kiềng cổ bạc* ○ 古薄, le même en argent. — *Kiềng chơn* ○ 蹎, cercle qui se porte à la jambe, au-dessus des chevilles. — *Đeo kiềng vàng* 刀○鑛, porter un collier en or.

Kiểng 景*. Clarté brillante; vue agréable, joli paysage. Voir *cảnh*.

Kiểng cảnh ○ 景, lieu plaisant, site pittoresque. — *Cây kiểng* 核○, fleurs de paysages, plantes rares, arbres nains, arbustes d'ornement. — *Sân kiểng* 攊○, parterre de fleurs. — *Quê kiểng* 圭○, la patrie.

Kiểng 境*. Borne, limite. Voir *cảnh*.

Kiếp 劫 et 刦*. S'emparer de force, prendre à main armée, faire violence, piller, pirater; siècle, vie, incarnation, sort, destin.

Đạo kiếp 盜○, bande de brigands. — *Căn kiếp* 根○, sort, destin. — *Mãn kiếp* 滿○, toute la vie. — *Đời đời kiếp kiếp* 代代○○, éternellement, à jamais, jusqu'à la fin des siècles. — *Tám kiếp nhà mầy* 糁○茄眉, que les huit transmigrations des tiens... (métempsycose — formule de malédiction). — *Qua kiếp khác* 戈○恪, passer d'une vie à une autre, d'un corps à un autre (métempsycose). — *Nhớp kiếp* 汭○, malpropre, inconvenant, malotru.

Kiệt 桀*. Perchoir; au fig., arrogant, insolent, hardi, dominateur.

Kiệt 傑*. Homme capable, courageux, plein d'audace et de vaillance; brave, héroïque. Voir *hào*.

Cách hào kiệt 格豪○, héroïquement, vaillamment.

Kiệt 揲*. Être pris dans une jointure; retenir entre deux planches.

Kiệt 竭*. Porter le courage au plus haut degré; épuiser ses forces.

    Làm kiệt 濫 ○, faire sans discontinuer, faire tous ses efforts. — *Tương kiệt* 相 ○, revenir sans cesse à la charge. — *Kiệt lực* ○ 力, à bout de forces; de toutes ses forces. — *Đường kiệt* 唐 ○, route très fréquentée; chemin, sentier.

Kiết 戛*. Lance, épieu; habituel, ordinaire; piètre, pauvre. Voir *giát*.

Kiết 吉*. Heureux, favorable, avantageux, de bon augure. Voir *cát*.

    Kiết nhựt ○ 日, jour favorable, jour de bonheur. — *Kiết hung* ○ 凶, favorable ou défavorable, bon ou mauvais. — *Lễ nạp kiết* 禮 納 ○, rite familial qui consiste à chercher un jour heureux. — *Kiết dương thảo* ○ 羊 艸, la violette.

Kiết 拮*. Parlant et travaillant tout à la fois; accomplir une besogne pénible, être très occupé.

Kiết 結*. Joindre, lier, unir, réunir, attacher, nouer. Voir *két*.

    Giao kiết 交 ○, contrat, convention, engagement. — *Kiết nghĩa* ○ 義, liens d'amitié, de camaraderie. — *Bệnh kiết* 病 ○, échauffement d'entrailles, ténesme. — *Đi kiết* 移 ○, aller péniblement à la selle.

Kiêu 僥*. Une tribu de nains; faux, dissimulé, hypocrite, changeant, inconstant, variable.

Kiêu 驕*. Cheval haut et fier; superbe, orgueilleux, arrogant, altier, suffisant, prétentieux, vantard.

    Kiêu ngạo ○ 傲, fier, arrogant, hautain, altier. — *Ăn ở kiêu căng* 唉 於 ○ 矜, se conduire et vivre en homme orgueilleux et fier, avoir habituellement une attitude hautaine et arrogante. — *Lời nói kiêu ngạo* 唎 吶 ○ 傲, verbe haut, ton délibéré, parole méprisante.

Kiêu 鶄*. Faisan à longue queue.

Kiệu 轎*. Autrefois un véhicule à roues; palanquin, chaise à porteurs.

    Hoa kiệu 花 ○, palanquin de mariée. — *Ngồi kiệu* 坐 ○, aller en palanquin. — *Đi chơi kiệu* 移 制 ○, se promener en palanquin. — *Kiệu bốn người* 棠 得, chaise à quatre porteurs. — *Kiệu ảnh* ○ 影, porter processionnellement une image, une statue; faire une procession. — *Kiệu màn* ○ 幔, rideau de palanquin.

Kiệu 蹺 et 蹻*. Lever les pieds d'une certaine manière en marchant, aller l'amble.

    Nước kiệu 浩 ○, allure de l'amble. — *Ngựa đi kiệu êm* 駆 移 ○ 厭, le cheval a l'amble doux.

Kiệu 撽*. Pousser avec la main; repousser, rejeter, renvoyer.

Kiệu 蕎*. Sorte de blé noir; espèce particulière de riz de montagne. A. V. Une variété d'ail, de poireau.

    Củ kiệu 矩 ○, poireau, échalote.

Kiều 叫*. Appeler de loin, crier très fort; dénommer. Voir kêu.

Kiều 告*. Annoncer, déclarer, dire; s'excuser, refuser poliment. Voir cáo.

    Kiều cùng ○ 共, s'excuser, refuser, se récuser. — Kiều bệnh ○ 病, s'excuser pour cause de maladie. — Tôi xin kiều ông 碎嚊 ○ 翁, permettez-moi de m'excuser, monsieur. — Tôi xin kiều về 碎嚊 ○ 衛, permettez-moi de prendre congé, de m'en aller. — Kiều thành công ○ 成功, déclarer que le travail est terminé. — Đã kiều 怩 ○, s'être excusé.

Kiều 喬*. Haut et recourbé; panache, plumet; fier, présomptueux.

Kiều 嘺*. Bouche de travers; inconnu, difficile à comprendre.

Kiều 嬌*. Beau, gracieux, jeune, aimable, séduisant; le nom d'une femme célèbre pour sa beauté.

Kiều 僑*. Abri pour les voyageurs, demeure provisoire, auberge.

Kiều 翹*. Nom du principal personnage féminin d'un poème intitulé Kim Vân Kiều 金雲翹.

Kiều 橋*. Pièce de bois transversale; pont, passerelle, traverse; charpente. Voir kèo et cầu.

    Thuận kiều 順 ○, un ancien fort aux environs de Saigon.

Kiều 轎*. Selle de cheval. Voir yên.

Kiều 矯*. Redresser ce qui était tordu; au fig., rectifier, modifier, corriger; recourbé, tordu; au fig., faux, trompeur, artificieux.

Kiều 槀 et 稿*. Hautes tiges de riz; forme, modèle, exemplaire, épreuve, ébauche. Voir cảo et cũ.

    Kiều chữ viết ○ 字曰, modèle d'écriture. — Thợ lày kiều 署祖 ○, modeleur. — Kiều lịch sự ○ 歷事, formules de politesse, règles de bienséance. — Làm theo kiều 濫蹺 ○, faire selon le modèle, donner l'exemple. — Trái kiều 債 ○, de travers, anormal, choquant. — Khác kiều nhiều lắm 恪 ○ 饒廩, différer sensiblement du modèle. — Làm phải kiều 濫沛 ○, copier fidèlement le modèle, faire selon l'original.

Kiều 搞*. Prendre fortement avec la main; saisir vivement; frapper, heurter; ferme, solide, compact.

Kiều 敫*. Chant, cantique; chanter.

Kim 金*. Tous les métaux en général; métal précieux, or; l'un des cinq éléments. Car. radical.

    Ngũ kim 五 ○, les cinq éléments: kim 金, métal; mộc 木, bois; thủy 水, eau; hỏa 火, feu; thổ 土, terre. — Loài kim 類 ○, tous les métaux en général. — Kim thạch ○ 石, métaux et minéraux. — Kim ngân ○ 銀, or et argent. — Kim bản ○ 鈑, papier doré, plaque ou feuille de métal doré. — Kim tương ○ 湘, or en dissolution. — Kim nước ○ 渃, or liquide. — Kim tuyến ○ 線, or en fils. — Kim qua ○ 戈, armes défensives. — *Kim khánh* ○ 磬, nom d'une décoration en or qui se porte suspendue à l'un des boutons de l'habit. — *Ngọc kim cang* 玉 ○ 剛, diamant. — *Kim bằng* ○ 朋, un camarade. — *Ngựa kim* 馭 ○, cheval blanc. — *Kim tinh thạch* ○ 精石, pierre lazulite. — *Kim ngân tàu* ○ 銀艚, chèvrefeuille (lonicera confusa). — *Kim tinh* ○ 星, étoile de Vénus. — *Kim anh tử* ○ 櫻子, rosa canina.

Kim 針 *. Aiguille, épingle, broche; piquer, percer, trouer, perforer.

Mũi kim 鼻 ○, pointe d'aiguille. — *Lỗ kim* 魯 ○, trou d'aiguille. — *Khúc chỉ xỏ kim* 曲織摸 ○, aiguillée de fil. — *Đường kim* 唐 ○, couture, piqûre. — *Kim đồng hồ* ○ 銅壺, aiguille de montre, de cadran. — *Kim địa bàn* ○ 地盤, aiguille de boussole. — *Kim đá nam châm* ○ 磁南針, aiguille aimantée. — *Kim cúc* ○ 菊, épingle.

Kim 今 *. Ce, maintenant, à présent.

Kim nhựt ○ 日, aujourd'hui. — *Kim niên* ○ 年, cette année. — *Kim sanh* ○ 生, cette vie. — *Chí kim* 至 ○, jusqu'à présent. — *Kim kháu* ○ 叩, et maintenant nous avons exposé respectueusement (formule de fin de pétition).

Kim 鈐 *. Espèce de serrure; tenailler, pincer, crocheter. Voir *kềm*.

Kim ký ○ 記, petit cachet à l'usage des employés non mandarins.

Kim 鉗 *. Pinces, tenailles, forceps. Voir *kềm*.

Kìm 琴 *. Le nom d'un instrument de musique à cordes; harpe, luth.

Đờn kìm 彈 ○, sorte de guitare. — *Tiểu dương kìm* 小洋 ○, boîte à musique. — *Cá kìm* 魚 ○, dorade.

Kín 謹 *. Prendre en garde, veiller à, défendre; secret, caché, clos.

Kín đáo ○ 到, tenir secret. — *Giữ sự kín* 守事 ○, garder un secret. — *Ở chỗ kín* 放拄 ○, se tenir en un lieu caché. — *Chỗ kín* 拄 ○, une cachette. — *Cửa đóng kín* 關揀 ○, porte bien close; clos et couvert. — *Bọc kín* 襥 ○, cerné de toutes parts; blocus complet.

Kinh 經 *. Fils entrelacés; passer au travers; marque du passé; livres canoniques ou classiques; prières.

Ngũ kinh 五 ○, les cinq livres canoniques : *diệc* 易, changements et sorts; *thơ* 書, lettres; *thi* 詩, poésies; *lễ* 禮, rites; *nhạc* 樂, musique. — *Kinh nghĩa* ○ 義, l'affiche qui donne le sujet des compositions de la première séance (concours triennaux). — *Đọc kinh* 讀 ○, réciter ou lire des prières. — *Kinh điển* ○ 典, la sainte doctrine. — *Kinh luân* ○ 倫, les arts libéraux. — *Kinh sử* ○ 史, les annales. — *Kinh nguyệt* ○ 月, avoir passé le mois (menstrues). — *Kinh quá* ○ 過, passer outre. — *Kinh niên* ○ 年, les années précédentes. — *Kinh lạy cha* ○ 禮吒, le Pater. — *Xôi kinh nấu sử* 粳 ○ 糜史, se passionner pour les études littéraires et historiques; litt. faire bouillir les lettres et cuire les annales. — *Kinh lược* ○ 略, titre du délégué royal annamite au Tonkin, appelé communément vice-roi. — *Kinh lịch* ○ 歷, secrétaire général d'un chef du service judiciaire provincial ou *quan án* (ancien régime); commis principal (en Cochinchine).

Kinh 涇*. Nom de fleuve en Chine; couler à travers; canal. Voir *kênh*.

Kinh 驚*. Être effrayé; épouvante, terreur, surprise, saisissement.

Kinh hãi ○ 恠, grande frayeur, panique. — *Kinh khủng* ○ 恐, frayeur subite, épouvante. — *Kinh tâm tán đảm* ○ 心散膽, être pris d'une grande frayeur. — *Thất kinh* 失○, sursauter, tressaillir, être saisi d'épouvante. — *Bệnh kinh phong* 病 ○ 風, spasmes. — *Động kinh* 動○, épilepsie, mal caduc.

Kinh 京*. Lieu très élevé; haut, grand, éminent; capitale d'un pays, résidence de la cour; dix millions.

Kinh đô ○ 都, le siège du gouvernement central, la cour. — *Kinh thành* ○ 城, ville capitale. — *Bắc kinh* 北○, capitale du Nord, Pékin. — *Nam kinh* 南○, capitale du Sud, Nankin. — *Đông kinh* 東○, le Tonkin. — *Đế kinh* 帝○, résidence impériale. — *Kinh phái* ○ 派, envoyé royal. — *Một kinh quan tiền* 沒 ○ 貫錢, dix millions de ligatures.

Kinh 荊*. Arbuste épineux dont les tiges servaient autrefois à fustiger les coupables.

Kinh giái ○ 芥, plante odorante.

Kinh 敬*. Aimer, respecter, honorer; tenir en haute estime; ajouter une grande importance.

Kinh sợ ○ 怍, crainte respectueuse, respecter et craindre. — *Kinh thương cha mẹ* ○ 傷吒媄, aimer et honorer ses parents. — *Kính mến lắm* ○ 勉廩, aimer beaucoup (un supérieur). — *Kính chuộng* ○ 重, avoir beaucoup d'estime pour, faire grand cas de. — *Kính lạy* ○ 禮, adorer, se prosterner. — *Cung kính xương thánh* 恭 ○ 昌聖, vénérer des reliques. — *Người hay kính vì* 俾咍 ○ 位, personne respectueuse. — *Đáng kính* 當 ○, mériter le respect, être digne de considération. — *Làm cách kính trọng* 濫格 ○ 重, agir avec beaucoup d'égards.

Kính 鏡*. Glace, miroir; lunettes, lorgnon. Voir *kiến*.

Minh kính 明○, une glace bien unie, bien claire. — *Kính soi mặt* ○ 燿靣, miroir reflétant le visage. — *Kính con mắt* ○ 昆相, lunettes, lorgnon. — *Mục kính* 目○, id.

Kình 鯨*. Baleine; énorme, monstrueux, grand comme la baleine.

Cá kình 魿○, la baleine. — *Kình địch* ○ 敵, longues disputes, querelles qui n'en finissent plus.

Kĩnh 徑*. Ligne droite, voie directe, chemin de traverse.

Kip 及*. Atteindre le but; arriver à temps; avoir le temps. Voir *cập*.

Tới không kịp 細空○, ne pas avoir le temps d'atteindre, d'arriver. — *Nói không kịp* 吶空○, n'avoir pas le temps de parler, de s'expliquer. — *Chẳng kịp trở tay* 庄 ○ 阻 抳, en un tour de main, en un clin d'œil, à l'instant même, tout à coup. — *Ăn năn chẳng kịp* 唆 難 庄 ○, sans avoir le temps de se repentir, de faire pénitence. — *Theo cho kịp* 蹺 朱 ○, suivre de près. — *Phải tới cho kịp* 沛 細 朱 ○, il faut arriver à temps. — *Tôi làm không kịp* 碎 濫 空 ○, je n'ai pas eu le temps de le faire.

Kíp 急*. Impatient; pressé, urgent; leste, prompt, rapide. Voir *cấp*.

Làm cho kíp 濫 朱 ○, faire vivement, promptement; faites vite. — *Việc cần kíp lắm* 役 動 ○ 廩, affaire très pressée, très urgente. — *Kíp miệng chảy chơn* ○ 呬 遲 蹟, n'avoir que de la langue, du bagout; litt., parler vite et marcher lentement.

Kịt 桀. Mot final ayant ordinairement la valeur d'un fort superlatif. (Du S. A. *kiệt*, même car., dominateur.)

Đen kịt 顛 ○, excessivement noir.

Kít 結. Onomatopée; bruit strident, grincement; cri et nom d'oiseau. (En S. A., joindre, lier; se pron. *kiết*.)

Cút kít 骨 ○, grincement des roues d'un chariot; le cri d'un oiseau.

L

La 羅*. Fils entrelacés, filets, rets.

Sơn la 山 ○, filets dans la montagne; le nom d'un district du Tonkin.

La 囉*. Babil d'enfant; monotone, fatigant. A. V. Pousser des cris, gronder, blâmer, réprimander.

La lớn ○ 客, crier fort; grands cris, clameurs. — *La kêu* ○ 呌, appeler en criant. — *La khóc* ○ 哭, pleurer bruyamment. — *La choác* ○ 㕦, crier comme un perdu. — *La oan ức* ○ 冤 抑, crier à l'injustice. — *La làng xóm* ○ 廊 坫, appeler au secours, crier à l'aide. — *La lối om sòm* ○ 磊 暗 譏, vociférer. — *La con* ○ 昆, gronder son enfant. — *Đừng có la vậy* 停 固 ○ 丕, ne criez donc pas ainsi. — *Xiêm la* 暹 ○, le royaume de Siam. — *Đau tìm la* 疥 肶 ○, le mal vénérien.

La 鑼*. Instruments à percussion.

Thanh la 清 ○, gong, cymbale.

La 攞*. Essuyer, frotter, gratter.

La 騾*. Le mulet (quadrupède).

Con la cái 昆 ○ 丐, une mule.

Lạ 邏*. Veiller, surveiller, garder. A. V. Rare, peu commun; étonnant, surprenant, extraordinaire, admirable; étranger, inconnu.

Lạ lùng ○ 遷, prodigieux. — *Rất lạ* 慄 ○, excessivement étonnant. — *Phép lạ* 法 ○, science merveilleuse, miracle. — *Sự lạ* 事 ○, prodige. — *Thật lạ lắm* 實 ○ 廩, c'est réellement très curieux. — *Lạ thay* ○ 台, comme c'est étrange! que c'est donc admirable! — *Lạ gì* ○ 之,

qu'y a-t-il de surprenant à cela? — *Sự lấy làm lạ* 事祕濫 ○, admiration. — *Đáng lấy làm lạ* 當祕濫 ○, qui est digne d'admiration. — *Người lạ mặt* 俤 ○ 耒面, un étranger, un inconnu. — *Lạ người lạ cảnh* ○ 俤 ○ 境, gens étranges, pays curieux.

Lá 蘿*. Plantes grimpantes. A. V. Feuille, feuillage; se dit de diverses choses larges et minces; feuillet, lamelle; terme numéral.

Lá cây ○ 核, feuille d'arbre, feuillage. — *Lá chuối* ○ 桎, feuille de bananier. — *Lá dừa* ○ 梌, feuille de cocotier, de palmier. — *Lá giấy* ○ 紙, feuille de papier. — *Lá sách* ○ 冊, feuillet d'un livre. — *Lá rụng xuống* ○ 楳嚲, les feuilles tombent, se détachent (de l'arbre). — *Mùa rụng lá* 務楳 ○, la chute des feuilles. — *Lợp lá* 笠 ○, couvrir avec des feuilles. — *Nhà lá* 茹 ○, maison en paillotes (maison ordinaire des Annamites). — *Áo lá* 襖 ○, gilet ou chemisette sans manches des Annamites; habit en feuilles pour aller à la pluie. — *Một lá đơn* 沒 ○ 單, une demande, une pétition, une requête.

Là 羅. Le verbe être; c'est-à-dire, à savoir; espèce de soie très fine. (En S. A., fils entrelacés; se pron. *la*.)

Hay là 哈 ○, ou, ou bien. — *Là kẻ* 几, celui qui, ceux qui. — *Là anh* ○ 嬰, c'est vous, c'est bien vous. — *Hoặc là* 或 ○, peut-être, ou bien. — *Có phải là* 固沛 ○, est-ce que. — *Nào là* 芾 ○, où est-il? où sont-ils? — *Nghĩa là* 義 ○, c'est-à-dire, ce qui veut dire, à savoir. — *Ấy là* 意 ○, voilà, cela. — *Là phước* ○ 福, en voilà de la chance! — *Kẻo là xấu* 矯 ○ 丑, de peur que ce ne soit laid, de crainte que cela ne fasse mauvais effet. — *Nó là ai* 奴 ○ 埃, qui est-il? qu'est-il? — *Lụa là* 縷 ○, une étoffe de soie très fine.

Lã 呂. Pur, clair, limpide, sans mélange (surtout en parlant de l'eau). (En S. A., épine dorsale; se pron. *lữ*.)

Nước lã 渚 ○, eau pure. — *Lã chã* ○ 渚, couler abondamment, ruisseler (se dit des larmes).

Là 呂. Sot, ridicule, inepte; s'évanouir, s'écrouler; déchirer, blesser. (Pour le car. en S. A., voir ci-dessus.)

Cười là 唭 ○, rire inconvenant, rire bête. — *Là đầu* ○ 頭, blessé à la tête. — *Chết là* 折 ○, s'évanouir.

Lạc 樂*. Grande joie, allégresse, plaisir; sonnette, grelot; bruit de sonnailles; musique. Voir *nhạc*.

Lạc thiên mạng ○ 天命, prendre plaisir dans les décrets du ciel, être heureux de son sort. — *An thổ lạc thiên* 安土 ○ 天, id. — *Lục lạc* 錄 ○, sonnette, grelot. — *Cây lục lạc* 核 錄 ○, crotalaire de Cochinchine.

Lạc 咯*. Cri de certains oiseaux.

Lạc 駱*. Espèce de cheval fabuleux.

Con lạc đà 昆 ○ 駝, chameau. — *Chim lạc đà* 鴖 ○ 駝, autruche.

Lạc 絡*. Fil, brin, lien, attache; lier, attacher, entourer, envelopper, enclore, environner.

Lạc 落*. Feuilles qui tombent et se répandent sur le sol; dispersé, égaré; endroit fixé, lieu déterminé.

Lạc đàng lạc sá ○ 唐 ○ 詑, se perdre en route. — *Lạc lối* ○ 磊, errer. — *Lạc vận* ○ 韻, contre les règles de la versification. — *Đi lạc* 迻 ○, faire fausse route, se tromper. — *Loạn lạc* 乱 ○, troublé, confus. — *Sự lạc* 事 ○, aberration. — *Bất tri hạ lạc* 不知下 ○, perdu, n'y rien comprendre. — *Tọa lạc* 坐 ○, sis à, situé à. — *Cá lạc* 魩 ○, nom de poisson.

Lác 落. Jonc; estafilade, trace de blessure, stigmate; regarder de travers; syllabe complémentaire. (Pour le car. en S. A., voir ci-dessus.)

Chiếu lác 詔 ○, natte en jonc. — *Lác đầu* ○ 頭, qui a reçu une estafilade à la tête. — *Lác xoi* 揿, dartre farineuse. — *Lác nhìn* ○ 認, regarder obliquement. — *Lác thấy* ○ 覓, jeter un coup d'œil en passant. — *Mưa lác đác* 霤 ○ 度, petite pluie fine.

Lắc 勒. Agiter en divers sens, remuer, secouer, ballotter, balancer. (En S. A., réprimer, retenir; se pron. *lặt*.)

Lắc đầu ○ 頭, faire non de la tête. — *Lắc lơ* ○ 呂, mauvais sujet, étourdi. — *Lắc lưỡng* ○ 兩, accablé. — *Lâu lắc* 婁 ○, très longtemps, trop longtemps, qui ne finit plus. — *Sự lắc tàu* 事 ○ 艚, le roulis à bord. — *Lúc lắc* 六 ○, peu solide, qui tremble, qui bouge; roulis. — *Sự lúc lắc* 事六 ○, ballottement. — *Sóng lắc tàu* 㳽 ○ 艚, les flots ballottent le navire. — *Lắc bên nay bên kia* ○ 邊 尻 邊 箕, se balancer d'un côté et d'autre. — *Thằng lý lắc* 倡 理 ○, étourdi, trop remuant; individu désagréable, ennuyeux.

Lác 勒. Regarder en haut; tourner les yeux de tous côtés, examiner. (Pour le car. en S. A., voir ci-dessus.)

Lạch 瀝*. Eau tombant par gouttes, petit écoulement d'eau, canal naturel, chenal, arroyo. Voir *rạch*.

Lạch sông ○ 瀧, chenal. — *Lạch sâu* 溲, canal profond. — *Lạch hẹp* ○ 陝, chenal étroit. — *Lạch ách* ○ 厄, être hors d'haleine, plier sous le poids des ennuis. — *Ba lạch* 巴 ○, le nom d'un endroit où trois cours d'eau se rencontrent; nom de lieu (province de Saigon).

Lách 蘆. Variété de roseau, espèce de bambou. Voir *lau*, *sậy*, *nứa*, *trúc*. Se garer, s'écarter. (En S. A. *lịch*, même car., plante à moutarde.)

Lách đi ○ 迻, qu'on s'écarte, qu'on se gare. — *Lách ra* ○ 囉, id.

Lai 來*. Venir, fréquenter, avoir des rapports; effectuer, conduire au but; se produire, se présenter.

Hậu lai 後 ○, dorénavant, désormais, à l'avenir. — *Vãng lai* 往 ○, avoir des relations; faire des échanges; aller et venir. — *Lai đầu* ○ 頭, commencement, origine. — *Lai niên* ○ 年, l'année prochaine. — *Lai hoàn* ○ 還, rendre, restituer. — *Biên lai* 編 ○, un récépissé. — *Vì biên lai sự* 爲 編 ○ 事, qui concerne un reçu; pour faire un reçu. — *Lai căn* ○ 根, hybride; métis, bâtard. — *Lai cái* ○ 丐, hermaphrodite.

Lai 唻 *. Cri d'appel; émettre un son, donner une note (musique).

Lai 淶 *. Nom de cours d'eau.

Lai 萊 *. Plantes sauvages : ronces, chardons; en friche, abandonné aux herbes parasites.

Lai thảo ○ 草, laceron, herbe d'or. — *Bồng lai* 蓬 ○, herbe dite «de l'immortalité». — *Điền lai* 田 ○, rizière en friche, champ abandonné.

Lại 吏 *. Fonction officielle; fonctionnaire, agent, employé; gouverner, administrer. A. V. Venir, avancer; de nouveau, de plus, en outre; joue le rôle de l'affixe *re* dans une foule de mots composés.

Lại bộ thượng thơ ○ 部 尙 書, ministre de l'Intérieur. — *Quan lại* 官 ○, se dit des fonctionnaires en général, mais surtout de ceux qui dépendent du ministère de l'Intérieur. — *Đề lại* 提 ○, secrétaire, employé d'administration. — *Thơ lại* 書 ○, commis, comptable, fourrier. — *Lại đây* ○ 低, venir, approcher, avancer. — *Lại gần* ○ 斤, venir tout près. — *Đi qua đi lại* 趍 戈 趍 ○, aller et venir, passer et repasser. — *Làm lại* 濫 ○, refaire, recommencer. — *Nói lại* 吶 ○, redire, répéter. — *Nói đi nói lại* 吶 趍 吶 ○, dire et redire, tergiverser, parler sans suite. — *Tóm lại* 縿 ○, résumer; abrégé, sommaire. — *Nghĩ lại* 議 ○, réfléchir mûrement, penser de nouveau à une chose. — *Sửa lại* 使 ○, réparer, arranger, disposer, refaire, remettre en état. — *Đóng lại* 揀 ○, fermer, refermer. — *Chẳng lại* 庄 ○, ne pas avoir le dessus, ne pas venir à bout de, être impuissant à. — *Nói chẳng lại* 吶 庄 ○, ne pas avoir le dernier mot, être à court d'arguments. — *Ở lại nhà* 於 ○ 茹, rester à la maison, continuer à demeurer à la maison. — *Trả lại* 呂 ○, rendre, restituer. — *Trở lại* 阻 ○, retourner, rétrograder, revenir en arrière. — *Thuật lại* 述 ○, relater, rapporter, raconter, transmettre. — *Kéo lại* 撟 ○, extraire, tirer, enlever en tirant à soi.

Lại 癩 *. Ulcère, pustule, lèpre, gale, urticaire. Voir *đơn, hủi, phong.*

Lại 獺 *. Loutre. Voir *thát* et *rái.*

Lái 梩. Arrière de navire, poupe, gouvernail; pilote, chef timonier; patron de barque, commerçant. (En S. A., instrument aratoire; se pron. *li.*)

Bánh lái 柄 ○, la barre du gouvernail. — *Tay lái* 㧅 ○, id. — *Cầm lái* 擒 ○, être à la barre, gouverner. — *Bẻ lái* 撽 ○, manœuvrer le gouvernail. — *Đàng sau lái* 唐 婁 ○, l'arrière d'un bateau. — *Bồng lái* 檨 ○, la galerie de l'arrière. — *Chủ lái* 主 ○, celui qui dirige le gouvernail, la barre; patron, pilote, chef de timonerie. — *Lái buôn* ○ 奔, marchand, trafiquant. — *Lái ghe* ○ 艖, batelier. — *Ghe không lái như gái không chồng* 艖 空 ○ 如 㚢 空 重, une barque sans gouvernail est comme une femme sans mari.

Lài 萊*. Nom de plante odorante. A. V. Pente douce, pas trop rapide.

Lài xài ○ 柴, déchiré, déguenillé. — *Hoa lài* 花 ○, le jasmin.

Lãi 禮. Genre de vers intestinaux; qui s'enchaîne, qui se succède; lié. (En S. A., rite, cérémonie; se pron. *lể.*)

Con sán lãi 昆 㾼 ○, ver solitaire, ténia. — *Trùng lãi* 蟲 ○, id. — *Lãi rài tới* ○ 酒 紬, par intervalles, l'un après l'autre. — *Lợi lãi* 利 ○, avantage, gain, bénéfice, lucre.

Lay 來. Secouer, agiter, balancer. (En S. A., mener, conduire; se pron. *lai.*)

Lung lay 籠 ○, secouer fortement, ballotter. — *Cái cửa này nó lung lay* 丐 閛 尼 奴 籠 ○, cette porte ballotte. — *Gió lay cây* 逾 ○ 核, le vent balance les arbres.

Lạy 禘. Saluer profondément, se prosterner jusqu'à terre; terme de respect. (Formé des S. A. *lể* 礼, honorer, et *lại* 吏, fonction.)

Thờ lạy 祩 ○, adorer. — *Trăm lạy* 羸 ○, saluer cent fois, faire force saluts (formule). — *Bẩm lạy quan lớn* 禀 ○ 官 客, se prosterner respectueusement devant un haut fonctionnaire (formule). — *Lạy ơn* ○ 恩, rendre grâces. — *Lạy ông* ○ 翁, respectueux salut, monsieur.

Lảy 㩜. Cueillir (fleurs, fruits); presser avec le doigt, tirer. (Formé des S. A. *thủ* 手, main, et *lể* 禮, rite.)

Lảy hoa ○ 花, cueillir des fleurs. — *Lảy trái* ○ 䕨, cueillir des fruits. — *Lảy súng* ○ 銃, presser la détente d'une arme à feu. — *Lảy cung* ○ 弓, tirer de l'arc. — *Lảy tên* ○ 箭, lancer des flèches. — *Chết lảy đảy* 折 ○ 待, mourir subitement.

Lây 㘄. Qui se prend, qui se communique, qui devient contagieux. (En S. A., cris d'appel; se pron. *lai.*)

Bệnh hay lây 病 咍 ○, maladie épidémique, mal contagieux. — *Mắc lây* 繷 ○, avoir été atteint par un mal contagieux. — *Bệnh lây ra* 病 ○ 囉, maladie qui se propage par contagion. — *Lây nhau* ○ 饒, se communiquer un mal les uns les autres.

Lấy 袐. Prendre, s'emparer; recevoir, accepter. (Formé des S. A. *dĩ* 以, pour, afin de, et *lể* 礼, honorer.)

Lấy thành ○ 城, s'emparer d'une ville. — *Lấy đi* ○ 去, prenez, allons prenez, mais prenez donc! — *Lấy chồng* ○ 重, prendre un époux. — *Lấy vợ* ○ 𡞕, prendre femme. — *Lấy ơn trả oán* ○ 恩 呂 怨, rendre le mal pour le bien. — *Lấy lòng tốt* ○ 悉 卒, animé de bons sentiments; agir avec bienveillance. — *Lấy làm* ○ 濫, prendre pour, trouver que. — *Lấy làm tốt* 濫 卒, trouver bon, trouver bien. — *Lấy làm xấu* ○ 濫 丑, trouver mauvais, trouver mal. — *Lãnh lấy* 領 ○, recevoir. — *Chịu lấy được* 召 ○ 特, recevable, qui peut être admis. — *Cất lấy* 拮 ○, ôter, mettre en place. — *Giữ lấy* 侼 ○, garder, surveiller, préserver. — *Gắng lấy* 亘 ○, agir avec courage, faire avec énergie. — *Làm lấy tiếng* 濫 ○ 嗜, travailler pour la gloire, pour la renommée. — *Làm lấy việc* 濫 ○ 役, faire pour la forme, par manière d'acquit. — *Đi lấy đồ ăn* 去○圖咹, aller chercher à manger. — *Đi lấy lửa* 去多○焒, aller prendre du feu, aller chercher du feu.

Lầy 淶. Terrain marécageux, sol boueux, humide, malsain; au fig., impudent, insolent, effronté, hardi. (En S. A., un cours d'eau; se pron. *lai*.)

Đồng lầy 仝○, plaine marécageuse. — *Rét lầy* 洌○, fièvre paludéenne. — *Nói lầy* 吶○, dire des horreurs, parler insolemment.

Lẫy 禮. Avec ardeur; emportement (ne s'emploie que comme affixe). (En S. A., rite, cérémonie; se pron. *lễ*.)

Giận lẫy 怾○, se mettre en colère. — *Cãi lẫy* 改○, se disputer avec animosité, avec fureur.

Lam 籃*. Corbeille ou panier en bambou; berceau d'enfant. Voir *nôi*.

Lam 襤*. Habit sans col et sans manches, vêtement rustique.

Lam lũ ○襤, habits sordides.

Lam 藍*. Le nom d'une plante tinctoriale; bleu indigo, violet.

Lam 婪*. Avoir une grande envie de; âpre au gain, avide, cupide.

Tham lam 貪○, avare, rapace. — *Lam nham* ○岩, barbouillage, gribouillis, caractères mal formés.

Lạm 燄*. Feu qui gagne du terrain, incendie qui se propage; flamber, brûler, consumer.

Lạm 濫*. Eau débordante; profusion, prodigalité; aller au delà de ce qui est raisonnable.

Quá lạm 過○, avec excès, qui dépasse les bornes permises.

Làm 濫. Faire, agir, exécuter; se prend souvent comme verbe être. (Pour le car. en S. A., voir ci-dessus.)

Làm việc ○役, travailler. — *Làm việc bổn phận* ○役本分, faire son devoir, remplir ses obligations. — *Làm nghề* ○藝, faire un métier, avoir une profession. — *Làm thợ* ○署, être ouvrier. — *Làm ruộng* ○疇, être cultivateur, travailler les champs. — *Làm thịt* ○脄, préparer la viande, être boucher. — *Làm cá* ○魣, préparer le poisson. — *Làm mướn* ○嘆, se louer, se gager. — *Làm thuê* ○税, id. — *Làm ăn* ○咹, gagner sa vie. — *Làm tôi nhà nước* ○碎茹渃, être au service de l'État. — *Làm quan văn* ○官文, remplir des fonctions civiles. — *Làm đầu việc* ○頭役, être à la tête d'une administration, diriger un service. — *Làm vua* ○希, être roi, régner. — *Làm người* ○倅, être homme, avoir le rang d'homme. — *Hễ làm người* 係○倅, quand on est homme. — *Làm phước* ○福, faire du bien, rendre service, procurer du bonheur. — *Làm lành* ○荅, se montrer doux, bon, indulgent. — *Làm gương tốt* ○銅卒, donner de bons exemples. — *Làm quen* ○涓, se lier amicalement, se fréquenter. — *Làm cho nên* ○朱年, agir conformément aux convenances et à la raison. — *Làm hư* ○虛, gâter, perdre, vicier. — *Làm hại* ○害, nuire, faire du tort.

— *Làm rối* ○ 繆, troubler, embrouiller, importuner. — *Làm nguy* ○ 偽, se révolter contre la puissance établie. — *Làm loạn* ○ 亂, pousser à la guerre civile, se soulever. — *Kẻ làm loạn* 几 ○ 亂, les perturbateurs du repos public. — *Làm nghịch* ○ 逆, s'opposer, résister, tenir tête, s'insurger. — *Làm giặc* ○ 賊, faire la guerre, être en guerre. — *Làm gan* ○ 肝, montrer de la bravoure, s'enhardir, faire le brave. — *Làm hòa* ○ 和, faire la paix, conclure un traité. — *Làm giàu có* ○ 朝固, devenir riche. — *Làm biếng* ○ 丙, être paresseux, vivre en oisif, en fainéant. — *Làm đò* ○ 徒, faire semblant, simuler, faire des façons, des simagrées. — *Làm cách* ○ 格, faire des manières. — *Làm lớp* ○ 衽, attraper quelqu'un (pour rire). — *Làm hình* ○ 形, agir en hypocrite, montrer de l'astuce. — *Làm mặt* ○ 靣, prendre un masque, se composer un visage. — *Làm khôn* ○ 坤, se conduire en homme adroit, agir avec finesse et prudence. — *Làm vui* ○ 盃, être amusant, faire rire. — *Làm bạn* ○ 伴, être amis, s'unir par des liens affectueux, vivre ensemble sans être mariés. — *Làm tội* ○ 罪, commettre une faute, être coupable. — *Làm nặng lòng* ○ 曩悉, peser sur le cœur, offenser, causer une aggravation de peine. — *Làm tờ* ○ 詞, établir un acte, un écrit. — *Làm khế* ○ 契, passer un contrat. — *Làm chi* ○ 之, pourquoi? pourquoi faire? à quoi bon? — *Làm sao* ○ 宆, comment? pourquoi? de quelle manière? à quelle fin? — *Làm vậy* ○ 丕, ainsi, de cette façon, de la sorte, voilà. — *Làm lễ* ○ 禮, procéder aux cérémonies rituelles. — *Làm phép lạ* ○ 法邏, faire un miracle. — *Lấy làm quí* 祕 ○ 貴, trouver une chose riche, précieuse. — *Lấy làm trọng* 祕 ○ 重, considérer une chose comme grave, importante. — *Lấy làm lạ* 祕 ○ 邏, être surpris, étonné, trouver que c'est admirable.

Lãm 覽 et 覽*. Voir, percevoir; regarder, contempler, observer.

Lịch lãm 歷 ○, bien élevé, convenable, honnête. — *Bác lãm* 博 ○, adroit, expert, connaisseur.

Lãm 擥 et 監*. Prendre avec la main, se saisir de, s'emparer de.

Lãm 欖*. Olivier; blâmer, gronder, reprocher, admonester, reprendre.

Khảm lãm 橄 ○, olive (ou *gián quả* 諫菓, dit fruit des remontrances, parce que, comme les remontrances, il est amer).

Lăm 森. Cinq (s'emploie à la place de *năm* après la première dizaine). (Formé des S. A. *ngũ* 五, cinq, et *lâm* 林, forêt.)

Hai mươi lăm đồng bạc 𠄩迻 ○ 銅薄, vingt-cinq piastres.

Lăm 林. Syllabe complémentaire. (En S. A., bois, taillis; se pron. *lâm*.)

Chỉ lăm 志 ○, vouloir ardemment. — *Lăm le* ○ 離, affecter, se donner des airs. — *Bao lăm* 包 ○, combien? — *Nói cà lăm* 吶楷 ○, bégayer, bredouiller. — *Lăm lủi* ○ 𨄹, aller droit devant soi (la tête baissée en regardant la terre). — *Lăm chăm* ○ 針, d'une manière confuse.

Lăm 廩. Très, fort, considérable, beaucoup, énormément, à un haut degré (se place après l'adjectif). (En S. A., grenier public; se pron. *lăm*.)

Nhiều lăm 饒 ○, beaucoup, énormément. — *Ít lăm* 丞 ○, très peu, très petite quantité. — *Thương lăm* 傷 ○, aimer beaucoup, prendre en grande pitié. — *Đông người ta lăm* 東侍些 ○, une foule très nombreuse. — *Phải lăm* 沛 ○, c'est parfait, c'est très bien, c'est très juste.

Lăm 啉*. Bavarder sans cesse; paroles frivoles, discours inutiles.

Nói lăm băm 吶 ○ 鐔, grommeler, murmurer, ronchonner, se plaindre.

Lăm 臨*. Regarder de haut; être sur le point d'arriver, de se produire; endurer, subir, encourir.

Lăm hạ ○ 下, rendre visite à des inférieurs. — *Lăm tử* ○ 死, être sur le point de mourir, aux approches de la mort. — *Lăm phải* ○ 沛, tomber dans le malheur, encourir une peine. — *Lăm khốn lăm nạn* ○ 困 ○ 難, être victime d'une calamité, subir un désastre. — *Lăm nợ* ○ 女, avoir des dettes. — *Lăm thì* ○ 時, au temps venu. — *Lăm môn* ○ 門, arriver par la porte des faveurs.

Lăm 林*. Bois, forêt, taillis, bosquets; groupe, collection, réunion.

Sơn lăm 山 ○, montagne boisée, monts et forêts. — *Trước lăm* 竹 ○, bouquet de bambous. — *Kiểm lăm* 檢 ○, garde forestier. — *Hàn lăm viện* 翰 ○ 院, l'académie impériale; litt., la forêt de pinceaux. — *Văn lăm* 文 ○, le corps des lettrés, la classe des savants. — *Chốn lăm tuyền* 準 ○ 泉, lieu solitaire, endroit retiré, ermitage. — *Lăm dâm* ○ 姪, parler bas; libidineux. — *Lăm bố* ○ 甫, catafalque.

Lăm 痲*. Maladie de vessie, rétention d'urine, difficulté d'uriner.

Lăm 琳*. Le nom d'une pierre précieuse; lustré, luisant; parfait.

Lăm 霖*. Pluies abondantes, longues averses; mouiller, tremper.

Lăm 淋*. Eau qui tombe goutte à goutte; arroser, mouiller.

Lăm bế ○ 閉, incontinence d'urine. — *Lăm lịch* ○ 歷, couler sans cesse.

Lăm 淋. Sale, malpropre, vaseux, ordurier, couvert de boue; se salir. (Pour le car. en S. A., voir ci-dessus.)

Lăm tay ○ 搚, se salir les mains. — *Lăm áo quần* ○ 襖裙, salir ses vêtements. — *Lăm mình* ○ 命, avoir le corps sale; avoir ses règles, ses menstrues. — *Lăm lắm* 濫 ○, se salir, se couvrir de boue. — *Bùn lăm* 塗 ○, la boue, la vase. — *Vũng lăm* 滂 ○, plage de boue; nom d'une baie de la province de *Phú yên*.

Lăm 林. Se tromper, tomber dans l'erreur; être dupé, être trompé. (En S. A., forêt, taillis; se pron. *lăm*.)

Lăm lỡ ○ 呂, être dans l'erreur. — *Lăm lỗi* ○ 磊, commettre une faute. — *Lăm phải* ○ 沛, se tromper, errer. — *Làm láy chưóc mình* ○ 祧 斫命, être victime de ses propres ruses. — *Nói làm* 吶 ○, se tromper en parlant, dire des bêtises. — *Cá làm* 魿 ○, sardine.

Lăm 萊 et 箖*. Plante, bambou.

Lăm 懍*. Être saisi d'effroi, trembler de peur, frémir d'horreur.

Lăm 廩*. Grenier public, magasin à riz, dépôt d'approvisionnements.

Lăm 凜 et 凛*. Froid glacial; trembler de froid; dur, sévère, rigide, imposant, terrible.

Lan 欄 et 襕*. Barrière, balustrade, rampe, barre d'appui, parapet; enclos, parc à buffles.

Lan 蘭*. Nom de plantes odorantes; pousser, s'étendre, se propager, se développer. Voir *lơn*.

Mã lan 馬 ○, lis de Chine, iris. — *Hoa lan* 花 ○, épidendrum. — *Ngọc lan* 玉 ○, magnolia. — *Khoai lan* 拐 ○, patate douce. — *Lan ra* ○ 囉, s'étendre, se propager, ramper. — *Lửa cháy lan* 焐 烶 ○, l'incendie s'étend, le feu se propage.

Lan 讕*. Paroles confuses; langage corrompu; déblatérer, porter de fausses accusations.

Lan 瀾 et 灡*. Les vagues, les flots; déborder, se répandre au loin.

Lạn 爛*. Trop cuit, en bouillie; gâté, pourri, corrompu; désagrégation, destruction.

Làn 闌*. Écran de porte; séparer; couvrir; apprécier les distances; parcours d'une flèche, portée d'une balle, trajet d'un boulet.

Coi làn 視 ○, mesurer une distance à l'œil. — *Làn đế* ○ 提, viser.

Làn 乱. Confusion, désordre; intervertir l'ordre, le rang. (Du S. A. *loạn*, même car., même signification.)

Làn đầu ○ 單, intervertir l'ordre naturel des choses.

Lăn 轔. Rouler, enrouler, tourner; courir en cercle, tourner en rond. (En S. A., près, proche; se pron. *lân*.)

Bàn lăn 槃 ○, billard. — *Trái lăn* 鞭 ○, bille, boule. — *Đánh lăn* 打 ○, jouer au billard. — *Lăn lóc* ○ 六, dérouler, dévider. — *Lăn căn* ○ 根, mouvements rapides, gestes empressés. — *Nhào lăn* 繳 ○, rouler; faire la roue, la culbute.

Lặn 洛. Plonger au fond de l'eau; s'enfoncer, disparaître. (Formé des S. A. *thủy* 水, eau, et *lăn* 客, confondre.)

Lội lặn 濂 ○, nager et plonger. — *Nó không biết lặn* 奴 空 別 ○, il ne sait pas plonger. — *Mặt trời lặn* 靣 至 ○, le coucher du soleil. — *Lặn lên lặn xuống* ○ 蹇 ○ 甑, paraître et disparaître, plonger et replonger. — *Lặn mọc* ○ 木, suer sang et eau.

Làn 蜥. Traces de reptiles, pistes de fourmis; marques de coups de rotin. (Formé des S. A. *trùng* 虫, reptile, et *lăn* 吝, confondre.)

Lăn kiến ○ 蜆 ○, chemin de fourmis. — *Lăn roi* ○ 櫺, traces de coups de rotin, de verge, de fouet. — *Con thăn lăn* 昆 蜥 ○, sorte de petit lézard gris très familier et inoffensif, connu vulgairement sous le nom de margouillat.

Lăn 吝. Poli, lisse, brillant, bien raboté. (En S. A., confus; se pron. *lăn*.)

Lân 鄰 et 隣*. Près, proche, attenant, voisin, contigu, limitrophe; toucher, confiner, avoisiner.

Người lân cận 傅 ○ 近, qui demeure près de. — *Làng lân cận* 廊 ○ 近, la commune voisine. — *Lân lý* ○ 里, limitrophe. — *Lân la* ○ 羅, se rapprocher insensiblement. — *Lân hảo* ○ 好, bons rapports entre voisins. — *Dăn lân* 寅 ○, familier, trop libre, insolent, inconvenant.

Lân 燐 et 燐*. Feu follet; luciole, ver luisant, mouche à feu.

Lân 麟*. Licorne femelle; l'un des quatre animaux fabuleux.

Con kỉ lân 昆 麒 ○, sphinx, lion ou chien des pagodes. — *Kỉ lân kiệt* 麒 ○ 竭, sang-dragon.

Lân 遴*. Faire un choix bien entendu; distinguer, discerner.

Lân 憐*. Aimer beaucoup, être bienveillant pour, avoir pitié de. Voir *liên*.

Lân mẫn ○ 憫, se montrer compatissant et miséricordieux.

Lân 嶙*. Montagne élevée, pointe, sommet, escarpement, précipice.

Lận 吝*. Avare, parcimonieux, regardant; fraudeur, trompeur; faux. (En S. A., regretter; se pron. *lăn*.)

Lận mạt ○ 末, tromper. — *Ăn lận* 唉 ○, frauder. — *Bài lận* 牌 ○, cartes biseautées. — *Bất lận* 不 ○, sans regret, généreusement. — *Lận thúng* ○ 筒, border un panier.

Lấn 吝. Repousser, empiéter, surpasser, dépasser; surmonter; exceller. (En S. A., confus; se pron. *lăn*.)

Lấn đất ○ 坦, empiéter sur le terrain d'autrui. — *Lấn trí* ○ 智, surpasser par l'intelligence. — *Lấn sức* ○ 飭, l'emporter par la force. — *Lấn hơn* ○ 欣, être au-dessus de, être supérieur à. — *Lấn lướt* ○ 列, dominer, abuser de sa supériorité ou de son pouvoir. — *Lấn nhau* ○ 饒, se coudoyer, se bousculer pour arriver plus vite; se vexer mutuellement.

Lần 吝. Fois, tour; successivement. (En S. A., troublé, confus; se pron. *lăn*.)

Lần lần ○ ○, tour à tour, peu à peu, successivement, progressivement. — *Một lần mà thôi* 沒 ○ 麻 崔, une fois seulement, rien qu'une fois. — *Mỗi một lần* 每 沒 ○, chaque fois, toutes les fois. — *Một ít lần* 沒 ○, quelquefois. — *Nhiều lần* 饒 ○, plusieurs fois. — *Mấy lần* 買 ○, combien de fois? — *Lần nầy* ○ 尼, cette fois. — *Lần khác* ○ 恪, une autre fois. — *Lần hồi nay mai* ○ 回

啓理, remettre de jour en jour. — *Lần lừa* ○ 呂, remettre indéfiniment, traîner en longueur. — *Nói lần* 吶 ○, ne pas préciser. — *Lần cần* ○ 勤, lent, tardif. — *Lần lại* ○ 吏, qui arrive lentement. — *Lần hột* ○ 紇, égrener son chapelet.

Lẫn 吝*. Se repentir, regretter, être avare; avoir des remords, rougir de honte; confondre, embrouiller. Voir *lận*.

Lẫn khuất ○ 屈, oublieux, irréfléchi, étourdi. — *Lẫn lộn* ○ 輪, mêler, embrouiller, confondre. — *Nói lẫn* 吶 ○, dire des paroles confuses, ne pas être clair en parlant, radoter. — *Lẫn tích* ○ 惜, avare.

Lang 硠*. Onomatopée (bruit de cailloux, de vaisselle, de ferraille).

Lang 郎*. Désignatif de fonctions; titre honorifique, terme de respect (en parlant d'un homme, d'un mari); nom de pays.

Thị lang 侍 ○, conseiller de ministère. — *Tả hữu thị lang* 左右侍 ○, les conseillers de gauche et de droite dans une ministère. — *Lang trung* ○ 中, directeur dans un ministère, dit délégué à l'intérieur. — *Viên ngoại lang* 院外 ○, sous-directeur dans un ministère, dit délégué à l'extérieur. — *Nước hoa lang* 渃花 ○, la Hollande. — *Người hoa lang* 㗂花 ○, un Hollandais.

Lang 榔 et 稂*. Arbres à feuilles dentelées; palmier, aréquier; espèce de grand panier.

Lang hoa cần ○ 花勤, acanthe. — *Bình lang* 梹 ○, arec. Voir *cau*. — *Viên lang thổ* 園 ○ 土, expression administrative pour désigner collectivement sur les rôles d'impôt les jardins d'arbres fruitiers, les plantations d'aréquiers, de cocotiers. — *Lang bội* ○ 倍, une grande corbeille.

Lang 蜋*. Prie-dieu, sauterelle.

Lang 狼*. Loup, chacal, chien sauvage; au fig., vorace, féroce, méchant, cruel, impitoyable.

Sài lang 豺 ○, un loup. — *Hoàng thử lang* 黃鼠 ○, la belette jaune. — *Lang tâm* ○ 心, cœur de loup; féroce, inhumain.

Lang 粮*. Provisions de vivres pour l'armée; solde, rations. Voir *lương*.

Lang 籣*. Carquois en bambou.

Lạng 兩*. Once ou taël (37 gr. 58); le nombre deux; un couple, une paire; mettre en double. Voir *lượng*.

Lạng 諒*. Paroles sincères, discours sérieux; sincérité, fidélité.

Nguyên lạng 原 ○, excusable. — *Lạng sơn* ○ 山, montagne de la fidélité; le nom d'une province du Tonkin voisine de la Chine.

Láng 瀧. Clair, luisant, brillant, resplendissant; uni, lisse, propre. (Formé des S. A. *thủy* 水, eau, et *lãng* 朗, calme, serein.)

Lai láng 來 ○, immensité des eaux. — *Sáng láng* 創 ○, très clair, très brillant. — *Láng diềng* ○ 盈, demeurer près, être voisin. — *Giồi cho láng* 揉朱 ○, polir, rendre luisant. — *Dây láng* 繚 ○, une liane.

Làng 廊*. Galerie reliant des appartements; corridor, terrasse, véranda. A. V. Village, commune.

Làng lớn ○ 畚, grand village. — *Làng nhỏ* ○ 弸, petit village. — *Làng xóm* ○ 坫, villages et hameaux. — *Làng tổng* ○ 總, communes et cantons; les autorités communales et cantonales. — *Trong làng* 冲 ○, dans le village, dans la commune. — *Dân làng* 民 ○, les habitants d'une commune. — *Anh ở làng nào* 嬰於 ○ 芇, de quel village êtes-vous? — *Xã làng* 社 ○, le maire de la commune.

Lãng 朗 et 朖*. Pâle clarté de la lune; calme, tranquille, serein.

Lãng 閬*. Une grande porte; haut, élevé; grand, spacieux; vacant.

Lãng thổ ○ 土, grande étendue de terre, désert, solitude.

Lãng 浪*. Les vagues, les flots; au fig., débordement, débauche; dissipé, inconvenant, inconscient, distrait, indifférent, oublieux.

Sự lãng 事 ○, distraction, divagation, inconscience, trouble d'esprit. — *Lãng trí* ○ 智, avoir des absences, parler à tort et à travers; aberration d'esprit. — *Lãng tai* ○ 聰, indocile. — *Lãng sót* ○ 率, oublier par distraction.

Lăng 棱*. Poutre principale d'une charpente, pièce de bois équarrie; les quatre angles d'un édifice; crainte, respect, déférence.

Lăng 陵 et 夌*. Montagne, colline, élévation de terrain; mausolée royal; offenser, profaner, violer.

Lăng 凌*. Amas de glace, glacière; opprimer, dominer, malmener, brutaliser, intimider.

Mắc lăng xăng 繽 ○ 控, être pris par de nombreux travaux. — *Níu lăng xăng* 揓 ○ 控, tirer de tous côtés. — *Lăng nhục* ○ 辱, se moquer.

Lăng 稜*. Variété de riz; arbuste d'ornement; droit, rigide, dur.

Đinh lăng 丁 ○, arbuste de jardin. — *Bình lục lăng* 瓶六 ○, vase de forme hexagonale. — *Tam lăng* 三 ○, armoise.

Lăng 綾*. Étoffe de soie brochée.

Lặng 朗. Calme, douceur, tranquillité; se taire; ne pas bouger. (Du S. A. *lãng*, même car., tranquille.)

Ở lặng 於 ○, demeurer calme et tranquille, se taire. — *Biển lặng* 瀁 ○, mer calme. — *Phẳng lặng* 凭 ○, tranquille, tranquillement. — *Bằng lặng* 平 ○, en paix, paisible, tranquille. — *Lặng gió* ○ 逾, pas de vent, calme. — *Lặng như tờ* ○ 如詞, calme plat, uni comme une feuille de papier.

Lẵng 朗. Attentivement; en éveil (ne s'emploie qu'en composition). (Pour le car. en S. A., voir ci-dessus.)

Lo lăng 慮 ○, s'inquiéter, se préoccuper, se soucier de. — *Lăng tai* ○ 聰, prêter une oreille attentive, écouter avec le plus grand soin.

Lăng 朗. Dissipé, débauché, oisif (ne s'emploie qu'en composition). (Pour le car. en S. A., voir ci-dessus.)

Lăng lơ ○ 臚, distrait, insouciant, frivole, futile, oublieux. — *Lăng đăng* ○ 等, paresseux, désœuvré, oisif. — *Lăng căng* ○ 矜, s'amuser à des riens. — *Lăng loàn* ○ 乱, désordonné, de mœurs dissolues. — *Lăng quăng* ○ 挄, embrouillé.

Lăng 淩. Enflé, gonflé, boursoufflé; bouffi d'orgueil; monter, s'élever (feu, flammes). (Du S. A. *lăng*, même car., amas de glace.)

Lăng lên ○ 遷, orgueilleux, prétentieux. — *Đăng lăng* 鄧 ○, id. — *Lửa lăng* 焐 ○, le feu monte, les flammes s'élèvent.

Lăng 朗. Incomplet, insuffisant. (En S. A., tranquille; se pron. *lăng*.)

Gió lăng 逾 ○, pas de vent, calme plat. — *Lúa lăng* 稽 ○, épi maigre.

Lanh 伶. Actif, adroit, alerte, vif. (Du S. A. *linh*, même car., bouffon.)

Lanh lợi ○ 利, rusé, finaud. — *Con mắt lanh* 昆 䚣 ○, clairvoyant. — *Lanh chanh* ○ 征, léger, prompt. — *Rát lanh* 慄 ○, très alerte, très agile, excessivement adroit.

Lạnh 冷*. Froid, glacé; indifférent, négligent, mou, peu actif.

Sự lạnh lẽo 事 ○ 汀, froideur. — *Trời lạnh lắm* 丕 ○ 廩, il fait très froid. — *Gió lạnh* 逾 ○, vent froid. — *Nước lạnh* 渚 ○, eau froide, eau glacée. — *Khí lạnh* 氣 ○, température froide. — *Tay lạnh* 挀 ○, mains froides. — *Lạnh tay* ○ 挀, avoir froid aux mains. — *Lạnh chơn* ○ 蹎, froid aux pieds. — *Người lạnh* 㳮 ○, tiède. — *Phát lạnh* 發 ○, frissonner, tressaillir. — *Lạnh mình* ○ 命, id. — *Chết lạnh* 折 ○, mourir dans le plus grand abandon. — *Nóng lạnh* 燶 ○, chaud et froid; nom d'une petite fièvre rémittente qui est endémique en Indo-Chine. — *Tính lạnh* 性 ○, caractère froid, indifférent. — *Tốt lạnh lung* 卒 ○ 拌, très bien, excellent, charmant.

Lánh 另*. Seul, séparé, à l'écart; éviter, s'écarter, se ranger, se garer, se mettre hors de la portée ou des atteintes de. Voir *tránh*.

Lánh người nào ○ 得 苩, éviter quelqu'un. — *Lánh đi* ○ 拸, interj. pour avertir de se garer. — *Lánh khỏi* ○ 塊, esquiver, échapper à. — *Lánh sự hiểm nghèo* ○ 事 險 饒, fuir un danger. — *Xa lánh* 賒 ○, se tenir à distance. — *Trốn lánh* 遁 ○, fuir, se sauver. — *Lánh mình* ○ 命, se mettre hors des atteintes de.

Lành 荅. Bon, doux, sain, sage, aimable, bienveillant, conciliant. (En S. A., herbe médicinale; se pron. *linh*.)

Hiền lành 賢 ○, doux, serviable. — *Người rất lành* 得 慄 ○, personne d'une grande bonté. — *Làm việc lành* 濫 役 ○, accomplir une bonne œuvre, une bonne action. — *Lời lành* 𥪝

o, paroles de conciliation. — *Có lòng lành* 固悉 o, avoir un cœur compatissant, miséricordieux. — *Trở về lành* 阻衛 o, revenir au bien, redevenir bon. — *Làm cho lành bệnh* 濫朱 o 病, guérir une maladie. — *Có lẽ lành được* 固理 o 特, qui est guérissable. — *Chưa lành* 渚 o, pas encore rétabli. — *Đã lành rồi* 钜 o 耒, complètement guéri. — *Đạo lành* 道 o, saine doctrine; nom d'une société secrète se rattachant au bouddhisme. — *Xấu chữ mà lành nghĩa* 丑字麻 o 義, mauvaise écriture, mais bonne signification; au fig., laid de forme, mais bon au fond.

Lãnh 領*. Diriger, administrer; recevoir, accepter, prendre en charge.

Quan lãnh sự 官 o 事, consul, chargé d'affaires. — *Quan chánh lãnh binh* 官正 o 兵, général de brigade. — *Quan phó lãnh binh* 官副 o 兵, général de brigade adjoint. — *Thống lãnh* 統 o, prendre charge entière de, commander en chef. — *Bảo lãnh* 保 o, garantir, se déclarer responsable. — *Đứng bảo lãnh cho* 等保 o 朱, se porter garant, servir de caution, avaliser. — *Nhận lãnh* 認 o, prendre en charge, accepter une responsabilité. — *Lãnh lương* o 糧, toucher la ration, recevoir la solde. — *Lãnh tiền* o 錢, recevoir de l'argent. — *Lãnh chịu* o 召, accepter, se charger de. — *Lãnh mạng* o 命, recevoir une mission, accepter un mandat. — *Lãnh việc* o 役, entrer en fonctions, prendre une affaire en mains.

Lãnh 綾. Satin. (Formé des S. A. *mịch* 糸, fil de soie, et *lịnh* 令, décret.)

Lãnh tây o 西, satin d'Europe. — *Lãnh tàu* o 艚, satin de Chine. — *Quần lãnh* 裙 o, pantalon de satin.

Lãnh 嶺*. Pente de colline; sentier dans les montagnes, chemin creux, défilé. Voir *lình*.

Lịnh 令*. Ordre, injonction; terme de grand respect. Voir *lệnh* et *lịnh*.

Lao 勞*. Travail pénible; travailler, peiner, se fatiguer; peine, fatigue; mot complémentaire.

Lao lực o 力, être exténué, brisé, accablé. — *Công lao* 功 o, travail méritoire, service signalé. — *Cần lao* 勤 o, travailler avec assiduité et diligence. — *Lao khốn* o 困, labeur pénible; fatigué par le travail. — *Lao đao* o 刀, soucieux, inquiet, chagrin. — *Lao xao* o 敲, vacarme, tapage, brouhaha, bruits confus.

Lao 癆*. Maladies des poumons; phtisie, consomption, maigreur.

Người ho lao 俘 o 呼, un poitrinaire, un phtisique.

Lao 撈*. Plonger la main dans l'eau; retirer quelque chose de l'eau (avec un harpon, un croc).

Lao 嶗. Syllabe complémentaire. (Formé des S. A. *sơn* 山, montagne, et *lao* 勞, travail pénible.)

Cù lao 峋 o, île. — *Cù lao nhỏ* 峋 o 䭾, petite île, îlot.

Lao 牢*. Étable, bergerie, enclos pour bestiaux; tenir enfermé.

Sinh lao 生 ○, animaux pour sacrifices. — *Lao tù* ○ 囚, geôle, prison. — *Quan đề lao* 官提 ○, directeur de prison.

Lao 銛. Trait, dard, javelot, flèche. (Formé des S. A. *kim* 金, métal, et *lao* 牢, étable.)

Phóng lao 放, lancer un trait. — *Chuyền lao* 繂 ○, relever les factionnaires, changer les sentinelles.

Láo 呓. Faux, trompeur, mensonger. Voir *dối*. (Formé des S. A. *khẩu* 口, bouche, et *lão* 老, vieillard.)

Láo xược ○ 嚾, affirmer des choses fausses. — *Nói láo* 吶 ○, mentir, en faire accroire, faire le hâbleur. — *Kẻ hay nói láo* 几 哈 吶 ○, celui qui a l'habitude de mentir, menteur invétéré. — *Mầy nói láo* 眉 吶 ○, tu mens. — *Làm láo* 濫 ○, faire son malin. — *Thuốc láo đáo* 葯 ○ 到, remède palliatif, calmant.

Lào 勞. Syllabe complémentaire. (En S. A., travail pénible; se pron. *lao*.)

Liệt lào 列 ○, être malade, garder le lit. — *Lào thảo* ○ 滔, mollement, négligemment, sans soin.

Lào 牢. Les régions laotiennes. (En S. A., étable, enclos; se pron. *lao*.)

Đất lào 坦 ○, le pays du Laos. — *Lào thượng* ○ 上, contrée supérieure. — *Lào hạ* ○ 下, le bas Laos. — *Người lào* 俤 ○, un Laotien.

Lão 櫟*. Pièces de bois pour toitures: chevrons, lattes, traverses.

Lão 老*. Vieux, âgé, vénérable (ne s'emploie guère qu'en mauvaise part en langue vulgaire); vrai, réel, rationnel. Car. radical.

Lão hạng ○ 項, classe des hommes au-dessus de 55 ans (terme administratif) ne payant que la moitié de la contribution personnelle et étant totalement dispensés des corvées. — *Lão nhiêu* ○ 饒, classe des hommes au-dessus de 62 ans dispensés de toute charge personnelle. — *Lão thọ* ○ 壽, parvenir à une grande vieillesse. — *Bà nguyệt lão* 妃 月 ○, l'un des deux génies qui président aux mariages. — *Lão tử* ○ 子, vieillard et enfant; nom d'un célèbre philosophe de la Chine (sorti du sein de sa mère, d'après la légende, à l'âge de 80 ans). — *Lão quân* ○ 君, nom du fondateur de la secte rationaliste (500 ans avant J.-C.). — *Lão kia* ○ 箕, ce vieux-là, cet individu-là; eh! là-bas, le vieux. — *Lão chệc* ○ 隻, un chinois (en mauvaise part). — *Lão tây* ○ 西, l'européen, le français (en mauvaise part, injurieux). — *Lão già nầy* ○ 耂 尼, ce vieux bonhomme.

Lão 老. Syllabe complémentaire. (Pour le car. en S. A., voir ci-dessus.)

Thảo lão 討 ○, large, libéral, généreux. — *Lều lào* 了 ○, sans attention, étourdi. — *Làm lào thảo* 濫 ○ 討, faire sans soin.

Lạp 鼠*. Longs poils, longue barbe, abondante chevelure.

Lạp 獵*. Faire la grande chasse, rabattre le gros gibier. Voir *liệp*.

Lạp 蠟*. Cire d'abeilles. Voir *sáp*.

Lạp 臘*. Viandes séchées, viandes préparées pour les sacrifices; jour d'offrande rituelle; lier, attacher.

Lạp 蹋*. Passer outre, sauter pardessus, enjamber, franchir, traverser; s'arroger des droits.

    Lạp đẳng ○ 等, sauter un grade; passer outre aux convenances. — *Học bất lạp đẳng* 學不○等, passer d'une classe à l'autre sans observer l'ordre méthodique des études.

Lạp 拉*. Habit usé; vêtement sale; déguenillé, malpropre, sordide.

Lạp 拉*. Tirer à soi, pousser vers, se faire suivre; détruire, briser.

Lặp 啦. Redire, répéter, refaire. (Formé des S. A. *khẩu* 口, bouche, et *lập* 立, établir, constituer.)

    Lặp đi lặp lại ○ 移 更, dire et redire, rabâcher. — *Lặp lượng* ○ 量, consulter, délibérer. — *Nói lặp lặp* 吶 ○ ○, balbutier, bredouiller.

Lặp 垃. Ajuster, assembler, appliquer. (Formé des S. A. *thổ* 土, terre, et *lập* 立, établir, constituer.)

    Lặp vào ○ 伈, appliquer. — *Lặp vô* ○ 扞, calfater. — *Lặp lại* ○ 更, rapprocher, tirer à soi. — *Nói lặp* 吶 ○, bégayer. — *Nói lặp bặp* 吶 ○ 楳, parler avec précipitation, manger ses mots. — *Nói ba lặp* 吶 ㄸ ○, débiter des fadaises, dire des niaiseries, des balivernes.

Lập 立*. Créer, établir, fonder, constituer; fixe, droit. Car. radical.

    Dựng lập 孕 ○, édifier, élever. — *Lập nhà* ○ 茹, construire une maison. — *Lập dinh* ○ 營, établir un camp, créer une ville. — *Lập phe* ○ 批, passer un acte, faire un contrat. — *Lập nghiệp* ○ 業, créer un métier, une industrie, s'établir. — *Lập công* ○ 功, fonder le mérite, se créer des titres à. — *Lập trận* ○ 陣, former des troupes en bataille, organiser le combat. — *Lập bằng cớ* ○ 憑據, dresser un procès-verbal, établir des témoignages. — *Lập tuyệt mãi từ* ○ 絕賣詞, établir un acte de vente définitive (formule). — *Lập dõng* ○ 泂, fonder une postérité, créer une famille. — *Lập cặp* ○ 及, confusément, précipitamment, subitement. — *Lập tức* ○ 卽, immédiatement, sur-le-champ, sans délai. — *Chẳng lập* 庄 ○, en vain, sans résultat, sans arriver à ses fins.

Láp 垃 (1). Combler, boucher, remplir, couvrir, recouvrir. (Formé des S. A. *thổ* 土, terre, et *lập* 立, établir.)

    Láp đất ○ 坦, recouvrir de terre, combler un terrain. — *Láp kênh* ○ 涇, combler un canal. — *Láp lỗ* ○ 魯, boucher un trou, combler une excavation. — *Láp đá* ○ 砂, couvrir de pierres. — *Ngăn láp* 垠 ○, mettre obstacle à, barricader, boucher. — *Khuất láp* ○ 屈, oublier. — *Láp lảng* ○ 浪, distrait, insouciant, ou-

---

(1) Se transcrit aussi par le car. 拉.

blieux. — *Lú láp* 屡 ○, qui oublie facilement, étourdi, inconsidéré.

Lạt 辣*. Fade, insipide, sans saveur; au fig., lâche, mou, faible, sans énergie. A. V. Lien, attache.

> *Lạt lẻo* ○ 了, fade; relâché (liens); fané. — *Cười lạt* 唭 ○, rire sans raison, rire bêtement. — *Ưa ăn lạt* 於唆 ○, qui aime une nourriture fade. — *Chẻ lạt* 扯 ○, préparer des attaches, fendre des liens. — *Lấy lạt mà buộc* 祗 ○ 麻縷, prendre un lien pour attacher. — *Lạt chạt* ○ 攢, bruit d'un bois sec qui se fend. — *Lạt lòng* ○ 惢, mou, sans énergie, sans vigueur, trop faible.

Lát 辣. Couvrir, garnir, disposer; uniformiser; paver, empierrer; petit moment, laps de temps, instant. Voir *lót*. (Pour le car. en S. A., voir ci-dessus.)

> *Lát đá* ○ 硌, paver, empierrer. — *Lát ván* ○ 版, parqueter, planchéier. — *Lát gạch tàu* ○ 甓艚, carreler en carreaux de Chine. — *Lết lát* 跙 ○, se traîner sur les mains et le derrière. — *Một lát nữa* 沒 ○ 女, encore un petit instant, dans un moment. — *Cắt lát* 割 ○, couper par tranches, sectionner.

Lặt 勒*. Réprimer, refréner; empêcher ou retenir par la force; intimider, opprimer; mors, bride.

Lặt 栗. Recueillir, mettre de côté; cueillir un à un et en se baissant. (En S. A., châtaignier, se pron. *lật*.)

> *Lượm lặt* 斂 ○, ramasser. — *Lặt rau* ○ 蔞, cueillir des légumes.

Lặt 擪. Couper, tailler; arracher brusquement; briser d'un coup sec; cueillir. Voir *hái*. (Formé des S. A. *thủ* 手, main, et *lật* 栗, châtaignier.)

> *Lặt hoa* ○ 花, cueillir des fleurs. — *Lặt trái* ○ 䶃, cueillir des fruits. — *Lặt lúa* ○ 穮, couper les riz. — *Lặt lẻo* ○ 了, dangereux, périlleux. — *Chuột lặt* 狱 ○, souris.

Lật 栗*. Châtaignier; bois dur et solide; au fig., ferme, vigilant, sévère, froid, correct. A. V. Tourner, retourner, renverser, chavirer.

> *Cây lật tử* 核 ○ 子, châtaignier de Chine. — *Quả bản lật* 菓 版 ○, châtaigne. — *Trái lật* 䶃 ○, id. — *Lật lại* 吏, retourner, renverser, changer de côté. — *Lật trương* ○ 張, tourner la page. — *Lật đặt* 達, se hâter, se presser. — *Lật bắt* ○ 弼, à peu près, au moment où; tout à coup. — *Lật sấp* ○ 脏, renverser, démolir. — *Lật úp* ○ 挹, chavirer. — *Ghe tôi lật úp* 艭笑 碎 ○ 挹, ma barque chavira. — *Gió lật* 逾 ○, vent qui renverse. — *Đi lật đường* 扬 ○ 唐, se tromper de chemin, s'égarer en route.

Lật 簗*. Une variété de bambou.

Lật 溧*. Le nom d'un cours d'eau.

Lật 慄*. Peur, crainte, émoi; attentif, circonspect; sur ses gardes.

Lát 喋*. Parler beaucoup, à tort et à travers, sans rime ni raison.

> *Lát lo* ○ 盧, inconsidérément.

Lau 籗*. Espèce de bambou qui passe pour être vénéneux.

Chồn bông lau 狶 蒚 ○, espèce de fouine. — *Mía lau* 桃 ○, variété de canne à sucre. — *Lau lách* ○ 蒚, variété de bambou; fin, rusé.

Lau 撈. Frotter, essuyer. Voir *chùi*. (En S. A., plonger la main dans l'eau; se pron. *lao*.)

Lau dĩa ○ 𥐇, essuyer une assiette, un plat. — *Lau tay* ○ 㧒, s'essuier les mains. — *Khăn lau* 巾 ○, essuie-main, torchon, serviette.

Lạu 漏*. Orifice par où s'écoule un liquide; fente, cassure. Voir *lậu*.

Bình lạu 瓶 ○, vase qui fuit. — *Chén lau* 碾 ○, tasse fendue.

Láu 老. Syllabe complémentaire. (En S. A., vieillard; positif; se pron. *lão*.)

Láu ăn ○ 咹; gourmand, glouton, goulu. — *Láu táu* ○ 棗, étourdi, brouillon, négligent, désordonné. — *Lý láu* 俚 ○, id. — *Đái láu* 帶 ○, incontinence d'urine.

Làu 漏*. Pénétrer, dévoiler, développer, faire connaître à fond.

Duệ làu thiên cơ 曳 ○ 天 機, pénétrer les desseins du ciel.

Lâu 髏*. Les os qui forment le crâne, la boîte osseuse. Voir *sọ*.

Lâu 婁*. Fréquent, répété, nombreux; longtemps, longuement; qui vient plus tard.

Lâu lắm ○ 虞, très longtemps. — *Lâu lắc* ○ 勒, id. — *Lâu quá* ○ 過, trop longtemps. — *Lâu dài* ○ 骶, traîner en longueur, n'en plus finir. — *Lâu ngày* ○ 㫗, de longs jours. — *Lâu năm* ○ 酥, de longues années — *Đã lâu* 㐌 ○, depuis longtemps, il y a longtemps. — *Một ít lâu nữa* 沒 丕 ○ 女, encore un peu de temps. — *Bây lâu nay* 閉 ○ 駺, de tout temps, jusqu'à présent. — *Bao lâu* 包 ○, combien de temps? — *Ở lâu* 於 ○, demeurer longtemps, rester longtemps. — *Một lâu một thêm* 沒 ○ 沒 添, qui augmente avec le temps. — *Làm việc đã lâu* 濫 役 㐌 ○, travailler depuis longtemps; être ancien de service.

Lâu 摟*. Mener, conduire; traîner après soi; pousser devant soi, faire marcher; embrasser, enserrer.

Lâu 漊*. Pluie fine; eau courante; canal d'écoulement; eaux profondes.

Lâu 蔞*. Nom collectif de plantes; feuilles de poivrier, de bétel, etc.

Lậu 陋*. Peu important; étroit; petit, humble, mesquin; rustre, paysan, campagnard.

Lậu 漏*. S'échapper, se perdre; couler, fuir; cacher, dissimuler; fraude, contrebande. Voir *lạu*.

Lậu thủy ○ 水, faire eau. — *Lậu khắc* ○ 刻, clepsydre, horloge à eau. — *Dân lậu* 民 ○, population non inscrite sur les cahiers d'impôts. — *Ruộng lậu* 疃 ○, rizière non inscrite sur les rôles de l'impôt foncier. — *Gian lậu* 奸 ○, fraudeur, trompeur, contrebandier. — *Lậu sự* ○ 事, lacune. — *Hàng lậu* 行○, marchandises de contrebande. — *Bán đồ lậu* 半圖○, vendre des objets prohibés, des marchandises de contrebande. — *Thuốc nha phiến lậu* 菜芽片○, opium de contrebande. — *Rượu lậu* 酶○, alcool de contrebande. — *Đau lậu* 疠○, maladie secrète (urétrite, blennorrhée).

Lâu 螻*. Sorte de reptile fabuleux.

Lâu 樓*. Grande construction à étages; galerie élevée, terrasse.

Lâu đài ○ 臺, tour, observatoire. — *Lâu các* ○ 閣, palais. — *Lâu cao coi xa* ○ 高槐賖, belvédère, mirador, tour. — *Hiên lâu* 軒○, balcon. — *Ở trên hiên lâu ngó xuống* 於連軒○眄迈, regarder du haut d'un balcon. — *Nhà lâu* 茹○, maison à étages. — *Ở trên lâu* 於連○, demeurer aux étages supérieurs. — *Chốn lâu xanh* 准○檸, maison publique, bâteau de fleurs.

Le 離. Se disperser, s'éparpiller; étendre, avancer; nom d'oiseau et nom de plante. (Du S. A. *li*, même car., même signification.)

Con le le 昆○○, la sarcelle. — *Bầy le le* 悲○○, bande de sarcelles. — *Song le* 雙○, mais, cependant, toutefois, néanmoins. — *Lo le* 慮○, indécis, inquiet; qui n'ose se risquer. — *Le chi* ○ 枝, nom chinois du nephelium litchi. — *Le lưỡi* ○ 舵,

tirer la langue. — *Lăm le* 林○, affecter, feindre, simuler.

Lẹ 厲. Frotter, polir; travailler, améliorer; fuir rapidement; agile, prompt, leste. (Du S. A. *lệ*, même car., même signification.)

Lẹ làng ○ 廊, très vif, très agile. — *Lẹ tay* ○ 扺, main leste. — *Lẹ mắt* ○ 相, regard vif. — *Nhặm lẹ* 袿○, promptement. — *Phú lẹ* 賦○, une composition littéraire que l'on doit faire très rapidement.

Lé 睴 (1). Bigle, louche, borgne; superflu, qui dépasse. (Formé des S. A. *mục* 目, œil, et *lý* 里, stade.)

Lé mắt ○ 相, bigler, loucher. — *Con mắt lé* 昆相○, yeux louches. — *Lé ra* ○ 囉, guigner, grimacer.

Lè 漓. Mot complémentaire ayant parfois la valeur d'un superlatif. (En S. A., pénétrer, passer; se pron. *li*.)

Mặt xanh lè 麺檸○, visage très pâle, face jaune, teint verdâtre. — *Chua lè* 珠○, très acide, aigre, sûr. — *Thè lè* 施○, occuper une large place; avoir un gros ventre.

Lẽ 理*. Loi naturelle des choses; droite raison, vraie doctrine; règle à suivre, ce qui convient. Voir *lý*.

Lẽ chính ○ 正, le sens commun. — *Lẽ trái* ○ 債, l'envers de la raison, l'erreur. — *Lẽ phép* ○ 法, ce qui est juste et convenable. — *Lẽ khí học* ○ 氣學, la science métaphysique. —

---

(1) Doit être une déformation du car. chinois 䚄, composé des mêmes éléments et presque identique de forme, signifiant regarder de travers, jeter un coup d'œil oblique, etc.

Lẽ nào ○ 苛, pour quelle raison? est-ce possible? — *Lẽ thì* ○ 時, alors, au vrai, il s'ensuit que. — *Theo lẽ* 蹺 ○, selon le bon sens, conformément à la raison. — *Trái lẽ* 債 ○, aller contre la raison, déraisonnable. — *Có lẽ nào* 固 ○ 苛, ce n'est pas admissible, cela ne peut-être, est-ce que cela serait possible? — *Không có lẽ gì* 空固 ○ 之, il n'y a aucun motif pour. — *Bắt lẽ* 抔 ○, contrecarrer, trouver à redire; passer outre au bon sens, réfuter des preuves. — *Quá lẽ* 過 ○, plus que de raison, au delà des limites convenables. — *Theo lẽ tôi phải* 蹺 ○ 碎沛, d'après le bon sens, je dois. — *Bàn lẽ* 盤 ○, délibérer, discuter. — *Cãi lẽ nhau* 改 ○ 饒, discuter le droit et la raison, se chamailler, se disputer.

Lẻ 祀. Séparé; dépareillé; impair, fraction, reste. (Formé des S. A. *lẽ* 礼, cérémonie, et *phân* 分, partager.)

Làm cho lẻ cặp 濫朱 ○ 筴, déparier, dédoubler. — *Số chia lẻ ra* 數妢 ○ 囉, nombre fractionnaire. — *Lẻ bạn* ○ 伴, demeurer veuf, veuve; avoir perdu son ami, son amie. — *Đánh chẵn đánh lẻ* 打振打 ○, jouer à pair ou impair. — *Bán lẻ* 半 ○, vendre au détail.

Lê 黎 et 梨*. La race couleur de la terre, le peuple autochtone; nom de famille, nom de dynastie. (*Lê* et *Nguyễn* sont les deux noms de famille les plus répandus parmi les Annamites).

Họ lê 戶 ○, le nom générique de *Lê*. — *Nhà lê* 茹 ○, les deux dynasties de ce nom (les *Lê* antérieurs ont régné de 981 à 1010 et les *Lê* postérieurs de 1428 à 1785). — *Phò Lê diệt Trịnh* 扶 ○ 戚奠, vivent les *Lê*, à bas les *Trịnh!* — *Lê dân* ○ 民, les naturels d'un pays, les aborigènes. — *Con lê thử* 昆 ○ 鼠, la taupe. — *Ngồi lê* 墾 ○, aller toujours chez l'un chez l'autre, passer son temps en conversations oiseuses, bavarder, potiner (comme font les femmes, disent les Annamites).

Lê 棃 et 梨*. Poirier; poire.

Lê viên ○ 園, jardin planté de poiriers. — *Trái lê ngọt* 鞭 ○ 吔, une poire douce, juteuse. — *Hoa lê mọc* 花 ○ 木, bois de rose. — *Lê đầu thảo* ○ 頭 艸, violette (on dit aussi *thủy thảo hoa* 水 艸 花). — *Lê lư* ○ 蘆, ellébore.

Lệ 隸*. Les satellites d'un préfet, les hommes de la police civile; dépendre de, être soumis à.

Lính lệ 另 ○, soldat de la garde civile. — *Lệ mục* ○ 目, un chef de cette milice. — *Lệ tùng* ○ 從, sous les ordres de.

Lệ 戾*. Déraisonnable, méchant, obstiné; peur, frayeur, épouvante.

Lang lệ 狼 ○, se mettre en colère, être cruel et méchant comme un loup. — *Sợ lệ* 怍 ○, craindre, appréhender, avoir peur des méchants.

Lệ 癘*. Maladies de la peau ou du sang: abcès, boutons, pustules, gale.

Lệ 厲*. Escarpement, précipice; imposant, majestueux; user par le frottement, rendre aigu, tranchant; agile, leste, vif, prompt.

Lẹ 捌 et 捩*. Tourner; faire aller de côté et d'autre selon son bon plaisir; tordre des liens; pincer d'un instrument de musique.

Lẹ 麗*. Beau, élégant; paire, couple; camarade, compagnon, collègue, confrère, ami. Voir *li*.

Lệ 例*. Règle, statut, règlement; article additionnel; droit coutumier; généraliser.

Lệ luật ○ 律, toute la loi, c.-à-d. la loi et les clauses explicatives et additionnelles. — *Lệ phép* ○ 法, règles de bienséance et de politesse. — *Lệ thói* ○ 退, usages, coutumes. — *Đồ lệ trong nhà* 圖 ○ 冲茹, ameublement. — *Thường lệ* 常 ○, d'habitude, ordinairement. — *Theo lệ* 蹺 ○, se conformer aux règles et aux usages; selon la règle. — *Định lệ* 定 ○, établir une règle, rendre une ordonnance, statuer. — *Đóng lệ* 揀 ○, piquer ou coudre des livres, des cahiers; brocher un volume.

Lệ 例*. Synonyme du précédent.

Lễ 礼*. Honorer selon les rites.

Lễ 禮 et 禮*. Rite, cérémonie, étiquette; présents d'usage; fête.

Lễ ki ○ 記, mémorial des rites, rédigé par les disciples de Confucius d'après les notes du maître. — *Lễ bộ* ○ 部, le ministère des rites et des cérémonies. — *Lễ bộ thượng thơ* ○ 部 尙 書, le ministre des rites et des cérémonies. — *Lễ phép* ○ 法, les règles de la société, le protocole. — *Lễ nghĩa* ○ 義, politesse, civilité. — *Lễ nhạc* ○ 樂, rite, liturgie. — *Lễ sanh* ○ 生, un maître des cérémonies. — *Lễ tế* ○ 祭, offrir un sacrifice. — *Lễ hỏi* ○ 嗨, cérémonie de demande en mariage, fiançailles. — *Lễ cưới* ○ 娵, cérémonie du mariage. — *Lễ nạp thể* ○ 納采, cérémonie de présentation des cadeaux de noces. — *Lễ bái* ○ 拜, saluer en se prosternant; une cérémonie pour les révérences. — *Lễ tết* ○ 節, la fête du jour de l'an annamite; présents du jour de l'an. — *Lễ cả* ○ 賀, grande fête, fête solennelle. — *Lễ phần đời* ○ 分代, les fêtes en général. — *Lễ mễ* ○ 米, le riz des offrandes, des sacrifices et des cérémonies. — *Lễ kinh* ○ 經, l'un des cinq livres canoniques. — *Lễ phép hội thánh* ○ 法會聖, les cérémonies de l'église catholique. — *Quan bộ lễ* 官部 ○, mandarin du ministère des rites. — *Ngày lễ* 時 ○, jour de fête. — *Tuần lễ* 旬 ○, la semaine. — *Làm lễ* 濫 ○, accomplir des cérémonies; faire des façons. — *Áo lễ* 襖 ○, habit de cérémonie, vêtements sacerdotaux. — *Xem lễ* 祜 ○, assister à la messe. — *Đồ lễ* 圖 ○, objets servant au culte; présent, cadeau, offrande.

Lễ 禮. Piquer, percer, ouvrir (furoncle, abcès); extirper arracher, extraire, faire sortir (coquillages). (Pour le car. en S. A., voir ci-dessus.)

Lễ mủ ○ 漠, presser un abcès. — *Lễ gai* ○ 芰, enlever une épine. — *Lễ ốc* ○ 沃, tirer un mollusque de sa coquille. — *Kẻ lễ* 計 ○, rappeler ses titres, en faire étalage, les énumérer; raconter des histoires sans fin.

Lệch 歷. En travers, de côté. (Du S. A. *lịch*, même car., même signification.)

 Nghiêng lệch 迎 ○, penché sur le côté, en travers. — *Chếch lệch* 隻 ○, posture inconvenante, maintien immodeste. — *Chênh lệch* 征 ○, sans gêne. — *Chọc lệch* 祝 ○, chatouiller, agacer, provoquer.

Lệch 鱧. Anguille (petite espèce). (Formé des S. A. *ngư* 魚, poisson, et *lịch* 歷, passer.)

Lệch 癧. Humeur scrofuleuse. (Du S. A. *lịch*, même car., même signification.)

 Chốc lệch 瘵 ○, tumeur, ulcère. — *Lệch lác* ○ 落, trace de blessure, stigmate; distrait, inattentif.

Lem 淋. Sale, boueux, malpropre. (Du S. A. *lâm*, même car., eau tombant goutte à goutte.)

 Lem hèm ○ 嫌, grossier, malhonnête. — *Lem luốc* ○ 綠, crasseux, sordide. — *Lọ lem* 路 ○, en loques.

Lẹm 斂. Alêne, poinçon. Voir *giùi*. (En S. A., serrer, amasser; se pron. *liễm*.)

Lẹm 鉢. Grosse aiguille pour coudre les voiles, les paillassons; alêne, broche, poinçon. (Formé des S. A. *kim* 金, métal, et *lâm* 林, forêt.)

Lém 薇. Plante grimpante, liane parasite; herbes abondantes. (Du S. A. *liêm*, même car., même signification.)

 Mọc lém đém 木 ○ 玷, pousser de tous côtés, en grande abondance et sans ordre.

Lèm 廉. Syllabe complémentaire. (En S. A., sobre, modéré; se pron. *liêm*.)

 Lèm nhèm ○ 濂, sale, malpropre.

Lèm 斂. Syllabe complémentaire. (En S. A., tasser, amasser; se pron. *liễm*.)

 Lèm đém ○ 艷, parler sans réflexion (comme les petits enfants). — *Lèm đém hàm* ○ 艷含, inconsidérément.

Lén 練 [1]. Secrètement, doucement, en cachette, à la dérobée. (En S. A., expérimenter, s'exercer; se pron. *luyện*.)

 Đi lén 移 ○, se glisser, marcher sur la pointe des pieds. — *Lén vào nhà* ○ 包 茹, s'introduire secrètement dans une maison. — *Lén lú* ○ 六, marcher à pas de loup. — *Cười lén* 唭 ○, rire sous cape. — *Chủng lén* 重 ○, tout doucement, en rusant, en se cachant.

Lèn 揵. Frapper, battre, fouler, piler, broyer, écraser. (Du S. A. *liễn*, même car., même signification.)

 Lèn đòn ○ 捒, frapper durement.

Lên 蓮. Gravir, monter, s'élever. (Formé des S. A. *thăng* 升, monter, et *liên* 連, continuellement.)

 Lên trên ○ 蓮, monter sur, s'élever en l'air. — *Lên trên nhà* ○ 蓮 茹,

---

[1] Ce mot peut se transcrire également par le S. A. *liên* 聯, lier, suivre.

monter les étages d'une maison. — *Lên núi* ○ 岗, gravir la montagne. — *Lên bờ* ○ 坡, monter sur la rive, débarquer. — *Lên ngôi* ○ 嵬, monter sur le trône. — *Lên chức* ○ 職, monter en grade, en dignité, avoir de l'avancement. — *Lên giá* ○ 價, élever le prix, surfaire. — *Lên tiếng* ○ 嗒, élever la voix, prendre la parole, se faire entendre. — *Leo lên* 躂 ○, gravir, grimper (voir *trèo*). — *Leo lên cây* 躂 ○ 核, monter sur un arbre. — *Kéo lên* 撟 ○, hisser, arborer. — *Tăng lên* 增 ○, augmenter. — *Dở lên* 㪍 ○, élever, soulever. — *Dở lên cao quá* 㪍 ○ 高 過, lever trop haut. — *Đặt lên* 達 ○, nommer, élire. — *Lên trái* ○ 鞭, avoir la petite vérole (on dit aussi *nên trái*; voir *giống* et *bổng*). — *Lên án* ○ 按, rendre un jugement, porter une sentence.

Lện 怜 (1). Craindre, redouter, avoir peur; paquet; jeu. (Formé des S. A. *tâm* 心, cœur, et *lệnh* 令, loi, règle.)

Ai sợ lện chi mầy 埃怍 ○ 之 眉, qui a peur de toi? — *Một lện bài* 沒 ○ 牌, un jeu de cartes.

Lên 洛. Épaissir, congeler, figer (huile, graisse). (Formé des S. A. *thủy* 水, eau, et *lăn* 吝, brouillé.)

Đặc lên 特 ○, très épais.

Lênh 零 et 泠*. Eau claire, limpide; bruit d'eau qui coule, qui se déverse. Voir *linh*.

Lênh đênh ○ 迁, surnager, flotter; mouvant, instable. — *Lênh lang* ○ 瀾, l'immensité des mers.

Lênh 靈*. Influences mystérieuses, surnaturelles; spirituel, perspicace, subtil, adroit. Voir *linh* et *lanh*.

Con mắt lênh 昆䫉 ○, regard étrange, yeux de mystère. — *Công lênh* 功 ○, très grand mérite.

Lệnh 令*. Loi, règle; commandement supérieur, ordre suprême; ce qui émane directement du souverain; honorable, respectable, auguste; titre d'honneur. Voir *linh*.

Lệnh vua ○ 希, la personne du souverain; ordre royal. — *Lệnh truyền* ○ 傳, loi, édit, ordonnance. — *Ra lệnh* 曪 ○, publier un édit, lancer une proclamation. — *Hạ lệnh* 下 ○, proclamer un ordre du souverain. — *Vâng lệnh* 邦 ○, se soumettre aux ordres de l'autorité suprême. — *Lệnh bà* ○ 妃, auguste dame. — *Lệnh ông* ○ 翁, digne seigneur, distingué monsieur.

Lểnh 泠. Syllabe complémentaire. (Du S. A. *lênh*, même car., limpide.)

Lểnh lảng ○ 浪, inattentif; inattention, distraction.

Leo 躂. Monter en s'aidant des pieds et des mains. Voir *trèo*. (Formé des S. A. *túc* 足, pied, et *liêu* 寮, grand feu.)

Leo lên ○ 蓮, ramper, grimper.

---

(1) Ce car. est considéré à tort par les Annamites comme car. vulgaire; il se trouve dans plusieurs dictionnaires chinois, notamment dans celui du P. Couvreur, avec le sens de haïr, détester.

— *Xổ xà leo* 搤蛇 ○, entrelacer; serpenter. — *Cheo leo* 招 ○, qui est dangereux, périlleux. — *Dưa leo* 茶 ○, une variété de pastèque, sorte de melon d'eau. — *Nói leo* 吶 ○, se donner de l'importance en parlant. — *Cá leo* 魰 ○, nom de poisson.

Leo 燎. Feu allumé. (Du S. A. *liệu*, même car., même signification.)

Lửa leo lét 焰 ○ 烈, feu qui jette une dernière lueur avant de s'éteindre; feu obscur, feu qui s'éteint. — *Đèn leo lét* 畑 ○ 烈, lampe ou lanterne dont la clarté va en diminuant.

Lẹo 瞭. Syllabe complémentaire. (En S. A., œil brillant; se pron. *liễu*.)

Mụt lẹo 癆 ○, petit abcès à la paupière, orgelet, compère-loriot. — *Cây mụt lẹo* 核 癆 ○, nom d'arbre.

Lẹo 僚. Intimement uni; lié, collé. (Du S. A. *liệu*, même car., camarade.)

Trái lẹo 鞭 ○, fruit jumeau. — *Lộn lẹo* 輪 ○, brouillé, confondu.

Léo 繚 (1). Lier, enrouler, attacher; ourdir une trame. (Du S. A. *liệu*, même car., même signification.)

Đánh léo 打 ○, entourer de liens, attacher, serrer avec des cordes. — *Làm léo* 濫 ○, ruser, tramer, manigancer. — *Khéo léo* 窖 ○, fin, rusé, adroit, habile. — *Léo hánh* ○ 㗂, se tenir immobile, être à l'affût. — *Léo lại* ○ 吏, s'approcher avec prudence. — *Đi léo* 扐 ○, id.

Léo 繚. Lien, corde, chaîne, drisse. (Pour le car. en S. A., voir ci-dessus.)

Dây léo 繢 ○, bras, drisse, cordage en général. — *Giường léo* 牀 ○, bois de lit sculpté. — *Chạm léo* 斟 ○, sculpter tout au long. — *Nơi léo hèo* 尼 ○ 檄, endroit désert, abandonné; sol envahi par les plantes grimpantes, les lianes parasites.

Léo 了 (2). Syllabe complémentaire marquant la continuité d'une action ou d'un travail et ayant quelquefois la valeur d'un superlatif. (En S. A., savoir, connaître; se pron. *liễu*.)

Léo đéo ○ 搗, suivre constamment; se présenter tous les jours. — *Nói léo đéo* 吶 ○ 搗, parler sans cesse. — *Xanh léo* 檸 ○, très vert. — *Trong léo* 冲 ○, très clair, d'une grande limpidité. — *Lỏng léo* 瀧 ○, vaporeux, liquoreux, flasque, mou.

Lẹp 鱲 *. Nom de poissons à nageoires épineuses; syllabe euphonique et mot complémentaire.

Cá lẹp 魰 ○, la tanche, la carpe. — *Lẹp xẹp* ○ 葉, bruit de savates ou de sandales traînées.

Lép 臘. Maigre, sec, vide, déprimé. (En S. A., viandes séchées; se pron. *lạp*.)

Lép dẹp ○ 懍, aplati, déprimé, amaigri. — *Lép bụng* ○ 膵, ventre creux. — *Lúa lép* 稆 ○, épi maigre. — *Lép dép* ○ 朦, aplati. — *Trà lép* 茶 ○, thé de qualité inférieure.

---

(1) Se transcrit aussi par le car. 口了. — (2) Se transcrit aussi par le car. 氵了.

Lét 烈. Syllabe complémentaire. (Du S. A. *liệt*, même car., énergique.)

Tái lét 冉 ○, très pâle (de colère ou de froid). — *Xanh lét* 檪 ○, blême. — *Xem lét* 呫 ○, guigner.

Lét 眲. Qui s'obscurcit (ne s'emploie qu'en composition). (Formé des S. A. *mục* 目, œil, et *liệt* 列, ordre, rang.)

Lờ lệt 矑 ○, obscur, brouillé; ne pas voir clair, être dans l'obscurité.

Lét 趔. Se traîner sur le sol (ne s'emploie qu'en composition). (Formé des S. A. *túc* 足, pied, et *liệt* 列, ordre, rang.)

Lét lát ○ 律, se traîner sur les mains et le derrière. — *Say lét mét* 醛 ○ 癦, en état complet d'ivresse. — *Ướt lét mét* 汇 ○ 癦, trempé jusqu'aux os.

Lêu 撩. Montrer quelqu'un du doigt; exciter, provoquer, huer, se moquer, faire honte. (Du S. A. *liêu*, même car., même signification.)

Lêu lêu mát cỡ ○○ 抹 舉, faire honte en montrant du doigt, s'amuser de la timidité ou de la pudeur d'une jeune fille. On ajoute ordinairement *láy thúng mà che* 祂 箚 麻 雯, se cacher le visage avec un panier. — *Nôi lêu bêu* 浽 ○ 標, surnager, flotter; mousser, écumer.

Lêu 寮. Petite fenêtre sous un toit. (Du S. A. *liêu*, même car., même signification.)

Lêu lui ○ 橝, construction légère servant de dépendances à une maison.

— *Nhà lêu* 茄 ○, grenier, cellier, cuisine, communs.

Lễu 了. Transpercer, perforer; agir étourdiment, faire sans le moindre goût; syllabe euphonique. (En S. A., perspicace; se pron. *liễu*.)

Lễu qua ○ 戈, traverser. — *Làm lễu* 滥 ○, faire à peu près, terminer trop vite; agir en étourdi et comme par amusement. — *Lễu lảo* ○ 老, qui ne prête pas attention à ce qu'il fait, qui ne se conduit pas bien.

Li 嚟*. Parler trop, bavarder.

Li 離*. Un bel oiseau; séparer, partager; s'écarter, se disperser.

Li biệt ○ 別, se séparer, se quitter. — *Li dị* ○ 異, se séparer, divorcer; répudier. — *Phân li* 分 ○, se diviser, se partager. — *Mê li bi* 迷 ○ 皮, engourdi, assoupi; harassement, fatigue. — *Lu li* 盧 ○, ténébreux.

Li 漓*. Tomber goutte à goutte, découler, pénétrer, s'infiltrer.

Li 璃*. Verre, cristal, stras. Voir *ly*.

Đồ pha li 圖 玻 ○, verrerie, verroterie. — *Một cái li rượu nho* 沒 丐 ○ 醧 蓸, un verre de vin de raisin. — *Bể li* 掀 ○, briser des verres.

Li 麗*. Beau, élégant, gracieux, superbe; couple, paire. Voir *lệ*.

Cao li quốc 高 ○ 國, le royaume de Corée. — *Minh li* 明 ○, brillant.

Li 籬*. Claie en bambou, panier tressé, corbeille d'osier, treillage.

Sơ li 疎 ○, haie, palissade, balustrade, claire-voie, grille.

Li 梩*. Pelle, pioche; instrument pour transporter de la terre.

Li 厘*. Habitation rustique, demeure de cultivateur; gouverner.

Li 釐*. La millième partie d'une once, la millième partie d'un arpent; quantité infinitésimale.

> *Phân li* 分 ○, très peu de chose. — *Nhứt li nhứt hào* 一 ○ 一 毫, très peu de chose, un atome, un rien.

Ly 璃*. Verre, cristal. Voir *li*.

Ly 荔*. Une plante de la famille des joncacées; graine, fruit.

> *Ly chi* ○ 枝, le nephelium litchi (en annamite vulgaire *trái vải*).

Ly 狸*. Animal du genre renard.

Lý 俚*. Vulgaire, commun, grossier, campagnard, rustique; chansons du village, airs du pays.

> *Lý ngôn* ○ 言, langage grossier, paroles rustiques, patois. — *Hát lý* 喝 ○, chanter sans méthode, n'importe comment. — *Lý lê* ○ 黎, distraction, passe-temps; aller d'une maison à l'autre pour bavarder.

Lý 里*. Mesure itinéraire; le stade chinois. Voir *lời*. Car. radical.

> *Lưu tam thiên lý* 流 三 千 ○, aller en exil à trois mille stades de son pays. — *Cương lý* 疆 ○, limite,

borne. — *Phó lý* 副 ○, adjoint au maire, petit notable.

Lý 哩*. Trop longtemps; excessif, déraisonnable; explétive finale.

Lý 理*. Loi et raison des choses; philosophie; preuve, cause, motif. Voir *lẽ* et *lời*.

> *Lý đoán* ○ 斷, sentence, jugement, décision. — *Lý học* ○ 學, l'étude des grands problèmes de la vie. — *Nói lý sự* 呐 ○ 事, philosopher, discuter, interpréter; parler savamment. — *Sự lý* 事 ○, argument, motif, raison d'être. — *Lấy lý mà xét* 祗 ○ 麻 察, raisonner. — *Thiên văn địa lý* 天 文 地 ○, les sciences. — *Phép lý đoán* 法 ○ 斷, théologie. — *Mắc lý* 繷 ○, avoir le dessous dans un plaidoyer, être vaincu par des arguments probants. — *Không có lý nào* 空 固 ○ 芇, il n'y a aucun motif pour; c'est impossible. — *Phi lý* 非 ○, absurde, contraire au bon sens.

Lý 縲. Liens, attaches; filets pour pièges, rets et autres engins. (Du S.A. *luy*, même car., même signification.)

Lý 履*. Agir, exécuter; diriger.

> *Lý khám* ○ 勘, faire des recherches, conduire ou diriger une enquête.

Lý 李*. Prunier; nom de famille.

> *Trái lý* 粿 ○, prune. — *Hoa lý* 花 ○, les fleurs parfumées du prunier (souvent chantées par les poètes). — *Họ lý* 戶 ○, le nom générique de *Lý*.

Lý 離. Usé, ébréché; hardi, insolent, impudent; idée de continuité. (En S. A., diviser, séparer; se pron. *li*.)

Chịu lỵ 召 ○, souffrir sans cesse. — *Đánh lỵ* 打 ○, frapper fort et longtemps. — *Mặt lỵ* 靣 ○, sans honte, sans pudeur.

Lịa 里. Promptement, rapidement, vivement. (Du S. A. *lý*, même car., même signification.)

Lịa tay ○ 拪, avoir la main prompte, le geste vif. — *Lịa miệng* ○ 呭, parler avec volubilité. — *Nói lịa* 吶 ○, id. — *Làm lịa* 濫 ○, faire vivement, agir rondement, travailler vite. — *Làm lịa đi* 濫 ○ 移, allons, vivement! lestement!

Lìa 離. Séparer, distinguer.(Du S. A. *li*, même car., même signification.)

Lìa cách ○ 隔, se séparer, se quitter, s'écarter. — *Lìa nhau* ○ 饒, s'éloigner les uns des autres.

Lịch 歷*. Faire des essais, expérimenter, éprouver; passer, traverser, s'écouler; syllabe euphonique.

Người lịch 俕 ○, civil, poli; qui a de l'expérience, qui connaît bien les choses. — *Con gái lịch sự* 昆妈 ○ 事, jeune fille polie, aimable, bien élevée. — *Xinh tốt lịch sự* 檸卒 ○ 事, jolie et de tournure distinguée (en parlant d'une femme ou d'une jeune fille). — *Lịch lãm* ○ 覽, gracieux, aimable, avenant; très entendu. — *Lịch trị* ○ 治, s'entendre à, être versé dans. — *Lịch kịch* ○ 劇, bruit sourd et confus. — *Lỳ lịch* 離 ○, impudent. — *Kinh lịch* 經 ○, traverser, franchir, aller au delà; titre du secrétaire général d'un chef des services judiciaires provinciaux; dans l'administration de la Cochinchine : 1er lettré, 1er commis, secrétaire principal. — *Lịch ích* ○ 噔, indique l'action au moment présent.

Lịch 瀝*. Couler lentement; la dernière goutte restée au fond d'un vase; distiller, filtrer.

Lịch 瘑*. Petit écoulement d'eau; scrofules, humeurs froides.

Lịch 暦 et 曆*. Mouvements des astres; calculs relatifs aux phénomènes célestes; représentation du ciel; almanach, calendrier.

Lịch phép ○ 法, la science astronomique. — *Lịch thơ* ○ 書, almanach, calendrier. — *Lịch quan* ○ 官, calendrier officiel. — *Hoàng lịch* 皇 ○, calendrier impérial. — *Làm lịch* 濫 ○, établir un almanach, préparer le calendrier.

Lịch 藶*. Une plante à moutarde.

Liếc 脷. Regarder de travers, observer furtivement; repasser, aiguiser. (Formé des S. A. *mục* 目, œil, et *liệt* 列, ranger.)

Liếc một cái ○ 沒 吗, jeter un coup d'œil à la dérobée. — *Liếc con mắt* ○ 昆 𥄮, cligner des yeux. — *Liếc dao* ○ 刀, repasser un couteau.

Liêm 廉*. Pur, désintéressé; honnête, intègre; sobre, économe, modéré dans ses goûts; juger sainement, bien discerner.

Liêm chánh ○ 正, une bonne administration. — *Lục liêm* 六 ○, les six qualités qu'on demande à un fonctionnaire : *thiện* 善, bonté ; *năng* 能, diligence ; *chánh* 正, esprit de droiture ; *kinh* 敬, respect ; *phép* 法, connaissance des usages et des lois ; *biện* 辯, pénétration et discernement. — *Thanh liêm* 清 ○, d'une grande propreté, d'une grande probité.

Liêm 橝 *. Perche, pieu, poteau. Voir *khem*.

Liêm 鐮 *. Faux, faucille ; crochet.

 Câu liêm 鉤 ○, harpon pour la pêche ; croc, crochet à long manche.

Liêm 簾 *. Treillis de bambou ; écran de porte, jalousie, portière, rideau.

Liêm 蘞 *. Plante et liane parasite.

Liệm 殮 *. Exposer le corps d'un décédé ; ensevelir un cadavre.

 Liệm xác ○ 殼, mettre en bière. — *Đại liệm* 大 ○, grand ensevelissement (à sept linceuls) ; funérailles d'apparat. — *Tiểu liệm* 小 ○, petit ensevelissement (trois linceuls) ; funérailles ordinaires. — *Khăn liệm* 巾 ○, bandelettes mortuaires. — *Mền liệm* 綿 ○, linceul, suaire.

Liếm 噆 . Passer la langue sur quelque chose. (Formé des S. A. *khẩu* 口, bouche, et *liếm* 敛, amasser.)

 Liếm lấp ○ 拉, lécher, laper. — *Liếm dĩa* ○ 祀, lécher une assiette, un plat. — *Liếm mép* ○ 乏, se lécher les babines.

Liêm 簾 *. Store en bambou ; paravent, jalousie, écran. Voir *liêm*.

 Liêm cuốn ○ 卷, lever l'écran, rouler la jalousie, le store. — *Hạ liêm* 下 ○, laisser tomber le store, baisser l'écran. — *Nội liêm quan* 內 ○ 官, examinateur chargé de lire le texte d'une composition derrière un écran. — *Ym liêm* 庵 ○, paix, repos.

Liêm 鐮 *. Faux, faucille. Voir *liêm*.

 Liêm dài cán ○ 䩱 幹, grande faucille, espèce d'ébranchoir.

Liêm 蘞 *. Nom de plusieurs plantes médicinales. Voir *kiểm*.

Liếm 斂 *. Amasser de l'argent, rassembler des cotisations ; accumuler, réunir, ramasser, recevoir ; récolter, moissonner. Voir *lượm*.

 Liếm tiền ○ 錢, recevoir des sapèques. — *Liếm thủ* ○ 手, cacher ses mains, refuser de recevoir quelque chose. — *Đánh liếm* 打 ○, une façon de jouer qui rapporte au gagnant le double de sa mise.

Liên 蓮 *. Nénufar, lotus. Voir *sen*.

 Liên hoa ○ 花, fleur de nénufar. — *Liên tử* ○ 子, graine de nénufar. — *Huình liên* 黃 ○, chélidoine, grande éclaire. — *Bạch liên giáo* 白 ○ 敎, une société secrète politique dite du Nénufar blanc.

Liên 連 *. Unir, joindre, lier ; succession, continuité ; qui est connexe ; contigu à ; mouvement de rotation.

 Liên chi ○ 肢, unis par des liens de parenté. — *Liên hòa* ○ 和, être du même avis, avoir un même sentiment; unanimité. — *Liên tiếp* ○ 攝, succéder, suivre; continuité. — *Liên lịa* ○ 里, sans cesse, sans interruption, continuellement. — *Liên lói* ○ 磊, ricochet. — *Liên cư* ○ 居, qui demeure à côté; contigu, voisin. — *Liên thanh* ○ 聲, crier constamment, sans s'arrêter. — *Liên tiền thảo* ○ 錢草, lierre. — *Mắc liên can* 縸○干, être impliqué dans une même affaire. — *Tội liên tọa* 罪○坐, délit commun à plusieurs personnes.

Liên 聯*. Lier ensemble; associer, réunir; suivre sans interruption (surtout dans le domaine des idées).

Liên 憐*. Amour, bonté, tendresse; compatissant, bienveillant. Voir *lân*.

Liện 涑*. Nettoyer, laver, purifier.

Liện 練*. Adoucir la soie; préparer avec soin; s'exercer, pratiquer, expérimenter; savoir faire, être capable, être habile. Voir *luyện*.

Liện tay ○ 搋, avoir une grande habileté de main. — *Liện miệng* ○ 咟, parler avec beaucoup de facilité. — *Độc liện* 讀○, lire correctement, bien déclamer.

Liện 鍊*. Travailler les métaux, forger le fer; se perfectionner; expert, capable. Voir *luyện*.

Tu liện 修○, travailler pour arriver à la perfection; acquérir des vertus.

Liên 連. Vif, prompt; farceur, blagueur; qui rit toujours, qui bouge sans cesse; impertinent, insolent. (Pour le car. en S. A., voir ci-dessous.)

Nói liên 吶○, parler avec vivacité; parler trop. — *Làm liên* 濫○, faire trop vite; gesticuler, faire son malin.

Liên 連*. Sans solution de continuité; aussitôt, immédiatement, sur-le-champ. Voir *liên*.

Liên nhầu ○ 饒, se toucher, être contigu à, limitrophe. — *Liên mãi* ○ 買, continuellement. — *Đất liên* 坦○, terres qui se touchent; la partie basse d'un pays (par opposition à la partie haute).

Liên 揵*. Porter, transporter, transborder; appuyer la main sur, peser, comprimer, compresser.

Liên 聯*. Lier, joindre; ranger en ligne, disposer en long; placer en ordre, former un assemblage, un enchaînement.

Liên đối ○ 對, planchettes en bois ou en papier qui ornent les murs des appartements et les colonnes des pagodes, aphorismes et sentences parallèles. — *Câu liên* 句○, phrases correspondantes, versets antithétiques. — *Liên bát* ○ 鉢, une rangée d'écuelles. — *Liên trầu* ○ 簍, une enfilade de feuilles de bétel. — *Một đôi liên* 沒堆○, une paire de planches ou de panneaux à sentences parallèles. — *Viết liên* 曰○, écrire des sentences, disposer des aphorismes.

Liêng 靈*. Spirituel, mystérieux; génial, divin. Voir *lanh*, *lênh*, *linh*.

Thiêng liêng 聲○, immatériel,

mystérieux, caché. — *Tánh thiêng liếng* 性聲 ○, nature purement spirituelle. — *Bát liếng* 不 ○, stupide.

Liệng 翎. Se maintenir dans l'air, se balancer dans l'espace, planer. (En S. A., longues plumes; se pron. *linh*.)

Én liệng 鷰鶄 ○, l'hirondelle plane. — *Chim liệng trên không* 鴿 ○ 連空, les oiseaux se balancent dans les airs.

Liếng 翎. Syllabe complémentaire. (Pour le car. en S. A., voir ci-dessus.)

Lúng liếng 籠 ○, tourner autour et dans le vide, faire la mouche du coche. — *Láo liếng* 老 ○, folâtrer.

Liệp 笠 *. Grand chapeau en bambou; couvercle, couverture, toiture; abri rustique. Voir *lịp*.

Liệp 獵 *. Chasser les bêtes; courir après le gibier; s'efforcer d'atteindre un but. Voir *lạp*.

Liếp 篱 ⁽¹⁾. Claie en bambou servant à faire sécher les fruits, les denrées. (Formé des S. A. *trước* 竹, bambou, et *lạp* 鬣, longs cheveux.)

Chiếu liếp 詔 ○, claies, nattes, stores. — *Liếp đát* ○ 坦, plate-bande. — *Một liếp cải* 沒 ○ 改, un carré de légumes.

Liệt 劣 *. Faible, sans forces, malade, dolent, languissant, infirme; la note « mal » aux examens.

Liệt nhược ○ 弱, débile, languissant. — *Kẻ liệt* 几 ○, un malade,

un infirme. — *Sự rũ liệt* 事屨 ○, prostration. — *Nhà liệt* 茹 ○, maison de santé, hôpital, infirmerie. — *Cá liệt* 魪 ○, le nom d'un poisson. — *Sao cá liệt* 暈魪 ○, le nom d'une constellation (Croix du Sud).

Liệt 烈 *. Ardent, actif, énergique; violent, impétueux; majestueux.

Liệt 洌 *. Eau pure, claire, limpide.

Liệt 列 *. Ranger, disposer, mettre par ordre, placer en ligne; rangée.

Liệt vị ○ 位, placer chaque personne à son rang. — *Liệt đẳng* ○ 等, tous les rangs. — *Liệt trận* ○ 陣, disposer les troupes pour un combat. — *Phân liệt* 分 ○, déranger, défaire; disperser, mettre en fuite. — *Liệt truyện* ○ 傳, notice biographique.

Liêu 寮 *. Grand feu; mettre le feu, allumer un incendie.

Liêu 遼 *. Longue distance, éloignement; nom de pays.

Liêu 蟟 *. Cigale; chant de la cigale.

Liêu 簜 *. Espèce de vase employé dans les cérémonies du culte.

Liêu 寮 *. Petite ouverture, petite fenêtre, lucarne; travailler en commun sous le même toit.

Liêu 繚 *. Lier, enrouler, entourer: lien, corde, chaîne, attache.

⁽¹⁾ Se transcrit aussi par le car. 笠.

Liệu 鐐*. Argent pur, sans alliage.

Liệu 僚*. Ami, compagnon, camarade, collègue, associé; du même rang, du même grade.
>*Liệu hữu* ○ 友, ami, camarade. — *Đồng liệu* 同 ○, être égaux. — *Quan liệu* 官 ○, fonctionnaires du même grade, collègues, confrères.

Liệu 嘹*. Pousser des cris, acclamer; voix claire, sonore; le chant ou le ramage des oiseaux.

Liệu 料*. Réfléchir, supputer, prévoir, estimer; pourvoir à. Voir *liệu*.
>*Liệu chước* ○ 酌, chercher un expédient. — *Liệu lý* ○ 理, être à la tête de, pourvoir à, s'occuper de. — *Liệu sức* ○ 飭, estimer sa force. — *Liệu dùng* ○ 用, réfléchir à ce qu'il y a à faire; arriver à un moyen. — *Lo liệu* 慮 ○, s'inquiéter de, se préoccuper de, chercher à arranger. — *Không hay liệu* 空哈 ○, négligent, nonchalant, sans souci. — *Phải liệu làm sao* 沛 ○ 濫牢, que faut-il décider? quel parti prendre? — *Liệu mình* ○ 命, se risquer, s'exposer (à une perte, à un échec, à un danger).

Liệu 燒*. Feu qui brille; éclairer, illuminer; torches allumées.
>*Môn liệu* 門 ○, une lumière pour l'éclairage d'une porte. — *Đình liệu* 庭 ○, lampe d'appartement; grande torche, flambeau.

Liệu 療*. Soigner une maladie.

Liệu 了. Syllabe complémentaire. (En S. A., clair, évident; se pron. *liễu*.)

Làm tiểu liệu 濫 笑 ○, embrouiller. — *Nói liệu xiệu* 吶 ○ 票, se tromper en parlant, se fourvoyer.

Liệu 撩*. Régler, diriger; exciter, provoquer; se moquer en montrant du doigt; prendre, saisir.

Liệu 料*. Risquer, aventurer, abandonner, négliger; ne pas regarder à, ne pas craindre de. Voir *liệu*. A. V. Potion, dose, charge.
>*Liệu mạng* ○ 命, à ses risques et périls; s'exposer à des dangers, aventurer sa vie. — *Liệu công* ○ 功, se dévouer à, mettre tout en œuvre pour. — *Liệu sức* ○ 飭, employer ses forces à. — *Hay liệu* 咍 ○, aventureux. — *Liệu mình đánh trận* ○ 命 打 陣, risquer sa vie dans un combat. — *Liệu thuốc nạp súng* ○ 萊 納 銃, cartouche, charge de fusil. — *Liệu thuốc uống* ○ 萊 吘, une potion. — *Một liệu thuốc rét* 沒 ○ 萊 洌, une dose de quinine.

Liệu 瞭*. Vue nette et perçante, regard pénétrant, œil brillant.

Liệu 柳*. Saule pleureur; au fig., licencieux, dissipé (cette acception figurée vient de ce que, en Chine, on plante cet arbre dans le voisinage des établissements de plaisir).
>*Liễu yếu đào thơ* ○ 要 桃 踈, jeune et tendre (enfant). — *Liễu mày* ○ 眉, sourcils arqués comme les feuilles de saules. — *Hoa liễu địa phương* 花 ○ 地 方, endroit où se trouvent des fleurs et des saules, c.-à-d. lieu de débauche, lupanar.

Liễu 了*. Clair, évident, certain; connaître, comprendre; perspicace; faire d'un seul coup; particule explétive et marque du passé.

Liễu ý ○ 意, comprendre, s'expliquer, saisir le sens, voir l'intention. — *Chiếu liễu* 照 ○, vu et terminé; le visa d'un *quan bộ* sur une pièce administrative.

Lim 槴. Bois, forêt; le nom d'une essence très résistante et semblable à l'acajou. (Formé des S. A. *mộc* 木, arbre, et *kiếm* 兼, réuni.)

Gỗ lim 棋 ○, bois de fer employé pour la construction et les meubles. — *Lim vàng* ○ 鑛, le *lim* jaune, autre variété de bois dur.

Lim 賺. Syllabe euphonique. (Formé des S. A. *mục* 目, œil, et *kiếm* 兼, réuni.)

Lim dim ○ 閤, nonchalamment. — *Mắt lim dim* 䀹 ○ 閤, yeux à demi clos, yeux langoureux.

Lím 斂. Amasser, accumuler, entasser, empiler. (Du S. A. *liếm*, même car., même signification.)

Chở lím 䨻 ○, charge trop lourde; trop transporter à la fois (barque).

Linh 伶*. Bouffon de comédie; un génie mauvais pour les enfants.

Linh 泠*. Eau pure, limpide; clair, net, transparent. Voir *lênh*.

Linh 灵 et 靈*. Immatériel; esprit surnaturel, influence mystérieuse; subtil, fin, perspicace.

Linh thiên ○ 天, vertu ou influence divine. — *Linh thiêng* ○ 聲, spirituel, surnaturel, mystérieux. — *Linh hồn* ○ 魂, âme. — *Mất linh hồn* 袟 ○ 魂, perdre son âme, c.-à-d. être saisi, épouvanté. — *Linh nghiệm* ○ 驗, efficace. — *Linh bài* ○ 牌, tablettes des ancêtres. — *Linh tính* ○ 性, nature spirituelle. — *Nơi linh thính* 尼 ○ 聽, lieu fréquenté par les esprits. — *Linh mục* ○ 目, pasteur, prêtre, desservant. — *Tứ linh* 四 ○, les quatre animaux fabuleux qui sont : *long* 龍, dragon; *lân* 麟, sphinx; *qui* 龜, tortue; *phụng* 鳳, phénix. — *Linh vật* ○ 物, objet sacré qui a une grande vertu. — *Thần linh* 臣 ○, esprit, génie. — *Núi ngũ linh* 峛 五 ○, montagne des cinq *linh* (entre le Tonkin et les provinces chinoises de *Quảng đông* et de *Quảng tây*). — *Thặng lưu linh* 倘 流 ○, vagabond. — *Nhà triệu linh* 茹 兆 ○, maison en papier que l'on fait brûler sur la tombe d'un mort.

Linh 翎*. Longues plumes, comme celles des ailes ou de la queue de certains oiseaux.

Linh 苓*. Racines qui poussent sous les pins et qui fournissent un remède fortifiant; truffe, tubercule, champignon souterrain.

Phục linh 茯 ○, le nom d'une de ces racines. — *Linh sa* ○ 砂, cinabre.

Linh 零*. Pluie qui cesse, fin d'averse; reste, excédent; plus, encore, d'avantage.

Lục ngoạt linh tam nhựt 六 月 ○ 三 日, six mois et trois jours.

Lịnh 令*. Ordre émanant de l'autorité suprême; ordonnance, édit, décret; nom propre. Voir lệnh.

    Lịnh luân ○ 倫, nom de l'inventeur de la musique chinoise qui, plus de deux mille ans avant Pythagore, avait établi un rapport entre la longueur des tuyaux et des cordes et l'harmonie des sons musicaux.

Lính 另. Soldat, gendarme, garde, milicien, homme de police. Voir binh. (En S. A., seul; se pron. lánh.)
    Lính vệ ○ 衛, soldat des régiments de la capitale, soldat régulier. — Lính cơ ○ 奇, soldat des régiments provinciaux, milicien. — Lính lệ ○ 隸, homme de police des quan phủ et des quan huyện, milicien des administrateurs en Cochinchine. — Lính ma tà ○ 麻邪, milicien. — Lính tập ○ 習, soldat exercé; nom donné autrefois aux troupes indigènes administrées et commandées à l'européenne. — Lính bộ ○ 步, fantassin. — Lính ngựa ○ 馭, cavalier (on dit aussi lính kị 另騎). — Lính pháo thủ ○ 砲手, artilleur, artificier. — Lính thủy ○ 水, marin militaire, matelot de l'État. — Lính trấn phủ ○ 鎮俯, gendarme. — Lính tuần thành ○ 巡城, agent de police. — Lính tình nguyện ○ 情願, engagé volontaire. — Lính mộ ○ 募, conscrit. — Điền lính 填 ○, recruter des soldats. — Làm lính 濫 ○, être soldat, faire son service militaire. — Trốn lính 遁 ○, déserter, se soustraire au service militaire. — Binh lính 兵 ○, la troupe, l'armée. — Lính canh ○ 更, factionnaire, vigie (de nuit). — Lính nhựt ○ 日, id. (de jour). — Lính trạm ○ 站, courrier.

Lình 靈. Syllabe complémentaire. (En S. A., mystérieux; se pron. linh.)
    Thình lình 清 ○, soudain, subitement, par surprise, tout d'un coup.

Lĩnh 領*. Recevoir, accepter, consentir, prendre charge. Voir lãnh.
    Bảo lĩnh 保 ○, cautionnement.

Lĩnh 嶺*. Chemin de montagne, pente de colline, défilé. Voir lãnh.

Lịp 笠*. Espèce de chapeau en bambou pour aller à la pluie; abri, toiture, couverture. Voir liệp.

Liu 嘹. Syllabe complémentaire. (En S. A., chant d'oiseau; se pron. liêu.)
    Rắn liu 蛞 ○, le nom d'un serpent. — Lo liu chiêu 慮 ○ 招, se concerter; chuchoter, s'entretenir à voix basse.

Liu 呂*. Ton grave et intermédiaire de la musique; dièse. Voir lữ.

Lịu 了. Maladroit; très embrouillé. (En S. A., part. explétive; se pron. liễu.)
    Nói lịu 吶 ○, mal prononcer. — Lịu tay ○ 拘, être maladroit de ses mains, ne savoir rien faire.

Líu 了. Syllabe complémentaire. (Pour le car. en S. A., voir ci-dessus.)
    Líu quíu ○ 跳, se recroqueviller, se replier sur soi-même (comme lorsqu'on a très froid).

Lo 慮. Penser à ce qu'il faut faire, combiner un plan; se soucier, s'inquiéter; prendre soin. (Du S. A. lự, même car., même signification.)

Lo lắng ○ 朗, se soucier, se préoccuper, s'inquiéter. — *Lo sợ* ○ 怍, craindre, appréhender, avoir peur. — *Lo liệu* ○ 料, aviser à, se soucier de, s'inquiéter; arranger, disposer. — *Lo lường* ○ 量, réfléchir à ce qu'il faut faire. — *Lo việc làm ăn* ○ 役濫唆, se préoccuper des moyens d'existence. — *Lo cho con* ○ 朱昆, s'occuper de ses enfants. — *Anh lo làm chi* 嬰 ○ 濫之, pourquoi êtes-vous inquiet? — *Đừng lo gì hết* 停 ○ 之歇, ne vous inquiétez de rien, ne vous occupez de rien. — *Đi lo* 移 ○, essayer de suborner, de corrompre; chercher un appui, un moyen de réussir.

Lọ 路. Suie, noir de fumée; sale. (En S. A., route, chemin; se pron. *lộ*.)

Lọ nồi ○ 坷, suie adhérente aux marmites; le nom d'une espèce de singe. — *Lọ lem* ○ 淋, sale, malpropre, comme sali par du noir de fumée.

Ló 露. Découvrir, montrer; avancer. (Du S. A. *lộ*, même car., même signification.)

Ló đầu ra ○ 頭囉, avancer la tête (pour mieux voir). — *Ló cổ* 古, pencher le cou pour regarder (par une fenêtre, par exemple). — *Đèn ló* 畑 ○, espèce de rat de cave ou lanterne des voleurs.

Lò 鑪 et 爐. Four, fourneau, réchaud, cheminée. (Des S. A. *lô* et *lư*, mêmes car., même signification.)

Lò vôi ○ 磃, four à chaux. — *Lò gốm* ○ 壏, four à cuire les poteries. — *Lò gạch* ○ 甓, four à briques. — *Lò đúc* ○ 鑞, fonderie. — *Lò thịt* ○ 胏, abattoir. — *Lò rèn* ○ 鍊, forge, maréchalerie. — *Lò lửa* ○ 焥, fourneau, réchaud, foyer, cheminée. — *Lò mó* ○ 摸, tâter, fureter, se glisser, aller à l'aveuglette dans l'obscurité. — *Lò cò* ○ 孤, maladroit, incapable, inepte. — *Hỏa lò* 火 ○, réchaud; vase à fleurs. — *Gió lò vào* 逾 ○ 侷, vent qui s'engouffre, qui pénètre à travers. — *Một lò bánh* 沒 ○ 餅, une fournée de pain.

Lò 盧, 鑪 et 爐*. Fourneau, réchaud, terrine à feu, chaufferette. Voir *lư*.

Lò 嚧*. Cri pour appeler certains animaux domestiques.

Lò 臚*. Pupille de l'œil; regarder.

Lò 艫*. Les extrémités d'un navire, d'une barque (avant ou arrière); nom de plante.

Xĩ lò mũi 齒 ○ 鼐, pointe de la proue d'un bateau, avant, éperon. — *Xĩ lò lái* 齒 ○ 梩, poupe, arrière. — *Lò hội* ○ 會, aloès.

Lò 鱸*. Nom de poissons d'eau douce, la perche. Voir *rô*.

Lò 攄*. Prendre un objet avec la main et l'étendre; choisir.

Lọ 路*. Route, chemin, sentier, voie.

Quan lộ 官 ○, voie publique, route nationale. — *Đại lộ* 大 ○, grande route. — *Đàng chính lộ* 唐正 ○, le chemin du salut, la vraie voie. — *Lộ đồ* 塗 ○ ; chemin détrempé par les pluies.

Lộ 賂*. Laisser, léguer; gagner quelqu'un par des présents, offrir quelque chose dans le but de s'attirer les bonnes grâces, suborner.

 Hối lộ quan 賄 ○ 官, corrompre un fonctionnaire. — *Ăn của lộ* 唆 貼 ○, accepter des présents, se laisser corrompre. — *Kẻ hối lộ* 几 賄 ○, suborneur, corrupteur.

Lộ 露*. Rosée, brouillard; apparaître, se montrer; découvrir, avancer; divulguer; clair, manifeste, patent, ouvert, découvert.

 Lộ thủy ○ 水, rosée, brouillard. — *Lộ thiên* ○ 天, ouvert du côté du ciel, en plein air. — *Lộ xuất* ○ 出, qui se découvre, qui se divulgue. — *Bày lộ* 排 ○, produire au grand jour, montrer l'évidence, dévoiler. — *Sợ việc lộ ra* 怍 役 ○ 囉, avoir peur que la chose ne soit connue. — *Con mắt lộ* 昆 相 ○, yeux saillants, très ouverts, en boule. — *Răng lộ* 鯪 ○, dents découvertes, dents de devant qui avancent.

Lộ 露. Syllabe complémentaire. (Pour le car. en S. A., voir ci-dessus.)

 Lộ thấy ○ 寬, voir, découvrir (étant placé sur un lieu élevé). — *Hòn lộ* 坑 ○, écueil, brisant, récif (hors de l'eau).

Lộ 露. Syllabe complémentaire. (Pour le car. en S. A., voir ci-dessus.)

 Lõa lồ 裸 ○, tout nu, à découvert. — *Nước cam lộ* 渃 甘 ○, eau lustrale

des bonzes. — *Lồ đồ* ○ 塗, dispersé, épars, répandu çà et là.

Lỗ 卤*. Terres salées, marais salants, salines; le sel. Car. radical.

Lỗ 魯*. Lourd, commun, vulgaire, grossier, rustique, sot; nom de pays. A. V. Trou, fosse, cavité, alvéole; perdre son capital, être en débet, en être de sa poche.

 Lỗ độn ○ 鈍, de compréhension lente, bouché, obtus. — *Lỗ quốc* ○ 國, le pays natal de Confucius. — *Lỗ mũi* ○ 軿, les narines. — *Lỗ tai* ○ 䚦, trou auditif de l'oreille. — *Lỗ xí* ○ 㑰, fosse d'aisances, cloaque. — *Lỗ hở* ○ 許, fente, fissure, crevasse, trou béant. — *Lỗ tàng ong* ○ 層 蜂, alvéole de ruche, cellule d'abeille. — *Lỗ hầm* ○ 垎, piège à fauves (trou profond dont l'orifice est dissimulé par des branches d'arbre et au fond duquel on place un animal domestique vivant comme appât). — *Đào lỗ* 陶 ○, creuser une fosse, un trou. — *Đánh lỗ đầu* 打 ○ 頭, briser la tête, blesser à la tête. — *Bán lỗ* 半 ○, vendre à perte. — *Lỗ vốn* ○ 本, faire un trou au capital, entamer son fond, en être de sa poche. — *Có lỗ* 固 ○, en contre-bas.

Lỗ 虜*. Voler, ravir; faire prisonnier à la guerre, réduire en esclavage; syllabe complémentaire.

 Lỗ lược ○ 掠, qui n'est retenu par aucune barrière, par aucun lien; libre, déchaîné. — *Lỗ mỗ* 莽, sans frein, en désordre; impoli, incivil. — *Thủ tiền lỗ* 守 錢 ○, être l'esclave de sa fortune, c.-à-d. être très avare.

Lơ 攄. Regarder, contempler, s'enchanter devant quelque chose. (Du S. A. *lô*, même car., même signification.)

 Lơ lửng ○ 朗, désœuvré, oisif, mou, nonchalant. — *Lơ đỉnh* ○ 頂, négligent, insouciant, indolent, paresseux, distrait. — *Lẳng lơ* 浪 ○, id. — *Làm lơ* 濫 ○, dissimuler, faire semblant. — *Bơ lơ* 巴 ○, étonné, surpris, ahuri, stupéfait.

Lớ 粔. Maïs grillé et réduit en farine; distrait. (Formé des S. A. *mễ* 米, grain, et *lữ* 呂, épine dorsale.)

 Bánh lớ 餌 ○, sorte de gâteau fait avec cette farine.

Lờ 簬*. Bambou ou jonc dont on fait des nasses, des corbeilles; nasse, claie, treillage; hutte, chaumière, maison rustique. Voir *lừ*.

Lờ 攄. Regarder, contempler. (Du S. A. *lô*, même car., même signification.)

 Lờ lạc ○ 落, ne pas voir clair. — *Lờ đờ* ○ 沱, trouble, sombre, obscur. — *Lờ cờ* ○ 期, stupide, imbécile; à l'improviste, inopinément. — *Lờ rờ* ○ 疎, sans aucun soin, par acquit. — *Lờ lệt* ○ 吶, vue trouble. — *Lờ khờ* ○ 渠, imbécile, idiot, stupide, inepte. — *Nhìn lờ* 認 ○, guigner le bien des autres; prendre par inadvertance ce qui appartient à autrui. — *Cái lờ* 丐 ○, engin ou piège servant à prendre les crabes.

Lỡ 呂. Se méprendre, se fourvoyer, ne pas réussir; être déçu, contre l'attente; manquer, faillir, rater. (En S. A., épine dorsale; se pron. *lữ*.)

 Lỡ làng ○ 廊, à court de ressources, dans l'embarras. — *Lỡ tay* ○ 扟, se tromper, faire à tort, avoir la main malheureuse. — *Lỡ miệng* ○ 呬, laisser échapper des paroles regrettables. — *Lỡ việc rồi* ○ 役 来, l'affaire est manquée, le coup a raté. — *Lỡ vận* ○ 運, jouer de malheur, n'avoir pas de chance. — *Sự lầm lỡ* 事 林 ○, déception, méprise, erreur; désagrément, infortune.

Lở 坍. Se détacher, s'ébouler; tomber en lambeaux, par morceaux, en pourriture. (Formé des S. A. *thổ* 土, terre, et *lữ* 呂, épine dorsale.)

 Sự lở 事 ○, éboulement, écroulement. — *Đất lở* ○ 坦, terre qui s'éboule. — *Lở xuống* ○ 甑, s'ébouler, s'écrouler, se détacher, tomber. — *Lở lói* ○ 爈, se putréfier, devenir purulent. — *Thịt lở* 胩 ○, chair corrompue qui tombe en lambeaux. — *Thằng củi lở lói* 倜 視 ○ 爈, un pauvre lépreux, un malheureux atteint d'éléphantiasis.

Loa 鎯. Clairon, trompette; gonfler les joues. Voir *kèn*. (Formé des S. A. *kim* 金, métal, et *lụy* 累, serrer.)

 Thổi loa 喂 ○, sonner du clairon, jouer de la trompette.

Loa 螺*. Escargot, limace; taret, termite, ver de bois. Voir *lụy*.

Lòa 爌. Feu brillant, lumière crue; aveuglé, ébloui. (Formé des S. A. *hỏa* 火, feu, et *lụy* 累, lier.)

 Làm cho lòa 濫 朱 ○, éblouir, aveugler. — *Lòa con mắt* ○ 昆 䀹,

être aveuglé par une lumière trop vive. — *Sáng lõa* 創 ○, trop clair.

Lõa 顆*. Objet rond, boule, motte; terme numéral. Voir *khóa*.

   Mộc ký nhứt lõa 木記壹○, un cachet en bois (de maire).

Lõa 裸*. Découvert, dénudé; nu jusqu'à la ceinture; ruisselant.

   Lõa lồ ○ 露, sans vêtements. — *Lõa máu* ○ 泖, tout ruisselant de sang. — *Lõa miệng* ○ 咖, ouvrir largement la bouche. — *Cười lõa lúa* 唭 ○ 稔, rire bêtement.

Lõa 夥*. Collègue, compagnon, associé, complice; bande, association; beaucoup, nombreux.

   Lõa đạo ○ 盜, brigands, pirates, bandits. — *Lõa đảng* ○ 党, association de malfaiteurs, bande de brigands. — *Hiệp lõa* 合 ○, se former en bande, se réunir en troupe.

Lõa 瘰 et 瘰*. Malade, fatigué; scrofules, écrouelles, humeurs froides, indurations, callosités.

Loại 類*. Race, espèce, genre; tous les êtres, toutes les classes.

   Loại người ta ○ 俾 些, genre humain. — *Loại thú* ○ 獸, règne animal. — *Loại cây* ○ 核, règne végétal. — *Loại ngũ kim* ○ 五金, règne minéral. — *Loại vật* ○ 物, tous les êtres, toutes les choses en général. — *Loại hèn* ○ 賢, race vile, espèce méprisable. — *Các thứ loại người* 各 次 ○ 俾, toutes les espèces d'hommes.

— *Đồng loại* 同 ○, même race, même genre, même espèce.

Loài 類*. Synonyme du précédent.

Loan 鸞*. Nom d'un oiseau fabuleux, comme le phénix ou l'argus, porteur de bonnes nouvelles; clochettes du char impérial, et, par extension, le char impérial lui-même.

   Loan xe ○ 車, char impérial. — *Loan hòa* ○ 和, bruit harmonieux de clochettes; bonnes nouvelles.

Loan 灣*. Sinueux, tortueux, courbé; sinuosités, anfractuosités; bord de l'eau, rive, berge; baie, golfe.

Loạn 亂 et 乱*. Trouble, confusion, désordre, anarchie; dispersé.

   Loạn trong nước ○ 沖 渚, divisions intestines, guerre civile. — *Loạn hàng thất thứ* ○ 行次失, rompre les rangs, causer du désordre; débandade. — *Loạn luân* ○ 倫, qui trouble l'ordre de parenté; incestueux. — *Kẻ làm loạn* 几 濫 ○, les fauteurs de désordre: insurgés, révoltés, rebelles, anarchistes. — *Dấy loạn* 拽 ○, se soulever, s'insurger, révolutionner. — *Thì loạn lạc* 時 ○ 落, époque troublée.

Loán 乱*. Trouble, confusion, désordre. A. V. Usurper, empiéter, envahir; mot complémentaire.

   Loán tới ○ 細, arriver en foule, avancer en désordre. — *Loán vào* ○ 佝, pénétrer bruyamment, entrer précipitamment, comme en pays conquis. — *Loàn ngon* ○ 言, paroles confuses. — *Nướớc loàn vào* 渚○伹, l'eau pénètre, entre, envahit tout.

Loàn 乱*. Trouble, confusion, désordre; détruire, désorganiser.

Nướớc loàn 渚○, pays troublé, royaume en proie à la guerre civile. — *Khuấy loàn* 快○, se révolter, agir en mauvais sujet, se conduire en polisson. — *Lăng loàn* 浪○, débauché, dissipé, désordonné; insolent, grossier, irrespectueux.

Loát 埒*. Mur en terre, talus, petite digue; ligne de démarcation; égal, semblable. A. V. Longuement, amplement; sorte de superlatif.

Nói loát 吶○, parler longtemps. — *Làm loát* 濫○, faire mille embarras. — *Giàu loát* 朝○, très riche.

Lọc 淥 et 漉*. Eau tombant goutte à goutte; eau qui fuit, qui s'échappe; filtrer, tamiser; curer, mettre à sec; syllabe euphonique. Voir *lục*.

Lọc nướớc ○渚, filtrer de l'eau. — *Lọc lừa* ○ 盧, trier, passer, choisir avec soin. — *Bột lọc* 粹○, farine tamisée, fleur de farine. — *Đồ lọc* 圖○, filtre, passoire, tamis. — *Nướớc lọc* 渚○, de l'eau filtrée. — *Lọc qua* ○戈, décanter. — *Lọc dọc* ○鐲, fatigué, harassé; découragé.

Lóc 吠. Syllabe euphonique. (Formé des S. A. *khẩu* 口, bouche, et *lục* 六, six.)

Khóc lóc 哭○, pleurer, se lamenter, sangloter.

Lóc 鯥. Se pousser peu à peu en avant, procéder par à-coups; désosser, dépouiller, enlever; nom de poisson. Voir *lúc*. (Formé des S. A. *ngư* 魚, poisson, et *lục* 彖.)

Lóc tói ○細, s'avancer par petits bonds. — *Lóc lách* ○歷, regarder de tous côtés avec anxiété. — *Chóc ngã lóc* 祝我○, tomber sur la tête. — *Lóc cá* ○鮠, désosser un poisson. — *Lóc vỏ* ○補, enlever l'écorce.

Lộc 祿 et 祿*. Revenu, produit, avantage, profit; traitement, solde, salaire, ration. Voir *lương*.

Phướớc lộc 福○, félicité, bonheur, avantage; puissance; nom d'un *huyện* de Cochinchine. — *Bổng lộc* 俸○, traitement de fonctionnaire. — *Lãnh lộc* 領○, recevoir des appointements, toucher la solde. — *Ăn lộc lớn* 唆○客, avoir de gros appointements, une forte solde. — *Ông ăn lộc mấy* 翁唆○買, combien gagnez-vous, monsieur? — *Hỏi lộc* 回○, le dieu du feu.

Lộc 鹿*. Cerf, daim. Car. radical.

Lộc nhung ○茸, les cornes tendres et velues des jeunes cerfs (dont on se sert en médecine).

Lộc 祿. Détacher, arracher; mot complémentaire et onomatopée. (En S. A., solde, ration; se pron. *lộc*.)

Lộc cộc ○谷, le bruit de la crécelle, du bambou. — *Đi lộc xộc* ○觸, allure fière et décidée; marcher crânement.

Lọi 潘. Trempé, mouillé, humide (ne s'emploie qu'en composition).

(Formé des S. A. *thủy* 水, eau, et *lội* 雷, tonnerre.)

U•ớt loi ngoi 汇〇灘, tout mouillé. — *Mưa loi ngoi* 霤〇灘, pluie diluvienne. — *Loi nhoi* 〇堆, grouiller.

Lợi 磥. Se rompre, se briser; se déboîter, se démettre; ressortir, en saillie; disloqué, disjoint (os). (En S. A., accumuler; se pron. *lội*.)

Lợi xương ra 〇昌囉, luxer; os mis à nu. — *Kéo lợi ra* 撟〇囉, disloquer, disjoindre en tirant.

Lới 爧. Pièce à feu d'artifice; fusée, engin de guerre; qui pénètre, qui s'insère. (Formé des S. A. *hỏa* 火, feu, et *lội* 磥, tas de pierres.)

Đốt pháo đốt lới 焠砲焠〇, faire partir des fusées, tirer des pétards. — *Nổ lới* 弩〇, faire éclater des pièces d'artifice. — *Chói lới* 烓〇, resplendissant, éclatant, éblouissant. — *Đỏ lới* 赭〇, couleur de flamme, rouge feu. — *Đau lới* 疛〇, douleur aiguë, pénétrante. — *Lới tai* 〇聰, pénétrer dans l'oreille, assourdir. — *Lở lới* 捂〇, se gangrener.

Lời 堺. Ressortir, apparaître; lien solide, chaîne de fer. (Formé des S. A. *thổ* 土, terre, et *lội* 耒, charrue.)

Lời gai 〇荄, ligature de chanvre. — *Lời tói* 〇繮, liens, chaînes. — *Chẳng lời được* 庄〇特, qui ne peut se déranger ni se disjoindre; solide, ferme, serré.

Lõi 櫑. Substance dure des arbres, partie constituante des végétaux.

(Formé des S. A. *mộc* 木, bois, et *lội* 磊, amas de pierres.)

Lõi cây 〇核, le cœur du bois. — *Trọi lõi* 磊〇, vide, dénudé, dépouillé, pelé; lisse, uni.

Lôi 雷*. Pluie tombant sur un champ; bruit que fait le tonnerre; imiter, répéter, répercuter; écho.

Lôi công 〇公, le dieu du tonnerre; nom de l'inventeur de la médecine. — *Lôi sư* 〇帥, l'esprit du tonnerre. — *Lôi giáng* 〇降, tonner; coup de foudre. — *Thủy lôi* 水〇, torpille. — *Lôi khí* 〇氣, électricité atmosphérique, fluide électrique. — *Gà lôi* 鶡〇, faisan.

Lôi 檑*. Nom d'arbre; baliste.

Lôi 耒*. Charrue. Car. radical.

Lôi 誄*. Parler sur les mérites d'un mort; inscription tombale.

Lôi 浽*. Se gâter au contact de l'eau; communiquer une maladie, inculquer un vice.

Lội 灅. Nager; passer l'eau à un endroit guéable. (Formé des S. A. *thủy* 水, eau, et *lội* 磊, tas de pierres.)

Lội lặn 〇洛, nager et plonger. — *Lội ngang qua sông* 〇昂戈瀧, passer un fleuve à gué, à la nage. — *Lội ngang qua được* 〇昂戈特, guéable. — *Lội dưới nước* 〇帶下渃, nager sous l'eau. — *Lội ngửa* 〇語, nager sur le dos, faire la planche. — *Lội sải* 〇仕, nager à la brasse. — *Lội dách* 〇液, nager à la coupe.

Lội bùn ○ 盝, patauger, s'envaser. — Tập lội 習 ○, s'exercer à la natation, apprendre à nager. — Biết lội giỏi lắm 別 ○ 烴 廩, savoir très bien nager, être un fort nageur.

Lội 磊, 砞 et 礶*. Rochers empilés; tas de pierres; pierreux, caillouteux; entasser, accumuler.

Lối 磊. Sentier; rangée; espace. (Pour le car. en S. A., voir ci-dessus.)

Lối xóm ○ 坫, agglomération de cases, village, hameau. — Ở lối nào 於 ○ 苖, où demeurez-vous? — Một lối 沒 ○, un sentier; une rangée (d'arbres). — Đàng lối 唐 ○, le chemin du village; petit chemin à peine tracé au travers des champs ou des bois. — La lối 囉 ○, crier à tue-tête. — Liên lối 連 ○, ricochet. — Làm lỏ 濫 ○, se croire beaucoup, se dire habile, faire son malin.

Lối 耒. Former saillie; convexe, bombé; élevé, visible, apparent. (En S. A., charrue; se pron. lội.)

Lối lõm 覧, convexe et concave. — Lối ra ○ 囉, faire sortir au-dessus de. — Con mắt lối ra 昆 耕 ○ 囉, yeux saillants. — Cát lối 葛 ○, une terre qui contient de la potasse et qui sert à nettoyer les cheveux.

Lỗi 磊. Infraction, incorrection, faute, manquement, tort, erreur. (En S. A., tas de pierres, se pron. lội.)

Làm lỗi phép 濫 ○ 法, manquer aux règles, commettre une faute. — Tội lỗi 罪 ○, faute, péché. — Chịu lỗi 召 ○, reconnaître ses torts, avouer une faute. — Xin lỗi 嗔 ○, demander pardon, s'excuser. — Bắt lỗi 抔 ○, prendre en défaut; morigéner, censurer. — Viết lỗi 曰 ○, se tromper en écrivant; faute dans l'écriture. — Đỗ lỗi 堵 ○, rejeter la faute sur autrui, passer ses torts à un autre. — Lỗi lầm ○ 林, faire erreur, se tromper. — Lỗi lời dạy ○ 例 吥, transgresser un ordre, enfreindre un enseignement. — Lỗi phép lịch sự ○ 法 歷 事, enfreindre les règles de la bienséance, manquer d'urbanité. — Lỗi nghĩa ○ 義, manquer aux devoirs de l'amitié, être infidèle. — Lỗi nhẹ đừng đánh ○ 珥 停 打, ne frappez pas pour une faute légère. — Lỗi luật mẹo ○ 律 卯, faute de grammaire.

Lơi 來. Mal disposé, mal arrangé, embrouillé; sans soin, sans ardeur. (En S. A., venir, arriver; se pron. lai.)

Dây lơi 繞 ○, corde mal tortillée, lien mal tordu. — Bệnh lơi dơi 病 ○ 夷, maladie qui reste stationnaire, maladie chronique. — Lơi ngơi 宜, mal arrangé, sans aucun soin. — Làm lơi ngơi 濫 ○ 宜, agir sans ardeur, travailler sans goût.

Lợi 利*. Acéré, aigu; gain, bénéfice, profit, avantage; les intérêts de l'argent placé; gencive. Voir lời.

Lợi ích ○ 益, avantageux, utile, profitable. — Lợi lộc ○ 祿, bonheur, prospérité, réussite. — Lợi công ○ 公, gain juste, licite, bien acquis. — Lợi hại ○ 害, avantages et désavantages, profits et pertes. — Lợi việc buôn bán ○ 役 奔 牛, profits commerciaux. — Lợi lãi ○ 禮, profit, avantage, bénéfice. — Bán có lợi

牟固 ○, vendre avec bénéfice. — *Được ích lợi* 特益 ○, avantageux, profitable, utile. — *Kiếm ích lợi riêng* 劍益 ○ 貞, rechercher des avantages personnels; se conduire en égoïste. — *Ăn lợi lớn* 唆 ○ 客, prendre de gros intérêts. — *Ăn lợi quá phép* 唆 ○ 過法, usurier; usuraire. — *Thạnh lợi* 盛 ○, fleurir, prospérer. — *Nước thạnh lợi* 渚盛 ○, pays prospère, nation florissante. — *Danh lợi* 名 ○, réputation, célébrité, renommée. — *Thủy lợi* 水 ○, profit des eaux, c.-à-d. revenu des pêcheries. — *Lợi răng* ○ 齦, gencive.

Lợi 痢 *. Flux du ventre, dévoîment.

 Bệnh hạ lợi 病下 ○, dysenterie, diarrhée. — *Mắc bệnh hạ lợi* 縸病下 ○, être atteint de dysenterie.

Lới 里 *. Le stade chinois. Voir *lý*.

Lới 理 *. Raisonnement, philosophie; cause réelle, motif légitime; contrôler, surveiller. Voir *lẽ* et *lý*.

Lời 唎 ⁽¹⁾. Mot, terme, expression, parole, discours; ce qu'on dit, ce qu'on écrit. (Formé des S. A. *đầu* ⊥, détruit, et *lệ* 例, règle.)

 Lời nói ○ 吶, discours. — *Lời ví* ○ 喻, citation; sentence, adage, parabole. — *Lời dạy* ○ 呔, enseignement, conseil, ordre. — *Lời hứa* ○ 許, une promesse, un vœu. — *Lời hứa miệng* ○ 許咖, promesse verbale. — *Lời kính* ○ 敬, salut respectueux, paroles de déférence. — *Lời bày tỏ* ○ 排訴, explication, éclaircissement;

déclaration, motion. — *Ít lời* 丞 ○, quelques mots. — *Nói nhiều lời quá* 吶饒 ○ 過, en dire beaucoup trop long, être verbeux. — *Vưng lời* 邦 ○, obéir, se soumettre, se rendre à. — *Nghe lời* 暄 ○, entendre, écouter; obéir. — *Gởi lời thăm* 改 ○ 探, envoyer des compliments. — *Nhỉ tai một lời* 涌聰沒 ○, dire un mot à l'oreille. — *Lời nghị* ○ 議, décision, arrêté (expression administrative). — *Cãi lời* 改 ○, réfuter, contredire, contester, discuter. — *Các lời* 各 ○, avoir tout dit (formule finale des rédactions officielles, des interrogatoires judiciaires, etc. — *Cây bời lời* 亥核 ○, laurier (espèce).

Lời 利 *. Bénéfice, profit, avantage; intérêt de l'argent. Voir *lợi*.

 Ăn lời lớn 唆 ○ 客, prendre de gros intérêts. — *Ăn lời quá phép* 唆 ○ 過法, prendre des intérêts usuraires. — *Lời quá vốn* ○ 過本, les intérêts dépassent le capital.

Lóm 覽. Creux, bas, cave, concave. (En S. A., regard furtif; se pron. *lăm*.)

 Lồi lóm 耒 ○, inégal; convexe et concave (comme un champ labouré). — *Mắt lóm vào* 衵 ○ 𠲥, yeux caves. — *Ăn lóm* 唆 ○, s'approprier le travail d'autrui. — *Kẻ học lóm* 几學 ○, contrefacteur, plagiaire.

Lòm 藍. Syllabe complémentaire. (Du S. A. *lam*, même car., nom de plante tinctoriale.)

 Đỏ lòm 赭 ○, rouge foncé, très

⁽¹⁾ Se transcrit aussi par le car. 唎.

rouge. — *Mặt đỏ lòm* 䩉 赭 ○, avoir le visage très rouge, violacé.

Lõm 鐄. Poignée d'arme blanche; chair des fruits. (Formé des S. A. *kim* 金, métal, et *lãm* 覽, voir, observer.)

Lõm gwom ○ 劍, poignée de sabre ou d'épée. — *Lõm chuối* ○ 桎, cœur du bananier. — *Lõm cây* ○ 核, sève des arbres. — *Thằng lõm chóp* 倘 ○ 覯, étourdi, vaurien, mauvais sujet.

Lõm 燣. Syllabe complémentaire. (En S. A., feu qui s'étend; se pron. *lạm*.)

Lõm đõm ○ 点, de différentes couleurs, tacheté, moucheté, bigarré.

Lõm 濫. Syllabe complémentaire. (En S. A., eau débordante; se pron. *lạm*.)

Lõm cõm ○ 㡿, arc-boutant — *Dậy lòm còm* 跊 ○ 㡿, se soulever avec les mains et les pieds; quitter précipitamment le lit.

Lơm 宪. Syllabe complémentaire. (En S. A., hésitant; se pron. *dặm*.)

Đặt lơm 達 ○, superposer. — *Thêm lơm* 添 ○, surajouter. — *Thêm lơm xe* 添 ○ 車, mettre des rallonges à un chariot (pour pouvoir le charger davantage).

Lờm 林 (1). Forêt (ne s'emploie que comme syllabe euphonique). (Du S. A. *lâm*, même car., même signification.)

Lờm lỉnh ○ 嶺, forêt épaisse. — *Lờm cây* ○ 核, touffes d'arbres, épais buissons.

Lờm 覽. Syllabe complémentaire (s'emploie avec des substantifs marquant un vice et signifie que ce vice est porté au suprême degré). (En S. A., observer; se pron. *lãm*.)

Bợm lờm 伝 ○, fripon insigne, coquin fieffé. — *Lờm lờ* ○ 臚, grand étourdi, affreux brouillon; très vil, sans honneur ni probité.

Lọn 倫 (2). Bouton de fleur; pelote, boule; rouler, enrouler; en paquet. (Du S. A. *luân*, même car., avec ordre.)

Trái lọn 糠 ○, mis en pelote. — *Đánh lọn* 打 ○, rouler en boule. — *Lọn chỉ* ○ 織, pelote de fil. — *Lọn tóc* ○ 鬈, rouler les cheveux en chignon. — *Lọn com* ○ 餬, mettre du riz en boule (pour emporter en voyage ou en expédition). — *Nem lọn* 腩 ○, sorte de mets que l'on fait avec de la viande hachée et qui se vend empaqueté avec des feuilles tendres.

Lòn 倫 (3). S'incliner, se glisser, passer, pénétrer; un nom d'arbre. (Du S. A. *luân*, même car., devoirs réciproques.)

Lòn mình ○ 命, courber le corps. — *Lòn lỗi* ○ 磊, se soumettre, avouer une faute. — *Lòn bóng* ○ 俸, se glisser en suivant l'ombre. — *Lòn qua* ○ 戈, se courber en passant (devant un supérieur). — *Com lòn* 餬 ○, riz cuit. — *Cây lòn bon* 核 ○ 奔, baccaurea sauvage.

---

(1) Se transcrit aussi par le car. 啉. — (2) Se transcrit aussi par le car. 論. — (3) Se transcrit aussi par le car. 論.

Lởn 侖. Syllabe complémèntaire. (En S. A., ordre, rang; se pron. *luân*.)

Lởn chởn ○ 準, partagé, divisé, séparé (se dit surtout du grain et des fruits). — *Đánh lởn* 打 ○, chiper.

Lởn 崘 et 崙*. Nom de montagne en Chine.

Lộn 輪. Tout mêlé, tout confondu, troublé, retourné; très embrouillé. (Du S. A. *luân*, même car., tourner.)

Lộn bậy ○ 伾, en désordre, pêle-mêle. — *Lộn lẹo* ○ 僚, id. — *Lộn lại* ○ 吏, retourner, mettre sens dessus dessous. — *Lộn tay áo* ○ 㧳襖, retourner les manches d'un habit. — *Lộn nhào* ○ 繳, faire la culbute. — *Lộn lưng* ○ 腰, fourrer (q.q. chose) dans les plis de sa ceinture. — *Đi lộn hàng* 移 ○ 行, marcher en désordre, à rangs rompus, aller à la débandade. — *Đánh lộn* 打 ○, se battre, se colleter. — *Chó hay cắn lộn* 狂哈限 ○, les chiens se battent souvent ensemble. — *Xốc vô đánh lộn* 觸無打 ○, se jeter dans la mêlée, s'enfoncer dans une troupe, charger à fond. — *Nằm lăn lộn* 䑓鄰 ○, se rouler par terre. — *Làm cho lộn đường* 濫朱 ○ 唐, faire perdre une direction, désorienter, égarer. — *Trà trộn lộn lạo* 茶論 ○ 老, mêler, brouiller, faire des tripotages, se mêler de. — *Lộn rồng lộn rắn* ○ 蠊 ○ 蛴, tout brouillé, tout confondu.

Lởn 膌. Les organes génitaux de la femme. (Formé des S. A. *nhục* 肉, chair, et *luân* 侖, ordre, rang.)

Cái lởn 丐 ○, le vagin (grossier); le terme convenable, l'euphémisme des gens de la bonne société est *của mình* 閽命, la porte du corps.

Lơn 蘭*. Nom de plantes odorantes; pousser, s'étendre, se propager; vase en terre cuite. Voir *lan*.

Khuyên lơn 勸 ○, exhorter, conjurer. — *Câu lơn* 鉤 ○, balustre. — *Cái lơn* 丐 ○, espèce de jarre à eau. — *Lơn ngơn* ○ 妍, trop libre, trop familier, qui prend des privautés.

Lợn 豨. Porc, pourceau, cochon. Voir *heo*. (Formé des S. A. *khuyển* 犬, animal, et *lăn* 吝, confus.)

Thịt lợn tươi 䏝 ○ 鮮, du porc frais. — *Kẻ chăn lợn* 几㥃 ○, un gardien de porcs. — *Áo da lợn thâm* 襖胯 ○ 審, habit de laine rousse.

Lớn 吝. Grand, gros, considérable, important, magnifique. Voir *to*. (En S. A., embrouillé; se pron. *lăn*.)

Lớn lắm ○ 廩, immense. — *Lớn quá* ○ 過, trop grand, excessivement grand. — *Lớn đại* ○ 大, prodigieusement grand, de proportions énormes (exclamation d'étonnement). — *Lớn tuổi* ○ 歲, grand âge. — *Lớn gan* 肝, courageux, audacieux. — *Lớn tiếng* ○ 嗜, à haute voix. — *La lớn* 囉 ○, pousser des cris. — *Cao lớn* 高 ○, haut, grand, grandiose, gigantesque. — *Kẻ lớn trong dân* 几 ○ 冲民, quelqu'un qui est grand parmi le peuple, un personnage marquant. — *Đứa mới lớn lên* 虰買 ○ 遷, adolescent. — *Nói cho lớn* 吶朱 ○, parler fort. — *Làm lớn* 濫 ○, faire le grand seigneur, se donner de l'importance. — *Lễ lớn* 禮 ○, grand cérémonie, grande fête. — *Nước lớn* 潴 ○, marée montante. — *Sóng lớn* 瀧 ○, grand fleuve. — *Quan lớn* 官 ○, votre Grandeur, votre Excellence (en s'adressant à un fonctionnaire supérieur). — *Bà lớn* 妃 ○, grande dame; titre donné à la femme d'un haut mandarin.

Lờn 吝. En avoir assez, éprouver du dégoût, avoir de la répugnance. (Pour le car. en S. A., voir ci-dessus.)

Sự lờn 事 ○, dégoût, aversion, antipathie. — *Làm cho lờn* 濫朱 ○, dégoûter. — *Cá lờn bơn* 魸 ○ 般, espèce de sole. — *Lờn mặt* ○ 靣, manquer de respect, ne plus craindre. — *Lờn nhờn* ○ 踊, avoir en horreur.

Long 隆*. Grand, haut, éminent; prospère, florissant; glorifier, exalter (employé pour la formation de nombreux noms propres).

Vĩnh long 永 ○, perpétuelle prospérité; nom d'une province de la Cochinchine. — *Long hồ* ○ 湖, nom populaire du chef-lieu de la province de *Vĩnh long*. — *Gia long* 嘉 ○, le nom de règne du premier empereur de la dynastie des *Nguyễn*. — *Càn long* 乾 ○, le nom d'un célèbre empereur de la Chine. — *Phong long* 豊 ○, le dieu du tonnerre.

Long 龍 et 竜*. Dragon (l'un des quatre animaux fabuleux); symbole du pouvoir impérial. Car. radical.

Long điện ○ 殿, palais impérial; un corps de troupe de la garde. — *Long nhan* ○ 顔, le visage du souverain; l'empereur, le roi. — *Long tiên*

○ 箋, tablette impériale, lettre émanant du souverain. — *Long bút* ○ 筆, le pinceau de l'empereur. — *Long bào* ○ 袍, habits et ornements impériaux. — *Long phi* ○ 飛, dragon volant. — *Long huyệt* ○ 穴, la caverne du dragon (emplacement favorable pour les sépultures). — *Hải long vương* 海 ○ 王, le dieu des mers. — *Long hành hổ bộ* ○ 行虎步, marcher comme un dragon et aller comme un tigre (se dit d'une démarche imposante et majestueuse). — *Long não* ○ 腦, camphre. — *Long nhãn* ○ 眼, œil de dragon (fruit du cerisier de Chine).

Lọng 弄 et 挵*. Jouer, s'amuser; agiter, remuer; être habile à manier un outil; forer, transpercer.

Ngâm phong lọng nguyệt 吟風 ○ 月, chanter au vent, plaisanter au clair de lune. — *Lọng lẽ* ○ 理, avec agilité et adresse; furtivement, habilement, légèrement. — *Dù lọng* 軸 ○, le grand parasol officiel.

Lóng 弄. Clarifier, décanter; entre-nœuds, phalange, articulation. (Pour le car. en S. A., voir ci-dessus.)

Lóng nước ○ 渚, clarifier l'eau. — *Lóng tre* ○ 梸, entre-nœuds de bambou. — *Lóng mía* ○ 樸, entre-nœuds de canne à sucre. — *Lóng ngón tay* ○ 阮拚, phalange du doigt. — *Lóng phèn* ○ 攀, clarifié par l'alun.

Lòng 悉. L'ensemble des facultés morales; cœur, âme, esprit, volonté, sentiment, conscience. Voir *tâm.* Pour cœur, viscère, voir *trái* *tim.* (Formé des S. A. *tâm* 心, cœur, et *lọng* 弄, plaisanter.)

Lòng dạ ○ 腔, cœur, âme; volonté, intention. — *Lòng tốt* ○ 卒, bon cœur. — *Lòng xấu* ○ 丑, mauvais cœur. — *Lòng lành* ○ 苓, bon, doux, sage, bienveillant. — *Lòng độc* ○ 毒, mauvais, méchant, dur, cruel. — *Lòng thương* ○ 傷, compatissant, miséricordieux; aimer. — *Lòng kính* ○ 敬, respectueux; révérer, vénérer. — *Lòng tham* ○ 貪, avide, cupide, rapace. — *Lòng gian trá* ○ 奸 詐, fourbe, rusé, trompeur. — *Lòng son* ○ 崙, pur, candide, simple, innocent. — *Lòng bàn tay* ○ 盤 抴, paume de la main. — *Lòng ngay* ○ 眶, cœur droit, sincère, juste, franc, loyal. — *Có lòng thật* 固 ○ 實, être sincère, avoir des intentions loyales. — *Có lòng mạnh mẽ* 固 ○ 孟 美, être fort, brave, courageux, plein d'entrain. — *Biết trong lòng mình* 別 冲 ○ 命, savoir en son âme et conscience, en son for intérieur. — *Tính trong lòng* 情 冲 ○, sentiment intérieur. — *Làm cho động lòng* 濫 朱 動 ○, toucher, attendrir, émouvoir; faire trembler. — *Xét lòng mình* 察 ○ 命, examiner sa conscience, se recueillir. — *Tích lấy trong lòng* 跡 祕 冲 ○, garder sur le cœur, prendre note dans son esprit. — *Hết lòng* 歇 ○, de tout cœur, entièrement dévoué à. — *Gắng lòng* 㢨 ○, faire des efforts, déployer de l'énergie. — *Đau lòng* 疥 ○, avoir une peine, un chagrin, souffrir moralement. — *Bởi vui lòng* 罷 盃 ○, de gaîté de cœur. — *Làm cho êm lòng* 濫 朱 厭 ○, calmer, apaiser, adoucir. — *Con đầu lòng* 昆 頭 ○, le premier-né, l'aîné des enfants d'une même famille. — *Vui lòng* 盃 ○, content, gai, joyeux. — *Mất lòng* 秩 ○, blesser, offenser, faire de la peine; s'aliéner quelqu'un. — *Đồng lòng* 同 ○, consentement, accord; unanimement. — *Trở lòng* 阻 ○, changer de sentiment, revenir sur une idée. — *Phải lòng* 沛 ○, avoir le cœur pris, être épris de, amouraché. — *Đẹp lòng* 懍 ○, plaire, convenir, être agréable. — *Bằng lòng* 朋 ○, consentir, accepter, plaire; de bon cœur, de bon gré. — *Cực lòng* 極 ○, pénible, douloureux; chagrin accablant. — *Mặc lòng* 默 ○, à volonté, à loisir, comme on voudra. — *Học thuộc lòng* 學 屬 ○, apprendre par cœur. — *Đành lòng* 停 ○, content, satisfait. — *An lòng an trí* 安 ○ 安 智, tranquillité, quiétude; paix du cœur et de l'esprit. — *Khó lòng quá* 苦 ○ 過, c'est trop de peine! trop de chagrin! — *Ăn lót lòng* 吶 律 ○, garnir l'estomac (pour ne pas rester à jeun), déjeuner, goûter. — *Lòng súng* ○ 銃, l'âme du canon d'un fusil. — *Súng hai lòng* 銃 匃 ○, fusil à deux coups. — *Súng sáu lòng* 銃 慾 ○, revolver à six coups.

Lỏng 挵 [1]. Liquide, fluide; délayé, relâché; syllabe complémentaire. (En S. A., manier, remuer, agiter; se pron. *lọng.*)

Lỏng lẻo ○ 了, liquoreux, vaporeux; lâche, mou, délayé. — *Mực lỏng* 墨 ○, encre bien délayée. — *Làm cho ra lỏng* 濫 朱 囉 ○, liquéfier. — *Hay làm cho lỏng* 哈 濫 朱 ○, laxatif. — *Nhẹ lỏng lẻo* 珥 ○ 了,

---

[1] Peut également se transcrire par 瀧.

très léger, vaporeux, volatil. — *Bỗng lỗng* 㑶 ○, parler tout bas, murmurer doucement.

Lông 翎. Plume, poil, fourrure. (Formé des S. A. *võ* 羽, plumes, et *long* 竜, dragon.)

Lông lá ○ 蘿, duvet. — *Lông con* ○ 昆, poil follet. — *Lông mép* ○ 咇, id. — *Lông chim* ○ 㕨, plumage des oiseaux. — *Lông gáy* ○ 呩, crinière. — *Có lông* 固 ○, avoir du poil, des plumes. — *Thay lông* 台 ○, muer, changer de poil. — *Nhổ lông* 扨 ○, plumer, épiler. — *Áo lông* 裀 ○, vêtement fourré. — *Chổi lông* 箒 ○, plumeau. — *Quạt lông* 楲 ○, éventail en plumes, — *Lông giặt nón* ○ 攅 薇, plumet, plumes de chapeau. — *Lót lông* 律 ○, fourrer, capitonner.

Lộng 弄. Se porter vers la côte, longer la terre, suivre le rivage. (En S. A., s'amuser; se pron. *lọng*.)

Lộng vào bãi ○ 㘭 擺, s'approcher de la terre, côtoyer le rivage.

Lộng 悷 et 倖*. Esprit borné, nature inculte; grossier, ignorant; sans éducation, sans instruction.

Lời lộng ngôn 䘧 ○ 言, blasphème. — *Nói lộng ngôn* 吶 ○ 言, proférer des paroles impies.

Lộng 哢*. Crier, chanter, s'amuser.

Lồng 籠 et 欏. Cage, volière, clôture, grillage, barrière. (Du S. A. *lung*, même car., même signification.)

Lồng chim ○ 㕨, cage pour les oiseaux. — *Lồng gà* ○ 䳺, cage à poules. — *Lồng bò câu nhà* ○ 鋪 鴿 茹, pigeonnier. — *Lồng vào* ○ 㘭, introduire. — *Cái lồng* 丐 ○, un transparent (pour écrire). — *Nhốt vô lồng* 訥 無 ○, mettre en cage. — *Lồng đèn* ○ 畑, lanterne. — *Lồng ấp* ○ 邑, chaufferette. — *Ghe lồng* 艍 ○, bateau de charge.

Lồng 挵. Remuer, secouer, agiter. (Du S.A. *lọng*, même car., même signification.)

Lồng gốc ○ 格, arracher un arbre avec ses racines. — *Lồng phao* ○ 抛, gaspilleur, prodigue, dissipateur.

Lọp 獵. Engin en bambou en forme de nasse pour prendre le poisson. (En S. A., chasser les animaux sauvages; se pron. *lạp*.)

Lọp 獵. Syllabe complémentaire; onomatopée. (Pour le car. en S. A., voir ci-dessus.)

Lọp độp ○ 撘, bruit de pas sur la terre (comme ceux de chevaux en marche, par exemple). — *Lọp cọp lác các* ○ 合 落 各, bruit de l'instrument qui hache dans la cuisine.

Lộp 獵. Syllabe complémentaire; onomatopée. (Pour le car. en S. A., voir ci-dessus.)

Lúa lộp 穭 ○, riz qui pousse en herbe, épi vide. — *Bông lộp* 蕊 ○, id. — *Lộp bộp* ○ 咪, bruit de coups successifs, pétarade.

Lợp 笠. Abri en bambou, toiture; espèce de chapeau; abriter, couvrir, préserver. Voir *lịp*.

Lợp nhà ○ 茄, couvrir une maison, établir une toiture. — *Lợp ngói* ○ 瓦, couvrir en tuiles. — *Lợp lá* ○ 蘿, couvrir en paillottes. — *Lợp tranh* ○ 苹, couvrir en chaume. — *Lợp vào* ○ 包, s'abriter.

Lớp 拉. Séparation, division; rang, ordre, classe, série; obstruer. (En S. A., habit usé; se pron. *lạp*.)

Lớp trên ○ 連, division supérieure. — *Lớp dưới* ○ 鄙, division inférieure, classe élémentaire. — *Từng lớp* 層 ○, par ordre, en rang. — *Sắp lớp* 拉 ○, ranger, classer, disposer, mettre en ordre. — *Lớp học* ○ 學, une classe dans une école, une division scolaire. — *Lớp thứ hai* ○ 次 仁, la classe de seconde; le second rang. — *Cả lớp học trò* 皆 ○ 學 徒, toute la classe. — *Ở một lớp học* 於 沒 ○ 學, être de la même classe. — *Lớp lang* ○ 郎, ordre, harmonie. — *Làm lớp* 濫 ○, simuler. — *Gạt lớp* 詰 ○, tromper, attraper (pour s'amuser). — *Mưu lớp* 謀 ○, ruse, stratagème, artifice.

Lọt 拂. Traverser, transpercer; ressortir, échapper; essuyer, étancher. (Du S. A. *luật*, même car., transvaser.)

Lọt vào ○ 包, tomber dedans, pénétrer. — *Lọt ra* ○ 囉, tomber dehors. — *Qua không lọt* 戈 空 ○, ne pas pouvoir passer. — *Lọt lòng* ○ 恭, sortir du ventre, mettre bas, mettre au monde. — *Lọt mặt* ○ 靣, essuyer le visage. — *Lọt nước mắt* ○ 渃 䀹, essuyer les larmes.

Lót 律. Étendre, appliquer, garnir, doubler, rembourrer, capitonner; paver, empierrer. (Du S. A. *luật*, même car., loi; arranger, disposer.)

Lót áo ○ 襖, doubler un habit. — *Áo lót* 襖 ○, habit doublé, vêtement fourré. — *Đồ lót áo* 圖 ○ 襖, la doublure d'un vêtement. — *Lót lòng* ○ 翻, fourrer, capitonner. — *Lót lòng* ○ 恭, garnir l'estomac, déjeuner, goûter. — *Lót chiếu* ○ 詔, garnir une natte. — *Lót đàng* ○ 唐, empierrer une route, paver une rue. — *Lãnh lót* 領 ○, prompt, agile, joyeux, gai, animé. — *Đút lót* 挨 ○, corrompre, suborner. — *Lo lót* 慮 ○, id.

Lột 捋. Dépouiller, écorcher, peler. (En S. A., transvaser; se pron. *luật*.)

Lột da ○ 胯, enlever la peau. — *Lột vỏ* ○ 補, écorcer, peler, décortiquer. — *Lột đồ của họ* ○ 圖 貼 戶, dépouiller les gens de leurs biens. — *Lột áo* ○ 襖, enlever les vêtements avec violence. — *Lột khăn* ○ 巾, dérouler son turban. — *Lột trần ra* ○ 陳 囉, dépouiller complètement, mettre entièrement à nu.

Lốt 律. Peau, écorce, dépouille; nom d'arbre. (Formé des S. A. *y* 衣, enveloppe, et *duật* 聿, suivre.)

Lốt rắn ○ 蜥, peau dont se dépouille le serpent. — *Lốt hùm* ○ 拾, peau de tigre. — *Cởi lốt* 檜 ○, se dépouiller, se dévêtir. — *Mặt lốt* 靣 ○, visage masqué, voilé, caché.

Lọt 浨 et 溓*. Courant rapide; qui passe vite, qui s'efface de la mémoire; se décolorer, se ternir.

Lọt lạt ○ 辣, fade, terne, incolore, indécis. — *Lọt màu* ○ 牟, de couleur indécise, blafard. — *Lợt xót* ○ 擦, posture nonchalante, air insouciant. — *Lợt đợt* ○ 達, goutte à goutte; un à un. — *Chiếu lợt* 照 ○, pâle clarté, lumière blafarde. — *Mực lợt* 墨 ○, encre qui n'est pas assez noire. — *Làm lợt lạt* 濫 ○ 辣, calmer, apaiser; avoir l'air gai, paraître content.

Lu 穭*. Riz qui pousse sans soin, naturellement, sans avoir été semé.

Lu 盧*. Terne, sombre, obscur. Voir *lư*. A. V. Ventru; jarre, pot.

   Lu liệt ○ 烈, sombre, ténébreux, blafard. — *Trăng lu* 曨 ○, pâle clarté de la lune. — *Làm cho lu liệt* 濫朱 ○ 烈, ternir, obscurcir. — *Đèn lu* 畑 ○, lanterne qui éclaire mal. — *Chữ lu* 字 ○, écriture qui manque de netteté, caractère mal formé. — *Lu la* ○ 羅, débauché, perdu de mœurs. — *Khóc lu bù* 哭 ○ 蒲, verser des torrents de larmes. — *Cái lu* 吁 ○, une jarre.

Lú 屢. Qui commence à pointer, à pousser, à sortir; oublieux, oisif, stupide; un certain jeu d'enfant. (Du S. A. *lũ*, même car., fréquemment.)

   Lú lấp ○ 拉, qui oublie souvent, qui perd la mémoire. — *Lú lãn* ○ 吝, id. — *Lú mú* ○ 鯥, maladroit. — *Lú đầu* ○ 頭, avancer la tête et la retirer (à plusieurs reprises). — *Đánh lú* 打 ○, s'amuser au jeu de ce nom (il consiste à jouer à pair et impair avec des sapèques que l'on jette dans un trou).

Lù 爐. Trou, orifice, ouverture (pour laisser écouler un liquide). (En S. A., nom de cours d'eau.)

   Lỗ lù 魯 ○, le trou placé au fond d'un tonneau pour recevoir la cannelle, le robinet. — *Cá lù đù* 魷 ○ 都, nom de poisson. — *Cây thù lù* 核 讐 ○, nom d'arbre.

Lũ 瘻*. Pauvre, abject, misérable.

Lũ 屢*. Fréquemment, à plusieurs reprises, souvent réitéré; précoce. A. V. Foule, bande, troupe, groupe, troupeau; mot complémentaire.

   Kết lũ 結 ○, se former en bande. — *Theo lũ* 曉 ○, suivre la bande. — *Đi một lũ* 移 沒 ○, faire partie d'une même troupe, aller ensemble. — *Lũ đông* ○ 東, foule compacte. — *Lũ khú* ○ 苦, vieux, cassé par l'âge.

Lũ 縷*. Fils de chanvre, de soie; pièce de toile commune, morceau d'étoffe grossière.

Lữ 漊*. Petite pluie continuelle.

Lư 爐*. Fourneau, réchaud, vase, brasero, cassolette, brûle-parfums. Voir *lò*.

   Lư hương ○ 香, vase à encens. — *Lư nhang* ○ 香, vase pour contenir les baguettes odoriférantes.

Lư 驢*. Âne. Voir *lừa*.

Lư 廬*. Maison rustique, cabane, chaumière, abri pour voyageurs, cabaret, petite auberge.

   Thảo lư 艸 ○, maisonnette couverte en chaume.

Lự 慮*. Songer à ce que l'on doit faire; s'inquiéter, se préoccuper, être anxieux; douter, soupçonner. Voir *lo*.

    Tư lự 思 ○, soucieux, troublé, agité. — *Lự thử* 此 ○, languissant. — *Lưỡng lự* 兩 ○, barguigner. — *Vô sự vô lự* 無事無 ○, désœuvré, sans-souci, qui ne s'inquiète de rien.

Lữ 簏*. Petit roseau ou jonc employé pour la confection des corbeilles et des nasses. Voir *lờ*.

    Lữ đó ○ 筶, espèce de nasse. — *Lữ cử* ○ 渠, embarrassé, embrouillé; mal articuler ses mots, bredouiller.

Lữ 呂*. Épine dorsale; long, étendu; ton de musique; nom de pays.

    Lục lữ 六 ○, les tons graves. — *Lữ tống* ○ 宋, Luçon. — *Đại lữ tống* 大 ○ 宋, grandes Philippines, Espagne. — *Tiểu lữ tống* 小 ○ 宋, petites Philippines, Manille.

Lữ 膂*. Os du dos, épine dorsale.

Lữ 旅*. Troupe nombreuse, multitude; voyager au loin et en bande; régiment de 500 hommes.

    Lữ nhơn ○ 人, troupe de voyageurs.

Lua 盧. Avaler en aspirant, humer. (En S. A., fourneau; se pron. *ló*.)

    Lua sơ ○ 疏, avaler quelques gorgées à la hâte, faire un repas sommaire. — *Lua cháo* ○ 稻, avaler un potage. — *Nói lua láo* 吶 ○ 唠, parler en étourdi, bredouiller.

Lụa 縷. Soie ordinaire, étoffe de soie. (Du S. A. *lữ*, même car., fils de soie.)

    Lụa tơ ○ 絲, soie en étoffe et soie brute, la soie en général. — *Áo quần lụa* 襖裙 ○, vêtements de soie. — *Hàng lụa* 行 ○, étoffe de soie, soierie. — *Lụa là* ○ 羅, étoffe de soie légère. — *Dệt lụa* 織 ○, tisser de la soie. — *Lụa mo* ○ 模, pellicule des feuilles d'aréquier, de bambou.

Lúa 稏. Riz sur pied, riz non encore décortiqué ou paddy. (Formé des S. A., *hòa* 禾, céréales, et *lỗ* 魯, sot.)

    Lúa gạo ○ 糙, paddy et riz, le riz en général. — *Lúa má* ○ 禡, riz, en herbe. — *Lúa mạ* ○ 秧, se mailles, plants. — *Lúa mì* ○ 麪, blé, froment. — *Lúa má đậu mè* ○ 禡豆楣, céréales. — *Lúa nếp* ○ 糯, riz visqueux (employé pour la fabrication des alcools). — *Lúa trần mễ* ○ 陳米, riz conservé depuis longtemps. — *Lúa tam ngoạt* ○ 三月, riz de trois mois. — *Lúa khô* ○ 枯, riz sec (destiné à l'alimentation). — *Lúa Gò công* ○ 嘔公, riz rond et à petit grain, très apprécié (celui qui s'exporte le plus et qui porte le nom du pays qui le produit). — *Lúa móng chim* ○ 朦鴒, riz ongle d'oiseau; se récolte principalement dans les provinces de *Vĩnh long* 永隆 et de *Định tường* 定祥 (très estimé aussi). — *Lúa móng tay* ○ 朦拪, riz ongle de la main; se récolte dans les mêmes provinces. — *Lúa rẫy* ○ 擽, riz de ronces et de broussailles (vient dans les forêts et sur les pentes douces des montagnes et pousse sur simple semis, contrairement à ce qui a lieu pour le riz de plaine qui a besoin d'être repiqué). — *Lúa sớm* ○ 敏, riz hâtif; se sème au 4ᵉ mois, se repique au 6ᵉ et se récolte au 10ᵉ. — *Lúa muộn* ○ 悶, riz tardif; se sème au 5ᵉ mois, se repique au 7ᵉ et se récolte au 11ᵉ. — *Cấy lúa* 稏 ○, repiquer le riz, le transplanter. — *Ruộng lúa* 曨 ○, rizière, champ de riz. — *Xay lúa* 榾 ○, décortiquer le riz. — *Máy xay lúa* 楨榾 ○, machine à décortiquer, décortiquerie. — *Một gia lúa* 沒 斜 ○, un *gia* de paddy ou demi-picul annamite (environ 30 ou 31 grands bols valant chacun un kilog.). — *Buôn bán lúa gạo* 奔半 ○ 粘, faire le commerce des riz et paddys.

Lùa 摟. Pousser en avant, chasser devant soi, conduire des bestiaux. Voir *đuổi*. (Du S. A. *lâu*, même car., même signification.)

    Lùa trâu ○ 犙, pousser des buffles. — *Lùa bò* ○ 牬, piquer les bœufs. — *Nói lùa* 吶 ○, flatter, aduler.

Lựa 路. Faire choix, avoir une préférence; opter, choisir. Voir *chọn*. (En S. A., route, voie; se pron. *lộ*.)

    Mặc ý lựa 默意 ○, choisir à volonté, au choix. — *Hàng đã lựa riêng* 行詑 ○ 貞, marchandises de choix. — *Chẳng lựa* 庒 ○, sans préférence, indifféremment. — *Lựa cho tốt* ○ 朱卒, faire un bon choix. — *Lựa gạt* ○ 詰, tromper, attraper. — *Lựa cho kĩ càng* ○ 朱紀綱, choisir avec soin, judicieusement. — *Lộc lựa* 漯 ○, hésiter longtemps avant de choisir; faire un choix bien entendu. — *Lựa phải* ○ 沛, à quoi bon. — *Lựa cơ* ○ 譏, saisir l'occasion; inopinément, à l'improviste; surprendre.

Lứa 侶*. Compagnon, camarade; du même âge, de la même taille; vivre en commun; couvée, nichée, portée; encore jeune, encore petit.

    Cáp đối cáp lứa 及撜及 ○, s'accorder, se convenir (pour un mariage). — *Cáp lứa* 及 ○, se lier d'amitié, s'associer. — *Hàng lứa* 行 ○, compagnon de voyage. — *Một lứa ấp* 沒 ○ 邑, une couvée. — *Một lứa với nhau* 沒 ○ 貝 饒, d'une même nichée.

Lừa 盧. Choisir, préférer; attendre l'occasion favorable, le moment propice; tendre des embûches, ruser. (En S. A., fourneau; se pron. *lô*.)

    Lừa cơ ○ 譏, saisir l'occasion; inopinément, à l'improviste. — *Gạt lừa* 詰 ○, tromper, attraper. — *Lộc lừa* 漯 ○, faire un choix judicieux. — *Mắc lừa* 縛 ○, être victime d'une ruse, être pris dans un piège.

Lừa 驢. Âne, ânesse. (Du S. A. *lư*, même car., même signification.)

    Một con lừa nhỏ 沒昆 ○ 䭾, un petit âne, un bourriquet.

Lửa 焒. Le feu; au fig., échauffement, surexcitation. Voir *hỏa*. (Formé des S. A. *hỏa* 火, feu, et *lữ* 呂, long, étendu.)

    Nhúm lửa 炂 ○, préparer le bois, arranger les tisons, faire le feu. — *Đốt lửa* 焠 ○, allumer le feu (on dit aussi *thắp lửa* 爔焒). — *Chụm lửa* 撍 ○, attiser le feu. — *Thổi lửa* 䁰 ○, souffler le feu. — *Lấy lửa* 𥘷 ○, prendre du feu. — *Gắp lửa* 扱 ○, prendre un morceau de braise avec des pinces ou des bâtonnets. — *Tắt lửa* 燧○, éteindre le feu. — *Ngọn lửa* 阮○, flamme. — *Nháng lửa ra* 烽○囉, flammèche. — *Than lửa* 炭 ○, braise. — *Cây lửa* 核○, tison. — *Đóm lửa* 玷○, étincelle. — *Lửa cháy* ○烃, feu qui brûle, incendie. — *Chữa lửa* 助○, éteindre l'incendie. — *Kẻ quảng lửa* 几拱○, incendiaire. — *Bếp lửa* 烃○, foyer, cheminée, fourneau de cuisine. — *Núi lửa* 岇○, volcan. — *Miệng núi phun lửa* 岇噴○, cratère. — *Xe lửa* 車○, chemin de fer, voiture à vapeur. — *Tàu lửa* 艚○, navire à vapeur. — *Lửa giận* ○悻, accès de colère. — *Kiến lửa* 蜆○, fourmi rouge. — *Cu lửa* 鳩○, espèce de tourterelle.

Luân 倫*. Ordre, rang; enchaînement; analogie. (Se prend pour le suivant et réciproquement.)

Luân 倫*. Ordre naturel des choses; devoirs réciproques; condition; rapport d'une chose à une autre.

   Luân thứ ○次, rang, série, classe, ordre établi. — *Nhơn luân* 人○, condition de l'homme, rapports sociaux. — *Ngãi luân* 義○, les invariables principes. — *Ngũ luân* 五○, les cinq conditions humaines ou rapports sociaux : *quân thần* 君臣, roi et sujets; *phụ tử* 父子, père et fils; *phu phụ* 夫婦, mari et femme; *huỳnh đệ* 兄弟, frères aînés et frères cadets; *bằng hữu* 朋友, amis et connaissances. — *Phạm luân* 犯○, manquer aux devoirs de sa condition.

Luân 淪*. Submergé, coulé à fond, perdu dans un gouffre; damné.

   Trầm luân 沈○, s'enfoncer dans la ruine; à jamais perdu. — *Hỗn luân* 混○, le chaos.

Luân 掄*. Choisir; prendre alternativement (personnes et choses).

Luân 輪*. La grande roue de la création; tour, révolution; tourner, rouler; monter et descendre.

   Luân phiên ○番, tour à tour, à tour de rôle. — *Luân chuyển* ○轉, tourner et retourner, tourner sur soi. — *Luân môn* ○門, aller de porte en porte. — *Luân hồi* ○廻, le retour de la roue, c.-à-d. la transmigration. — *Chuyển phép luân* 轉法○, le mouvement de la grande roue créatrice, c.-à-d. la métempsycose.

Luân 綸*. Enrouler des fils, tordre des liens, confectionner une corde; assortir, comparer, arranger, disposer; prêcher la doctrine de la métempsycose.

Luận 論*. Considérer, examiner; discourir avec ordre, parler avec mesure et chacun à son tour.

   Bàn luận 盤○, délibérer, causer, s'entretenir. — *Biện luận* 辨○, apprécier, juger. — *Bất luận* 不○, indistinctement, sans considération; peu importe. — *Luận liệt* ○列, délibérer en ordre, examiner selon la méthode. — *Luận nghị* ○議, rechercher, raisonner, discuter. — *Luận chi* ○之, qu'importe? à quoi bon? — *Lý luận* 理○, s'appuyer sur des arguments dans une discussion. — *Ngũ luận vô thứ* 語○無次, discourir ou délibérer sans ordre et sans méthode.

Luật 律*. Loi, règle, statut, ordonnance; suivre, se soumettre; uniformiser, disposer, arranger; tailler, diminuer; distinguer.

Mặt luật 靣 ○, la face de la loi (terme juridique). — *Lè luật* 例 ○, la loi et ses commentaires, le code tout entier. — *Hình luật* 刑 ○, code pénal. — *Hộ luật* 戶 ○, code civil. — *Cuốn luật* 卷 ○, volume du code. — *Điều luật* 條 ○, article du code. — *Cứ luật* 據 ○, suivant la loi, conformément à la règle. — *Xử theo luật* 處 蹺 ○, juger selon la loi. — *Phạm luật* 犯 ○, transgresser la loi. — *Lập luật* 立 ○, légiférer. — *Luật phép an nam* ○ 法 安 南, la législation annamite. — *Kẻ lập luật* 几 立 ○, législateur. — *Kẻ thông luật* 几 通 ○, homme de loi, celui qui connaît les lois. — *Luật nước* 渃, les lois du royaume, de l'État. — *Luật mẹo* ○ 卯, règles de grammaire. — *Theo luật sách mẹo* 蹺 ○ 冊 卯, grammaticalement. — *Giái luật* 戒 ○, les préceptes ou les règles des bonzes.

Luật 挼*. Oter la lie, jeter un dépôt, clarifier un liquide, décanter, transvaser, filtrer, expurger.

Lục 綠*. Soie de couleur vert tendre, couleur de feuilles nouvelles; vague, indécis, changeant, mobile, variable.

Rắn lục 蛒 ○, le nom d'un serpent réputé venimeux. — *Lục soạn* ○ 撰, espèce de soie très fine (employée pour les parapluies). — *Dù lục soạn* 帕 ○ 撰, un parapluie de soie.

Lục 碌*. Pierre de couleur verte.

Thạch lục 石 ○, sorte de serpentine. — *Lục cục* ○ 局, grossier.

Lục 漉*. Filtrer, clarifier; ce qui reste au fond d'un filtre, lie, boue. Voir *lọc*.

Lục 菉*. Nom de plante; un arbre de l'espèce bambou.

Lục 錄*. Éclat métallique; poli comme du métal; consigner par écrit, copier, transcrire, enregistrer; histoire, anecdote, récit.

Lục lạc ○ 樂, grelot, sonnaille. — *Kí lục* 記 ○, copiste, secrétaire, écrivain, commis d'administration. — *Mục lục* 目 ○, index de livre, table des chapitres ou des matières. — *Sách man lục* 冊 瞞 ○, livre de fables, recueil de contes. — *Cây lục lạc* 核 ○ 樂, crotalaire. — *Khâm lục* 欽 ○, respectueusement copié, fidèlement enregistré (formule officielle).

Lục 搙*. Agiter, secouer, remuer; fouiller, fureter, farfouiller.

Lục lao ○ 勞, chercher avec soin, scruter. — *Lục tặc* ○ 賊, faire le curieux, chercher, farfouiller. — *Lục trong hộp tủ* ○ 冲 匣 匱, fouiller dans un tiroir, chercher dans une armoire. — *Lục đục* ○ 濁, onomatopée: bruit d'un objet jeté à l'eau; s'agiter en vaquant à quelque occupation. — *Lục thục* ○ 熟, ne faire qu'aller et venir dans le même endroit, être trop sédentaire.

Lục 六 *(1). Le nombre six (caractère simple). Voir *lục* 陸, car. compliqué.

Đệ *lục* 第 ○, sixièmement. — *Lục bộ* ○ 部, les six départements ministériels. — *Lục sư* ○ 帥, les six divisions de l'armée; les six grands maîtres militaires. — *Lục thập giáp tí* ○ 十甲子, le cycle sexagénaire. — *Lục hạp* ○ 合, le monde, l'univers. — *Lục tỉnh nam kỳ* ○ 省南圻, les six provinces de la Cochinchine. — *Lục hàng* ○ 行, les six vertus. — *Lục cực* ○ 極, les six calamités, les six misères. — *Lục súc* ○ 畜, les six animaux domestiques : cheval, bœuf, brebis, cochon, chien, poule.

Lục 戮*. Tuer; grossier, ignoble, ignominieux; injure, menace.

Lục 蓼*. Le nom d'une plante amère; affliction, amertume, souffrance, chagrin, malheur, misère, calamité.

Tiểu *lục* 小 ○, poivre d'eau.

Lục 陸*. Terrain sec et élevé, hauts plateaux; s'emploie souvent comme car. compliqué pour le nombre six ou *lục* 六.

Nhị thập *lục* nhựt 貳拾○日, le 26ᵉ jour. — *Lục vân tiên* ○ 雲僊, le nom du héros d'un poème populaire annamite. — *Lục nam* ○ 南, sud des terres élevées; le nom d'une province du Tonkin. — Thủy *lục* binh dân 水○兵民, la terre et les eaux, l'armée et le peuple.

Lúc 鯥. Nom d'un poisson qui vit dans la vase des rizières. Voir *lóc*. (Formé des S. A. *ngư* 魚, poisson, et *lục* 彔.)

Ăn cá *lúc* 咹鯥 ○, manger de ce poisson.

Lúc 六. Marque de temps; moment, instant, fois; se mouvoir, vaciller; grouiller, remuer, fourmiller (vers). (En S. A., le nombre six; se pron. *lục*.)

Lúc ấy ○ 意, alors, à ce moment. — *Lúc* đó ○ 妬, id. — Một *lúc* 沒 ○, en une fois. — *Lúc lắc* ○ 勒, agiter, remuer; qui bouge, qui tremble, qui roule. — *Lúc cúc* ○ 鞠, dispersé, épars, sans ordre. — *Lúc nhúc những giòi* ○ 辱仍蛘, qui fourmille de vers.

Lực 力*. Force, vigueur, énergie, vaillance, intrépidité. Car. radical.

Lực sĩ ○ 士, athlète; qui est apte à, qui a les moyens de; candidat. — *Lực lượng* ○ 量, la force de l'intelligence; magnanimité. — Sức *lực* 飭 ○, force et vigueur. — Tận *lực* 盡 ○, de toutes ses forces. — Dõng *lực* 勇 ○, brave, courageux, vaillant. — Hiệp *lực* 合 ○, réunir les forces, faire un effort suprême. — Lao *lực* 勞 ○, travail pénible, dur labeur, fatigue extrême. — Bất *lực* 不 ○, sans force, sans énergie; dépourvu de moyens, épuisé. — Ngũ *lực* 五 ○, les cinq facultés morales : foi, énergie, mémoire, méditation, sagesse.

---

(1) Les Annamites donnent à ce car. le sens de fouiller, fureter, rechercher, et ils l'emploient, bien à tort selon nous, à la place de *lục* 揉 qui a réellement cette signification en chinois.

Lui 蹪. Reculer, revenir, retourner, rétrograder. (Formé des S. A. *túc* 足, pied, et *lôi* 雷, tonnerre.)

Thôi lui lại 退 ○ 吏, rétrograder, aller à reculons; repousser. — *Thôi lui ghế lại* 退 ○ 几 吏, reculer sa chaise. — *Lui ra* ○ 囉, se retirer à reculons, sortir. — *Lui vế* ○ 衛, s'en retourner. — *Lui tàu* ○ 艚, démarrer, faire machine en arrière. — *Lui binh* ○ 兵, ramener les troupes, battre en retraite. — *Lui tới* ○ 細, reculer et avancer; être indécis, hésiter. — *Tới lui* 細 ○, faire aller et venir, fréquenter. — *Ngó lui* 眸 ○, regarder en arrière. — *Lui cui* ○ 視, courber le dos, plier les reins, se pencher. — *Lui chơn* ○ 踬, se reculer; partir, s'en aller.

Lụi 檑. Un arbre dont le bois très résistant sert à faire des montures d'éventail; percer. (Formé des S. A. *mộc* 木, arbre, et *lôi* 磊, tas de pierres.)

Lều lụi 寮 ○, petite construction légère, hangar, grenier, cuisine. — *Lụi ngang* ○ 昂, transpercer.

Lúi 鐳. Monnaie de billon européenne (mot nouvellement forgé). (Formé des S. A. *kim* 金, métal, et *lôi* 雷, tonnerre.)

Một đồng lúi 沒 銅 ○, un sou.

Lúi 鱲. Le nom d'un poisson. (Formé des S. A. *ngư* 魚, poisson, et *lôi* 磊, tas de pierres.)

Lùi 煉. Faire cuire sous la cendre. (Formé des S. A. *hỏa* 火, feu, et *lôi* 耒, charrue.)

Lùi khoai ○ 圬, faire cuire des pommes de terre de cette façon.

Lùi 跦*. Aller de travers, faire un faux pas; retourner, rétrograder.

Lùi chơn ○ 踬, trébucher.

Lũi 蹪. Courbé, penché, affaissé. (Formé des S. A. *túc* 足, pied, et *lôi* 磊, tas de pierres.)

Đói đã lũi 對 包 ○, épuisé par la faim. — *Mệt lũi* 瘦 ○, très fatigué.

Lủi 藟*. Plantes grimpantes, ronces qui croissent entre les pierres.

Rau lủi 蔞 ○, cacalia.

Luy 縲*. Attacher solidement; lien, corde, attache, amarre.

Luy 累*. Serrer avec un lien, attacher, envelopper; compromettre, impliquer dans une affaire, causer des mécomptes, susciter des ennuis.

Luy mình ○ 命, s'attirer des ennuis, se créer des embarras. — *Chịu luy* 召 ○, obéir, se soumettre, s'avouer vaincu. — *Phải luy* 沛 ○, subir une infortune, être impliqué dans une mauvaise affaire. — *Luy sự* ○ 事, une affaire embarrassante, fâcheuse, difficile. — *Vô quái luy* 無 掛 ○, ne pas être compromis; sans trouble et sans souci. — *Luy ngoạt kinh niên* ○ 月 經 年, les mois se suivent et les années passent. — *Luy thê noa* ○ 妻 孥, impliquer la femme et les enfants dans une faute commise par le père.

Luy 泪 et 淚*. Verser des larmes, répandre des pleurs.

Vũ luỵ 雨 ○, verser des torrents de larmes. — *Hạ luỵ* 下 ○, pleurer amèrement. — *Châu luỵ* 洙 ○, larmes irisées, pleurs légers de rosée (on dit aussi *luỵ ngọc* 沮 玉, larmes perlées). — *Luỵ nhỏ* ○ 泪, pleurer abondamment, avoir un grand chagrin. — *Văn luỵ* 文 ○, essuyer ses larmes, cesser de pleurer.

Luỵ 螺*. Espèce d'univalves en spirale, taret, ver de bois. Voir *lọa*.

Điền luỵ 田 ○, limace des rizières.

Lũy 壘*. Rempart, fortification, défense militaire, retranchement, barricade; entasser, empiler.

Thành lũy 城 ○, mur de ville forte, citadelle. — *Rào lũy* 樔 ○, enceinte fortifiée. — *Đắp lũy* 撎 ○, élever un rempart. — *Lập lũy* 立 ○, établir un entourage. — *Quân lũy* 軍 ○, un camp fortifié, un ouvrage militaire. — *Lũy thạch* ○ 石, revêtement en pierre, pile de pierres. — *Lũy cát* ○ 葛, revêtement en terre, tas de sable. — *Lũy tre* ○ 枒, un entourage ou un barrage en bambou.

Luyện 練*. Préparer la soie; expérimenter, s'exercer, pratiquer. Voir *liện*.

Luyện 鍊 et 煉*. Fondre, épurer (minerais, métaux); purifier, éprouver, exercer, pratiquer. Voir *liện*.

Luyện kim ○ 金, fondre les métaux. — *Luyện vàng* ○ 鑛, épurer l'or. — *Luyện tiên* ○ 仙, se purifier pour devenir immortel (secte des taoïstes). — *Luyện nhơn tâm* ○ 人 心, éprouver le cœur humain. — *Luyện binh* ○ 兵, exercer des troupes. — *Tập luyện* 習 ○, pratiquer, exercer. — *Lửa luyện tội* 焙 ○ 罪, purification par le feu, peine du purgatoire.

Luyện 湅*. Nettoyer à grande eau, laver, purifier, assainir. Voir *liện*.

Lụm 濫. Syllabe complémentaire. (En S. A., eau débordante; se pron. *lạm*.)

Lụm cụm ○ 檨, action de gens qui travaillent courbés. — *Đi lụm cụm* 迻 ○ 檨, marcher courbé la tête en avant, se traîner péniblement.

Lúm 嚛. Syllabe complémentaire. (Formé des S. A. *khẩu* 口, bouche, et *lẫm* 廩, grenier public.)

Lúm chúm ○ 占, qui avance avec peine, qui marche avec effort des reins.

Lùm 林. Buisson, touffe, fourré. (Du S. A. *lâm*, même car., bois, forêt.)

Lùm cây ○ 核, touffe d'arbres. — *Lùm lùm* ○ ○, en pente douce, légèrement incliné; convexe, arrondi.

Lùm 廩. Avaler gloutonnement, manger ou boire grossièrement. (En S. A., grenier public; se pron. *lẫm*.)

Đem lùm 宄 ○, porter à la bouche et avaler d'un trait. — *Ăn lùm* 唆 ○, dévorer, engloutir, bâfrer.

Lụn 論. Entièrement, complètement; tout à fait fini, achevé. (En S. A., voir, examiner; se pron. *luận*.)

Lụn ngày ○ 時, la journée entière. — *Lụn năm* ○ 醉, toute l'année. — *Lụn đời* ○ 代, toute la vie, un siècle complet. — *Ăn lụn* 哙 ○, manger son bien, dévorer son patrimoine.

Lún 淪. Emporté par son propre poids, entraîné, submergé; couler à fond, disparaître. (Du S. A. *luân*, même car., même signification.)

Lún xuống ○ 蓻, tomber, être entraîné. — *Lún chơn* ○ 躓, s'enfoncer, perdre pied. — *Lún túng* ○ 縱, se trouver dans le plus grand embarras, ne pas savoir quel parti prendre.

Lùn 倫. Un homme très petit, un nain; au fig., sans talent, sans mérite. (En S. A., rang, condition; se pron. *luân*.)

Tháp lùn dụn 濕 ○ 庋, de petite taille, arrêté dans sa croissance. — *Cây lùn* 核 ○, arbre nain. — *Lùn xem áng* ○ 帖 盎, n'être rien et viser haut.

Lũn 論. Syllabe complémentaire. (En S. A., délibérer; se pron. *luận*.)

Mềm lũn 饅 ○, mou, flasque; très tendre. — *Nói lũn lắn* 吶 ○ 客, parler confusément, avoir un langage de paysan, s'exprimer comme un rustre.

Lung 瀧*. Pluie battante; trempé, mouillé, imbibé; plein d'eau.

Lung 篭, 籠 et 櫳*. Clôture, grillage, volière ou cage en bambou. A. V. Agiter, secouer, remuer; vif, emporté, déréglé, insolent.

Lung lay ○ 來, secouer fortement, agiter en tous sens. — *Lung bạo* ○ 暴, désordonné, violent, cruel. — *Lung lăng* ○ 凌, effréné, déréglé. —

Tính lung 性 ○, nature rebelle, caractère indomptable. — *Lung tính* ○ 性, insoumis, indocile.

Lung 蠪*. Fourmi de la grosse espèce; nom de crapaud, de serpent.

Lung 躘*. Marcher comme un dragon, se dandiner; mauvaise tournure, démarche disgracieuse.

Lúng 龍. Syllabe complémentaire. (En S. A., dragon; se pron. *long*.)

Lúng túng ○ 縱, gêné, embarrassé, à bout d'expédients. — *Lúng liếng* ○ 刢, tourner autour, aller et venir de tous côtés.

Lùng 迵. Syllabe complémentaire; onomatopée. (Formé des S. A. *xước* 辵, marcher, et *long* 弄, s'amuser.)

Lùng bùng ○ 蓬, bruit du canon, du tonnerre, etc. — *Nói lùng bùng* 吶 ○ 蓬, faire la grosse voix. — *Lạ lùng* 邏 ○, extrêmement étonnant, très curieux (exclamation).

Lùng 蘢*. Mauvaise plante aquatique; herbe sauvage qui pousse dans les champs de riz.

Cỏ lùng 秸 ○, zizanie, ivraie. — *Lùng hồng* ○ 紅, le nom d'une autre mauvaise plante.

Lũng 寵*. Amitié, cordialité; faveur, grâce, bienfait. Voir *sủng*.

Lủng 隴*. Digue naturelle; barrage, obstacle. A. V. Gâté (fruits).

Khoan lủng 寬 ○, trouer une digue, défoncer un barrage. — *Lủng dáy* ○ 溠, le fond d'une digue, l'ouverture pratiquée au fond d'un barrage; percé, troué, ouvert. — *Lừng linh* ○ 嶺, qui traîne en longueur. — *Trái lừng* 䐃 ○, fruit gâté par les vers ou les insectes.

Lưng 腰. Dos, reins, postérieur; incomplet, pas plein. (Formé des S. A. *nhục* 肉, chair, et *lăng* 夌, tertre.)

Đau lưng 疳 ○, avoir mal aux reins. — *Sau lưng* 䐈 ○, partie postérieure du tronc. — *Lưng quần* ○ 裙, ceinture du pantalon. — *Dây lưng* 綀 ○, ceinture pour tenir le pantalon. — *Buộc lưng* 縷 ○, se ceindre les reins, nouer la ceinture. — *Ngay lưng* 䟒 ○, reins rigides; fainéant, paresseux; correspond à « avoir les côtes en long ». — *Lưng voi* ○ 㵋, à moitié plein. — *Chén lưng* 磯 ○, bol non rempli, tasse pas pleine. — *Đong lưng* 揀 ○, mesure incomplète. — *Nhìn lưng lẻo* 認 ○ 了, considérer une personne avec bonté, prendre quelqu'un en pitié.

Lựng 朗. Syllabe complémentaire. (En S. A., calme, serein; se pron. *lăng*.)

Thơm lựng 蓁 ○, sentir bon. — *Coi lựng lựng* 䫻 ○ ○, s'illusionner. — *Coi lựng lựng mà nghèo* 䫻 ○ ○ 麻 僥, voir grand, mais être pauvre.

Lứng 朗. Syllabe complémentaire. (Pour le car. en S. A., voir ci-dessus.)

Lứng cứng ○ 亘, hésiter. — *Đi lứng cứng* 䟨 ○ 亘, marcher avec peine. — *Làm chứng lứng cứng phải đòn* 濫証 ○ 亘 沛 㭬, un témoin qui hésite doit être battu (dicton).

Lừng 凌. Syllabe complémentaire. (En S. A., amas de glace; se pron. *lăng*.)

Lừng lấy ○ 禮, avec empressement, avec passion, ardemment. — *Đặng lừng* 鄧 ○, enthousiasmé, ravi, plein d'entrain. — *Nửa lừng* 姅 ○, à moitié, à demi (corruption sans doute de *nửa chừng*).

Lững 潮. Calme de la mer, eaux tranquilles, dormantes. (Formé des S. A. *thủy* 水, eau, et *lăng* 朗, calme.)

Lững gió ○ 逾, ne plus avancer faute de vent, être arrêté par un calme plat (barque, navire).

Lửng 朗. Vague, indécis, oublieux, inattentif, indifférent, désœuvré. (Du S. A., *lăng*, même car., calme, paisible, serein.)

Lửng lót ○ 律, oublier, négliger. — *Quên lửng* 涓 ○, id. — *Đánh lửng* 打 ○, casser, briser, écorner, fendiller. — *Lơ lửng* 臚 ○, oisif, désœuvré, paresseux, négligent. — *Đi lơ lửng* 䟨 臚 ○, marcher en se balançant d'une manière nonchalante. — *Pha lửng* 葩 ○, plaisanter, amuser; amplifier.

Luộc 煉. Préparer des aliments par le moyen de l'eau bouillante. (Formé des S. A. *hỏa* 火, feu, et *lục* 条.)

Luộc chân ○ 眞, faire donner un premier bouillon. — *Luộc trứng* ○ 蛋, cuire des œufs durs ou à la coque. — *Luộc rau* ○ 荽, cuire des légumes. — *Nội luộc* 內 ○, un pré verdoyant.

Luốc 綠. Couleur indécise, couleur

25

de cendre, grisâtre, vert pâle. (Du S. A. *lục*, même car., même signification.)

Luông luốc 竜 ○, licence effrénée. — *Lem luốc* 淑 ○, sale, malpropre.

Lược 掠*. Piller, voler, ravir, s'emparer ouvertement, arracher violemment, faire main basse sur.

Lược thủ tiên tài ○ 取 錢 財, s'emparer de l'argent et des biens. — *Lược thực* ○ 食, piller des vivres (comme à la guerre), fourrager. — *Lược trị* ○ 治, gouverner par la violence. — *Khảo lược* 考 ○, mettre à la question. — *Mang lược* 芒 ○, subir la torture. — *Lỗ lược* 虜 ○, déchaîné, furieux, sans aucun frein. — *Nói lược mĩ* 呐 ○ 美, incriminer.

Lược 略 et 畧*. Partager les champs; tracer des plans sur le terrain, se livrer à des combinaisons stratégiques; passer, parcourir, visiter, inspecter, contrôler; fin, subtil, sagace; peigner, démêler; résumer, abréger.

Lược địa ○ 地, visiter officiellement un pays, un territoire. — *Quan kinh lược* 官 經 ○, contrôleur ou inspecteur royal, vice-roi, titre donné au représentant de la cour de Huế au Tonkin[1]. — *Tam lược* 三 ○, les trois degrés d'habileté. — *Cái lược* 丂 ○, peigne, démêloir. — *Cái lược đồi mồi* 丂 ○ 玳瑁, peigne en écaille de tortue (pour retenir le chignon). — *Chải lược* 扯 ○, peigner, démêler, débrouiller. — *Lược dày* ○ 苔, peigne à dents serrées, peigne fin.

— *Lược thưa* ○ 疎, peigne à dents écartées, démêloir. — *May lược* 埋 ○, coudre à longs points, faufiler. — *Đại lược* 大 ○, grand résumé. — *Nói lược* 呐 ○, exposer sommairement. — *Lược qua* ○ 戈, en passant. — *Thao lược* 韜 ○, les règles de l'art militaire, la stratégie.

Luỗi 瘰 et 癗. Maladie, faiblesse, fatigue, lassitude. (Du S. A. *lõa*, même car., même signification.)

Mệt luỗi đi 瘰 ○ 迻, harassé, accablé, très fatigué. — *Đói luỗi đi* 饉 ○ 迻, étant exténué par la faim.

Lưới 緄. Filet (engin de pêche ou de chasse); machination. (Formé des S. A. *mịch* 糸, lien, et *lý* 里, stade.)

Chài lưới 紂 ○, épervier. — *Lưới ré* ○ 梨, seine. — *Lưới quét* ○ 抉, id. — *Lưới bén* ○ 變, autre espèce. — *Lưới gang* ○ 剛, id. — *Đánh lưới* 打 ○, jeter les filets. — *Kéo lưới* 撟 ○, retirer les filets, lever les filets. — *Gút lưới* 骨 ○, maille de filet. — *Mắc lưới* 繆 ○, pris dans un filet, victime d'une machination. — *Thuyền lưới* 船 ○, barque de pêche. — *Lưới săn* ○ 狐, filet pour la chasse. — *Lưới nhện* ○ 蛐, toile d'araignée.

Lười 癩. Marécageux; contagieux; se propager, s'étendre. (Du S. A. *lai*, même car., crier, émettre des sons.)

Lười woi ○ 埃, orang-outang. Voir *dã nhơn* 野 人. — *Lười lười miệng* ○ ○ 皿, plaie qui ne se ferme pas.

---

[1] Cette haute fonction a été supprimée en 1898.

— *Lưỡi thịt* ○ 腊, chairs en putréfaction.

Lưỡi 胒. Langue (organe); lame, tranchant, soc, crochet. (Formé des S. A. *thiệt* 舌, langue, et *lễ* 礼, rite.)

Le lưỡi 離 ○, tirer la langue. — *Chắt lưỡi* 擨 ○, faire claquer la langue (en signe d'étonnement). — *Giọng lưỡi* 唓 ○, son de la voix; éloquence. — *Miệng lưỡi hay* 哑 ○ 呟, diction facile; beau parleur, disert. — *Lưỡi dao* ○ 刀, lame de couteau. — *Gươm hai lưỡi* 劍 合二 ○, glaive à deux tranchants. — *Lưỡi cày* ○ 棋, soc de charrue. — *Lưỡi hái* ○ 挨, faux. — *Lưỡi câu* ○ 鉤, hameçon. — *Lưỡi mai* ○ 埋, pelle. — *Lưỡi lửa* ○ 焐, flamme. — *Lưỡi sấm sét* ○ 霳霹, silex ayant un tranchant; aérolithe. — *Cây lưỡi rồng* 核 ○ 蜂, arbre aux langues de dragon (espèce de cactus). — *Cá lưỡi trâu* 魣 ○ 犛, poisson de mer en forme de langue de buffle (la sole). — *Chắt lưỡi lắc đầu* 擨 ○ 勒 頭, faire claquer sa langue et branler la tête (profond étonnement). — *Nói gãy lưỡi* 呐 揪 ○, parler à se casser la langue (se tuer à dire ou à faire comprendre quelque chose).

Luôm 淋*. Malpropre, ordurier. (Du S. A. *lầm*, même car., dégoutter.)

Lượm 歛*. Rassembler, ramasser, recueillir, lier ensemble. Voir *liểm*.

Lượm lặt ○ 栗, prendre un à un, ramasser, recueillir. — *Lượm tiền* ○ 錢, ramassser des sapèques (une à une et les mettre ensemble.) — *Lượm tay* ○ 揸, joindre les mains. — *Lượm chài* ○ 紂, ramener l'épervier (pêche).

Lườm 瞵. Yeux troubles, fixes; regard méchant, courroucé. (Formé des S. A. *mục* 目, œil, et *kiêm* 兼, réuni.)

Mắt lườm lườm 䶒 ○ ○, yeux appesantis par le sommeil, yeux ternes, troubles; regard de colère.

Luôn 輪. Tourner toujours, sans interruption, continuellement, sans cesser, sans arrêter, tout au long. (Du S. A. *luân*, même car., même signification.)

Luôn luôn ○ ○, sans discontinuer, sans interruption. — *Luôn lý* ○ 里, tout le long, dans toute son étendue, in extenso. — *Luôn phiên* ○ 番, successivement, consécutivement. — *Làm luôn ngày đêm* 濫 ○ 時 店, jour et nuit sans interruption. — *Làm cho luôn* 濫 朱 ○, faire toujours sans s'arrêter. — *Đi luôn thể* 扐 ○ 體, aller toujours en continuant. — *Luôn năm* ○ 醉, toute l'année. — *Nói luôn* 呐 ○, continuer à parler.

Luôn 論. Pousser, introduire, insérer, faire pénétrer, faire passer. (En S. A., causer, délibérer; se pron. *luận*.)

Luôn vào ○ 伵, pousser dedans, faire entrer. — *Luôn qua* ○ 戈, enfiler, traverser, transpercer.

Lườn 鏈. Anguille; rigole. (Formé des S. A. *ngư* 魚, poisson, et *liên* 連, lier.)

Lột lườn 撺 ○, écorcher une anguille. — *Mạch lườn* 脉 ○, blessure qui suppure sans cesse. — *Khai lwợn* 開 ○, creuser une rigole.

Lwợn 瀾. Soulèvement de l'eau agitée, ondes liquides. (Du S. A. *lan*, même car., même signification.)

Sóng lwợn 湃 ○, flot, vague, houle. — *Theo lwợn* 撓 ○, suivre le flot, se laisser balancer par la vague. — *Sự lwợn* 事 ○, ondulatoire, flottant.

Lwờn 攔. Se traîner, serpenter, ramper; carène, quille. (Formé des S. A. *thủ* 手, main, et *lan* 蘭, plante.)

Rắn lwờn 蟒 ○, le serpent rampe, se traîne. — *Cái lwờn tàu* 丐 ○ 艚, carène de navire, quille de bateau. — *Sửa lwờn tàu lại* 使 ○ 艚 吏, réparer la quille d'un vaisseau. — *Ghe lwờn* 篊 ○, pirogue généralement faite d'un seul tronc d'arbre.

Luống 竜. Syllabe complémentaire. (En S. A., dragon; se pron. *long*.)

Luống tuồng ○ 從, dissolu, débauché, déréglé. — *Luống luộc* ○ 綠, passionné, effréné. — *Luống lao* ○ 勞, sottement. — *Sự luống tuồng* 事 ○ 從, déréglement, débauche.

Luống 隴. Ouvert, béant, vacant, vide, nul, inutile, oisif, disponible. (En S. A., digue, barrage; se pron. *lũng*.)

Ở luống 於 ○, demeurer oisif, vivre en désœuvré. — *Hư luống* 虛 ○, vain, vicié, perdu. — *Luống chịu* ○ 召, souffrir en vain, peiner inutilement. — *Luống những* ○ 仍, sans cesse. — *Luống công* ○ 功, travail inutile, peine perdue. — *Luống đất*

○ 坦, espace vide, plate-bande. — *Luống dối* ○ 對, mentir inutilement, tromper sans profit. — *Luống không* ○ 空, rien du tout; abandonné.

Luống 弄. Allée, rangée; par séries. (En S. A., jouer, s'amuser; se pron. *lọng*.)

Luống cây ○ 核, allée d'arbres. — *Luống gió* ○ 逾, rafale, tourbillon, bouffée de vent. — *Gió có luống* 逾 固 ○, le vent souffle par raffales, par séries. — *Luống xuống* ○ 艫, indécis.

Luống 龖. Nom de reptile. (Du S. A. *lung*, même car., même signification.)

Luống thuồng ○ 蜳, un grand serpent réputé très venimeux.

Lương 良*. Bon, doux, honnête, fidèle; bienfaisant, charitable; sensé, raisonnable; fort, efficace.

Lương dân ○ 民, bon peuple, fidèles sujets. — *Lương nhơn* ○ 人, excellent époux, bon mari. — *Lương hữu* ○ 友, un bon ami, un ami fidèle et dévoué. — *Lương y* ○ 醫, médecin habile, praticien capable. — *Lương công* ○ 工, un bon ouvrier, un artisan habile. — *Lương thiện* ○ 善, bon, loyal, excellent. — *Lương tâm* ○ 心, cœur droit, conscience honnête. — *Lương tâm cắn rứt* ○ 心 限 篤, remords qui rongent. — *Lương tri* ○ 知, dons naturels, idées innées. — *Lương năng* ○ 能, puissance, capacité, savoir. — *Lương nhựt* ○ 日, un jour faste, un jour convenable (pour l'accomplissement de certains rites). — *Lương dược* ○ 藥, médecine efficace. — *Vương lương* 王 ○, le nom d'une constellation. — *Hoàng lương* 黃〇, rhubarbe. — *Lương ngoạt* 〇月, 11ᵉ lune.

Lương 粮 et 糧*. Aliments, vivres; solde, salaire, traitement (en argent ou en nature). Voir *lộc*.

Lương thực 〇食, provisions de bouche. — *Lương tiền* 〇錢, solde en espèces. — *Lương gạo* 〇糙, ration de riz. — *Ăn lương* 咹〇, avoir une solde, être appointé. — *Lãnh lương* 領〇, recevoir son traitement, toucher des vivres. — *Ăn nửa phần lương* 咹姅分〇, être à la demi-solde. — *Phát lương* 發〇, faire la paye, distribuer les rations. — *Ngày nào phát lương* 時𣋁發〇, quel jour fait-on la paye?

Lương 綡*. Filet ou coiffe de tête, résille pour envelopper ou retenir la chevelure.

Lương 涼 et 凉*. Froidure, bise, fraîcheur; peu important, insignifiant; fâcheuse situation.

Lương 梁 et 梁*. Espèce de grain.

Lương 梁 et 樑*. Poutre de faîte d'une maison; soutien, appui; principale colonne d'un édifice; au fig., un homme d'État; barrage, digue, pont; nom de famille.

Lương đống 〇棟, poutre faîtière. — *Thượng lương đại kiết* 上〇大吉, que la bonne chance accompagne la poutre faîtière (phrase qu'écrivent les maçons sur les maisons en construction). — *Quốc gia lương đống* 國家〇棟, soutien du trône, protecteur du royaume.

Lượng 哴*. Sangloter comme font les enfants, pleurer. Voir *cản*.

Lượng 量*. Mesurer, peser, pondérer; juger, examiner, considérer; opinion, conjecture. Voir *lường*.

Vô lượng 無〇, sans mesure, sans limite, infiniment. — *Rộng lượng* 曠〇, vues larges, grand esprit. — *Lượng mọn* 悶〇, vues étroites, petit esprit. — *Lượng nghị* 〇議, réfléchir, peser. — *Lực lượng* 力〇, les forces de l'intelligence. — *Lo lượng* 慮〇, se soucier, s'inquiéter, se préoccuper avec bienveillance. — *Lượng lại* 〇吏, réfléchir encore, peser à nouveau. — *Lấy lượng bao dong* 祂〇包容, se montrer généreux, large, libéral. — *Độ lượng* 度〇, la puissance intellectuelle. — *Lượng xét* 〇察, examiner, considérer, juger. — *Lượng thiên xích* 〇天尺, sextant.

Lượng 兩 et 兩*. Once (seizième partie du *cân* 斤, pesant 39 gr. 05); taël de Chine; le double, la paire, deux par deux. Voir *lưỡng*.

Một lượng 沒〇, une once. — *Một lượng vàng* 沒〇鑛, un taël d'or.

Lường 量*. Mesure pour les grains; examiner, peser, mesurer; tromper, filouter, attraper. Voir *lượng*.

Một lường lúa mì 沒〇稶麵, un boisseau de blé. — *Sự lường* 事〇, tromperie. — *Lo lường* 慮〇, chercher un expédient.

Lwõng 兩*. Mesure de poids: once, taël; deux, paire, couple; terme numéral des voitures à deux roues. Voir lượng.

   Lwõng nhơn ○ 人, deux personnes. — Lwõng nghi ○ 儀, les deux grands principes dits des changements. — Lwõng thưởng ○ 賞, pris d'une grande lassitude, harassé, fatigué à l'excès. — Nhứt cổ lwõng thẳng 弋 股 ○ 繩, être tiraillé en tout sens. — Lwõng lự ○ 慮, balancer, hésiter, barguigner. — Lwõng đại ○ 大, deux grands principes (le ciel et la terre).

Luột 縴. Corde, lien; échapper, s'évader, se dérober. (Formé des S. A. mịch 糸, liens, et duật 聿, pinceau.)

   Dây luột 綀 ○, cordage de voile, drisse de pavillon. — Chạy luột đi 趍 ○ 迻, s'évader en courant. — Luột ngục ○ 獄, s'échapper de prison, s'évader de l'enfer.

Luốt 律. Diminué, rapetissé; qui laisse à désirer, qui ne va pas bien. (En S. A., loi, règle; se pron. luật.)

   Luốt đi ○ 迻, trop petit, trop court. — Nhỏ luốt 𡮈 ○, id.

Lượt 辣. Ensemble, en même temps, tout à la fois; filtrer, clarifier; syllabe complémentaire. (En S. A., sans saveur; se pron. lạt.)

   Lượt nầy ○ 尼, cette fois-ci. — Một lượt 沒 ○, ensemble, une même fois. — Một lượt súng 沒 ○ 銃, bordée de canons, décharge de fusils, feu de salve. — Lượt nước ○ 渃, filtrer l'eau. — Lượt lại ○ 吏, réitérer, recommencer, encore une fois. — Ba lượt 吧 ○, trois fois. — Áo dài lượt thượt 襖 𧘇 ○ 結, vêtement trop long, robe qui descend jusqu'aux talons.

Lướt 列. Se mettre à cheval sur, se placer au-dessus de, surmonter. (En S. A. ranger, disposer; se pron. liệt.)

   Lướt lấy ○ 𥙩, surmonter, l'emporter. — Lấn lướt 吝 ○, empiéter sur des droits, opprimer, vexer. — Lướt mướt ○ 沫, faible, abattu, craintif, peureux. — Lướt vào ○ 𠓨, pénétrer.

Lúp 笠. Filet, lacet, rets; piège spécial pour prendre des tourterelles. (En S. A., abri en bambou; se pron. liệp.)

Lúp 拉. Capuchon, capote; se couvrir la tête, se voiler le visage. (En S. A., vieux habits; se pron. lạp.)

   Lúp đầu ○ 頭, se couvrir la tête, s'encapuchonner. — Khăn lúp đầu 巾 ○ 頭, voile. — Mũ lúp 帽 ○, coiffure qui cache toute la tête. — Chạy lúp xúp 趍 ○ 執, courir lourdement.

Lụt 淮. Eau qui monte, qui déborde, qui inonde; émoussé, obtus. (Formé des S. A. thủy 水, eau, et luật 律, règle, loi.)

   Nước lụt 渃 ○, eau d'inondation. — Lụt đầu ○ 頭, eau qui monte jusqu'à la tête. — Lụt ngập ○ 汲, déborder, submerger. — Lụt hồng thủy ○ 洪 水, le déluge universel (on dit aussi lụt cả 淮 奇). — Lụt lan ra ○ 蘭 囉, l'eau gagne, se répand, l'inondation se propage. — Lụt lạt ○

鍊, émoussé. — *Trí lụt* 智 ○, esprit obtus, peu pénétrant, bouché. — *Lụt miệng* ○ 呱, avoir la bouche pâteuse, mal articuler les mots. — *Làm cho lụt* 濫 朱 ○, rendre moins tranchant. — *Dao lụt* 刀 ○, couteau qui coupe mal. — *Lụt trí* ○ 智, intelligence qui sombre. — *Già lụt* 耗 ○, vieillard tombé en enfance; débilité sénile.

Lút 溽. Traverser, transpercer; tomber, descendre; immergé, inondé, enfoncé. (Pour la décomposition du car., voir ci-dessus.)

Lút đầu ○ 頭, de l'eau par-dessus la tête. — *Lút cổ* ○ 古, jusqu'au cou. — *Ngập lút* 岌 ○, submergé.

Lứt 栗*. Nom d'arbre; grain plein dans l'épi; mot complémentaire.

Gạo lứt 糙 ○, riz cargot, riz non pilé, non blanchi. — *Nói lứt* 吶 ○, contredire. — *Quên lứt* 涓 ○, passer outre, oublier, omettre, négliger.

Lưu 留*. Garder, tenir, maintenir; laisser aller, abandonner; retarder.

Lưu lại ○ 吏, laisser, quitter. — *Lưu lai* ○ 來, laisser aux descendants. — *Lưu truyền* ○ 傳, transmettre à la postérité. — *Lưu hạng* ○ 項, maintenir dans la même classe (expression administrative). — *Lưu phế* ○ 廢, laisser dans l'abandon. — *Lưu giam* ○ 擥, maintenir en prison. — *Lưu tâm* ○ 心, garder dans son cœur, se souvenir toujours.

Lưu 琉*. Transparent, cristallin; composition vitreuse; nom de pays.

Lưu li ○ 璃, cristal, stras. — *Thạch lưu li* 石 ○ 璃, cristal de roche. — *Bình lưu li* 瓶 ○ 璃, carafe, vase en cristal.

Lưu 硫*. Soufre en pierre.

Thạch lưu 石 ○, soufre de roche. — *Lưu hoàng cường thủy* ○ 磺 強 水, acide sulfurique.

Lưu 流*. Eau qui coule; passer, circuler; être porté au loin par un courant et ne plus revenir; transporter, déporter, bannir, exiler; rejeter hors du pays natal.

Lưu khiết ○ 潔, pur, clair, limpide. — *Phong lưu* 風 ○, avoir des loisirs, ne rien faire. — *Lưu dân* ○ 民, voyageurs étrangers à la province, vagabonds, gens sans aveu. — *Lưu ngôn* ○ 言, bruit qui court, rumeur publique. — *Vị nhập lưu* 未 入 ○, qui n'est pas encore entré dans le courant (se dit des employés non encore titularisés). — *Xiêu lưu* 漂 ○, errer au loin. — *Hạ lưu* 下 ○, en aval. — *Lưu tinh* ○ 星, étoile filante. — *Xử lưu chung thân* 處 ○ 終 身, condamné au bannissement perpétuel. — *Lưu tam thiên lý* ○ 三 千 里, l'exil à trois mille *lý* (stade). — *Phát lưu* 發 ○, envoyer en exil. — *Lưu vắng* ○ 永, solitaire.

Lưu 旒*. Festons pour banderoles, franges, pendants, pendeloques.

Lưu 遛*. Marcher lentement, flâner en route, s'amuser en chemin.

Lưu 劉*. Arme blanche; tirer, arranger, disposer, préparer; nom de famille.

Lựu 瑠*. Pierre précieuse transparente; poli, lustré, brillant.

Ngọc lựu 玉 ○, diamant d'une belle eau, pierre de prix, joyau de grande valeur.

Lựu 榴 et 櫺*. Le grenadier.

Trái lựu 梗 ○, grenade. — Thạch lựu 石 ○, id. — Lựu hỏa ○ 火, grenadier en feu (nom poétique que l'on donne au grenadier en fleurs).

M

Ma 麻*. Nom de plusieurs plantes textiles; chanvre, toile de chanvre. Car. radical.

Ma bố ○ 布, tissu d'ortie de Chine, grosse toile employée pour les vêtements de deuil. — Ma tử ○ 子, le grain du chanvre. — Ma vương ○ 王, chardon, ortie. — Lính ma tà 另 ○ 邪, milicien, homme de police (Cochinchine). — Ma đậu ○ 痘, marques de petite vérole. — Ma huỳnh ○ 黃, sorte de médecine chinoise.

Ma 麼*. Mince, frêle, jeune, tendre, délicat; particule interrogative.

Ma 魔*. Esprit du mal, démon, spectre, fantôme, revenant, apparition nocturne.

Ma quỉ ○ 鬼, le diable. — Lửa ma trơi 焒 ○ 鱱, feu follet. — Thầy ma 屍 ○, cadavre. — Mồ ma 墓 ○, sépulcre. — Đam ma 究 ○, offrir un repas aux morts. — Đám ma 坫 ○, funérailles. — Cắt ma 拮 ○, ensevelir, enterrer. — Ma bắt mầy ○ 抔 眉, que le diable t'emporte! — Sợ ma sợ quỉ 炸 ○ 炸 鬼, avoir peur des diables, craindre les revenants. — Phong ma 風 ○, le vent du diable, c.-à-d. la folie, la démence.

Ma 摩*. Toucher, manier, essayer.

Ma 瑪*. Pierres veinées, comme jaspe, agate, coraline, etc.; syllabe complémentaire.

Ma cao ○ 高, Macao. — Thành Rô ma 城 鱸 ○, la ville de Rome.

Mạ 稀. Semis, jeune plant, riz semé serré et non encore transplanté. Voir má. (Formé des S. A. hòa 禾, grain, et mã 馬, cheval.)

Gieo mạ 招 ○, semailles. — Bắc mạ 扗 ○, faire les semis. — Nhổ mạ 捹 ○, arracher les jeunes plants de riz pour les repiquer.

Mạ 嗎 et 駡*. Injurier, invectiver, maudire, gronder en termes grossiers; mesure de longueur.

Mạn mạ 慢 ○, maudire. — Tương mạ 相 ○, se vilipender réciproquement. — Mạ bát tuyệt khẩu ○ 不 絶 口, une bouche qui ne cesse de vomir des injures.

Mạ 鎷. Enduire de métal, plaquer. (Formé des S. A. kim 金, métal, et mã 馬, cheval.)

Mạ bạc ○ 薄, recouvrir d'une couche d'argent. — Mạ vàng ○ 鑽, dorer.

Mạ 榪*. Traverse, planchette, croc, étagère, portemanteau.

Má 稤. Syllabe complémentaire. (Formé des S. A. *hòa* 禾, grain, et *mã* 馬, cheval.)

 Lúa má 穭 ○, grains, céréales. — *Chó má* 狚 ○, chien; air mignon, façons aimables (enfants). — *Rau má* 薽 ○, espèce de plante légumineuse à larges feuilles.

Má 膌. Les joues. (Formé des S. A. *nhục* 肉, chair, et *mã* 馬, cheval.)

 Má hồng ○ 紅, joues rouges; métaphoriquement, une jolie fille. — *Má đào* ○ 桃, joues fleur de pêcher (poétique). — *Má núng đồng tiền* ○ 農銅錢, joues à fossettes. — *Má phấn* ○ 粉, joues fardées. — *Má miếng bầu* ○ 礳瓢, joues flasques, figure émaciée. — *Phừng má* 逢 ○, gonfler les joues.

Má 媽*. Jument; nourrice, domestique. A. V. Terme enfantin pour appeler la mère. Voir *mẹ*.

 Má ơi ○ 呹, hé! maman!

Mà 庅. Mais, pour, et; afin que, de manière à; mot complémentaire. (En S. A., chanvre; se pron. *ma*.)

 Dầu mà 油 ○, quoique, bien que, quand bien même. — *Nếu mà* 裊 ○, si, en cas que. — *Mà ăn mà uống* ○ 唆 ○ 旺, pour manger, pour boire. — *Mà lại* ○ 吏, mais encore. — *Mà chớ* ○ 渚, certainement, sans aucun doute. — *Nhưng mà* 仍 ○, cependant, toutefois. — *Anh nói mà* 嬰 吶 ○, mais parlez donc. — *Mà làm gì* ○ 濫之, pourquoi faire?

Mã 馬*. Cheval; nom de plantes. Car. radical. Voir *ngựa*.

 Hải mã 海 ○, hippopotame. — *Cổng mã* 公 ○, un étalon. — *Binh mã* 兵 ○, cavalerie. — *Lính mã kị* 另 ○ 騎, troupes à cheval. — *Tả mã* 左 ○, cavalerie de l'aile gauche. — *Hữu mã* 右 ○, cavalerie de l'aile droite. — *Thượng mã* 上 ○, courrier à cheval, estafette; au fig., à l'instant même. — *Phò mã* 附 ○, gendre du roi. — *Mã giáp* ○ 甲, caparaçon. — *Mã la* ○ 鑼, cymbale. — *Mã xỉ hiện* ○ 齒 莧, pourpier. — *Mã tiên thảo* ○ 鞭 艸, verveine. — *Mã đề* ○ 蹄, plantain. — *Mã tiền* ○ 錢, les honoraires d'un médecin.

Mả 瑪. Élévation de terre au-dessus d'une tombe, tertre, tumulus. (Formé des S. A. *thổ* 土, terre, et *mã* 馬, cheval.)

 Mồ mả 墓 ○, tombeau, sépulcre. — *Bia mả* 碑 ○, inscription tombale, tablette mortuaire. — *Điểm láy huyệt mả* 點 祕 穴 ○, choisir un lieu propice pour une sépulture. — *Dãy mả* 泥 ○, faire les herbes autour d'une tombe. — *Vát mả* 勿 ○, gens de rien, vile populace.

Mạc 莫*. Négation; non, ne pas; sans, nul, rien; ample, grand, vaste, spacieux; nom de famille.

 Mạc lai ○ 來, ne pas venir; ne venez pas. — *Quảng mạc* 廣 ○, grand, vaste, large. — *Làng mạc* 廊 ○, un gros village, un bourg. — *Miễu mạc* 庿 ○, pagode. — *Họ mạc* 戶 ○

nom générique; le nom d'une famille seigneuriale du Tonkin longtemps révoltée contre la dynastie des *Lê*.

Mạc 摸*. Prendre avec la main; saisir, tâter, palper; se rendre compte, évaluer, conjecturer.

Mạc 邈*. Lointain, profond, insondable; ennui, tristesse, solitude.

Mặt mạc 靦 ○, avoir l'air triste, ennuyé. — *Mạc lăng* ○ 淩, mépriser, dédaigner.

Mác 鏌*. Pique (plusieurs sortes).

Cầm mác 擒 ○, tenir ou porter une pique, être armé d'une pique. — *Giáo mác* 槊 ○, lances et piques.

Mặc 默*, Noir, sombre, obscur; silencieux, taciturne, morose. A. V. S'habiller, se vêtir; selon que, d'après, en suivant.

Mặc tưởng ○ 想, méditer dans la solitude. — *Mặc áo quần* ○ 襖裙, mettre ses habits — *Đồ mặc* 圖 ○, vêtements, effets d'habillement. — *Ăn mặc* 咹 ○, la mise, la tenue. — *Mặc đồ tốt* ○ 圖 卒, porter de beaux habits. — *Mặc cho kẻ nghèo* ○ 朱 几 饒, habiller les pauvres. — *Mặc ý* ○ 意, à volonté, au choix, à loisir. — *Mặc lòng* ○ 悉, comme on voudra. — *Dầu vậy mặc lòng* 油丕○悉, quoi qu'il en soit, nonobstant. — *Mặc sức* ○ 飭, comme on pourra; selon les forces. — *Mặc ai* ○ 埃, que chacun fasse ce qu'il voudra, chacun est libre de. — *Mặc đỗi* ○ 隊, suivant l'opportunité, selon les exigences. — *Mặc ý làm* ○ 意 濫, faites comme vous

l'entendrez. — *Mặc lượng* ○ 量, comme il vous plaira, à votre gré (d'inférieur à supérieur).

Mặc 墨*. Noir, sombre, obscur; couleur foncée, encre noire; sali, noirci; nom de famille. Voir *mực*.

Dương mặc 楊 ○, une ancienne secte. — *Mặc nhơn* ○ 人, homme d'encre, c.-à-d. écrivain, littérateur. — *Bút mặc* 筆 ○, pinceaux et encre. — *Văn mặc* 文 ○, les lettres.

Mắc 纆*. Bourre de soie; mailles de filet. A. V. Empêché de, retenu par, empêtré dans; pris, occupé.

Mắc mãi ○ 買, empêché par un commerce, retenu par les affaires. — *Mắc việc* ○ 役, être empêché par une occupation, une affaire, un travail, être occupé. — *Mắc bệnh* ○ 病, retenu par la maladie, empêché par une indisposition. — *Mắc bẫy* ○ 槔, être pris au piège. — *Mắc tội* ○ 罪, être coupable, être fautif. — *Mắc phải* ○ 沛, tomber dans (moral et physique), être obligé de. — *Mắc móp* ○ 吃, trompé, abusé, dupé. — *Mắc lưới* ○ 縭, pris dans un filet. — *Mắc nạn* ○ 難, empêché par la pauvreté, la misère. — *Mắc nợ* ○ 女, être embarrassé par les dettes. — *Mắc tiếng xấu* ○ 嗜丑, subir l'effet d'une mauvaise réputation. — *Mắc lý* ○ 里, s'empêtrer dans son propre raisonnement. — *Mắc ăn* ○ 咹, être occupé à manger. — *Mắc làm việc nhiều* ○ 濫役饒, être très occupé, être empêché par de nombreux travaux.

Mác 嘛 et 嚦*. Paroles mensongères; parler pour tromper; pas tout à fait plein, mesure où il n'y a pas le compte.

Mác bát ○ 鉢, écuelle pas complètement pleine; mauvaise mesure.

Mạch 脉*. Veine, artère, pouls; source, lignée, descendance.

Mạch lạc ○ 絡, les veines, le pouls. — *Mạch huyết* ○ 血, la circulation du sang. — *Bắt mạch* 抔 ○, tâter le pouls. — *Coi mạch* 視 ○, id. — *Mạch còn nhảy* ○ 群跤, le pouls bat encore. — *Địa mạch* 地 ○, les veines ou les sources de la terre. — *Mạch nước* ○ 潜, source, cours d'eau souterrain. — *Mạch giếng* ○ 洴, un puits. — *Cửa mạch* 閣 ○, porte de derrière. — *Tọc mạch* 族 ○, curieux, indiscret. — *Mạch vật* ○ 物, attraits, démarche. — *Tiền mạch* 錢 ○, le prix d'une consultation médicale.

Mạch 嘆*. Seul; silencieux, réfléchi.

Mạch 貊*. Animaux mouchetés de la race féline; nom de tribus dites sauvages, au nord de la Chine.

Mạch sắc báo ○ 色豹, léopard. — *Man mạch* 蠻 ○, nom donné à une peuplade montagnarde.

Mạch 陌*. Chemin qui divise les terres cultivées, sentier en forme de talus qui sépare les rizières; dixième de ligature ou décime.

Bát mạch 捌 ○, huit décimes ou huit *tiền*. — *Nhứt mạch* 一 ○, un *tiền* (composé de 60 sapèques).

Mạch 駹*. Le mulet (quadrupède).

Con mạch là mạnh 昆 ○ 羅孟, le mulet est vigoureux.

Mạch 麥*. Blé, froment; nom générique des grains barbus; nom de famille. Car. radical.

Mạch nha ○ 芽, orge (on dit aussi *đại mạch* 大麥). — *Hương mạch* 香麥, avoine (on dit aussi *mạch thục* 麥熟). — *Tiểu mạch* 小 ○, seigle. — *Rượu mạch nha* 醪 ○ 芽, bière (boisson). — *Mạch môn* ○ 門, une médecine chinoise.

Mách 覓*. Faire des recherches en secret; parler en dessous, cancaner, bavarder. Voir *méch* et *mích*.

Mách miệng ○ 吅, faire connaître, rapporter. — *Nói mách* 吶 ○, accuser, dénoncer. — *Mách thầm* ○ 喑, avec bruit; trouble, désordre, confusion.

Mai 梅 et 楳*. Prunier de Chine; abricotier sauvage; liaison amoureuse; nom de famille.

Nhị độ mai 弍度 ○, les pruniers refleuris; titre d'un poème annamite. — *Cây mai* 核 ○, amant et amante, mari et femme; un ancien fort dominant la ville de *Chợ lớn*.

Mai 枚*. Tronc d'arbre; un arbre dont le bois sert à faire des bâtons, des baillons; bâtons pour pièges; terme numéral des médailles et des monnaies.

Hàm mai 合 ○, être baillonné; au fig., garder le silence. — *Hỏa mai* 火 ○, mèche, torche incendiaire. — *Kim tiền nhứt mai* 金錢壹 ○, une médaille d'or, une sapèque en or.

Mai 埋*. Mettre en terre, inhumer; couvrir, cacher, faire disparaître; bêche, pelle, pic, pioche, houe. A. V. Demain, le matin.

Yếm mai 奄 ○, couvrir, clore. — *Mai táng* ○ 塟, enterrer, ensevelir. — *Ngày mai* 時 ○, demain. — *Đến mai sớm* 典 ○ 斂, demain matin. — *Sớm mai* 斂 ○, matin. — *Buổi sớm mai* 貝斂 ○, matinée. — *Ban mai* 班 ○, id. — *Cho đến ngày mai* 朱典時 ○, jusqu'à demain matin. — *Mai mốt* 沒, demain ou après-demain. — *Mai sau* ○ 襲, après un long espace de temps. — *Sao mai* 暈 ○, étoile du matin. — *Mai phục* ○ 伏, posté en embuscade. — *Cái mai* 丐 ○, bêche, houe, pelle.

Mai 媒*. Un intermédiaire pour les mariages. Voir *mối* et *mụ*.

Mai nhơn ○ 人, entremetteur, entremetteuse (expression officielle). — *Mai ước* ○ 約, id. (on dit aussi *băng nhơn* 冰人). — *Mai dong* ○ 容, id. (locution vulgaire). — *Bà mai* 妃 ○, marieuse.

Mai 煤*. Charbon, noir de fumée, suie; espèce d'encre. Voir *mối*.

Mai 玫*. Perle bien ronde; pierre de prix; bijoux, joyaux, parures.

Mại 賣*. Vendre. Voir *bán*. A. V. Loucher un peu; nom de poisson.

Māi mại 買 ○, acheter et vendre, trafiquer, faire du commerce. — *Hữu mại sơn điền* 有 ○ 山田, qui a vendu une rizière haute (formule officielle). — *Làm tờ đoạn mại* 濫詞斷 ○, rédiger un acte de vente. — *Lập tuyệt mại từ* 立絶 ○ 詞, établir un acte de vente définitive (formule officielle). — *Mại thục* ○ 贖, vente sous condition de rachat. — *Thương mại* 商 ○, faire du commerce. — *Tranh mại* 爭 ○, disputer une vente.

Mái 㡯. Toiture; marque du féminin pour les oiseaux. (Formé des S. A. *hán* 厂, abri, et *māi* 買, acheter.)

Mái nhà ○ 茹, toit de maison, tuiles ou paillottes faîtières. — *Mái chèo* ○ 櫂, partie de l'aviron qui est plate et qui entre dans l'eau. — *Mái hắt* ○ 迄, gouttière. — *Mái hiên* ○ 軒, avancée, marquise, véranda, auvent. — *Mái dốc* ○ 篤, toiture en pente. — *Một con gà mái* 沒昆鵲 ○, une poule.

Mài 埋. User par le frottement, délayer, aiguiser, repasser, polir. (En S. A., couvrir, cacher; se pron. *mai*.)

Mài dao ○ 刀, repasser un couteau. — *Mài mực* ○ 墨, délayer de l'encre en bâton. — *Đá mài* 砑 ○, pierre à aiguiser. — *Giồi mài* 抹 ○, polir, faire reluire. — *Củ mài* 矩 ○, espèce de tubercule.

Mãi 買*. Acheter, acquérir. Voir *mua*. A. V. Toujours, sans cesse, constamment, continuellement.

Māi mại ○ 賣, faire du commerce, trafiquer. — *Māi nhơn* ○ 人, acheteur, acquéreur. — *Māi lai* ○ 來, se procurer en achetant, se fournir, s'approvisionner. — *Thú thê māi thiếp* 取妻 ○ 妾, la femme du premier rang, l'épouse légitime, les autres s'achètent (sorte d'axiome populaire).

Mãi 勱*. Faire tous ses efforts pour, s'appliquer à, faire exactement.

Làm mãi 濫 ○, travailler avec persévérance, agir sans cesse.

May 埋. Coudre; favorablement, heureusement; réussir par hasard, mener à bonne fin par chance; nom de plante. (En S. A., couvrir, cacher; se pron. *mai*.)

May áo may quần ○ 襖 ○ 裙, coudre des habits. — *Thợ may* 署 ○, tailleur. — *May lược* ○ 畧, faufiler. — *May lăn* ○ 鄰, ourler. — *May kẹp nẹp* ○ 扱 納, coudre un surjet. — *May vá* ○ 播, raccommoder, rapiécer, ravauder. — *Máy may* 楨 ○, machine à coudre. — *May mắn* ○ 敏, heureux, oisif, qui n'a rien à faire. — *May đầu* ○ 兜, si j'avais la chance de, puissé-je être assez heureux pour. — *Gặp may* 及 ○, rencontre heureuse. — *Chẳng may* 庄 ○, malheureusement. — *Gió may* 逾 ○, vent favorable. — *Cỏ may* 鞊 ○, une plante à piquants.

Máy 楨. Mécanisme, machine, ressort, rouage; expédient, moyen, mobile; petits mouvements secs, brusques, saccadés. (Formé des S. A. *mộc* 木, arbre, et *mãi* 買, acheter.)

Then máy 杅 ○, mécanique, ressort de machine. — *Máy khói* ○ 熄, machine à vapeur. — *Máy khí âm dương* ○ 氣 陰 陽, machine électrique. — *Máy may* ○ 埋, machine à coudre. — *Máy xe lửa* ○ 車 焀, locomotive. — *Kẻ coi máy* 几 禩 ○, mécanicien. — *Máy đồng hồ* ○ 銅 壺, ressort de montre, mouvement d'horloge. — *Máy mạnh* ○ 孟, puissante machine, fort mécanisme. — *Máy nhiệm* ○ 冉, mobile secret, expédient. — *Nước máy róng* 渚 ○ 瀧, indices de hautes marées. — *Máy móc* ○ 木, chercher à prendre en défaut. — *Máy miệng* ○ 皿, bavarder; moulin à paroles. — *Máy tay chơn* ○ 拪 蹎, remuant, agité, inquiet. — *Máy mắt* ○ 耝, clignotement des paupières.

Mày 眉*. Sourcils; ce qui avance et protège; linteau de porte; mot complémentaire. Voir *mi*.

Lông mày 翍 ○, les sourcils. — *Chang mày* 桩 ○, id. — *Mày liễu* ○ 柳, sourcils épais; litt., sourcils en saule pleureur. — *Nhăn mày* 䫴 ○, froncer les sourcils (on dit aussi *châu mày* 珠 眉). — *Nhích châu mày* 滴 珠 ○, sourciller. — *Mặt ủ mày châu* 緬 塢 ○ 珠, visage renfrogné. — *Mày chiềm* ○ 占, amitié. — *Mày cửa* ○ 閭, linteau de porte, de fenêtre. — *Ăn mày* 咹 ○, mendier. — *Kẻ ăn mày* 几 咹 ○, mendiant. — *Cha mày* 吒 ○, père nourricier. — *Con mày* 昆 ○, fils adoptif.

Mảy 買. Partie minime, petit morceau; fin, mince; portion, parcelle, atome. (En S. A., acheter; se pron. *mãi*.)

Mảy mún ○ 悶, infime, vil, sans aucune importance; une miette, un atome. — *Nói mảy* 吶 ○, dire des riens. — *Một mảy* 沒 ○, toute petite quantité. — *Tréo mảy* 盯 ○, croiser les jambes l'une sur l'autre.

Mây 遝. Nue, nuage; rotin, osier. (Formé des S. A. *vũ* 雨, pluie, et *mê* 迷, passionné.)

Đám mây 站 ○, nuages épais. — *Trời có nhiều mây* 歪固饒 ○, ciel nuageux. — *Mây song* ○ 雙, rotin double. — *Mây cát* ○ 葛, autre espèce. — *Mây nước* ○ 渃, rotin aquatique (très flexible). — *Mây rà* ○ 呂, autre espèce. — *Mây rát* ○ 㗐, id. — *Một lạt mây* 沒辣 ○, un lien en rotin. — *Đan mây* 單 ○, tresser du rotin, tresser de l'osier.

Mấy 買. Combien (quelle quantité, quel nombre, quel prix); sorte de marque du pluriel englobant tout. (En S. A., acheter; se pron. *mãi*.)

Mấy khi ○ 欺, combien de fois? — *Mấy lần* ○ 吝, id. — *Thứ mấy* 次 ○, quantième. — *Là ngày thứ mấy* 羅睨次 ○, quel jour sommes-nous? — *Không mấy khi* 空 ○ 欺, rarement, guère. — *Mấy đồng bạc* ○ 銅薄, combien de piastres? — *Mấy người* ○ 㝵, combien de personnes? — *Mấy năm* ○ 醉, combien d'années? — *Mấy tuổi* ○ 歲, quel âge? — *Chẳng được cho mấy* 庄特朱 ○, n'avoir obtenu que peu de chose, n'avoir guère réussi. — *Mấy anh em tôi* ○ 嬰俺碎, nous tous frères, nous tous camarades. — *Có gì mấy* 固之 ○, ce n'est rien, pour si peu. — *Mua mấy* 謨 ○, quel prix d'achat? — *Bán mấy* 半 ○, quel prix de vente?

Mày 眉. Tu, toi (mépris). Voir *mi*. (En S. A., sourcil; se pron. *mày* et *mi*.)

Mày là ai ○ 羅埃, qui es-tu? — *Cha mày ở đâu* 吒 ○ 於兜, où demeure ton père? où se trouve ton père? — *Mẹ mày* 媄 ○, ta mère! (employé souvent comme injure gros-

sière). — *Mày tao mi tớ* ○ 蚤眉佴, tutoyer, traiter de haut, toiser.

Mầy 朕. Soi-même, son propre corps (ne s'emploie qu'en composition). (Formé des S. A. *nhục* 肉, chair, et *mĩ* 美, bon, doux.)

Mình mầy 命 ○, le corps, tout le corps. — *Đau mình mầy* 疼命 ○, avoir mal partout, être brisé. — *Dậy mầy* 䏡 ○, le corps se soulève, la chair s'épanouit (l'époque de la puberté chez les jeunes filles).

Mám 㮂. Atteindre le but visé, rencontrer juste, sans se tromper. (Formé des S. A. *mộc* 木, arbre, et *miên* 臱, crâne.)

Mám rồi ○ 耒, bien visé, ça y est. — *Mắc mám* 縸 ○, pris, pincé; touché, atteint.

Măm 嗳. Mâcher, broyer, réduire, hacher menu. (Formé des S. A. *khẩu* 口, bouche, et *miên* 臱, crâne.)

Măm mún ○ 悶, très menu. — *Cắt măm* 割 ○, couper en tranches minces. — *Chặt măm* 鎖 ○, hacher en tous petits morceaux. — *Cơm măm* 䬹 ○, bouillie de riz (que l'on mâche avant de la donner aux petits enfants).

Mắm 鯲. Poisson salé; saumure. (Formé des S. A. *ngư* 魚, poisson, et *miên* 臱, crâne.)

Mắm nêm ○ 喃, espèce de saumure pour assaisonner. — *Nước mắm* 渃 ○, eau de poisson salé (condiment indispensable à la cuisine annamite). — *Rang mắm* 燉 ○, faire cuire avec ce condiment. — *Cây mắm* 核 ○, un arbre dont le bois sert à faire des palissades.

Mắm 澉. Syllabe complémentaire. (Formé des S. A. *thủy* 水, eau, et *miên* 髟, crâne.)

Đày mắm mắm 苔 ○ ○, débordant.

Mâm 櫊. Plateau de table pour servir les mets. (Formé des S. A. *mộc* 木, arbre, bois, et *miên* 髟, crâne.)

Mâm bàn ○ 盤, bassin, grand plat, plateau. — *Mâm thau* ○ 鐃, plateau en cuivre. — *Mâm mộc* ○ 木, plateau en bois. — *Mâm xôi* ○ 秋, grand plat pour servir le riz cuit. — *Mâm tiền* ○ 錢, plateau destiné à recevoir de l'argent. — *Mâm cao cỗ đầy* ○ 高古苔, une table copieusement servie. — *Mặt mâm* 緬 ○, face ronde, figure joufflue.

Mậm 樤. Gros, épais, dense; rejeton, pousse; bourgeonner, fleurir. (Pour le car. en S. A., voir ci-dessus.)

Mậm mía ○ 楳, pousse de canne à sucre. — *Mía mậm* 楳 ○, canne à sucre bien pleine, bien juteuse.

Mấm 嗳. Ajuster, serrer, comprimer. Voir *mím*. (Formé des S. A. *khẩu* 口, bouche, et *miên* 髟, crâne.)

Mấm chí ○ 志, décider formellement, se bien mettre dans l'esprit. — *Mấm lòng* ○ 悉, se bien promettre de, prendre une ferme résolution. — *Mấm gan* ○ 肝, id., être décidé à. — *Tra cho mấm* 查朱 ○, adapter exactement, bien ajuster.

Mấm 腰. Ferme, fort; gras, replet (ne s'emploie qu'en composition). (Formé des S. A. *nhục* 肉, chair, et *miên* 髟, crâne.)

Mấm béo ○ 膘, très gros, très gras.

Man 鏝*. Petite truelle, racloir.

Man 瞞*. Yeux à moitié fermés, yeux troubles, regard faux; aveugler, tromper, flatter. Voir *mơn*.

Man mục ○ 目, fermer les yeux, cligner des yeux. — *Thiên bất khả man* 天不可 ○, on ne peut tromper le ciel. — *Nói man* 吶 ○, dire des paroles trompeuses; cacher, dissimuler la vérité. — *Man muội* ○ 昧, sombre, obscur; ignorant.

Mạn 蔓*. Nom de plantes rampantes; s'avancer, s'étendre.

Mạn 慢*. Négligent, indifférent; insolent, moqueur, hautain, orgueilleux. A. V. Bordage, rebord, bastingage; mot euphonique.

Mạn mạn ○ ○, peu à peu, lentement. — *Ngạo mạn* 傲 ○, présomptueux. — *Mạn thủ* ○ 手, main lente, main paresseuse. — *Khinh mạn* 輕 ○, mépriser, traiter avec dédain. — *Mạn mạ* ○ 罵, outrager, insulter, maudire. — *Mạn thuyền* ○ 船, rebord de la barque. — *Mạn tàu* 艚, bastingage de navire.

Mán 蠻*. Espèce de grand serpent; une chaîne montagneuse; sauvages, barbares (tribus); cruel, féroce.

Mán mạc ○ 莫, dispersé, éparpillé. — *Mán di* ○ 夷, nom de peuplades montagnardes. — *Mán mọi* ○ 每,

tribus nomades des forêts de Cochinchine. — *Mán sóc* ○ 畜, id.

Màn 幔*. Voile, rideau, garniture, tenture, portière, écran, paravent.

Màn cháng ○ 幛, garniture de lit. — *Màn che* ○ 雯, rideau; voilette. — *Màn chơn* ○ 巓, grand rideau qui tombe jusqu'au sol. — *Màn mùng* ○ 幪, moustiquaire. — *Màn chấn* ○ 振, rideau d'autel. — *Kiệu màn* 轎 ○, voile ou rideau de palanquin.

Mãn 滿*. Plein, rempli, accompli; compléter; déborder; se répandre; terminer, cesser, achever, finir.

Mãn hạn ○ 限, temps fini, délai écoulé. — *Mãn khóa* ○ 銙, qui a fini son temps (se dit principalement du service militaire). — *Mãn đời* ○ 代, toute la vie, tout un siècle. — *Mãn kiếp* ○ 刧, tout le destin, toutes les incarnations, c.-à-d. une période bouddhique complète. — *Mãn kì* ○ 期, temps fini, temps accompli. — *Mãn tán* ○ 散, achevé, terminé, complet. — *Mãn việc* ○ 役, finir un travail, terminer une affaire. — *Mãn nguyệt* ○ 月, un mois révolu (après les couches d'une femme). — *Mãn châu* ○ 州, la Mandchourie.

Mân 攣*. Tâter, toucher, presser, tâtonner, palper; tirer à soi.

Mân mó ○ 摸, tâtonner, palper. — *Mân vú* ○ 乳, presser le sein. — *Làm tán mân* 濫散 ○, s'abaisser aux menus détails.

Mạn 漫*. Grande étendue d'eau; crue, débordement, inondation. A. V. Salé, saumâtre.

Mặn mòi ○ 枚, très salé. — *Mặn mặn* 鰒 ○, poisson salé. — *Mặn miệng* ○ 咀, assaisonner. — *Ăn mặn* 吃 ○, manger salé. — *Ưa ăn đồ mặn* 於吃圖 ○, aimer à manger des salaisons. — *Ăn cho mặn miệng* 吃朱 ○咀, savourer. — *Nước mặn* 渃 ○, eau salée. — *Lời mặn mòi* 唎 ○ 枚, paroles dures, propos blessants. — *Mặn nồng* ○ 濃, salé, âcre, dur, piquant, sarcastique, blessant.

Mẫn 敏. Syllabe complémentaire. (Du S. A. *mẫn*, même car., prompt.)

Mau mẫn 毛 ○, vivement, prestement. — *May mẫn* 埋 ○, chance, bonheur, bonne fortune.

Mân 摱*. Tirer à soi. A. V. Toucher, presser, palper; procédé pour guérir les tumeurs, les loupes, etc.

Thầy mân 柴 ○, un empiriste guérisseur de maux. — *Mân xương* ○ 昌, réduire une luxation, remettre les os en place.

Mân 糈*. Riz brisé, grain concassé; poussière de riz décortiqué.

Mân 閩*. Ancien royaume en Chine.

Mân 緡*. Lien (généralement en rotin) pour enfiler les sapèques.

Mân tiền ○ 錢, sorte de centimes additionnels ou de redevance supplémentaire que payent les villages pour compenser les pertes de sapèques; litt., l'argent des liens. — *Xa mân* 賒 ○, très éloigné. — *Dài mân* 𨱽 ○, très long, très étendu.

Mận 槾*. Pin. A. V. Prunier, prune; petite boursouflure causée par une piqûre d'insecte.

Trái mận 樠 ○, la prune. — *Nổi mận* 浽 ○, enfler, se boursoufler; augmenter de volume.

Mán 槾*. Le voile blanc dont les femmes se couvrent la tête pendant les funérailles.

Mũ mán 帽 ○, coiffure de deuil.

Mãn 臋*. Être capable de faire quelque chose. A. V. Faire, accomplir, confectionner (semble n'être qu'une corruption de *làm* et ne se dit guère que d'un travail manuel). Voir *làm*.

Mãn chi ○ 之, que faites-vous? que fait-on? — *Mãn việc* ○ 役, travailler. — *Mãn giày* ○ 鞋, confectionner des chaussures. — *Mãn răng* ○ 䶙, pourquoi? comment? (expression locale qui correspond au *làm sao* des habitants de la Cochinchine). — *Mãn rứa* ○ 呂, voici comment, de cette manière (correspond à *làm vậy*).

Mẫn 憫*. Bonté, pitié, compassion.

Mẫn 敏*. Habile, adroit, avisé; actif, prompt, rapide, vif, alerte.

Mẫn lực ○ 力, très énergique. — *Cần mẫn* 勤 ○, diligent, attentif, appliqué. — *Bất mẫn* 不 ○, qui manque d'activité, de savoir-faire, d'habileté. — *Minh mẫn* 明 ○, avisé, clairvoyant, perspicace.

Mang 芒*. Barbe ou pointe des épis, enveloppe des graines; aigu.

A. V. Porter sur soi (se dit de ce qui entoure ou enveloppe certaines parties du corps, comme le cou, les mains, etc.); endurer, supporter, contracter; branchies.

Mang tử ○ 子, la pointe du grain. — *Mang tiểu* ○ 硝, nitrate, salpêtre. — *Mang gông* ○ 杠, porter la cangue. — *Mang bao tay* ○ 包搤, mettre des gants. — *Mang giày* ○ 鞋, porter des souliers. — *Mang gùi sau lưng* ○ 䙆 蔞 腰, porter une hotte sur le dos. — *Mang gươm* ○ 劍, avoir un sabre à la ceinture (ou le porter en sautoir à la mode des Annamites). — *Mang con* ○ 昆, porter un petit enfant suspendu au cou. — *Có mang* 固 ○, être enceinte. — *Mang bệnh* ○ 病, contracter une maladie. — *Mang tật* ○ 疾, contracter une infirmité. — *Mang lược* ○ 掠, mis à la torture. — *Mang chữ bất hiếu* ○ 字不孝, porter la marque des caractères 不孝, «ingrat». — *Mang chữ bất trung* ○ 字不中, porter la marque de sa déloyauté, d'une perfidie. — *Mang tiếng* ○ 嘗, porter le poids d'une mauvaise réputation. — *Tôi mang tai nạn* 碎 ○ 災難, la malédiction est sur moi. — *Mang cá* ○ 魣, nageoires de poisson, ouïes. — *Mang chủng* ○ 種, Pléiades (constellation). — *Hột mang tang* 紇 ○ 桑, cubèbe.

Mang 忙*. Trouble, inquiétude; mal faire, agir avec précipitation.

Mang 茫*. Grande étendue d'eau; vague, incertain; morne, triste; désert, abandonné. Voir *mong*.

Mang 獌. Nom d'un cerf de petite

espèce, très commun dans les forêts de Cochinchine. (Formé des S. A. *khuyển* 犬, chien, et *mang* 芒, épi.)

Mang túc ○ 萧, le cerf crie.

Mạng 曼*. S'étendre, s'allonger.

Mạng 命*. Vie, sort, destin; émanation du pouvoir suprême; ordonner, commander, exhorter.

Thiên mạng 天 ○, décret du ciel. — *Tính mạng* 性 ○, l'existence. — *Mạng một* ○ 歿, mourir. — *Lãnh mạng* 領 ○, recevoir un ordre, accepter un mandat. — *Chịu mạng* 召 ○, accepter son sort, subir sa destinée, se soumettre à un ordre. — *Dân mạng* 民 ○, homicide. — *Tội nhơn mạng* 罪人 ○, être coupable du crime d'homicide. — *Bổn mạng* 本 ○, maître, patron, protecteur, celui qui fait vivre. — *Mạng dân mạch nước* ○ 民脉渚, un peuple qui coule des jours heureux. — *Liều mạng* 料 ○, risquer sa vie, exposer son existence, s'aventurer, se hasarder. — *Tử sanh hữu mạng* 死生有 ○, la vie et la mort dépendent du destin. — *Mạng bạc như chỉ* ○ 薄如紙, une destinée mince comme le papier. — *Quan khâm mạng* 官欽 ○, un délégué du pouvoir suprême, un gouverneur général. — *Minh mạng* 明 ○, sort éclatant; nom de règne d'un souverain de l'Annam, fils de *Gia long* 嘉隆 et père de *Thiệu trị* 紹治 (régna de 1820 à 1841). — *Hảo mạng* 好 ○, sort heureux, belle existence. — *Nói mạng mà* 吶 ○ 麻, parler doux.

Máng 榜. Auge, mangeoire, râtelier; conduite d'eau. (Formé des S. A. *mộc* 木, arbre, et *màng* 莽, broussailles.)

Máng cỏ ○ 𦬆, crèche, râtelier. — *Máng xối* ○ 泟, canal, tuyau, gouttière. — *Máng lấy* ○ 祂, se porter garant, accepter les responsabilités. — *Máng việc* ○ 役, prendre une affaire en main.

Màng 哞. Désirer, faire cas de (ne s'emploie que négativement et en composition); mot complémentaire, syllabe euphonique. (Formé des S. A. *khẩu* 口, bouche, et *mang* 芒, tige.)

Chẳng màng 庄 ○, ne faire aucun cas de, dédaigner. — *Không màng không thèm* 空 ○ 空嚕, dédaigner absolument, n'avoir nullement envie de. — *Không ra màng nào* 空 囉 ○ 芾, n'aboutir à rien. — *Không màng ngó tới* 空 ○ 眹細, ne pas vouloir seulement regarder. — *Màng tăng* ○ 顙, les tempes. — *Mịn màng* 皿 ○, comprimé, serré. — *Mùa màng* 務 ○, saison, récolte. — *Mơ màng* 麻 ○, rêvasser.

Màng 莽 et 芒*. Herbes folles, plantes nuisibles, broussailles, fourrés; très confus, en désordre. A. V. Être absorbé par une seule pensée, avoir une idée fixe.

Trảm nhại thảo màng 斬伐草 ○, couper les mauvaises herbes, abattre les broussailles. — *Màng lo* ○ 慮, s'inquiéter de. — *Màng toan* ○ 筭, entièrement occupé de. — *Màng bào* ○ 袍, vêtement royal. — *Màng cầu* ○ 球, pomme cannelle.

Mãng 蟒*. Le serpent python.

Mảng xà ○ 蛇, une autre espèce de serpent.

Măng 笐*. Bourgeon de plante, pousse tendre, tige nouvelle.

Măng tre ○ 榔, pousse de bambou. — *Măng cải* ○ 改, bourgeon de chou, chou dit de Bruxelles. — *Măng tây* ○ 西, asperge. — *Măng cụt* ○ 橄, mangoustan. — *Cả măng cả sữa* 𦝿 ○ 𦝿 渡, plein de sève, mais encore jeune et sans expérience de la vie.

Mảng 悗. Avoir le moral affecté (ne s'emploie qu'en composition). (Du S. A. *mang*, même car., même signification.)

Măng tăng ○ 憎, grande amertume, très vif chagrin.

Mảng 嘜. Reprendre avec hauteur, relever vertement, réprimander d'une façon blessante en injuriant; entendre dire. (Formé des S. A. *khẩu* 口, bouche, et *mảng* 莽, confus.)

Măng mỏ ○ 嗼, gronder, blâmer, gourmander. — *Măng nhiếc* ○ 嗃, invectiver, injurier, quereller. — *Măng quở* ○ 喿, tancer d'importance. — *Măng dồi* ○ 唯, gronder en criant très fort. — *La mảng* 曜 ○, s'emporter contre quelqu'un. — *Mảng trách* ○ 責, reprocher, reprendre, attraper. — *Chửởi mảng* 吡 ○, maudire, injurier, insulter. — *Chửởi mảng cha mẹ* 吡 ○ 吒 媄, insulter grossièrement les ascendants, les ancêtres de quelqu'un (manière annamite). — *Mảng trả* ○ 呂, rendre insulte pour insulte. — *Mảng cho một cáp* ○ 朱 没 急, insulter un bon coup, lancer une bordée d'injures. — *Mảng vân* ○ 云, criailler. — *Mảng tin* ○ 信, apprendre une nouvelle, entendre dire quelque chose.

Mảng 冥*. Sombre, obscur; recouvrir, obscurcir. Voir *minh* et *mưng*.

Mảng đông ○ 東, l'orient déchirant les voiles de la nuit, l'aurore

Mảng 惆. Tressaillir de contentement, exulter; féliciter, complimenter. Voir *mừng*. (Formé des S. A. *tâm* 心, cœur, et *minh* 明, clair.)

Mảng rở ○ 呂, éprouver une vive joie. — *Vui mảng* 盃 ○, absolument content, tout à fait joyeux. — *Mảng mặt* ○ 楠, congratuler, complimenter, féliciter. — *Mảng lòng* ○ 悉, avoir le cœur content, être heureux, satisfait. — *Mảng tuổi* ○ 歲, souhaiter la bonne année. — *Lễ mảng* 禮 ○, cadeaux de bienvenue. — *Chào mảng* 嘲 ○, saluer, féliciter. — *Mảng quá bộ* ○ 過 步, se livrer à une joie débordante. — *Mảng bội phần* ○ 倍 分, éprouver un contentement extrême. — *Mảng kháp khởi* ○ 泣 凱, id. — *Mảng quính quíu* ○ 絅 跳, bondir de joie, sauter, sautiller comme un moineau. — *Ăn mảng* 唆 ○, repas de réjouissance, banquet d'amis.

Manh 萌*. Plantes nouvelles, herbes naissantes, jeunes pousses; rejeton, bouture; se propager, se répandre.

Manh 盲*. OEil sans pupille; qui ne voit pas tout en ayant des yeux; violent, fort (en parlant du vent).

Tinh manh 睛 ○, aveugle dont les yeux restent ouverts. — *Thiên manh*

偏 ○, aveugle d'un œil, borgne. — *Tâm manh* 心 ○, cœur aveugle; sans discernement, sans passion. — *Manh phong* ○ 風, forte brise, grand vent.

Manh 甿*. Peuple nouvellement groupé, agglomération formée de diverses classes d'hommes, colonie; morceau, brisure, déchirure.

Tan manh 散 ○, brisé, détruit, anéanti. — *Manh mủn* ○ 悶, réduit en miettes. — *Manh ve* ○ 碍, morceau de verre de bouteille. — *Manh chiếu* ○ 詔, lambeau de natte. — *Manh áo* ○ 襖, une loque.

Mạnh 黽*. Batraciens, chéloniens; grenouille, crapaud. Car. radical.

Mạnh 孟*. Début, commencement; le premier de tous, un frère aîné. A. V. Fort, robuste, bien portant.

Mạnh xuân ○ 春, le premier mois du printemps. — *Mạnh tử* ○ 子, le sage Mencius, disciple de Confucius (IVᵉ siècle av. J.-C.). — *Mạnh mẽ* ○ 美, fort, robuste, vigoureux, énergique. — *Mạnh khỏe* ○ 胜, sain, dispos. — *Mạnh giỏi* ○ 煙, se bien porter, être plein d'entrain. — *Lòng mạnh mẽ* 悉 ○ 美, cœur solide, âme bien trempée. — *Mạnh dạn* ○ 演, audacieux, qui n'a pas peur, qui ne craint rien. — *Mạnh như thần* ○ 如 神, puissant comme un génie, fort comme un hercule. — *Đánh cho mạnh* 打 朱 ○, frapper fort. — *Rượu mạnh* 酣 ○, eau-de-vie, liqueur forte.

Mảnh 萌. Pensée, idée, intention; propension, inclination, tendance. (En S. A., jeune pousse; se pron. *manh*.)

Mảnh lái ○ 柅, idée maîtresse, pensée dirigeante. — *Tính mảnh* 情 ○, inclination, sentiment, propension, tendance, passion. — *Nói mảnh lái* 吶 ○ 柅, sonder les intentions, scruter les pensées intimes. — *Hỏi mảnh* 𠳨 ○, s'informer par détours.

Mảnh 萌. Fils de soie très fins. (Pour le car. en S. A., voir ci-dessus.)

Mảnh khảnh ○ 景, grêle, fluet, délié. — *Tơ mảnh* 絲 ○, soie très fine. — *Chỉ mảnh* 織 ○, fil très fin. — *Mảnh mảnh* ○ ○, petite claie, store tressé avec de fines baguettes de rotin ou de bambou.

Mảnh 萌. Mince, ténu, fin, délié. (Pour le car. en S. A., voir ci-dessus.)

Mỏng mảnh 蒙 ○, très peu épais. — *Mảnh hình* ○ 形, de forme ou d'aspect gracile.

Mảnh 艋*. Une petite embarcation longue et légère, pirogue, canot.

Mảnh 猛*. Animal féroce et vigoureux; fort, vaillant, brave, cruel, méchant, sévère, tyrannique.

Mao 毛*. Poil, crinière, fourrure, duvet, cheveux. Car. radical.

Mao ngựa ○ 馬, crinière de cheval. — *Lông mao* 䰅 ○, id. — *Người hồng mao* 俘 紅 ○, homme aux cheveux roux (sobriquet donné aux Anglais). — *Tóc mao* 髦 ○, chevelure. — *Mao bắp* ○ 楳, barbe de maïs. — *Mao huyết* ○ 血, plumes et sang (volailles et viandes pour l'autel des sacrifices). — *Bắt mao chi địa* 不○之地, sol sans herbes, terre inculte et déserte.

Mạo 昌*. Cacher; usurper, frauder, falsifier, contrefaire; prendre un faux nom, se parer d'un faux titre.

Nhận mạo 認○, prétendre à une chose sans y avoir droit. — *Mạo danh* ○名, usurper un nom, voler une réputation. — *Mạo ldy* ○祧, cacher le vrai, dissimuler la vérité. — *Mạo tờ* ○詞, contrefaire un acte, falsifier un titre, défigurer un texte. — *Mạo xưng* ○稱, falsifier une déclaration, faire une fausse déposition en justice. — *Giả mạo* 假○, cacher, frauder, tromper, dissimuler.

Mạo 媢*. La jalousie des femmes; envieux, jaloux; mécontent, fâché.

Mạo 兒 et 貌*. Visage, figure, aspect, apparence, forme extérieure, maintien, démarche.

Nhơn mạo 人○, la figure humaine. — *Mạo hảo* ○好, joli aspect, belle apparence. — *Tướng mạo* 相○, la forme du visage. — *Diện mạo* 面○, la physionomie, le physique. — *Lễ mạo* 禮○, les rites de la politesse, les marques extérieures de déférence ou de respect.

Mạo 茆*. Nom de plantes aquatiques comestibles.

Mão 卯*. Florissant, abondant; caractère horaire et 4ᵉ lettre du cycle duodénaire (lièvre). Voir *mẹo*.

Giờ mão 除○, de 5 à 7 heures du matin. — *Năm đinh mão* 醉丁 ○, l'année annamite qui correspond à l'année 1867 du calendrier grégorien. — *Tử mão* 列○, jour anniversaire d'un décès.

Mão 帽*. Chapeau, bonnet, calotte; coiffure officielle. Voir *mũ*.

Đội mão 隊○, porter chapeau, se couvrir; peut signifier aussi occuper une fonction officielle.

Mắp 乏. Syllabe complémentaire. (Du S. A. *phạp*, même car., extrémité.)

Đầy mắp mắp 苦○○, trop plein, trop serré, débordant.

Mập 胈. Gros, gras, adipeux (ne s'emploie guère qu'en mauvaise part en parlant des personnes). (Formé des S. A. *nhục* 肉, chair, et *phạp* 乏, extrémité.)

Béo mập 腠○, très gros, très gras. — *Mập ú* ○鵂, horriblement gras, énorme. — *Cá mập* 鮎○, requin.

Mạt 末*. Extrémité de rameau, bout de branche; dernier, inférieur; petit, jeune, tendre, faible.

Mạt hạ ○下, infime, méprisable; le dernier. — *Mạt thì* ○時, la dernière période, la dernière époque; broyé très fin; scorie. — *Mạt hạng* ○項, la dernière catégorie, la classe inférieure. — *Đốn mạt gốc* 頓○格, couper au bas du tronc, à la racine. — *Mạt đất* ○坦, au ras du sol. — *Mạt cưa* ○鋸, sciure de bois. — *Mạt giũa* ○鈩, limaille de fer. — *Nói mạt* 吶○, railler, se moquer.

Mạt 抹*. Frotter, masser, oindre, frictionner, tamponner doucement.

    Mạt dầu ○ 油, frictionner avec de l'huile. — *Mạt phấn* ○ 粉, mettre du fard, de la poudre.

Mạt 眛*. Regard trouble, œil terne.

Mạt 沫*. Nom de cours d'eau; écume des flots; bave, salive.

Mát 沫. Doux, frais, rafraîchissant. (Pour le car. en S. A., voir ci-dessus.)

    Êm mát 厭 ○, délicieux, agréable. — *Sự mát mẻ* 事 ○ 渼, la fraîcheur. — *Ngồi chỗ bóng mát* 螫坒俸 ○, s'asseoir à l'ombre, au frais. — *Hóng mát* 洪 ○, prendre le frais. — *Gió mát* 逾 ○, vent frais, légère brise. — *Mát trời* ○ 天, temps frais. — *Mát ngót* ○ 吒, suave, délicieux, exquis. — *Ưa uống mát* 於 旺 ○, aimer à boire frais. — *Quạt cho mát* 撅朱 ○, éventer pour donner de la fraîcheur, pour faire du vent.

Mặt 柵. Face, visage; droite; terme numéral des glaces, des plateaux en cuivre, etc. (Formé des S. A. *diện* 面, visage, et *mạt* 末, bout, fin.)

    Mặt mũi hung lắm ○ 鼽凶虞, visage terrible, air très méchant. — *Đẹp mặt* 懷 ○, belle figure, plaisant visage. — *Xấu mặt* 丑 ○, vilaine figure, mauvaise mine. — *Vui mặt* 盃 ○, figure réjouie, physique gai. — *Mặt bư* ○ 巴, inepte, abruti. — *Không mặt* 空 ○, n'ayant pas de cadeaux à la main; litt., sans face, honteux, confus, vide. — *Làm bộ mặt* 濫步 ○, se composer un visage, faire des façons, faire mine de. — *Rửa mặt* 渦 ○, se laver la figure. — *Ra mặt* 囉 ○, se montrer, paraître, comparaître, se produire. — *Ẩn mặt* 隱 ○, ne pas se montrer, se cacher. — *Biết mặt* 別 ○, connaître quelqu'un de vue. — *Mặt mày* ○ 眉, ensemble du visage, expression de physionomie. — *Mặt lót* ○ 律, masqué, déguisé. — *Mặt xanh lè* ○ 檸漓, visage pâle, teint blafard. — *Làm mặt* 濫 ○, simuler, feindre, faire l'hypocrite. — *Mặt trời* ○ 夭, le soleil. — *Mặt trăng* ○ 㲒, la lune. — *Vắng mặt* 永 ○, être absent, faire défaut. — *Thay mặt* 台 ○, remplacer, représenter. — *Trước mặt* 畧 ○, devant, en présence, face à face. — *Bề mặt* 皮 ○, côté face, l'endroit. — *Tay mặt* ○ 栖, la main droite. — *Mặt đất* ○ 坦, superficie de la terre. — *Mặt nước* ○ 渃, surface de l'eau. — *Mặt kính* ○ 鏡, glace, miroir. — *Mặt luật* ○ 律, la face de la loi (expression juridique).

Mắt 相. L'œil, les yeux; articulation des plantes; coûteux, cher; embrouillé, compliqué, difficile, pénible. (Formé des S. A. *mục* 目, œil, et *mạt* 末, bout, fin.)

    Hai con mắt 台昆 ○, les deux yeux. — *Mở mắt ra* 搗 ○ 囉, ouvrir les yeux. — *Nhắm mắt* 旺 ○, fermer les yeux, baisser les paupières. — *Liếc nửa con mắt* 睚姅昆 ○, cligner des yeux. — *Nhặm mắt* 疵 ○, avoir mal aux yeux (terme spécial). — *Mắt lờ cờ* ○ 籭渠, regard hébété. — *Mắt lé* ○ 睤, louche, borgne. — *Rắn mắt* 蛇 ○, yeux fixes et insolents, revêche, audacieux; litt., regard de serpent. — *Ngứa con mắt* 瘴昆 ○, avoir des démangeaisons dans l'œil;

au fig., être fortement irrité. — *Nước mắt* 洴 ○, larmes; litt., eau des yeux. — *Mắt mỏ* 某, précieux, cher; compliqué. — *Mắt giá* ○ 價, prix élevé. — *Mua mắt lắm* 謨 ○ 虞, acheter très cher. — *Bán mắt quá* 半 ○ 過, vendre trop cher. — *Chữ mắt* 字 ○, caractère compliqué, difficile (par opposition à *chữ rẻ* 字 禮, caractère simple, facile). — *Mắt tre* ○ 柳, nœud de bambou, — *Mắt cá* ○ 魚, cheville du pied; litt., œil de poisson.

Mặt 宓 *. Paisible, tranquille, retiré; calme, repos, apaisement.

Mật 密 *. Caché, secret, mystérieux, solitaire, occulte; fiel, bile.

    Cơ mật 機 ○, cause motrice cachée, ressort secret. — *Cơ mật viện* 機 ○ 院, le conseil aulique de la cour d'Annam. — *Mật tín* ○ 信, nouvelle secrète. — *Mật thơ* ○ 書, document confidentiel. — *Cẩn mật* 謹 ○, mystérieux, occulte, secret; discrétion. — *Mật đà tăng* ○ 陀 僧, protoxyde de plomb, litharge. — *Mật bò* ○ 牪, fiel de bœuf. Voir *đảm*. — *Mật xanh* ○ 檸, bile. Voir *đàm*.

Mật 蜜 *. Miel; doux, sucré; sirop.

    Mật ong ○ 蜂, miel d'abeille. — *Đường mật* 糖 ○, miel et sucre. — *Ngọt như mật* 叱 如 ○, doux comme le miel. — *Mật mía* ○ 樸, mélasse, sirop de canne à sucre. — *Cam hồng mật* 柑 紅 ○, espèce d'orange très douce, très sucrée.

Mất 秩. Perdre, égarer; disparu,

parti, évanoui, dissipé. (Formé des S. A. *thất* 失, perdre, et *mạt* 末, fin.)

    Mất của ○ 貯, perdre son bien. — *Mất bạc* ○ 薄, perdre de l'argent. — *Mất mùa* ○ 務, récolte manquée, perdue; mauvaise récolte. — *Mất công* ○ 功, perdre sa peine, son temps, le fruit de son travail. — *Mất lòng* ○ 悉, offenser, blesser, contrister. — *Mất lòng cha mẹ* ○ 悉 吒 媄, faire de la peine à ses parents. — *Mất cở* ○ 舉, avoir honte, être confus, rougir; qui blesse la pudeur. — *Mất đi* ○ 拸, disparaître, s'évanouir. — *Nó đi đâu mất* 奴 拸 兜 ○, il est parti, il a disparu; où est-il? — *Làm mất* 濫 ○, égarer. — *Bỏ mất* 補 ○, oublier. — *Lúa cũ mất giá* 稯 宲 ○ 價, le paddy perd de son prix en vieillissant. — *Hoa mất cở* 花 ○ 舉, mimosa, sensitive.

Mau 毛. Prompt, rapide, agile; vivement, rapidement, lestement. (En S. A., poil, cheveux; se pron. *mao*.)

    Mau mau đi ○ ○ 拸, allons, promptement! — *Đi cho mau* 拸 朱 ○, aller vite. — *Làm cho mau* 濫 朱 ○, faire lestement. — *Mau tay* ○ 扣, prompt et adroit des mains. — *Mau chơn* ○ 蹟, leste, agile, rapide à la marche; pas accéléré. — *Mau miệng* ○ 皿, prompt à la riposte, avoir la langue bien pendue. — *Mau quên* 洽, oublier vite. — *Về cho mau* 衛 朱 ○, revenir vite. — *Chạy mau hết sức* 趐 ○ 歇 飭, courir de toutes ses forces. — *Làm cho mau hơn* 濫 朱 ○ 欣, accélérer, faire plus vivement. — *Anh đi mau quá* 嬰 拸 ○ 過, vous allez trop vite.

Máu 泖. Sang; parenté. Voir *huyết*.

(Formé des S. A. *thủy* 水, eau, et *mão* 卯, abondant.)

Đổ máu 堵 ○, verser du sang, répandre le sang. — *Nhuộm máu* 染 ○, sanguinolent, teinté de sang. — *Chảy máu* 沚 ○, sang qui coule; saignant. — *Máu cam* ○ 疳, saignement de nez. — *Chảy máu mũi* 沚 ○ 鼻, saigner du nez. — *Đầy những máu* 苔 仍 ○, couvert de sang, ensanglanté. — *Cầm máu* 擒 ○, retenir le sang, empêcher l'hémorragie. — *Một máu* 沒 ○, du même sang, consanguinité, parenté, lignée. — *Máu thịt* ○ 膶, le sang et la chair; progéniture.

Màu 牟. Couleur, nuance, teinte; aspect, apparence. Voir *mùi* et *sắc*. (Pour le car. en S. A., voir ci-dessous.)

Màu xanh lông kéc ○ 檸 翻 鴼, couleur vert-perroquet. — *Màu xanh da trời* ○ 檸 胗 坙, bleu de ciel. — *Màu xanh lá cam* ○ 檸 蘿 柑, vert feuille d'oranger. — *Màu mè* ○ 楣, couleur, aspect; saveur. — *Đất màu mỡ* 坦 ○ 膈, terre grasse et de bonne culture. — *Tốt màu* 卒 ○, jolie couleur, belle apparence. — *Ngắm màu* 吟 ○, sentir, percevoir. — *Xấu màu* 丑 ○, vilaine couleur, mauvaise apparence; mauvais signe. — *Làm màu* 濫 ○, faire des façons.

Mầu 牟*. Beugler, mugir; enlever de force, usurper; convoiter.

Mầu 侔*. Accord parfait; égal, uni; compagnon, collègue, ami.

Mầu ni ○ 尼, l'un des petits noms familiers du Bouddha.

Mẩu 矛*. Lance terminée en crochet, épieu, hallebarde; se battre, lutter. Car. radical.

Tam giác mẩu 三 角 ○, lance à trois pointes, trident. — *Qua mẩu* 戈 ○, armes blanches en général.

Mậu 謬*. Paroles trompeuses, discours fallacieux; mensonge, erreur, méprise; faux, erroné, vicieux.

Đại mậu 大 ○, vaste erreur, grande méprise. — *Bắt mậu* 抔 ○, dévoiler une tromperie. — *Mắc mậu* 繆 ○, subir les conséquences d'une faute.

Mậu 戊*. Cinquième lettre du cycle dénaire (bois non travaillé). Voir *mồ*.

Mẩu 矛. Faire un nœud solide; un arbre dont l'écorce fournit un lien. (En S. A., lance, épieu; se pron. *mẩu*.)

Mầu 牟. Force ou vertu de quelque chose; haut, profond, caché, secret. (En S. A., prendre, voler; se pron. *mầu*.)

Mầu nhiệm ○ 冉, mystérieux, surnaturel. — *Ý mầu* 意 ○, volonté impénétrable. — *Thuốc mầu* 葉 ○, médecine puissante, remède vraiment efficace. — *Phép mầu* 法 ○, pouvoir mystérieux, puissance occulte, rite secret.

Mẫu 母*. Mère, nourrice, celle qui élève les enfants; modèle, exemple, règle; nom de plante.

Phụ mẫu 父 ○, le père et la mère. — *Mẫu tử* ○ 子, la mère et les enfants. — *Đại phụ mẫu* 大 父 ○, les grands parents. — *Dân chi phụ mẫu*

民之父 ○, le père et la mère du peuple (titre que le roi d'Annam aime à se donner). — *Quốc mẫu* 國 ○, la mère du roi, l'impératrice douairière; litt., la mère du royaume. — *Dưỡng mẫu* 養 ○, nourrice. — *Đích mẫu* 嫡 ○, première femme, première mère. — *Kế mẫu* 繼 ○, celles qui viennent après la première mère; belle-mère, marâtre. — *Làm mẫu cho* 濫 ○ 朱, donner l'exemple. — *Ích mẫu* 益 ○, armoise ou herbe de la Saint-Jean.

Mẫu 畝 *. Arpent de terre, demi-hectare français environ, valant exactement 62 ares 2521 [1].

Một mẫu ruộng hạng nhứt 沒 ○ 壟 項 壹, un arpent de rizière de 1re classe.

Mẫu 牡 *. Mâle des animaux, des quadrupèdes surtout, et, par extension, de quelques plantes dioïques; verrou, fermeture de porte.

Mẫu ngưu ○ 牛, buffle mâle. — *Mẫu đơn hoa* ○ 丹 花, la tulipe. — *Mẫu đơn chè* ○ 丹 茶, un camélia de la grande espèce. — *Mẫu ma* ○ 麻, chanvre mâle. — *Môn mậu* 門 ○, le verrou d'une porte.

Me 楣 *. Poutre ou pièce de bois transversale, linteau de porte ou de fenêtre. A. V. Tamarinier; le nom d'un jeu de hasard [2].

Trái me 鞭 ○, tamarin. — *Đánh me* 打 ○, jouer au jeu de ce nom. — *Tiệm me lậu* 店 ○ 漏, une maison où l'on joue clandestinement ce jeu.

Me 咩 *. Le bêlement des chèvres.

Mẹ 媄. Mère. Voir *má* et *mợ*. (Formé des S. A. *nữ* 女, femme, et *mĩ* 美, doux.)

Mẹ đẻ ○ 膪, vraie mère, celle qui a enfanté (par opposition à *mẹ nuôi*, mère nourricière). — *Mẹ nuôi* ○ 餒, nourrice. — *Mẹ ghẻ* ○ 坈, locution vulgaire pour désigner une belle-mère, une marâtre (voir *kế mẫu*, expression officielle et légale). — *Lòng mẹ* 惢 ○, le sein maternel. — *Mẹ nó* ○ 奴, sa mère, leur mère, c.-à-d. la mère des enfants. — *Mẹ con* ○ 昆, la mère et les enfants, la mère et les petits. — *Con mẹ ấy* 昆 ○ 意, cette femme-là, cette gaillarde-là. — *Mẹ ôi* ○ 喂, ô ma mère! — *Mẹ cha thử* ○ 吒 試, sapristi!

Mé 湄 [3]. Bord, rive, quai, lisière, marge, bordure; tailler, couper, ébrancher. (Du S. A. *mi*, même car., rivage fleuri.)

Mé biển ○ 瀣, les bords de la mer. — *Mé sông* ○ 瀧, rive du fleuve. — *Đàng mé sông* 唐 ○ 瀧, sentier des bords de l'eau. — *Mé rừng* ○ 棱, lisière de forêt. — *Ngoài mé* 外 ○, sur le rivage; en dehors des marges. — *Mé cây* ○ 核, tailler les arbres.

Mè 楣 *. Pièce de bois transversale, poutre. A. V. Sésame (plusieurs espèces); nom de poisson.

---

[1] L'unité de mesure officielle varie en Annam, surtout en ce qui concerne les champs.

[2] Ce jeu, d'importation chinoise et improprement appelé *ba quan* par les Européens, a dû être prohibé par l'autorité française à cause des ravages qu'il exerçait sur les populations indigènes.

[3] Se transcrit aussi par le car. 媄.

Rui mè 橑 ○, latte pour toiture. — *Hột mè* 紇 ○, graine de sésame. — *Dầu mè* 油 ○, huile de sésame. — *Mè tré* ○ 智, cardamome. — *Cá mè* 鮒 ○, la tanche.

Mẽ 美. Exclamation de surprise, d'étonnement; mot complémentaire. (En S. A., doux; se pron. *mĩ*.)

Mạnh mẽ 孟 ○, fort, robuste, vigoureux, bien portant, sain et dispos. — *Mát mẽ* 沫 ○, frais, rafraîchissant.

Mẻ 美. Cassé ou brisé en partie, ébréché, fêlé, fendillé, craquelé. (Pour le car. en S. A., voir ci-dessus.)

Làm mẻ dao 濫 ○ 刀, ébrécher un couteau. — *Dao mẻ* 刀 ○, couteau ébréché. — *Bát mẻ* 鉢 ○, bol fendu, cassé; tasse fêlée. — *Mặt mẻ* 麵 ○, visage ridé, masque craquelé.

Mé 糜. Carène, quille; flanc, côté, partie latérale; monture, carcasse. (En S. A., bouillie de riz; se pron. *mi*.)

Mé thuyền ○ 船, quille et flancs d'un bateau. — *Mé thúng* ○ 箳, le corps principal d'un panier, la monture ou la carcasse d'une corbeille.

Mê 迷*. Absorbé, passionné, hébété; abruti par le vice, rendu stupide par l'abus des narcotiques.

Mê việc học hành ○ 役學行, absorbé par l'étude. — *Mê cờ bạc* ○ 棋簿, passionné pour le jeu. — *Mê chơi ác* ○ 制惡, passionné pour les plaisirs. — *Mê dâm dục* ○ 婬慾, adonné à la luxure, à la débauche. — *Mê tửu sắc* ○ 酒色, id. — *Mê*

thuốc nha phiến ○ 藥芽片, abruti par l'opium. — *Mê say* ○ 醋, troublé par les vapeurs de l'ivresse. — *Mê man* ○ 瞞, id. — *Mê ngủ* ○ 眤, abruti par le sommeil. — *Thằng u mê* 倘 幽 ○, un abruti, un idiot. — *Mê tâm* ○ 心, id. — *Mê đắm* ○ 沈, passionnément attaché à. — *Mê ăn* ○ 唵, goinfre. — *Thuốc mê* 藥 ○, un philtre d'amour (certaine poudre que les Annamites supposent propre à inspirer la passion amoureuse). — *Bỏ thuốc mê* 補藥 ○, jeter de cette poudre sur quelqu'un.

Mê 謎*. Paroles à double entente, langage énigmatique; confus, embarrassé, égaré, troublé, interdit.

Ác mê 啞 ○, son guttural; s'exprimer d'une manière confuse. — *Đái mê* 帶 ○, pisser au lit, uriner sous soi (comme les petits enfants).

Mê 膍. Le gésier des oiseaux. (Formé des S. A. *nhục* 肉, chair, et *mi* 眉, sourcil.)

Mê gà ○ 雞, gésier de poule.

Mễ 米*. Riz, grain. Car. radical.

Mễ mgưu ○ 牛, un insecte qui ronge les riz. — *Bạch mễ* 白 ○, riz blanc. — *Mễ châu* ○ 珠, riz cru; litt., riz en perles (expression poétique). — *Trần mễ* 陳 ○, riz conservé (pour préparer des tisanes). — *Mộc mễ* 木 ○, nom d'arbre. — *Lễ mễ* 禮 ○, présents, cadeaux; se prosterner en présentant des offrandes rituelles.

Méc 覓. Dire ce qu'on a vu ou entendu, rapporter un fait (ne s'emploie généralement qu'en mauvaise part). Voir *mét*. (Pour le car. en S. A., voir ci-dessous.)

Nó hay méc 奴 哈 ○, il a l'habitude de rapporter; c'est un bavard.

Méch 覓*. Dévier de la ligne droite; faire de travers, inconsidérément. Voir *mách* et *mích*.

Méch thàm ○ 噃, sans aucune raison, sans nul motif. — *Méch lòng* ○ 悉, offenser le cœur, blesser les sentiments. — *Lời nói méch lòng* 唎 吶 ○ 悉, paroles blessantes. — *Nói méch dáp* 吶 ○ 嗒, parler sans retenue, s'exprimer sans aucun ménagement.

Mem 㴻. Mastiquer, mâchonner; mot complémentaire. (Formé des S. A. *thủy* 水, eau, et *miên* 髮, crâne.)

Mem cơm ○ 䭃, mâcher du riz cuit (pour gaver les petits enfants selon la coutume annamite). — *Ăn mem* 咹 ○, manger de la nourriture préalablement mâchée (petits enfants). — *Uớt mem* 汇 ○, trempé, humide, glutineux, tout à fait mouillé.

Mềm 饒. Mou, doux, tendre, flexible, soyeux, agréable au toucher. (Formé des S. A. *thực* 食, nourriture, et *miên* 髮, crâne.)

Mềm mại ○ 賣, doux, délicat. — *Cây mềm* 核 ○, bois flexible. — *Thịt mềm* 胐 ○, chair flasque, viande molle. — *Vỏ mềm* 補 ○, écorce tendre. — *Dịu mềm* 妙 ○, fin, doux, soyeux. — *Mềm lũn* 侖 ○, mou, flasque, visqueux. — *Làm cho lòng mềm* 濫 朱 悉 ○, amollir le cœur, ramener à de meilleurs sentiments, amadouer, attendrir.

Men 綿. Ferment, levain; marcher d'une manière ridicule ou extraordinaire; syllabe complémentaire. (En S. A., longs fils de soie, long, prolongé; se pron. *miên*.)

Dậy men 跜 ○, fermenter, se soulever. — *Sự men nổi* 事 ○ 浽, fermentation. — *Bánh có men* 飯 固 ○, pain levé. — *Pha men* 葩 ○, mélanger du levain. — *Men tới* ○ 細, arriver, se présenter (d'une façon bizarre, extravagante). — *Men vào* ○ 包, s'introduire (avec les mêmes manières). — *Men thoát* ○ 脫, s'esquiver, disparaître (à l'anglaise). — *Men theo* ○ 蹺, suivre (en se glissant).

Mén 免. Être frais émoulu de; récemment, nouvellement; tout petit, encore très jeune. (En S. A., dispenser, éviter; se pron. *miễn*.)

Mén 鏝. Cloche, sonnette, cymbale. (En S. A., truelle, racloir; se pron. *man*.)

Mên 綿. Nom propre; nom de pays. (En S. A., long, étendu; se pron. *miên*.)

Nước Cao mên 渃 高 ○, royaume du Cambodge. — *Người Cao mên* 俚 高 ○, un Cambodgien.

Mến 勉*. Pousser, contraindre, forcer, presser; persuader; exhorter; stimuler, encourager; aimer, affectionner.

Yêu mến 腰 ○, aimer tendrement. — *Kính mến* 敬 ○, aimer respectueusement. — *Đức mến* 德 ○, la vertu de charité. — *Mến sự nhơn đức* ○ 事 仁 德, aimer la vertu. — *Mến lòng* ○ 悉, avoir en grande affection. — *Bịn yêu mến* 紆腰 ○, aimer avec passion, s'attacher fortement à quelqu'un.

Mến 綿. Couverture de lit; suaire. (En S. A., long, étendu; se pron. *miên*.)

Mền nỉ ○ 絇, couverture en laine. — *Mền liêm* ○ 殮, un linceul. — *Một cái mền đỏ* 沒丐 ○ 赭, une couverture rouge. — *Đắp mền* 搚 ○, s'envelopper d'une couverture.

Mến 勉. Syllabe complémentaire. (En S. A., pousser, forcer; se pron. *mến*.)

Lực mến 力 ○, déployer sa force, montrer ses qualités, son savoir-faire. — *Mang mến* 芒 ○, porter dans son sein, être enceinte.

Ménh 溟*. Immense étendue d'eau, vastes océans. Voir *minh*.

Móng ménh 濛 ○, très grand, très étendu. — *Đại ménh* 大 ○, id.

Meo 苗*. Premières tiges, jeunes pousses, herbe tendre; nom d'une tribu indépendante voisine de l'Annam. Voir *miêu*. A. V. Moisissure; syllabe complémentaire.

Cheo meo 招 ○, sur le bord, sur le point de tomber, périlleux. — *Mét meo* 䰯 ○, pâle, défait, exsangue. — *Móc meo* 木 ○, se moisir.

Mẹo 卯*. Règle, méthode, manière; car. horaire et 4ᵉ lettre du cycle duodénaire (lièvre). Voir *mão*.

Mực mẹo 墨 ○, ordre, règle, cordeau. — *Làm mẹo* 濫 ○, se servir d'expédients; prendre des mesures, régulariser. — *Cứ mẹo mà làm* 據 ○ 麻濫, suivre la règle, se conformer à la méthode, partir d'un principe pour agir. — *Sách mẹo* 典 ○, le livre des règles, la grammaire. — *Lo mẹo* 慮 ○, aviser à un moyen, à une règle à suivre; chercher une manière d'être, se préoccuper d'une façon d'agir. — *Hỏi mẹo* 嗨 ○, interroger selon la règle et la méthode.

Méo 咉. De travers, de côté, inégal, anormal, irrégulier, déformé, qui n'est pas rond. (Formé des S. A. *khẩu* 口, bouche, et *mẹo* 卯, règle.)

Méo mó ○ 喋, grimaçant. — *Méo miệng* ○ 皿, bouche de travers. — *Méo nhám* ○ 巖, anguleux, qui a des aspérités. — *Thúng méo* 筲 ○, panier de forme irrégulière (ou mal tressé).

Mèo 猫. Chat. (Du S. A. *miêu*, même car., même signification.)

Mèo nhà ○ 茹, chat domestique. — *Mèo rừng* ○ 棱, chat sauvage. — *Con mèo đực con* 昆 ○ 特昆, jeune chat. — *Mèo gũ* ○ 棋, chat noir. — *Chim mèo* 鵠 ○, chat-huant. — *Loại thú như mèo* 類獸如 ○, race féline. — *Như mèo thấy mỡ* 如 ○ 寛腡, alléché, attiré par l'appât du plaisir; litt., comme un chat qui voit de la graisse.

Mẹp 跊. S'étendre, se coucher (se dit des pachydermes). (Formé des S. A. *túc* 足, pied, et *phạp* 乏, manquer.)

Voi mẹp 獁 ○, éléphant allongé. — *Trâu mẹp* 犝 ○, buffle couché.

Mép 呍. Lèvres, babines; marge, rebord, lobe; les bords ou les alentours d'un trou, d'une ouverture. (Formé des S. A. *khẩu* 口, bouche, et *phạp* 乏, manquer.)

Ướt mép 汔 ○, mouiller les lèvres. — *Liếm mép* 㗖 ○, se lécher les babines. — *Mép tai* ○ 腮, le lobe de l'oreille. — *Râu mép* 鬏 ○, moustache. — *Lông mép* 翻 ○, duvet. — *Chóc mép* 瘯 ○, ulcère à la bouche. — *Mép rạch* ○ 瀝, les bords d'un arroyo. — *Mồm mép* 噯 ○, gueule.

Mét 巇. Pâle, exsangue, décoloré. (Du S. A., *miệt*, même car., sang gâté.)

Mét meo ○ 苗, blafard. — *Mét mặt* ○ 靣, visage pâle. — *Da mét* 胅 ○, teint blême. — *Mét xanh* ○ 橕, blêmir, devenir vert. — *Sắc mét* 色 ○, la pâleur du teint. — *Giận mét mặt* 悷 ○ 靣, pâlir de colère. — *Mét chẳng mét yểng* ○ 絓 ○ 暎, se dit d'un visage qui prend toutes sortes de pâleurs.

Mét 覓. Sans retenue, inconsidérément. Voir *méc*. (Du S. A. *mêch*, même car., même signification.)

Nói mét 吶 ○, redire, rapporter (comme font les enfants).

Mệt 癡. Las, fatigué, éreinté, harassé. (Formé des S. A. *nịch* 疒, maladie, et *miệt* 蔑, yeux fatigués.)

Mệt mỏi ○ 痲, exténué de fatigue. — *Mệt nhọc* ○ 辱, rompu, brisé, très las. — *Mệt háp hơi* ○ 吸唏, haletant, essoufflé, qui n'en peut plus. — *Đi mệt lắm* 扡 ○ 廩, être très fatigué d'une marche. — *Làm cho mệt* 濫 朱 ○, fatiguer, lasser.

Mệt 癡. Même signification que ci-dessus (ne s'emploie que comme syllabe euphonique).

Say lét mét 醛 踘 ○, ivre mort. — *Ướt lét mét* 汔 踘 ○, complètement mouillé, ruisselant, trempé.

Mếu 喵. Syllabe complémentaire. (Formé des S. A. *khẩu* 口, bouche, et *miêu* 苗, jeunes pousses.)

Mếu miệng ○ 呬, faire des contorsions avec la bouche (comme un enfant qui va pleurer).

Mếu 茆. Syllabe complémentaire. (En S. A., plantes d'eau; se pron. *mạo*.)

Nõn mếu 嫩 ○, tendre, jeune, délicat, mou, flexible.

Mi 眉*. Sourcils; âgé. Voir *mày*. A. V. Tu, toi (méprisant). Voir *mầy*.

Bạch mi 白 ○, sourcils blancs. — *Mi là cọp* 羅 狳, tu es un tigre. — *Mầy tao mi tớ* 眉 螯 ○ 佨, tutoyer, traiter de haut.

Mi 楣*. Linteau de porte, barre transversale pour fermeture.

Mi 湄*. Bords verdoyants d'un cours d'eau, rivages fleuris.

Mi 糜*. Grain réduit en bouillie.

Mi 麼*. Peu considérable, peu important; lier, attacher; particule interrogative et dubitative.

Mi 靡*. Dispersé, en désordre; bizarre, étrange; égoïste, mesquin.

Vô mi 無 ○, sans extravagance, sans aucune exagération.

Mị 媚*. Se plaire mutuellement, être amoureux l'un de l'autre; faire la cour, flatter, cajoler, caresser.

    Kiều mị 嬌 ○, fascinant, excitant, lascif. — *Cầu mị* 求 ○, chercher à plaire ou à gagner les faveurs de quelqu'un. — *Nói mị* 吶 ○, minauder, dire des fadaises; dire des faussetés. — *Siểm mị* 諂 ○, flagorner.

Mị 魅*. Génie malfaisant; lutin, gnome, sylphe, diablotin.

Mị 寐*. Dormir profondément; abruti par le sommeil, peu lucide.

    Mị mộng ○ 夢, rêvasseries, cauchemars, idées vagues et fausses; faux, erroné, trompeur, fallacieux.

Mĩ 朕. Bord, côté, bordure, lisière. (Formé des S. A. *nhục* 肉, chair, et *mĩ* 美, bon, beau.)

    Mĩ con mắt ○ 昆相, paupière. — *Lông mĩ* 翹 ○, les cils. — *Nói không ra mĩ* 吶空囉 ○, paroles qui n'ont pas de sens, langage inintelligible.

Mì 麵. Blé, froment. (Du S. A. *miến*, même car., même signification.)

    Lúa mì 穭 ○, blé, froment (en grain ou en herbe). — *Bánh mì* 餌 ○, pain de blé. — *Bột mì* 粹 ○, farine de froment. — *Một cái bao lúa mì* 沒丐包穭 ○, un sac de blé.

Mĩ 美*. Bon, doux, excellent, savoureux; de belle apparence.

    Mĩ nữ ○ 女, belle femme, personne aimable et gracieuse. — *Mĩ nhơn* ○ 人, bel homme, beau garçon. — *Mĩ quốc* ○ 國, beau royaume, pays riche et prospère. — *Mĩ sự* ○ 事, quelque chose de bien. — *Tứ mĩ* 四 ○, les quatre genres de beauté. — *Mĩ sắc* ○ 色, joli teint, beauté physique. — *Mĩ mầu* ○ 牟, grâce, distinction, élégance. — *Mĩ dân* ○ 民, bon peuple, excellente population. — *Mù mĩ* 溙 ○, joli, gracieux, élégant. — *Hoa mĩ* 華 ○, orné, fleuri; nom de pays. — *Mĩ phước* ○ 福, beauté et bonheur; nom de pays. — *Mĩ hòa* ○ 和, harmonie et concorde; nom de pays.

Mía 樸. La canne à sucre. Voir *giá*. (Formé des S. A. *mộc* 木, arbre, et *mĩ* 美, beau, doux.)

    Mía mưng ○ 冥, une espèce parculière de canne. — *Mía gián* ○ 簡, autre espèce. — *Mía lau* ○ 簝, id. — *Mía voi* ○ 獂, id. — *Mía thao* ○ 繰, id. — *Lá mía* 蘿 ○, feuilles de canne. — *Đánh lá mía* 打蘿 ○, effeuiller la canne. — *Bã mía* 把 ○, résidu de canne à sucre. — *Ăn mía* 唆 ○, manger de la canne à sucre.

Mía 美. De même apparence, presque semblable, qui diffère très peu. (En S. A., bon, beau; se pron. *mĩ*.)

    Mía mai ○ 埋, égal, semblable, harmonieux. — *Mía tợ* ○ 似, id. — *Mía chiệng* ○ 呈, id. — *Mía dạng* ○ 樣, id. — *Nói mía mai* 吶 ○ 埋, parler par images et figures.

Mịch ⼌*. Couvrir, abriter, cacher, dissimuler. Car. radical.

Mịch 漠*. Désert de sable; ample, large, vaste, étendu.

Mịch 糸*. Brin, fil, fibre, filament; mince, fluet, menu. Car. radical.

Mích 覓*. Chercher, demander; faire de travers; causer de la peine. Voir méch et mách.

Miên 宀*. Abri, hangar, toiture, appentis, couverture. Car. radical.

Miên 綿*. Soie douce; fils allongés; moelleux, ouaté; long, étendu.

    Miên trường ○ 長, d'une grande étendue. — *Miên viễn* ○ 遠, très éloigné, à une grande distance.

Miên 夒*. La boîte cranienne.

Miên 麵 et 麪*. Blé de première qualité. Voir *miến* et *mì*.

Miên 沔*. Courant rapide et impétueux, eaux débordantes; pays, contrée, région; nom de district.

    Miên dương châu ○ 陽州, le nom d'un pays. — *Miên trên* ○ 連, région supérieure; pays des *Moi*. — *Miên dưới* ○ 㕑, région inférieure. — *Miên ngoài* ○ 外, région au nord de l'Annam. — *Miên cũ* ○ 窰, l'antique patrie. — *Miên quê quán* ○ 圭貫, lieu d'origine, village natal. — *Gần miên* 昕 ○, près de, à proximité de, dans le voisinage.

Miên 免*. Dispenser, éviter, épargner; ne pas tenir compte de.

    Miên diêu hạng ○ 徭項, certains agents locaux dispensés de la moitié de l'impôt personnel. — *Miên hành* ○ 倖, échapper par chance. — *Miên nghị* ○ 議, hors de cause, excuse légale. — *Miên là* ○ 羅, pourvu que. — *Miên tội* ○ 罪, pardonner une faute. — *Miên chấp* ○ 執, épargner, ne pas tenir compte de. — *Xin ông miên chấp* 嗔翁 ○ 執, veuillez m'excuser, monsieur.

Miên 唲*. Garder le silence.

Miên 勉*. Pousser, animer, exciter; imposer l'obligation de, contraindre, forcer à faire. Voir *mến* et *mịn*.

Miên 俛*. Courbé, penché, incliné; courber le front avec respect.

Miên 麵*. Farine de blé ou de froment. Voir *miến* et *mì*.

    Miên thực ○ 食, gâteau, galette, préparation farineuse. — *Thượng miên* 上 ○, farine de première qualité. — *Miên đậu* ○ 頭, fécule de fèves, de haricots. — *Phát miên* 發 ○, fermentation de la pâte.

Miếng 明. Clair. (Corruption du S. A. *minh*, même car., même signification.)

    Phân miếng 分 ○, discerner. — *Nói miếng* 吶 ○, parler clairement. — *Miếng bạch* ○ 白, clair et net. — *Miếng rõ ràng* ○ 燎練, très clair, très net, facilement compréhensible. — *Chứng miếng* 証 ○, témoignage infaillible, irrécusable, prouvé. — *Cao miếng* 高 ○, très intelligent.

Miệng 皿. Bouche, orifice, ouverture. Voir *khẩu*. (Formé des S. A. *khẩu* 口, bouche, et *minh* 皿, plat, vase.)

    Mở miệng ra 撝 ○ 囉, ouvrir la bouche (pour laisser voir). — *Hả miệng*

呵 ○, ouvrir la bouche toute grande (d'une façon menaçante). — *Miệng lưỡi* ○ 㗰, qui est éloquent. — *Xấu miệng* 丑 ○, détracteur. — *Tốt miệng* 卒 ○, qui parle bien. — *Miệng mồm* ○ 噳, bouche, gueule, mufle, hure. — *Ngứa miệng* 癢 ○, avoir des démangeaisons dans la bouche, c.-à-d. avoir une furieuse envie de parler. — *Nhiều miệng* 饒 ○, parler d'abondance. — *Hạch miệng* 劾 ○, examen oral. — *Đồ ăn tráng miệng* 圖 唛 壯 ○, dessert. — *Ngậm miệng* 吟 ○, fermer la bouche. — *Hôi miệng* 火 ○, avoir une mauvaise haleine. — *Cái miệng lớn đại* 丐 ○ 客 大, une bouche énorme. — *Miệng lò* ○ 爐, l'orifice d'un four. — *Miệng súng* ○ 銃, bouche à feu, gueule de canon. — *Miệng dấu vít* ○ 阝曰, plaie, blessure, cicatrice.

Miếng 凹. Bouchée, morceau, bout de quelque chose; lot, parcelle. (Pour la décomp. du car., voir ci-dessus.)

Miếng thịt ○ 胉, morceau de viande. — *Miếng bánh* ○ 䭇, bouchée de pain. — *Miếng ván* ○ 版, bout de planche. — *Một miếng trầu* 沒 ○ 樓, une chique de bétel. — *Một miếng đất* 沒 ○ 坦, une parcelle de terre, un lot de terrain. — *Nước miếng* 渚 ○, salive. — *Cho tôi miếng thuốc* 朱 碎 ○ 葉, donnez-moi un peu de tabac. — *Phân ra từ miếng* 分 囉 自 ○, morceler. — *Húp ba miếng cháo* 噏 叵 ○ 䊚, prendre trois (quelques) bouchées de potage. — *Nhể miếng* 咐 ○, railler, blaguer, se moquer.

Miếng 礦 [1]. Fragment, débris, tesson. (Formé des S. A. *thạch* 石, pierre, et *mảng* 莽, herbes folles.)

Miểng sành ○ 硅, fragment de porcelaine. — *Miểng cái bình bể* ○ 吗 瓶 披, débris d'un vase cassé. — *Miểng ve chai* ○ 礦 玟, tesson de bouteille. — *Má miểng bầu* 馬 ○ 瓢, joues pendantes, face ravagée.

Miệt 蔑 *. Yeux fatigués; voir les choses par leur petit côté, faire peu de cas de, n'attacher aucune importance à; lopin de terre.

Miệt 韤 *. Bottes, guêtres, jambard.

Miệt 蟣 *. Insecte éphémère, mite, termite, perce-bois, charançon.

Miệt 衊 *. Sang corrompu, gâté; salir, souiller, ensanglanter.

Miệt 搣 *. Agir incorrectement, faire de travers; taper, battre, frapper.

Miết 蔑. Sans gêne, tout à son aise; agir avec force, faire brutalement; d'un seul coup, sans arrêt. (Du S. A. *miệt*, même car., faire peu de cas de.)

Chạy miết dài 趂 ○ 長, courir très vite et sans s'arrêter. — *Đi miết về* 趂 ○ 衛, aller et revenir d'une seule traite. — *Kéo miết đi* 播 ○ 趂, amener d'un seul coup. — *Làm miết* 濫, faire sans s'arrêter. — *Chèo miết* 橄 ○, ramer à plein aviron et vigoureusement.

Miều 苗 *. Plante qui commence à

---

[1] Se transcrit aussi par le car. 㗰.

pousser, premier germe, première tige; nom d'une tribu indépendante voisine de l'Annam. Voir *meo*.

Miếu duệ ○ 裔, lignée, descendance, postérité. — *Ban miếu* 班○, mouche cantharide.

Miếu 描*. Prendre note de quelque chose, transcrire, noter, décrire, détailler; peinture, description.

Miếu thủ ○ 取, prendre, enlever.

Miếu 猫*. Chat. Voir *mèo*.

Miếu 錨*. Ancre, grappin. Voir *neo*.

Miếu 庙 et 廟*. Temple, pagode.

Văn thánh miếu 文 聖 ○, temple pour le culte du sage Confucius.

Miếu 庙 et 廟*. Temple, pagode.

Đại miếu 大 ○, le grand temple (dédié aux ancêtres du souverain). — *Chùa miếu* 廚 ○, temples et pagodes. — *Tổng miếu* 宗 ○, temple dédié aux ancêtres. — *Miếu thần* ○ 神, pagode dédiée aux esprits. — *Miếu công thần* ○ 功 臣, sépultures royales, tombeaux d'hommes illustres. — *Miếu kiến* ○ 見, salutations d'usage d'une nouvelle mariée au temple des ancêtres de son mari.

Mím 嗌. Serrer, pincer, comprimer. Voir *mám*. (Formé des S. A. *khẩu* 口, bouche, et *miên* 冥, crâne.)

Mím miệng ○ 皿, fermer la bouche. — *Mím môi* ○ 枚, serrer les lèvres.

Mím 嗌. Cri imitatif pour appeler les chats : *mím mím*. (Pour la décomposition du car., voir le car. ci-dessus.)

Min 綿. Je, moi, nous (pronom arrogant dans le genre de *tao* et *ta*). (En S. A., fils de soie; se pron. *miên*.)

Min nói không cho ○ 呐 空 朱, je dis non, je refuse. — *Của min* 貼 ○, c'est à nous. — *Con min* 昆 ○, grand buffle sauvage, espèce de bison.

Mịn 皿 [1]. Menus fils, petites fibres; mince, délié, flexible, doux, lisse. (En S. A., plat, vase; se pron. *mịnh*.)

Mịn màng ○ 咾, serré, dense, compact, lisse. — *Khoai mịn* 坊 ○, un tubercule très farineux.

Min 晚. Syllabe complémentaire. (En S. A., se taire; se pron. *miên*.)

Min cười ○ 哄, rire sous cape, se moquer en dessous. — *Mủn min* 蔓 ○, faire des gorges chaudes.

Minh 銘*. Graver sur métal; ciseler; se souvenir; inscription pour rappeler les mérites d'un mort.

Minh 明*. Clair, brillant, splendide; évident, éclairé, manifeste; le nom d'une dynastie chinoise.

Quang minh 光 ○, lumineux, éclatant. — *Đại minh* 大 ○, le soleil; splendide, magnifique; la Chine. — *Văn minh* 文 ○, illustre. — *Minh thiên* ○ 天, splendeur des cieux. — *Minh bạch* ○ 白, clair, évident, ma-

---

[1] Se transcrit aussi par le car. 勉.

nifeste. — *Xử cho minh bạch* 處朱 ○ 白, juger une affaire clairement. — *Minh mẫn* ○ 敏, intelligent, perspicace. — *Minh mục* ○ 目, clairvoyant. — *Cao minh* 高 ○, haute intelligence. — *Minh nhựt* ○ 日, demain. — *Minh niên* ○ 年, l'an prochain. — *Thông minh* 聰 ○, savant, éclairé. — *Minh mạng* ○ 命, sort éclatant; nom de règne d'un souverain de l'Annam (1820-1841). — *Minh nghĩa công thần* ○ 義功臣, ordre des sujets de mérite et de fidélité éclatants (fondé par l'empereur *Gia long*, mais tombé en désuétude aujourd'hui). — *Minh hương* ○ 鄉, métis de Chinois et de femme annamite (formés en sociétés distinctes).

Minh 盟*. Faire un serment; ratifier un traité, confirmer une convention; union, accord, entente.

Minh sơn ○ 山, prendre les montagnes à témoin d'un serment solennel.

Minh 冥*. Sombre, obscur, invisible; couvrir, recouvrir. Voir *mảng*.

Minh phủ ○ 府, sombres régions, monde souterrain. — *U minh* 幽 ○, ténébreux, caché, invisible. — *Minh pháp* ○ 法, puissance occulte, pouvoir des démons. — *Minh hắc hương* ○ 黑香, gomme séraphique.

Minh 溟*. Immense nappe d'eau; mers noires, eaux dormantes; vaste, illimité; sombre, triste. Voir *mênh*.

Minh hải ○ 海, les océans tristes et inconnus; l'abîme insondable. — *Bắc minh* 北 ○, l'océan arctique, la mer du Nord.

Minh 鳴*. Le chant des oiseaux; crier, appeler, gémir, se plaindre.

Đi minh oan 移 ○ 冤, aller signaler une injustice, aller réclamer.

Mịnh 皿*. Plat; vases pour manger, vaisselle de table. Car. radical.

Khí mịnh 器 ○, ustensiles de ménage, batterie de cuisine.

Mình 命. Le corps, la personne; soi-même, personnellement, corporellement; je, moi, nous tous. (Du S. A. *mạng*, même car., vie, destin.)

Mình mẩy ○ 朕, tout le corps. — *Đau mình mẩy* 疙 ○ 朕, avoir mal partout, être brisé. — *Mình vóc* ○ 胕, la taille, la corpulence. — *Cửa mình* 閫 ○, la porte de soi-même, la matrice, le vagin (expression adoucie). — *Cậy mình* 恃 ○, se faire fort de, compter sur soi-même. — *Trầm mình* 沈 ○, se noyer. — *Khoe mình* 誇 ○, se vanter. — *Tức mình* 息 ○, vexé, à bout de patience. — *Xét trong mình* 察 冲 ○, regarder au dedans de soi-même, faire son examen de conscience. — *Liều mình* 料 ○, se risquer, s'exposer. — *Nộp mình* 納 ○, se livrer, se rendre. — *Là của mình* 羅 貼 ○, qui appartient en propre. — *Một mình* 沒 ○, soi-même, tout seul. — *Có một mình tôi* 固 沒 ○ 碎, il n'y a que moi, je suis tout seul. — *Phải giữ mình* 沛 悴 ○, il faut se surveiller, il faut veiller sur soi. — *Lấm mình* 淋 ○, avoir le corps sale; par euphémisme, règles, menstrues. — *Mình ở lỗ, cổ đeo hoa* ○ 於 魯 古 刁 花, le corps à nu et le cou paré de fleurs (proverbe); être inconscient de soi-même.

Mỉnh 酩 *. Ivre, saoul; sorte de vin.

Mịt 霦. Noir, obscur; épais, serré (ne s'emploie qu'en composition). (Formé des S. A. *vũ* 雨, pluie, et *miệt* 蔑, yeux fatigués.)

Mù mịt 霚 ○, sombre, obscur, ténébreux, nuageux. — Tối mịt 最 ○, épaisses ténèbres, nuit noire. — Sự mù mịt 事霚 ○, l'obscurité, les ténèbres.

Mít 樒. Le jaquier, l'arbre à pain. (Formé des S. A. *mộc* 木, arbre, et *miệt* 蔑, yeux fatigués.)

Mít ráo ○ 燥, espèce particulière. — Mít wót ○ 汔, autre espèce. — Mít nài ○ 奈, id. — Mít bở ○ 彼, id. — Mít gác ○ 棘, id. — Trái mít 鞭 ○, le fruit du jaquier. — Múi mít 縎 ○, pulpe de jaquier. — Mú mít 潩 ○, stupide, sot, idiot.

Mo 模 *. Forme, manière; enveloppe, écorce; apparence extérieure des choses. Voir *mó*.

Mo cau ○ 橰, écorce d'aréquier. — Lụa mo 縷 ○, écorce de bambou. — Gói mo 繪 ○, paquet enveloppé avec cette écorce. — Lòng mo 悉 ○, courbé, recourbé. — Lòng mo sách 悉 ○ 冊, le dos d'un livre.

Mó 摸 (1). Tâter avec la main, chercher à tâtons, aller à l'aveuglette dans l'obscurité. (Du S. A. *mó*, même car., se rendre compte en touchant.)

Mó đến mình ○ 典命, palper le corps, faire des attouchements. — Mó máy ○ 榎, mains qui remuent sans cesse, doigts qui touchent à tout. — Mó cá ○ 魸, pêcher d'une certaine manière, chercher à prendre du poisson en plongeant les mains sous l'eau. — Ló mó 露 ○, nonchalant. — Mó ô ○ 樢, espèce de bambou.

Mò 煤 * (2). Noirci par le feu; amas de suie, charbon (ne s'emploie que comme mot complémentaire).

Mò hóng ○ 烘, noir de fumée. — Tối mò 最 ○, très sombre, très obscur. — Quân mò hóng 軍 ○ 烘, maure, cafre, nègre.

Mõ 楳. Crécelle, bambou, bois creux. (En S. A., prunier; se pron. *mai*.)

Đánh mõ lên 打 ○ 遷, battre la crécelle, frapper sur le bambou. — Gõ mõ 俱 ○, id.; se vanter, faire des embarras. — Nổi mõ 浚 ○, faire retentir la crécelle, faire entendre le son du bambou.

Mỏ 喋 *. Chercher, sonder, creuser. A. V. Ce avec quoi les animaux cherchent dans la terre, c.-à-d. bec, groin, mufle, museau; instrument pour creuser, pour extraire; mine, excavation. Voir *mó*.

Mỏ chim ○ 鳩, bec d'oiseau. — Mỏ heo ○ 獵, groin de cochon. — Mỏ kéc ○ 鴇, bec de perroquet. — Mỏ nhát ○ 憂, poinçon, taraud, foret,

---

(1) Se transcrit aussi par le car. 摸. — (2) Se transcrit aussi par le car. 煨.

mèche. — *Chim mỏ nhát* 鴲 ○ 憂, bécasse, bécassine. — *Chim mỏ nhát con* 鴲 ○ 憂昆, bécasseau. — *Mỏ một cái* ○ 沒丐, donner un coup de bec. — *Mỏ ác* ○ 鶚, creux de l'estomac. — *Trẻ mỏ* 祂 ○, enfant, petit domestique. — *Mỏ neo* ○ 楴, bec d'ancre. — *Mắng mỏ* 嘩 ○, gronder, injurier, admonester vertement. — *Mỏ kim* ○ 金, lieu souterrain d'où l'on extrait des métaux. — *Mỏ sắt* ○ 鉄, mine de fer. — *Mỏ vàng* ○ 鑛, mine d'or. — *Khai mỏ* 開 ○, ouvrir, creuser, exploiter une mine.

Mỏ 謨*. Combiner des plans; imiter, contrefaire; consulter, s'informer, essayer, se rendre compte.

Mỏ 模*. Extérieur des choses; arbre des sépultures; tertre, butte, monticule. Voir *mo*. A. V. Où? en quel lieu? à quel endroit?

Mỏ dạng ○ 樣, figure, forme, apparence. — *Mỏ móc* ○ 木, borne, limite. — *Mỏ súng* ○ 銃, butte pour le tir au fusil ou au canon. — *Qui mô* 規 ○, règle, loi, usage. — *Anh đi mô* 嬰挖 ○, où allez-vous? — *Nó ở mô* 奴於 ○, où habite-t-il?

Mỏ 摸*. Se rendre compte au toucher; examiner avec attention; conjecturer, diagnostiquer.

Mỏ 無. Gémissement ou soupir invocatoire des bonzes en prières. (En S. A., rien, néant; se pron. *vô*.)

Nam mỏ 南 ○, prière bouddhique. — *Mỏ Phật* ○ 佛, ô Bouddha!

Mộ 慕*. Aimer, estimer; souhaiter vivement, désirer passionnément.

Ái mộ 愛 ○, aimer ardemment. — *Ý mộ* 意 ○, penser avec affection à. — *Tâm mộ* 心 ○, cœur qui soupire tendrement. — *Mộ phụ mẫu* ○ 父母, aimer et respecter beaucoup son père et sa mère.

Mộ 幕*. Rideau de lit, moustiquaire.

Mộ 墓*. Élévation de terre, tertre, tumulus, tombeau. Voir *mồ*.

Phần mộ 墳 ○, une sépulture. — *Thổ mộ* 土 ○, terrain réservé aux sépultures. — *Mộ bia* ○ 碑, inscription sépulcrale. — *Mộ chí* ○ 誌, épitaphe. — *Khai mộ* 開 ○, creuser une tombe. — *Mộ địa nhứt khoảnh* ○ 地壹頃, une parcelle de terrain à tombeaux (rôle d'impôts).

Mộ 塞*. Barrière, enclos; obstacle, fermeture; bornes, limites.

Mộ 暮*. Soleil qui décline, fin du jour qui approche, soir, nuit.

Mộ dạ ○ 夜, nuit sombre. — *Triêu mộ* 朝 ○, matin et soir. — *Mộ niên* ○ 年, au déclin de l'âge, le soir de la vie.

Mộ 募*. Demander, solliciter, quêter, mendier; recruter, enrôler.

Mộ hóa ○ 化, quête des bonzes. — *Mộ binh* ○ 兵, recruter des soldats, lever des troupes. — *Chiêu mộ* 招 ○, rassembler des troupes, enrôler des soldats. — *Lính mộ* 另 ○, recrue, engagé volontaire. — *Kẻ đi mộ binh* 几挖 ○ 兵, recruteur de soldats. — *Tập lính mới mộ* 習另買 ○, exercer les jeunes soldats.

Mộ 曘. Ferme, solide, durable; à l'abri de tout danger. (Formé des S. A. *khẩu* 口, bouche, et *mộ* 慕, aimer.)

Làm cho mộ 濫朱 ○, agir vigoureusement, faire avec exactitude.

Mộ 墓*. Amas de terre, tertre, monticule, sépulture. Voir *mọ*.

Mồ mả 坦 ○ 瑪, tombe. — *Đất mồ mả* 坦 ○ 瑪, terrain réservé aux sépultures. — *Đào mồ* 陶 ○, creuser une fosse. — *Tảo mồ* 掃 ○, faire la toilette des tombeaux (cérémonie religieuse que les familles accomplissent une fois l'an). — *Mồ tổ mầy* 祖眉, une injure grossière à laquelle les Annamites sont très sensibles et qui vise les parents décédés.

Mồ 戊*. Abondant, luxuriant, fleuri; 5ᵉ lettre du cycle dénaire (bois non travaillé). Voir *mậu*.

Mồ tuất niên ○ 戌年, l'année cyclique qui correspond à 1898. — *Mồ côi* ○ 孤, abandonné, seul, délaissé, orphelin. — *Mồ côi cha níu chơn chú, mồ côi mẹ tríu vú dì* ○ 孤吒㧻蹎注○孤媄抒乳娣, l'orphelin de père saisit les jambes de l'oncle paternel, l'orphelin de mère s'attache au sein de la tante maternelle (adage). — *Mồ hôi* ○ 灰, sueur. — *Ra mồ hôi* 囉 ○ 灰, transpirer.

Mồ 莽. Syllabe complémentaire. (Du S.A. *mảng*, même car., confusion.)

Lỗ mồ 虜 ○, incivil, impoli, malhonnête; sans frein, sans retenue, en désordre. — *Ăn ở lỗ mồ* 唉於虜 ○, vivre ou se conduire grossièrement. — *Nói lỗ mồ* 吶虜 ○, s'exprimer insolemment, avec hardiesse.

Mỗ 某*. Je, moi; personne ou chose incertaine, dont le nom est caché ou inconnu; s'emploie comme désignatif vague, indéfini.

Mỗ nhơn ○ 人, certaine personne. — *Mỗ niên* ○ 年, certaine année. — *Mỗ dân* ○ 民, un tel. — *Mỗ sự* ○ 事, telle affaire. — *Mỗ phần* ○ 分, une part, une partie.

Mỗ 厶*. Vicieux, pervers, dépravé. Car. radical. Voir *tư*.

Mỗ 喋*. Frapper avec le bec; chercher, creuser, fouiller, ouvrir, perforer; couper dans le vif, ouvrir avec un instrument tranchant, faire une autopsie. Voir *mổ*.

Phép mỗ 法 ○, science anatomique. — *Mỗ bụng* ○ 脝, ouvrir le ventre. — *Mỗ ruột* ○ 胂, enlever les intestins. — *Chày mỗ* 杵 ○, espèce de pilon (ainsi appelé parce que le bout du pilon pile le riz à la manière d'un oiseau qui frappe avec son bec).

Mơ 麻. Pensée obscurcie, idée ou désir vague; incertain, mystérieux. (En S. A., chanvre; se pron. *ma*.)

Mơ mòng ○ 蒙, avoir des songes. — *Mơ tưởng* ○ 想, faire des rêves, songer à. — *Mơ màng* ○ 咓, ne pas distinguer clairement. — *Mơ ước* ○ 約, avoir des désirs vagues. — *Rau mơ* 蔞 ○, une plante aquatique (que l'on donne aux cochons).

Mọ 媽. Tante (femme d'un oncle maternel); appelatif honorifique pour femmes de qualité moyenne. (En S. A., nourrice; se pron. *má*.)

Cậu mọ 舅 ○, oncles et tantes maternels. — *Mọ tôi nói* ○ 碎吶, ma tante maternelle l'a dit. — *Mọ xã* ○ 社, la femme du maire.

Mở 嗎. Rêvasser tout haut, dire des choses vagues en dormant; liasse, paquet, botte; quelques-uns. (En S. A., blâmer, gronder; se pron. *mạ*.)

Mở miệt ○ 蔑, choses pliées ou attachées ensemble. — *Một mở* 沒 ○, une liasse, un paquet. — *Mở rau* ○ 薐, botte de légumes, pied de salade. — *Một mở gạo* 沒 ○ 粘, une poignée de riz. — *Mở cá* ○ 魸, quelques poissons. — *Mở tôi* ○ 碎, nous, nous tous réunis.

Mờ 瞇. Trouble, obscur, sombre, ténébreux. (Formé des S. A. *mục* 目, yeux, et *ma* 麻, chanvre.)

Thấy mờ 覚 ○, voir trouble, être dans l'obscurité. — *Mờ miệt* ○ 蔑, trouble, sombre, terne. — *Lờ mờ* 矑 ○, id. — *Mờ mắt* ○ 䀹, yeux qui ne voient pas; être peu clairvoyant. — *Khi mờ khi tỏ* 欺 ○ 欺 訴, tantôt sombre, tantôt clair.

Mỡ 膲. Graisse, suif. (Formé des S. A. *nhục* 肉, chair, et *mã* 馬, cheval.)

Có mỡ 固 ○, gras, adipeux. — *Mỡ bò* ○ 牭, graisse de bœuf. — *Dầu mỡ* 油 ○, les huiles et les graisses. — *Mỡ sữa* ○ 瀡, crème de lait. — *Mỡ sữa đã đánh* ○ 瀡 㐌 打, crème battue, beurre. — *Rán mỡ* 烜 ○, fondre la graisse. — *Thoa mỡ* 搽 ○, graisser. — *Tre mỡ* 梸 ○, bambou vert. — *Cải mỡ* 菝 ○, espèce de plante à moutarde.

Mở 搗. Ouvrir, délier, détacher, dénouer, dilater, relâcher. (Formé des S. A. *thủ* 手, main, et *mã* 馬, cheval.)

Mở mang ○ 芒, dégager; propager. — *Mở ra rồi* ○ 囉 耒, c'est ouvert, c'est détaché, c'est dénoué. — *Mở mắt* ○ 䀹, ouvrir les yeux. — *Mở miệng* ○ 吅, ouvrir la bouche. — *Mở cửa ra* ○ 閂 囉, ouvrir une porte. — *Mở hộp tủ* ○ 匣 匱, ouvrir une armoire, une commode, un tiroir. — *Mở miệng mà nói* ○ 吅 麻 吶, ouvrir la bouche pour parler. — *Mở dây* ○ 緓, détacher ou défaire une corde. — *Mở dây lưng* ○ 緓 腰, dénouer la ceinture. — *Mở nó đi* ○ 奴 迻, qu'on le détache. — *Thuốc mở* 葉 ○, remède laxatif. — *Mở lòng rộng rãi* ○ 悲 曠 待, se montrer large et généreux, ouvrir son cœur à la pitié, être indulgent. — *Mở hội đồng* ○ 會 同, ouvrir les travaux d'une assemblée. — *Mở khoa* ○ 科, ouvrir la session d'examen. — *Tở mở* 左 ○, lestement, vivement, avec adresse et agilité.

Mọc 木. Sortir de terre, pousser, monter, poindre, apparaître, se lever. (Du S. A. *mộc*, même car., arbre.)

Mọc lên ○ 邌, pousser, sortir de terre, poindre à l'horizon. — *Mọc ra* ○ 囉, id. — *Cỏ mọc* 菇 ○, l'herbe pousse. — *Mới mọc ra* 買 ○ 囉, qui sort à peine de terre. — *Răng mới mọc* 酸 買 ○, les dents commencent à sortir. — *Mọc chồi* ○ 栘, nouvelles pousses, rejetons. — *Mọc mạch* ○ 麥, espèce de blé. — *Mặt trời mọc* 枥呑 ○, le soleil se lève. — *Mặt trăng mọc* 枥膣 ○, la lune apparaît. — *Mây mọc* 遝 ○, les nuages montent.

Móc 木. Croc, grappin, harpon, gaffe, crochet, patère, portemanteau. (Du S. A. *mộc*, même car., arbre.)

Móc lên ○ 遷, suspendre. — *Móc vào* ○ 㧅, accrocher. — *Móc ra* ○ 囉, extraire, décrocher, tirer à l'hameçon. — *Móc mồi* ○ 㪺, amorcer, appâter. — *Cái móc* 丐 ○, croc, crochet. — *Cái móc áo* 丐 ○ 襖, patère, portemanteau. — *Câu móc* 鉤 ○, harpon, grand hameçon. — *Sào móc* 槊 ○, pieu ou perche avec crochet, gaffe. — *Có móc* 固 ○, crochu, qui a des crocs, des pointes. — *Móc giấy* ○ 紙, acquitter un billet; litt., accrocher un papier. — *Móc miếng* 啣, placer une fleur dans la bouche d'un nouveau-né. — *Chước móc* 斨 ○, ruse, artifice. — *Máy móc* 槓 ○, tendre un piège à quelqu'un.

Móc 霂 *. Petite pluie fine, brume.

May móc 遝 ○, nuage, brouillard. — *Swong móc* 霜 ○, rosée.

Mộc 木 *. Arbre, bois; l'un des cinq éléments; l'un des huit sons musicaux. Car. radical. Voir *cây*.

Huỳnh dương mộc 黃楊 ○, le bois de buis. — *Mộc phiến* ○ 片, éclat de bois, copeau. — *Mộc qua* ○ 瓜, le cognassier. — *Mộc liễu* ○ 柳, saule pleureur; lavabo en bois. — *Mộc hương* ○ 香, une racine médicamenteuse. — *Sao mộc* 犀 ○, la planète Jupiter. — *Thảo mộc* 草 ○, plantes et arbres. — *Mộc chủ* ○ 主, tablette. — *Thợ mộc* 署 ○, charpentier, menuisier. — *Mộc ký* ○ 記, un cachet.

Mộc 沐 *. Se baigner, se laver; se frotter le corps ou les cheveux avec un liquide gras ou huileux.

Mộc 邈 *. Perdu dans le lointain; profond, distant, éloigné, insondable; triste, lugubre, effrayant.

Bị mộc đề 被 ○ 提, avoir un cauchemar, être pris d'oppression.

Mốc 木. Bois, poteau; ce qui pousse sur les arbres, végétation parasite, moisissure; qui n'est propre à rien. (Du S. A. *mộc*, même car., arbre, pousse.)

Mốc meo ○ 苗, moisi, pourri, vermoulu. — *Mô mốc* 模 ○, relevé de terre pour bornage. — *Mốc giái* ○ 界, borne, limite, poteau indicateur.

Mọi 每 *. Chacun en particulier, tous en général. Voir *mỗi*. A. V. Habitant des forêts, homme non civilisé, sauvage, barbare, esclave.

Mọi nhơn ○ 人, toutes les personnes. — *Mọi người* ○ 㝵, id. — *Mọi ngày* ○ 昑, chaque jour. — *Mọi sự* ○ 事, toutes les affaires. — *Mọi nơi* ○ 尼, partout, en tous lieux. — *Quân mọi rợ* 軍 ○ 刵, barbares, sauvages. — *Đất mọi* 坦 ○, le pays des *Mọi*. — *Làm mọi* 濫 ○, être en esclavage. — *Tôi mọi* 碎 ○, id.

Mòi 㪺. Indices ou signes qui indiquent si une chose peut convenir. (superstitieux). (Formé des S. A. *khẩu* 口, bouche, et *mai* 枚, nom d'arbre.)

Coi mòi 視 ○, chercher ces signes, consulter les sorts. — *Tốt mòi* 卒 ○, indices favorables. — *Xấu mòi* 丑 ○, mauvais signes. — *Khá mòi* 可 ○, c'est une chose à faire, ça peut réussir. — *Cá mòi* 鯝 ○, le nom d'un petit poisson de mer (sardine).

Mỏi 痗. Langueur, fatigue, lassitude, épuisement, abattement. (Du S. A. *mụi*, même car., maladie.)

Mỏi mê ○ 迷, engourdi, languissant. — *Mệt mỏi* 瘦 ○, fatigué, éreinté, haletant. — *Mỏi nhọc* ○ 辱, las, épuisé. — *Mỏi hơi* ○ 唏, à bout de souffle, hors d'haleine. — *Mỏi tay* ○ 摑, avoir le bras fatigué ou engourdi. — *Mỏi chơn* ○ 蹎, avoir les jambes lasses, être fatigué (pour avoir trop couru ou trop marché). — *Nói mỏi miệng* 吶 ○ 咀, parler à se fatiguer la bouche, parler trop. — *Miệng mỏi* 咀 ○, avoir la bouche fatiguée à force de parler.

Mối 玫. Pierre précieuse. (Du S. A. *mai*, même car., même signification.)

Môi 枚. Les lèvres. Voir *mép*. (En S. A., tronc d'arbre; se pron. *mai*.)

Bặm môi 噃 ○, se mordre les lèvres. — *Khua môi* 嘔 ○, déblatérer. — *Đờn môi* 彈 ○, remuer les lèvres. — *Cái môi* 丐 ○, une cuiller. — *Trề môi* 遲 ○, avancer la lèvre inférieure, faire la moue.

Môi 莓*. Fraisier, framboisier.

Môi 腜*. Concevoir; sentir le fœtus.

Môi 煤*. Noir de fumée. Voir *mai*.

Môi 媒*. Intermédiaire pour les mariages; la compagne de la mariée. Voir *mai* et *mụ*.

Môi nhơn ○ 人, entremetteur, entremetteuse. — *Môi dong* ○ 容, id. (expression-populaire). — *Con môi* 昆 ○, mannequin pour certaines pratiques superstitieuses. — *Sai môi* 差 ○, faire un sortilège; litt., envoyer le mannequin.

Môi 鋂*. Les anneaux d'une chaîne.

Môi 昧*. Qui est sans clarté, qui ne brille pas; noir, sombre, obscur. Voir *muội*.

Lỗ mội 魯 ○, un trou noir, un souterrain, une cachette.

Mối 綡*. Fin ou commencement d'une corde ou d'un fil; bout, fin, extrémité; moyen d'arriver à un résultat définitif. (Formé des S. A. *mịch* 糸, fils, et *mỗi* 每, chacun.)

Chiềng mối 程 ○, lois et règlements en général. — *Mối hàng* ○ 行, achalander. — *Có mối* 固 ○, il y a de quoi. — *Gặp mối* 及 ○, bonne aubaine! — *Mối dây* ○ 繂, bout de fil ou de corde. — *Mối việc* ○ 役, terminer une affaire. — *Kết mối* 結 ○, joindre deux bouts, attacher par les extrémités. — *Chia ra mấy mối* 分 囉 買 ○, divisé en combien de tronçons? — *Bảy mối tội đầu* 羆 罪 頭, les sept péchés capitaux. — *Tám mối phước thật* 橪 ○ 福 實, les huit bonheurs réels. — *Đặng mối* 鄧 ○, obtenir un résultat satisfaisant. — *Triển mối* 練 ○, arriver à ses fins, aboutir; parfaitement ajusté.

Mối 蛑. Termite, fourmi blanche, taret, pou de bois. (Formé des S. A. *trùng* 虫, insecte, et *mỗi* 每, chacun.)

Mối ăn hết ○ 唫 歇, les termites ont tout mangé. — *Gò mối* 塸 ○, nid de fourmis blanches. — *Mối đục* ○ 鋦, rongé ou perforé par les poux de bois. — *Lưỡi mối* 𦧘 ○, mauvaise langue; faux, trompeur, menteur. — *Mặt mối ăn* 靤 ○ 唫, visage ravagé par la petite vérole. — *Cá mối* 鮴 ○, espèce de poisson de mer. — *Nấm mối* 葋 ○, variété de champignon qui pousse près des nids de termites.

Mồi 啾. Becquée; appât, amorce, pâture pour piège, pour hameçon. (Formé des S. A. *khẩu* 口, bouche, et *mai* 枚, tronc d'arbre, baillon.)

Mồi hoa ○ 花, pâture pour piège, pour hameçon. — *Móc mồi* 木 ○, appâter, amorcer. — *Đút mồi* 揆 ○, donner la becquée. — *Để làm mồi* 底 濫 ○, pour servir d'amorce. — *Mồi cá* ○ 鮴, appât pour le poisson. — *Hớp mồi* 吸 ○, happer l'amorce. — *Chim mồi* 凸鳥 ○, oiseau qu'on emploie pour en attirer d'autres. — *Chịu mồi* 召 ○, accepter des cadeaux; litt., se laisser amorcer. — *Con mồi* 昆 ○, amorceur (espion).

Mồi 瑁*. Carapace de tortue.

Đồi mồi 玳 ○, grande tortue de mer à écailles fines. — *Vảy đồi mồi* 鯤 玳 ○, écaille de tortue. — *Lược đồi mồi* 畧 玳 ○, peigne en écaille. — *Da mồi* 胅 ○, peau ridée.

Mỗi 每*. Tous, chacun, chaque; souvent, fréquemment, ardemment. Voir *mọi*.

Mỗi sự ○ 事, chaque chose. — *Mỗi người* ○ 得, chaque personne, tout le monde. — *Mỗi năm* ○ 酐, chaque année, tous les ans. — *Mỗi tháng* ○ 腩, chaque mois, tous les mois. — *Mỗi ngày* ○ 睍, chaque jour, tous les jours. — *Mỗi một lần* ○ 沒 客, chaque fois, toutes les fois. — *Mỗi thứ* ○ 次, chaque sorte. — *Mỗi bữa mỗi ăn* ○ 餰 唫, chaque jour on mange. — *Mỗi ngày mỗi đi* 睍 ○ 迻, chaque jour on y va. — *Mỗi người mỗi ý* ○ 得 ○ 意, chacun a son idée; correspond au dicton chinois *bá nhơn bá tánh* 百人百性, cent hommes cent caractères (différents).

Mới 買. Nouvellement, depuis peu; neuf, nouveau, à peine (marque le fait récent); alors, alors seulement. (En S. A., acheter; se pron. *măi*.)

Năm mới 酐 ○, nouvel an. — *Áo mới* 襖 ○, habit neuf. — *Nhà mới cất* 茄 ○ 拮, maison nouvellement construite. — *Trai mới lớn lên* 𤳆 ○ 客 遷, adolescent; litt., jeune homme nouvellement grandi. — *Nó mới nói thì* 奴 ○ 吶 時, il venait à peine de parler que. — *Tôi mới hay* 碎 ○ 哈, je viens de l'apprendre. — *Nó mới tới* 奴 ○ 細, il ne fait qu'arriver. — *Mới làm việc* ○ 濫 役, être employé depuis peu. — *Mới có hai giờ* ○ 固 㐌 𣇞, il est à peine deux heures.

Mời 唡. Inviter, offrir; faire venir (en priant). (Formé du S. A. *khẩu* 口, bouche, et de l'A. V. *mười* 迣, dix.)

Khuyến mời 勸 ○, prier, engager. — *Mời ăn cơm* ○ 唆 鉗, inviter à assister au repas. — *Mời khách* ○ 客, inviter des étrangers. — *Mời thầy thuốc* ○ 柴 菜, prier le médecin de venir. — *Mời ông ngồi* ○ 翁 坐, veuillez vous asseoir, monsieur. — *Tiếng mời* 嗜 ○, invitation verbale. — *Tờ mời* 詞 ○, lettre d'invitation.

Móm 噞. Serré, pressé, comprimé. Voir *mám* et *mím*. (Formé des S. A. *khẩu* 口, bouche, et *miên* 髪, crâne.)

Móm miệng ○ 吅, serrer les lèvres. — *Móm răng* ○ 齩, qui n'a plus de dents. — *Móm mém* 貶, id. — *Cá móm* 魰 ○, nom de poisson.

Mồm 嗳. Syllabe complémentaire. (Pour la décomp. du car., voir ci-dessus.)

Ngủ mồm 眸 ○, dormir à poings fermés, d'un sommeil de plomb.

Mồm 噞. Gueule, mufle, museau, groin. (Pour le car., voir ci-dessus.)

Mồm chó ○ 狂, museau de chien. — *Khớp mồm lại* 級 ○ 吏, museler.

Móm 噞. Préparer de la bouillie pour un enfant au moyen de la mastication; mot complémentaire. (Pour le car., voir ci-dessus.)

Móm vào ○ 包, gaver un enfant. — *Bú móm* 哺 ○, teter, sucer. — *Vú móm* 乳 ○, sein de nourrice.

Mờm 膜. La partie supérieure des épaules de certains animaux; bosse. (Formé des S. A. *nhục* 肉, chair, et *miên* 髪, crâne.)

Trái mờm 鶇 ○, bosse du garrot, callosité du cou des buffles.

Mon 們*. Gras, replet, corpulent; particule auxiliaire et marque du pluriel; nom de royaume.

Mon hồn ○ 渾, très gros, très gras; malpropre, dégoûtant. — *Hài tử mon* 孩子 ○, petit enfant, poupon, poupard. — *Nước Xiêm mon* 渃 暹 ○, le royaume de Pégou. — *Người Xiêm mon* 侼 暹 ○, Pégouans.

Mọn 閔. Petit, infime, humble, modeste, frêle, chétif. (Formé des S. A. *tiểu* 小, petit, et *môn* 門, porte.)

Nhỏ mọn 毱 ○, très petit, très chétif. — *Hèn mọn* 賢 ○, vil, méprisable, abject. — *Con mọn* 昆 ○, petit enfant, le plus jeune de la famille. — *Trí mọn* 智 ○, petit esprit, faible intelligence. — *Ý mọn* 意 ○, à mon humble avis. — *Sự mọn dạ* 事 ○ 胞, petitesse d'esprit. — *Lớn mọn* 客 ○, grands et petits, vieux et jeunes. — *Con chó nhỏ mọn* 昆 狂 毱 ○, un tout petit chien.

Món 們. Espèce, sorte, catégorie, variété, choses diverses (se dit principalement de ce qui se mange). (En S. A., gras; se pron. *mon*.)

Một món 沒 ○, une espèce; une préparation culinaire. — *Nhiều món* 饒 ○, plusieurs sortes; de nombreux services. — *Ông ăn mấy món* 翁 唆 買 ○, combien mangez-vous de mets? — *Hai món thịt* 仁 ○ 肸, deux plats de viande. — *Hàng món* 行 ○, ordre, rang; rangé par séries; marchandises diverses, pacotille.

Mòn 痲. Affaibli par la maladie; user par le frottement, ravaler. (Formé des S. A. *nịch* 疒, maladie, et *mòn* 門, porte.)

Mòn mỏi ○ 癗, épuisé, fatigué. — Mòn nát ○ 涅, usé, réduit à rien. — Ăn mòn răng 哎 ○ 酸, avoir les dents usées à force de manger. — Mòn mũi dao ○ 觜 刀, user la pointe d'un couteau. — Hay mòn 哈 ○, qui s'use vite. — Sự mòn đi 事 ○ 移, usure, dépérissement.

Mòn 門. Épuisé, essoufflé, à bout de forces. (Formé des S. A. *khẩu* 口, bouche, et *mòn* 門, porte.)

Mòn hơi ○ 㗾, qui n'a plus de souffle. — Mòn sức ○ 飭, aller en s'affaiblissant.

Mòn 門*. Porte, entrée extérieure; famille, classe, secte. Car. radical.

Đại môn 大 ○, entrée d'honneur. — Tứ môn 四 ○, les quatre portes (d'un palais). — Cao môn 高 ○, grande porte; illustre famille. — Nha môn 衙 ○, résidence officielle d'un fonctionnaire, tribunal, prétoire. — Người nha môn 侍 衙 ○, le personnel du tribunal. — Công môn 公 ○, cour de justice. — Phật môn 佛 ○, secte de Bouddha. — Nhu môn 儒 ○, secte des lettrés. — Sa môn 沙 ○, les bonzes. — Môn đồ ○ 徒, étudiant. — Môn nhơn ○ 人, disciple. — Môn đệ ○ 弟, id. — Hậu môn 後 ○, la porte de derrière; le postérieur, l'anus. — Hải môn 海 ○, port de mer. — Môn lộ ○ 路, voie, passage; voies et moyens. — Lâm môn 臨 ○, parvenir par la porte des protections, devoir sa place à la faveur.

Môn 門*. Nom de plantes médicinales; orchis à larges feuilles.

Khoai môn 坆 ○, espèce de tubercule. — Môn nước ○ 渃, autre espèce. — Mạch môn 麥 ○, orge.

Môn 捫*. Palper, tâter, toucher, manier; se rendre compte en touchant avec la main.

Mơn 瞞*. Yeux langoureux, yeux troubles, regard terne; cacher ses sentiments, dissimuler, tromper; flatter, caresser, cajoler. Voir *mơn*.

Mơn trớn ○ 暖, caresser du regard, faire les yeux doux. — Mơn mơn 吶 ○, dire des paroles mielleuses. — Kẻ hay nói mơn 児 咍 吶 ○, louangeur, flatteur, cajoleur.

Mớn 漫*. Vaste étendue d'eau; suivre sa fantaisie; lâcher pied, laisser libre.

Mớn nước ○ 渃, nappe d'eau qui se retire (à la marée descendante); traces d'inondation. — Giựt mớn 捽 ○, faire écouler les eaux.

Mong 蒙*. Plantes grimpantes. A.V. Sur le point de, ne pas tarder à, bientôt, tout à l'heure.

Mong làm ○ 濫, se proposer de faire. — Mong nói ○ 吶, sur le point de dire, prêt à parler, qui va parler. — Hầu mong 後 ○, tout à l'heure, après, postérieurement. — Mong mảng ○ 蒙, incessamment. — Ngó mong 眄 ○, regarder en se renversant en arrière, explorer le ciel.

Mọng 夢*. Songer, rêver; prophétiser, conjecturer, pronostiquer (sous l'inspiration d'un songe). Voir *mọng*.

Mọng tưởng ○ 想, se bercer d'illusions. — *Đánh mọng* 打 ○, se livrer à des pratiques superstitieuses pour deviner l'avenir. — *Nói mọng* 吶 ○, prophétiser, faire des conjectures. — *Tính mọng* 併 ○, faire des calculs pour les pronostics, supputer les chances de réussite ou de succès.

Móng 朦*. La lune sur le point de se coucher. A. V. Ongle, serre, sabot; nom de plantes.

Móng tay ○ 挻, ongle de la main. — *Móng chơn* ○ 蹞, ongle du pied. — *Cắt móng* 割 ○, se faire les ongles. — *Để móng tay dài* 底 ○ 挻 毥, laisser pousser les ongles, les porter longs. — *Móng chim* ○ 鵤, serre d'oiseau. — *Móng ngựa* ○ 馭, corne du pied du cheval. — *Cá đánh móng* 魝 打 ○, sauts de poissons dans l'eau. — *Móng sắt ngựa* ○ 鉄 馭, fer du cheval. — *Đóng móng ngựa* 捒 ○ 馭, ferrer un cheval. — *Cây móng tay* 核 ○ 挻, balsamine. — *Lúa móng chim* 穭 ○ 鵤, une espèce particulière de riz.

Mòng 蒙*. Plantes grimpantes et herbes parasites; mousse, lichen; obscur, lourd, bouché, obtus.

Mơ mòng 麻 ○, obscur, ténébreux, mystérieux; avoir des songes. — *Chóc mòng* 呪 ○, appeler de tous ses vœux, désirer vivement.

Mòng 蠓*. Petits insectes ailés, éphémères, moustiques.

Mòng muỗi ○ 蜹, moustiques, taons, cousins. — *Mòng muỗi nhiều lắm* ○ 蜹 饒 廩, que de moustiques!

Mỏng 蒙*. Plantes grimpantes et parasites, mousse. A. V. Mince, fin, délié, léger, frêle, fluet.

Mỏng mảnh ○ 萌, très délié, très mince. — *Sự mỏng mảnh* 事 ○ 萌, ténuité, finesse, légèreté. — *Một tờ giấy mỏng* 沒 詞 紙 ○, une mince feuille de papier. — *Da mỏng* 膠 ○, peau fine, délicate. — *Mỏng quá* ○ 過, trop fin, trop mince, presque transparent.

Mỏng 冢*. Couvrir, voiler; dissimuler, cacher, tromper; amas de terre, monticule. Voir *trũng*.

Mỏng 檬*. Nom de plusieurs arbres, espèce d'acacia. Voir *muỗng*.

Mỏng 濛*. Petite pluie très fine.

Mỏng mỏng thiên ○○ 天, temps brumeux, ciel obscurci par les nuages. — *Ngó mỏng* 眸 ○, regarder dans le lointain. — *Mênh mỏng* 溟 ○, vaste étendue d'eau; grand, immense.

Mỏng 幪*. Couverture; serviette, linge, voile, étoffe en général.

Mỏng 朦*. La lune sur le point de se coucher. Voir *mỏng*. A. V. Derrière, postérieur.

Mỏng trôn ○ 胎, l'anus, les fesses. — *Xương mỏng* 昌 ○, le sacrum. — *Bản mỏng* 版 ○, siège; postérieur.

Mỏng 蒙*. Plantes rampantes, parasites, herbes inutiles; lourd, commun, grossier, rude; pas encore mûr; petit enfant.

Móng giã ○ 者, jeune, sans expérience; pas encore mûr. — *Đồng mống* 童 ○, enfants, jeunes gens. — *Mống sư* ○ 師, un professeur d'école enfantine. — *Tắt mống* 矮 ○, sommairement, succinctement.

Mống 曚*. Soleil pas encore levé, crépuscule du matin, aurore, aube.

Mộng 夢*. Songer, rêver, faire des conjectures; germer. Voir *mọng*.

Mộng mị ○ 魅, spectres, fantômes, visions; tromperies. — *Chiêm mộng* 占 ○, rêveries, songeries, illusions. — *Mọc mộng* 木 ○, pousser, germer. *Trầm mộng* 浸 ○, germe gâté, semence perdue. — *Trứng không mộng* 蜯空 ○, œuf infécond.

Móng 寥 et 夢*. Songer, rêver, prophétiser. A. V. Tramer, ourdir, machiner, former un complot.

Móng kiến ○ 見, voir en songe, avoir des visions en dormant. — *Móng lòng* ○ 悉, préparer, projeter, machiner, dresser des plans, combiner des stratagèmes (pour une révolte). — *Móng mưu làm loạn* ○ 謀濫乱, comploter un soulèvement. — *Móng chước* ○ 斫, préparer des embûches, projeter des ruses.

Móng 霿 et 蒙*. Vapeurs épaisses dans l'espace; brume, brouillard. A. V. Arc-en-ciel.

Mây móng 遝 ○, nuages d'orage. — *Móng thiên* ○ 天, temps couvert, ciel orageux. — *Cái móng* 吁 ○, l'arc-en-ciel.

Mống 夢. Crête (gallinacés); nom de plantes; terme numéral spécial pour les dix premiers jours du mois. (En S. A., rêver; se pron. *móng*.)

Mống gà ○ 鵑, crête de coq. — *Hoa mống gà* 花 ○ 鵑, amarante. — *Mống một* ○ 没, le premier jour du mois. — *Ngày mống một* 晸 ○ 没, id. — *Mống mười* ○ 迎, le dixième jour du mois. — *Mống năm tháng năm* ○ 甌腩甌, le cinquième jour du cinquième mois (jour de grande fête publique).

Mống 朦*. La lune à son déclin. A. V. Derrière, postérieur, fesses. Voir *mỏng*.

Mong 茫*. Vaste étendue d'eau; morne, triste, désert. Voir *mang*.

Cái mong 吁 ○, nom d'arroyo et de localité (Cochinchine).

Mọp 貶. S'agenouiller, se courber, s'incliner (par respect). (Formé des S. A. *nhục* 肉, chair, et *phạp* 乏, pénurie.)

Mọp xuống ○ 甌, se prosterner.

Móp 貶. Déformé, déprimé, concave. (Pour le car., voir ci-dessus.)

Móp nắng ○ 農, creux, cave, enfoncé. — *Móp vào* ○ 𠓨, id.

Móp 貶. Un arbre dont le bois tendre sert à faire des bouchons. (Pour la décomp. du car., voir ci-dessus.)

Rau móp 蔓 ○, jeunes pousses

(que l'on mange en salade ou simplement cuites dans l'eau).

Mớp 乏. Ruse, attrape, tromperie, artifice, fraude. (Formé des S. A. *khẩu* 口, bouche, et *phạp* 乏, pénurie.)

Mắc mớp 縸 ○, avoir été victime d'une ruse, avoir été dupé.

Mọt 蠹. Insectes rongeurs : mite, charançon, pou de bois. (Du S. A. *miệt*, même car., même signification.)

Mọt cây ○ 核, taret, perce-bois. — *Con mọt con hà* 昆 ○ 昆 蚵, vers rongeurs en général. — *Mọt đã ăn hết* ○ 龟 唆 歇, les vers ont tout rongé, tout détruit.

Mót 擾. Glaner, ramasser. (Du S. A. *miệt*, même car., agir incorrectement.)

Kẻ gặt mót 几 秸 ○, glaneur. — *Gặt mót* 秸 ○, glaner. — *Đi mót lúa* 迻 ○ 穭, aller glaner du riz. — *Mót hái* ○ 蘱, glane (fruits, légumes). — *Mót củi* ○ 檜, glane (bois, broutilles). — *Ăn mót* 唆 ○, manger les restes des autres. — *Bòn mót* 搵 ○, avaricieux. — *Roi mót* 檑 ○, petite verge (pour punir les fautes légères).

Một 沒*. Périr dans l'eau, sombrer, faire naufrage; noyé, mort, détruit, anéanti; n'être plus rien; négation. A. V. Le nombre un.

Muốn một 開 ○, décéder. — *Một hữu* ○ 有, sans, ne pas. — *Một lộ* ○ 路, pas de chemin. — *Mười một* 逊 ○, onze. — *Một trăm* ○ 聶, un cent. — *Một lần* ○ 客, une fois. — *Một ngày kia* ○ 睸 箕, un certain jour. — *Một chút* ○ 咩, un peu. — *Một ít* ○ 㐌, id. — *Một mai* ○ 埋, sous peu de temps. — *Một khi* ○ 欺, en même temps. — *Mỗi một khi* 每 ○ 欺, chaque fois. — *Mỗi một bữa* 每 ○ 餕, chaque jour; chaque repas. — *Một giây* ○ 之, une seconde. — *Một phút* ○ 丿, une minute. — *Một lát* ○ 律, petit instant, court moment. — *Một cái nhà* ○ 丐 茹, une maison. — *Một mình* ○ 命, tout seul, soi-même. — *Một phần trong ba* ○ 分 冲 巴, un tiers, une partie sur trois. — *Ngày mồng một* 睸 亭 ○, le premier jour du mois. — *Làm một* 濫 ○, ensemble, ne faire qu'un; réunir, joindre. — *Ở một nhà* 於 ○ 茹, demeurer dans la même maison. — *Một mai* ○ 埋, sans tarder, incessamment. — *Canh một* 更 ○, première veille (de 7 à 9 heures du soir). — *Con một* 昆 ○, fils unique. — *Sự hiệp làm một* 事 協 濫 ○, l'union. — *Một ý* ○ 意, même sentiment, même volonté, unanimité. — *Có một mà thôi* 固 ○ 麻 崔, un seul, unique. — *Số một* 數 ○, numéro un, nombre un. — *Không biết một đều* 空 別 ○ 調, ne rien savoir du tout. — *Một dược* ○ 藥, myrrhe. — *Một mình thì giàu, chia nhau thì khó* ○ 命 時 朝 分 饒 時 苦, pour soi tout seul c'est la richesse, partagé c'est la pauvreté (proverbe). — *Một câu nhịn bằng chín câu lành* ○ 句 忍 朋 抢 句 荅, se taire une fois vaut bien neuf sages discours (proverbe).

Một 歿*. Disparaître, cesser d'exister, mourir, décéder, périr, finir.

Mạng một ○ 命 ○, trépasser. — *Muôn một* 開 ○, id. — *Chung một* 終 ○, la fin de tout. — *Phụ một*

父 ○, le père n'est plus. — *Một pháp* ○ 法, plus de pouvoir, plus de moyens. — *Làm tờ một hạ* 濫 詞 ○ 下, procès-verbal de perte (dressé par la victime d'un acte de piraterie). — *Phu một hoàn thế* 夫 ○ 還 妻, le mari mort, la femme hérite (législation).

Một 沒. Le nombre un (après la deuxième dizaine seulement.) (En S. A., périr dans l'eau; se pron. *mọt*.)

Hai mươi một 仁 迦 ○, vingt et un. — *Một trăm một* 沒 鬲 ○, cent dix. — *Hai ngàn một* 仁 阡 ○, deux mille cent.

Một 曖. Après-demain. (Formé des S. A. *nhựt* 日, jour, et *miệt* 蔑, faible.)

Ngày một 時 ○, id. — *Bữa một* 餔 ○, id. — *Cho đến ngày một* 朱 典 時 ○, jusqu'après-demain. — *Mai một tôi đi* 埋 ○ 碎 迻, j'irai demain ou après-demain.

Mớt 沫. Pâle, terne, peu vif, sans éclat (en parlant des couleurs). Voir *mướt*. (En S. A., cours d'eau; se pron. *mạt*.)

Mớt mớt ○ ○, de nuance indécise.

Mửu 廟. Tendre, frais, verdoyant (ne s'emploie qu'en composition). (En S. A., pagode; se pron. *miếu*.)

Trắng mửu 皐 ○, très blanc. — *Non mửu* 嫩 ○, tendre, délicat.

Mu 模. Bombé, convexe, arrondi. (Du S. A. *mô*, même car., monticule.)

Mu rùa ○ 鼇, carapace de la tortue, écaille de tortue. — *Mu cam* ○ 柑, peau d'orange.

Mụ 姆. Femme âgée, femme sans mari et sans enfants.

Mụ 姥 *[1]*. Appellatif pour femmes âgées (souvent peu respectueux). A. V. Accoucheuse.

Mụ già ○ 檚, duègne, matrone. — *Mụ kia* ○ 箕, cette vieille-là. — *Bà mụ* 妑 ○, sage-femme. — *Làm mụ* 濫 ○, remplir l'office d'accoucheuse. — *Mụ gia* ○ 家, belle-mère (mère de la femme ou du mari). — *Mụ ghẻ* ○ 疘, marâtre.

Mú 䱇. Nom de poisson; mot complémentaire. (Formé des S. A. *ngư* 魚, poisson, et *mỗ* 某, vaguement.)

Cá mú 魶 ○, les poissons en général. — *Lú mú* 屢 ○, sans habileté, sans savoir faire, maladroit.

Mù 䁵. Aveugle; diseur de bonne aventure. Voir *dui*. (Formé des S. A. *mục* 目, œil, et *mỗ* 戊, abondant.)

Mù con mắt ○ 昆 相, aveugle. — *Kẻ mù* 几 ○, quelqu'un qui ne voit rien. — *Mù một con mắt* ○ 沒 昆 相, qui ne voit pas d'un œil, borgne. — *Mù dắc mù* ○ 找 ○, aveugle qui en conduit un autre. — *Làm cho mù* 濫 朱 ○, aveugler, obscurcir. — *Cách mù quáng* 格 ○ 光, aveuglement. — *Thầy mù* 柴 ○, un maître devin.

Mù 雺. Nuageux, sombre, obscur,

---

[1] Se transcrit aussi par le car. 媒.

ténébreux. (Formé des S. A. *vũ* 雨, pluie, et *mỗ* 戊, abondant.)

Mũ mịt ○ 冪, très sombre. — *Mũ swomg* ○ 霜, brouillard, rosée. — *Trời mù* 叄 ○, temps sombre, ciel nuageux. — *Tối mù* 最 ○, nuit très sombre. — *Cây mù u* 核 ○ 幽, un arbre qui produit un petit fruit rond dont on extrait une sorte d'huile employée comme baume dans les blessures d'instruments tranchants.

Mũ 帽*. Coiffure officielle ou de cérémonie; chapeau, bonnet, calotte. Voir *mão*.

Đội mũ 隊 ○, porter chapeau; se couvrir. — *Mũ triều thiên* ○ 朝天, couronne, diadème. — *Mũ mấn* ○ 禊, coiffure de deuil, voile pour les funérailles. — *Mũ quan* ○ 官, chapeau officiel, coiffure de mandarin. — *Mũ giám mục* ○ 監牧, mitre d'évêque.

Mũ 渼*[1]. Odeur de pourriture. A. V. Pus; suc, gomme, résine.

Mũ máu ○ 卯, impuretés du sang, pus. — *Mũ cây* ○ 核, gomme, résine. — *Mũ đào* ○ 桃, gomme arabique. — *Mũ có nhựa* ○ 固 滿, suc glutineux. — *Có mũ* 固 ○, purulent; gommeux, résineux. — *Mũ mít* ○ 㵋, gomme du jaquier; idiot, imbécile, dépourvu d'intelligence.

Mua 譕. Acheter, acquérir; nom d'arbre et nom de poisson. (En S. A., consulter, s'informer; se pron. *mô*.)

Mua chác ○ 卓, se rendre acquéreur de. — *Mua đồ ăn* ○ 圖 唆, acheter de quoi manger, faire des provisions de bouche. — *Mua mặt* ○ 䊷, acheter au comptant. — *Mua chịu* ○ 召, acheter à crédit. — *Mua mắt* ○ 枡, payer cher. — *Mua rẻ* ○ 禮, payer bon marché. — *Mua soát* ○ 刷, acheter en gros. — *Mua rẽ* ○ 祀, acheter au détail. — *Mua ruộng đất* ○ 䮾 坦, acquérir des terres. — *Đi mua đi bán* 移 ○ 移 半, aller trafiquer. — *Mua quan* ○ 官, acheter un grade. — *Mua lòng* ○ 悉, gagner les cœurs. — *Cây mua* 核 ○, un arbre de haie qui donne des petits fruits rouges. — *Cá mua* 魰 ○, nom de poisson.

Múa 摸. Jeux d'adresse, tours de passe-passe; jongler, danser, parader, gesticuler, faire des pirouettes, des culbutes. (Formé des S. A. *thủ* 手, main, et *mỗ* 某, caché, inconnu.)

Nhảy múa 跮 ○, sauter en dansant, se trémousser. — *Múa dạng* ○ 樣, se pavaner. — *Múa mày múa mặt* ○ 眉 ○ 䊷, faire le beau, minauder. — *Múa bông* ○ 嵐, faire des tours de magie ou de sorcellerie (au moyen de certains papiers à ramages). — *Múa tay múa chơn* ○ 拁 躓, faire des tours de force ou d'adresse. — *Con công múa* 昆 公 ○, le paon fait la roue.

Mùa 荞. Saison, moisson, récolte; nom de poisson. (Du S. A. *vụ*, même car., même signification.)

---

[1] Ce car. est considéré par les Annamites comme vulgaire; mais il est chinois et il se trouve, comme tel, dans le Dict. du P. Couvreur avec la signification que nous lui donnons ici. C'est un synonyme du car. 㵋, «odeur cadavérique».

Bốn mùa 翆 ○, les quatre saisons. — *Mùa xuân* ○ 春, printemps. — *Mùa hạ* ○ 夏, été. — *Mùa thu* ○ 秋, automne. — *Mùa đông* ○ 冬, hiver. — *Mùa gặt* ○ 秸, temps de la moisson, récolte. — *Mùa gặt hái* ○ 秸拔, récolte, cueillette. — *Đặng mùa* 鄧 ○, obtenir une bonne récolte, faire une riche moisson. — *Mất mùa* 秩 ○, perdre la récolte, faire une mauvaise récolte. — *Mùa cày cấy* ○ 耕稨, époque du labour et du repiquage des jeunes plants. — *Mùa màng* ○ 吂, semailles, moisson, récolte. — *Mùa chay* ○ 齋, temps de jeûne, carême. — *Quê mùa* 圭 ○, rustique, campagnard. — *Cá mùa* 鮎 ○, un poisson de mer.

Mwa 霄. La pluie; pleuvoir. (Formé des S. A. *vũ* 雨, pluie, et *mi* 眉, sourcil.)

Mwa dào ○ 遙, pluie très abondante, grandes averses. — *Trời mwa* 㐡 ○, il pleut. — *Trời không muốn mwa* 㐡 空 悶 ○, la pluie ne veut pas tomber. — *Đã mwa nhiều quá* 爬 ○ 饒 過, il a plu énormément. — *Mwa tro* ○ 爐, pluie très fine; litt., pluie de cendres. — *Đám mwa lớn* 坫 ○ 吝, une forte averse. — *Con mwa tốt* 杆 ○ 卒, une bonne ondée. — *Mwa đá* ○ 砭, grêler. — *Mwa tuyết* ○ 雪, neiger. — *Mwa gió* ○ 逾, pluie et vent, tempête. — *Mwa dông* ○ 溶, violent orage, ouragan.

Mwa 馬. Ne, ne pas; gardez-vous de, ne faites pas. Voir *chớ* et *đừng*. (En S. A., cheval; se pron. *mã*.)

Mwa hề ○ 分, que jamais. — *Mwa khá* ○ 可, n'allez pas. — *Mwa hềm* ○ 嫌, ne vous fâchez donc pas.

Mửa 嗎. Rendre, rejeter, vomir (En S. A., réprimander; se pron. *mạ*.)

Muốn mửa 悶 ○, avoir envie de rendre. — *Mửa khan* ○ 謙, avoir des nausées. — *Buồn mửa* 盆 ○, id. — *Thuốc mửa* 箂 ○, vomitif. — *Uống thuốc mửa* 旺 箂 ○, prendre un vomitif, avaler une purge.

Mục 木. Pourri, gâté, altéré; se dissoudre, se décomposer; carie. (En S.A., arbre, bois; se pron. *mộc*.)

Sự mục 事 ○, pourriture. — *Mục nát* ○ 捏, en putréfaction complète. — *Làm cho mục* 濫 朱 ○, gâter, corrompre. — *Cây mục* 核 ○, arbre pourri, bois vermoulu.

Mục 目*. OEil; voir, observer, considérer; s'expliquer, percevoir; manifester, diriger; thème, résumé; table, index. Car. radical.

Vô mục 無 ○, qui n'a pas d'yeux, aveugle. — *Mục kính* ○ 鏡, lunettes. — *Mục lục* ○ 錄, table alphabétique, table des matières, index de livre. — *Mục khoa* ○ 科, matière d'examen. — *Dịch mục* 役 ○, notable de village, agent communal. — *Mục hạ vô nhơn* ○ 下 無 人, se croire plus que les autres.

Mục 牧*. Paître, brouter; berger, pasteur; prendre soin de, diriger, enseigner, administrer.

Ngưu mục 牛 ○, un gardien de buffles. — *Mục dân* ○ 民, prendre soin du peuple, administrer les populations. — *Linh mục* 靈 ○, pasteur spirituel, prêtre. — *Giám mục* 監 ○, évêque.

Mục 睦*. Regarder avec complaisance; diriger vers le bien.

Hòa mục 和 ○, paix, union, concorde. — *Thượng hòa hạ mục* 上 和 下 ○, bonne entente entre dirigeants et dirigés, gouvernants et gouvernés.

Múc 沐. Puiser, extraire, enlever. (En S. A., baigner, laver; se pron. *mộc*.)

Múc nước ○ 渃, puiser de l'eau. — *Múc canh* ○ 羹, se servir du bouillon, prendre du potage. — *Mầy đi múc nước* 眉 移 ○ 渃, va puiser de l'eau. — *Múc gạn giếng* ○ 件 洴, épuiser l'eau d'un puits. — *Múc đạn* ○ 彈, extraire un projectile.

Mực 墨*. Noir, obscur, sombre; encre noire; règle, loi, méthode; cordeau. Voir *mặc*.

Một cây mực tàu 沒 核 ○ 艚, un bâton d'encre de Chine. — *Bình mực* 瓶 ○, encrier européen. — *Viết mực* 曰 ○, plume et encre; ce qu'il faut pour écrire, articles de bureau. — *Nghiên mực* 硯 ○, encrier annamite (a la forme d'un godet plat). — *Mài mực* 埋 ○, délayer de l'encre de Chine. — *Mực mẹo* ○ 卯, règle, méthode. — *Mực thước* ○ 托, id. — *Ra mực* 囉 ○, établir une règle, faire paraître une méthode. — *Cứ theo mực* 據 蹺 ○, suivre constamment la même règle, s'en tenir toujours à la même méthode. — *Trí có mực mẹo* 智 固 ○ 卯, esprit méthodique. — *Chẳng mực* 庄 ○, sans méthode; ne faire aucun cas de. — *Dây giăng mực* 繇 扛 ○, cordeau. — *Mực thiệt* ○ 寔, vrai moyen, bon usage. — *Cá mực* 魰 ○, la sèche; litt., poisson à encre. — *Mực nang*

○ 囊, encre de la sèche ou sépia. — *Chó mực* 狂 ○, chien noir. — *Cỏ mực* 鞊 ○, eclipta erecta.

Mức 檍. Arbuste du genre laurier. (Formé des S. A. *mộc* 木, arbre, et *mực* 墨, noir.)

Cây lòng mức 核 瑟 ○, un bois lisse et serré dont on fait des cachets, des planches à imprimer, etc.

Mui 梅. Couverture de bateau, capote ou bâche de voiture, tente, velum, roof, abri, toiture mobile. (En S. A., prunier; se pron. *mai*.)

Mui phên ○ 藩, couvertures et stores pour abriter. — *Mui ghe* ○ 䑸, couverture de barque. — *Mui thuyền* ○ 船, id. — *Mui võng* ○ 網, tente de hamac, velum de palanquin. — *Mui tàu* ○ 艚, roof de navire. — *Mui xe* ○ 車, capote de voiture, toiture de char. — *Xe mui* 車 ○, voiture couverte. — *Sập mui xuống* 立 ○ 𠁑, baisser la capote.

Mụi 痗*. Maladie, fatigue, lassitude, malaise, indisposition.

Mụi 妹*. Sœur cadette. Voir *muội*.

Múi 縖. Tête, bout, extrémité; pulpe, tranche de fruit. (Formé des S. A. *mịch* 糸, lien, et *mỗi* 每, chaque.)

Múi dây ○ 縪, bout de corde. — *Múi tỏi* ○ 蒜, tête d'ail. — *Múi mít* ○ 樶, la pulpe du jaquier.

Mùi 未*. Car. horaire et huitième lettre du cycle duodénaire (chèvre). Voir *tí* pour le cycle entier.

Năm tân mùi 辤辛 ○, l'année *tân mùi*. — *Giờ mùi* 賒 ○, l'heure *mùi* ou huitième heure annamite (de 1 à 3 heures de l'après-midi).

Mùi 味 *. Goût, saveur; odeur; couleur; parfumé, agréable. Voir *vị*.

Mùi ngon ○ 啽, savoureux, exquis, délicat. — *Mùi thơm* ○ 薟, odeur suave, odeur parfumée; sentir bon. — *Trái mùi* 靫 ○, fruits avancés, trop mûrs. — *Mùi thúi* ○ 退, odeur fétide, puanteur. — *Mùi hôi* ○ 灰, sentir mauvais. — *Có mùi* 固 ○, qui répand une odeur, qui a un goût. — *Hoai mùi* 懷 ○, odeur qui s'évente. — *Mùi đỏ* ○ 赭, couleur rouge. — *Mùi ruin* ○ 䉤, couleur pourpre. — *Lụa mùi* 縷 ○, soie teinte.

Mũi 𪖫. Nez; pointe, avancée, cap, promontoire; proue; bout piquant et aigu. (Formé des S. A. *tị* 鼻, nez, commencement, et *môi* 每, chaque.)

Mũi dài ○ 𦘺, nez long. — *Mặt mũi* 𬇄 ○, les traits du visage, l'expression de la physionomie. — *Mũi son mày liễu* 嵩眉柳, jolie figure; litt., visage rose, sourcils de saule pleureur (bien arqués). — *Hai lỗ mũi* 佁魯 ○, les deux narines. — *Hỉ mũi* 喜 ○, se moucher. — *Khăn hỉ mũi* 巾喜 ○, mouchoir. — *Nhảy mũi* 跃 ○, éternuer. — *Bịt mũi* 鋼 ○, se boucher le nez. — *Mũi dãi* 氾 ○, morveux. — *Nghẹt mũi* 孼 ○, enrhumé du cerveau, enchifrené. — *Mũi kim* ○ 針, pointe d'aiguille. — *Một mũi may* 沒 ○ 理, un point de couture. — *Mũi dao* ○ 刀, pointe de couteau. — *Mũi gươm* ○ 劍, pointe d'épée. — *Mũi biển* ○ 灣, pointe qui avance dans la mer, cap. — *Gác mũi biển* 挌 ○ 灣, doubler un cap. — *Mũi đất* ○ 坦, promontoire. — *Mũi vũng tàu* ○ 㴜艚, le cap Saint-Jacques (Cochinchine). — *Mũi thuyền* ○ 船, l'avant d'une barque. — *Mũi ghe* ○ 䑸, id. — *Mũi tàu* ○ 艚, la proue d'un navire. — *Trước mũi* 畧 ○, à l'avant, sur l'avant. — *Chăm mũi* 針 ○, mettre le cap sur.

Mũi 每. Qui est facilement ému, qui offre peu ou pas de résistance. (En S. A. chaque; se pron. *mỗi*.)

Mũi khóc ○ 哭, pleurer facilement. — *Mũi nước mắt* ○ 渃𥄬, avoir la larme facile, pleurer souvent et à propos de rien. — *Mũi lòng* ○ 悪, cœur tendre, âme sensible. — *Dây mũi* 縷 ○, corde qui casse facilement, bien fragile.

Mun 㭿. Bois d'ébène; très noir. (Formé des S. A. *mộc* 木, arbre, et *môn* 門, porte.)

Cây mun 核 ○, ébénier. — *Gỗ mun* 棋 ○, bois d'ébène. — *Sắc mun* 色 ○, de couleur très noire.

Mụn 夢. Petits boutons au visage, petites pustules, acné, couperose. (En S. A., songer, rêver; se pron. *mộng*.)

Mún 悶. Syllabe complémentaire. (En S. A., triste; se pron. *muộn*.)

Mắm mún 嗅 ○, très peu de chose. — *Mẩy mún* 買 ○, miette, atome.

Mún 夢. Réduit en poussière, mis ou coupé en tous petits morceaux. (En S. A., songer, rêver; se pron. *mộng*.)

Một mản 沒 ○, un morceau, un fragment, une miette. — Cười mản mản 哄 ○ 唵, rire en dessous.

Mưng 篷. Une variété de bambou. (Formé des S. A. *trước* 竹, bambou, et *mồng* 蒙, nom de plantes.)

Mùng 幪. Rideau, voile, portière, moustiquaire. (Du S. A. *mồng*, même car., même signification.)

Mùng *chắng* ○ 幛, toile de théâtre. — Màn mùng 幔 ○, rideaux de lit, moustiquaire. — Bỏ mùng xuống 補 ○ 㰂, laisser tomber les rideaux, baisser la moustiquaire.

Mủng 篝. Le nom d'un petit panier en bambou de forme particulière. (Formé des S. A. *trước* 竹, bambou, et *mọng* 夢, rêver.)

Thúng mủng 箐 ○, corbeilles et paniers en général.

Mưng 冥. Sombre, obscur. (Du S. A. *mảng*, même car., même signification.)

Mưng *đông* ○ 東, l'aurore. — Mưng mưng *sáng* ○ ○ 創, jour qui commence à paraître. — Mía mưng 撲 ○, une variété de canne à sucre.

Mừng 惘. Tressaillir de joie, être content; féliciter, complimenter. Voir *mảng*. (Formé des S. A. *tâm* 心, cœur, et *minh* 明, clair.)

Vui mừng 盃 ○, très heureux, très content. — Mừng rỡ ○ 焜, être dans le plus grand ravissement.

Muội 妹*. Sœur cadette. Voir *mụi*.

Tỉ muội 姊 ○, sœurs (aînées et cadettes). — Huinh muội 兄 ○, frères et sœurs en général.

Muội 昧*. Sombre, obscur; bouché, inepte, inintelligent. Voir *mội*.

Mê muội 迷 ○, obscur; sans intelligence. — Ngu muội 愚 ○, sot, stupide. — Man muội 瞞 ○, ignorant, inepte. — Ngây muội 癡 ○, imbécile, incapable, maladroit.

Muội 抹*. Toucher, tâter, palper.

Muội 韎*. Une plante tinctoriale; sorte de cuirasse en peau.

Muối 海. Sel; saler. (Formé des S. A. *thổ* 土, terre, et *môi* 每, chaque.)

Muối *rừm* ○ 溁, gros sel. — Muối *giềng* ○ 泩, sel de mine, sel gemme. — Bỏ muối 補 ○, saler, mettre du sel. — Cá muối 魰 ○, poisson salé. — Muối cá ○ 魰, saler du poisson. — Thịt muối 胒 ○, viande salée. — Nước muối 渃 ○, eau salée. — Bình đựng muối 瓶 鄧 ○, salière. — Ruộng muối 曨 ○, saline; litt., champ de sel. — Thuế muối 稅 ○, droit sur le sel, impôt des salines.

Muối 煤. Trop mûr; crever, éclater. (En S. A., noir de fumée; se pron. *môi*.)

Trái muối 粿 ○, fruit trop mûr. — Khóc muối 哭 ○, larmes qui coulent subitement.

Muỗi 嗨. Moustique. (Formé des S. A. *trùng* 虫, insecte, et *môi* 每, chaque.)

Mòng muỗi 蠓 ○, moucherons et moustiques. — Muỗi nó chích tới ○ 奴

炙碎, les moustiques me piquent, me saignent. — *Đuổi muỗi* 逃 ○, chasser les moustiques.

Mươi 迪. Dix, dizaine (lorsqu'il est précédé d'un autre nom de nombre). Voir *mười*. (Formé des S. A. *thập* 十, dix, et *phóng* 逃, accourir.)

Một mươi 沒 ○, une dizaine. — *Hai mươi* 台 ○, vingt. — *Năm mươi người* 瓴 ○ 𠊚, cinquante personnes. — *Ba mươi đời* 𠀧 代, trente siècles; de tout temps, il y a un temps infini que.

Mươi 買. Syllabe complémentaire. (En S. A., acheter; se pron. *măi*.)

Mắc mươi 縸 ○, empêché, retenu, pris (par les affaires, par exemple).

Mười 迪. Dix (lorsqu'il est mot initial dans un nombre). Voir *mươi*. (Formé des S. A. *thập* 十, dix, et *phóng* 逃, accourir.)

Mười một ○ 沒, onze. — *Mười lăm* ○ 𠄼, quinze. — *Phần thứ mười* 分次 ○, dixième partie. — *Thứ mười* 次 ○, dixième, dixièmement. — *Cuốn thứ mười* 卷次 ○, tome dix. — *Vàng mười* 鑛 ○, or pur. — *Mười tươi* ○ 洎, germandrée.

Muôn 閗. Dix mille; innombrable. (Formé des S. A. *vạng* 力, forme abrégée de dix mille, et *môn* 門, porte.)

Hai muôn binh 台 ○ 兵, vingt mille soldats. — *Ba muôn năm ngàn* 𠀧 ○ 𠄼 𠦳, trente-cinq mille. — *Muôn dân* ○ 民, tous les individus, tous les peuples. — *Muôn đời* ○ 代,

tous les siècles. — *Hơn muôn phần* 欣 ○ 分, dix mille fois plus, infiniment supérieur à. — *Muốn một* ○ 歿, mourir, périr, sombrer.

Muộn 挳*. Avancer la main pour prendre ou pour toucher; saisir, empoigner; tâter, palper pour se rendre compte.

Muộn tâm ○ 心, placer la main sur son cœur, faire un examen de conscience.

Muộn 們*. Agitation de l'âme, trouble du cœur; confus, déconcerté; perdre contenance, ne plus se posséder.

Muộn 悶*. Malheureux, infortuné; tristesse, mélancolie, abattement. A. V. Tard, tardif, tardivement.

Phiền muộn 煩 ○, inquiet, tourmenté, chagriné. — *Sầu muộn* 愁 ○, triste, mélancolique, affligé. — *Tán muộn* 散 ○, s'amuser pour chasser le chagrin. — *Đã muộn* 㐌 ○, le malheur est déjà arrivé; il est trop tard.

Muốn 悶. Vouloir, désirer, souhaiter, avoir grande envie; propension, tendance, penchant, inclination. (Pour le car. en S. A., voir ci-dessus.)

Ý muốn 意 ○, avoir le désir formel de. — *Lòng muốn* 𢚸 ○, souhaiter, avoir envie. — *Tôi muốn lắm chớ* 碎 ○ 㸃 渚, mais je le veux bien. — *Muốn đi chơi* ○ 𠫾 𠨧, avoir envie de se promener. — *Muốn ăn* 咹, vouloir manger. — *Muốn con* 昆, désirer des enfants. — *Muốn về* lành ○ 衛苓, propension au bien. — *Muốn ra dữ* ○ 囉與, tendance au mal. — *Trời muốn mưa* 至○膏, il va pleuvoir, le temps est à la pluie. — *Anh muốn giống gì* 嬰○種之, que désirez-vous?

Mượn 嘪. Emprunter (à titre gracieux). Voir *vay*. (Formé des S. A. *khẩu* 口, bouche, et *mạng* 曼, long.)

Mượn bạc ○薄, emprunter de l'argent. — *Cho mượn* 朱○, prêter. — *Kẻ hay mượn* 几哈○, qui emprunte souvent. — *Của cho mượn* 貼朱○, la chose prêtée, le prêt. — *Mượn sợ* ○怍, il a bien fallu que j'aie peur!

Mướn 嘪, Louer, prendre à ferme, à bail, en location. Voir *thuê*. (Pour le car., voir ci-dessus.)

Thuê mướn 稅○, louer, affermer. — *Cho mướn* 朱○, louer, donner en location. — *Mướn một cái nhà* ○丐茹, prendre une maison en location. — *Mướn ghe* ○篌, louer une barque. — *Xe mướn* 車○, voiture de louage. — *Kẻ đi làm mướn* 几移濫○, journalier, qui travaille pour les autres, qui loue ses services.

Muông 獴*. Animal carnivore, espèce de chien sauvage.

Muông dữ ○與, bêtes féroces. — *Muông săn* ○狙, chien dressé pour la chasse. — *Muông lang* ○狼, loup. — *Muông sói* ○揪, id. — *Muông quói* ○貴, belette, blaireau.

Muống 蒙*. Plantes rampantes et herbes de marais. A. V. Pot en terre cuite; sorte de passoire pour les huiles, la chaux à bétel, les saumures et autres liquides épais.

Rau muống 蕹○, convolvulus, liseron. — *Cái muống* 丐○, une jarre.

Muồng 檬*. Arbres du genre acacia. A. V. Plantes légumineuses et herbes médicinales.

Cây muồng 核○, pavot. — *Đậu muồng* 豆○, cassia tora. — *Phấn muồng* 粉○, espèce de médecine.

Muỗng 鏼. Cuiller; entonnoir; passoire. (Formé des S. A. *kim* 金, métal, et *mộng* 夢, songer, rêver.)

Muỗng nhỏ ○鈍, cuiller à café. — *Muỗng húp* ○噏, cuiller à bouche. — *Một muỗng* 沒○, une cuillerée. — *Cái muỗng sang rượu* 丐○刷醑, entonnoir. — *Muỗng múc* ○沐, cuiller à potage. — *Cái muỗng hốt bột* 丐○搶浡, écumoire. — *Húp bằng muỗng* 噏朋○, prendre ou avaler avec une cuiller. — *Xoài muỗng* 枏○, espèce de mangue.

Mương 茫. Petit canal, ruisseau, rigole, fossé; nom de plante. (En S. A., vaste étendue d'eau; se pron. *mang*.)

Đào mương 陶○, creuser un fossé, établir une rigole. — *Đàng mương* 唐○, canalisation. — *Mương cái* ○丐, grand canal. — *Nhảy qua mương* 趴戈○, franchir un fossé, enjamber un ruisseau. — *Rau mương* 蕹○, plantain, cresson.

Mương 芒. A peu près, vaguement. (En S. A., pointe d'épi; se pron. *mang*.)

Nhớ mương mương 汝○○, se rappeler vaguement, se souvenir à peine. — *Mwợng twợng* ○ 像, presque semblable, de même apparence.

Mwờng 猛. Peuplades indépendantes établies dans le haut Tonkin; mot complémentaire.

Mwởng 礴. Fragment, morceau, débris, éclat, tesson. Voir *miểng*. (Formé des S. A. *thạch* 石, pierre, et *mảng* 莽, confus.)

 Mwởng sành ○ 硅, débris de porcelaine, fragment de poterie.

Mwớp 枊. Différentes plantes de la famille des cucurbitacées; nom d'animal. (Formé des S. A. *mộc* 木, arbre, et *phạp* 乏, faire défaut.)

 Mwớp đắng ○ 蝥, espèce de mélongène amère. — *Mwớp hwong* ○ 香, concombre sauvage. — *Mèo mwớp* 猫 ○, chat au pelage rayé. — *Chồn mwớp* 狶 ○, espèce de fouine ou de putois.

Mwớt 沫. Pâle, blême, décoloré; tout mouillé, en sueur. Voir *mớt*. (En S. A., cours d'eau; se pron. *mạt*.)

 Lwớt mwớt 冽 ○, faible, abattu; tout mouillé. — *Mwớt máu* ○ 泖, affaibli par des pertes de sang. — *Rét mwớt* 洌 ○, abattu par la fièvre.

Mwõu 庙 et 廟*. Petit temple, pagode rustique. Voir *miểu*.

Mụt 痔 (1). Clou, pustule, bouton. (Formé des S. A. *nịch* 疒, maladie, et *bụt* 孛, nom de plante.)

 Mụt trái ○ 皰, bouton de variole. — *Mụt ghẻ* ○ 疥, bouton de gale. — *Mụt nhọt* ○ 瘥, furoncle, abcès. — *Có mụt cả mình* 固 ○ 胬 命, avoir des clous ou des boutons sur tout le corps. — *Mụt lẹo* ○ 瞭, orgelet.

Mụt 荸. Rejeton, bourgeon, pousse. (En S. A., oignon, racine; se pron. *bột*.)

 Mọc mụt 木 ○, fleurir, bourgeonner, pousser des rejetons. — *Mụt măng* ○ 笐, pousses tendres de bambou.

Mút 蒙. Sur le bord, à la pointe extrême; manquer de tomber; teter, humer, sucer; aspirer avec un tube, un chalumeau. Voir *nút*. (En S. A., yeux fatigués; se pron. *miệt*.)

 Mút mát ○ 沫, manquer. — *Mút mật* ○ 蜜, se sucer le doigt après l'avoir trempé dans le miel. — *Mút mực* ○ 墨, porter le bout du pinceau à la bouche pour en affiner les poils.

Mứt 蜜. Fruits confits, douceurs; espèce d'algue marine qui peut se manger; pointu, aigu; nom d'arbuste. (Du S. A. *mật*, même car., miel, doux.)

 Mứt châm ○ 針, fruits confits. — *Mứt món* ○ 們, confiture. — *Mứt nhọn* ○ 軟, taillé en pointe. — *Cây mứt* 核 ○, gambier.

Mwu 謀*. Former des desseins, imaginer un plan, comploter, ma-

---

(1) Se transcrit aussi par le car. 目

chiner, préméditer; ruse, stratagème, artifice, moyen, expédient.

Mưu sự ○ 事, intriguer dans une affaire. — *Mưu kế* ○ 計, ruse, stratagème. — *Mưu chước* ○ 斫, id. — *Mưu giặc* ○ 賊, ruse de guerre. — *Mưu trí* ○ 智, astucieux. — *Mắc mưu* 縸○, être victime d'un stratagème. — *Làm mưu* 濫○, ruser, dresser des embûches, combiner des plans. — *Cơ mưu* 機○, circonstances d'une machination. — *Mưu cao không bằng trí dày* ○ 高空朋智苔, grande finesse ne vaut pas simple bon sens (proverbe). — *Mưu con đĩ, trí học trò* ○ 昆嬭智學徒, subterfuge de fille galante, finesse d'étudiant (proverbe); les ruses en général. — *Mưu sự tại nhơn, thành sự tại thiên* ○ 事在人成事在天, la ruse est le fait de l'homme, la réussite est au gré du ciel (proverbe); correspondant à «l'homme propose et Dieu dispose». — *Xui mưu làm giặc* 吹○濫賊, pousser à l'intrigue, exciter à la révolte par de sourdes menées.

Mưu 麥牟*. Grains de céréales; orge.

Mưu mạch ○ 麥, blé, froment.

Mưu 矛蟲 et 敎*. Petit insecte qui mange le grain; ronger, grignoter.

ERNEST LEROUX, ÉDITEUR, RUE BONAPARTE, 28.

PUBLICATIONS
DE
L'ÉCOLE DES LANGUES ORIENTALES VIVANTES
RELATIVES
À L'EXTRÊME-ORIENT.

La Cour de Hué et les principaux services du Gouvernement annamite, par Jean Bonet.
Recueil d'itinéraires et de voyages dans l'Asie centrale et l'Extrême-Orient, publié par Scherzer, L. Léger, Ch. Schefer. In-8°, avec carte . . . . 15 fr.
    Journal d'une mission en Corée avec carte, par F. Scherzer. — Mémoires d'un voyageur chinois dans l'empire d'Annam, par L. Léger. — Itinéraires de l'Asie centrale. — Itinéraire de la vallée du moyen Zérefchan. — Itinéraire de Pichaver à Kaboul, Qandahar et Hérat, par Ch. Schefer.
Bibliotheca Sinica. Dictionnaire bibliographique des ouvrages relatifs à l'empire chinois, par Henri Cordier, 2 vol. gr. in-8° à 2 colonnes. . . . . 125 fr.
    Le même, sur papier de Hollande. . . . . 175 fr.
    Tome III. Supplément. In-8°, en 3 fascicules. . . . . 40 fr.
Recherches archéologiques et historiques sur Pékin et ses environs, par le docteur Bretschneider, traduction de V. Collin de Plancy. In-8°, fig. et plans. . . . . 10 fr.
Histoire des relations de la Chine avec l'Annam-Vietnam, du xiv° au xix° siècle, par G. Devéria. In-8°, carte. . . . . 7 fr. 50
Recueil de documents sur l'Asie centrale, d'après les écrivains chinois, par C. Imbault-Huart. In-8°, avec 2 cartes coloriées. . . . . 10 fr.
Le Tam-tu'-kinh, ou le Livre des phrases de trois caractères, texte et commentaire chinois, prononciation annamite et chinoise, explication littérale et traduction, par A. des Michels. In-8°. . . . . 20 fr.
Le Luc vân tiên ca diên. Poème annamite, publié, traduit et annoté par A. des Michels. In-8°. . . . . 20 fr.
Kim van kieu tan truyen. Poème annamite, publié, traduit et annoté par Abel des Michels. 2 volumes en 3 parties. In-8°. . . . . 40 fr.
Le Livre canonique de l'antiquité japonaise. Histoire des dynasties divines, traduite sur le texte original et accompagnée d'une glose inédite composée en chinois et d'un commentaire perpétuel, par Léon de Rosny. Deux fascicules in-8°. Chaque fascicule. . . . . 15 fr.
    — Troisième fascicule. (*Sous presse.*)
    Première partie. La Genèse. — Deuxième partie. Le Règne du Soleil. — Troisième partie. L'Exil.
    Couronné par l'Académie des Inscriptions et Belles-Lettres. — Prix Stanislas-Julien.
La frontière sino-annamite. Description géographique et ethnographique, d'après des documents officiels chinois traduits par G. Devéria. In-8°, illustré, avec planches et cartes. . . 20 fr.
    Couronné par l'Académie des Inscriptions et Belles-Lettres. — Prix Stanislas-Julien.
Chih louh kouoh kiang yuh tchi. Géographie historique des seize royaumes fondés en Chine par les chefs tatares (302-433), traduite du chinois et annotée par A. des Michels. Fasc. I et II, in-8°. Chaque volume. . . . . 7 fr.
Fascicule III. (*Sous presse.*)
Bibliographie coréenne. Tableau littéraire de la Corée, contenant la nomenclature des ouvrages publiés jusqu'en 1890, ainsi que la description et l'analyse détaillée des principaux d'entre ces ouvrages, par Maurice Courant, interprète de la légation de France à Tokyo. 3 vol. in-8°, avec figures et planches. Chaque volume. . . . . 25 fr.
    Couronné par l'Académie des Inscriptions et Belles-Lettres. — Prix Stanislas-Julien.

www.ingramcontent.com/pod-product-compliance
Lightning Source LLC
Chambersburg PA
CBHW051618230426
43669CB00013B/2088